독한법률용어사전

contents

머리말	04
사용 약어표	15
약어표	21
법률 약어표	31
사전	43

Vorwort

Dieses Deutsch-Koreanische Rechtswörterbuch war ursprünglich als persönliche Arbeitshilfe konzipiert, die ich im Jahr 2003 während meines Studiums der Verwaltungswissenschaften an der Seoul National Universität und eines anschließenden Praktikums beim Obersten Gerichtshof in Seoul anzufertigen begann. In den folgenden Jahren begleitete mich diese immer umfangreicher werdende Liste durch Studien, Forschungsaufenthalte, Referendarstationen und schließlich das Berufsleben als Rechtsanwalt. Aus einer Loseblattsammlung und einigen eingefügten Anmerkungen wuchs dabei im Laufe der Zeit das hier vorliegende Deutsch-Koreanische Rechtswörterbuch. Die Notwendigkeit der Anfertigung dieses Buches ergab sich aus der unbefriedigenden Situation, der sich der am koreanischen Recht interessierte deutsche Jurist ausgesetzt sah: dem Fehlen eines adäquaten Fachwörterbuchs.

Bei den wenigen bislang erschienenen Büchern, die sich mit der Rechtssprache des jeweils anderen Landes auseinandersetzen, handelt es sich nahezu ausschließlich um allein für koreanische Nutzer ausgelegte Werke mit nur relativ wenigen Termini der deutschen Rechtssprache, die dann ausführlich in koreanischer Sprache erläutert werden. Aufgrund des Zuschnitts auf koreanische Nutzer, fehlen dabei Hinweise auf die Rechtslage in Korea ebenso wie ein umfassender Bestand an Wörtern und Komposita, der geeignet ist, beim Erstellen oder Verstehen juristischer Texte eine sinnvolle Hilfestellung zu leisten.

Ein ursprünglich ebenfalls geplanter Koreanisch – Deutscher Teil des Wörterbuchs wurde nach einigem Überlegen verworfen. Das bloße Spiegeln des Wortbestandes hätte kaum einen Sinn ergeben, da viele Rechtsbegriffe, die hier ins Koreanische übersetzt wurden, in der koreanischen Rechtssprache keine allgemeine Verwendung finden. Umgekehrt gibt es eine Vielzahl an koreanischen Begriffen, für die die deutsche Sprache keine Entsprechung hat und die mit ebenso großem Aufwand übersetzt und erläutert werden müssten. Im Hinblick auf die zeitliche Komponente habe ich mich daher entschieden, zunächst einen Deutsch – Koreanischen Teil herauszugeben.

1. Anmerkungen zur Übersetzung

Bei vielen Rechtsbegriffen ist eine wortgleiche Übersetzung möglich. So entspricht z.B. der deutsche Begriff „Doppelbesteuerung" im Koreanischen der Zusammenfügung der bereits lexikalisierten Wörter für „doppelt" und „Besteuerung". Bei einer Vielzahl an Wörtern führt diese Vorgehensweise jedoch zu einer bloßen und für den Benutzer kaum sinnvollen Transkription deutscher bzw. koreanischer Rechtsbegriffe, deren Ergebnis kaum Assoziationen zu der entsprechen Terminologie in der Zielsprache hervorrufen wird. So wird die reine Übersetzung des Begriffs „Schneeball – System" in „눈뭉치제도" beim koreanischen Leser keinen Rückschluss auf dessen eigentlichen Inhalt zulassen.

Dennoch erscheint eine wörtliche Übersetzung in vielen Fällen hilfreich, da sie einen Einblick in die „ursprüngliche" Terminologie der jeweils anderen Fachsprache ermöglicht. Daher wurde dort, wo neben der dem Sinn des Wortes entsprechenden Übersetzung auch dessen wörtliche Übersetzung als sinnvoll erachtet wurde, dies mit dem Zusatz „(wörtl.)" kenntlich gemacht.

Oftmals können Wörter der einen Sprache mit mehreren Wörtern in der Zielsprache übersetzt werden. Solange diese den ursprünglichen Ausdruck korrekt wiedergeben, wurden sämtliche Übersetzungsvarianten in den Wortbestand aufgenommen. Soweit möglich wurde bei anschließenden Wortverbindungen versucht, die in der Literatur herrschenden Vorlieben bei der Verwendung der einen oder der anderen Übersetzung darzustellen.

Zu beachten ist auch, dass – soweit bekannt – sämtliche im Schrifttum für einen Begriff verwendeten Synonyme wiedergegeben werden. Dies führt im Einzelfall zu einer Vielzahl an Übersetzungsmöglichkeiten (vgl. z.B. → Grundpfandrecht), die jedoch nicht der Verwirrung des Benutzers, sondern dem Überblick über die Vielfalt der koreanischen Fachterminologie dienen sollen.

In den nicht seltenen Fällen, in denen für einen Begriff mehrere Übersetzungen gebräuchlich sind, hierunter aber m.E. nur eine einzige dem tatsächlichen Gehalt des Wortes entspricht, wurden sämtliche Alternativen in den Wortbestand aufgenommen und die meiner Ansicht nach vorzugswürdige Übersetzung fett hervorgehoben.

Aber jede noch so sorgfältige Übersetzung scheitert, wenn die betreffenden Begriffe bereits nach ihrem Inhalt unterschiedliche Vorstellungen beim Rechtsanwender auslösen. Wird z.B. der Rechtsbegriff „Sache" i.S.v. § 90 BGB zutreffend mit „물건" (mulgŏn) übersetzt, so ist hieraus allein nicht ersichtlich, dass dieser in Korea eine andere rechtliche Ausprägung als in Deutschland hat. In vielen

Fällen waren daher Anmerkungen, die neben der Übersetzung auch den Inhalt der Begriffe erläutern, unverzichtbar.

Diese Vorgehensweise hat stellenweise zu einem enzyklopädischen Charakter des Werks geführt, durch den Erwartungen geweckt werden, die letztlich nicht erfüllt werden können. Ein sämtliche Rechtsgebiete und alle Schlagworte abdeckendes Rechtslexikon hätte nicht nur jeden inhaltlichen Umfang gesprengt, sondern überstiege auch die Sorgfalt, die ich in zeitlicher und fachlicher Hinsicht aufzuwenden in der Lage bin. Die Lückenhaftigkeit der Erläuterungen zu einzelnen Rechtsbegriffen ist ebenso wie die Tatsache, dass sich an manchen Stellen Fehler und Ungenauigkeiten eingeschlichen haben werden, trotz aller Vorsicht nicht zu vermeiden gewesen. Der Anspruch dieses Werkes erschöpft sich daher darin, dem Leser über den Nutzen eines reinen Wörterbuches hinaus einen querschnittsartigen Überblick über das koreanische Recht zu vermitteln. Die Beseitigung von unvermeidlichen Unzulänglichkeiten ist die Aufgabe nachfolgender Auflagen.

2. Über die Verwendung der chinesischen Schrift

Das vorliegende Werk gibt – soweit möglich – neben der koreanischen Schrift sämtliche Wörter auch in chinesischer Schrift (kor. „Hanja") wieder. Auch wenn die Verwendung der chinesischen Schriftzeichen in der koreanischen Schriftkultur in den letzten Jahrzehnten stark abgenommen hat, sind deren Kenntnisse insbesondere in der Rechtswissenschaft nach wie vor unerlässlich. Noch immer werden in vielen Lehrbüchern und Fachzeitschriften Titel,

Inhaltsverzeichnis und Überschriften sowie zahlreiche Fachbegriffe in Hanja wiedergegeben, so dass deren Benutzung ohne entsprechende Kenntnisse erheblich erschwert ist. In der älteren Literatur und früheren Gerichtsentscheidungen findet die chinesische Schrift noch durchgehend Verwendung. Das Lesen dieser Texte ist ohne fundierte Kenntnisse der chinesischen Schrift ausgeschlossen. Gerade für den deutschen Benutzer stellt die zusätzliche Wiedergabe der Übersetzung in chinesischer Schrift somit ein wertvolles Hilfsmittel für die Arbeit mit originalsprachigen Quellen dar. Zudem ermöglicht die Verwendung der chinesischen Schrift eine kontextunabhängige Unterscheidung der zahlreichen Homonyme der koreanischen Sprache, z.B. „의장" (ŭijang): 1. „意匠" = Geschmacksmuster, 2. „議長" = Vorsitzender.

Ein positiver Nebeneffekt dieses Ansatzes ist, dass dieses Wörterbuch auch Juristen, die sich mit dem japanischen oder chinesischen Recht beschäftigen, eine Hilfe sein mag.

Seoul, den 20.10.2019
Martin Bernhardt

Danksagung

Die Fertigstellung dieses Buches wäre ohne die Unterstützung und den Zuspruch zahlreicher Personen nicht möglich gewesen. Besonders erwähnen möchte ich Herrn Stellvertretenden Generalstaatsanwalt

Choi Ki-Sik (최기식), Herrn Staatsanwalt Kang Seok Cheol (강석철), Frau Staatsanwältin Kim Eun-Mi (김은미) und Herrn Staatsanwalt Lee Seung-Gyu (이승규), die mir während der Entstehungsphase bei Einzelfragen stets mit großem Einsatz zur Seite standen.

Meinen ganz besonderen Dank schulde ich meinem geschätzten Kollegen Herrn Rechtsanwalt Bae Byung-Yoon (배병윤), der die zeitintensive Aufgabe übernommen hat, das gesamte Skript auf Fehler und Ungenauigkeiten durchzusehen. Ohne die fruchtbaren Diskussionen, die sich aufgrund seines Lektorats entwickelt haben, wäre das Werk von geringerer Qualität.

Meine große Dankbarkeit gilt dem Deutsch-Koreanischen Wirtschaftskreis e.V., der das Erscheinen dieses Werkes mit einem großzügigen Druckkostenzuschuss maßgeblich unterstützt hat.

Der gwSaar Gesellschaft für Wirtschaftsförderung Saar mbH gilt mein Dank für die Gelegenheit, die Praxistauglichkeit dieses Rechtswörterbuches im Rahmen der gemeinsamen Zusammenarbeit mit koreanischen Unternehmen und Forschungseinrichtungen unter Beweis zu stellen.

Zuletzt möchte ich mich bei meiner Familie bedanken, die mir die langen Stunden des zurückgezogenen Arbeitens verziehen und die Entstehung dieses Werks mit ihrer Liebe gefördert hat.

머리말

이 독한법률용어사전의 원래 구상(構想)은 제가 2003년 서울대학교에서 행정학을 전공하고 이어서 서울에 있는 대법원에서 연수를 받는 동안 작성하기 시작한 개인적인 학습보조 자료였습니다. 그 후 점점 더 방대해져가는 이 자료는 전공, 연구체류, 사법연수 그리고 결국 변호사로서의 직업생활 동안 줄곧 저와 함께 해왔습니다. 그러던 중 시간이 지남에 따라 바인더 자료 모음들과 몇몇 끼워 넣은 주석들에서 여기 놓여 있는 독한법률용어사전으로 성장했습니다. 이 사전 편찬의 불가피성은 한국법에 관심 있는 독일 법학자가 직면한 불만족스러운 상황, 즉 적절한 전문용어 사전의 결여에서 비롯되었습니다.

지금까지 발간된 각 나라의 법률용어를 다룬 몇 안 되는 사전들은 상대적으로 적은 독일 법률용어를 자세히 한국어로 설명한 한국인 독자용 책들입니다. 이 책들은 한국인 이용자들을 대상으로 서술되어 있기 때문에, 법률문장 작성 또는 해독 시 유용한 도움을 줄 수 있는 적합한 단어들과 합성어들의 폭넓은 어휘량뿐만 아니라 한국의 법률적 상황에 대한 안내도 부족합니다.

원래 계획된 사전의 한국-독일어 부분도 고심 끝에 삭제되었습니다. 한국어로 번역되어 가져와 진 수많은 독일의 법적 개념이 한국에서는 일반적 쓰임이 없는 경우가 많아서 단어를 단순히 빌려오는 것은 아무런 의미가 없기 때문입니다. 반대로 한국어 개념들에 상응하는 독일어 단어가 없는 경우도 많아서 번역하고 설명하는 데에 아주 많은 시간과 노력이 필요합니다. 이러한 이유로 일단은 먼저 독일어 – 한국어 편을 내려 합니다.

1. 번역 관련 설명

많은 법률개념들에서 직역이 가능합니다. 예를 들어 독일어 개념인 "이중과세"

는 직역으로 한국어에서 이미 어휘화된 단어들인 "두 배의"와 "과세"의 합성에 해당합니다. 하지만 다수의 단어들에서 이런 접근방식은 단순하고 이용자들에게는 거의 의미가 없는 기록을 초래하여, 결과적으로 번역어에서 대응하는 용어에 관한 연상을 거의 불러 일으키지 않을 것입니다. 이와 같이 Schneeball-System 이란 개념을 그대로 번역한 "눈뭉치 제도"는 한국인 독자에게 본래적 의미에 대한 추론을 허용하지 않을 것입니다. 그럼에도 불구하고 직역은 대부분의 경우 유용해 보이는데, 왜냐하면 직역은 각각 다른 전문언어의 본래적인 용어에 대해 통찰(洞察)할 수 있도록 하기 때문입니다. 그래서 단어의 의미에 대응되는 번역 외에도 직역이 유용하다고 여겨지는 경우, "(wörtl.)"를 추가표기함으로써 이를 알 수 있도록 했습니다.

종종 한 언어의 단어들은 번역어에서 여러 단어들로 번역될 수 있습니다. 이들이 본래적인 표현을 제대로 재현하는 한 모든 다양한 번역을 사전에 수록하였습니다. 이어서 나오는 합성어들에서는 가능한 한 문헌에서 전반적으로 선호되는 번역을 설명하려고 시도했습니다.

또한 주목해야 할 점은 학술적 글쓰기에서 개념정의를 위해 사용된 지금까지 알려진 모든 동의어들을 설명했다는 점입니다. 이는 개별사례에서 번역방법들의 다양화(예를 들어서 → Grundpfandrecht)란 결과를 낳긴 하나, 이는 이용자들의 혼란을 야기하지 않고 한국어 전문용어들의 다양성에 대한 개관(槪觀)을 제공합니다.

한 개념에 대해 여러 가지의 번역들이 통용되긴 하나 제 생각에는 단지 하나의 번역만 본래 단어의 실제 내용에 해당되는 드물지 않은 경우에는 모든 대안들을 수록하였고 필자의 견해에 따라 더 나은 번역은 굵은 활자체로 강조하였습니다.

그러나 어떤 세심한 번역일지라도 해당 개념들이 이미 그들의 내용에 따라 다른 표상(表象)을 법률 사용자들에게 야기한다면 번역의 질은 떨어지게 됩니다. 예를 들어, 만약 독일 민법 제90조에 따른 법률개념인 "Sache"를 정확히 "물건"으로 번역한다면, 이 번역만으로는 이 개념이 한국에서는 독일과 다른 법적측면을 가지고 있다는 것을 알 수 없습니다. 따라서 많은 경우 번역 외에 개념의 내용을 설명하는 주석들이 반드시 필요합니다.

    이런 접근방식은 궁극적으로 충족시킬 수 없는 기대들을 불러 일으키는 이 책이 곳곳에서 백과사전식 특징을 갖도록 하였습니다. 전체적인 법률영역과 모든 표제어를 포함하는 법률사전은 모든 내용적인 범위를 벗어날 수 있을 뿐만 아니라, 시간적이고 전문적인 관점에서 제가 들일 수 있는 정성을 넘어설 것입니다. 여러 곳에서 오류와 잘못이 발생할 것이라는 사실뿐만 아니라 개별적인 법률개념에 관한 설명의 불완전함 또한 주의를 많이 기울였음에도 불구하고 불가피했습니다. 따라서 이 책의 목적은 독자들에게 순수한 사전의 사용을 넘어서 한국법에 대한 단면적(斷面的)인 개관을 전달하는 것입니다. 불가피(不可避)한 결점을 제거하는 것이 후속판들의 과제입니다.

2. 한자의 사용에 관하여

    이 책에서는 가능한 한 모든 용어들을 한글 이외에 한자로도 설명하고 있습니다. 비록 한국의 글쓰기 문화에서 최근 수십 년간 한자 사용이 급감했지만, 한자 지식은 특히 법학에서 여전히 필수적입니다. 아직도 많은 교과서들과 전문잡지들에서는 제목, 목차 그리고 수많은 전문용어들뿐만 아니라 표제들도 한자로 설명되어 있어, 적절한 지식 없이 그 책들을 이용하기란 상당히 어렵습니다. 비교적 오래된 문헌과 옛날 판결문들에서는 여전히 한자가 계속 사용되고 있습니다. 이런 글들을 읽는 것은 한자에 대한 충분한 지식 없이는 불가능합니다. 따라서 특히 독일인 이용자들에게 한자로 된 번역에 대한 추가 설명은 원어로 된 원전(原典)과 관련된 일을 위한 유용한 수단입니다. 그 외 한자사용은 한국어에 있는 수많은 동음이의어들을 문맥에 의존하지 않고도 구분가능할 수 있도록 합니다. 예를 들어 의장 : 1. 意匠 = Geschmacksmuster (시각을 통하여 미감(美感)을 일으키는 것. 물품의 형상, 모양, 색채 또는 이들을 결합한 것으로서, 의장권의 대상이 됨)
2. 議長 = Vorsitzender (회의를 주재하고 그 회의의 집행부를 대표하는 사람).

이런 접근법의 긍정적인 부수효과는 이 사전이 일본법이나 중국법을 연구하는 법학자들에게도 도움이 될 수 있다는 점입니다.

서울, 2019년 10월 20일

베른하르트 마틴

감사말씀

많은 이들의 지원과 격려가 없었다면 이 책의 완성은 불가능했을 것입니다. 특히 집필 초기단계에 질문 하나하나에도 언제나 성심성의껏 답변해주신 최기식 차장검사님, 강석철 검사님, 김은미 검사님 그리고 이승규 검사님에게 감사를 드리고 싶습니다.

많은 시간이 소요되는 전체 원고의 교정을 맡아 주신 정선균 박사님께 감사를 드립니다. 그리고 저의 소중한 동료인 배병윤 변호사님에게 특별히 감사를 드립니다. 그의 감수의견을 토대로 한 유익한 토론이 없었다면 이 책의 질은 더 저하되었을 것입니다.

매번 넉넉한 인쇄비 보조금으로 이 책의 출판에 결정적인 지원을 해준 독한 경제협회(Deutsch- Koreanischer Wirtschaftskreis)에 크게 감사드립니다.

한국의 기업 및 연구 기관과의 공동 협력의 맥락에서 이 법률용어사전의 실천적 유용성을 다시 한번 보여 드릴 수 있는 기회를 주신 독일 잘란트주 경제진흥공사(gwSaar Gesellschaft für Wirtschaftsförderung Saar mbH)에 감사의 말씀을 전합니다.

마지막으로 이 책의 출간을 사랑으로 지원해 준 제 가족에게 감사를 드리고 싶습니다.

사용 약어표

독 한 법 률 용 어 사 전

Zeichenübersicht – 사용 약어표

Abk. (Abkürzung)	약어.
adj. (Adjektiv)	형용사.
allg. (allgemein)	일반적으로.
arbeitsr. (arbeitsrechtlich)	노동법상.
d.h. (das heißt)	즉.
Dt. (Deutschland)	독일.
eher. (eherechtlich)	혼인법상.
engl. (Englisch)	영어.
erbr. (erbrechtlich)	상속법상.
etc. (et cetera)	등등.
etw. (etwas)	무엇.
f. (Femininum)	여성.
fachsprachl. (fachsprachlich)	전문용어적.
familienr. (familienrechtlich)	가사법상.
finanz. (finanziell)	금전적.
frz. (französisch)	풀어.
gerichtl. (gerichtlich)	법원적, 법원의.
gesellschaftsr. (gesellschaftsrechtlich)	회사법상.
grds. (grundsätzlich)	원칙적으로.
handelsr. (handelsrechtlich)	상법상.
i.d.R. (in der Regel)	통례적으로.
insbes. (insbesondere)	특히.
i.S.d. (im Sinne des/ der)	~ 의미로.
i.S.v. (im Sinne von)	~ 의미로.
i.Ü. (im Übrigen)	그 외에.
jap. (japanisch)	일본어.
jur. (juristisch)	법학의.
kor. (koreanisch)	한국어.

lat. (lateinisch) 라틴어.
m. (Maskulinum) 남성.
med. (medizinisch) 의학적.
milit. (militärisch) 군사의.
n. (Neutrum) 중성.
nat. (natürlich) 자연적.
o. (oder) 또는.
obj. (objektiv) 객관적.
öff. (öffentlich) 공적.
pers. (persönlich) 개인적.
pl. (Pural) 복수.
Privatr. (Privatrecht) 사법.
Rspr. (Rechtsprechung) 판례.
sachenr. (sachenrechtlich) 물권법상.
schriftsprachl. (schriftsprachlich) 문어.
schuldr. (schuldrechtlich) 채권법상.
sog. (sogenannt) 이른바, 소위.
steuerr. (steuerrechtlich) 조세법상.
strafpr. (strafprozessual) 형사소송법상.
strafr. (strafrechtlich) 형법상.
straßenverkehrsr. (straßenverkehrsrechtlich) 도로교통법상.
subj. (subjektiv) 주관적.
umgangssprachl. (umgangssprachlich) 일상용어.
v. (Verb) 동사.
verfahrensr. (verfahrensrechtlich) 절차법상.
vermögensr. (vermögensrechtlich) 재산법상.
verwaltungsr. (verwaltungsrechtlich) 행정법상.
vgl. (vergleiche) 참조.
wertpapierr. (wertpapierrechtlich) 증권법상.
wirtschaftl. (wirtschaftlich) 경제적.
wörtl. (wörtlich) 말그대로, 문언상.
z.B. (zum Beispiel) 예컨대.

z.T. (zum Teil)   일부.
zivilr. (zivilrechtlich)   민법상.

Liste der für zitierte koreanische Gesetze und Institutionen verwendeten Abkürzungen

ArbStandardsG	근로기준법.
KBGB	민법.
KFamGG	가사소송법.
KGeschmMG	의장법.
KJGG	소년법.
KHaushaltsG	예산회계법.
KHGB	상법.
KKatasterG	지적법.
KOGH	대법원.
KommunalBeamtG	지방공무원법.
KPatG	특허법.
KProdHG	제조물책임법.
KRiG	판사법.
KStAG	국적법.
KSteuererhebG	국세징수법.
KStGB	형법.
KStHG	국가배상법.
KStPO	형사소송법.
KStVG	도로교통법.
KVerf	헌법.
KVwGO	행정소송법.
KVwVfG	행정절차법.
KWPflG	병역법.
KZPO	민사소송법.

KZVG	민사집행법.
PatentanwaltsG	변리사법.
StaatsBeamtG	국가공무원법.
StaatsFinanzG	국가재정법.
WiderspruchsG	행정심판법.

약어표

독 한 법 률 용 어 사 전

Abkürzungsverzeichnis – 약어표

A

a.A. (anderer Ansicht, anderer Auffassung) 다른 견해에서, 이설.
a.a.O. (aaO) (am angegebenen Ort) 위에 인용한 곳에서.
AA (Auswärtiges Amt) (독일)외무부.
AAK (Atemalkoholkonzentration) 호흡중 알코올농도.
Abg. (Abgeordneter) 의원.
ABl (Amtsblatt) 관보.
ABl.EG (Amtsblatt der Europäischen Gemeinschaften) 유럽공동체의 관보.
Abk. (Abkürzung) 약어.
Abs. (Absatz) 항.
a.D. (außer Dienst) 퇴직.
a.E. (am Ende) 끝에서.
a.F. (alte Fassung) 옛~, 구(舊).
AG (1. Amtsgericht, 2. Aktiengesellschaft, 3. Arbeitgeber, 4. Ausführungsgesetz, 5. Anspruchsgrundlage) 1. 구법원/ 지방법원, 2. 주식회사, 3. 사용자, 4. 시행법, 5. 청구권근거.
AGB (Allgemeine Geschäftsbedingungen) 보통거래약관 보통거래약관.
alic (actio libera in causa) 원인에 있어서 자유로운 행위.
allg. (allgemein) 일반적으로.
allg. M. (allgemeine Meinung) 통설.

ALP (arm's length principle) 독립기업간원칙, 팔 거리 원칙, 팔 길이 원칙
ALR (Allgemeines Landrecht) (프로이센의) 일반란트법.
Alt. (Alternative) 대안.
a.M. (anderer Meinung) 다른 의견에서, 이설.
Anm. (Anmerkung) 주해, 해설.
AO (1. Abgabenordnung) 조세기본법; (2. Anordnung) 명령.
Art. (Artikel) 조 (독일 기본법, 국제조약에서만 조는 „Art."으로 명칭하고 일반 법률에서 „Paragraph" (§)으로 칭한다).
ASt. (Antragssteller) 신청인.
AT (Allgemeiner Teil) 총칙, 총론.
Aufl. (Auflage) 판.
AusfG (Ausführungsgesetz) 집행법.
AusfVO (Ausführungsverordnung) 집행명령.
AZ (AZ, Az) (Aktenzeichen) 사건번호, 사건표시, 서류번호.

B

BAföG (Bundesausbildungsförderungsgesetz) „연방학비보조법"이라는 뜻인데 일상적으로 „연방학비보조금"라는 뜻도 있다.
BAG (Bundesarbeitsgericht) 연방노동법원.

BAK (Blutalkoholkonzentration) 혈중 알코올농도.
BFG (Bundesfinanzgericht) (오스트리아) 연방최고재정법원.
BFH (Bundesfinanzhof) (독일) 연방최고재정법원.
BfR (Bundesinstitut für Risikobewertung) 연방위험평가기관.
BGA (Bundesgesundheitsamt) 연방보건청.
BGBl (Bundesgesetzblatt) 연방법률공보.
BGH (Bundesgerichtshof) 연방최고법원, 연방법원.
BGHZ (Entscheidungen des Bundesgerichtshofs in Zivilsachen) 연방최고법원민사판례집.
BGS (Bundesgrenzschutz) 연방국경수비대.
BIT (Bilateral Investment Treaty) 상호투자협약.
BKA (Bundeskriminalamt) 연방범죄수사국.
BND (Bundesnachrichtendienst) 연방정보국.
BPatG (Bundespatentgericht) 연방특허법원.
BPräs (Bundespräsident) 연방대통령.
BR (Bundesrat) 연방참사원.
BRAK (Bundesrechtsanwaltskammer) 연방변호사협회.
BRD (Bundesrepublik Deutschland) 독일연방공화국.
BReg (Bundesregierung) 연방정부.
BSG (Bundessozialgericht) 연방사회법원.
BSGE (Entscheidungen des Bundessozialgerichts) 연방사회법원 판례집.
BT (1. Bundestag, 2. Besonderer Teil) 1. 연방의회, 2. 각론.

BVerfG (Bundesverfassungsgericht) 연방헌법재판소.
BVerfGE (Entscheidungen des Bundesverfassungsgerichts) 연방헌법재판소 판례집.
BVerwG (Bundesverwaltungsgericht) 연방행정법원.
BVerwGE (Entscheidungen des Bundesverwaltungsgerichts) 연방행정법원 판례집.
BW (Bundeswehr) 연방군.
BWL (Betriebswirtschaftslehre) 경영경제학.
BZR (Bundeszentralregister) 연방중앙기록부.
bzw. (beziehungsweise) 또는, 내지.

C

c.i.c. (culpa in contrahendo) 계약체결상의 과실.
CPI frz. (Cour pénale internationale) 국제형사재판소.

D

DAAD (Deutscher Akademischer Austauschdienst) 독일학술교류처.
DBA (Doppelbesteuerungsabkommen) 이중과세(방지)협약.
DDR (Deutsche Demokratische Republik) 독일민주공화국.
DGB (Deutscher Gewerkschaftsbund) 독

일노동조합연합.
DSL (Drittschadensliquidation) 제삼자손해 청산

EWG (Europäische Wirtschaftsgemeinschaft) 유럽경제공동체.

E

EAG (Europäische Atomgemeinschaft) 유럽원자력공동체.
EBV (Eigentümer – Besitzer – Verhältnis) 소유자 – 점유자 – 관계.
EEA (Einheitliche Europäische Akte) 단일유럽법.
EG (Europäische Gemeinschaften) 유럽공동체.
EGKS (Europäische Gemeinschaft für Kohle und Stahl) 유럽석탄철강공동체.
EGMR (Europäischer Gerichtshof für Menschenrechte) 유럽인권재판소.
EMRK (Europäische Menschenrechtskonvention) 유럽인권협약.
EU (Europäische Union) 유럽연합.
EuGH (Europäischer Gerichtshof) 유럽연합대법원.
Euratom (Europäische Atomgemeinschaft) 유럽원자력공동체.
ER (Europäischer Rat) 유럽이사회.
ESZB (Europäisches System der Zentralbanken) 유럽중앙은행제도.
ET (Eigentum, Eigentümer) 소유(권), 소유(권)자.
etc. (et cetera) 등등.
EV (Eigentumsvorbehalt) 소유권유보.

F

f. (folgende Seite) 다음 쪽.
FBA (Folgenbeseitigungsanspruch) 결과제거청구권.
FEA (Folgenentschädigungsanspruch) 결과보상청구권.
ff. (fortfolgende) 이하, 이후 쪽들.
Fn. (Fußnote) 각주.
FS (Festschrift) 기념논문집.
FU (Familienstand unbekannt) 혼인여부미지(婚姻與否未知).

G

GAAP (Generally Accepted Accounting Principles) 일반적으로 인정된 회계원칙.
GbR (Gesellschaft bürgerlichen Rechts) 민법상의 조합.
gem. (gemäß) ~에 따라서, ~에 의하여.
GJPA (Gemeinsames Justizprüfungsamt) 공동사법시험국.
GK (Generalkonsulat) 총영사관.
GmbH (Gesellschaft mit beschränkter Haftung) 유한회사.
GoA (Geschäftsführung ohne Auftrag) 무단사무관리.

grds. (grundsätzlich) 원칙적으로.
GS (geschieden) 이혼.
GT (getrennt lebend) 별거.
GU (Gemeinschaftsunternehmen) 합작기업, 합작투자.
GVO (Gruppenfreistellungsverordnung) 일괄면제규칙, 일괄예외규칙.

ICC engl. (International Criminal Court) 국제형사재판소.
IPR (Internationales Privatrecht) 국제사법.
IStGH (Internationaler Strafgerichtshof) 국제형사재판소.
IWF (Internationaler Währungsfonds) 국제통화기금.

H

h.M. (herrschende Meinung) 다수설.
Hrsg. (Herausgeber) 편저자.
h.Rspr. (herrschende Rechtsprechung) 다수 판례.
HS (Halbsatz) 전문 (1. HS) bzw. 후문 (2. HS).

I

i.A. (im Auftrag) 위임을 받아.
i.d.R. (in der Regel) 원칙적으로.
i.e.S. (im engen Sinne) 협의개념으로, 협의의.
IHK (Industrie- und Handwerkskammer) 상공회의소.
i.V. (in Vertretung) 대리로.
i.V.m. (in Verbindung mit) § 12 I i.V.m. § 31 II: 제12조 제1항과 제31조 제2항에 의거하여; 제12조 제1항과 제31조 제2항 갈합하여.
i.w.S. (im weiten Sinn) 넓은 개념으로, 광의 개념으로, 광의의.

J

JPA (Justizprüfungsamt) 사법시험국, 사법시험실시기관.

K

KAK (Körperalkohol) 신체중 알코올.
KG (Kommanditgesellschaft) 합자회사.
KGaA (Kommanditgesellschaft auf Aktien) 주식합자회사.
KMU (Kleine und mittlere Unternehmen) 중소기업.
KOTRA (Korea Trade-Investment Promotion Agency) 대한무역투자진흥공사.
KRW (Koreanischer Won) 원화.
KV (Körperverletzung) 상해죄.

L

LA (entpartnert, Lebenspartnerschaft

aufgehoben) 동성혼인관계폐지.
LD (ledig) 미혼.
LG (Landgericht) 주(州)법원.
LLC (Limited Liability Company) 유한책임회사.
LP (Limited Partnership) 합자조합.
LV (partnerhinterblieben, Lebenspartner verstorben) 동성혼인관계의 유족.
LVwVfG (Landesverwaltungsverfahrensgesetz) 주행정절차법.

M

m. V. (Mündliche Verhandlung) 변론.
M&A (Merger & Aquisition) 사업매수 사업매수.
MdB (Mitglied des Bundestages) 연방의회 의원.
MLM (Multi-Level-Marketing) 다단계판매.
M.M. (Minderheitsmeinung) 소수설.
mT (mittelbarer Täter) 간접정범.
MT (Mittäter) 공동정범.
MwSt (Mehrwertsteuer) 부가가치세.

N

Nachw. (Nachweis) 증거, 논거.
n.F. (neue Fassung) 개정된.
NATO (North Atlantic Treaty Organization) 북대서양 조약 기구.
NB (Nebenbestimmung) 부관.
NPC (Nonprofit Corporation) 비영리법인.
Nr. (Nummer) 번, 번호.
NVO (Nutzungsverordnung) 이용령.

O

OECD (Organisation für wirtschaftliche Zusammenarbeit und Entwicklung) 경제협력개발기구.
OGH (Oberster Gerichtshof) 최고재판소.
OHG (Offene Handelsgesellschaft) 합명회사.
OLG (Oberlandesgericht) (주)고등법원.
OVG (Oberverwaltungsgericht) 고등행정법원.
OWi (Ordnungswidrigkeit) 질서위반.

P

p.p. (pp) (per Prokura) 지배권으로.
PartG (Partnerschaftsgesellschaft) 동업회사, 파트너쉽회사.
PKH (Prozesskostenhilfe) 소송(비용)구조.
PZU (Postzustellungsurkunde) 우편송달증서.

R

RA (Rechtsanwalt) 변호사.
RAe (Rechtsanwälte) 변호사들.

RAin (Rechtsanwältin) 여성 변호사.
RAK (Rechtsanwaltskammer) 변호사협회.
Rdnr. (Randnummer) 단락번호.
RG (Reichsgericht) 라이히재판소.
RGZ (Entscheidungen des Reichsgerichts in Zivilsachen) 제국(라이히)재판소 민사판례집.
ROA (return on assets) 자산수익율.
ROE (rules of employment – Betriebsordnung) 취업규칙.
Rspr. (Rechtsprechung) 판례.
RVO (Rechtsverordnung) 법규명령.

S

S. 1. (Seite) 쪽; 2. (Satz) 문.
Schufa (SCHUFA) (Schutzgemeinschaft für allgemeine Kreditsicherung) 일반 신용보증을 위한 보호공동체.
SEA (Schadensersatzanspruch) 손해배상청구권.
s.o. (siehe oben) 앞부분을 참조하시오.
sog. (sogenannt) 이른바, 소위.
StA 1. (Staatsanwaltschaft) 검찰; 2. (Staatsanwalt) 검사.
str. (strittig, streitig) 논란의 여지가 있는. 다툼이 있는.
s.u. (siehe unten) 뒤부분을 참조하시오.

T

TA (Technische Anleitung) 기술기준.
TB (Tatbestand) 구성요건.

U

umstr. (umstritten) 논란의 여지가 있는.
UN (United Nations) engl. 국제연합.
unstr. (unstrittig, unstreitig) 논란의 여지가 없는.
USt (Umsatzsteuer) 부가가치세.
usw. (und so weiter) 가타 등등.
UVP (Umweltverträglichkeitsprüfung) 환경영향평가.

V

v.A.w. (von Amts wegen) 직권(직권)으로.
VA (Verwaltungsakt) 행정행위.
VB (Vollstreckungsbescheid) 집행명령.
VEB (Volkseigener Betrieb) 인민소유기업.
VfG. (Verfügung) 처분.
VG (Verwaltungsgericht) 행정법원.
VGH (Verwaltungsgerichtshof) 고등행정법원.
vgl. (vergleiche) 참조.
VH (verheiratet) 기혼.
VN (Vereinte Nationen) 국제연합.
VO (Verordnung) 명령.
VU (Versäumnisurteil) 결석판결.
VSD (Vertrag mit Schutzwirkung zugunsten Dritten) 제삼자 보호효를 가진 계약.

VW (verwitwet) 사별.
VWL (Volkswirtschaftslehre) (국민)경제학.

W

WGG (Wegfall der Geschäftsgrundlage) 행위기초의 상실.
WP (Wirtschaftsprüfer) 경제검사전문가.

Z

z.B. (zum Beispiel) 예컨데.
z.T. (zum Teil) 일부.
ZU (Zustellungsurkunde) 송달증서.

법률 약어표

독 한 법 률 용 어 사 전

Abkürzungen Deutscher Gesetze und internationaler Abkommen
독일법률과 국제 협정 약어표

A

AAG (Aufwendungsausgleichsgesetz)	비용보상법. 급여계속지급에 대한 근로자비용의 보상에 관한 법률.
AbfBesG (Abfallbeseitigungsgesetz)	폐기물처리법.
AbfG (Abfallgesetz)	폐기물법.
AbgabenO (Abgabenordnung)	조세기본법.
AbwAG (Abwasserabgabengesetz)	폐수부담금법.
AbzG (Abzahlungsgesetz)	(구) 할부거래에 관한 법률 (현: → VerbrKrG).
AFG (Arbeitsförderungsgesetz)	근로촉진법, 고용촉진법.
AGBG (Gesetz über Allgemeine Geschäftsbedingungen)	약관법.
AGG (Allgemeines Gleichbehandlungsgesetz)	일반평등대우법.
AktG (Aktiengesetz)	주식법.
AMG (Arzneimittelgesetz)	약품법.
AnfG (Anfechtungsgesetz)	취소법. (파산절차외에서의 채권자취소권에 관한 법률.)
AO → **AbgabenO**	
ArbGG (Arbeitsgerichtsgesetz)	노동법원법.
ArbnErfG (Arbeitnehmererfindungsgesetz)	근로자발명에 관한 법.
ArbZG (Arbeitszeitgesetz)	근로시간법.
AsylVfG (Asylverfahrensgesetz)	망명절차법.
AtomG (Atomgesetz)	원자력법.
AufenthG (Aufenthaltsgesetz)	체류법.

AÜG (Arbeitnehmerüberlassungsgesetz)   근로자파견법.
AuslG (Ausländergesetz)   외국인법.
AVAG (Anerkennungs- und
   Vollstreckungsausführungsgesetz)   승인 및 집행시행법.
AWG (Außenwirtschaftsgesetz)   대외경제법.

B

BAFöG (Bundesausbildungsförderungs-
   gesetz)   연방학비보조법.
BauGB (Baugesetzbuch)   건축법, 건설법전.
BauNVO (Baunutzungsverordnung)   건축이용령.
BBesG (Bundesbesoldungsgesetz)   연방공무원급여법.
BBG (Bundesbeamtengesetz)   연방공무원법.
BBiG (Berufsbildungsgesetz)   직업훈련법.
BBodSchG (Bundesbodenschutzgesetz)   연방토양보호법.
BDG (Bundesdisziplinargesetz)   연방징계법.
BeamtStG (Beamtenstatusgesetz)   공무원신분법.
BErzGG (Bundeserziehungsgeldgesetz)   연방육아보조금법.
BeschFG (Beschäftigungsförderungsgesetz)   취업촉진법.
BetrVG (Betriebsverfassungsgesetz)   종업원평의회법, 경영조직법, 노동자기구법.
BGB (Bürgerliches Gesetzbuch)   민법전.
BImschG (Bundesimmisionsschutzgesetz)   연방오염방지법.
BKK (Bundeskindergeldgesetz)   연방아동수당법.
BNatSchuG (Bundesnaturschutzgesetz)   연방자연보호법.
BNotO (Bundesnotarordnung)   연방공증인법.
BPolG (Bundespolizeigesetz)   연방경찰법.
BRAO (Bundesrechtsanwaltsordnung)   연방변호사법.
BRRG (Beamtenrechtsrahmengesetz)   공무원법통일기본법.
BSHG (Bundessozialhilfegesetz)   연방사회보조법.

BtMG (Betäubungsmittelgesetz) 마약류관리법, 마약법.
BUrlG (Bundesurlaubsgesetz) 연방휴가법.
BVerfGG (Bundesverfassungsgerichtsgesetz) 연방헌법재판소법.
BWahlG (Bundeswahlgesetz) 연방선거법.

D

DepotG (Depotgesetz) 예탁법.
DRiG (Deutsches Richtergesetz) 독일판사법.
DSGVO (Datenschutz-Grundverordnung) 일반 데이터 보호 규칙.

E

EGBGB (Einführungsgesetz zum Bürgerlichen Gesetzbuch) 민법전에 대한 경과법.
EMRK (Europäische Menschenrechtskonvention) 유럽인권협약.
EntfZG (Entgeltforzahlungsgesetz) 급여계속지급법.
ESchG (Embryonenschutzgesetz) 배아보호법.

F

FAG (Finanzausgleichsgesetz) 재정균형법.
FAO (Fachanwaltsordnung) 전문변호사법.
FGO (Finanzgerichtsordnung) 재정법원법.
FStrG (Fernstraßengesetz) 도로법.

G

GastG (Gaststättengessetz) 음식점법.
GBO (Grundbuchordnung) 부동산등기부법.
GebrMG (Gebrauchsmustergesetz) 실용실안법.
GeschmMG (Geschmacksmustergesetz) 의장법.
GewO (Gewerbeordnung) 영업령.
GewStG (Gewerbesteuergesetz) 영업세법.
GG (Grundgesetz) 기본법, 헌법.
GKG (Gerichtskostengesetz) 재판비용법.
GmbHG (Gesetz betreffend die
  Gesellschaften mit beschränkter Haftung) 유한책임회사에 관한 법률.
GOBT (Geschäftsordnung des
  Deutschen Bundestages) 연방의회의 사무규정.
GVG (Gerichtsverfassungsgesetz) 법원조직법.
GWB (Gesetz gegen Wettbewerbs-
  beschränkungen) 경제제한방지법.

H

HaftPflG (Haftpflichtgesetz) 책임의무법.
HGB (Handelsgesetzbuch) 상법.
HRG (Hochschulrahmengesetz) 대학기본법.

I

IFG (Informationsfreiheitsgesetz) 정보자유법.
InsO (Insolvenzordnung) 파산법, 도산법 (채무자 회생 및 파산에 관한 법률)

IRG (Gesetz über die internationale Rechtshilfe in Strafsachen)   국제형사사법공조법

J

JArbSchG (Jugendarbeitsschutzgesetz)   소년근로보호법.
JGG (Jugendgerichtsgesetz)   소년법원법 (Entsprechung in Korea: 소년법).
JuSchG (Jugendschutzgesetz)   소년보호법.

K

KJHG (Kinder- und Jugendhilfegesetz)   아동 및 소년보호법.
KrW-/AbfG (Kreislaufwirtschafts- und Abfallgesetz)   순환경제 및 폐기물법.
KSchG (Kündigungsschutzgesetz)   해고보호법.
KStG (Körperschaftssteuergesetz)   법인세법.

L

LPartG (Lebenspartnerschaftsgesetz)   동성혼인관계법.
LuftVG (Luftverkehrsgesetz)   항공교통법.

M

MitbestG (Mitbestimmungsgesetz)   공동결정법.

O

OWiG (Ordnungswidrigkeitengesetz)   질서위반법.

P

PartG (Parteiengesetz)   정당법.
PartGG (Partnerschaftsgesellschaftsgesetz)   동업회사법, 파트너쉽회사법.
PatAO (Patentanwaltsordnung)   변리사법.
PatG (Patentgesetz)   특허법.
PatKG (Patentkostengesetz)   특허수수료법.
PAuswG (Personalausweisgesetz)   신분증명서법.
PBefG (Personenbeförderungsgesetz)   여객운송법.
PflVG (Pflichtversicherungsgesetz)   강제보험법.
ProdHaftG (Produkthaftungsgesetz)   제조물책임법.
ProdSG (Produktsicherheitsgesetz)   제품안전법.
PStG (Personenstandsgesetz)   신분법.

R

ROG (Raumordnungsgesetz)   국토이용개발법.
RVG (Rechtsanwaltsvergütungsgesetz)   변호사보수법.

S

SchwbG (Schwerbehindertengesetz)   중증장애인법.
SGB (Sozialgesetzbuch)   사회법전.
SGG (Sozialgerichtsgesetz)   사회법원법.
StAG (Staatsangehörigkeitsgesetz)   국적법.

StGB (Strafgesetzbuch) 형법전.
StPO (Strafprozessordnung) 형사소송법.
StVG (Straßenverkehrsgesetz) 도로교통법.
StVO (Straßenverkehrsordnung) 도로교통령.
StVollzG (Strafvollzugsgesetz) 형벌집행법.

T

TierSchG (Tierschutzgesetz) 동물보호법.
TKG (Telekommunikationsgesetz) 통신법.
TVG (Tarifvertragsgesetz) 단체협약법.
TzBfG (Teilzeit- und Befristungsgesetz) 단시간 및 기간제 근로기준법.

U

UIG (Umweltinformationsgesetz) 환경정보법.
UmwG (Umwandlungsgesetz) 사업재편법.
UrhG (Urhebergesetz) 저작권법.
UStG (Umsatzsteuergesetz) 부가가치세법.
UVPG (Umweltverräglichkeits-
  prüfungsgesetz) 환경영향평가법.
UWG (Gesetz gegen den unlauteren
  Wettbewerb) 부정경쟁방지법.
UZwG (Gesetz über den unmittelbaren
  Zwang) 직접강제에 관한 법률.

V

VAG (Versicherungsaufsichtsgesetz) 보험감독법.

VerbrKrG (Verbraucherkreditgesetz) 소비자신용법.
VIG (Verbraucherinformationsgesetz) 소비자정보법.
VOB (Vergabe- und
 Vertragsordnung für Bauleistungen) 건축시공계약 및 발주에 대한 규칙
VVG (Versicherungsvertragsgesetz) 보험계약법.
VwGO (Verwaltungsgerichtsordnung) 행정법원법.
VwVfG (Verwaltungsverfahrensgesetz) 행정절차법.
VwVG (Verwaltungsvollstreckungsgesetz) 행정집행법.
VwZG (Verwaltungszustellungsgesetz) 행정송달법.

W

WaffG (Waffengesetz) 무기법.
WaStrG (Wasserstraßengesetz) 수로법.
WG (Wechselgesetz) 어음법.
WHG (Wasserhaushaltsgesetz) 수관리법(水管理法).
WiPrO (Wirtschaftsprüferordnung) 회계사법.
WiStrG (Wirtschaftsstrafgesetz) 경제형법.
WoEigG (Wohnngseigentumsgesetz) 주거소유권법.
WoFG (Wohnraumförderungsgesetz) 주거공간촉진법.
WoGeldG (Wohngeldgesetz) 주거보조금법.
WPflG (Wehrpflichtgesetz) 병역법.
WpHG (Wertpapierhandelsgesetz) (유가)증권거래법.
WStG (Wehrstrafgesetz) 군형법.
WÜD (Wiener Übereinkommen über
 diplomatische Beziehungen) 외교관계에 관한 비엔나 협약.
WÜK (Wiener Übereinkommen über
 konsularische Beziehungen) 영사관계에 관한 비엔나 협약.

Z

ZGB (Zivilgesetzbuch) (Schweiz)   스위스 민법전.
ZPO (Zivilprozessordnung)   민사소송법.
ZuwandG (Zuwanderungsgesetz)   이주민법, 이민법.

Koreanische Gesetze und ihre hier verwendete Zitierweise. Die Zitierweise orientiert sich zunächst an im Schrifttum etablierten Abkürzungen und subsidiär an den Abkürzungen entsprechender deutscher Gesetze.

가사소송법	Familiengerichtsgesetz (KFamGG).
국가공무원법	Staatsbeamtengesetz (KBeamtG, StaatsBeamtG).
국가배상법	Staatshaftungsgesetz (KStHG).
국가보안법	Staatssicherheitsgesetz (StaatsSiG)
국적법	Staatsangehörigkeitsgesetz (KStaatsangehörigkG).
근로기준법	Arbeitsstandardsgesetz (ArbStandardsG), Labor Standard Act (LSA).
민법	Zivilgesetz (KBGB).
민사소송법	Zivilprozessgesetz (KZPO).
민사집행법	Zivilvollstreckungsgesetz (KZVG).
병역법	WehrdienstG (KWehrG).
부동산등기법	Grundbuchgesetz (KGBO).
상법	Handelsgesetz (KHGB).
소년법	Jugendgerichtsgesetz (KJGG).
의장법	Geschmacksmustergesetz (KGeschmMG).
주택임대차보호법	Wohnraummietschutzgesetz.
지방자치법	Gesetz über die kommunale Selbstverwaltung (KSelbstVG).
지적법	Katastergesetz.
최저임금법	Mindestlohngesetz (KMinLohnG).

특허법	Patentgesetz (KPatG).
폐기물관리법	Abfallgesetz (KAbfallG).
형법	Strafgesetz (KStGB).
형사소송법	Strafprozessgesetz (KStPO).

Gesetzessystematik – 법률 분류법

Kapitel (Buch)	편(編)
Abschnitt	장(章)
Unterabschnitt/ Titel	절(節)
Untertitel	관(款)
Artikel/Paragraph	조(條)
Paragraph a, b etc.	werden wie folgt dargestellt: § 1 a = 제1조의2, § 1 b = 제1조의3 usw.
Absatz	항(項)
Nummer, Ziffer	번(番), 호(號)
Buchstabe	목 (Die Buchstaben der Normen werden in Korea entsprechend den Silben des „가나다라" bezeichnet; d.h. 가목 = Buchstabe a, 나목 = Buchstabe b, usw.
Doppelbuchstaben	(aa, bb etc.) werden als 나목(1), (2) etc. bezeichnet.
Satz	문(文)
Halbsatz	1. Halbsatz 전문(前文), 2. Halbsatz 후문(後文)
Anlage	부록(附錄)

Bei einer Darstellung von Paragraphenketten ist vor der jeweiligen Bezeichnungen immer die Ordnungssilbe „제(第)" voranzustellen, z.B. § 312 Abs. 1, S. 3 = 제312조 제1항 제3문. Das Gesetz wird der Norm vorangestellt, z.B. § 433 BGB = 민법 제433조.

* * * * * * * * * * * *

사 전

독 한 법 률 용 어 사 전

A, a

A (*als Personen- oder Parteibezeichnung in Sachverhalten, Akten etc.*) 갑 甲. → B, C.

a posteriori (*lat.*) 후천적 後天的.

a priori (*lat.*) 선천적 先天的.

Abänderung *f.* 변경 變更.

Abänderungs:antrag *m.* 변경신청 變更申請; **~klage** *f.* 변경(變更)의 소(訴), 변경소송 變更訴訟; **~kündigung** *f.* 1. (*im Arbeitsrecht*) → Änderungskündigung; 2. (*bei sonstigen Dauerschuldverhältnissen*) 변경해지 變更解止; **~vertrag** *m.* 변경계약 變更契約.

Abandon *n.* 1. (*allg. i.S.v. Preisgabe*) 포기 抛棄; 2. (*im Handelsrecht*) 위부 委付; 3. (*bei Gesellschaftsumwandlungen*) 회사형태변경에서의 회사지분포기 會社形態變更에서의 會社持分抛棄; 4. (*als Aufgabe eines Schiffsparts*) 선박지분포기 船舶持分抛棄; 5. (*in der Transportversicherung*) 보험물양도 保險物讓渡, 보험위부 保險委付; 6. (*im Seefrachtrecht*) 훼손화물포기 毀損貨物抛棄.

Abandon:erklärung *f.* 위부(의사)표시 委付(意思)表示; **~frist** *f.* 위부기간 委付期間; **~recht** *n.* 위부권 委付權; **~wirkung** *f.* 위부효과 委付效果.

Abartigkeit *f.* 변종 變種; schwere seelische ~ 중대(重大)한 정신적(精神的) 변종.

Abbau *m.* 1. (*von Bodenschätzen*) 채광 採鑛, 채굴 採掘; 2. (*von Personal*) 감원 減員; 3. (*allg. i.S.v. Beseitigung*) 철거 撤去, 폐지 廢止; **~gesetz** *n.* 철거법 撤去法, 폐지법 廢止法; **~recht** *n.* 채굴권 採掘權.

Abberufung *f.* 1. (*bei öffentlichen Ämtern*) 소환 召還; 2. (*im Privatrecht*) 해임 解任, 면직 免職; ~ des Aufsichtsrats 감사(監事)의 해임; ~ des Liquidators 청산인(清算人)의 해임; ~ des Vorstands 이사(理事)의 해임, 이사회(理事會)의 해임; ~ von Gesandten 대사(大使)의 소환(召還).

Abberufungsschreiben *n.* (*lat.* avocatorium) 소환장 召還狀, 소환서 召還書.

Abbestellung *f.* (주문)취소 (注文)取消.

Abbildung *f.* 도화 圖畵.

Abbruch *m.* 1. (*i.S.v. Beendigung*) 중단 中斷, 단절 斷絶, 종료 終了; 2. (*i.S.v.*

Abriss, Beseitigung) 철거 撤去, 파괴 破壞; 3. (*der Schwangerschaft*) (als Delikt) 낙태(죄) 落胎(罪), vgl. →Schwangerschaftsabbruch; ~ der diplomatischen Beziehungen 외교관계(外交關係)의 단절, 국교(國交)단절; ~ der konsularischen Beziehungen 영사관계(領事關係)의 단절.

Abbruch:arbeit *f.* 철거공사 撤去工事; **~gebot** *n.* 1. (*wörtl.*) 철거의무 撤去義務, 철거명령 撤去命令; 2. (*i.S.v. § 179 BauGB*) 철거용인명령 撤去容忍命令; ein ~ erlassen 철거용인명령을 발급(發給)하다. // **~verbot** *n.* 철거금지 撤去禁止.

Abbruchsanzeige *f.* 철거의 통지 撤去의 通知.

Abdankung *f.* 퇴위 退位. // 국가원수(元首)의 형식적 사직.

Abdikation *f.* → Abdankung.

abdingbar *adj.* 특약가능(特約可能)한.

Abdingbarkeit *f.* 특약가능성 特約可能性, 특약성 特約性, 임의규정성 任意規定性.

Abduktion *f.* 유괴 誘拐.

Aberkennen *n.* → Aberkennung.

Aberkennung *f.* 박탈 剝奪; ~ eines Rechts 권리(權利)의 박탈; ~ der Staatsangehörigkeit 국적(國籍)의 박탈.

aberratio ictus (*lat.*) 방법의 착오 方法의 錯誤.

Abfall *m.* 폐기물 廢棄物, (*umgangssprachl.*) 쓰레기; ~ zur Beseitigung 폐기물 廢棄物; ~ zur Verwertung 활용(活用) 폐기물; ~ zur Wiederverwertung 재활용(再活用) 폐기물; gefährlicher ~ 위험성(危險性) 있는 폐기물; gewerblicher ~ 사업장(事業場)폐기물; hausmüllähnlicher ~ 일반생활(一般生活)쓰레기와 유사한 폐기물; nichtüberwachungsbedürftiger ~ 감시할 필요가 없는 폐기물; radioaktiver ~ 방사성(放射性) 폐기물; (besonders) überwachungsbedürftiger ~ (특별하게) 감시할 필요가 있는 폐기물.

Abfall:ablagerung *f.* 폐기물저장 廢棄物貯藏; **~anlage** *f.* 폐기물시설 廢棄物施設; **~beauftragter** *m.* 폐기물(관리)수임자 廢棄物(管理)受任者, 폐기물(관리)담당관 廢棄物(管理)擔當官; **~beförderung** *f.* 폐기물운반 廢棄物運搬; **~begriff** *m.* 폐기물개념 廢棄物概念; objektiver ~ 객관적(客觀的) 폐기물개념; subjektiver ~ 주관적(主觀的) 폐기물개념; **~beseitigung** *f.* 폐기물처리 廢棄物處理, 폐기물제거 廢棄物除去; umweltgefährdende ~ 환경위해적(環境危害的) 폐기물제거.

Abfallbeseitigungs:anlage *f.* 폐기물처리시설 廢棄物處理施設; **~gesetz** *n.* 폐기물처리법 廢棄物處理法; **~monopol** *n.* 폐기물처리독점 廢棄物處理獨占;

~verfahren *n.* 폐기물처리절차 廢棄物處理節次.

Abfall:bilanz *f.* 폐기물대차대조표 廢棄物貸借對照表. // 일정한 지역에서 생산되는 폐기물의 종류와 분량, 처리방법 등 폐기물에 관한 정보를 포함하는 목록이다. 독일 순환경제 및 폐기물법(KrW-/AbfG) 제21조에 따라서 공법상 폐기물처리주체(Öffentlich-rechtliche Entsorgungsträger)가 작성해야 한다. // **~deponie** *f.* 폐기물집하 廢棄物集荷, 폐기물처리장 廢棄物處理場; **~erzeuger** *m.* 폐기물생산자 廢棄物生產者; **~entsorgung** *f.* 폐기물처리 廢棄物處理; **~entsorgungsanlage** *f.* 폐기물처리시설 廢棄物處理施設; **~entsorgungsunternehmen** *n.* 폐기물처리업 廢棄物處理業; **~entsorgungsunternehmer** *m.* 폐기물처리업자 廢棄物處理業者; **~gesetz** *n.* 폐기물법 廢棄物法; **~gruppe** *f.* 폐기물종류 廢棄物種類; **~überlassung** *f.* 폐기물양도 廢棄物讓渡; **~verbrennung** *f.* 폐기물연소 廢棄物燃燒; **~verbrennungsanlage** *f.* 폐기물소각시설 廢棄物燒却施設; **~vermeidung** *f.* 폐기물방지 廢棄物防止; **~verwertung** *f.* 폐기물활용 廢棄物活用; **~wiederverwertung** *f.* 폐기물재활용 廢棄物再活用; **~wirtschaft** *f.* 폐기물관리 廢棄物管理; **~wirtschaftskonzept** *n.* 폐기물관리개념 廢棄物管理概念; **~wirtschaftsplanung** *f.* 폐기물관리계획 廢棄物管理計劃.

Abfangen *n.* 탈취 奪取; ~ von Daten (als Delikt) 데이터탈취죄(罪).

Abfassung *f.* 기안 記案, 작성 作成; ~ einer Klageschrift 소장(訴狀)의 기안; ~ eines Urteils 판결(判決)의 기안.

Abfertigungsspediteur *m.* (행정청으로부터 선임된) 화물(貨物)을 처리(處理)하는 운송업자 (運送業者).

Abfindung *f.* 1. (*allg.*) 일시보상 一時補償, 보상 補償, 보상일시금 補償一時金; 2. (*arbeitsr.*) 해고합의금 解雇合意金.

Abfindungs:anspruch *m.* 1. (*allg.*) (일시)보상청구권 (一時)補償請求權; 2. (*arbeitsr.*) 해고합의금청구권 解雇合意金請求權; 3. (der Aktionäre) *m.* 주식매수청구권 株式買收請求權; **~recht** *n.* (일시)보상권 (一時)補償權; **~theorie** *f.* 감수설 甘受說; **~vertrag** *m.* (일시)보상계약 (一時)補償契約.

Abgabe *f.* 1. (*von Sachen*) 인도 引渡; 2. (*von Erklärungen*) 발신 發信; ~ einer Willenserklärung 의사표시(意思表示)의 발신; 3. (*i.S.v. finanzieller Abgabe*) → Abgaben; **~aufkommen** *n.* 공과금수입 公課金收入; **~leistung** *f.* 공과금급부 公課金給付; **~pflichtiger** *m.* 공과금지불의무부담자 公課金支拂義務負擔者; **~zweck** *m.* 공과금의 목적 公課金의 目的.

Abgaben *f. pl.* 1. (*allg. als Geldleistung*) 수수료 手數料; 2. (*öffentliche* ~) 공과금 公課金, 공조 公租; **~abführung** *f.* 공과금납부 公課金納付; **~befreiung** *f.* 공과금면제 公課金免除; **~entrichtung** *f.* 공과금납부 公課金納付; **~erhebung** *f.* 공과금징수 公課金徵收; **~freiheit** *f.* →Abgabenbefreiung; **~last** *f.* 공과금부담 公課金負擔, 공과부담 公課負擔; **~ordnung** *f.* 국세기본법 國稅基本法, 조세통칙법 租稅通則法, 조세절차법 租稅節次法; **~pflicht** *f.* 공과금지불의무 公課金支拂義務; **~recht** *n.* 공과권 公課權; kommunales ~ 지방자치단체(地方自治團體)의 공과권; **~überhebung** *f.* (als Delikt) 공과금과도징수(죄) 公課金過度徵收(罪); **~verpflichtung** *f.* → Abgabenpflicht; **~verwaltung** *f.* 공과행정 公課行政.

Abgangshafen *m.* 출발항 出發港.

abgeleitet *adj.* 파생적 派生的.

Abgeltungssteuer *f.* 변제세 辨濟稅. // 자본소득(Kapitalertrag)에 대한 원천징수세 (Quellensteuer).

Abgeordneter *m.* (국회)의원 (國會)議員; fraktionsloser ~ (원내)교섭단체에 속하지 않는 의원 (院內)交涉團體에 屬하지 않는 議員.

Abgeordnetenbestechung *f.* (als Delikt) 의원매수(죄) 議員買收(罪).

Abgleichung *f.* (personenbezogener Daten) (개인에 관한 데이터의) 비교(比較).

Abgrenzung *f.* 구별 區別, 획정 劃定.

Abhandenkommen *n.* 점유이탈 占有離脫.

Abhängigkeit *f.* 의존 依存, 종속성 從屬性; gegenseitige ~ 상호(相互)의존; juristische ~ 법적(法的) 종속성; persönliche ~ 인적(人的) 종속성; rechtliche ~ 법적(法的) 종속성; wirtschaftliche ~ 경제적(經濟的) 종속성.

Abhängigkeitsverhältnis *n.* 의존관계 依存關係.

Abhilfe *f.* 시정 是正.

Abhören *n.* 도청 盜聽.

Abhörverbot *n.* 도청금지 盜聽禁止.

Abitur *n.* (고등학교졸업시험인) 대학입학자격시험 大學入學資格試驗.

Abkauf *m.* 환취 還取.

Abkommen *n.* 협약 協約, 협정 協定; internationales ~ 국제(國際)협약.

Abkommensbestimmung *f.* 협정(協定)의 규정(規定).

Abkömmling *m.* 비속 卑屬; ~ in gerader Linie 직계비속 直系卑屬; ~ der Seitenlinie 방계비속 傍系卑屬.

Ablader *m.* 선적인 船積人.

Ablauf *m.* 1. (*i.S.v. Verstreichen*) 완성 完成, 경과 經過, 만료 滿了; ~ einer Frist 기간(期間)경과; 2. (*i.S.v. Prozedere, Fortgang*) 진행 進行; ~ der Hauptverhandlung 공판(公判)의 진행.

Ablaufhemmung *f.* 완성유예 完成猶豫; ~ der Verjährung 소멸시효(消滅時效)의 완성유예.

Ablehnung *f.* 거부 拒否, 기피 忌避, 기각 棄却; ~ eines Antrags 부결 否決, 신청(申請)의 기각; ~ eines Amts 사퇴 辭退; ~ einer Amtshandlung 직무행위(職務行爲)의 거부; ~ einer Leistung 급부(給付)거부; ~ einer Schenkung 증여(贈與)거부; ~ eines Richters 법관(法官)의 기피, vgl. → Befangenheitsantrag; ~ eines Verwaltungsakts 행정행위(行政行爲)의 거부.

Ablehnungs:bescheid *m.* 거부결정 拒否決定, 기각결정 棄却決定; **~beschluss** *m.* 거부결정 拒否決定, 기각결정 棄却決定; **~entscheidung** *f.* 기피결정 忌避決定; **~erklärung** *f.* 거부표시 拒否表示; **~frist** *f.* 거부기한 拒否期限; **~gesuch** *n.* 기피신청 忌避申請; **~grund** *m.* 거부원인 拒否原因; **~recht** *n.* 거부권 拒否權, 기피권 忌避權.

Ableitung *f.* 도출 導出.

Ablieferungspflicht *f.* 교부의무 交付義務. // 공무원의 부수입에 대한 반납의무.

Ablösung *f.* 해소 解消, 변제 辨濟.

Ablösungs:recht *n.* 변제권 辨濟權; **~summe** *f.* 변제금액 辨濟金額.

Abmahnung *f.* (*arbeitsr.*) (근로법상의) 경고 (勤勞法上의) 警告, 계고 戒告.

Abnahme *f.* 1. (*i.S.v. Entgegennahme einer Sache*) 물건(物件)의 수취(受取); 2. (*eines Werks*) 일의 수취; **~aufforderung** *f.* 수취최고 受取催告; **~bescheinigung** *f.* 수취증명서 受取證明書; **~bestätigung** *f.* (*als Schriftstück*) 수취확인(서) 受取確認(書); **~dokument** *n.* 수취문서 受取文書; **~erklärung** *f.* 수취(受取)의 의사표시 (意思表示); **~fiktion** *f.* 수취의제 受取疑制; **~frist** *f.* 수취기간 受取期間; **~garantie** *f.* 수취보장 受取保障; **~pflicht** *f.* 수취의무 受取義務; **~protokoll** *n.* 수취조서 受取調書; **~quittung** *f.* 수취영수증 受取領收證; **~termin** *m.* 수취기일 受取期日; **~verlangen** *n.* 수취요구 受取要求; **~verpflichtung** *f.* → Abnahmepflicht; **~vertrag** *m.* 수취계약 受取契約.

Abnehmender *m.* 수취인 受取人.

Abnehmer *m.* → Abnehmender.

Abnutzung *f.* 소모 消耗.
Abnutzungsentschädigung *f.* 소모배상 消耗賠償.
Abolition *f.* 형사절차(刑事節次)의 기각(棄却).
Abordnung *f.* (des Beamten) (공무원의) 대리 (公務員의) 代理.
Abrechnung *f.* 정산 精算; jährliche ~ 매년(每年)정산.
Abrechnungs:maßstab *m.* 정산기준 精算基準; **~pflicht** *f.* 정산의무 精算義務; **~stelle** *f.* 정산소 精算所; **~zeitraum** *m.* 정산대상기간 精算對象期間.
Abrede *f.* 약정 約定, 합의 合意, 협정 協定.
Abrüstung *f.* 군축 軍縮.
Abrüstungs:abkommen *n.* 군축협정 軍縮協定; **~verhandlung(en)** *f.* (*pl.*) 군축협상 軍縮協商.
Absatz *m.* 1. (*i.S.v. Gliederung eines Textes*) 항 項; 2. (*i.S.v. Verkauf*) 판매 販賣; 3. (*allg. i.S.v. Inverkehrbringen*) 양도 讓渡 (*vgl.* → Absetzen).
Absatz:hilfe *f.* (*strafrechtl.*) 장물(贓物)의 양도(讓渡)에 대한 방조(幇助), 장물 양도방조 贓物 讓渡幇助; **~mittler** *m.* 판매대리인 販賣代理人.
Abschiebehaft *f.* → Abschiebungshaft.
Abschiebung *f.* 강제송환 強制送還, 강제출국 強制出國.
Abschiebungshaft *f.* 강제송환(強制送還)을 위한 구속(拘束).
Abschlag *m.* 분할 分割.
Abschlags:dividende *f.* 분할배당 分割配當, (이익)배당금의 (부분적인) 선급 (利益)配當金의 (部分的인) 先給; **~zahlung** *f.* (bei Vergütungen) (보수)분할지급 (報酬)分割支給.
Abschleppen *n.* 견인 牽引.
Abschlepp:fälle *m. pl.* 견인사건 牽引事件; **~unternehmen** *n.* 견인업 牽引業; **~unternehmer** *m.* 견인업자 牽引業者.
Abschluss *m.* 1. (*i.S.v. Beendigung*) 종결 終結, 종료 終了; ~ des Ermittlungsverfahrens 수사절차(搜査節次)의 종결; 2. (*eines Vertrags*) 계약체결 契約締結, 체약 締約.
Abschluss:agent *m.* → Abschlussvertreter; **~freiheit** *f.* 계약체결의 자유 契約締結의 自由; **~prüfer** *m.* 검사인 檢査人, 결산감사인 決算監査人; **~vermerk** *n.* 종결기재 終結記載; **~vertreter** *m.* 체약대리상 締約代理商; **~zeugnis** *n.* 졸업증서 卒業證書; **~zwang** *m.* 체약강제 締約強制.

Abschöpfung *f.* 박탈 剝奪.

Abschreckung *f.* 위협 威脅.

Abschreibung *f.* (*steuerr.*) 감가상각(비) 減價償却(費); beschleunigte ~ 가속(加速) 감가상각.

Abschrift *f.* 등본 謄本; beglaubigte ~ 인증(認證)등본.

Absehen *n.* (*i.S.v. Abstandnehmen*) 유예 猶豫, 정지 停止, 중지 中止; ~ von der Strafverfolgung 기소유예 起訴猶豫; ~ von Strafe 처벌(處罰)의 중지(中止).

Absender *m.* 송하자 受領者, 수령인(人).

Absetzen *n.* 1. (*beim Tatbestand der Hehlerei verwendete Terminologie, vgl. § 362 KStGB*) (장물의) 양도 (贓物의) 讓渡; 2. (*allg. i.S.v. Verkauf*) 매각 賣却.

Absicht *f.* 의도 意圖, 의도적 고의 意圖的 故意, 목적 目的.

absichtlich *adj.* 의도적(意圖的)으로.

Absichtsdelikt *n.* 목적범 目的犯.

absichtslos *adj.* 목적(目的)없는.

Absichtsurkunde *f.* 목적문서 目的文書.

Absolutismus *m.* 절대주의 絶對主義.

Absonderungsrecht *n.* 별제권 別除權.

Absorptionsprinzip *n.* 흡수원칙 吸收原則.

Abspaltung *f.* (존속)분할 (尊屬)分割.

Absprache *f.* 협약 協約, 협상 協商, 협정 協定; deliktische ~ 불법(不法)협상; wettbewerbsbeschränkende ~ 경쟁제한적(競爭制限的) 협상.

Abstammung *f.* 혈통 血統, 신원 身元.

Abstammungs:festellung *f.* 혈통확인 血統確認; **~gutachten** *n.* 혈통감정서 血統鑑定書; **~klage** *f.* 혈통(확인)소 血統(確認)訴; **~nachweis** *m.* 혈통증거 血統證據; **~prinzip** *n.* → Abstammungrecht; **~recht** *n.* (*lat.* ius sanguinis) (*wörtl.*) 혈통법 (血統法), wobei für die Umschreibung des Abstammungsrechts auch der Begriff „혈통주의" (血統主義 = „Abstammungsprinzip") gebräuchlich ist. // Das koreanische Staatsangehörigkeitsrecht basiert auf dem Abstimmungsprinzip, subsidiär wird jedoch auch auf das → Bodenrecht abgestellt, vgl. **§ 2 Abs. 1 KStAG**. (국적법) **(Erwerb der Staatsangehörigkeit durch Geburt)** (1) Derjenige, auf den eine der nachfolgenden Ziffern zutrifft, erwirbt im Zeitpunkt der Geburt die koreanische Staatsangehörigkeit.

1. Derjenige, dessen Vater oder Mutter bei der Geburt die koreanische Staatsangehörigkeit besitzen.
2. Derjenige, dessen Vater vor der Geburt stirbt, wenn dieser zum Zeitpunkt seines Todes die koreanische Staatsangehörigkeit besaß.
3. Derjenige, der in der Republik Korea geboren wird, wenn die Staatsangehörigkeit seiner Eltern unbekannt ist oder diese staatenlos sind.

Abstammungs:urkunde *f.* 신원증명서 身元證明書, 혈통증거서 血統證據書; **~urteil** *n.* 혈통(확인)판결 血統(確認)判決.

Abstand *m.* 1. (*im Straßenverkehr*) 차간거리 車間距離; 2. (*im Mietrecht*) 임대차계약 기간만료전 해지비 賃貸借契約 期間滿了前 解止費.

Abstimmung *f.* 투표 投票. // Gem. Art. 49 KVerf erfordert die Annahme im koreanischen Parlament grds. die Anwesenheit der Hälfte der gesetzlichen Mitglieder (재적의원) und die Mehrheit der abgegebenen Stimmen, wobei Stimmengleichheit immer als Ablehnung gilt. Eine abweichende Mehrheit ist nur in besonders geregelten Ausnahmefällen erforderlich bzw. ausreichend. So genügen z.B. für die Einberufung einer außerordentlichen Sitzung (임시회소집, Art. 47 Abs. 1 KVerf) die Stimmen von 1/4 der Mitglieder während eine Mehrheit von 2/3 der gesetzlichen Mitgliederzahl bei der Anklage des Präsidenten (대통령탄핵소추, Art. 65 Abs. 2 S. 2 KVerf), den Ausschluss von Abgeordneten (국회의원 제명, Art. 64 Abs. 3 KVerf) und beim Beschluss von Verfassungsänderungen (헌법개정안 의결, Art. 130 Abs. 1 KVerf) erforderlich ist. // geheime ~ 비밀(秘密)투표; öffentliche ~ 공개(公開)투표.

Abstimmungs:demokratie *f.* 투표상의 민주주의 投票上의 民主主義; **~ergebnis** *n.* 투표결과 投票結果; **~geheimnis** *n.* 투표비밀 投票秘密.

Abstrahierung *f.* 추상화 抽象化.

abstrakt *adj.* 추상적 抽象的, 무인적 無因的.

Abstraktheit *f.* 추상성 抽象性, 무인성 無因性.

Abstraktion *f.* 추상화 抽象化.

Abstraktionsprinzip *f.* 무인성의 원칙 無因性의 原則. // Das Abstraktionsprinzip findet in Korea nach Rspr. und h.M. keine Anwendung.

Abstufung *f.* 등급하락 等級下落.

Abteilung *f.* (*als Suffix*) ~부(部), 국(局); ~ eines Gerichts 법원(法院)의 부, 구법원

(Amtsgericht)의 재판부 區法院의 裁判部; → Kammer, → Senat.

Abteilungsleiter *m.* (als Anrede) 부장(님) 部長(님).

Abtreibende(r) *f. (m.)* 낙태자 落胎者.

Abtreibung *f.* → Schwangerschaftsabbruch. // illegale ~ 불법낙태 不法落胎; versuchte ~ 낙태미수 落胎未遂; vollendete ~ 낙태기수 落胎旣遂.

Abtreibungs:handlung *f.* 낙태행위 落胎行爲; **~methode** *f.* 낙태방법 落胎方法; **~mittel** *n.* 낙태수단 落胎手段; **~strafbarkeit** *f.* 낙태가벌성 落胎加罰性.

Abtrennung *f.* 분리 分離; ~ des Verfahrens 절차(節次)분리.

Abtretbarkeit *f.* 양도가능성 讓渡可能性, 양도성 讓渡性.

Abtretender *m.* 양도인 讓渡人.

Abtretung *f.* 양도 讓渡; angezeigte ~ 통지(通知)된 양도; antizipierte ~ 사전적(事前的)인 양도; doppelte ~ 이중(二重)양도; mehrfache ~ 다수(多數)양도, 이중(二重)양도; offengelegte ~ 공개(公開)된 양도; ~ einer Forderung 채권(債權)의 양도.

Abtretungs:anzeige *f.* 양도의 통지 讓渡의 通知; **~befugnis** *f.* 양도의 권한 讓渡의 權限; **~erklärung** *f.* 양도의 의사표시 讓渡의 意思表示; **~geschäft** *n.* 양도행위 讓渡行爲; **~fähigkeit** *f.* 양도가능성 讓渡可能性; **~form** *f.* 양도방식 讓渡方式; **~recht** *n.* 양도권 讓渡權; **~urkunde** *f.* 양도증서 讓渡證書; **~verbot** *n.* 양도금지 讓渡禁止; **~vertrag** *m.* 양도계약 讓渡契約.

Aburteilung *f.* 선고 宣告.

Abwahl *f.* 소환 召還; **~verfahren** *n.* 소환절차 召還節次.

Abwägung *f.* 형량 衡量; umfassende ~ 포괄적(包括的) 형량, 제반사정(諸般事情) 형량.

Abwägungs:ausfall *m.* 형량부재 衡量不在; **~defizit** *n.* 형량흠결 衡量欠缺; **~disproportionalität** *f.* 형량불비례 衡量不比例; **~ergebnis** *n.* 형량의 결과 衡量의 結果; **~fehleinschätzung** *f.* 형량오판 衡量誤判; **~fehler** *m.* 형량의 하자 衡量의 瑕疵; **~fehlgebrauch** *m.* 형량(衡量)을 잘못 수행(遂行)함; **~gebot** *n.* 형량의 원칙 衡量의 原則; **~klausel** *f.* 형량조항 衡量條項; **~spielraum** *m.* 형량여지 衡量餘地; **~überschuss** *m.* 형량과잉 衡量過剩.

Abwasser *n.* 폐수 廢水; **~abgabe** *f.* 폐수부과금 廢水賦課金; **~beseitigung** *f.* 폐수처리 廢水處理.

Abwehr *f.* 방어 防禦; **~anspruch** *m.* 방어청구권 防禦請求權, 침해배제청구권 侵害排除請求權, 배제청구권 排除請求權; materiellrechtlicher ~ 실체법상(實體法上) 방어청구권; **~pflicht** *n.* 방어의무 防禦義務; **~recht** *n.* 방어권 防禦權.

53

Abweichungskompetenz *f.* 일탈권한 逸脫權限, 이탈예외권한 離脫例外權限. 독일 기본법 제72조 제3항에 의한 연방의 입법권을 일탈하는 주(州)의 입법권.

Abweisung *f.* 기각 棄却; ~ einer Klage 소(訴)의 기각.

Abwendung *f.* 방지 防止, 예방 豫防.

Abwendungsbefugnis *f.* (*als Vollstreckungsschutz*) 가집행면제신청권 假執行免除申請權 (§ 213 Abs. 2, Abs. 3 KZPO).

Abwesender *m.* 1. (*allg.*) 격지자 隔地者, 결석자 缺席者; 2. (*i.S.v. Nichtexistenz*) 부재자 不在者.

Abwesenheit *f.* 1. (*allg.*) 격지 隔地; 2. (*i.S.v. Nichtexistenz*) 부재 不在; ~ vom Arbeitsplatz 결근 缺勤.

Abwesenheits:rate *f.* (am Arbeitsplatz) 결근율 缺勤率; **~verhandlung** *f.* 결석공판 缺席公判.

Abwickler *m.* → Liquidator.

Abwicklung *f.* 1. (*des Gesellschaftsvermögens*) 조합재산의 청산 組合財產의 淸算; ~ der Gesellschaft 회사(會社)의 청산; 2. (*eines Schuldverhältnisses*) 채무관계의 소멸 債務關係의 消滅.

Abzahlung *f.* 할부 割賦.

Abzahlungs:geschäft *n.* 할부거래 割賦去來; **~kauf** *m.* 할부매매 割賦賣買; **~kaufvertrag** *m.* 할부매매계약 割賦賣買契約.

Abzug *m.* (von Beträgen) 공제 控除, 감액 減額.

Abzugs:steuer *f.* (Quellensteuer) 원천징수세 源泉徵收稅; **~verfahren** *n.* → Reverse-Charge-Verfahren.

accidentalia negotii (*lat.*) 계약의 비본질적 부분 契約의 非本質的 部分.

Achtungsanspruch *m.* 존중청구권 尊重請求權; sozialer ~ 사회적(社會的) 존중청구권.

actio (*lat.*) 1. (*in Bezug auf eine Klage*) 소권 訴權; 2. (*allg. i.S.v. Handlung*) 행위 行爲; ~ libera in causa (alic) 원인에 있어서 자유로운 행위; ~ negatoria 부인(不認)소권; ~ in rem 대물소권 代物訴權; ~ in personam 대인소권 代人訴權.

Adäquanz *f.* 상당인과관계 相當因果關係.

Adäquanztheorie *f.* 상당성 이론 相當性 理論, 상당인과관계설 相當因果關係說. // Die Adäquanztheorie wird von der koreanischen Rspr. auch im Strafrecht vertreten, vgl. KOGH 89도556, 13.10.1989.

Adhäsions:prozess *m.* 부대소송 附帶訴訟; **~verfahren** *n.* 배상명령절차 賠償命令節次.

Administration *f.* → Verwaltung.

administrativ *adj.* 행정적 行政的.

Administrativ:enteignung *f.* 행정수용 行政收容; **~gewalt** *f.* 행정권 行政權; **~organ** *n.* 행정기관 行政機官.

Adoleszenz *f.* 성년 成年.

Adoption *n.* 입양 入養; Aufhebung der ~ 파양 罷養; ~ durch das Gericht 재판상(裁判上) 파양 (§ 905 KBGB); ~ durch Vereinbarung 합의(合意)파양, 협의상(協議上) 파양 (§ 898 KBGB); ~ durch Gesetz 법정(法定)파양, 조정(調停)파양 (§ 2 KFamGG).

Adoptions:beschluss *m.* 입양결정 入養決定; **~fähigkeit** *f.* 입양능력 入養能力; **~verfahren** *n.* 입양절차 入養節次; **~verhältnis** *n.* 양친자관계 養親者關係.

Adoptiv:eltern *pl.* 양부모 養父母, 양친 養親; **~kind** *n.* 양자 養子; **~mutter** *f.* 양모 養母; **~vater** *m.* 양부 養父.

Adressat *m.* 1. (*allg. i.S.v. etwas erhalten*) 상대방 相對方, 수취인 受取人; 2. (*allg. i.S.v. etwas ausgesetzt sein*) 피적용자 被適用者; 3. (*einer Norm*) 수범자 受範者, 규범의 피적용자 規範의 被適用者.

Adressatentheorie *f.* 직접상대방이론 直接相對方理論, 상대방이론 相對方理論.

Adressatgericht *n.* 이송결정(移送決定)을 받는 법원(法院).

Affekt *m.* 격정 激情, 흥분 興奮; **~handlung** *f.* 격정행위 激情行爲, 흥분행위 興奮行爲; **~tat** *f.* 격정범행 激情犯行; **~täter** *m.* 격정범인 激情犯人.

Affektionsinteresse *n* 감정이익 感情利益, 애착이익 愛着利益; → Prognoserisiko.

AGB *f. pl.* (Allgemeine Geschäftsbedingungen) (보통거래)약관 (普通去來)約款. // Die allgemeinen Vertragsbedingungen sind in Korea im Gesetz über die Kontrolle von Vertragsbedingungen (약관의 규제에 관한 법률) geregelt. // ~ **Inhaltskontrolle** *f.* (보통거래)약관의 내용통제 (普通去來)約款의 內容統制.

Agent Provocateur *m.* 1. (*Transskription*) 아장 쁘로보까뙤르; 2. (*sinngemäß*) 함정수사관 陷穽搜査官.

Agenturvertrag *m.* 대리점계약 代理店契約.

Aggressivnotstand *m.* 공격적 긴급피난 攻擊的 緊急避難.

Agrar:recht *n.* 농업법 農業法; **~reform** *f.* 농업개혁 農業改革.

Ahndung *f.* 처벌 處罰.

Akkordlohn *m.* 성과급임금 成果給賃金, 성과급 成果給.

Akkreditierung *f.* (*als Zeremonie*) 신임(식) 新任(式); ~ eines Botschafters 대사 (大使)신임(식).

Akkusations:prinzip *n.* 탄핵주의 彈劾主義; **~prozess** *m.* 탄핵소송 彈劾訴訟.

Akt *m. i.S.v. Handlung* 행위 行爲; gesetzgeberischer ~ 입법자(立法者)의 행위.

Akte *f.* (공식적) 기록 (公式的) 記錄.

Akteneinsicht *f.* (기록)열람 (記錄)閱覽; Recht auf ~ (기록)열람권(權).

Akteneinsichtsrecht *n.* (기록)열람권 (記錄)閱覽權; ~ des Abgeordneten 의원(議員)의 기록열람권.

Akten:übersendung *f.* 기록송부 記錄送付; **~vorlage** *f.* → Aktenvorlegung; **~vorlegung** *f.* 기록제출 記錄提出.

aktenkundig *adj.* 기록(記錄)된; ~ machen 기록하다.

Aktenzeichen *n.* (AZ, Az) 사건번호 事件番號, 사건표시 事件表示, 서류번호 書類番號.

Aktie *f.* (*bei Komposita meist*) ~주 ~株; (*sonst*) 주식 株式; ~ mit Stimmrecht (voting stock/ share) 의결권주 決權株; ~ ohne Stimmrecht (nonvoting stock/ share) 무의결권주 無議決權株.

Aktie *f.* // abhandengekommene ~ 분실(紛失)된 주식; alte ~ 구주 舊株; ausgegebene ~ 발행(發行)된 주식; eigene ~ 자기(自己)주식; gebundene ~ 양도제한(讓渡制限)주식; gewöhnliche ~ 보통주(식) 普通株(式); junge ~ 신주 新株; nennwertlose ~ → Stückaktie; neue ~ → junge Aktie; nicht ausgegebene ~ 미발행주(식) 未發行株(式); stimmrechtslose ~ 의결권(議決權) 없는 주식; vernichtete ~ 파괴(破壞)된 주식; vinkulierte ~ 양도제한주 讓渡制限株; (freiwillige) Einziehung der ~ (임의 任意) 주식소각(消却); Zusammenlegung von ~n 주식의 병합(倂合); Zuteilung der ~n 주식배정(配定).

Aktien:ankauf *m.* 주식매입 株式買入; **~arten** *f. pl.* 주식종류 株式種類, 종류주식 種類株式; **~aufteilung** *f.* 주식분할 株式分割; **~ausgabe** *f.* 주식발행 株式發行; **~besitz** *m.* 주식소유 株式所有; **~besitzer** *m.* 주식소유자 株式所有者, 주주 株主; **~bezugsrecht** *m.* 신주인수권 新株引受權; **~börse** *f.* 주식거래소 株式去來所; **~buch** *n.* 주주명부 株主名簿 **~emmission** *f.* 주식발행 株式發行; **~einziehung** *f.* 주식소거 株式消去; **~depot** *n.* 주식기탁 株式寄託; **~erwerb** *m.* 주식취득 株式取得.

Aktiengesellschaft *f.* (AG) 주식회사 株式會社 (§§ 288 ff. KHGB). // Die

Aktiengesellschaft ist die mit Abstand häufigste Gesellschaftsform in Korea. Anstelle des Aufsichtsrates (감사) besteht in Korea nach dem Vorbild der amerikanischen Audit Committees gem. § 415 a Abs. 1 KHGB die Möglichkeit, durch Satzung einen unabhängigen Prüfungsausschuss (감사위원회 監事委員會) zu bestellen, dessen Zusammensetzung dem Willen der Hauptversammlung zum größten Teil entzogen ist. Der Ausschuss muss gem. § 415 a Abs. 2 KHGB aus mindestens drei Personen bestehen, und zu mindestens 2/3 mit Non – executive directors (사외이사 社外理事) besetzt sein, die weder in der Gesellschaft angestellt noch in sonstiger Weise mit dieser verbunden sein dürfen.

Aktien:gesetz *n.* 주식법 株式法; **~handel** *m.* 주식거래 株式去來; **~inhaber** *m.* 주주 株主; **~kapital** *n.* 주식자본 株式資本; **~kauf** *m.* 주식매매 株式賣買; **~kurs** *m.* 주가 株價; **~kursindex** *m.* 주가지수 株價指數; **~markt** *m.* 주식시장 株式市場; **~mehrheit** *f.* 주식과반수 株式過半數; **~neuausgabe** *f.* 신주발행 新株發行; **~option** *f.* 주식매수선택권 株式買收選擇權; **~paket** *n.* 대량주 大量株; **~recht** *n.* 주식법 株式法; **~register** *n.* 주주명부 株主名簿; **~rendite** *f.* 주식수익 株式收益; **~stimmrecht** *n.* 주주의결권 株主議決權; **~teilung** *f.* 주식분할 株式分割; **~übernahme** *f.* 주식인수 株式引受; **~umwandlung** *f.* 주식변경 株式變更; **~urkunde** *f.* 주(식증)권 株(式證)券; **~verzeichnis** *n.* 주식명부 株式名簿; **~wert** *m.* 주식액면 株式額面, 주가, 주식가치 株式價値; **~wesen** *n.* 주식제도 株式制度; **~zeichner** *m.* 주식인수인 株式引受人; **~zeichnung** *f.* 주식인수 株式引受; **~zeichnungsschein** *m.* 주식인수서 株式引受書; **~zertifikat** *n.* 주권 株券; **~zusammenlegung** *f.* 주식병합 株式併合; **~zuteilung** *f.* 주식배정 株式配定.

Aktionär *m.* 주주 株主; beherrschender ~ 지배(支配)주주; Minderheitsrecht des ~s 소수주주권 少數株主權.

Aktionärs:recht *n.* 주주권 株主權; **~versammlung** *f.* 주주총회 株主總會.

Aktiva *f.* 자산 資産.

Aktiv:legitimation *f.* (올바른) 원고인가 原告認可, 원고의 본안적격 原告의 本案適格, 원고적격 原告適格; **~prozess** *m.* 능동소송 能動訴訟; **~versicherung** *f.* 적극보험 積極保險; **~vertretung** *f.* 능동대리 能動代理.

Akzeptanz *f.* 수긍가능성 首肯可能性; **~kredit** *m.* 인수신용장 引受信用狀.

Akzessorietät *f.* 부종성 附從性, 종속성 從屬性; ~ von Gesellschafts- und

Gesellschafterschuld 화사채무(會社債務)와 사원채무(社員債務)의 부종성; limitierte ~ 제한(制限)된 부종성.

Alimentation *f.* 보수 報酬.

Alimentationsleistung *f.* 보수지급 報酬支給.

aliud *(lat.)* 다른 종류물(種類物); ~ - **Leistung** *f.* 다른 종류물의 급부(給付).

Alkohol *m.* 알코올, 알콜.

Alkohol:abhängiger *m.* 알콜중독자(中毒者); **~abhängigkeit** *f.* 알콜중독(中毒); **~delikt** *n.* 음주범죄 飮酒犯罪; **~fahrt** *f.* 음주운전 飮酒運轉; **~missbrauch** *m.* 과음 過飮; **~steuer** *f.* 주세 酒稅.

Allein:berechtigung *f.* 단독권한 單獨權限; **~besitz** *m.* 단독점유 單獨占有; **~besitzer** *m.* 단독점유자 單獨占有者; **~eigentum** *n.* 단독소유(권) 單獨所有(權); **~eigentümer** *m.* 단독소유자 單獨所有者; **~erbe** *m.* 단독상속인 單獨相續人; **~erziehende(r)** *f. (m.)* 자녀를 혼자 키우는 부 및 모; **~gesellschafter** *m.* 일인회사(一人會社)의 사원(社員); **~inhaber** *m.* 단독소지자 單獨所指者, 단독소유인 單獨所有人; **~täter** *m.* 단독범인 單獨犯人; **~täterschaft** *f.* 단독정범 單獨正犯; **~vertrieb** *m.* 독점판매 獨占販賣; **~vertriebsvertreter** *m.* 독점판매대리인 獨占販賣代理人.

allgemein *adj.* 일반적 一般的.

Allgemeine ~ ~ Bedeutung *f.* 일반적 의미 一般的 意味; ~ **Geschäftsbedingungen** *f. pl. (Abk.* AGB) (보통거래)약관 (普通去來)約款, vgl. → AGB; ~ **Handlungsfreiheit** *f.* 일반적 행동의 자유 一般的 行動의 自由; ~ **Leistungsklage** *f.* 일반이행소송 一般履行訴訟, vgl. → Leistungsklage, allgemeine; ~ **Rechtslehre** *f.* 일반법학 一般法學; ~ **Vertragsbedingungen** *f. pl.* (보통계약)약관 (普通契約)約款, vgl. → AGB; ~ **Vorschriften** *f. pl.* 총칙 總則.

Allgemeiner ~ ~ Gleichheitssatz *m.* 일반적 평등원칙 一般的 平等原則; ~ **Teil** *m.* 총칙 總則.

Allgemeines ~ ~ Lebensrisiko *n.* 일상생활상의 위험 日常生活上의 危險; ~ **Persönlichkeitsrecht** *n.* 일반적 인격권 一般的 人格權.

Allgemeinheit *f.* 공공 公共, 공동 共同, 전적 全的, 일반인(들) 一般人(들), 공중 公衆; Wohl der ~ 공공복지 公共福祉, 공공복리 公共福利.

Allgemein:interesse *f.* 공익 公益; → Individualinteresse; **~verbindlicherklärung** *f.* 일반적 구속력선언 一般的 拘速力宣言; **~verbindlichkeit** *f.* 일반적 구속력 一般的

拘束力; **~verbindlichkeitserklärung** *f.* → Allgemeinverbindlicherklärung; **~verfügung** *f.* 일반처분 一般處分; **~wohl** *n.* 공공복지 公共福祉, 공공복리 公共福利.

Allzuständigkeit *f.* 전권한성 全權限性, 전면관할 全面管轄.

Alter *n.* 연령 年齡.

Alters:diskriminierung *f.* 연령(年齡)을 인한 차별(差別); **~grenze** *f.* 1. (*allg.*) 연령제한 年齡制限; 2. (*i.S.d. Renteneintrittsalters*) 정년 停年; **~rente** *f.* 고령연금 高齡年金; **~versorgung** *f.* 양로연금 養老年金.

Ältestenrat *m.* 원로회 元老會.

Altgläubiger *m.* 종전 채권자 從前 債權者; → Zedent.

Altlasten *f.* (*pl.*) 종전환경오염 從前環境污染, 잔존유해물질 殘存有害物質.

Altenpflege *f.* 노인보호 老人保護.

Amnestie *f.* 일반사면 一般赦免; → Begnadigung.

Amortisation *f.* 상각 償却.

Amt *n.* 1. (*als Gebäude, Institution*) 관청 官廳, 행정청 行政廳; 2. (*als Aufgabe*) 직무 職務; 3. (*i.S.v. Amtsgewalt*) 직권 職權; öffentliches ~ 공무 公務, 공직 公職; Ausübung eines öffentlichen ~es 공무집행(執行).

Amts:anmaßung *f.* (als Delikt) (*wörtl.*) 직무찬탈(죄) 職務簒奪(罪), 공무사칭(죄) 公務詐稱(罪); im KStGB bezeichnet als „공무원자격의 사칭" (Vorgabe der Beamtenstellung), vgl. § 118 KStGB: Wer unter Vorgabe einer Beamtenstellung ein öffentliches Amt ausübt, wird mit bis zu drei Jahren Zuchthaus oder mit Geldstrafe bis zu 7 Mio KRW bestraft.

Amts:anwalt *m.* 구법원(지방법원) 검사(檢事), 구검사 區檢事; **~antritt** *m.* 취임 就任; **~arzt** *m.* 공의 公醫; 행정청에 종사하는 의사; **~aufhebung** *f.* 직무상 취소 職務上 取消, 직권취소 職權取消; **~aufhebungsverfahren** *n.* 직권취소절차 職權取消節次; **~aufklärungsgrundsatz** *m.* 직권탐지주의 職權探知主義; **~ausübung** *f.* 직무집행 職務執行; **~befugnis** *f.* 직무권한 職務權限, 직권 職權; **~bescheid** *m.* 행정청(行政廳)의 결정서(決定書); **~betrieb** *m.* 직권진행(주의) 職權進行(主義), 직권상 수행 職權上 遂行, 법관의 소송수행권. // 소송절차는 (예: 문서의 송달 등) 당사자가 아니라 법원이 주도적으로 진행하는 독일법상의 소송 진행원칙. 당사자 진행주의에 반대되는 개념으로 소송지휘권이 된다.// **~blatt** *n.* 관보 官報; **~bezeichnung** *f.* 직무상 신분의 명칭, 직무의 명칭(名稱), 직명 職名; **~bezirk** *m.* 직무구역 職務區域, 직무관할 구역 職務管轄區域; **~delikt** *n.* 공무상 범죄 公務上 犯罪, 직무범죄 職務犯罪, 신분범

죄 身分犯罪; echtes (eigentliches) ~ 진정(眞正)신분범; unechtes (uneigentliches, gemischtes) ~ 부진정(不眞正)신분죄; ~**empfangsbedürftigkeit** f. 직무상 수령의 필요(성) 職務上 受領의 必要(性); ~**eid** m. 취임선서 就任宣誓, 직무선서 職務宣誓; ~**einführung** f. 취임 就任; ~**entbindung** f. 직무해임 職務解任; ~**enthebung** f. 면직 免職; ~**ermittlung** f. 직권탐지 職權探知; ~**ermittlungsgrundsatz** m. 직권탐지주의 職權探知主義, 직권주의 職權主義; z.B. geregelt in § 17 KFamGG, § 9 KVwGO, § 101 Abs. 2 KRiG; ~**erschleichung** f. 부당한 직무취득 不當한 職務取得; ~**fähigkeit** f. 직무집행자격 職務執行資格; Verlust der ~ 직무집행자격의 상실 (喪失); Entzug der ~ 직무집행자격의 박탈(剝奪); ~**führung** f. 직무의 수행 職務의 遂行; ~**geheimnis** n. 직무상 기밀 職務上 機密; ~**gericht** n. 1. (in Deutschland) 구재판소 區裁判所, 구법원 區法院, 2. (Entsprechung in Korea) 지방법원 地方法院 („Bezirksgericht / Landgericht"); ~**gerichtspräsident** m. 구법원장 區法院長; ~**gewalt** f. 직권 職權; ~**grundsatz** m. 직권주의 職權主義; ~**haftung** f. 직무(배상) 책임 職務(賠償)責任; ~**haftungsanspruch** m. 직무(배상)책임청구권 職務(賠償)責任請求權; ~**haftungsprozess** m. 직무(배상)소송 職務(賠償)訴訟; ~**handlung** f. 직권행위 職權行爲, 직무행위 職務行爲; ~**hilfe** f. 행정응원 行政應援, 직무지원 職務支援, 직무상 지원 職務上 支援, 행정구조 行政救助; ~**hilfeverfahren** n. 직무상 지원절차 職務上 支援節次; ~**immunität** f. 직무상 면책특권 職務上 免責特權; ~**kleidung** f. 관복 官服, 직복 職服; ~**löschung** f. 직무상 말소 職務上 抹消, 직권말소 職權抹消; ~**löschungsverfahren** n. 직권말소절차 職權抹消節次; ~**missbrauch** m. (als Delikt) 직권남용(죄) 職權濫用(罪) (§ 123 KStGB); ~**nachfolger** m. 후임자 後任者; ~**niederlegung** f. 퇴임 退任; ~**organ** n. 관청의 기관 官廳의 機關; ~**pfleger** m. 직무상 보좌인 職務上 補佐人; ~**pflegschaft** f. 직무상 보좌 職務上 補佐; ~**pflicht** f. 직무상 의무 職務上 義務; ~**pflichtverletzung** f. 직무의무위반 職務義務違反; ~**pflichtwidrig** adj. 직무의무(職務義務)를 위반(違反)하는; ~**recht** n. 직무법 職務法; ~**richter** m. 구법원 판사 區法院 判事, 지방법원(地方法院) 판사; ~**siegel** n. 관인 官印, 공인 公印; ~**sitz** m. 1. (von Personen) 임지 任地, 직무지 職務地; 2. (umgangssprachl. als Sitz der Behörde) 관청 소재지 官廳 所在地; ~**sprache** f. 공용어 公用語; ~**stellung** f. 직무상 신분 職務上 身分; ~**tätigkeit** f. 직무행위 職務行爲; ~**tierarzt** m. 공수의사 公獸醫師; ~**tracht** f. → Amtskleidung; ~**träger** m. 공무수행자 公務遂行者, 공무담당자 公務擔當者; ~**unfähigkeit** f. 직무수행의 불능상태 職務遂行의 不能狀態; ~**untersuchung** f. 직무탐지 職務探知; ~**vergehen** *n.* 직무상 경죄 職務上 輕罪; **~verhältnis** *n.* 직무관계 職務關係; **~verlust** *m.* 직무의 상실 職務의 喪失; **~verschwiegenheit** *f.* 직무상 비밀보장의무 職務上 秘密保障義務; **~vormund** *m.* (소년국의) 직권후견인 (少年局의) 職權後見人, 직무상 후견인 職務上 後見人; **~vormundschaft** *f.* (독일 소년국의) 직권후견 (少年局의) 職權後見; **~walter** *m.* 직무담당자 職務擔當者, 공무담당자 公務擔當者; **~widerspruch** *m.* 직무상 이의 職務上 異議 (토지등기청의 이의 土地登記廳의 異議). // **~zeit** *f.* 임기 任期; **~zimmer** *n.* 관청안에 사무실 官廳안에 事務室; **~zustellung** *f.* 직권송달 職權送達.

Ämterkauf *m.* 매관 買官.

Analoge Anwendung *f.* 유추적용 類推適用.

analogia in bonam partem (*lat.*) 행위자에게 유리한 유추.

analogia in malam partem (*lat.*) 행위자에게 불리한 유추.

Analogie *f.* 유추(해석) 類推(解釋), 유사 類似; (*i.S.v. analoger Auslegung*) 유추해석 類推解釋; verbotene ~ 금지(禁止)된 유추; (*strafr.*) 유추해석금지(의 원칙) 類推解釋禁止(의 原則); **~fähigkeit** *f.* 유추가능성 類推可能性; **~schluss** *m.* 유추해석의 결과 類推解釋의 結果; **~verbot** *n.* 1. (*allg.*) 유추금지 類推禁止; 2. (*bzgl. Auslegungsregeln*) 유추해석금지 類推解釋禁止.

Anarchie *f.* 무정부상태 無政府常態.

Anarchismus *m.* 무정부주의 無政府主義.

Anatomievertrag *m.* 과학 및 교육적인 목적과 같은 특정 목적을 위하여 신체를 해부할 수 있도록 하는 계약.

Anbahnung *f.* 유치 誘致; ~ eines Vertrages 계약(契約)의 유치.

Anderer *m.* 타인 他人.

Anderkonto *n.* 타인계좌 他人計座. 금전관리 위해 제3자 (예: 변호사 및 공증인) 가지는 계좌.

Änderung *f.* 1. (*allg.*) 변경 變更; 2. (*i.S.v. Reform*) 개정 改正.

Änderungs:antrag *m.* 개정신청 改正申請; **~gesetz** *m.* 개정법률 改正法律; **~klage** *f.* → Abänderungsklage; **~kündigung** *f.* 변경해고 變更解雇, 변경해지 變更解止; **~sperre** *f.* 변경금지 變更禁止; **~vorbehalt** *m.* 변경유보 變更留保.

Androhung *f.* 예고 豫告; ~ von Zwangsmitteln 강제수단(强制手段)의 예고.

Aneignung *f.* (*allg.*) 선점 先占; widerrechtliche ~ 불법적(不法的) 선점; ~ von herrenlosen Sachen 무주물의 귀속 無主物의 歸屬 (§ 252 KBGB).

Aneignungsrecht *n.* 선점권 先占權, 탈취권 奪取權, 취득(取得)에 관한 권리(權利).

Anerkenntnis *f.* (*i.S.d.* § *307 ZPO*) 인낙 認諾, vgl. auch → Klageanerkenntnis. Sonst auch: 승인 承認, 인지 認知 (wobei der letztere Begriff insbesondere für das Vaterschaftsanerkenntnis verwendet wird (→ Anerkennung der nichtehelichen Vaterschaft). // eingeschränktes ~ 제한부(制限附)인낙; sofortiges ~ 즉시(卽時)인낙. Vgl. § **220 KZPO. Wirkung von Vergleich, Anspruchsverzicht und Anerkenntnis.** Wird ein Vergleich, ein Anspruchsverzicht oder ein Anerkenntnis im Protokoll der mündlichen Verhandlung oder dem Protokoll des frühen ersten Termins aufgenommen, so hat dieses Protokoll dieselbe Wirkung wie ein rechtskräftiges Urteil.
Anerkenntnis:urteil *n.* 인낙판결 認諾判決; **~vermutung** *f.* 인지추정 認知推定.
Anerkennung *f.* 1. (*allg.*) 인정 認定; 2. (*im Schuldrecht*) 승인 承認; 3. (*im Familienrecht*) (Anerkennung des nichtehelichen Kindes) 인지 認知; gegenseitige ~ 상호적(相互的) 인정; öffentlich-rechtliche ~ 공법적(公法的) 승인; ~ **ausländischer Urteile** (*wörtl.*) 외국판결(外國判決)의 승인. // Die Anerkennung ausländischer Judikatur in Korea wird in dem zum 20.05.2014 neu gefassten § 217 KZPO unter der Überschrift „Anerkennung ausländischer Gerichtsentscheidungen" (외국재판의 승인) geregelt. Die Überschrift des § 217 KZPO a.F. lautete: „Wirksamkeit ausländischer Urteile" (외국판결의 효력), vgl. → Vollstreckbarkeit ausländischer Urteile; ~ **der nichtehelichen Vaterschaft** (임의)인지 (任意)認知 (§ 855 KBGB). // Das KBGB spricht nicht nur von der Anerkennung durch den Vater, sondern auch durch die Mutter. // Gerichtliche Feststellung der nichtehelichen Vaterschaft: 강제인지 強制認知, 재판인지 裁判認知, 심판인지 審判認知; erfolgt auf Klage des Kindes, vgl. § 863 KBGB. Die Klage kann nach § 50 KFamGG erst dann erhoben werden, wenn zuvor eine einvernehmliche Anerkennung (조정인지 調停認知) gescheitert ist.
Anfall *m.* (*vermögensr.*) 귀속 歸屬, 취득 取得; ~ an den Fiskus 국고(國庫)에의 귀속; ~ der Erbschaft 상속재산(相續財産)의 귀속, 상속취득.
Anfall:berechtigter 귀속권리자 歸屬權利者; **~prinzip** *n.* 귀속주의 歸屬主義.
Anfangs:kosten *f.* 개시비용 開始費用; **~termin** *m.* 시기 始期; **~vermögen** *n.* 초기재산 初期財産; **~verdacht** *m.* 최초(最初)의 범죄혐의(犯罪嫌疑), 초기혐의 初期嫌疑.
anfechtbar *adj.* 취소가능(取消可能)한.

Anfechtbarkeit *f.* 취소가능성 取消可能性.

Anfechtung *f.* 취소 取消; ~ einer Willenserklärung 의사표시(意思表示)의 취소; ~ eines Verwaltungsakts 행정행위(行政行爲)의 취소; teilweise ~ 일부(一部)취소.

Anfechtungs:befugnis *f.* 취소권 取消權; **~beschwerde** *f.* 1. (*wörtl.*) 취소항고 取消抗告; 2. (*i.S.v. Anfechtungsklage, z.B. im Kartellrecht*) 취소소송 取消訴訟; **~berechtigt** *adj.* 취소권(取消權) 있는; **~berechtigter** *m.* 취소권자 取消權者; **~berechtigung** *f.* → Anfechtungsbefugnis; **~erklärung** *f.* 취소(取消)의 의사표시(意思表示); **~frist** *f.* 취소기간 取消期間; **~gegner** *m.* 취소상대방 取消相對方; **~gesetz** *n.* 취소법 取消法, → Gesetzesregister; **~grund** *m.* 취소원인 取消原因.

Anfechtungsklage *f.* 취소소송 取消訴訟. // Die Anfechtungsklage ist im koreanischen Verwaltungsrecht nicht maßnahmespezifisch und kann daher nicht nur gegen Verwaltungsakte, sondern gegen sämtliche behördliche Maßnahmen (처분), deren Verweigerung oder Unterlassen erhoben werden, vgl. § 19 KVwGO. Ein der Anfechtungsklage im deutschen Recht entsprechender Begriff kann mit „행정행위에 대한 취소소송" („Anfechtungsklage gegen Verwaltungsakte") umschrieben werden. Vgl. zur Durchführung eines Vorverfahrens vor Klageerhebung → Widerspruch. // isolierte ~ 독립적(獨立的) 취소소송.

Anfechtungs:klausel *f.* 취소조항 取消條項; **~recht** *n.* 취소권 取消權; **~urteil** *n.* 취소판결 取消判決; **~verfahren** *n.* 취소절차 取消節次; **~widerspruch** *m.* 취소(행정)심판 取消(行政)審判, vgl. → Widerspruch.

Anfertigung *f.* 작성 作成.

Anfertigungspflicht *f.* 작성의무 作成義務.

Anforderung *f.* 요건 要件; strenge ~ 엄격(嚴格)한 요건.

Anfrage *f.* 질문 質問; große ~ 대(大)질문; große ~ an die Bundesregierung 연방정부(聯邦政府)에 대한 대질문; kleine ~ 소(小)질문.

Angebot *n.* 1. (*zum Vertragsschluss, Offerte*) 청약 請約; Einladung zum ~ (*invitatio ad offerendum*) ~ 청약의 유인(誘引); 2. (~ *einer Leistung*) 급부의(給付의) 제공(提供); tatsächliches ~ 현실(現實) 제공; wörtliches ~ 구두(口頭) 제공.

Angebots:vorhand *f.* 우선청약권 優先請約權; **~theorie** *f.* 청약설 請約說.

Angehöriger *m.* 1. (*einer Familie*) 친족 親族; 2. (*einer jur. Person*) 구성원 構成員.

Angeklagten:einlassung *f.* 피고인의 임의 진술 被告人의 任意 陳術, vgl. →

Einlassung des Angeklagten; ~**vernehmung** *f.* 피고인신문 被告人訊問, vgl. → Vernehmung des Angeklagten.

Angeklagter *m.* (공판)피고인 (公判)被告人.

Angelegenheit *f.* 1. (*abstrakt*) 사항 事項; 2. (*i.S.v. Aufgabe*) 업무 業務, 사무 事務, 직무 職務; äußere ~ 외부적(外部的) 사무; betriebliche ~ 경영업무 經營業務; eigene ~ 자기사무 自己事務; innere ~ 내부적(內部的) 사무; internationale ~ 국제(國制)업무; personelle ~ 인사(人事)에 관한 사항; polizeiliche ~ 경찰업무 警察業務; soziale ~ 사회적(社會的) 사항; wirtschaftliche ~ 경제적(經濟的) 사항.

angemessen *adj.* 상당(相當)하게/한, 적절(適切)하게/한.

Angemessenheit *f.* 상당성 相當性; Grundsatz der ~ 상당성의 원칙(原則).

Angemessenheitsklausel *f.* 상당성조항 相當性條項.

Angeschuldigter *m.* Das koreanische Recht unterscheidet begrifflich nur zwischen dem Beschuldigten („피의자" = Bezeichnung ab Beginn der Ermittlungen bis zur Anklageerhebung) und dem Angeklagten („피고인" = Bezeichnung ab dem Zeitpunkt der Anklageerhebung). Eine dem Begriff des Angeschuldigten entsprechende Umschreibung kann mit „기소장(起訴狀)에 기재(記載)된 자(者)" = „In der Klageschrift bezeichnete Person" vorgenommen werden.

Angestellter *m.* 사무직원 事務職員, 사용인 使用人, 사무직근로자 事務職勤勞者, 사무원 事務員, 사원 社員; ~ im öffentlichen Dienst 공무상(公務上)의 사무직근로자, 공공부문(사무직)근로자 公共部門(事務職)勤勞者, 행정의 사법상 근로자 行政의 私法上 勤勞者; häuslicher ~ 가사근로자 家事勤勞者; kaufmännischer ~ 상업(商業)사용인; leitender ~ 중견간부 中堅幹部.

angemessen *adj.* 상당(相當)한, 적정(適正)한.

Angemessenheit *f.* 상당성 相當性, 적정성 適正性.

Angemessenheitsprüfung *f.* 상당성심사 相當性審査, 적정성심사 適正性審査.

Angestifteter *m.* 피교사자 被教唆者.

Angleichung *f.* 순응 順應.

Anglo-Amerikanisches Recht *n.* 영미법 英美法.

Angriff *m.* 1. (*abstrakt i.S.v. Eingriff, Verletzung*) 침해 侵害; 2. (*i.S.v. körperlicher Attacke*) 공격 攻擊; gegenwärtiger ~ 현재(現在)의 침해; rechtswidriger ~ 위법(違法)한 침해; 3. (*im Wege einer Klage*) 쟁송 爭訟.

Angriffs:gegenstand m. 공격대상 攻擊對象; **~krieg** m. 침략전쟁 侵略戰爭; **~mittel** n. 공격방법 攻擊方法; **~notstand** m. 공격적 긴급피난상태 攻格的 緊急避難狀態; **~objekt** n. 공격대상 攻擊對象, 침해대상 侵害對象; gewolltes ~ 의욕(意欲)한 공격대상; gleichwertiges ~ 동가치(同價値)의 공격대상; tatsächliches ~ 사실상(事實上) 공격대상.

Anhang m. 부록 附錄.

anhängig machen v. 계속(繫屬)시키다; eine Sache ~ 사건(事件)을 계속시키다.

Anhängigkeit f. 계속 繫屬, 종속성 從屬性; z.T. auch 계류중(繫留中), wobei dieser Begriff auf der japanischen Rechtsterminologie basiert und in der modernen koreanischen Rechtssprache kaum mehr gebräuchlich ist. // ~ einer Klage 계속중인 소송, 소송(訴訟)의 계속, 소송진행 訴訟進行, 사건의 계속 事件의 係屬.

Anhörung f. 청문 聽聞, 의견청취 意見聽取, 의견제출 意見提出, 의견청문 意見聽聞, 진술청취 陳述聽取, 심문 審問. // Das Gericht hat gem. § 134 Abs. 2 KZPO grds. Ermessen, ob es ohne mündliche Verhandlung anhört. In einigen Fällen ist eine Anhörung zwingend erforderlich, vgl. z.B. §§ 81 Abs. 2, 327 Abs. 1 KZPO in anderen Fällen unzulässig, vgl. z.B. §§ 467 KZPO. // ~ der Beteiligten 관계인(關係人)의 심문.

Anhörungs:rüge n. 청문이의 聽聞異議; **~verfahren** n. 의견청취절차 意見聽取節次.

Ankaufrecht n. 매매완결권 賣買完結權.

Anklage f. 1. (durch die Staatsanwaltschaft) 공소 公訴, 기소 起訴; 2. (insbes. von Trägern hoheitlicher Gewalt, impeachment) 탄핵 彈劾; ~ des Präsidenten 대통령(大統領)의 탄핵 (Art. 65 KVerf).

Anklage:behörde f. 기소관청 起訴官廳, 공소청 公訴廳; **~erhebung** f. 1. (durch die Staatsanwaltschaft) 공소제기 公訴提起, 기소 起訴 (§ 246 KStPO); 2. (bei einer Anklage von Trägern hoheitlicher Gewalt) 소추 訴追 (Art. 65 Abs. 1 KVerf); **~erhebungspflicht** f. 공소제기의무 公訴提起義務; **~ermessen** n. 기소재량 起訴裁量; **~erzwingung** f. 기소강제 起訴强制; **~grundsatz** m. (→ Akkusationsprinzip) 탄핵주의 彈劾主義; **~organ** n. 소추기관 訴追機關; **~monopol** n. 기소독점 起訴獨占, 공소권독점 公訴權獨占; ~ der Staatsanwaltschaft 검사(檢事)기소독점 (§ 246 KStPO); ~ des Staates 국가소추주의 國家訴追主義; **~prinzip** n. → Akkusationsprinzip; **~satz** m. 공소문 公訴文; abstrakter ~ 추상적(抽象的) 공소문; konkreter ~ 구체적(具體的) 공소문; **~schrift**

f. 공소장 公訴狀, 기소장 起訴狀; **~zwang** *m.* 기소강제 起訴强制.

Anlage *f.* 1. (*institutionell i.S.v. Einrichtung*) 시설 施設; ~ zur Abfallbeseitigung 폐기물처리시설 廢棄物處理施設; 2. (*i.S.v. bauliche Anlage*) 영조물 營造物, 건축물 建築物, 건축경작물 建築工作物; gefährliche ~ 위험(危險)한 시설, 위험시설; 3. (*i.S.v. Investition*) 투자 投資, 예치 預置; 4. (*zu Dokumenten*) 별지 別紙, 첨부(서류) 添附 (書類).

Anlagegegenstand *m.* 고정물 固定物, 고정자산 固定資產.

Anlagehypothek *f.* 투자저당권 投資抵當權.

Anlagenhaftung *f.* 시설(施設)에 관한 책임(責任), 시설책임.

Anlagevermögen *n.* 고정자산 固定資產.

Anlass *m.* 계기 契機; **~tat** *f.* 계기범죄 契機犯罪.

Anleger *m.* 투자자 投資者.

Anleihe *f.* (*engl.* bond) 채권 債券; öffentliche ~ 공채 公債.

Anleihe-Gesetz *n.* 채권법 債券法.

Anleihe:gläubiger *m.* (채권의) 채권자 (債券의) 債權者; **~schein** *m.* 채권 債券; **~schuldner** *m.* (채권의) 채무자 (債券의) 債務者.

Anmeldepflicht *f.* 신고의무 申告義務.

Anmeldetag *m.* 신고일 申告日, 신청일 申請日.

Anmeldung *f.* 신고 申告, 신청 申請; ~ von Ansprüchen 청구(請求)의 신고; bei Patenten: 출원 出願; ein Patent anmelden 특허(特許)를 출원하다.

Annäherungstheorie *f.* 근접이론 近接理論.

Annahme *f.* 인수 引受, 수령 受領, 접수 接受; ~ *einer Willenserklärung* 의사표시 (意思表示)의 승낙 承諾; ~ *einer Sache* 물건의 수령 物件의 受領; ~ *eines Amts* 직무(職務)의 승낙; ~ *einer Klage* 소송의 접수 訴訟의 接受; ~ *als Erfüllung* 변제 (辨濟)로서 수령; ~ *als Kind* 입양 入養; ~ *an Erfüllungs statt* 대물변제 代物辨濟; ~ *der Berufung* 항소인용 抗訴認容; ~ *der Erbschaft* 상속의 승인 相續의 承認; **~frist** *f.* 승낙기간 承諾期間; **~pflicht** *f.* 수령의무 受領義務; **~revision** *f.* 상고인용 受理認容; **~verfahren** *n.* 심판회부절차 審判回附節次; **~vermerk** *m.* (환어음)인수의 기재 (換어음)引受의 記載; **~verweigerung** *f.* 수령거절 受領拒絕; **~verweigerungsrecht** *n.* 수령거절권 受領拒絕權; **~verzug** *m.* 채권자지체 債權者遲滯, 수령지체 受領遲滯; **~voraussetzung** *f.* 심판회부요건 審判回附要件.

Annex *m.* 부수적인 요소 附隨的인 要素.

Annexkompetenz *f.* 부대적 입법권 附帶的 立法權.

Anordnung *f.* 명령 命令, 지시 指示, 처분 處分; dienstliche ~ 직무(職務)명령 (§ 57 KBeamtG); einstweilige ~ 가(假)명령; gerichtliche ~ 법원(法院)의 명령; richterliche ~ 법관(法官)의 영장(令狀); vorläufige ~ 잠정적(暫定的) 명령.

Anordnungs:adressat *m.* (*im Eilverfahren*) 가처분(假處分)의 수범자(受範者); **~anspruch** *m.* 1. (*allg.*) 처분청구권 處分請求權; 2. (*im Eilverfahren*) 가처분청구권 假處分請求權; **~grund** *m.* 1. (*allg.*) 처분사유 處分事由; 2. (*im Eilverfahren*) 가처분사유 假處分事由; **~kompetenz** *f.* 지시권 指示權.

Anpassung *f.* 적응 適應, 조정 調整, 수정 修正; ~ des Vertrages 계약(契約)의 적응.

Anpassungs:pflicht *f.* 적응의무 適應義務; **~recht** *n.* 수정권 修正權, 적응권 適應權, 조정권 調整權; **~spielraum** *m.* 적응의 여지 適應의 餘地; zeitlicher ~ 시간적(時間的)인 적응의 여지.

Anrechnung *f.* 변제충당 辨濟充當, 손익상계 損益相計, 공제 控除, 충당 充當, 산입 算入.

Anrechnungs:betrag *m.* 충당액 充當額; **~methode** *f.* 충당방법 充當方法.

Anrecht *n.* 1. (*allg. i.S.v. Anspruch*) 청구(권) 請求(權); 2. (*i.S.v. Aussicht auf ein Recht*) (→ Anwartschaft) 기대권 期待權; 3. (*im Aktienrecht*) (→ Bezugsrecht) 신주인수권 新株引受權.

Anregung *f.* 제안 提案.

Anrufung *f.* 소원제기 所願提起, 설명요구 說明要求.

Ansammlung *f.* 집합 集合.

ansässig *adj.* 거주(居住)하는.

Ansässigkeit *f.* 거주 居住.

Anschaffung *f.* 공급 供給.

Anschaffungs:kosten *f.* 공급비 供給費; **~nebenkosten** *f.* 공급부수비 供給附隨費, 매입부대비용 買入附帶費用. // 구매대금 이외에 부수적으로 들어가는 필요비용. 예컨대: 수수료, 운송비, 보험비 등.

Anschauung *f.* 견해 見解; ~ der Allgemeinheit 일반인(一般人)의 견해; ~ des verständigen Durchschnittsmenschen 합리적인 평균인 (合理的인 平均人)의 견해; politische ~ 정치적(政治的) 견해; religiöse ~ 종교적(宗敎的) 견해.

Anscheins:beweis *m.* → prima facie Beweis; **~störer** *m.* 외관상 위해유발자 外觀上 危害誘發者; **~vollmacht** *f.* 외관대리 外觀代理, 표현수권 表見授權, 표현대리권 表現代理權.

Anschluss- und Benutzungszwang *m.* 연결 및 이용강제 連結 및 利用强制.
Anschluss:berufung *f.* 부대항소 附帶抗訴; **~erklärung** *f.* 참가의사표시 參加意思表示; **~firma** *f.* 팩토링고객(顧客); **~rechtsmittel** *n.* 부대상소 附帶上訴.
Anspruch *m.* 청구권 請求權; dinglicher ~ 물권적(物權的) 청구권; entstandener ~ 성립(成立)된 청구권, 발생(發生)된 청구권; erloschener ~ 소멸(消滅)된 청구권; fälliger ~ 변제기(辨濟期)청구권; materieller ~ 실체법상(實體法上) 청구권; negatorischer ~ 방해배제(妨害排除)청구권; persönlicher ~ 대인적(對人的) 청구권; petitorischer ~ 본권(本權)에 기한 청구권; possessorischer ~ 점유(占有)에 기한 청구권; prozessualer ~ 소송상(訴訟上) 청구권; schuldrechtlicher ~ 채권적(債權的) 청구권; ~ sui generis 고유(固有)한 청구권; vermögensrechtlicher ~ 재산법상(財産法上) 청구권, 재산권적(財産權的) 청구권; Erlöschen des ~s 청구권소멸(消滅).
Anspruch auf ~ ~ Beschäftigung 취업청구권 就業請求權; ~ Einschreiten (der Verwaltung) (행정)개입청구권 (行政)介入請求權; ~ Eintragung 등기청구권 登記請求權; ~ fehlerfreies Ermessen 무하자재량행사청구권 無瑕疵裁量行使請求權; ~ Handeln 행위청구권 行爲請求權; ~ Herausgabe 반환청구권 返還請求權; ~ rechtliches Gehör 법적(法的) 신문(訊問)청구권, 법적청문권 法的聽聞權; ~ Schadensersatz 손해배상청구권 損害賠償請求權; ~ Zahlung 지급청구권 支給請求權.
Anspruch aus ~ ~ abgetretenem Recht 양수권리(讓受權利)에 기한 청구권; ~ eigenem Recht 자기권리(自己權利)에 기한 청구권; ~ fremden Recht 타인권리(他人權利)에 기한 청구권; ~ Geschäftsführung ohne Auftrag 사무관리(事務管理)에 기한 청구권; ~ unerlaubter Handlung 불법행위(不法行爲)에 기한 청구권; ~ ungerechtfertigter Bereicherung 부당이득(不當利得)에 기한 청구권; ~ Vertrag 계약(契約)에 기한 청구권.
Anspruchs:anerkenntnis *f.* 청구권의 인낙 請求權의 認諾; **~begründung** *f.* 청구권의 성립 請求權의 成立, 청구권창설 請求權創設; **~berechtigter** *m.* 청구권(請求權)에 대한 권리(權利) 있는 자(者); **~durchsetzung** *f.* 청구권의 집행 請求權의 執行; **~entstehung** *f.* 청구권의 발생 請求權의 發生; **~erweiterung** *f.* 청구권의 확장 請求權의 擴張; **~gegner** *m.* 청구권상대방 請求權相對方, 청구를 받은 자(者); **~grund** *m.* 청구의 이유 請求의 理由; **~grundlage** *f.* 청구권근거(규범) 請求權根據(規範), 청구권기초 請求權基礎; **~häufung** *f.* 청구권중첩 請求權重疊; **~inhaber** *m.* 청구권자 請求權者; **~kumulation** *f.* → Anspruchshäufung; **~konkurrenz** *f.* 청구권(의) 경합 請求權(의) 競合, 청구권경합; echte ~ 진정(眞正) 청구권경합; **~mehrheit** *f.* 다

수청구권 多數請求權; **~normenkonkurrenz** *f.* 청구법규의 경합 請求法規의 競合; **~sicherung** *f.* 청구권의 보전 請求權의 保全; **~steller** *m.* 청구권자 請求權者, 청구권을 행사(行使)하는 자(者); **~übergang** *m.* 청구권이전 請求權移轉; **~verjährung** *f.* 청구권소멸시효 請求權消滅時效; **~vernichtung** *f.* 청구권의 폐기 請求權의 廢棄; **~verwirkung** *f.* 청구권실효 請求權失效; **~verzicht** *m.* 청구권의 포기 請求權의 抛棄.

Anstalt *f.* 1. (*des öffentlichen Rechts*) 영조물(법인) 營造物(法人), 공법상 시설 公法上 施設; 2. (*allg.*) 시설 施設.

Anstalts:gebrauch *m.* 영조물사용 營造物使用; **~gewalt** *f.* 영조물권력 營造物權力; **~nutzung** *f.* 영조물이용 營造物利用; **~ordnung** *f.* 영조물규칙 營造物規則; **~polizei** *f.* 영조물경찰 營造物警察; **~satzung** *f.* 영조물규칙 營造物規則; **~träger** *m.* 영조물주체 營造物主體.

Anstandsschenkung *f.* 예의상 증여 禮儀上 贈與.

Anstellungs:theorie *f.* 임용설 任用說; **~verhältnis** *n.* 임용관계 任用關係; **~vertrag** *m.* 임용계약 任用契約.

Anstifter *m.* 교사자 敎唆者.

Anstiftung *f.* 교사(범) 敎唆(犯) (§ 31 KStPO). // Die zivilrechtliche Anstiftung (민법상의 교사) ist in § 760 Abs. 3 KBGB geregelt. // ~ zum Versuch 미수(未遂)에 위한 교사; gemeinschaftliche (gemeinsame) ~ 공동(共同)교사; mittelbare ~ 간접(間接)교사; unmittelbare ~ 직접(直接)교사; versuchte ~ 미수(未遂)교사; vollendete ~ 기수(旣遂)교사.

Anstiftungs:beitrag *m.* 교사(敎唆)의 기여(寄與); **~handlung** *f.* 교사행위 敎唆行爲; **~mittel** *n.* 교사수단 敎唆手段; **~täter** *m.* 교사행위자 敎唆行爲者; **~versuch** *m.* 교사미수 敎唆未遂; **~vorsatz** *m.* 교사고의 敎唆故意.

ante (*lat.*) 앞서.

Anteil *m.* (*z.B. an einer Gesellschaft*) 지분 持分.

Anteils:erwerb *m.* 지분의 취득 持分의 取得; **~übernahme** *f.* 지분인수 持分引受.

Antidiskriminierung *f.* 반차별 反差別.

Antidiskriminierungsstelle *f.* 반차별국 反差別局.

Antizipation *f.* 예정 豫定.

antizipiert *adj.* 예정(豫定)된.

Antrag *m.* 1. (*verwaltungsr. u. verfahrensr.*) 신청 申請, 신고 申告; auf ~ einer

Partei 당사자(當事者)의 신청에 따라; 2. (*zum Vertragsschluss* = *Angebot*) 청약 請約; 3. (*i.S.v. Strafantrag*) 고소 告訴; 4. (*i.S.v. Klagantrag*) 청구(신청) 請求(申請); ordnungsgemäßer ~ 규정(規定)에 따른 청구.

Antrag auf ~ ~ Haftprüfung 구속적부심사청구 拘束適否審查請求, vgl. → Haftprüfung; ~ auf Vorlegung (einer Urkunde) (문서)제출신청 (文書)提出申請.

Antrags:befugnis *f.* 청구적격 請求適格; **~berechtigung** *f.* 청구권 請求權.

Antragsdelikt *n.* 친고죄 親告罪. // Das Antragserfordernis kann nicht im Wege eines besonderen öffentlichen Interesses umgangen werden. Bei Anklageerhebung ohne erforderlichen Antrag, ist das Verfahren durch Urteil zu beenden, vgl. § 327 Abs. 2 KStPO. Vormals waren der im Jahr 2016 aus dem KStGB gestrichene → Ehebruch (vgl. § 241 Abs. 2 S. 1 KStGB a.F.) sowie bis zum Jahr 2012 auch Vergewaltigung, schwere Vergewaltigung und sexuelle Nötigung (vgl. § 306 KStGB a.F.) Antragsdelikte. // absolutes ~ 절대적(絕對的) 친고죄; relatives ~ 상대적(相對的) 친고죄, vgl. z.B. § 328 Abs. 2 KStGB.

Antrags:frist *f.* 신청기간 申請期間; **~gegner** *m.* 신청상대방 申請相對方; **~prinzip** *n.* 당사자신청주의 當事者申請主義; **~recht** *n.* 신청권 申請權, 제안권 提案權; **~rücknahme** *f.* 청구취하 請求取下, 신청철회 申請撤回; **~steller** *m.* 신청인 申請人; **~stellung** *f.* 신청(제기) 申請(提起); **~verfahren** *n.* 신청절차 申請節次; **~verwerfung** *f.* 신청기각 申請棄却.

Anwalt *m.* 변호사 辯護士; postulationsfähiger ~ 변론능력(辯論能力)이 있는 변호사.

Anwaltschaft *f.* 변호사업 辯護士業, 변호사직 辯護士職.

Anwalts:gebühren *f. pl.* 변호사의 보수 辯護士의 報酬; **~gericht** *n.* 변호사법원 辯護士法院; **~kammer** *f.* 변호사회 辯護士會; **~kanzlei** *f.* 변호사사무소 辯護士事務所; **~notar** *m.* 변호사공증인 辯護士公證人; **~prozess** *m.* 변호사소송 辨護士訴訟; **~sozietät** *f.* 변호사합동사무소 辯護士合同事務所; **~vergleich** *m.* 변호사화해 辯護士和解; **~zulassung** *f.* 변호사면허 辯護士免許, 변호사자격 辯護士資格.

Anwaltszwang *m.* 변호사강제(주의) 辯護士強制(主義). // In Korea besteht Anwaltszwang nur bei Verbraucherverbandsklagen und subjektiver Klagenhäufung mit einem Klägervertreter (Sammelklagen) bei wertpapierbezogenen Rechtsstreitigkeiten. Die Parteien können sich jedoch grds. nur durch Rechtsanwälte vertreten lassen. Ausnahmen bestehen z.B.

bei Streitgegenständen, über die durch Einzelrichter entschieden wird, deren Streitwert eine bestimmte Summe nicht übersteigt oder bei denen zwischen der Partei und ihrem Vertreter familien- oder arbeitsrechtliche Beziehungen bestehen, wenn das Gericht die Vertretung genehmigt, vgl. § 88 Abs. 1 KZPO. Genehmigungsfrei kann sich die Partei in der ersten Instanz durch enge Familienangehörige vertreten lassen, wenn der Streitwert nicht mehr als 30 Mio KRW beträgt und durch Einzelrichter entschieden wird, vgl. § 8 Gesetz über geringwertige Streitsachen (소액사건심판법). Vor den Patentgerichten können sich die Parteien durch Patentanwälte vertreten lassen, vgl. § 8 PatentanwaltsG (변리사법).

Anwartschaft *f.* 기대권 基待權; ~ auf Eintragung 등록(登錄)에 대한 기대권.

Anwartschaftsrecht *n.* (物권적) 기대권 (物權的) 基待權, (物권적) 취득권 (物權的) 取得權; dingliches ~ 물권적(物權的) 기대권.

Anwender *m.* 적용자 適用者.

Anwendung *f.* 적용 適用; ~ eines Gesetzes 법률(法律)의 적용; entsprechende ~ 준용 準用; hilfsweise ~ 보조적(補助的) 적용; sinngemäße ~ 준용 準用.

Anwendungs:bereich *m.* 적용범위 適用範圍; gesetzlicher ~ 법률상(法律上) 적용범위; persönlicher ~ 인적(人的) 적용범위; räumlicher ~ 장소적(場所的) 적용범위; sachlicher ~ 물적(物的) 적용범위; **~prüfung** *f.* 적용심사 適用審查; **~verbot** *n.* 적용금지 適用禁止; **~vorrang** *m.* 적용우위 適用優位, 적용상(適用上)의 우위; **~zeitraum** *m.* 적용당시 適用當時.

Anweisender *m.* 지시인 指示人.

Anweisung *f.* (*i.S.v. Befehl*) 지시 指示; allgemeine ~ 일반적(一般的) 지시.

Anwesenheit *f.* 1. (*allg.*) 출석 出席; 2. (*bei Versammlungen etc.*) 입회 立會.

Anwesenheits:berechtigter *m.* 출석권자 出席權者; **~berechtigung** *f.* 출석권 出席權; **~pflicht** *f.* 출석의무 出席義務; **~recht** *n.* 1. (*allg.*) 출석권 出席權; 2. (*im Strafprozess*) 공판정출석권 公判定出席權.

Anzahlung *f.* 선금 先金.

Anzahlungsverbot *n.* 선금금지 先金禁止.

Anzeichenbeweis *m.* → Indizienbeweis.

Anzeige *f.* 1. (*allg. sowie grds. im Verwaltungsrecht*) 통지 通知, 신고 申告; 2. (*allg. sowie grds. im Zivilrecht*) 고지 告知, 통지 通知; 3. (*strafr.*) 고발 告發, 고소 告訴,

vgl. → Strafanzeige; ~ gegen Unbekannt 미지(未知)의 사람에 대한 고발, 무명인 (無名人)에 대한 고발; ~ von Amts wegen 직권(職權)으로 고발; förmliche ~ 형식적 (形式的) 고지, 공식적(公式的) 고지; mündliche ~ 구두통지 口頭通知; öffentliche ~ 공시 公示; schriftliche ~ 서면통지 書面通知; unverzügliche ~ 지체(遲滯) 없는 고지.

Anzeige der ~ ~ Abtretung von Forderungen 채무양도(債務讓渡)의 통지; ~ Aufhebung einer Vollmacht 대리권취소(代理權取消)의 통지; ~ Erwerbstätigkeit 영리행위(營利行爲)의 신고; ~ Geburt 출생(出生)의 신고; ~ Nacherbfolge 후순위상속(後順位相續)의 고지; ~ Nutzungsaufnahme (건축물)사용개시의 통지 (建築物)使用開始의 通知; ~ Straftat 범죄(犯罪)의 신고; ~ Überlassung eines Arbeitnehmers 근로자파견(勤勞者派遣)의 통지.

Anzeige des ~ ~ Abbruchs (einer Anlage) (건축물)파괴의 통지 (建築物)破壞의 通知; ~Arbeitsausfalls 노동중지(勞動中止)의 고지; ~ Diebstahls 절도(竊盜)의 고발; ~ Erwerbs 취득신고 取得申告; ~ Rücktritts vom Vertrag 계약해제통지 契約解除通知; ~ Sterbefalls (Todesfalls) 사망신고 死亡申告; ~ Verlusts 상실(喪失)의 고지; ~ Vermieterwechsels 임대인교체(賃貸人交替)의 고지; ~ Versicherungsfalls 보험사고(保險事故)의 통지.

Anzeige:berechtigung *f.* 고발권한 告發權限; *f.* **~erstatter** *m.* 고발자 告發者; **~erstattung** *f.* 고발 告發; anonyme ~ 익명(匿名)고발; online ~ 온라인고발; **~frist** *f.* 고지기간 告知期間; **~pflicht** *f.* (*i.S.v.* 1.) 고지의무 告知義務, 신고의무 申告義務; (*i.S.v.* 2.) 고발의무 告發義務; ~ gewerbliche ~ 영업상(營業上) 고지의무; steuerliche ~ 조세법상(租稅法上) 신고; strafrechtliche ~ 형법상(刑法上) 고발의무; verwaltungsrechtliche ~ 행정법상(行政法上) 고지의무; **~rücknahme** *f.* 고발취하 告發取下; **~steller** *m.* 고지를 하는 자(者); **~unterlassung** *f.* 고지의 부작위 告知의 不作爲, 고지를 하지 아니함; **~verpflichteter** *m.* 고지의무자 告知義務者; **~vorbehalt** *m.* 신고유보 申告留保.

Anzeigender *m.* 고발자 告發者, 고지자 告知者.

Apothekenurteil *n.* 약국판결 藥局判決.

Apothekerkammer *f.* 약사회 藥師會.

Appell:entscheidung *f.* 촉구결정 促求決定; **~wirkung** *f.* 촉구효과 促求效果.

Apprehensionstheorie *f.* 취득설 取得說.

Approbation *f.* 1. (*allg.*) 면허 免許; 2. (*für Ärzte*) 의사면허 醫師免許; 3. (*für Apotheker*) 약사면허 藥師免許.

Approbationsordnung *f.* 면허규정 免許規定.

Äquivalenz *f.* 대등성 對等性, 동의성 同意性, 적당성 適當性, 보상 補償.

Äquivalenztheorie *f.* 조건설 條件說, 등가설 等價說.

a priori (*lat.*) 선험적 사유 先驗的 事由, 선험.

Arbeit *f.* 노동 勞動, 작업 作業, 근로 勤勞; ~ auf Abruf 호출근로 呼出勤勞; ~ unter Tage 갱내근로 坑內勤勞; abhängige ~ 종속적(從屬的) 노동; gefahrgeneigte ~ 위험성(危險性) 있는 작업; nicht – selbständige ~ 종속(從屬)노동; selbständige ~ 독립(獨立)노동, 독자(獨自)노동; unselbständige ~ → nicht – selbständige Arbeit.

Arbeiter *m.* (육체)근로자 (肉體)勤勞者, 노동자 勞動者; ~ des öffentlichen Dienstes 공공부문(公共部門)육체근로자; selbständiger ~ 독자적(獨自的) 근로자; unselbständiger ~ 비독자적(非獨自的) 근로자.

Arbeiter:ausschuss *m.* 근로자위원회 勤勞者委員會; **~quartier** *n.* (근로자의) → 기숙사 寄宿舍, 상업(商業)의 부속(附屬)기숙사; **~wohnheim** *n.* → Arbeiterquartier.

Arbeitgeber *m.* 사용자 使用者, 사업주 事業主, 고용주 雇傭主; **~anteil** *m.* 사용자부담금 使用者負擔金, 사용자배당금 使用者配當金. 각 근로자의 사회보험에 있어 사용자가 부담할 비용. // **~kündigung** *f.* 사용자(使用者)로 부터 해고(解雇); **~seite** *f.* 사용자측 使用者側; **~verband** *m.* (*pl.:* ~verbände) 사용자단체 使用者團體, 사용자조합 使用者調合. Arbeitgeberverbände werden in Korea wie in Deutschland nach bestimmten Industrie- und Gewerbezweigen gebildet. // **~vertreter** *m.* 사용자위원 使用者委員; **~wechsel** *m.* 사용자교체 使用者交替.

Arbeitnehmer *m.* 근로자 勤勞者, 피고용인 被雇傭人; ~ des öffentlichen Dienstes 공공부문(公共部門)근로자; ausländische ~ 외국인(外國人)근로자; → Beschäftigung ausländischer Arbeitnehmer.

Arbeitnehmerähnliche Person *f.* 근로자와 유사한 자 勤勞者와 類似한 者, 유사근로자 類似勤勞者.

Arbeitnehmer – Entsendegesetz *n.* 근로자송출법 勤勞者送出法.

Arbeitnehmer:entsendung *f.* 근로자송출 勤勞者送出; **~erfindung** *f.* 근로자발명 勤勞者發明, 직무발명 職務發明; **~erfindungsrecht** *n.* 근로자발명권(리) 勤勞者發明權(利); **~haftung** *f.* 근로자책임 勤勞者責任; **~kündigung** *f.* 근로자(勤勞者)로부터 해고(解雇); **~schutz** *m.* 근로자보호 勤勞者保護.

Arbeitnehmerüberlassung *f.* Die der deutschen Arbeitnehmerüberlassung i.S.d. AÜG entsprechende Konstruktion (d.h. die gewerbliche Überlassung eigener Arbeitskräfte an Dritte) heißt in Korea „근로자파견" (勤勞者派遣) und findet ihre Regelung im Gesetz über den Schutz von Leiharbeitern (파견근로자보호 등에 관한 법률). Beim nichtgewerblichen Wechsel von Arbeitskräften wird unterschieden zwischen dem „전근" (轉勤) (Wechsel des Arbeitsplatzes innerhalb eines Unternehmens), dem „전적" (轉籍) (Fall der Vertragsübernahme durch den Entleiher) und dem sog. „전출" (轉出) – System. Letzteres ist dem japanischen Shukk – System („出向" bzw. in der koreanischen Transkription: „출향") nachempfunden und begründet primäre vertragliche Rechte und Pflichten des Arbeitnehmers sowohl im Verhältnis zum Verleiher als auch zum Entleiher. Zudem kann neben Verleiher, Entleiher und Leiharbeitnehmer auch der Staat treten, der das verleihende Unternehmen mit Steuervergünstigungen und das entleihende Unternehmen mit der teilweisen Übernahme der Personalkosten fördert. Das System ermöglicht kleinen und mittleren Unternehmen den subventionierten Zugriff auf hochqualifizerte Fachkräfte großer Konzerne, die auf diese Weise in wirtschaftlich schwierigen Zeiten Personal ausgliedern können. Die nichtgewerbliche Überlassung von Arbeitskräften findet dabei naturgemäß insbesondere zwischen miteinander verbundenen Unternehmen (계열사) statt. Zur Vermeidung von Nachteilen für den Leiharbeitnehmer im Rahmen des 전출 ist neben der gem. § 657 Abs. 1 KBGB erforderlichen Zustimmung des Arbeitnehmers eine genaue Regelung des beim Entleiher ausgeübten Arbeitsverhältnisses und der Konditionen des Verleihs im Dreipersonenverhältnis erforderlich (sog. „전출규정", z.B. mit Regelungen zu Arbeitszeiten, Vergütung, Dauer der Überlassung, Rückkehr zum Verleiher etc.), vgl. zu den Anforderungen an die Zustimmung → Unübertragbarkeit von Arbeitsverhältnissen. Im Einzelfall kann eine Überlassung trotz Zustimmung und genauer Regelung aufgrund besonderer Umstände unzulässig sein. Da das koreanische Recht hierzu keine Regelungen enthält, wird hierbei auf die Wertungen des § 14 des japanischen Arbeitsvertragsgesetzes (労働契約法) verwiesen, der lautet: „In Fällen, in denen der Arbeitgeber dem Arbeitnehmer gegenüber den Arbeitsplatzwechsel anordnen kann, ist diese Anweisung bei dessen fehlender Notwendigkeit, aus Gründen, welche die Auswahl des Arbeitnehmers betreffen oder aus anderen Gründen, sowie bei dem Missbrauch des Rechts, unwirksam." Vgl. zum Schutz der Arbeitnehmer → Leiharbeit. // gewerbsmäßige (gewerbliche) ~ 영업상 근로자파견 營業上 勤勞者派遣.

Arbeitnehmerüberlassungs:verhältnis n 근로자파견관계 勤勞者派遣關係; **~vertrag** m 근로자파견계약 勤勞者派遣契約.

Arbeitnehmer:verband m. 근로자단체 勤勞者團體, 근로자조합 勤勞者組合; **~versicherung** f. 근로자보험 勤勞者保險.

Arbeits:aufgabe f. 근로과제 勤勞課題; **~aufsicht** f. → 근로감독 勤勞監督; **~bedingung(en)** f. (pl.) 근로조건 勤勞條件; **~beschaffung** f. 근로주선 勤勞周旋; **~betrieb** m. 작업장 作業場; **~einkommen** n. 급여 給與; **~entgelt** n. 임금 賃金, 급여 給與; **~erlaubnis** f. 취업허가 就業許可; **~ertrag** m. 노동수익 勞動收益; voller ~ 완전(完全)노동수익; **~förderung** f. 근로촉진 勤勞促進, 고용촉진 雇用促進; **~förderungsgesetz** n. 근로촉진법 勤勞促進法, 고용촉진법 雇用促進法; **~freistellungsanspruch** m. 근로면제청구권 勤勞免除請求權; **~gericht** n. 노동법원 勞動法院.

Arbeits:gerichtsbarkeit f. 노동재판권 勞動裁判權, 노동관할 勞動管轄. // In Korea existiert keine eigenständige Arbeitsgerichtsbarkeit. Bei arbeitsrechtlichen Streitigkeiten ist daher der ordentliche Rechtsweg vor den Zivilgerichten eröffnet. // **~gerichtsgesetz** 노동법원법 勞動法院法.

Arbeitskampf m. 노동상 쟁의행위 勞動上 爭議行爲, 노동쟁의 勞動爭議; **~kosten** f. 근로대가 勤勞代價, 노동비용 勞動費用; **~maßnahme** f. 노동쟁의(勞動爭議)의 조치(措置); **~mittel** n. 노동상 쟁의수단 勞動上 爭議手段; **~risiko** n. 노동쟁의위험 勞動爭議危險.

Arbeits:kraft f. 1. (als Leistung) 노동력 勞動力; 2. (als Person) 단수(單數)의 노동자(勞動者); **~kräfte** f. pl. 다수(多數)의 노동자(勞動者); ausländische ~ 외국(外國)노동자; **~leben** n. 노동생활 勞動生活; **~leistung** f. 1. (allg.) 노무급부 勞務給付, 근로제공 勤勞提供; 2. (als Sanktion) 근로봉사 勤勞奉仕; entgeltliche ~ 유상(有償) 노무급부; unentgeltliche ~ 무상(無償) 노무급부; **~losengeld** n. 실업급여 失業給與, 실업수당 失業手當; **~losenhilfe** f. 실업자보조금 失業者補助金; **~losenversicherung** f. 고용보험 雇用保險; **~loser** m. 실업자 失業者; **~markt**

m. 노동시장 勞動市場; ~**minister** *m.* 노동부장관 勞動部長官; ~**ministerium** *n.* 노동부 勞動部; ~**mittel** *n.* 근로수단 勤勞手段; ~**niederlegung** *f.* 노무거부행위 勞務拒否行爲; ~**pflicht** *f.* 근로제공의무 勤勞提供義務. // Wie bei den meisten Grundrechten korrespondiert das in Art. 32 Abs. 1 KVerf normierte Recht auf Arbeit mit einer entsprechenden Pflicht, die in Art. 32 Abs. 2 KVerf geregelt ist: „Alle Staatsbürger haben die Pflicht zur Arbeit. Der Staat regelt den Inhalt und die Voraussetzungen der Arbeitspflicht nach demokratischen Grundsätzen durch Gesetz." // ~**platz** *m.* 사업장 事業場, 취업지 就業地, 직장 職場; individueller ~ 개별(個別)사업장; ~**recht** *n.* 1. (*als Rechtsgebiet*) 노동법 勞動法, 근로관계법 勤勞關係法; individuelles ~ 개별적(個別的) 노동법; kollektives ~ 집단적(集團的) 노동법; ~**schutz** *m.* 노동보호 勞動保護; 2. (*i.S.v. Recht auf Arbeit*) 근로(勤勞)의 권리(權利) (Art. 32 Abs. 1 KVerf), vgl. → Recht auf Arbeit; ~**schutzbeauftragter** *m.* (des Arbeitsministeriums) → 근로감독관 勤勞監督官; ~**streitigkeit** *f.* 노동쟁의 勞動爭議; ~**suche** *f.* 구직 求職; ~**suchender** *m.* 구직자 求職者; ~**teilung** *f.* 분업 分業; ~**unfähigkeit** *f.* 노동불능상태 勞動不能狀態; ~**unfall** *m.* 산업재해 産業災害, 업무상 사고 業務上 事故; ~**unfallversicherung** *f.* 산업재해보험 産業災害保險; ~**unfähigkeit** *f.* 노동불능상태 勞動不能狀態; ~**verhältnis** *n.* 근로관계 勤勞關係, 노동관계 勞動關係; atypisches ~ 비정규(非正規) 근로관계; faktisches ~ 사실적(事實的) 근로관계; fehlerhaftes ~ 하자(瑕疵) 있는 근로관계; ~**vermittlung** *f.* 직업소개 職業紹介; ~**vertrag** *m.* 근로계약 勤勞契約, 고용계약 雇用契約, (als Schriftstück: 근로계약서 勤勞契約書; befristeter ~ 기한부(期限付) 근로계약, 기간제(期間制) 근로계약; ~**zeit** *f.* 근로시간 勤勞時間, 노동시간 勞動時間 (§§ 50 – 63, 69 f. ArbStandardsG); flexible ~ 가변근로시간 可變勤勞時間, 가변노동(勞動)시간, 선택적(選擇的) 근로시간; gesetzliche ~ 법정(法定) 근로시간; öffentlich – rechtlicher ~ 공법적(公法的) 근로계약; privatrechtlicher ~ 사법적(私法的) 근로계약; ~**zeitgesetz** *n.* 근로시간법 勤勞時間法; ~**zeitverkürzung** *f.* 노동시간단축 勞動時間短縮; ~**zeitverlängerung** *f.* 노동시간연장 勞動時間延張; ~**zeugnis** *n.* 1. (*wörtl.*) 근로증명서 勤勞證明書; 2. (*in Korea verwendete Terminologie*) 사용증명서 使用證明書 (§ 39 ArbStandardsG); ~**zwang** *m.* → Zwangsarbeit.

Architekten:haftung *f.* 건축사책임 建築士責任; ~**kammer** *f.* 건축사회 建築士會; ~**vertrag** *m.* 건축계약 建築契約.

Archiv *n.* 기록보관소 記錄保管所, 기록원 記錄院; **~gut** *n.* 기록보관물 記錄保管物.

Arglist *f.* 악의 惡意; **~einrede** *f.* 악의항변 惡意抗辯.

Arglistige Täuschung *f.* 악의적 사기 惡意的 詐欺.

Arglistiges Verschweigen *n.* 악의적 침묵 惡意的 沈默.

Argumentations:last *f.* 논증책임 論證責任; **~theorie** *f.* 논증이론 論證理論.

Arrest *m.* 1. (*zivilr., steuerr.*) 가압류 假押留 (§ 696 KZPO); 2. (*strafr.*) 구류 拘留; dinglicher ~ 물적(物的) 가압류; persönlicher ~ 인적(人的) 가압류; **~anordnung** *f.* 가압류명령 假押留命令; **~anspruch** *m.* 가압류청구권 假押留請求權, 가압류권리 假押留權利; **~grund** *m.* 가압류사유 假押留事由, 가압류필요성 假押留必要性; **~verfahren** *n.* 가압류절차 假押留節次.

Art *f.* 종류 種類; gleiche ~ 동종 同種.

Artenschutz *m.* 종(種)의 보호(保護).

Artikelgesetz *n.* 조항법 條項法, vgl. → Mantelgesetz.

Artikulationsrecht *n.* 발언권 發言權.

Arzneimittelgesetz *n.* 약품법 藥品法.

Arzt *m.* 1. (*der westlichen Medizin*) 의사 醫師; 2. (*der traditionellen koreanischen Medizin*) 한의사 韓醫師.

Ärztekammer *f.* 의사회 醫師會.

Arzt:haftung *f.* 의사책임 醫師責任; **~haftungsrecht** *n.* 의사(배상)책임법 醫師(賠償)責任法; **~haftungsklage** *f.* 의사책임소송 醫師責任訴訟; **~kosten** *f.* 진료비 診療費; → Behandlungskosten; **~vertrag** *m.* 의료계약 醫療契約; → Behandlungsvertrag; **~vorbehalt** *m.* 의사유보 醫師留保. 의사만이 합법적으로 할 수 있는 행위.

Assessorexamen *n.* (독일의) 제2차 사법시험 (한국의 구 제3차 사법시험), 제2차 법적 국가시험.

asset deal 재산인수계약 財產引受契約.

Asyl *n.* 망명 亡命, 비호 庇護; ~ gewähren 망명을 허락(許諾)하다; politisches ~ 정치적(政治的) 망명; um ~ bitten 망명을 요청(要請)하다.

Asylant *m.* 난민인 難民人, 망명자 亡命者.

Asyl:antrag *m.* 망명신청 亡命申請; **~bewerber** *m.* 망명을 신청한 사람; **~recht** *n.* 망명권 亡命權, 비호권 庇護權; **~verfahren** *n.* 망명절차 亡命節次; **~verfahrensgesetz** *n.* (AsylVfG) → Gesetzesregister.

Aszendent *m.* 직계존속 直系尊屬.

Aszendenten:mord *m.* (als Delikt) 존속살해(죄) 尊屬殺害(罪). // Die Tötung eines Vorfahrens stellt in Korea gem. § 250 Abs. 2 KStGB eine Qualifikation der Tötungsdelikte dar. Vgl. auch → Tötungsdelikte, → Strafrecht; **~tötung** *f.* → Aszendentenmord.

Atemalkoholkonzentration *f.* (*Abk.* AAK) 흡입중(吸入中) 알코올농도(濃度).

Atomgesetz *n.* 원자력법 原子力法.

atypisch *adj.* 이형적 異型的.

Audit *n.* 감사 監查.

auf unbestimmte Zeit 기간(期間)의 정(定)함이 없이.

Aufbewahrung *f.* 보관 保管.

Aufbewahrungs:frist *f.* 보관기간 保管期間; **~pflicht** *f.* 보관의무 保管義務.

Aufenthalt *m.* 체류 滯留, 거소 居所; ~ im Freien 야외(野外)체류; gewöhnlicher ~ 통상적(通常的) 체류, 일상적(一常的) 거소, 주(主)된 거소; ständiger ~ 지속적(持續的) 체류, 항구적(恒久的) 거소, 상주지 常住地.

Aufenthalts:befugnis *f.* 체류승인 滯留承認; **~berechtigung** *f.* 영주권 永住權; **~beschränkung** *f.* 체류제한 滯留制限; **~bewilligung** *f.* 체류동의 滯留同意; **~dauer** *f.* 체류기간 滯留期間; **~erlaubnis** *f.* 체류허가 滯留許可; befristete ~ 기한부(期限附) 체류허가; unbefristete ~ 무기한(無期限) 체류허가; **~genehmigung** *f.* 체류허가 滯留許可, 거주허가 居住許可; **~gesetz** *n.* 체류법 滯留法; **~gestattung** *f.* 체류승낙 滯留承諾; **~ort** *m.* 체류지 滯留地; gewöhnlicher ~ 통상적(通常的) 체류지, 일상정(一常的) 체류지, 주(主)된 체류지; **~recht** *n.* 1. (*i.S. individueller Rechte*) 체류권 滯留權; 2. (*i.S.v. Rechtsgebiet*) 체류법 滯留法; **~regelung** *f.* 체류규정 滯留規定; **~titel** *m.* 체류자격 滯留資格, 체류허가 滯留許可, 거주허가 居住許可; elektronischer ~ 전자(電子) 체류허가; **~verbot** *n.* 체류금지 滯留禁止.

Auffälligkeit *f.* 특이성 特異性.

Auffang:funktion *f.* 포섭기능 包攝機能; **~grundrecht** *n.* 포용기본권 包容基本權, 포괄적 기본권 包括的 期本權; **~tatbestand** *m.* 잔여사안포섭규정 殘餘事案包攝規定, 포괄적 구성요건 包括的 構成要件, 포착구성요건 浦捉構成要件; **~zuständigkeit** *f.* 포섭관할(권) 包攝管轄(權).

Auffindungsverdacht *m.* 발견혐의 發見嫌疑.

Aufforderung *f.* 최고 催告, 요구 要求, 선동 煽動; öffentliche ~ 공시(公示)최고; →

Aufgebot.

Aufführung *f.* 공연 公演.

Aufführungsrecht *n.* 공연권 公演權.

Aufgabe *f.* 1. (*i.S.v. Verzicht*) 포기 抛棄; 2. (*i.S.v. zu erledigender Aufgabe*) 임무 任務, 업무 業務: 3. (*i.S.v. Funktion*) a) (*allg.*) 기능 機能 b) (*technisch*); 임무 任務; c) (*von Personen*); konsularische ~ 영사기능 領事機能; öffentliche ~ 공적(公的) 임무.

Aufgaben:erfüllung *f.* 임무수행 任務遂行; öffentliche ~ 공적(公的) 임무수행; **~planung** *f.* 임무계획 任務計劃; **~privatisierung** *f.* 사무의 민영화 事務의 民營化; **~verteilung** *f.* 임무분배 任務分配.

Aufgebot *n.* 1. (*allg. zivilr.*) 최고 催告 (Aufforderung), 권리신청최고 權利申請催告, 공시최고 公示催告; 2. (*eherechtl.*) 결혼예고 結婚豫告, 결혼공시 結婚公示; ~ der Verlobten 약혼자(約婚者)에 대한 결혼예고.

Aufgebots:einrede *f.* 공시최고항변 公示催告抗辯; **~frist** *f.* 공시최고기간 公示催告期間; **~verfahren** *n.* 공시최고절차 公示催告節次 (§§ 475 ff. KZPO).

Aufhebbarkeit *f.* 취소가능성 取消可能性.

aufheben *v.* 취소(取消)하다, 실효(失效)시키다.

Aufhebung *f.* 해지 解止, 해소 解消, 취소 取消, 소멸 消滅, 폐지 廢止, 파기 破棄; vertragliche ~ 합의(合意)해지, 계약상(契約上)해지; ~ der Adoption 파양 罷養; → Adoption; ~ der Forderung 채권(債權)소멸; ~ des Urteils 판결(判決)의 파기; ~ des Verwaltungaktes 행정행위(行政行爲)의 폐지.

Aufhebungs:anspruch *m.* 취소청구(권) 取消請求(權); **~klage** *f.* 폐지소송 廢止訴訟; **~vertrag** *m.* 해소계약 解消契約, 해지계약 解止契約.

Aufholfusion *f.* (*catch-up merger*) 추급합병 追及合倂, 따라잡기 합병. // 원래 시장을 지배하지 않는 기업이 시장을 기술적 및 경제적으로 지배하기 위해서 하는 합병.

Aufklärung *f.* 1. (*i.S.d. Epoche*) 계몽 啓蒙; 2. (*eines unbekannten Sachverhaltes*) 해명 解明; 3. (*gegenüber einem Nichtwissenden*) 설명 說明; 4. (*i.S.v. von Klärung*) 해결 解決.

Aufklärungs:pflicht *f.* 설명의무 說明義務; anwaltliche ~ 변호사(辯護士)의 설명의무; ärztliche ~ 의사(醫師)의 설명의무; behördliche ~ 행정청(行政廳)의 설명의무; **~quote** *f.* 해결율 解決率.

Auflage *f.* 1. (*verwaltungsr., erbr.*) 부담 負擔, 부과명령 賦課命令; inhaltsmodifizierende ~ 내용수정(內容修正)부담; modifizierende ~ 수정(修正)

부담; selbständige ~ 독립(獨立)부담; unselbständige ~ 비독립(非獨立)부담; 2. (*strafr.*) 의무부과 義務賦課, 조건부과 條件賦課, 준수사항 遵守事項.

Auflagenvorbehalt *m.* 부담유보 負擔留保.

Auflassung *f.* 부동산소유권이전의 (물권적) 합의 不動産所有權移轉의 (物權的) 合意, 토지(土地)소유권이전의 합의, 부동산소유권변동(變動)합의, 부동산소유권양도합의.

Auflassungs:erklärung *f.* 부동산소유권이전(不動産所有權移轉)에 대한 의사표시 (意思表示); **~vormerkung** *f.* 부동산소유권이전(不動産所有權移轉)을 위한 가등기 (假登記).

Auflösung *f.* 해산 解散; ~ einer Gesellschaft 회사(會社)의 해산; ~ einer juristischen Person 법인(法人)의 해산 (§§ 77 – 96 KBGB).

Auflösungs:beschluss *m.* 해산결의 解散決議; **~vertrag** *m.* 해산계약 解散契約.

Aufnahme *f.* (von Personen) 수용 收容.

Aufnahme konsularischer Beziehungen 영사관계의 수립 領事關係의 樹立.

Aufnahme:bescheid *m.* 수용결정 收容決定; **~verfahren** *n.* 수용절차 收容節次.

Aufopferung *f.* 희생 犧牲.

Aufopferungs:anspruch *m.* 희생보상청구권 犧牲補償請求權; **~entschädigung** *f.* 희생보상 犧牲補償; **~gewohnheitsrecht** *n.* 희생관습법 犧牲慣習法; **~grundsatz** *m.* 희생보상원칙 犧牲補償原則.

Aufrechterhaltung *f.* 계속 繼續; ~ einer rechtswidrigen Vermögenslage 위법재산상태(違法財産狀態)의 계속.

Aufrechnung *f.* 상계 相計 (§§ 492 – 499 KBGB); 상쇄 相殺 (*alte Terminologie*).

Aufrechnungs:erklärung *f.* 상계의 의사표시 相計의 意思表示; **~gegner** *m.* 피상계자 被相計者; **~möglichkeit** *f.* 상계가능성 相計可能性; **~recht** *n.* 상계권 相計權; **~verbot** *n.* 상계금지 相計禁止; **~vertrag** *m.* 상계계약 相計契約.

Aufrechterhaltung *f.* 유지 維持.

Aufruf *m.* 호명 呼名; ~ der Sache 사건(事件)의 호명.

aufschiebende ~ Bedingung *f.* 정지조건 停止條件; **~ Wirkung** *f.* 집행정지효(력) 執行停止效(力), vgl. → Vorläufiger Rechtsschutz.

Aufschub *m.* 정지 停止; ~ der Vollstreckung 집행(執行)의 정지.

Aufsicht *f.* 감독 監督, 통제 統制; ~ der Regierung 정부(政府)으로 부터 감독.

Aufsichts:befugnis *f.* 감독권한 監督權限; **~behörde** *f.* 감독관청 監督官廳; **~organ** *n.* 감독기관 監督機關; **~person** *f.* 감독자 監督者; **~pflicht** *f.* 감

독의무 監督義務; **~pflichtiger** *m*. 감독의무자 監督義務者, 감독부담(負擔)자; **~pflichtverletzung** *f*. 감독의무위반 監督義務違反 (§ 755 KBGB: Haftung des Aufsichtspflichtigen).

Aufsichtsrat *m*. 감사(회) 監事(會), vgl. zum alternativen Prüfungsausschuss → Aktiengesellschaft. // ~ der Aktiengesellschaft 주식회사(株式會社)의 감사회.

Aufsichtsrats:beschluss *m*. 감사회의 결정 監事會의 決定; **~mitglied** *n*. 감사회의 구성원 監事會의 構成員, 감사 監事; **~sitzung** *f*. 감사회(監事會)의 소집(召集); **~vergütung** *f*. 감사(監事)의 보수(報酬); **~vorsitzender** *m*. 감사회장 監事會長.

Aufsichts:recht *n*. 감독권 監督權; **~stelle** *f*. 감독기관 監督機關; **~tätigkeit** *f*. 감독활동 監督活動; **~verhältnis** *n*. 감독관계 監督關係; besonderes ~ 특별(特別)감독관계.

Aufspaltung *f*. 분리 分離, 분열 分裂, 분할 分割.

Aufstockungsunterhalt *m*. 추가부양 追加扶養.

Aufstufung *f*. 상위변경 上位變更, 승격 昇格.

Auftrag *m*. 1. (*i.S.v.* § *662 BGB*) 위임(계약) 委任(契約) (§§ 680 – 692 KBGB). // Der Auftrag kann im koreanischen Recht sowohl unentgeltlich, als auch entgeltlich besorgt werden. // öffentlicher ~ 공적(公的) 위임; 2. (*i.S.v. Befehl*) 명령 命令.

Auftrag:geber *m*. 위탁자 委託者, 위임자 委任者, 위임인 委任人; **~nehmer** *m*. 수임자 受任者, 수임인 受任人.

Auftrags:angelegenheit *f*. 위임사항 委任事項, 위임사무 委任事務; **~annahme** *f*. 수임 受任; **~ausführung** *f*. 위임실행 委任實行; **~bestätigung** *f*. 위임확인 委任確認; **~durchführung** *f*. 위임실행 委任實行; **~sperre** *f*. 발주제한 發注制限; **~verhältnis** *n*. 위임관계 委任關係; **~verwaltung** *f*. 위임행정 委任行政.

Aufwand *m*. 경비 經費, 비용 費用.

Aufwandsteuer *f*. 재산이용(財產利用) (및 소비)에 관한 세금. 대표적인 예는 다주택자에게 부과되는 제2주택세(Zweitwohnungssteuer)이다. 사치세 (Luxussteuer)와는 다르다.

Aufwendung(en) *f*. (*pl*.) 비용 費用; betriebliche ~ (operating expenses) 영업비 營業費; entstandene ~ 발생(發生)된 비용; ersparte ~ 절약(節約)한 비용; notwendige ~ 필요(必要)한 비용; frustrierte (nutzlose) ~ 무익(無益)한 비용; werterhöhende ~ 가치(價値)를 증가(增加)하는 비용.

Aufwendungs:ersatz *m.* 비용상환 費用償還; **~ersatzanspruch** *m.* 비용상환청구권 費用償還請求權; **~ersparnis** *f.* 비용절약 費用節約; **~kondiktion** *f.* 비용부당이득 費用不當利得.

Aufwertung *f.* (평가)절상 (評價)切上; ~ einer Währung 화폐(貨幣)의 (평가)절상.

Aufzeichnung *f.* 1. (*von Bild*) 녹화 錄畵; 2. (*von Ton*) 錄音 녹음; 3. (*allg. i.S.v. schriftlich Festhalten*) 기록 記錄.

Aufzeichnungspflicht *f.* 기록의무 記錄義務.

Aufzug *m.* (*i.S.v. Versammlung*) 행진 行進.

Augenschein *m.* 검증 檢證; richterlicher ~ 법관(法官) 검증.

Augenscheinnahme *f.* 검증시행 檢證施行.

Augenscheins:beweis *m.* 검증 檢證 (§§ 364 – 366 KZPO); **~gehilfe** *m.* 검증보조인 檢證補助人.

Augenzeuge *m.* 목격증인 目擊證人.

Auktion *f.* 경매 競賣.

Auktionator *m.* 경매인 競賣人.

Auktions:beginn *m.* 경매개시 競賣開始; **~bedingungen** *f. pl.* 경매조건 競賣條件; **~erlös** *m.* 경매대가 競賣代價; **~gebühren** *f. pl.* 경매수수료 競賣手數料; **~liste** *f.* 경매목록 競賣目錄; **~protokoll** *n.* 경매조서 競賣調書; **~spesen** *f.* 경매수수료 競賣手數料; **~termin** *m.* 경매기일 競賣期日; **~verfahren** *n.* 경매수속 競賣手續.

Ausbesserung *f.* 수선 修繕.

Ausbildung *f.* 교육 敎育, 훈련 訓練; berufliche ~ 직업(職業)교육; juristische ~ 법학(法學)교육.

Ausbildungs:beihilfe *f.* 직업교육보조금 職業敎育補助金; **~stätte** *f.* 직업교육장 職業敎育場; **~verhältnis** *n.* 교육관계 敎育關係; **~vertrag** *m.* 교육계약 敎育契約.

Ausbrechen *n.* 탈출(脫出)(함).

Ausbruch *m.* 탈출 脫出.

Ausbürgerung *f.* 국적박탈 國籍剝奪.

Ausdrucksdelikt *n.* 표현범 表現犯.

Auseinanderfallen von Wille und Erklärung 의사(意思)와 표시(表示)의 불일치(不一致).

Auseinandersetzung *f.* (*des Vermögens*) 청산 淸算, (재산)분할 (財産)分割.

Außen:verhältnis *n.* 외부관계 外部關係; **~wettbewerb** *m.* 외부경쟁 外部競爭;

~wirkung *f.* 대외적 효력 對外的 效力, 외부적 효력 外部的 效力.

Äußerungsdelikt *n.* 의사표현범죄 意思表現犯罪.

Ausfall:entschädigung *f.* 결손보상 缺損補償; **~bürgschaft** *f.* 최종부족액보증 最終不足額保證.

Ausfertigung *f.* (eines Wechsels) (어음의) 복본(複本), 정본 正本, 복본 複本.

Ausforschungsbeweis *m.* 모색적 증명 摸索的 證明.

Ausfuhr *f.* 수출 輸出; ~ von Waren 상품(商品)의 수출.

Ausführung *f.* 1. (*eines Gesetzes*) (법률의) 시행 (法律의) 施行; 2. (*einer Straftat*) (범죄행위의) 실행 (犯罪行爲의) 實行; 3. (*einer Handlung*) 실행 實行, 이행 履行; 4. (*von Gefangenen*) (재소자의) 동반외출 (在所者의) 同伴外出; 5. (*i.S.v. Erläuterung*) 설명 說明.

Ausführungs:gesetz *n.* 시행법률 施行法律; **~handlung** *f.* 실행행위 實行行爲; **~verhinderung** *f.* 실행방지 實行防止; **~verordnung** *f.* → Durchführungsverordnung; **~vertrag** *m.* 이행계약 履行契約.

Ausfuhrzoll *m.* 수출관세 輸出關稅.

Ausfüllungsbefugnis *f.* 백지보충권 白紙補充權.

Ausgabe *f.* 1. (*von Aktien*) 주식발행 株式發行; ; 2. (*von Wertpapieren*) 증권(證券)의 발행; ~ von jungen Aktien 신주발행 新株發行; 3. (*von Geld*) 지출 支出; **~betrag** *m.* (*i.S.v.* 1.) (issue price) 발행가(액) 發行價(額); **~erhöhung** *f.* (*i.S.v.* 3.) 지출증가 支出增加.

Ausgaben *f. pl.* 지출 支出.

Ausgabepflicht *f.* 지출의무 支出義務.

Ausgang *m.* (im Rahmen des Strafvollzugs) 단독외출 單獨外出.

Ausgangs:gericht *n.* 당해사건의 법원 當該事件의 法院, 원심법원 原審法院; **~instanz** *f.* 원심 原審; **~verfahren** *n.* 1. (*gerichtl.*) 당해사건 當該事件, 당해재판 當該裁判, 원심재판 原審裁判; 2. (*verwaltungsr.*) 시작절차 始昨節次.

Ausgeber *m.* (von Wertpapieren) (증권의) 교부자 (證券의) 交付者.

Ausgebot *n.* 강제경매 때 입찰가의 제출을 위한 경매법원으로부터의 최고.

Ausgleich *m.* 보상 補償, 전보 塡補, 구상 求償, 조정 調整, 청산 淸算.

Ausgleichs:abgabe *f.* 1. (*wörtl.*) 균형공과금 均衡公課金; 2. (*i.S.d. SGB IX Schwerbehindertenabgabe*) 장애인고용부담금 障碍人雇用負擔金; **~anspruch** *m.* 조정청구권 調整請求權, 보상금청구권 補償金請求權; persönlicher ~ 개인적(個人的)

조정청구권; schuldrechtlicher ~ 채권적(債權的) 조정청구권; **~betrag** *m.* 상환금액 償還金額; **~fond** *m.* 1. (*allg.*) 균형기금 均衡基金; 2. (*i.S.d. SGB IX*) 장애인 고용기금 障碍人 雇用基金; **~forderung** *f.* 청산청구권 清算請求權; **~funktion** *f.* 전보기능 塡補機能; **~pflicht** *f.* → Ausgleichungspflicht.

Ausgleichspflichtige Inhaltsbestimmung *f.* 보상부 내용규정 補償附 內容規定.

Ausgleichs:rente *f.* 조정연금 調整年金; **~zahlung** *f.* 상환지급 償還支給, 조정보상금지급 調整補償金支給.

Ausgleichung *f.* 구상 求償.

Ausgleichungspflicht *f.* 1. (*des Gesamtschuldners*) (연대책임자의) 구상의무 (連帶責任者의) 求償義務. Vgl.: **§ 425 KBGB. Regressrecht des zahlenden Gesamtschuldners.** (1) Führt ein Gesamtschuldner durch Erfüllung oder eine andere eigene Leistung die Befreiung aller herbei, so kann er in Bezug auf den Haftungsteil der anderen Gesamtschuldner ein Regressrecht ausüben.
(2) Das Regressrecht nach Abs. 1 erstreckt sich auch auf die gesetzlichen Zinsen ab dem Tag der Befreiung, notwendige Aufwendungen und weiteren Schadensersatz. //
2. (*verwaltungsr.*) 보상의무 補償義務.

Ausgliederung *f.* 분할 分割.

aushändigen *v.* 교부(交付)하다.

Auskunft *f.* 1. (*allg.*) 교시 敎示, 정보제공 情報提供; 2. (*im Verwaltungsrecht*) 통지 通知; amtliche ~ 관청(官廳)의 통지.

Auskunfts:anspruch *m.* 정보청구권 情報請求權, 정보공개청구권 情報公開請求權, 정보제공청구권 情報提供請求權; **~erteilung** *f.* 정보제공 情報提供; **~klage** *f.* 정보소송 情報訴訟; **~pflicht** *f.* 정보제공의무 情報提供義務, 통지의무 通知義務, 고지의무 告知義務, 교시의무 敎示義務; **~recht** *n.* 정보요구권 情報要求權; **~verweigerung** *f.* 정보제공거부 情報提供拒否; **~verweigerungsrecht** *n.* 정보제공거부권 情報提供拒否權.

Auslagen *f. pl.* 지출비용 支出費用, 경비 經費, 비용 費用; erforderliche ~ 필요(必要)한 비용; **~vorschuss** *m.* 비용예납 費用豫納.

Ausland *n.* 외국 外國.

Ausländer *m.* 외국인 外國人, 외국사람; **~behörde** *f.* 1. (*wörtl.*) 외국인관

청 外國官廳; 2. (*Bezeichnung in Korea*) 출입국관리사무소 出入國管理事務所 (*wörtl.:* „Immigrationsbüro"); **~gesetz** *n.* (AuslG) → Gesetzesregister; **~kriminalität** *f.* 외국인범죄 外國人犯罪; **~politik** *f.* 외국인정책 外國人政策; **~meldepflicht** *f.* 외국인등록의무 外國人登錄義務; **~sicherheit** *f.* →Prozesskostensicherheit; **~wahlrecht** *n.* 외국인선거권 外國人選擧權.

Ausländisches Urteil *n.* 외국판결 外國判決; → Vollstreckbarkeit ausländischer Urteile.

Auslandsbezug *m.* 외국관련성 外國關聯性.

Auslandskoreaner *m. (pl.)* 해외한국인 海外韓國人, 교포 僑胞. // Dem Begriff „교포" wird meist das Zeichen „재" (在 = „sich befinden") in Verbindung mit dem Schriftzeichen des jeweiligen Landes vorangestellt, um die Herkunft der Auslandskoreaner im Einzelfall zu kennzeichnen; z.B. 재일(在日)교포 für Japan, 재미(在美)교포 für die U.S.A., 재독(在獨)교포 für Deutschland etc.

Auslandstat *f.* 국외범행 國外犯行.

Auslegung *f.* 1. (*i.S.v. Interpretation*) 해석 解釋; 2. (*i.S.v. Auslage zwecks Einsichtnahme*) 진열 陳列; bundesfreundliche ~ 연방우호적(聯邦友好的) 해석; enge ~ 축소(縮小) 해석; analoge ~ → Analogie, 유추(類推)해석; ergänzende ~ 보충적(補充的) 해석; europarechtskonforme ~ 유럽법합치적(유럽法合致的) 해석; funktionale ~ 기능적(機能的) 해석; grammatikalische ~ → Wortlautauslegung, 문리적(文理的) 해석; historische ~ 역사적(歷史的) 해석; logische ~ 논리적(論理的) 해석; natürliche ~ 자연적(自然的) 해석; restriktive ~ 제한적(制限的) 해석; richtlinienkonforme ~ 지침합치적(指針合致的) 해석; systematische ~ 체계적(體系的) 해석; teleologische ~ → Teleologie, 목적론적(目的論的) 해석; topische ~ 문제변증론적(問題辨證論的) 해석; verfassungskonforme ~ 헌법합치적(憲法合致的) 해석; weite ~ (extensive) 확장(擴張) 해석; zulässige ~ 허용(許容)되는 해석.

Auslegungs:methode *f.* 해석방법 解釋方法; **~prinzip** *n.* 해석원칙 解釋原則; **~richtlinie** *f.* 해석준칙 解釋準則, 해석지침 解釋指針.

Auslieferung *f.* (*von Personen*) 인도 引渡, 인계 引繼; ~ ins Ausland 외국(外國)에 인도; ~ von Straftätern 범죄인(犯罪人)인도.

Auslieferungs:abkommen *n.* 인도협정 引渡協定, 인도조합 引渡調合; **~anspruch** *m.* 인도청구권 引渡請求權; **~antrag** *m.* 인도신청 引渡申請; **~befehl** *m.* 인도명령 引渡命令; **~befugnis** *f.* 인도권한 引渡權限; **~gesuch** *n.* 인도청원 引渡

請願; **~grund** *m.* 인도원인 引渡原因; **~haft** *f.* 인도구금 引渡拘禁; vorläufige ~ 가(暇)인도구금; **~pflicht** *f.* 인도의무 引渡義務; **~urkunde** *f.* 인도증명서 引渡證明書; **~verbot** *n.* 인도금지 引渡禁止; **~verfahren** *n.* 인도수속 引渡手續, 인도절차 引渡節次; **~verpflichtung** *f.* 인도의무 引渡義務; **~vertrag** *m.* 인도계약 引渡契約.

Auslobung *f.* 현상광고 懸賞廣告 (§§ 675 – 679 KBGB).

Auslösung *f.* 해약 解約, 해제 解除.

Auslössumme *f.* 해약금 解約金.

Ausnahme *f.* 1. (*i.S.v. entgegen der Regel*) 예외 例外; 2. (*i.S.v. Herausnahme*) 제외 除外.

Ausnahme:bestimmung *f.* 예외규정 例外規定; **~bewilligung** *f.* 예외적 승인 例外的 承認; **~genehmigung** *f.* 예외적 허가 例外的 許可; **~gericht** *n.* 특별법원 特別法院, 예외법원 例外法院; **~vorschrift** *f.* 예외규정 例外規定; **~zustand** *m.* 계엄 戒嚴; ~ verhängen (verkünden, ausrufen) ~을 선포(宣布)하다; ~ aufheben ~을 해제(解除)하다.

Ausreise *f.* 출국 出國; **~bestimmung** *f.* 출국요건 出國要件; **~erlaubnis** *f.* 출국허가 出國許可; **~freiheit** *f.* 출국의 자유 出國의 自由; **~verbot** *n.* 출국금지 出國禁止.

Ausrüster *m.* (eines Schiffes) (선박)임차인 (船舶)賃借人.

Aussage *f.* 1. (*allg.*) 진술 陳術; 2. (*eines Zeugen*) 증언 證言, 증인진술 證人陳術; beeidete ~ 선서(宣誓)진술; erzwungene ~ 강제(强制)로 인한 진술; falsche ~ 허위(虛僞)의 진술, 위증 僞證; freiwillige ~ 임의적(任意的) 진술; uneidliche ~ 선서(宣誓)없는 진술; widersprüchliche ~ 모순(矛盾)진술.

Aussagedelikt *n.* (허위)진술죄 (虛僞)陳術罪. // Die Auslegung des für die Aussagedelike konstituierenden Merkmals „falsch" (허위의) ist wie in Deutschland umstritten. Anders als in Deutschland folgt der KOGH jedoch der subjektiven Theorie (주관설), d.h. die Aussage ist nicht falsch, wenn sie inhaltlich nicht mit der Wahrheit übereinstimmt (vom BGH vertretene objektive Theorie – 객관설), sondern nur dann, wenn sie inhaltlich nicht dem Wissen des Aussagenden entspricht. Da die koreanische Rechtsordnung grds. in allen Fällen eine Vereidigung anordnet (vgl. § 319 KZPO, § 156 KStPO), nennt das KStGB als Aussagedelikt in § 152 Abs. 1 allein den Meineid (위증죄). Das Strafmaß beträgt Zuchthaus bis zu 5 Jahren oder Geldstrafe bis zu 10 Mio KRW. Wird eine im Strafprozess oder bei

Disziplinarverfahren gemachte falsche Aussage mit Schädigungsabsicht zu Lasten des Beschuldigten vorgenommen, so erhöht sich das Strafmaß nach § 152 Abs. 2 KStGB auf bis zu 10 Jahre Zuchthaus. Die Strafe ist zu mildern, wenn der Aussagende vor Urteilsverkündung bzw. Ausspruch der Disziplinarmaßnahme die Unrichtigkeit seiner Aussage offenlegt, vgl. § 153 KStGB.

Aussage:erpressung *f.* (als Delikt) 진술강요(죄) 陳術强要(罪); **~notstand** *m.* 진술긴급피난(상태) 陳術緊急避難(狀態); **~pflicht** *f.* 증언의무 證言義務, 진술의무 陳術義務; **~verweigerung** *f.* 진술거부 陳術拒否; **~verweigerungsrecht** *n.* 진술거부권 陳術拒否權 (Art. 12 Abs. 2 KVerf), vgl. → Schweigerecht; ~ des Angeklagten 피고인(被告人)의 진술거부권 (§ 283 a KStPO); ~ des Beschuldigten 피의자(被疑者)의 진술거부권; Hinweis auf das Zeugnisverweigerungsrecht (Belehrung) 진술거부권의 고지(告知) (§ 244 b KStPO). Die nichterfolgte Belehrung führt zu einem Verwertungsverbot der Aussage, vgl. KOGH 92도 682, 26.6.1996, § 309 KStPO.

Ausscheiden *n.* 1. (*aus einer Gesellschaft*) 탈퇴 脫退; 2. (*aus einem Amt*) 퇴임 退任.

Ausschlagung *f.* 발기 拔棄, 거절 拒絶, 포기 抛棄; ~ der Erbschaft 상속(相續)의 발기.

Auschließlichkeit *f.* 배타성 排他性, 배제성 排除性.

Ausschließlichkeits:anordnung *f.* 배제명령 排除命令; **~bindung** *f.* 배타적 구속 排他的 拘束.

Ausschließung *f.* 배제 排除, 제척 除斥.

Ausschließungsrecht *n.* 방해배제청구권 放害排除請求權.

Ausschluss *m.* 1. (*von Personen z.B. aus einer Gesellschaft*) (사원의) 제명 (社員의) 除名; 2. (*von Rechten*) 제권 除權; 3. (*allg.*) 배제 排除, 제척 除斥.

Ausschluss:beklagter *m.* 제명피고인 除名被告人; **~frist** *f.* 제척기간 除斥期間, 예외기간 例外期間; **~kläger** *m.* 제명원고인 除名原告人; **~urteil** *n.* 제권판결 除權判決 (§ 487 KZPO); **~wirkung** *f.* 배제효과 排除效果, 제척효 除斥效.

Ausschreibung *f.* 1. (*bei Aufträgen*) (öffentliche ~) 공시 公示, 고시 告示; 2. (*im Rahmen der Strafverfolgung*) 수배공고 手配公告.

Ausschuss *m.* 1. (*eines Gerichts*) 지정재판부 指定裁判部; 2. (*allg.*) 위원회 委員會; gemeinsamer ~ 공동(共同)위원회; paritätisch besetzter ~ 대등(對等)하게 구성된 위원회.

Ausschüttung *f.* 분배 分配, 배당 配當.

Ausschüttungs:belastung *f.* 분배부담 分配負擔; ~**quote** *f.* 배당비율 配當比率.

Außen:bereich *m.* 외부영역 外部領域; ~**prüfung** *f.* 임장조사 臨場調査; ~**recht** *n.* 대외관계법 對外關係法, 외부법 外部法; ~**rechtswirkung** *f.* 외부적 법적효과 外部的 法的效果; ~**steuer** *f.* 대외조세 對外租稅; ~**steuergesetz** *n.* 대외조세법 對外租稅法; ~**verhältnis** *n.* 대외관계 對外關係; ~**vollmacht** *f.* 외부적 임의대리권 外部的 任意代理權; ~**wirkung** *f.* 외부적 효과 外部的 效果; ~**wirtschaft** *f.* 대외경제 對外經濟.

außergerichtlich *adj.* 재판외(裁判外)의.

Äußerung *f.* 진술 陳述.

Außervollzugsetzung *f.* 집행정지 執行停止.

Aussetzung *f.* 1. (*zeitlich*) 연기 延期, 정지 停止, 중단 中斷; 2. (*von Gefangenen*) 석방 釋放; ~ gegen Sicherheitsleistung (Kaution) 보석 保釋; 3. (*der Vollstreckung*) 집행(執行)의 유예(猶豫); 4. (*von Personen*) (als Delikt) 유기(죄) 遺棄(罪).

Aussetzungspflicht *f.* (*im Verfahren*) 중단의무 中斷義務.

Aussonderung *f.* 환취 還取.

Aussonderungs:anspuch *m.* 환취청구권 還取請求權; ~**recht** *n.* 환취권 還取權.

Ausspähen *n.* (als Delikt) 탐지(죄) 探知(罪); ~ von Daten 데이터탐지.

Aussperrung *f.* 직장폐쇄 職場閉鎖.

Ausspielvertrag *m.* 당첨계약 當籤契約.

Aussprache *f.* (durch ein Gericht) (법원으로부터) 선언(宣言).

Ausspruch *m.* 선고 宣告; ~ einer Nebenstrafe 부가형(附加刑)의 선고; ~ über die vorläufige Vollstreckbarkeit 가집행선고 假執行宣告.

Ausstattung *f.* 설비 設備.

Aussteller *m.* 1. (*von Dokumenten*) (서류의) 발행인 發行人, 작성자 作成者; ~ eines Schecks 수표(手票)의 발행인; 2. (*i.S.v. Zurschausteller*) 전시(展示)하는 사람.

Ausstellung *f.* 1. (*von Dokumenten*) 발행 發行, 작성 作成; ~ unrichtiger Gesundheitszeugnisse → 허위진단서작성죄 虛僞診斷書作成罪 (§ 233 KStGB); 2. (*i.S.v. Zurschaustellung*) 전시 展示.

Ausstellungs:ort *m.* 발행지 發行地, 작성지 作成地; ~**recht** *n.* (*i.S.v.* 2.) 전시권 展示權.

Aussteuer *f.* 지참금 持參金.

Ausstrahlungswirkung *f.* 방사효 放射效; ~ der Grundrechte 기본권(基本權)의

방사효.

Austausch *m.* 교환 交換, 상환 償還, 대체 代替; **~barkeit** *f.* 교환가능성 交換可能性; **~geschäft** *n.* 교환행위 交煥行爲; **~pfändung** *f.* 교환압류 交換押留, 대체압류 代替押留; **~prinzip** *n.* 교환의 원칙 交換의 原則, 상환의 원칙 償還의 原則; **~theorie** *f.* 교환설 交換說; **~verhältnis** *n.* 교환관계 交換關係; **~vertrag** *m.* 교환계약 交換契約, 유상계약 有償契約, 쌍무계약 雙務契約; **~zweck** *m.* 교환목적 交換目的.

Austritt *m.* 퇴장 退場, 탈퇴 脫退.

Ausübung *f.* 행사 行使, 수행 遂行, 발동 發動; ~ eines Amtes 직무(職務)의 수행; ~ eines Rechts 권리(權利)의 행사; ~ des Ermessens 재량(裁量)의 행사; ~ von Hoheitsgewalt 고권(高權)의 행사; ~ von Polizeigewalt 경찰권의 발동 警察權의 發動; schonende ~ 조심(操心)스러운 행사, 신중(愼重)한 행사.

Auswahl *f.* 선정 選定, 선택 選擇, 선발 選拔; ~ von Personen (Auswahl und Ernennung) 선임 選任; soziale ~ 사회적(社會的) 선발.

Auswahl- und Überwachungsverschulden *n.* 선임, 감독상의 과실 選任, 監督上의 過失.

Auswahl:entscheidung *f.* 선택결정 選澤決鄭; **~ermessen** *n.* 선택재량 選擇裁量.

Ausweis *m.* 증명서 證明書; **~papier** *n.* 증명서 證明書.

Ausweisung *f.* (*einer Person*) 추방 追放, (국외)추방명령 (國外)追放命令; zwingende ~ 강제적(强制的) 추방.

Ausweisungsverfügung *f.* 추방처분 追放處分.

Auszubildener *m.* 교육생 敎育生.

Auszug *m.* 1. (*aus Akten etc.*) 발췌 拔萃, 초본 抄本; 2. (*aus dem Grundbuch*) 부동산등기부(不動産登記簿) 초본; 3. (*aus dem Handelsregister*) 상업등기부(商業登記簿) 초본; 4. (*i.S.v. Zusammenfassung*) 요약본 要約本, 초본 抄本; 5. (*aus einer Wohnung etc.*) 이사 移徙.

Autonomierecht *n.* 자율권 自律權.

Autor *m.* 1. (*i.S.v. Schriftsteller*) 작가 作家; 2. (*i.S.v. Urheber*) 저작자 著作者.

Autorenrecht *n.* 저작권 著作權.

Aval (*franz.*) 어음보증(保證); **~kredit** *m.* 은행으로부터 발주된 보증(保證) 및 보장(保障).

B, b

B (*als Personen- und Parteibezeichnung in Sachverhalten, Akten etc.*) 을 乙. → A, C.

Bagatell:betrag *m.* 경미(輕微)한 액수(額數), 소액 少額; **~delikt** *n.* 경미범죄 輕微犯罪, 간이범죄 簡易犯罪.

Bagatelle *f.* 1. (*wirtschaftl.*) 소액사례 少額事例; 2. (*strafr.*) 간이범죄 簡易犯罪.

Bagatell:kartell *n.* 간이(簡易)카르텔; **~klausel** *f.* 경미(輕微)한 사항(事項)을 위한 약관(約款); **~markt** *m.* 간이시장 簡易市場; **~schaden** *m.* 경미한 손해 輕微한 損害; **~strafsache** *f.* 경미범죄사건 輕微犯罪事件.

Bande *f.* (*strafr.*) 범죄단체 犯罪團體.

Banden:diebstahl *m.* (als Delikt) 범죄단체절도(죄) 犯罪團體竊盜(罪); **~hehlerei** *f.* (als Delikt) 범죄단체장물(죄) 犯罪團體臟物(罪); **~kriminalität** *f.* 단체범죄 團體犯罪.

Bank *f.* 은행 銀行; **~bürgschaft** *f.* 은행보증 銀行保證.

Bankenaufsicht *f.* 은행감독 銀行監督.

Bankrott *m.* 1. (*allg.*) 파산 破産; 2. (*als Straftatbestand*) 파산죄 破産罪.

Bann *m.* 1. (*i.S.v. Königsbann*) 군주(君主)의 입법권(立法權) (Verordnungsbann) 및 행정권(行政權) (Verwaltungsbann); 2. (*i.S.v. Inschutznahme*) (Friedensbann) 보호명령 保護命令; 3. (*i.S.v. Strafgewalt*) (Strafbann) 형벌권; 4. (*i.S.d. Exkommunikation*) (Kirchenbann) 파문 破門.

Bann:bruch *m.* 1. (*wörtl.*) 금지위반 禁止違反; 2. (*sinngemäß*) 관세의무위반 關稅義務違反. 관세의무물품의 무신고(無申告) 수입/수출.

Bannkreis *m.* 집회금지구역 集會禁止區域, 데모금지구역(禁止區域), 금지구역 禁止區域. // Das koreanische Recht verhängt Bannkreise nicht nur um Organe des Staates, sondern auch um Schulen. Derartige Schutzzonen wurden vormals als „학교환경위생 정화구역" (Zone zur Reinhaltung einer sauberen Schulumwelt) bezeichnet und in § 6 Nr 1 – 20 des SchulgesundheitsG (학교보건법) a.F. geregelt. Die Inhalte des SchulgesundheitsG a.F. haben durch das am 20.03.2018 an dessen Stelle in Kraft getretene „Gesetz zum Schutz der Bildungsumwelt" (교육환경 보호에 관한 법률) eine umfassende Neuregelung erfahren und untersagen in § 9 neben der Errichtung und dem Betrieb von Anlagen, die sich durch hohe Emmission oder Gefährlichkeit auszeichnen auch solche Anlagen, von denen negative Auswirkungen auf die moralische Entwicklung der Schüler zu erwarten sind. Zu letzteren gehören nach dem Willen des Gesetzgebers z.B. Hotels und Pensionen, Billardcafes oder Karakokebars und Diskos (gem. § 6 Nr. 12 SchulgesundheitsG a.F. definiert als „Gewerbe, bei denen den Gästen erlaubt wird, unter dem Verkauf von hauptsächlich alkoholischen Getränken Lieder zu singen, oder bei dem über derartige Handlungen hinaus, es den Gästen erlaubt wird, zu tanzen"). Letztlich dienen die Regelungen der Gefahrenabwehr, die mit den Instrumentarien des öffentlichen Baurechts nicht erreichbar zu sein scheint.

Bann:kreisverletzung *f.* (als Delikt) 금지구역시위(죄) 禁止區域示威(罪); **~meile** *f.* → Bannkreis; **~wald** *m.* 보호 필요(保護 必要)가 있는 삼림(森林); **~ware** *f.* → Konterbande.

Barabfindungsfusion *f.* vgl. → Cash out – merger.

Bareinlage *f.* 금전출자 金錢出資.

Bargeld *n.* 현금 現金.

Bargeschäft *n.* 현금매매 現金賣買, 현찰거래 現札去來.

Barrierefreiheit *f.* 장애물제거 障碍物除去.

Basisdemokratie *f.* 기초민주주의 基礎民主主義.

Basispreis *m.* 기본가격 基本價格.

Basiszinssatz *m.* 기초이율 基礎利率, 기본이율 基本利率.

Bau:antrag *m.* 건축신청 建築申請; **~amt** *n.* 건축관청 建築官廳; **~betreuungsvertrag** *m.* 건축관리계약 建築管理契約; **~gefährdung** *f.* (als Delikt) 건축위태(죄) 建築危殆(罪); **~genehmigung** *f.* 건축허가 建築許可; **~genehmigungsverfahren** *n.* 건축허가절차 建築許可節次; **~gesetzbuch** 건축법(전) 建築法(典); **~gewerbe** *n.* 건설업 建設業; **~grundstück** *n.* 건축용지 建築用地; **~handwerker** *m.* 건축업자 建築業者, 건축직공 建築職工; **~herr** *m.* 건축주 建築主; **~konstruktion** *f.* 공작물 工作物; **~land** *n.* 건축부지 建築敷地; **~last** *f.* 건물주부담의무 建物主負擔義務; **~leitplan** *m.* 도시계획 都市計劃, 기초지방자치단체의 도시계획 基礎地方自治團體의 都市計劃, 건설기준계획 建設基準計劃; **~leitplanung** *f.* 건설기준계획과정 建設基準計劃過程, 건설기본계획과정 建設基本計劃過程.

Bauliche Maßnahme *f.* 건축상 조치 建築上 措置.
Baunutzungsverordnung *f.* 건축이용령 建築利用令.
Bauordnungsrecht *n.* 건축질서법 建築秩序法, 건설질서법 建設秩序法, 건설규제법 建設規制法.
Bauplanungsrecht *n.* 건축계획법 建築計劃法, 건설계획법 建設計劃法.
Baurecht *n.* 건축법 建築法.
Bauträger *m.* 건축업자 建築業者. // Bauunternehmer (건축수급인)과는 다르다. Bauunternehmer는 원래 상대방이 소유하는 토지에서 건물 등을 건설해서 해당 건축계약 사항을 공증하고 등기할 필요가 없다. 그러나 Bauträger는 자기가 소유하는 토지에서 건물을 건설한 후에 소유권을 당사자에게 이전하여 물권법상 부동산거래를 하므로 공증과 등기의무가 있다. 그리고 Bauträger는 건설을 완료해서 한꺼번에 보수를 받는 특징이 있지만 Bauunternehmer는 건축물을 건설하는 기간 동안 건물의 진행상태에 따라서 계속해서 보수의 일부를 받는다.
Bau:unternehmen *n.* 1. (*i.S.v. „Baufirma"*) 건축업 建築業; 2. (*i.S.e. Einzelprojekts*) 건축업무 建築業(務); **~unternehmer** *m.* 건축수급인 建築需給人, vgl. → Bauträger; **~vertrag** *m.* 건축시공계약 建築施工契約; **~vorhaben** *n.* 건축기획 建築企劃; abgeschlossenes ~ 종료(終了)된 건축기획; **~werk** *n.* 구조물 構造物; **~zinsen** *f.* 건설이자 建設利子.
Beamten:anwärter *m.* 시용공무원 試用公務員; **~begriff** *m.* 공무원 개념 公務員 槪念; beamtenrechtlicher ~ 공무원법상(公務員法上)의 공무원개념; haftungsrechtlicher ~ 국가배상법상(國家賠償法上)의 공무원개념; statusrechtlicher ~ 신분상(身分上)의 공무원개념; strafrechtlicher ~ 형법상(刑法上) 공무원개념; **~besoldung** *f.* 공무원봉급 公務員俸給, 공무원급여 公務員給與; **~bund** *m.* 공무원연합 公務員聯合; **~ernennung** *f.* 공무원의 임명 公務員의 任命; **~haftung** *f.* 공무원책임 公務員責任; **~laufbahn** *f.* 공무원경력 公務員經歷; **~recht** *n.* 공무원법 公務員法.
Beamtenrechtliches Pflicht- und Treuverhältnis 공무원법상의 의무와 성실관계 公務員法上의 義務와 誠實關係.
Beamten:tum *n.* 공무원제도 公務員制度; **~verhältnis** *n.* 공무원관계 公務員關係; ~ begründen 공무원관계를 발생(發生)시키다; ~ verändern 공무원관계를 변경(變更)하다; ~ beenden 공무원관계를 소멸(消滅)시키다; **~wohl** *n.* 공무원(公務員)의 복지(福祉).

Beamter *m.* 공무원 公務員. // Die in Deutschland in § 60 Abs. 1 S. 1 BBG, § 33 Abs. 1 S. 1 BeamtStG geregelte Pflicht des Beamten, dem Volk zu dienen, folgt in Korea aus **Art. 7 KVerf.** (1) Beamte sind Diener des ganzen Volkes, sie sind dem Volk gegenüber verantwortlich. (2) Status und politische Unabhängigkeit der Beamten werden durch Gesetz festgelegte Art und Weise garantiert. // Das koreanische Recht unterscheidet zwischen „Beamten des Staates" (국가공무원) und „Beamten der kommunalen Selbstverwaltungskörperschaften" (지방공무원). Die Übersetzung mit „Bundesbeamte" und „Landesbeamte" ist vertretbar, macht aber nicht die Unterschiede zwischen dem deutschen Bundesstaat und dem koreanischen Zentralstaat deutlich. // ~ auf Lebenszeit 경력직(經歷職)공무원, 종신직(終身職) 공무원; ~ auf Probe 실습직(實習職) 공무원; ~ auf Widerruf 철회부(撤回附) 공무원; ~ auf Zeit 기간제(期間制) 공무원; leitender ~ 상급(上級)공무원, 지도(指導)하고 있는 공무원.

Beanstandung *f.* 이의제기 異議提起.

Beanstandungs:recht *n.* 이의제기권 異議提起權; **~verfahren** *n.* 이의제기절차 異議提起節次; objektives ~ 객관적(客觀的) 이의제기절차.

Bearbeitung *f.* 가공 加工, 제작 制作.

Beauftragter *m.* 1. (*i.S.d. schuldrechtlichen oder gesetzlichen Aufgabenübertragung*) 수임자 受任者, 수탁자 受託者; 2. (*allg. i.S.v. Zuständiger*) 위임권자 委任權者, 담당관 擔當官, 담당자 擔當者.

Bebauungsplan *m.* 건설관리계획 建設管理計劃, 도시상세계획 都市詳細計劃, 건설계획 建設計劃.

Bedarfs:deckung *f.* 조달 調達; **~(deckungs)verwaltung** *f.* 조달행정 調達行政.

Bedenken *n. pl.* 의문 疑問; rechtliche ~ 법적(法的) 의문; verfassungsrechtliche ~ 헌법적(憲法的) 의문.

Bedeutungsvorrang *m.* 의미우월(성) 意味優越(性).

Bedienstete *m.* 복무자 服務者.

bedingt *adj.* 조건부 條件附.

Bedingung *f.* 조건 條件; auflösende ~ 해제(解除)조건 (§ 147 Abs. 2 KBGB); auferlegte ~ 부과(賦課)된 조건; aufschiebende ~ 정지(停止)조건 (§ 147 Abs. 1 KBGB); gegenseitige ~ 상호적(相互的) 조건; unechte ~ 부진정(不眞正)조건; vereinbarte ~ 합의(合意)된 조건.

Bedingungseintritt *m.* 조건성취 條件成就.

bedingungsfeindlich *adj.* 조건(條件)에 친(親)하지 않은.

Bedingungstheorie *f.* 조건설 條件說.

Bedrohung *f.* (als Delikt) 강박(죄) 强迫(罪), 협박(죄) 脅迫(罪) (§§ 283 – 286 KStGB):

§ 283. **Bedrohung.** (1) Wer einen Menschen bedroht, wird mit bis zu drei Jahren Zuchthaus, Geldstrafe bis zu 5 Mio KRW, Haft oder Vermögensstrafe bestraft.

(2) Wer in Bezug auf einen eigenen Verwandten grader Linie oder den seines Ehegatten eine Tat nach Absatz 1 begeht, wird mit bis zu fünf Jahren Zuchthaus oder Geldstrafe bis zu 7 Mio KRW bestraft.

(3) Die Tat nach Absatz 1 oder 2 kann nicht gegen den ausdrücklichen Willen des Verletzten verfolgt werden.

§ 284. **Qualifizierte Bedrohung.** Wer unter Zurschaustellung der Macht einer Organisation oder eines Kollektivs oder unter Beisichführen eines gefährlichen Gegenstandes eine Tat nach Absatz 1 oder 2 der vorstehenden Vorschrift begeht, wird mit bis zu sieben Jahren Zuchthaus oder Geldstrafe bis zu 10 Mio KRW bestraft.

§ 285. **Gewohnheitsmäßige Bedrohung.** Wenn eine Tat nach § 283 oder der vorstehenden Vorschrift gewohnheitsmäßig begangen wird, kann die für diese Tat vorgesehene Strafe bis um die Hälfte erhöht werden.

§ 286. **Versuch.** Der Versuch einer Tat nach den drei vorstehenden Vorschriften wird bestraft. //

Der Begriff der Drohung wird von der koreanischen Rechtswissenschaft als das „Inaussichtstellen der Begehung eines Übels zum Hervorrufen eines Gefühls der Angst" (공포심을 일으키게 할 목적으로 해악을 가할 것을 통지하는 것) definiert. Die Drohung mit einem Verbrechen ist anders als bei § 241 StGB nicht erforderlich. Tatobjekt können nur natürliche Personen sein. Da Schutzgut der Norm jedoch die Willens- und Entschlussfreiheit ist, sollen Personen im Rauschzustand und geistig Behinderte als taugliche Tatobjekte ausscheiden.

Bei der Bedrohung ausländischer Staatsoberhäupter oder Diplomaten haben die Spezialtatbestände der §§ 107 Abs. 1, 2. Alt. und 108 Abs. 1, 2. Alt. KStGB Vorrang.

Bedürfnis *n.* 필요(성) 必要(性); berechtigtes ~ 정당(正當)한 필요; betriebliches ~ 경영상(經營上) 필요; betriebstechnisches ~ 경영기술상(經營技術上) 필요; dringendes betriebliches ~ 긴급(緊急)한 경영상 필요; öffentliches ~ 공적(公的) 필요; wirtschaftliches ~ 경제상(經濟上) 필요.

Bedürfnis:klausel *f.* 필요성조항 必要性條項. // 1. 스위스법상의 용어: 특정한 직업이나 영업을 할 수 있도록 허가를 신청하는 경우 특별한 필요성이 있을 때에만 허용하는 규정. 2. 독일법상의 용어: 원래 경합적 입법의 경우에는 연방에서 입법을 하지 않는 경우 주에서 입법을 할 수 있는데 만약 전국적으로 동종한 법률을 경합적으로 입법할 필요가 있는 경우에만 가능하다는 구 기본법의 규정이다. 통일 이후 „Erforderlichkeitsklausel"으로 명칭된다. // **~nachweis** *m.* 필요성증명 必要性證明; **~prüfung** *f.* 필요성심사 必要性審査.

Bedürftigkeit *f.* 곤궁 困窮.

Bedürftigkeitsprüfung *f.* 곤궁심사 困窮審査. // 특수한 사회법상 혜택을 받기 위해서 하는 생활곤궁 여부에 대한 심사.

Beendigung *f.* 1. (*allg.*) 완료 完了, 종료 終了; 2. (*strafr.*) 범죄종료 犯罪終了; ~ auf Antrag 신청에 의한 종료 申請에 의한 終了; ~ des Arbeitsverhältnisses 고용관계의 종료 雇用關係의 終了.

Beendigungs:funktion *f.* 종료기능 終了機能; **~kündigung** *f.* 종료해고 終了解雇, 종료해지 終了解止; **~zeitpunkt** *m.* 종료시점 終了時點.

Beeidigung *f.* 선서 宣誓.

Beerdigungskosten *f.* 장례비(용) 葬禮費(用); → Bestattungskosten.

Befähigung *f.* 자격 資格; ~ zum Richteramt 법관(法官)자격.

Befangenheit *f.* 불공정성 不公正性, 제척 除斥, 불공평 不公平.

Befangenheits:ablehnung *f.* 제척사유(除斥事由)를 원인(除斥原因)으로 하는 기피(忌避); **~antrag** *m.* 기피신청 忌避申請 (*wörtl.*: „Ablehnungsantrag") (§§ 18, 20, 25 KStPO). // In der KZPO geregelt in §§ 42 ff. (Ablehnung des Richters), § 336 (Ablehnung des Sachverständigen), vgl. auch § 4 KFamGG (가사소송법), der auf die Vorschriften der KZPO verweist.

Befehl *m.* 명령 命令.

Befehlsgewalt *f.* 명령권 命令權.

Befolgungskontrolle *f.* 수행통제 遂行統制.

Beförderung *f.* 1. (*i.S.v. Transport*) 운송 運送; ~ von Personen 사람의 운송; ~ von Waren 물품(物品)의 운송; entgeltliche ~ 유상(有償)의 운송; unentgeltliche ~ 무상(無償)의 운송; 2. (*i.S.v. beruflicher Aufstieg*) 승진 昇進.

Beförderungserschleichung *f.* (als Delikt) 운송사취(죄) 運送詐取(罪).

Befragung *f.* 심문 審問.

befreiende Wirkung 면책적 효력 免責的 效力.

Befreiung *f.* 1. (*i.S.v. Freistellung*) a) (*allg. von etw.*) 면제 免除; b) (*persönlich, von einer Verantwortung*) 면책 免責; 2. (*von Gefangenen*) 도주 逃走; ~ vom persönlichen Erscheinen 본인출석(本人出席)면제; ~ von der Gegenleistungspflicht ~ 반대급부의무(反對給付義務)의 면제; ~ von einer Verpflichtung 의무(義務)의 면제; ~ von einer Verbindlichkeit 채무(債務)의 면제

Befreiungs:anspruch *m.* 면책청구권 免責請求權; **~grund** *m.* 면책사유 免責事由; **~klausel** *f.* 면책약관 免責約款; **~übernahme** *f.* 면제적 이행인수 免除的 履行引受; **~vorbehalt** *m.* (*bzgl. Genehmigung*) 면제유보 免除留保; **~wirkung** *f.* 면책효(력) 免責效(力).

Befriedeter Bezirk *m.* → Bannkreis.

Befriedigung *f.* 1. (*i.S.v. Erfüllung*) 변제 辨濟; 2. (*allg. i.S.v. jmd. Zufriedenstellen*) 만족(滿足)시키다; ~ aus einem Grundstück 토지(土地)로부터 만족; ~ des Gläubigers 채권자(債權者)의 만족; ~ einer Forderung 채권(債權)의 만족; rechtzeitige ~ 적시(適時)의 만족; teilweise ~ 일부(一部)변제; vollständige ~ 완전(完全)변제.

Befriedigungsabrede *f.* 변제(辨濟)에 관한 합의(合意).

Befriedungsfunktion *f.* 확장기능 擴張機能, 정상화기능 正常化機能, 평화유지기능 平和維持機能.

Befristung *f.* 기한 期限, 기한의 정(定)함.

Befristungsgrund *m.* 기한이유 期限理由.

Befugnis *f.* 권능 權能, 권한 權限, 자격 資格; staatliche ~ 국가적(國家的) 권한.

Befugnis:indossament *n.* 권한배서 權限背書; **~missbrauch** *m.* 권한남용 權限濫用; **~übertragung** *f.* 권한위임 權限委任; **~überschreitung** *f.* 권한초월 權限超越, 권한초과 權限超過.

Begegnungsdelikt *n.* 대향범 對向犯.

Begehen *n.* 1. (*allg. i.S.v. Handlung*) 작용 作用, 작위 作爲, 행위 行爲; 2. (*eines Delikts*) 범행 犯行; ~ durch Unterlassen 부작위(不作爲)에 의해 범행.

Begehren *n.* 요구 要求, 추구 追求; klägerisches ~ 원고인(原告人)의 요구.

Begehung *f.* 1. (*allg.*) 작용 作用, 작위 作爲; 2. (*einer Straftat*) 범행 犯行.

Begehungsdelikt *n.* 작용범 作用犯, 작위범 作爲犯.

Beginn auf Antrag 신청에 의한 개시 申請에 의한 開始.

Beglaubigte Abschrift *f.* 인증등본 認證謄本.

Beglaubigung *f.* 1. (*i.S.v. Beurkundung*) 인증 認證; öffentliche ~ 공적(公的) 인증, 공증 公證; 2. (*im Völkerrecht*) 신임 信任; notarielle ~ 공증인(公證人)에 의한 인증.

Beglaubigungs:schreiben *n.* 신임장 信任狀; **~zeichen** *n.* 공증인장 公證人狀.

Begleitschaden *m.* 확대손해 擴大損害.

Begnadigung *f.* 특별사면 特別赦免, 은총 恩寵, vgl. → Amnestie.

Begnadigungsrecht *n.* 사면권 赦免權, 은총권 恩寵權.

Begrenzung *f.* 제한 制限.

Begriff *m.* 개념 槪念; gesetzlicher ~ 법률(法律)개념.

Begriffs:bestimmung *f.* 정의 定義; **~jurisprudenz** *f.* 개념법학 槪念法學; **~merkmal** *n.* 개념요소 槪念要素.

begründet *adj.* 이유(理由) 있는.

Begründetheit *f.* 이유(理由)있음, 이유유무 理由有無, 타당성 妥當性. // Im koreanischen Verwaltungsrecht kann eine Klage gem. § 28 Abs. 1 S. 1 KVwGO trotz ihrer Begründetheit abgewiesen werden, wenn durch die Aufhebung der angegriffenen Maßnahme das öffentliche Wohl schwerwiegend beeinträchtigt werden würde. In diesem Fall ist jedoch gem. § 28 Abs. 1 S. 2 KVwGO die Rechtswidrigkeit der Maßnahme im Tenor auszusprechen. Der Rechtsschutz wird somit auf die Sekundärebene verlagert, wobei das Gericht bei seiner Entscheidung nach § 28 Abs. 2 KVwGO einen möglichen Schaden und dessen Ersatzmöglichkeit in seine Überlegung mit einzubeziehen hat. Die herrschende Literatur geht von der Verfassungswidrigkeit des § 28 Abs. 1 KVwGO aus.

Begründung *f.* 1. (*i.S.v. Erklärung*) 이유(제시) 理由(提示); 2. (*i.S.v. Errichtung*) 설립 設立, 창립 創立.

Begründungs:defizit *n.* 이유결여 理由缺如; **~frist** *f.* 이유제시기간 理由提示期間;

~pflicht f. 이유제시의무 理由提示義務; ~vertrag m. 설립계약 設立契約; ~zwang m. 이유강제 理由强制.

Begünstigter f. 수익자 收益者.

Begünstigung f. 1. (allg.) 수혜 受惠, 혜택 惠澤; 2. (strafr.) 범죄원조 犯罪援助, 범죄비호 犯罪庇護; persönliche ~ 인적(人的) 범죄원조; sachliche ~ 물적(物的) 범죄원조; 3. (verwaltungsr.) 혜택 惠澤; staatliche ~ 국가(國家)로부터의 혜택; zweistufige ~ 2단계(二段階) 혜택.

Begünstigungs:ausschluss m. 수혜배제 受惠排除; gleichheitswidriger ~ 평등원칙(平等原則)에 반(反)하는 수혜배제; ~verwaltung f. 수익적 행정 收益的 行政.

Behandlungsvertrag m. 의료계약 醫療契約.

Behauptung f. 주장 主張; sich auf eine ~ berufen 주장을 원용(援用)하다; widerstreitende ~ 반대(反對)되는 주장.

Behauptungs:last f. 주장책임 主張責任; ~theorie f. 단순주장설 單純主張說.

Beherbergungsvertrag m. 숙박계약 宿泊契約.

Beherrschung f. 지배 支配.

Beherrschungs:recht n. 지배권 支配權; ~vertrag m. 지배계약 支配契約.

Behinderte f./m. 장애인 障碍人.

Behinderung f. 1. (i.S.v. Sinnesbeeinträchtigung) 장애 障碍; geistige ~ 정신적(精神的) 장애; körperliche ~ 신체적(身體的) 장애; 2. (i.S.v. jemanden am Fortkommen behindern) 방해 妨害.

Behinderungsgrad m. 장애의 정도 障碍의 程度, 장애율 障碍率.

Behörde f. 1. (allg.) 관청 官廳; 2. (in Komposita oft auch) 기관 機關 (wörtl. „Organ").

Behörden:interesse n. 행정청의 이익 行政廳의 利益; ~leiter m. 행정청의 장 行政廳의 長; ~organisation f. 행정청의 조직 行政廳의 組織.

behördlich adj. 행정청(行政廳)의.

Beibringung f. 제출 提出.

Beibringungs:frist f. 제출기간 提出期間; ~grundsatz m. 제출주의 提出主義, 증거신청주의 證據申請主義, 변론주의 辯論主義; ~pflicht f. 제출의무 提出義務.

beidseitig adj. 쌍방(雙方)의, 상호간(相互間)의; ~er Vetrag 쌍방계약(契約).

Beifahrer m. 동승자 同乘者.

Beifügung f. 1. (i.S.v. Hinzufügung) 첨부 添附; 2. (i.S.v. Anheften) 첨부 貼付.

Beigeordneter *m*. 1. (*wörtl.*) 배석자 陪席者; 2. (*im Strafprozess*) vgl. → Pflichtverteidiger.

Beihilfe *f*. 1. (*i.S.d. StGB*) 방조 幇助, 종범 從犯 (§ 32 KStGB); 2. (*finanz.*) 보조(금) 補助(金).

Beiladung *f*. (제3자의) 소송참가(시킴) (第三者의) 訴訟參加(시킴), vgl. § 16 KVwGO. **Beiladung.** (1) Wird durch den Ausgang des Prozesses ein Recht oder ein Rechtsgut eines Dritten verletzt, so kann das Gericht auf Antrag einer Partei oder des Dritten oder von Amts wegen den Dritten dem Prozess beiladen.

(2) Das Gericht hat die Parteien und den Dritten vor einer Entscheidung nach Abs. 1 zu hören.

(3) Wird der Antrag nach Abs. 1 abgelehnt, so kann der Dritte hiergegen sofortige Beschwerde einlegen.

(4) Auf einen Dritten, der nach Abs. 1 an dem Prozess teilnimmt, findet die Vorschrift des § 67 KZPO (Notwendige Streitgenossenschaft) entsprechende Anwendung.

Beirat *m*. 자문위원회 諮問委員會; wissenschaftlicher ~ 학술적(學術的) 자문위원회.

Beisichführen *n*. 휴대 携帶; ~ eines gefährlichen Werkzeuges (bzw. einer Waffe) 흉기(凶器)휴대, vgl. → Waffe.

Beisitzer *m*. 1. (*beisitzender Richter*) 배석판사 陪席判事, 합의부원 合意部員; 2. (*allg.*) 배석자 陪席者.

Beistand *m*. (als Person) 보조(자) 補助(者), 변호(인) 辯護(人), vgl. → Prozessagent.

Beistandschaft *f*. 보조관계 補助關係.

Beitrag *m*. → Beiträge.

Beiträge *f. pl*. 1. (*allg. finanziell*) 부담금 負擔金; 2. (*im Gesellschaftsrecht*) 출자 出資; 3. (*im Versicherungsrecht*) 보험료 保險料; 4. (*i.S.v. Partizipation*) 참가 參加.

Beitragspflicht *f*. 부담금납부의무 負擔金納付義務.

Beitreibung *f*. 징수 徵收.

Beitretender *m*. (*allg.*) 가입자 加入者; (*während eines Prozesses*) (소송)참가인 (訴訟)參加人.

Beitritt *m*. 1. (*i.S.v. (Neben-)Intervention*) 참가 參加; 2. (*allg.*) 가입 加入.

Beitritts:gebiet *n.* 가입지역 加入地域, 가입영역 加入領域. // 독일 통일조약에 의하여 1990년 10월 3일에 독일연방공화국 (서독)에 가입한 구 독일민주공화국(동독)의 구역의 명칭. // **~vertrag** *m.* 가입계약 加入契約.

Bekanntgabe *f.* 1. (*allg.*) 고지 告知; 2. (*von Verwaltungsakten*) 행정행위의 통지 行政行爲의 通知; 3. (*öffentliche ~*) 공고 公告, 공시 公示.

Bekanntmachung *f.* (öffentliche ~; *engl.* publication) 공시 公示, 공고 公告.

Bekanntmachungsblatt *n.* 공고신문 公告新聞.

Bekenntnisfreiheit *f.* (종교적) 고백의 자유 告白의 自由.

Beklagter *m.* 1. (*im Zivilprozess*) 피고 被告; 2. (*im Strafprozess*) 피고인 被告人; richtiger ~ 정당(正當)한 피고(인).

Beklagten:seite *f.* 피고(인)측 被告(人)側; **~vorbringen** *n.* 피고(인)주장 被告(人)主張.

Belagerungszustand *m.* 포위사태 包圍事態.

Belange *m. pl.* 이익 利益; schutzwürdige ~ 보호(保護)할 가치(價値)가 있는 이익.

Belästigung *f.* 행패 行悖.

Belastung *f.* 부담 負擔.

Belastungswirkung *f.* 부담적 효과 負擔的 效果.

Belegenheitsort *m.* 존재지 存在地, 존재장소 存在場所; ~ einer Sache 물건(物件)의 존재장소.

Belegpflicht *f.* 증거자료제출의무 證據資料提出義務.

Belegschaft *f.* 종업원(들) 從業員(들).

Belegschaftsaktie *f.* 종업원주식 從業員株式.

Belehrung *f.* 고지 告知, 교시 教示.

Belehrungspflicht *f.* 고지의무 告知義務.

Beleidigung *f.* (als Delikt) 모욕(죄) 侮辱(罪); verleumderische ~ 중상모략적(重傷謀略的) 모욕죄.

Beleidigungsdelikte *n. pl.* 명예(名譽)에 관한 죄(罪) (wörtl.: „Delikte gegen die Ehre") (§§ 307 – 312 KStGB). // Die Beleidigungsdelikte werden wie folgt systematisiert:

1. § 307: Ehrverletzung (명예훼손). Die Vorschrift bestimmt in Abs. 1 für wahre Tatsachenbehauptungen ein Strafmaß von bis zu zwei Jahren Freiheitsstrafe oder bis zu 5 Mio KRW Geldstrafe, in Abs. 2 für unwahre Tatsachenbehauptungen bis zu fünf Jahre oder bis zu 10 Mio KRW.

2. § 308: Verunglimpfung des Andenkens Verstorbener (사자의 명예훼손). Erfasst werden nur unwahre Tatsachen in Bezug auf den Verstorbenen. Das Strafmaß beträgt bis zu zwei Jahre Freiheitsstrafe oder bis zu 5 Mio KRW Geldstrafe.

3. § 309: Ehrverletzung in Medien (출판물등에 의한 명예훼손). Qualifiziert wird die Ehrverletzung, wenn sie in „Zeitungen, Zeitschriften, Radio oder anderen Medien" verbreitet wird. Das Strafmaß erhöht sich in diesen Fällen auf Freiheitsstrafe bis zu drei Jahren oder Geldstrafe von bis zu 7 Mio KRW in Fällen des § 307 Abs. 1 oder bis zu 7 Jahren Freiheitsstrafe, dem Entzug von „Befähigungen" (자격정지) (z.B. des aktiven und passiven Wahlrechts oder der Befähigung zum Beamten) bis zu einer Dauer von 10 Jahren oder Geldstrafe von bis zu 15 Mio KRW in Fällen des § 307 Abs. 2.

4. § 310: Rechtfertigung (위법성의 조각). Nicht bestraft wird eine Tat nach § 307 Abs. 1, wenn sie im Interesse des öffenlichen Wohls vorgenommen wurde.

5. § 311: Beleidigung (모욕). Die Abgabe eines ehrverletzenden Werturteils wird mit Freiheitstrafe bis zu einem Jahr oder Geldstrafe bis zu 2 Mio KRW bestraft.

6. § 312: Strafantrag und Wille des Verletzten (고소의 피해자의 의사). Die Verfolgung von Delikten nach §§ 308, 311 setzen den Strafantrag des Verletzten voraus. Taten i.S.d. §§ 307, 309 können nicht gegen den ausdrücklichen Willen des Verletzten verfolgt werden.

Beliebigkeit *f.* 임의 任意.

Beleihung *f.* 공무수탁 公務受託.

Beliehene *m.* 공무수탁(사)인 公務受託(私)人.

Bemessung *f.* 기준 基準.

Bemessungsgrundlage *f.* 1. (*für die Berechnung der Schadensersatzsumme*) (손해배상금의) 기준 基準; 2. (*steuerrechtl.*) 과세표준 課稅標準.

Benachteiligung *f.* 1. (*i.S.v. Diskriminierung*) 차별 差別; 2. (*i.S.d. AGB-Rechts*) 불공정 不公正, 불이익 不利益; unangemessene ~ 부당(不當)한 불이익.

Benachteiligungsverbot *n.* (*i.S.v. Diskriminierungsverbot*) 차별금지 差別禁止.

Benutzer *m.* 사용자 使用者, 이용자 利用者.

Benutzung *f.* 1. (*einer Einrichtung*) 이용 利用; 2. (*einer Sache*) 사용 使用; ordnungsgemäße ~ 정상적(正常的)인 이용/ 사용.

Benutzungs:gebühr *f.* 이용수수료 利用手數料, 사용료 使用料; **~ordnung** *f.* 이용규정 利用規定; **~recht** *n.* 이용권 利用權; **~zwang** *m.* 이용강제 利用强制.

Beobachtungsfehler *m.* 관찰상의 결함 觀察上의 缺陷; **~pflicht** *f.* 관찰의무 觀察義務.

Beratervertrag *m.* (전문)상담계약 (專門)相談契約.

Beratung *f.* 상담 相談, 조언 助言.

Beratungspflicht *f.* 상담의무 相談義務, 조언의무 助言義務.

Berechnung *f.* 계산 計算, 산정 算定.

Berechnungsgrundlage *f.* 계산기준 計算基準, 산정기준 算定期準.

Berechtigter *m.* 권리자 權利者, 권한자 權限者; dinglich ~ 물적(物的) 권리자; materiell ~ 실질적(實質的) 권리자.

Berechtigung *f.* 권리 權利, 권한 權限, 자격 資格.

Berechtigungsschein *m.* (*i.S.d. Polizeirechts*) 신분증명서 身分證明書.

Bereich *m.* 범위 範圍, 분야 分野, 영역 領域; geschützter ~ 보호(保護)되는 영역.

Bereicherung *f.* 이득 利得; aufgedrängte ~ 강요(强要)된 이득; rechtswidrige ~ 불법(不法)이득; unberechtigte (ungerechtfertigte) ~ 부당(不當)이득; unentgeltliche ~ 무상(無償)이득.

Bereicherungs:absicht *f.* 이득의도 利得意圖, 이득(利得)의사; rechtswidrige ~ 불법(不法)이득의사; **~anspruch** *m.* 이득반환청구권 利得返還請求權; **~ausgleich** *m.* 부당이득조정 不當利得調停; **~delikt** *n.* 이득죄 利得罪; **~kette** *f.* 이득연쇄 利得連鎖; **~recht** *n.* (부당)이득법 (不當)利得法; **~verbot** *n.* 이득금지 利得禁止.

Bereinigung *f.* 정리 整理.

Bereinigungsgesetz *n.* 정리법 整理法.

Bereitschaftspolizei *f.* 긴급경찰 緊急警察.

Bergbau *m.* 광(산)업 鑛(山)業; **~amt** *m.* 광업관청 鑛業官廳.

Berichterstatter *m.* (*engl.* rapporteur) 보고자 報告者; ~ in der Hauptverhandlung   1. (*wörtl.*) 공판(公判)보고자, 2. 주심 主審. // 다수인으로 구성되는 기관에서 기관의 내부규칙에 따라서 기관의 업무에 대한 절차를 관리하는 기관의 구성원. 재판부 경우에는 사건을 처리하는 법관의 명칭 (주심).

Berichterstattung *f.* 보고 報告.

Berichtigung *f.* 수정 修訂; ~ des Urteils 판결(判決)의 修訂.

Berichtigungsklage *f.* 수정소송 修訂訴訟. 근로자가 사업주가 발급한 사용증명서의 변경을 위해서 제기하는 노동법상의 소.

Beruf *m.* 직업 職業; freier ~ 자유업 自由業, 전문자영업자 專門者營業者, 자유직 自由職, (특수한) 전문직업적 용역 專門職業的 用役. // 독일 영업법 (Gewerbeordnung)의 대상이 되지 않는 고도의 전문성을 요구하는 독립적 직업. 독일 소득세법 (EinkommenssteuerG) 제18조는 해당 직업을 열거하고 있다. 대표적인 예는 의사, 공증인, 변호사, 미술가와 기자 등이다. Freiberuf라고도 한다.

Berufs:ausbildung *f.* 직업훈련 職業訓練; **~ausbildungsverhältnis** *n.* 직업훈련관계 職業訓練關係; **~ausübung** *f.* 직업행사 職業行使; **~ausübungsfreiheit** *f.* 직업행사의 자유 職業行使의 自由; **~beamter** *m.* 직업공무원 職業公務員; **~beamtentum** *n.* 직업공무원제도 職業公務員制度, 직업관료제 職業官僚制; *Gegenteil:* 명예(名譽)공무원제도; hergebrachte Grundsätze des ~s 직업공무원제도의 원칙(原則); **~beamter** *m.* 직업공무원 職業公務員; **~beschränkung** *f.* 직업제한 織業制限; **~bildung** *f.* 직업교육 職業敎育; **~bildungsförderung** *f.* 직업교육촉진 職業敎育促進; **~freiheit** *f.* 직업의 자유 職業의 自由; **~freiheitsgarantie** *f.* 직업자유의 보장 職業自由의 保障; **~geheimnis** *n.* 직업상 비밀 職業上 秘密; **~geheimnisträger** *m.* 직업상 비밀취급자 職業上 秘密取級者; **~genossenschaft** *f.* 동업조합 同業組合; landwirtschaftliche ~ 농민재해(農民災害)보험조합; **~gericht** *n.* 직업법원 職業法院, vgl. →Ehrengericht; **~haftpflichtversicherung** *f.* 직업책임보험 職業責任保險; **~konsularbeamter** *m.* 직업영사관원 職業領事官員; **~krankheit** *f.* 직업병 職業病, vgl. zur Beweislast bei Berufskrankheiten § 81 ArbStandardsG i.V.m. § 54 AusfVO ArbStandardsG. // **~recht** *n.* 직업(職業)에 관한 법률(法律); **~richter** *m.* 직업법관 織業法官; **~schaden** *m.* 직업손해 職業損害; **~schadensausgleich** *m.* 직업손해보상 職業損害補償; **~unfähigkeit** *f.* 직업수행 불능상태 職業遂行不能狀態; **~verband** *m.* 업종협회 業種協會; **~verbot** *n.* 직업금지 職業禁止, 취업금지 就業禁止; vorläufiges ~ 잠정적(暫定的) 금지; **~wahl** *f.* 직업선택 職業選擇; freie ~ 자유(自由)로운 직업선택; **~wahlfreiheit** *f.* 직업선택의 자유 職業選擇의 自由 (Art. 15 KVerf); **~zweig** *m.* 직종 職種.

Berufung *f.* 1. (*als Rechtsmittel*) 항소 抗訴 (§§ 390 ff. KZPO, §§ 357 ff. KStPO); ~ annehmen 항소를 인용(認容)하다, 항소를 허가(許可)하다; ~ einlegen 항소를 제기(提起)하다; Annahme der ~ 항소의 인용(認容), 항소의 허가(許可); 2. (*einer*

Versammlung, i.S.v. Einberufung) 소집 召集; 3. *(einer Person)* 임명 任命; 4. *(i.S.v. auf etwas verweisen)* 원용 援用.

Berufungs:annahme *f.* 항소인용 抗訴認容, 항소허가 抗訴許可; **~einlegung** *f.* 항소제기 抗訴提起; **~instanz** *f.* 항소심 抗訴審; **~urteil** *n.* 항소판결 抗訴判決; **~verfahren** *n.* 항소심절차 抗訴審節次.

Beschädigung *f.* 훼손 毀損; ~ einer Sache 물건(物件)훼손.

Beschäftigte *f./ m.* 취업자 就業者.

Beschäftigung *f.* 고용 雇用, 취업 就業; ~ ausländischer Arbeitnehmer 외국인근로자의 고용 外國人勤勞者의 雇用. // Die Beschäftigung ausländischer Arbeitnehmer ist in Korea in dem „Gesetz über die Beschäftigung ausländischer Arbeitnehmer" (외국인근로자의 고용 등에 관한 법률) geregelt. Wie auch im deutschen Recht in § 39 Abs. 2 Nr. 1 b AufenthG ist in Korea gem. § 6 Abs. 1 die Bevorrechtigung inländischer Arbeitnehmer geregelt, wobei der vom Gesetz verwendete Begriff „Inländer" (내국인) hier gleichzusetzen ist mit „Koreanischer Staatsangehöriger".

Beschäftigungs:anspruch *m.* 취업청구권 就業請求權; **~förderungsgesetz** *n.* 취업촉진법 就業促進法.

Beschaffenheit *f.* 상태 狀態, 성상 性相, 성질 性質; ~ einer Sache 물건(物件)의 상태; ~ einer Schuld 채무(債務)의 성질; Ist- ~ 있는 상태, 존재하는 성상; Soll- ~ 있어야 할 상태, 당사자사이의 합치된 성상.

Beschaffenheitsgarantie *f.* 상태보장 狀態保障, 성상보장 性相保障.

Beschaffung *f.* 조달 調達.

Beschaffungs:risiko *n.* 조달의무 調達義務; **~verwaltung** *f.* 조달행정 調達行政.

Beschäftigter *m.* 취업자 就業者.

Beschäftigungs:förderung *f.* 취업촉진 就業促進; **~rate** *f.* 취업률 就業率; **~verhältnis** *n.* 취업관계 就業關係.

Bescheid *m.* 결정 決定; ablehnender ~ 거절(拒絕)결정; erneuter ~ 재(再)결정.

Bescheidung *f.* 결정 決定.

Bescheidungs:frist *f.* 결정기간 決定期間; **~urteil** *n.* 지령판결 指令判決, 교시판결 敎示判決, 재결정명령판결 再決定命令判決, 결정판결 決定判決.

Beschenkter *m.* 수증자 受贈者.

Beschlagnahme *f.* 압류 押留, 압수 押收; ~ des Vermögens 재산(財産)압류;

~befugnis *f.* 압류권한 押留權限, 압수권한 押收權限; ~freiheit *f.* 압류면제 押留免除, 압수면제 押收免除; ~gegenstand *m.* 압류물 押留物, 압수물 押收物; ~verbot *n.* 압류금지 押留禁止, 압수금지 押收禁止; ~verlängerung *f.* 압류연장 押留延長, 압수연장 押收延長.

Beschleunigungs:gebot *n.* 신속진행요구 迅速進行要求; ~grundsatz *m.* 신속재판의 원칙 迅速裁判의 原則.

Beschluss *m.* 결의 決議, 의결 議決, 결정 決定; ~ der Hauptversammlung 주주총회(株主總會)의 결의; gerichtlicher ~ 법원(法院) 결정; negativer ~ 부결 否決; positiver ~ 가결 可決; wirksamer ~ 유효(有效)한 의결.

Beschluss:entwurf *m.* 결정안 決定案; ~fähigkeit *f.* 의결정족수 議決定足數; ~fassung *f.* 결의(決議)(하기); ~organ *n.* 의결기관 議決機關.

Beschränkt dingliches Recht 제한물권 制限物權.

Beschränkt (vermindert) Schuldfähiger *m.* 한정책임능력자 限定責任能力者.

Beschränkte persönliche Dienstbarkeit 제한적 인역권 制限的 人役權.

Beschränkte (verminderte) Schuldfähigkeit *f.* 한정책임능력 限定責任能力.

Beschränkung *f.* 제한 制限, 한정 限定.

Beschuldigtenvernehmung *f.* 피의자신문 被疑者訊問 (§§ 241 – 245 KStPO).

Beschuldigter *m.* (*im engeren Sinne, d.h. vor der Anklage durch die Staatsanwaltschaft*) 피의자 被疑者.

Beschwer *f.* 상소이익 上訴利益, 불이익 不利益.

Beschwerde *f.* 1. (*prozessr.*) 항고 抗告; 2. (*allg.*) 소원 訴願; befristete ~ 기한부(期限附)항고; einfache ~ 단순(單純)항고; sofortige ~ 즉시(卽時)항고, vgl. → Sofortige Beschwerde; weitere ~ 재(再)항고.

Beschwerde:befugnis *f.* 항고적격 抗告適格; ~fähigkeit *f.* 소원능력 訴願能力; ~führer *m.* 항고인 抗告人, 소원인 訴願人; ~gegenstand *m.* 소원대상 訴願對象; ~gericht *n.* 항고법원 抗告法院; ~recht *n.* 소원권 訴願權; ~schrift *f.* 항고장 抗告狀.

Beschwerter *m.* 부담자 負擔者.

Beseitigung *f.* 배제 排除, 제거 除去, 폐지 廢止.

Beseitigungsanspruch *m.* 방해배제청구권 妨害排除請求權, (방해)제거청구권 (妨害)除去請求權.

Besetzung *f.* 1. (*i.S.v. Okkupation*) 점령 占領; 2. (*i.S.v. Zusammensetzung*) 구성 構成; ~ des Gerichts 법원(法院)구성, 재판부(裁判部)구성.

Besetzungseinwand *m.* 재판부구성(裁判部構成)에 대한 이의신청(異議申請).

Besinnungsfunktion *f.* 숙고기능 熟考機能.

Besitz *m.* 점유(권) 占有(權), 소지 所持; bösgläubiger ~ 악의(惡意)점유; fehlerhafter ~ 하자(瑕疵) 있는 점유; ~ gutgläubiger 선의(善意)점유; mittelbarer ~ 간접(間接)점유 (§ 194 KBGB); unmittelbarer ~ 직접(直接)점유.

Besitz ~ ~ den ~ ~ begründen 점유를 설정(設定)하다; ~ entziehen 점유를 박탈(剝奪)하다, 점유를 침탈(侵奪)하다; ~ erlangen 점유를 취득(取得)하다; ~ erwerben 점유를 취득(取得)하다; ~ stören 점유를 방해(妨害)하다; ~ übertragen 점유를 양도(讓渡)하다; ~ vorbehalten 점유를 반환(返還)하지 않다.

Besitz:anspruch *m.* 점유청구권 占有請求權; **~arten** *f. pl.* 점유의 종류 占有의 種類; **~beendigung** *f.* 점유의 종료 占有의 終了; **~begründung** *f.* 점유설정 占有設定; **~begründungswille** *m.* 점유설정의사 占有設定意思; **~diener** *m.* 점유보조자 占有補助者 (§ 195 KBGB); **~einweisung** *f.* 점유지정 占有指定; vorläufige ~ 임시적(臨時的) 점유지정; vorzeitige ~ 사전(事前)점유지정; **~entziehung** *f.* → Besitzentzug; **~entzug** *m.* 점유박탈 占有剝奪, 점유침탈 占有侵奪; **~erlangung** *f.* 점유취득 占有取得; **~erwerb** *m.* → Besitzerlangung; **~herr** *m.* 점유주 占有主; **~kehr** *f.* 점유회복 占有回復; **~klage** *f.* 점유소송 占有訴訟; **~kondiktion** *f.* 점유부당이득 占有不當利得; **~konstitut** 점유개정 占有改定; antizipiertes ~ 예정(豫定)된 점유개정; **~mittler** *m.* 점유매개자 占有媒介者; **~mittlungsverhältnis** *n.* 점유매개관계 占有媒介關係; **~pfandrecht** *n.* 점유질(권) 占有質(權); **~recht** *n.* 점유권 占有權, 점유할 수 있는 권리(權利); **~schutz** 점유보호 占有保護; **~schutzanspruch** 점유보호청구권 占有保護請求權; **~schutzklage** *f.* 점유의 소(송) 占有의 訴(訟) (§ 208 KBGB); **~störung** *f.* 점유방해 占有妨害; **~übergang** *m.* 점유이전 占有移轉; **~übertragung** *f.* 점유양도 占有讓渡; **~vorenthaltung** *f.* 점유불반환 占有不返還; **~wechsel** *m.* 점유이전 占有移轉; **~wehr** *f.* 점유방어 占有妨禦; **~wille** *m.* 점유의 의사 占有의 意思; **~zeit** *f.* 점유기간 占有期間, 공(共)점유.

Besitzer *m.* 점유자 占有者; bösgläubiger ~ 악의(惡意)점유자; gutgläubiger ~ 선의(善意)점유자; mittelbarer ~ 간접(間接)점유자; unmittelbarer ~ 직접(直接)점유자.

Besoldung *f.* (des Beamten) (공무원)보수 (公務員)報酬, 공무원 급여(給與).

Besoldungsrecht *n.* 보수법 報酬法.

Besonderes Gewaltverhältnis 특별권력관계 特別權力關係.

Besorgung *f.* 관리 管理, 처리 處理; ~ fremder Geschäfte 타인(他人)의 사무(事務)의

관리; ~ von Angelegenheiten 사무처리 事務處理.

Besserung *f.* 개선 改善; ~ des Täters 행위자(行爲者)의 개선.

Bestallungschreiben *n.* 위임장 委任狀.

Bestand *m.* (*i.S.v. Fortbestehen*) 존속 存續, 존재 存在; ~ eines Rechts 권리(權理)의 존속.

Bestandsgarantie *f.* 존재보장 存在保障, 존속보장 存續保障.

Bestandskraft *f.* 존속력 存續力; ~ des Verwaltungsakts 행정행위(行政行爲)의 존속력; formelle ~ 형식적(形式的) 존속력; materielle ~ 실질적(實質的) 존속력.

Bestandsschutz *m.* 존속보장 存續保障, 존립보호 存立保護.

Bestandteil *m.* 구성부분 構成部分; selbständiger ~ 독립적(獨立的) 구성부분; unselbständiger ~ 종속(從屬)된 부분; unwesentlicher ~ 비본질적(非本質的) 구성부분; wesentlicher ~ 본질적(本質的) 구성부분.

Bestätigung *f.* 추인 追認, 확증 確證, 확인 確認.

Bestätigungs:theorie *f.* 확인설 確認說; **~wille** *m.* 확인의사 確認意思.

Bestattungskosten *f.* 장례비(용-) 葬禮費(用).

Bestechlichkeit *f.* → Bestechung, passive.

Bestechung *f.* 1. (*allg.*) 뇌물 賂物; 2. (*als Delikt*) 뇌물죄 賂物罪 (§§ 129 – 134 KStGB); aktive ~ 증뢰(죄) 贈賂(罪); passive ~ 수뢰(죄) 受賂(罪).

Bestehen oder Nichtbestehen eines Rechtsverhältnisses 법률관계(法律關係)의 존재(存在) 또는 부존재(不存在).

bestehend *adj.* 기존(旣存)의.

Besteller *m. (beim Werkvertrag)* 도급인 都給人.

Bestellung *f.* 1. (*i.S.v. ins Amt bringen*) 임명 任命, 위임 委任, 선임 先任, 지명 指名; ~ des Vorstands 이사회(理事會)의 선임; gerichtliche ~ 법원(法院)으로부터 선임; 2. (*von Waren*) 주문 注文; 3. (*von Rechten*) 권리(權利)의 설정(設定); 4. (*von landwirtschaftlichen Grundstücken*) 경작 耕作.

Bestellungs:kosten *f.* (*i.S.v. § 998 BGB*) 경작비용 耕作費用; **~schreiben** *n.* 주문서 注文書; **~urkunde** *f.* (*i.S.v.* 1.) 선임증(명)서 先任證(明)書; (*i.S.v.* 3.) 설정증서 設定證書; **~verfahren** *n.* 선임절차 先任節次.

Besteuerung *f.* 과세 課稅, 세금(稅金)을 부과(賦課)하는 것; internationale ~ 국제(國制)과세; nachgelagerte ~ 나중의 과세 (퇴직후 연금을 통해서 얻은 수익에도 세금이 부과되는 원칙); nationale ~ 국내(國內)과세; Befreiung von der ~ 과세의 면제(免除).

Besteuerungs:anteil *m.* 과세지분 課稅持分; **~einheit** *f.* (*i.S.v. Klassifikation*) 과세단위 課稅單位; **~grenze** *f.* 과세한도 課稅限度; **~grundlage** *f.* 과세표준 課稅標準; **~grundsatz** *m.* 과세원칙 課稅原則; **~objekt** *n.* 과세대상 課稅對象; **~prinzip** *n.* 과세원칙 課稅原則; **~recht** *n.* 과세권 課稅權; **~system** *n.* 과세제도 課稅制度; **~tabelle** *f.* 과세표 課稅表; **~verfahren** *n.* 과세절차 課稅節次.

besteuert *adj.* 과세(課稅)된.

bestimmbar *adj.* 특정가능(特定可能)한, 확정가능(確定可能)한.

bestimmt *adj.* 특정(特定)한, 확정(確定)한.

Bestimmtheit *f.* 특정성 特定性, 확정성 確定性, 명확성 明確性.

Bestimmtheits:grundsatz *m.* 특정성 원칙 特定性 原則, 명확성의 원칙 明確性의 原則; **~gebot** *n.* 명확성의무 明確性義務.

Bestimmung *f.* 1. (*i.S.v. Norm*) 규정 規定; 2. (*i.S.v. Verwendungszweck*) 용도 用途; landesrechtliche ~ 주법상(州法上) 규정; wirtschaftliche ~ 경제적(經濟的) 용도; 3. (*i.S.v. Festsetzung*) 일정 一定, 결정 決定; ~ der Leistungszeit 이행기(履行期)의 결정(決定).

Bestimmungsmäßiger Gebrauch *m.* 용도(用途)에 따른 사용(使用), 의도(意圖)에 따른 사용.

Bestrafung *f.* 1. (*strafr.*) 처벌 處罰; 2. (*disziplinarrechtl.*) 징계 懲戒.

Bestreiten *n.* 다툼, 부인 否認; ~ mit Nichtwissen 부지(不知)의 진술(陳述); ausdrückliches ~ 명백(明白)한 부인; einfaches ~ 단순(單純) 부인; qualifiziertes ~ 이유부(理由附) 부인; substantiiertes ~ 이유부(理由附) 부인; unsubstantiiertes ~ 단순(單純) 부인.

bestreiten *v.* 다투다, 부인(否認)하다; ausdrücklich ~ 명백(明白)히 부인하다.

Besuch *m.* (*i.S.d. StVollzG*) 접견 接見.

Besuchs:recht *n.* 접견교통권 接見交通權 (Art. 12 Abs. 4 KVerf, §§ 34, 91 KStPO); **~verbot** *n.* 접견금지 接見禁止.

Betätigung *f.* 활동 活動; erwerbswirtschaftliche ~ 영리(營利)활동.

Betäubungsmittel *n.* 마약류 痲藥類; **~gesetz** *n.* (BtMG) → Gesetzesregister.

Beteiligtenstatus *m.* 당사자지위 當事者地位.

Beteiligung *f.* 1. (*allg.*) 참가 參加, 참여 參與; 2. (*allg. an einem Unternehmen*) (Kapitalbeteiligung) 자본참가 資本參加; 3. (*an einer AG*) (Eigentum an Aktien) 주식소유 株式所有; ringförmige ~ (circular – ownership) 고리형 상호주 고리

環型 相互株; wechselseitige ~ (cross – ownership) 상호주소유 相互株所有; 4. (*im Strafrecht*) 참여인 參與人; ~ an einer Schlägerei (als Delikt) 격투참여(죄) 格鬪參與(罪).

Beteiligter *m*. 1. (*bei Verfahren grds.*) 당사자 當事者, 참가인 參加人, 참고인 參考人; 2. (*allg.*) (이해)관계인 (利害)關係人; 3. (*im Strafrecht*) 참여인 參與人; ~ des Insolvenzverfahrens 파산절차(破產節次)의 (이해)관계인; ~ des Verwaltungsverfahrens 행정절차(行政節次)의 당사자; potentieller ~ 잠재적(潛在的) 당사자; unbestimmte Anzahl an ~n 불특정다수(不特定多數)의 관계인.

Beteiligten:fähigkeit *f*. 당사자능력 當事者能力, 당사자자격 當事者資格; ~ bei einer Klage 소송(訴訟)의 당사자능력; ~ bei einem Verwaltungsverfahren 행정절차(行政節次)의 당사자능력; **~vernehmung** *f*. 관계인신문 關係人訊問, 당사자신문 當事者訊問 (§§ 367 – 373 KZPO); **~wille** *m*. 관계인의사 關係人意思.

Betreffen *n*. (*i.S.v. Antreffen*) 체포(逮捕)함; ~ auf frischer Tat 현행범(現行犯)으로 체포됨.

Betreten *n*. 출입 出入; unbefugtes ~ 무단(無斷)출입.

Betreuer *m*. (*familienr.*) 후견인 後見人.

Betreuung *f*. 후견 後見.

Betreuungshelfer *m*. 복지후견인 福祉後見人.

Betrieb *m*. 1. (*i.S.v. arbeitsorganisatorischer Einheit eines Unternehmens*) 사업 事業, 영업 營業, 경영 經營; forstwirtschaftlicher ~ 임업 林業; landwirtschaftlicher ~ 농업 農業; 2. (*räumlich i.S.v. Betriebsstätte*) 사업장 事業場; 3. (*eines KFZ*) 운행 運行; bei ~ 운행 중(中); 4. (*i.S.v. betreiben einer Angelegenheit*) (z.B. eines Gewerbes) 경영 經營; 5. (*von (technischen) Anlagen, Maschinen etc.*) 운행 運行.

Betriebliche ~ ~ Aufwendungen *f. pl.* (*engl.* operating expenses) 영업비 營業費; **~ Übung** *f*. 경영관행 經營慣行.

Betrieblicher Ertrag *m*. (*engl.* operating revenue) 영업수익 營業收益.

Betriebs:änderung *f*. 사업변동 事業變動; **~aufnahme** *f*. 사업개시 事業開始, 사업등록 事業登錄; **~aufspaltung** *f*. 기업분할 企業分割; **~ausgabe** *f*. (operating expenses) 영업비 營業費; abziehbare ~ 공제(控除)할 수 있는 영업비; **~ausschuss** *m*. 종업원위원회 綜合員委員會; **~besetzung** *f*. 직장점거 職場占據; **~erlaubnis** *f*. 운행허가 運行許可; **~eröffnung** *f*. 사업개시 事業開始; **~führungsgesellschaft**

f. 경영관리회사 經營管理會社; **~führungsvertrag** *m.* 경영관리계약 經營管理契約; **~frieden** *m.* 경영의 평화 經營의 平和; **~gefahr** *f.* 운행위험 運行危險; **~geheimnis** *n.* 영업비밀 營業秘密; **~ - GmbH** *f.* 경영유한회사 經營有限會社; **~haftpflichtversicherung** *f.* 영업책임보험 營業責任保險; **~inhaber** *m.* 사업주 事業主, 기업주 企業主; **~inhaberwechsel** *m.* 기업주교체 企業主交替, 기업주변경 企業主變更.

Betriebs:kosten *f.* 1. (*mietrechtl.*) 관리비 管理費; 2. (*betriebswirtschaftl.*) 영업비 營業費; **~kostenaufstellung** *f.* 관리비의 산정 管理費의 算定; **~kostenpauschale** *f.* 관리비일괄정액 管理費一括定額; **~kostenverordnung** *f.* 관리비령 管理費令; **~kostenvorauszahlung** *f.* 관리비선급 管理費先給; **~krankenkasse** *f.* 사업의료보험조합 事業醫療保險組合.

Betriebs:ordnung *f.* (*engl.* rules of employment, *Abk.* ROE) → 취업규칙 就業規則 (§§ 93 – 97 ArbStandardsG); **~pachtvertrag** *m.* 영업용익임대차계약 營業用益賃貸借契約; **~prüfung** *f.* 사업검사 事業檢査.

Betriebsrat *m.* 1. (*in der Praxis meist verwendet*) 직장평의회 職場評議會; 2. (*insbes. in der Literatur auch verwendet*) 경영참여근로자협의회 經營參與勤勞者協議會, 종업원평의회 從業員評議會, 경영협의회 經營協議會, 종업원대표회 從業員代表會. // Ein dem deutschen Recht entsprechendes betriebsverfassungsrechtliches Mitbestimmungsorgan in Form einer reinen Arbeitnehmervertretung ist in Korea rechtlich nicht vorgesehen. Stattdessen ist gem. § 4 Abs. 1 des „Gesetz über die Förderung der Arbeitnehmerbeteiligung und -zusammenarbeit" (근로자참여 및 협력증진에 관한 법률) in Betrieben bzw. Betriebsstätten mit über 30 Arbeitnehmern ein sog. „Arbeitgeber – Arbeitnehmer – Rat" (노사협의회 勞使協議會) einzurichten, der gem. § 6 Abs. 1 zu gleichen Teilen mit Arbeitnehmer- und Arbeitgebervertretern zu besetzen ist. Der Rat dient insbesondere als Plattform für die Konfliktvermeidung und -bewältigung zwischen Belegschaft und Unternehmensleitung. Die einzelnen Aufgaben des Rates sind in §§ 20 ff. definiert. In der englischsprachigen Literatur zum koreanischen Arbeitsrecht wird der Rat als „Labor-Management Council" (LMC) bezeichnet.

Betriebs:ratsmitglied *n.* 경영협의회위원 經營協議會委員; **~räume** *m. pl.* 영업소 營業所; **~risiko** *n.* 경영위험 經營危險; **~stätte** *f.* (고정)사업장 (固

定)事業場; **~stillegung** *f.* 휴업 休業; **~stoff** *m.* 가동용 원료 稼動用 原料; **~störung** *f.* 경영장애 經營障碍, 업무방해 業務妨害; **~teil** *m.* 사업부분 事業部分; **~übergang** *m.* 사업양도 事業讓渡; **~überlassung** *f.* 경영위임 經營委任; **~überlassungsvertrag** *m.* 경영위임계약 經營委任契約; **~unternehmen** *n.* 경영회사 經營會社; **~vereinbarung** *f.* 사업협정 事業協定, 경영협정 經營協定; **~verfassung** *f.* 종업원평의회(從業員評議會)에 대한 규칙(規則). Anstelle von „종업원평의회" werden z.T. auch die Begriffe „경영조직" oder „노동자기구" verwendet. // **~verfassungsgesetz** *n.* 종업원평의회법 從業員評議會法, 경영조직법 經營組織法, 노동자기구법 勞動者機構法; **~verfassungsrecht** *n.* 경영조직법 經營組織法 (vgl. → Betriebsverfassung); **~vermögen** *n.* 사업용 재산 事業用財産; **~verpachtung** *f.* 영업용익임대차 營業用益賃貸借; **~versammlung** *f.* 종업원총회 從業員總會; **~wirtschaft** *f.* 경영경제 經營經濟; **~wirtschaftslehre** *f.* 경영경제학 經營經濟學; **~wirtschaftstheorie** *f.* 경영경제이론 經營經濟理論; **~zugehörigkeit** *f.* 근속 勤續; Dauer der ~ 근속년수(年數).

Betrug *m.* 사기죄 詐欺罪. // § 347 Abs. 1 KStGB. **Betrug.** (1) Wer eine Person täuscht und dadurch einen Vermögensgegenstand ausgehändigt bekommt oder einen Vermögensvorteil erhält, wird mit Zuchthaus bis zu 10 Jahren oder mit Geldstrafe bis zu 20 Millionen KRW bestraft.

(2) Mit derselben Strafe wird bestraft, wer sich durch eine Handlung des Abs. 1 durch einen Dritten einen Vermögensgegenstand aushändigen lässt oder einen Vermögensvorteil übertragen lässt. //

Die weitere Systematik der Betrugsdelikte ist wie folgt: Computerbetrug (컴퓨터등 사용사기) (§ 347 a KStGB); Quasibetrug (준사기) (§ 348 KStGB).

Beurlaubung *f.* 출석면제 出席免除; ~ des Angeklagten 피고인(被告人)의 출석면제.

Beurkundung *f.* 1. (*i.S.v. etwas in einer Urkunde niederlegen*) 공증행위 公證行爲, 증서작성 證書作成, 문서작성 文書作成; 2. (*i.S.v. etwas mit einer Urkunde beweisen*) 공증 公證; notarielle ~ 공증인 公證人의 認證, 공정증서작성 公正證書作成.

Beurkundungs:funktion *f.* 공증기능 公證機能; **~pflicht** *f.* 증서작성의무 證書作成義務.

Beurteilung *n.* 판단 判斷.

Beurteilungs:ermessen *n.* 판단재량 判斷裁量; **~fehler** *m.* 판단착오 判斷錯

誤; **~kriterium** *n.* 판단기준 判斷基準; **~prärogative** *f.* 판단특권 判斷特權; **~spielraum** *m.* 판단여지 判斷餘地; **~vermögen** *n.* 판단능력 判斷能力.

Bevölkerung *f.* 주민 住民.

Bevölkerungs:anteil *m.* 주민비율 住民比率; **~gruppe** *f.* 주민집단 住民集團.

Bevollmächtigter *m.* (대리인 代理人), 수탁자 受託者, 수임자 受任者, 임의대리인 任意代理人.

Bevollmächtigung *f.* 수권행위 授權行爲.

Bewährung *f.* 보호관찰 保護觀察, 집행유예 執行猶豫.

Bewährungshelfer *m.* 보호관찰관 保護觀察官; **~hilfe** *f.* 보호관찰보조 保護觀察補助; **~zeit** *f.* 보호관찰기간 保護觀察期間.

Bewegungsfreiheit *f.* 이전자유 移轉自由.

Beweis *m.* 증거 證據, 증명 證明; ~ des ersten Anscheins 표현(表現)증명; ~ des Gegenteils 반대사실(反對事實)의 증거; ~ durch Augenschein 검증 檢證 (§§ 364 – 366 KZPO); ~ durch Urkunden 서증 書證 (§§ 343 – 363 KZPO); dem ~ zugänglich sein 입증(立證)이 가능(可能)한.

Beweis:angebot *n.* 증거제공 證據提供; **~anregung** *f.* 증거요청 證據要請; **~antrag** *m.* 증거신청 證據申請; **~antizipation** *f.* 증거예측 證據豫測; **~antretung** *f.* → Beweisantritt: **~antritt** *m.* 증거제출 證據提出; **~art** *f.* 증거종류 證據種類; **~aufnahme** *f.* 증거조사 證據調査; ~ von Amts wegen 직권증거조사 職權證據調査, vgl. z.B. § 17 KFamGG, § 9 KVwGO, § 101 Abs. 2 KRiG; im Zivilprozess subsidiär gem. § 292 KZPO. // Eröffnung der ~ 증거조사의 개시(開始); **~aufnahmeverfahren** *n.* 증거조사절차 證據調査節次; **~barkeit** *f.* 입증가능성 立證可能性; **~bar** *adj.* 입증가능(立證可能)한; **~bedürftigkeit** *f.* 입증필요성 立證必要性; **~beschluss** *m.* 증거결정 證據決定; **~einrede** *f.* 증거항변 證據抗辯.

beweisen *v.* 증명(證明)하다, 증거(證據)하다.

Beweis:ergebnis *n.* 증거결과 證據結果; **~erhebung** *f.* 입증 立證, 증거조사 證據調査, 증거수집 證據收集; rechtswidrige ~ 위법(違法)한 증거수집; **~erhebungsverbot** *n.* 입증금지 立證禁止, 증거조사금지 證據調査禁止; **~erleichterung** *f.* 입증완화 立證緩和; **~ermittlung** *f.* 증거탐색 證據探索; **~ermittlungsantrag** *m.* 증거탐색신청 證據探索申請; **~frage** *f.* 증거문제 證據問題; **~führer** *m.* 증거제출자 證據提出者, (증거)신청자 (證據)申請者; **~führung** *f.* 증거제출 證據提出; **~führungslast** *f.* 증거제출책임 證據提出責任; **~gegenstand**

m. 증명대상 證明對象, 증거목적물 證據目的物; **~grund** *m.* 증거원인 證據原因; **~grundsatz** *m.* 입증원칙 立證原則; **~kraft** *f.* 증거력 證據力, 증명력 證明力; materielle ~ 실질적(實質的) 증명력; **~last** *f.* 입증책임 立證責任, 거증책임 擧證責任; (in Japan) 증명책임 證明責任; **~lastregelung** *f.* 증명책임규칙 證明責任規則; **~lastumkehr** *f.* 증명책임전환 證明責任轉換; **~lastverteilung** *f.* 입증책임의 분배 立證責任의 分配; **~material** *n.* 증거자료 證據資料; **~methode** *f.* 증거방법 證據方法; **~mittel** *n.* 증거방법 證據方法, 증거수단 證據手段. // Die KZPO regelt den Zeugenbeweis (증인신문), Sachverständigengutachten (감정), Urkundenbeweis (서증), Augenscheinseinnahme (검증) und die Parteivernehmung (당사자신문). Für die Würdigung von Gegenständen, die nicht unter den Urkundsbegriff fallen, sind die Vorschriften über Sachverständigengutachten, Urkundsbeweis und Augenscheinseinnahme entsprechend anzuwenden, vgl. § 374 KZPO. // ~ im weiten Sinn 광의(廣義)증거방법; digitales ~ 디지털 증거; **~person** *f.* 증거인 證據人; **~notstand** *m.* 입증곤란 立證困難; **~regel** *f.* 증거규칙 證據規則; **~schluss** *m.* 증거결정 證據決定; **~sicherung** *f.* 증거보전 證據保全 (§§ 375 – 384 KZPO); **~sicherungsverfahren** *n.* 증거보전절차 證據保全節次; **~sicherheit** *f.* 증거확실성 證據確實性; **~stoff** *m.* 증거자료 證據資料; **~stück** *n.* 증거물 證據物; **~tatsache** *f.* 요증사실 要證事實; **~termin** *m.* 증거제출기일 證據提出期日, 증거조사기일 證據調査期日, vgl. z.B. § 295 KZPO; **~thema** *n.* 증거사항 證據事項, 증거대상 證據對象, 증거주제 證據主題; **~unterdrückung** *f.* (als Delikt) 증거인멸(죄) 證據湮滅(罪) (§ 155 Abs. 1 KStGB) // Tatobjekt sind Beweismittel in einem Strafprozess oder Disziplinarverfahren. Tathandlung ist das Zerstören, Verstecken, Fälschen oder Verändern des Beweismittels oder der Gebrauch eines verfälschten oder veränderten Beweismittels. Bestraft wird die Tat mit Zuchthaus bis zu 5 Jahren oder Geldstrafe bis zu 7 Mio. KRW. Ebenso wird bestraft, wer in einem Straf- oder Disziplinarverfahren einen Zeugen versteckt oder ihm zur Flucht verhilft (§ 155 Abs. 2 KStGB). Die Tat wird nicht nach § 155 Abs. 1 KStGB bestraft, wenn sie von einem Familienangehörigen des im Verfahren Beschuldigten zu dessen Gunsten begangen wird (§ 155 Abs. 4 KStGB). // **~urkunde** *f.* 증거증서 證明證書, 증거증서 證據證書; **~verbot** *n.* 증거금지 證據禁止; **~vereitelung** *f.* 입증방해 立證妨害; **~verfahren** *n.* 증거조사절차 證據調査節次; selbständiges ~ 독립증거(조사)절차

獨立證據(調查)節次; ~vertrag m. 증거계약 證據契約; ~verwertung f. 증거작용 證據作用; ~verwertungsverbot f. 증거작용금지 證據作用禁止, 증거사용금지 證據史用禁止; ~würdigung f. 증거평가 證據評價, 심증 審證; einheitliche ~ 획일적(劃一的) 증거평가; freie ~ 자유심증 自由心證, 자유증거평가; vorweggenommene ~ 예단적(豫斷的) 증거평가; ~zeichen n. 증명기호 證明記號; ~zugänglichkeit f. 입증 가능성 立證可能成. // 예: „Diese Behauptung ist dem Beweis nicht zugänglich.": 이 주장을 증명하지 못 한다. //; ~zweck m. 증거목적 證據目的.

Bewerbungsgespräch n. (구직)면접 (求職)面接.

Bewertung f. 평가 評價.

Bewertungs:gesetz n. 평가법 評價法; ~norm f. 평가규범 評價規範.

Bewiesensein n. 증거(證據)됨.

Bewilligung f. 허가 許可, 승인 承認, 허락 許諾.

Bewirkung f. 1. (*allg.*) 실현 實現; 2. (*i.S.v. Erfüllung*) 이행 履行, 변제 辨濟.

Bewirkungshandlung f. (*prozessr.*) 여효적 소송행위 與效的 訴訟行爲.

Bewirtung f. (식사)접대 (食事)접대.

Bewirtungs:kosten f. (식사)접대비 (食事)接待費; ~vertrag m. (식사)접대계약 (食事)接待契約.

Bewusstlosigkeit f. 무의식 無意識; Zustand der ~ 무의식상태(狀態).

Bewusstsein n. 의식 意識.

Bewusstseins:bildung f. 의식형성 意識形成; ~lage f. 의식상태 意識狀態; ~störung f. 의식장애 意識障碍; ~zustand m. → Bewusstseinslage.

Bezahlung f. 지불 支拂; sofortige ~ 즉시(卽時)지불; teilweise ~ 일부(一部)지불; unvollständige ~ 불완전(不完全)지불; unzureichende ~ 충분(充分)하지 않는 지불; verspätete ~ 연체(延滯)된 지불; vollständige ~ 완전(完全)지불; vorzeitige ~ 사전(事前)지불.

Bezeichnung f. 명칭 名稱, 표시 表示.

Bezeugung f. 증명 證明, 증언 證言.

Beziehung f. 관계 關係; außereheliche ~ 혼인외(婚人外)의 관계; diplomatische ~ 외교(外交)관계; eheliche ~ 혼인(婚人)관계; finanzielle ~ 자금상(資金上) 관계; kaufmännische ~ 사업상(事業上) 관계; konsularische ~ 영사관계 領事關係; personenrechtliche ~ 신분법상(身分法上) 관계; sachenrechtliche ~ 물권법상(物權法上) 관계; schuldrechtliche ~ 채권법상(債權法上) 관계; vermögensrechtliche ~ 재

산법상(財產法上) 관계; vertragliche ~ 계약상(契約上) 관계.

Beziehungsverbrechen *n*. 관계범죄 關係犯罪. // 일정한 가족관계 또는 사회적인 관계에 있는 사람 간에 가하는 범죄의 명칭.

Bezirk *m*. 1. (*i.S.v. Zuständigkeitsbereich*) 구성 區域; 2. (*i.S.v. Gebietseinheit*) 구역 區域, 지방 地方.

Bezirks:amt *n*. 지방관청 地方官廳, 동사무소 洞事務所; ~**gericht** *n*. 지방법원 地方法院. 옛 동독의 고등법원의 명칭. 통일 이후 동독지방법원들은 주법원 (Landgericht) 아니면 주고등법원 (Oberlandesgericht)으로 바뀌었다. // ~**wehrersatzamt** *n*. 지방병무청 地方兵務廳.

Bezogener *m*. 지급인 支給人; ~ eines Schecks 수표(手票)의 지급인.

Bezug *m*. 1. *allg. i.S.v. Erhalt* 인수 引受, 수령 受領; 2. *i.S.v. Erwerb* 구입 購入, 구매 購買.

Bezüge *m. pl.* (*finanz.*) 지급금 支給金; einmalige ~ 부정기적(不定期的) 지급금; wiederkehrende ~ 정기적(定期的) 지급금.

Bezugs:aktie *f*. 인수주 引受株; ~**berechtigter** *m*. 보험수익자 保險收益者; ~**bindung** *f*. 구입구속 購入拘束. // 수취인이 일정된 제품을 계약당사자가 정한 제공업체로부터 구입해야 하는 (프렌차이즈)계약상 구속적 구입의무. // ~**dauer** *f*. 수령기간 受領期間; ~**erklärung** *f*. 인수(引受)의 의사표시(意思表示); ~**indossament** *n*. 권한배서 權限背書; ~**recht** *n*. 인수권 引受權, 배당권 配當權; ~ auf Aktien 신주인수권 新株引受權.

Bezugsrechtspreis *m*. (신주)인수권의 대금 (新株)引收權의 代金, (신주)인수권의 가격(價格).

Bezugszwang *m*. 구매강제 購買强制.

Bieter *m*. 입찰자 入札者; höchster ~ 최고(最高)입찰자; letzter ~ 최후(最後)입찰자.

Bilanz *f*. 대차대조표 貸借對照表; ~**gewinn** *m*. 대차대조표이익 貸借對照表利益; ~**summe** *f*. 대차대조표의 총액(總額).

Bilanzierungsfähigkeit *f*. 대차대조표계상능력 貸借對照表計上能力.

Bilateral Inverstmet Treaty (*Abk.* BIT) *engl*. 상호투자협약 相互投資協約.

Bildung einer kriminellen Vereinigung 범죄단체의 조직 犯罪團體의 組織 (§ 114 KStGB).

Bildungs:gleichheit *f*. 교육기회의 평등 敎育機會의 平等; ~**steuer** *f*. 교육세 敎育稅. // Die Bildungssteuer wird gem. § 5 BildungsStG (교육세법) erhoben auf Erträge der Finanz- und Versicherungswirtschaft (0,5 %) und als Ergänzungssteuer auf Alkohol- (10 %, bzw. 30 % bei Alkoholika mit einem Steuersatz von über 70 %), Verkehrs- (15%), und Luxussteuer (30%, bei bestimmten Gütern 15 %).

Billigkeit *f.* 형평성 衡平性, 공평성 公平性.

Billigkeits:erlass *m.* 형평면제처분 衡平免除處分; **~erwägung** *f.* 형평성의 판단 衡平性의 判斷; allgemeine ~ 일반적(一般的) 형평성의 판단; **~kontrolle** *f.* 형평성의 감독 衡平性의 監督; **~prinzip** *n.* 형평성원칙 衡平性原則; **~theorie** *f.* 형평설 衡平說.

Billigung *f.* 승인 承認, 시인 是認, 용인 容認, 인용 認容.

Billigungs:theorie *f.* 용인설 容認說; **~frist** *f.* 승인기간 承認期間.

bindend *adj.* 구속력(拘束力)있는.

Bindung *f.* 구속 拘束; gegenseitige ~ 상대적(相對的) 구속; gesetzliche ~ 법률상(法律上) 구속; rechtliche ~ 법적(法的) 구속; vertragliche ~ 계약상(契約上) 구속; zeitliche ~ 시간적(時間的) 구속.

Bindungs:kraft *f.* 1. (*allg.*) 구속력 拘束力; 2. (*von gerichtlichen oder behördlichen Entscheidungen*) 기속력 羈束力; **~wirkung** *f.* 구속력 拘束力, 구속적(拘束的) 효력(效力); mittelbare ~ 간접(間接)구속력; unmittelbare ~ 직접(直接)구속력.

Binnen:gewässer *n.* (*wörtl.*) 내수 內水; *z.T. auch sinngemäß* 호천 湖川 (Seen und Flüsse), vgl. z.B. § 125 KHGB; **~konjunktur** *f.* 내부경기 內部景氣; **~markt** *m.* 내부시장 內部市場, 역내시장 域內市場; **~organisation** *f.* 내부조직 內部組織; **~schiffahrt** *f.* 내수선박항행 內水船舶航行; **~struktur** *f.* 내부구조 內部構造; **~wettbewerb** *m.* 내부경쟁 內部競爭.

Bio:ethik *f.* 생명윤리 生命倫理; **~industrie** *f.* 생명산업 生命産業; **~technologie** *f.* 생명기술 生命機術.

Blanko:indossament *n.* 백지배서 白紙背書; **~scheck** *m.* 백지수표 白紙手票; **~wechsel** *m.* 백지(白紙)어음.

Blockade *f.* 봉쇄 封鎖.

Blutschande *f.* → Inzest.

Blutsverwandtschaft *f.* 자연혈족 自然血族.

Boden *m.* 토지 土地; **~bestandteil** *m.* 토지구성부분 土地構成部分; **~recht** *n.* 1. (*bzgl. der dinglichen Zuordnung*) 토지법 土地法; 2. (*bzgl. des Erwerbs der*

Staatsangehörigkeit) (*lat.* ius solis) 2.1. (*wörtl.*) 출생법 出生法; 2.2. (*i.d.R. verwendet*) 출생주의 出生主義 (= *wörtl.*: „Geburtsprinzip"), z.T. auch 속지주의 屬地主義 (= *wörtl.*: „Ortszuordnungsprinzip"), vgl. → Abstammungsrecht. // **~schätze** *m. pl.* 토지매장물 土地埋藏物; **~verunreinigung** *f.* (als Delikt) 토지오염(죄) 土地汚染(罪).

Bonität *f.* → Zahlungsfähigkeit.

Bonner Grundgesetz *n.* 본기본법(基本法).

Börse *f.* 거래소 去來所.

Börsen:geschäft *n.* 거래소행위 去來所行爲; schwebendes ~ 유동적(流動的) 거래소행위; **~makler** *m.* 증권중개인 證券仲介人; **~notierung** *f.* 상장 上場; **~preis** *m.* 거래소가격 去來所價格.

Bösgläubigkeit *f.* 악의 惡意.

Bote *m.* 사자 使者; ~ ohne Botenmacht 사자권한(權限)이 없는 사자.

Botschaft *f.* 1. (*i.S.v. Diplomatischer Vertretung*) 대사관 大使館; 2 (*i.S.v. Nachricht*) 소식 消息, 통지 通知.

Botschafter *m.* 1. (*Leiter einer diplomatischen Vertretung*) 대사 大使; 2. (als Anrede) 대사님; **~akkreditierung** *f.* (als Zeremonie) 대사신임(식) 大使新任(式); **~ernennung** *f.* 대사위임 大使委任.

Botschafts:rat *m.* (대사관의) 참사관(參事官); gesandter ~ 공사(公使)참사관; **~sekretär** *m.* 대사관의 서기관 大使館의 書記官.

Boykott *m.* 보이콧, 보이코트, 불참 不參.

Brand *m.* 화재 火災; **~bekämpfung** *f.* 진화 鎭火; **~gefahr** *f.* 화재위험 火災危險; **~gefährdung** *f.* 화재위험야기 火災危險惹起, vgl. → Brandstiftung.

Brandstiftung *f.* 방화 放火; ~ mit Todesfolge 방화치사죄 放火致死罪; fahrlässige ~ 실화 失火.

Brandstiftungsdelikt(e) *n.* (*pl.*) 방화죄 妨火罪 (§§ 164 – 176 KStGB). // Die Brandstiftungsdelikte werden in Korea wie folgt systematisiert:

1. § 164 Abs. 1: Gebäude, die als Wohnraum genutzt werden oder in denen sich Menschen befinden, oder Fahrzeuge in denen sich Menschen befinden (현주건조물등에의 방화). Mindesstrafe ist Zuchthaus von drei Jahren.
2. § 164 Abs. 2: Fälle des Abs. 1, in denen ein Mensch verletzt oder getötet wird. Mindesstrafe im Falle einer Verletzung ist Zuchthaus von fünf Jahren,

im Todesfall sieben Jahren. Bei einer Tötung kann zudem die Todesstrafe verhängt werden.

3. § 165: Gebäude, die von der Allgemeinheit genutzt werden oder der Allgemeinheit dienen (공용건조물등에의 방화).
4. § 166: Gebäude, die nicht unter §§ 164, 165 fallen (z.B. leerstehende (und auch tatsächlich leere) Privatgebäude (일반건조물등에의 방화).
5. § 167: Sachen, die nicht unter §§ 164, 165, 166 fallen (일반물건에의 방화).
6. § 169: Verhinderung der Brandbekämpfung (진화방해죄 鎭火妨害罪).
7. § 170: Fahrlässige Brandstiftung (실화죄).
8. § 171: Qualifikation der fahrlässigen Brandstiftung bei a) betrieblicher Fahrlässigkeit (업무상실화죄) und b) grober Fahrlässigkeit (중실화죄).
9. § 175: Vorbereitung oder Verabredung zur Brandstiftung (방화의 예비, 음모죄).

Brandverhütung *f.* 화재예방 火災豫防.

Branntweinsteuer *f.* 화주세 火酒稅.

Brief:geheimnis *n.* 통신의 자유 通信의 自油, 서신비밀 書信秘密; **~grundschuld** *f.* 증서형 토지채무 證書形 土地債務; **~hypoyhek** *f.* 증서저당권 證書抵當權, 증권저당권 證券抵當權; **~wahl** *f.* 우편투표 郵便投票, 서면투표 書面投票.

Bringschuld *f.* 지참채무 持參債務.

Bruchteil *m.* 지분 持分, 비례분 比例分.

Bruchteils:aktie *f.* 공유주 共有株; **~eigentum** *n.* 지분적 소유권 持分的 所有權; **~gemeinschaft** *f.* 지분(持分)에 의한 권리공동체(權利共同體), 지분공동체 持分共同體; **~versicherung** *f.* 비율보험 比率保險.

brutto *als Präfix allg.* 총 總.

Brutto:betrag *m.* 총액 總額; **~dividende** *f.* 총액(이익)배당금 總額(利益)配當金, 배당총액 配當總額; **~entgelt** *n.* 총액월급 總額月給: **~gewinn** *m.* (gross profit) 매출총이익 賣出總利益; **~lohn** *m.* 총액노임 總額勞賃; **~preis** *m.* 총가격 總價格; **~prinzip** *n.* 수입-지출 분리원칙 收入-支出 分離原則; **~veranschlagung** *f.* 총괄계산 總括計算.

Buchersitzung *f.* 1. (*wörtl.*) 등기부취득시효 登記簿取得時效; 2. (*vom Gesetz verwendete Terminologie*) 부동산소유권의 취득기간 不動産所有權의 取得期間 (§ 245 KBGB).

Buch:forderung *f.* 장부상 채권 帳簿上 債權; **~führer** *m.* 회계사 會計

士; ~**führung** *f.* 장부(작성) 帳簿(作成); kaufmännische ~ 상업(商業)장부; ~**führungspflicht** *f.* 장부작성의무 帳簿作成義務; ~**geld** *n.* 장부상 현금 帳簿上 現金; ~**grundschuld** *f.* 등기부토지채무 登記簿土地債務; ~**hypothek** *f.* 등기부저당권 登記簿抵當權.

Buchpreisbindung *f.* 도서정가(제) 圖書定價(制). // Korea gehört zu den Ländern, in denen eine gesetzliche Preisbindung für Bücher existiert. Die Rechtsgrundlagen finden sich in § 22 des Gesetzes zur Förderung des Verlagswesens (출판문화산업진흥법) und der entsprechenden Durchführungsverordnung (출판문화산업진흥법 시행규칙).

Buch:prüfer *m.* 장부검사사 帳簿檢查士; ~**prüfergesellschaft** *f.* 장부검사회사 帳簿檢查會社; ~**prüfung** *f.* 장부검사 帳簿檢查; ~**sachverständiger** *m.* 회계사 會計士.

Budget *n.* 예산 豫算.

Bulkladungsvertrag *m.* 혼합선적계약 混合船積契約.

Bummelstreik *m.* 태업 怠業.

Bund – Länder – Steit(igkeit) *m. (f.)* 연방국가적 쟁송 聯邦國家的 爭訟, 연방 – 주 간 쟁송.

Bundes:agentur *f.* 연방사무소 聯邦事務所; ~**anstalt** *f.* 연방상급관청 聯邦上級官廳, 연방시설 聯邦施設; ~ für Arbeit 연방노동청 聯邦勞動廳; ~ für Flugsicherung 연방항공안전시설 聯邦航空安全施設; ~**amt** *n.* 연방관청 聯邦官廳; ~ für Verfassungsschutz 연방헌법수호청(憲法守護廳); ~**anzeiger** *m.* 연방관보 聯邦官報; elektronischer ~ 전자(電子)연방관보; ~**arbeitsgericht** *n. (Abk.* BAG) 연방노동법원 聯邦勞動法院; ~**arbeitsminister** *m.* 연방노동장관 聯邦勞動長官; ~**arbeitsministerium** *n.* 연방노동부 聯邦勞動部; ~**archiv** *n.* 연방기록원 聯邦記錄院; ~**bank** *f.* 연방은행 聯邦銀行; ~**behörde** *f.* 연방관청 聯邦官廳; ~**disziplinargericht** *n.* 연방징계법원 聯邦懲戒法院; ~**fernstraße** *m.* 연방도로 聯邦道路; ~**finanzgericht** *n. (Abk.* BFG) (오스트리아) 연방최고재정법원 聯邦最高財政法院; ~**finanzhof** *m. (Abk.* BFH) (독일) 연방최고재정법원 聯邦最高財政法院; ~**finanzministerium** *n.* 연방재무부 聯邦財務部; ~**flagge** *f.* 연방국기 聯邦國旗; ~**freundlich** *adj.* 연방우호적 聯邦友好的; ~**gericht** *n.* 연방법원 聯邦法院; ~**gerichtshof** *m. (Abk.* BGH) 연방법원 聯邦法院, 연방최고법원 聯邦最高法院; ~**gesetz** *n.* 연방법률 聯邦法律; ~**gesetzblatt** *n.* 연방법률공보 聯邦

法律公報; ~**gesetzgebung** *f.* 연방입법 聯邦立法; ~**gesundheitsamt** *n.* (*Abk.* BGA) 연방보건청 聯邦保健廳. // 1990년6월30일에 해산되었다. // ~**grenzschutz** *m.* (*Abk.* BGS) 연방국경수비대 聯邦國境守備隊; ~**haushalt** *m.* 연방예산 聯邦豫算; ~**haushaltsgesetz** *n.* 연방예산법 聯邦豫算法; ~**haushaltsordnung** *f.* 연방예산규칙 聯邦豫算規則; ~**kanzler** *m.* 연방수상 聯邦首相; ~**kanzleramt** *n.* 연방수상청 聯邦首相廳; ~**kartellamt** *n.* 연방(聯邦)카르텔청(廳); ~**knappschaft** *f.* 연방광부공제조합 聯邦鑛夫共濟組合; ~**kriminalamt** *n.* (*Abk.* BKA) 연방범죄수사국 聯邦犯罪搜査局; ~**land** *n.* 주(州), 연방주 聯邦州; ~**minister** *m.* 연방장관 聯邦長官; ~**ministerium** *n.* 연방부처 聯邦部處; ~**nachrichtendienst** *m.* (*Abk.* BND) 연방정보국 聯邦情報局; ~**oberbehörde** *f.* 연방상급관청 聯邦上級官廳; ~**organ** *n.* 연방기관 聯邦機關; oberstes ~ 연방최고기관 聯邦最高機關; ~**patentgericht** *n.* (*Abk.* BPatG) 연방특허법원 聯邦特許法院; ~**pflicht** *f.* 연방의무 聯邦義務; ~**polizei** *f.* 연방경찰 聯邦警察; ~**polizeiakademie** 연방경찰학교 聯邦警察學校; ~**polizeidirektion** *f.* 연방경찰본부 聯邦警察本部; ~**präsident** *m.* 연방대통령 聯邦大統領; ~**präsidialamt** *n.* 연방대통령청 聯邦大統領廳; ~**prüfstelle** *f.* 연방심의회 聯邦審議會; ~**rat** *m.* (*Abk.* BR) 연방참사원 聯邦參事院, 연방상원 聯邦上院; ~**ratspräsident** *m.* 연방참사원장 聯邦參事院長; ~**rechnungshof** *m.* 연방회계검사원 聯邦會計檢査院; ~**recht** *n.* 연방법 聯邦法; ~ bricht Landesrecht 연방법은 주법(州法)을 파괴한다; einfaches ~ 일반적(一般的) 연방법; ~**rechtsanwaltskammer** *f.* 연방변호사회 聯邦辯護士會, 연방변호사협회 聯邦辯護士協會. Entsprechung in Korea: 대한변호사협회 大韓辯護士協會 (Korean Bar Association); ~**regierung** *f.* 연방정부 聯邦政府; ~**republik** *f.* 연방공화국 聯邦共和國; ~ Deutschland (*Abk.* BRD) 독일(獨逸)연방공화국; ~**sozialgericht** *n.* (*Abk.* BSG) 연방사회법원 聯邦社會法院; ~**staat** *m.* 연방국가 聯邦國家; ~**staatlichkeit** *f.* 연방국가성 聯邦國家性; ~**staatsgewalt** *f.* 연방공권력 聯邦公權力; ~**staatsprinzip** *n.* 연방국가원리 聯邦國家原理; ~**tag** *m.* (*Abk.* BT) 연방의회 聯邦議會; ~**tagsabgeordneter** *m.* 연방의회의원 聯邦議會議員; ~**tagsdrucksache** *f.* 연방의회인쇄물 聯邦議會印刷物; ~**tagspräsident** *m.* 연방의회장 聯邦議會長; ~**tagswahl** *f.* 의원선거 議員選擧; ~**treue** *f.* 연방신뢰 聯邦信賴, 연방충성 聯邦忠誠; ~**unterbehörde** *f.* 연방하급관청 聯邦下級官廳; ~**urlaubsgesetz** *n.* 연방휴가법 聯邦休暇法; ~**verfassungsgericht** *n.* (*Abk.* BVerfG) 연방헌법재판소 聯邦憲法裁判所; ~**versammlung** *f.* 연방회의 聯邦會議;

~versicherungsanstalt *f.* 연방보험공단 聯邦保險公團; **~verwaltung** *f.* 연방행정 聯邦行政; mittelbare ~ 간접적(間接的) 연방행정; unmittelbare ~ 직접적(直接的) 연방행정; **~verwaltungsgericht** *n.* (*Abk.* BVerwG) 연방행정법원 聯邦行政法院; **~wahl** *f.* 연방선거 聯邦選擧; **~wehr** *f.* 연방군 聯邦軍. 제2차 대전 이후 독일군의 명칭. // **~zentralregister** *n.* (*Abk.* BZR) 1. (*wörtl.*) 연방중앙기록부 聯邦中央記錄簿; Eintragung in das ~ 연방중앙기록부에 수록(收錄); 2. (*Entsprechung in Korea*) 수형인명부 受刑人名簿, 범죄인명부 犯罪人名簿, 전과부 前科簿; **~zwang** *m.* 연방강제 聯邦强制.

Bündnis:fall *m.* 동맹사태 同盟事態; **~klausel** *f.* 동맹조항 同盟條項.

Bürge *m.* 보증인 保證人, 보증자 保證者.

Bürger *m.* 시민 市民, 국민 國民.

Bürger:antrag *m.* 시민신청 市民申請; **~beauftragte** *m.* 호민관 護民官, 시민전권위원 市民全權委員.

Bürgerliches Gesetzbuch *n.* (*Abk.* BGB) 민법전 民法典. Bezeichnung des entsprechenden Gesetzes in Korea: 민법.

Bürgerliches Recht 민법 民法, 민사법 民事法.

Bürger:meister *m.* 시장 市長, 기초지방자치단체장 基礎地方自治團體長; **~nähe** *f.* 밀접(密接)한 시민관계(市民關係); **~rechte** *n. pl.* 시민권 市民權; **~staat** *m.* 시민국가 市民國家; **~versammlung** *f.* 시민집회 市民集會.

Bürgschaft *f.* 보증 保證 (§§ 428–448 KBGB): **§ 428. Inhalt der Bürgschaft.**
(1) Der Bürge hat die Pflicht, Verbindlichkeiten zu erfüllen, die der Hauptschuldner nicht erfüllt.
(2) Die Bürgschaft kann auch für künftige Verbindlichkeiten übernommen werden.

Bürgschaft ~ auf erstes Anfordern 즉시 이행(即時 履行)의 보증; gesamtschuldnerische ~ 연대(連帶)보증; selbstschuldnerische ~ 신원(身元)보증.

Bürgschafts:anspruch *m.* 보증청구권 保證請求權; **~erklärung** *f.* 보증의 의사표시 保證의 意思表示; **~schuld** *f.* 보증채무 保證債貸; **~übernahme** *f.* 보증인수 保證引受; **~verbindlichkeit** *f.* 보증채무 保證債務; **~vertrag** *m.* 보증계약 保證契約.

Bürogemeinschaft *f.* (von Rechtsanwälten) (변호사의) 공동사무소 共同事務所.

Bürokratie *f.* 관료주의 官僚主義.

business plan *engl.* → Geschäftsplan.

Bußgeld *n*. 범칙금 犯則金, 질서위반금 秩序違反金, 과태료 過怠料; **~bescheid** *m*. 범칙금결정 犯則金決定; **~bewehrt** *adj*. 범칙금(犯則金) 예정(豫定)된; **~katalog** *m*. 범칙금목록 犯則金目錄; **~tatbestand** *m*. 범칙금의 구성요건 犯則金의 構成要件; **~verfahren** *n*. 범칙금절차 犯則金節次.

C, c

C (*als Personen- und Parteibezeichnung in Sachverhalten, Akten etc.*) 병 丙. → A, B.

Cash out – merger *engl.* (Barabfindungsfusion) 교부금합병 交付金合併. // Das koreanische Recht lässt die Barabfindungsfusion seit dem 15.4.2012 uneingeschränkt zu, vgl. § 523 Nr. 4 KHGB: „für den Fall, dass die fortbestehende Gesellschaft den Aktionären der durch die Fusion untergehenden Gesellschaft entgegen Nr. 3 den gesamten Kaufpreis oder einen Teil in Geld oder sonstigem Vermögen leistet". Neben der Möglichkeit, die Aktionäre der untergehenden Gesellschaft allein mit Aktien der übernehmenden Gesellschaft zu befriedigen (so der Grundfall gem. § 523 Nr. 3 KHGB), ist es in Korea somit nunmehr möglich, bei Fusionen eine Abfindung zu zahlen. Da neben einer Barabfindung auch die Leistung „sonstigen Vermögens" (그 밖의 재산) geregelt ist, wird durch die danach zulässige Hingabe von Wertpapieren der Muttergesellschaft der aufnehmenden Gesellschaft eine Dreiecksfusion ermöglicht.

causa (*lat.*) 근거 根據, 원인 原因, 이유 理由; **~ solvendi** 변제원인 辨濟原因.

cessio legis (*lat.*) 법률규정(法律規定)에 의한 채권양도(債權讓渡).

Chancengleicheit *f.* 기회의 균등 機會의 均等.

Charter:partie *f.* 용선계약서 傭船契約書; **~vertrag** *m.* 용선계약 傭船契約.

Class action *engl.* 집단소송 集團訴訟.

Computer:betrug *m.* (als Delikt) (*wörtl.*) 컴퓨터사기(죄) 컴퓨터詐欺(罪). // Das KStGB verwendet in § 347 a den Begriff „컴퓨터등 사용사기" („Computer u.ä - Benutzungsbetrug"). Während sich der koreanische Gesetzgeber nicht vor der Verwendung alltäglicher Terminologie („Computer") scheut, verwehrt sich Japan gegen den Einzug neumodischer Anglizismen in seine Rechtssprache. Der (eigentlich gemeinte) Computer wird somit im ähnlich gefassten § 246 a JStGB zur „Elektronischen Rechenmaschine" (電子計算機), die im Volksmund allerdings eher mit dem gemeinen Taschenrechner in Verbindung gebracht wird. // ~**delikt(e)** *n.* (*pl.*) 컴퓨터관련범죄 컴퓨터關聯犯罪; ~**sabotage** *f.* (als Delikt) 컴퓨터업무방해(죄) 컴퓨터業務妨害(罪).

condictio (*lat.*) 부당이득 不當利得; ~ **causa finita** (*lat.*) 원인소멸(原因消滅)에 의한 부당이득; ~ **indebiti** (*lat.*) 비채변제 非債辨濟; ~ **sine causa** (*lat.*) 법적 원인 없는 이득.

conditio sine qua non (*lat.*) (이론적) 조건관계 條件關係, 필연적 인과관계 必要的 因果關係.

contra legem (*lat.*) 법률(法律)과 달리.

Copyright (*engl.*) 저작권 著作權.

Corporate Governance (*engl.*) 기업지배구조 企業支配構造.

culpa (*lat.*) 과실 過失; ~ **in contrahendo** (*lat.*) (*Abk.* cic) 계약체결상의 과실 契約締結上의 過失; ~ **in elegendo** (*lat.*) vgl. → Auswahl- und Überwachungsverschulden 선임, 감독상의 과실 選任, 監督上의 過失.

Cum – Tag *m.* → Inklusivtag.

Cyberkriminalität *f.* (*engl.* cybercrime) 사이버범죄(犯罪).

D, d

Darf – Vorschrift *f.* 허용규정 許容規定.

Darlegung *f.* 주장 主張, 진술 陳述.

Darlegungslast *f.* 주장책임 主張責任, 진술책임 陳述責任; sekundäre ~ 이차적(二次的) 진술책임.

Darlehen *n.* 1. 소비대차 消費貸借, 대차 貸借; 2. (*als Summe*) 대차금 貸借金; befristetes ~ 기한부(期限附) 소비대차; kurzfristiges ~ 단기(短期) 소비대차; langfristiges ~ 장기(長期) 소비대차; unbefristetes ~ 무기한(無期限) 소비대차; zinsloses (unverzinsliches) ~ 무이자(無利子)소비대차; zinspflichtiges (verzinsliches) 이자(利子)있는 소비대차.

Darlehens:anspruch *m.* 소비대차청구권 消費貸借請求權; **~aufnahme** *f.* 소비대차의 체결 消費貸借의 締結; **~bank** *f.* 대출은행 貸出銀行; **~empfänger** *m.* 소비대차의 수령자 消費貸借의 受領者; **~forderung** *f.* 소비대차채권 消費貸借債權; **~frist** *f.* 소비대차기간 消費貸借期間; **~geber** *m.* 소비대차의 대주 消費貸借의 貸主; **~gewährung** *f.* 소비대차의 제공 消費貸借의 提供; **~gläubiger** *m.* 소비대차의 채권자 消費貸借의 債權者; **~hingabe** *f.* 소비대차목적물의 이전 消費貸借目的物의 移轉; **~makler** *m.* 소비대차중개인 消費貸借仲介人; **~nehmer** *m.* 소비대차의 차주 消費貸借의 借主; **~schuld** *f.* 소비대차채무 消費貸借債務; **~schuldner** *m.* 소비대차의 채무자 消費貸借의 債務者; **~summe** *f.* 소비대차의 금액 消費貸借의 金額; **~valuta** *f.* 소비대차목적물 消費貸借目的物; **~verhältnis** *n.* 소비대차관계 消費貸借關係; **~vermittler** *m.* → Darlehensmakler; **~vermittlungsvertrag** *m.* 소비대차중개계약 消費貸借仲介契約; **~versprechen** *n.* 소비대차제공(消費貸借提供)에 대한 약속(約束); **~vertrag** *m.* 소비대차계약 消費貸借契約 (§ 598 – 608 KBGB). // Der Darlehensvertrag ist in Korea unstreitig ein Konsensualvertrag. // **~zinsen** *m. pl.* 소비대차이자 消費貸借利子. // Die Darlehenszinsen müssen zwischen den Parteien vereinbart werden. Ausnahme: Sind beide Parteien Kaufleute, so gilt der gesetzliche Zinssatz des KHGB (6 %) als vereinbart, vgl. § 54 KHGB. // **~zinssatz** *m.* 소비대차이율 消費貸借利率; **~zufluss** *m.* 대차유입 消費貸借流入.

Darstellung *f.* (*bildlich i.S.v. Abbildung*) 표현물 表現物.

Daseinsvorsorge *f.* 생존배려 生存配慮; öffentlich- rechtliche ~ 공법상(公法上) 생존배려.

Datei *f.* 파일 (file).

Daten *pl.* 정보 情報, 자료 資料, 데이터 (data); elektronische ~ 전자(電子)정보; beweiserhebliche ~ 증명에 중요(證明에 重要)한 데이터; personenbezogene ~ 개인(個人)에 관한 정보; persönliche ~ 개인(個人)정보.

Daten:abgleich *m.* 정보조회 情報照會; ~**änderung** *f.* 정보변경 情報變更; ~**aufbewahrung** *f.* 정보보관 情報保管; ~**aufzeichung** *f.* 정보기록 情報記錄.

Daten:bank *f.* 데이터 뱅크 (*engl.* databank), 데이터베이스 (*engl.* database); ~**bankhersteller** *m.* 데이터 뱅크 생산자(生產者); ~**bankherstellerrecht** *n.* 데이터 뱅크 생산권(生產權); ~**bankwerk** *n.* 데이터베이스 저작물(著作物); ~**bankrichtlinie** *f.* 데이터 뱅크 지침(指針); ~**urheber** *m.* 데이터 뱅크 저작자(著作者); ~**bankurheberrecht** *n.* 데이터 뱅크 저작권(著作權).

Daten:berichtigung *f.* 정보정정 情報訂正; ~**erhebung** *f.* 정보조사 情報調查; ~**fälschung** *f.* 정보위조 情報僞造; ~**geheimnis** *n.* 정보비밀 情報秘密; ~**löschung** *f.* 정보취소 情報取消, 정보삭제 情報削除; ~**nutzung** *f.* 정보사용 情報使用; ~ für eigene Zwecke 자기(自己)를 위한 정보사용; ~**schutz** *m.* 정보보호 情報保護; ~**schutzaudit** *n.* 정보보호감사 情報保護監査; ~**schutzbeauftragter** *m.* 정보보호담당관 情報保護擔當官; ~**schutzgesetz** *n.* 정보보호법 情報保護法; ~**sparsamkeit** *f.* 정보절약 情報節約; ~**speicherung** *f.* 정보저장 情報貯藏; ~**sperrung** *f.* 정보차단 情報遮斷; ~**übermittlung** *f.* 정보전달 情報傳達; ~**veränderung** *f.* 1. (*allg.*) 정보변경 情報變更; 2. (*strafr.*) 정보위조(죄) 情報僞造(罪); ~**verarbeitung** *f.* 정보처리 情報處理; ~**verarbeitungssystem** *n.* 정보처리체계 情報處理體系; ~**vermeidung** *f.* 정보방지 情報防止.

Datowechsel *m.* 발행일자후 정기출급(發行日字後 定期出金) 어음.

Datum *n.* 연월일 年月日.

Dauer *f.* 기간 期間; ~**arrest** *m.* 장기구류 長期拘留; ~**delikt** *n.* 계속범 繼續犯; ~**frachtvertrag** *m.* 계속운송계약 繼續運送契約; ~**schuldverhältnis** *n.* 계속적 채권관계 繼續的 債權關係; ~**vertrag** *m.* 계속적 계약 繼續的 契約; ~**verwaltungsakt** *m.* 계속적 행정행위 繼續的 行政行爲; ~**wirkung** *f.* 계속적 효과 繼續的 效果; ~**wohnrecht** *n.* 장기임차권 長期賃借權, 지속적 거주권 持續的 居住權.

de jure (*lat.*) 법률상 法律上.

de-minimis (*lat.*) 간이 簡易, 경미 輕微; ~ **Beihilfe** *f.* 간이보조(금) 簡易補助(金); ~ **Klausel** *f.* 간이조항 簡易條項.

Debitor *m.* 채무자 債務者.

Deckname *m.* 필명 筆名.

Deckung *f.* 전보 塡補, 보상 補償, 보완 補完, 보전 保塡, 충당 充當, 담보 擔保.

Deckungs:geschäft *n.* 보완계약 補完契約; ~**hypoyhek** *f.* 전보저당(권) 塡補抵當(權); ~**masse** *f.* 보전재산 保塡財産; ~**rückstellung** *f.* 책임준비금 責任準備金; ~**verhältnis** *n.* 보상관계 補償關係; ~**vorsorge** *f.* 대비조치 對備措置; ~**zusage** *f.* 전보약속 塡保約速.

Deduktion *f.* 연역 演繹, 추론 推論.

Defensivnotstand *m.* 방어적 긴급피난 防禦的 緊急避難.

Definition *f.* 정의 定義.

Defizit *n.* 결손 缺損.

Dekan *m.* 학장 學長.

deklaratorisch *adj.* 선언적 宣言的, 보고적 報告的.

deklaratorische Wirkung *f.* 선언적 효과 宣言的 效果, 선언적 효력 宣言的 效力.

Dekret *n.* 명령 命令, 선고 宣告.

Delegation *f.* 1. (*i.S.v. Gesandtschaft*) 외교사절단 外交使節團; 2. (*i.S.v. Übertragung*) (권한의) 위임 (權限의) 委任.

Delikt *n.* 1. (*strafr.*) 범죄 犯罪; 2. (*zivilr.*) 불법행위 不法行爲; einfaches ~ 단일범 單一犯; eigenhändiges ~ 자수범 自手犯; erfolgsqualifiziertes ~ 결과적 가중범 結果的 加重犯; gemeingefährliches ~ 공공위험죄 公共危險罪; gemeinschaftliches ~ (*i.S.v.* 1.) 공동범죄 共同犯罪; (*i.S.v.* 2.) 공동불법행위 共同不法行爲; versuchtes ~ 미수범 未遂犯; vollendetes ~ 기수범 旣遂犯; zusammengesetztes ~ 결합범 結合犯.

Delikts~ (*i.S.v.* 1.) ~**fähigkeit** *f.* 범죄능력 犯罪能力; (*i.S.v.* 2) 불법행위능력 不法行爲能力; ~**gegenstand** *m.* 범죄객체 犯罪客體; ~**merkmal** *n.* 범죄요건 犯罪要件; ~**natur** *f.* 범죄성질 犯罪性質; ~**struktur** *f.* 범죄구조 犯罪構造; ~**typ** *m.* 범죄유형 犯罪類型.

Delikts~ (*i.S.v.* 2.) ~**fähigkeit** *f.* 불법행위능력 不法行爲能力, 불법행위 책임능력 不法行爲 責任能力; beschränkte ~ 제한적(制限的) 불법행위능력; ~**haftung** *f.* 불법행위책임 不法行爲責任.

Deliktsrecht *n.* 불법행위법 不法行爲法 (§§ 750 – 766 KBGB). // § 750

KBGB. Inhalt der unerlaubten Handlung. Wer durch vorsätzliche oder fahrlässige rechtswidrige Handlung bei einem anderen einen Schaden verursacht, ist zum Ersatz dieses Schadens verpflichtet. // Für Nichtvermögensschäden bestimmt § 751 Abs. 1 KBGB: Wer den Körper, die Freiheit oder die Ehre eines anderen verletzt oder einen anderen seelischen Schmerz verursacht, ist auch zum Ersatz des Nichtvermögensschadens verpflichtet. // Neben dem Grundtatbestand des § 750 KBGB werden die folgenden besonderen Deliktstatbestände unterschieden: 1. Haftung des Aufsichtspflichtigen (§ 755 KBGB), 2. Haftung für Verrichtungsgehilfen (§ 756 KBGB), 3. Gebäudehaftung (§ 758 KBGB), 4. → Tierhalterhaftung (§ 759 KBGB), 5. Haftung Mehrerer (§ 760 KBGB). Vgl. auch → Strafschadensersatz.

Delkredere *n.* 이행보장의 약정 履行保障의 約定, 지불보증 支拂保證.

Demokratie *f.* 민주주의 民主主義; mittelbare ~ 간접적 (間接的)민주주의; parlamentarische ~ 의회(議會)민주주의; politische ~ 정치적(政治的) 민주주의; repräsentative ~ 대표적(代表的) 민주주의; streitbare ~ 투쟁적(鬪爭的) 민주주의, 방어적(防禦的) 민주주의; unmittelbare ~ 직접적(直接的) 민주주의; wehrhafte ~ 방어적(防禦的) 민주주의; **~prinzip** *n.* 민주주의 원리 民主主義 原理;

Demokratisierung *f.* 민주화 民主化.

Demokratische ~ ~ Legitimation *f.* 민주적 정당성 民主的 正當性; ~ **Grundordnung** *f.* 민주적기본질서 民主的基本秩序; ~ **Republik** *f.* 민주공화국 民主共和國.

Demonstration *f.* 시위 示威.

Demonstrations:freiheit *n.* 시위(示威)의 자유(自由). // Die Demonstrationsfreiheit folgt aus der Versammlungsfreiheit nach Art. 21 Abs. 1 KVerf. // **~recht** *n.* 시위권 示威權; **~streik** *m.* 시위파업 示威罷業.

Denkmalschutz *m.* 문화재보호 文化財保護.

Deponie *f.* (Müll~) (폐기물) 집하 集荷, (폐기물)처리장 處理場.

Deportation *f.* → Abschiebung.

Depositengeschäft *n.* 소비임치거래 消費任置去來.

Depot *n.* 기탁 寄託, 예탁 預託, 수탁 受託; **~geschäft** *n.* 예탁업무 預託業務; **~schein** *m.* 수탁증권 受託證券.

Deregulierung *f.* 규제완화 規制緩和.

Derelektion *f.* 소유권 포기 所有權 拋棄.

derivativ *adj.* 파생적 派生的.

Deskriptives Merkmal *n.* 기술적 표지 記述的 標識.

Destinatär *m.* 수익자 收益者, 수혜자 收惠者.

Deszendent *m.* 직계비속 直系卑屬.

Determinismus *m.* 결정론 決定論.

Deutschenrechte *n. pl.* 독일국민의 권리 獨逸國民의 權利.

Deutscher *m.* 독일인 獨逸人, 독일사람; ~ im Sinne des Grundgesetzes 기본법(基本法)의 의미에서의 독일인.

Deutscher Gewerkschaftsbund (*Abk.* DGB) 독일노동조합연합 獨逸勞動組合聯合.

Deutsches Reich *n.* 독일제국 獨逸帝國.

Devulotionsrecht *n.* 1. (*des leitenden Staatsanwaltes*) 담당검사변경권 擔當檢事變更權; 2. (*allg.*) 직무승계권 職務承繼權.

Devolutiveffekt *m.* 이심의 효력 移審의 效力.

Diagnose *f.* 진단 診斷; **~fehler** *m.* 진단결여 診斷缺如, 진단착오 診斷錯誤.

Dialektik *f.* 변증법 辨證法.

Diebesgut *n.* 도품 盜品, 장물 臟物.

Diebstahl *m.* (als Delikt) 절도(죄) 竊盜(罪). // Die heutige gesetzliche Terminologie verwendet ein revidiertes Schriftzeichen für die Silbe „절": „ " statt des früheren „竊", vgl. § 329 KStGB. Das Strafmaß ist Geldstrafe bis zu 10 Mio KRW oder Zuchthaus bis zu 6 Jahren. Tatobjekt ist (wie auch beim Raub, vgl. § 333 KStGB) nicht eine „fremde bewegliche Sache", sondern ein „fremdes Gut" (타인의 재물). Nach h.M. können daher auch unbewegliche Sachen taugliches Tatobjekt des Diebstahls (bzw. Raubes) sein. So ist z.B. das Versetzen der Grundstücksgrenze auf ein fremdes Grundstück Diebstahl bzgl. des damit in das eigene Grundstück eingegliederten Teils (in Tateinheit mit → Grenzverrückung gem. § 370 KStGB. // ~ geringwertiger Sachen 경미재산물(經微財產物)절도죄; ~ mit Waffen 무기휴대(武器携帶)절도죄.

dienend *adj.* 기여적 寄與的.

Dienst *m.* 1. (*amtlich*) 직무 職務; 2. (*allg.*) 근무 勤務, 업무 業務, 노무 勞務, 서비스 (service); **~anbieter** *m.* 업무제공자 業務提供者; **~anordnung** *f.* 직무명령 職務命令,

직무상(職務上) 명령; ~**anweisung** f. 직무명령 職務命令; ~**aufsicht** f. 업무감독 業務監督, 직무감독 職務監督, 근무감독 勤務監督; ~**aufsichtsbeschwerde** f. (직무감독권자에 대한) 불복신청 (職務監督權者에 대한) 不服申請, 업무감독청원 業務監督請願.

Dienstbarkeit f. 역권 役權; beschränkte persönliche ~ 제한적(制限的) 인(人)역권; dienende ~ 승역지 承役地; herrschende ~ 요역지 要役地; öffentlichrechtliche ~ 공법상 지역권 公法上 地役權, 공용지역권 公用地役權.

Dienst:berechtigter m. 고용주 雇傭主, 보수지급의무자 報酬支給義務者; ~**betrieb** m. 직무수행 職務遂行; innerer ~ 내부(內部) 직무수행; ~**bezüge** m. pl. 봉급 俸給; Kürzung der ~ 감봉 減俸, vgl. → Disziplinarmaßnahme. // Rückforderung der ~ 봉급의 반환청구(返還請求); Rückzahlung der ~ 봉급의 반환(返還); ~**einkommen** n. 공무원(公務員)의 급료(給料); ~**erfindung** f. 직무발명 職務發明; ~**geheimnis** n. (wörtl.) 직무상 비밀 職務上 秘密. // Der dem § 353b StGB entsprechende § 127 KStGB spricht zudem von „공무상(公務上) 비밀" (Amtsgeheimnis), vgl. → 공무상비밀누설죄. // ~**geschäft** n. 직무상 업무 職務上 業務; ~**handlung** f. 직무행위 職務行爲; ~**herr** m. 공무원의 임용주체 公務員 任用 主體, 고용관청 雇傭官廳; ~**herrenfähigkeit** f. 공무원 임용능력 公務員 任用能力.

Dienst:leistung f. 노무제공 勞務提供, 용역 用役, 역무 役務, 서비스 (service); öffentliche ~ 공공(公共)역무; persönliche ~ 인적(人的)역무; ~**leistungsfreiheit** f. 서비스공급의 자유(供給의 自由); ~**leistungsgeschäft** n. 노무제공업무 勞務提供業務; ~**leistungsvertrag** m. 노무제공계약 勞務提供契約, 서비스계약 (契約); ~**nehmer** m. 노무자 勞務者; ~**pflicht** f. 직무상(職務上) 의무(義務); ~**pflichtverletzung** f. → Dienstpflichtverstoß; ~**pflichtverstoß** m. 직무상(職務上) 의무위반(義務違反); ~**posten** m. 보직 補職; ~**stelle** f. 사업소 事業所; ~**verpflichteter** m. 피용자 被傭者, 고용제공의무자 雇用提供義務者; ~**verschaffungsvertrag** m. 제3자의 고용을 중개하는 계약 第三者의 雇用을 仲介하는 契約, 노무조달계약 勞務調達契約.

Dienstvertrag m. 고용계약 雇庸契約 (§§ 655 – 663 KBGB); ~ im engen Sinne 협의(狹義)의 고용계약; ~ im weiten Sinne 광의(廣義)의 고용관계.

Dienstvertragsrecht n. 고용계약법 雇用契約法.

Dienst:verhältnis n. 1. (im öff. Recht) 직무관계 職務關係; 2. (im Privatr.) 고용관계 雇傭關係; beamtenrechtliches ~ 공무원법상(公務員法上)의 직무관계; ~**verpflichtung** f. 직무상의무 職貿上義務; ~**vorgesetzter** m. 상관 上官;

~vorschrift *f.* 근무규칙 勤務規則, 직무규율 職務規律; **~zeugnis** *n.* 고용증명서 雇用證明書.

Differenzgeschäft *n.* 차액거래 差額去來.

Differenzhypothese *f.* 차액가설 差額假說.

Differenzierung *f.* 1. (*neutral*) 구별 區別; 2. (*wertend i.S.v. Diskriminierung*) 차별 差別.

Differenzierungs:klausel *f.* 격차조항 格差條項; **~spielraum** *m.* 구별의 자유 區別의 自由.

Differenztheorie *f.* 차액설 差額說.

Diktatur *f.* 독재 獨裁; ~ der Robe 법복(法服)의 독재; ~ des Militärs 군사(軍事)독재.

diligentia quam in suis (*lat.*) 자기사무에 대한 주의 自己事務에 대한 主意.

dinglich *adj.* 물권적 物權的, 물적 物的.

Dinglicher ~ ~ **Anspruch** *m.* 물권적 청구권 物權的 請求權; ~ **Arrest** *m.* 물권적 가압류 物權的 假押留; ~ **Gerichtsstand** *m.* 물적 재판적 物的 裁判籍.

Dingliches ~ ~ **Recht** *n.* 물권 物權; ~ **Rechtsgeschäft** *n.* 물권적 법률행위 物權的 法律行爲; ~ **Vorkaufsrecht** *n.* 물권적 선매권 物權的 先買權.

Diplomat *m.* 외교관 外交官; Abberufung von ~en 외교관의 소환(召喚).

Diplomatische ~ ~ **Beziehungen** *f. pl.* 외교관계 外交關係; ~ **Mission** *f.* 외교공관 外交公館.

Diplomatischer Schutz 외교적 보호 外交的 保護.

Direktanspruch *m.* 직접청구권 直接請求權.

Direkte Steuer *f.* 직접세 直接稅.

Direkt:erwerb *m.* 직접취득 直接取得; **~investition** *f.* 직접투자 職接投資.

Direktionsrecht *n.* 지시권 指示權.

Direkt:kandidat *m.* 직선의원후보 直選議員候補; **~kondiktion** *f.* 직접반환청구권 直接返還請求權; **~mandat** *n.* 직선의석 直選議席; **~wahl** *f.* 직접선거 直接選擧.

Diskont *m.* 할인이자 割引利子.

Diskontierung *f.* 할인 割引.

Diskriminierung *f.* 차별 差別; passive ~ 소극적(消極的) 차별; sexuelle ~ 성(性)차별.

Diskriminierungsverbot *n.* 차별금지 差別禁止.

Disposition *f.* 처분 處分.

Dispositionsmaxime *f.* 처분권주의 處分權主義.

dispositiv *adj.* 임의적 任意的.

Dispositivität *f.* 특약가능성 特約可能性.

Dissens *m.* 불합의 不合意; offener ~ 공연(公演)한 불합의, 명백(明白)한 불합의; versteckter ~ 숨은 불합의.

Distanz:delikt *n.* 격지범 隔地犯; **~wechsel** *m.* 이지(異地)어음, 원거리(遠距離)어음.

Disziplinar:ausschuss *m.* 1. Bei Diensverstößen von Beamten des Staates (국가공무원): 징계위원회 懲戒委員會; 2. Bei Beamten kommunaler Selbstverwaltungskörperschaften (지방공무원) ist für die Verhängung von Disziplinarmaßnahmen funktionell das „인사위원회" (人事委員會) zuständig. Vgl. zu den Beamtenarten in Korea: → Beamter. // **~behörde** *f.* 징계기관 懲戒機關; **~gericht** *n.* 징계재판소 懲戒裁判所, 징계법원 懲戒法院. // Der Beamte kann nach Erhalt der schriftlichen Begündung der Disziplinarmaßnahme das „Gesuchkomitee" (→ 소청심사위원회) anrufen. Die Anrufungsfrist beträgt 30 Tage für Beamte des Staates (§ 76 Abs. 1 StaatsBeamtG (국가공무원법) bzw. 30 Tage für Beamte kommunaler Selbstverwaltungskörperschaften, vgl. § 67 Abs. 2 KommunalBeamtG (지방공무원법). // **~gerichtsbarkeit** *f.* 징계재판권 懲戒裁判權; **~gewalt** *f.* 징계권 懲戒權; **~komitee** *n.* → Disziplinarausschuss; **~maßnahme** *f.* 징계(처분) 懲戒(處分). // Es werden gem. § 79 StaatsBeamtG (국가공무원법), § 70 KommBeamtG (지방공무원법) folgende Disziplinarmaßnahmen unterschieden: 1. Entfernung aus dem Beamtenverhältnis (파면 罷免 oder 징계면직 免職). Diese ist nicht zu verwechseln mit der Entlassung aus dem Beamtenverhältnis (직권면직 職權免職), die keine Disziplinarmaßnahme darstellt, 2. Kündigung des Beamtenverhältnisses (해임 解任), 3. Abstufung (강임 降任), 4. Suspendierung (정직 停職), 5. Kürzung der Dienstbezüge (감봉 減俸), 6. Verweis (견책 譴責). // **~organ** *n.* 징계기관 懲戒機關; **~recht** *n.* 징계(懲戒)에 관한 법률(法律), 懲戒法; formelles ~ 형식적(形式的) 징계법; materielles ~ 실체적(實體的) 징계법; **~strafe** *f.* 징계(벌) 懲戒(罰), 징벌 懲罰; ~ verhängen 징계벌을 과(科)하다; **~verfahren** *n.* 징계절차 懲戒節次.

Dividende *f.* (주식회사) (이익)배당(금) (利益)配當(金); gezahlte ~ 지급(支給)된 배당; quartalsbezogene ~ 기말당(期末當) 배당.

Dividenden:abschlag *m.* 배당분할 配當分割; **~anspruch** *m.* (이익)배당청구권

(利益)配當請求權; **~ausschüttung** f. 이익배당 利益配當; jährliche ~ 연도(年度)이익배당; quartalsweise ~ 기말당(期末當) 이익배당; **~ausschüttungsanspruch** m. 이익배당청구권 利益配當請求權; **~höhe** f. 배당액 配當額; **~nachteil** m. 배당불이익 配當不利益, 배당불리 配當不利; **~plan** m. 배당안 配當案; **~recht** n. 추상적 이익배당청구권 抽象的 利益配當請求權; **~rendite** f. 배당수익 配當收益; **~teil** m. 배당지분 配當持分; **~zahlung** f. 배당금 지급 配當金 支給; quartalsweise ~ 분기별(分期別) 배당금 지급; **~zahlungsanspruch** m. 배당금 지급청구권 配當金 支給請求權.

Dogmatik f. 도그마틱, 독단 獨斷.

Dokumentenwechsel m. 화환(貨煥)어음.

Dolmetscher m. 통역인 通譯人; vereidigter ~ 선서(宣誓)한 통역인. // Bei unrichtigen Übersetzungen eines vereidigten Dolmetschers kann Strafbarkeit nach § 154 i.V.m. §§ 152, 153 KStGB (허위번역죄 虛爲飜譯罪 – Falschübersetzung) bestehen.

dolus (lat.) 고의 故意; ~ **directus 1. Grades** (vgl. → Absicht) (1 단계) 직접고의 直接故意; ~ **eventualis** (lat.) 미필적 고의 未必的 故意; ~ **generalis** (lat.) 개괄적 고의 槪括的 故意; ~ **in contrahendo** (lat.) 계약체결상의 악의 契約締結上의 惡意; ~ **subsequens** (lat.) 사후고의 事後故意.

Domizilwechsel m. 타지지급(他地支給)어음.

Doppel:abtretung f. 이중양도 二重讓渡; **~arbeitsverhältnis** n. 이중근로관계 二重勤勞關係; **~besteuerung** f. 이중과세 二重課稅; international ~ 국제적(國際的) 이중과세; **~besteuerungsabkommen** n. (Abk. DBA, engl. double taxation treaty) 이중과세(방지)협약 二重課稅(防止)協約. // Zwischen Deutschland und Korea als „Abkommen zwischen der Bundesrepublik Deutschland und der Republik Korea zur Vermeidung der Doppelbesteuerung und zur Verhinderung der Steuerverkürzung auf dem Gebiet der Steuern vom Einkommen und vom Vermögen" (대한민국과 독일연방공화국간의 소득과 자본에 대한 조세의 이중과세회피와 탈세방지를 위한 협정) vom 10.3.2000 am 31.10.2002 als Revisionsabkommen zum DBA – Korea von 1976 in Kraft getreten. // **~ehe** f. 중혼 重婚; Verbot der ~ 중혼의 금지(禁止) (§ 810 KBGB); **~ermächtigung** f. 이중수권 二重授權; **~bewertung** f. 이중평가 二重評價; **~funktion** f. 이중기능 二重機能; **~haft** f. 이중구속 二重拘束; **~irrtum** m. 이중착오 二重錯誤; **~kontrolle** f. 이중통제 二重統制; **~mangel** m. 이중하

자 二重瑕疵; ~**mord** *m.* 이인살인 二人殺人; ~**natur** *f.* 양성 兩性, 이중성질 二重性質; ~**pfändung** *f.* 이중압류 二重押留; ~**schaden** *m.* 이중하자 二重瑕疵; ~**stimmrecht** *n.* 이중의결권 二重議決權; ~**tatbestand** *m.* 이중구성요건 二重構成要件; ~**versicherung** *f.* 중복보험 重複保險; ~**vertretung** *f.* 쌍방대리 雙方代理 (§ 124 KBGB), vgl. → Insichgeschäft; ~**verurteilung** *f.* 이중(유죄)선고 二重(有罪)宣告; ~**verwertung** *f.* 이중사용 二重使用, 이중이용 二重利用, 이중작용 二重作用; ~**wirkung** *f.* 이중효 二重效; ~ des Rechts 법(法)의 이중효; ~ von Verwaltungsakten 행정행위(行政行爲)의 이중효; ~**wohnsitz** *m.* 이중주소 二重住所 (§ 18 Abs. 2 KBGB); ~**zahlung** *f.* 이중지불 二重支拂; ~**zuständigkeit** *f.* 이중적 권한 二重的 權限; ~**zustellung** *f.* 이중송달 二重送達.

Draufgabe *f.* 체약금 締約金, 계약금 契約金.

Drei–Personen–Verhältnis *n.* 삼자간 (법률)관계 三者間 (法律)關係.

Dreiecks:betrug *m.* 삼각사기 三角詐欺; ~**fusion** *f.* 삼각합병 三角合倂, vgl. → Cash out–merger; ~**geschäft** *n.* 삼각행위 三角行爲; ~**verhältnis** *n.* 삼각(법률)관계 三角(法律)關係, 삼면의 (법률)관계 三面의 (法律)關係.

Dreielementelehre *f.* 삼요소설 三要素說.

dreistufig *adj.* 삼단계(三段階)의.

dringend *adj.* 긴급(緊急)한, 긴박(緊迫)한.

Dringendes betriebliche Erfordernis 긴박한 경영상의 필요 緊迫한 經營上의 必要.

Dringlichkeit *f.* 긴급성 緊急性, 긴박성 緊迫性.

Dritt:anspruch *m.* 제삼자의 청구권 第三者의 請求權; ~**begünstigter** *m.* 제삼자인 수익자 第三者인 收益者; ~**beschwerde** *f.* 제삼자의 항고 第三者의 抗告.

Dritter *m.* 제삼자 第三者, 타인 他人; (als Parteibezeichnung) 병 丙; bösgläubiger ~ 악의의(惡意의) 제삼자; gutgläubiger ~ 선의의(善意의) 제삼자; unbeteiligter ~ 무관계(無關係) 제삼자; durch einen Dritten 제삼자로 하여금.

Dritt:erwerber *m.* 제삼 취득인 第三 取得人; ~**finanzierung** *f.* 제삼자 자금제공 第三者 資金提供; ~**geschädigter** *m.* 제삼 피해자 第三 被害者; ~**markt** *m.* 제3의 시장 第三의 市場; ~**mittel** *n. pl.* 제삼자 자금 第三者 資金; ~**schaden** *m.* 제삼자손해 第三者損害; ~**schadensliquidation** *f.* (*Abk.* DSL) 제삼자손해 청산 第三者損害 淸算; ~**schuldner** *m.* 제삼채무자 第三債務者; ~**schuldnerhaftung** *f.* 제삼채무자책임 第三債務者責任; ~**schutz** *m.* 제삼자 보호 第三者 保護; ~**staat** *m.* 제삼국 第三國; ~**widerklage** *f.* 제삼자에 대한 반소 第三者에 대한 反訴; ~**widerspruch**

m. 제삼자의 행정심판 第三者의 行政審判; **~widerspruchsklage** *f.* 제삼자이의의 소 第三者異議의 訴 (§ 48 KZVG), 강제집행절차(强制執行節次)에서 제삼자의 소; → „Interventionsklage"라고도 한다. // **~wirkung** *f.* 제삼자적 효력 第三者的 效力; ~ der Grundrechte 기본권(基本權)의 제삼자적 효력; mittelbare ~ der Grundrechte 기본권의 간접효력 基本權의 間接效力, 간접적 사인효력(私人效力); unmittelbare ~ 직접적(直接的) 효력; **~zahlerwechsel** *m.* 제삼자방 지급(第三者方 支給) 어음.

Droge *f.* 마약 痲藥.

Drogen:abhängiger *m.* 마약중독자 痲藥中毒者; **~abhängigkeit** *f.* 마약중독 痲藥中毒; **~delikt** *n.* 마약범죄행위 痲藥犯罪行爲; **~handel** *m.* 마약무역 痲藥貿易; **~konsum** *m.* 마약소비 痲藥消費; **~kriminalität** *f.* 마약범죄 痲藥犯罪; **~missbrauch** *m.* 마약남용 痲藥濫用; **~schmuggel** *m.* 마약밀수 痲藥密輸.

Drohbrief *m.* 협박장 脅迫狀, 협박편지 脅迫便紙.

Drohung *f.* 강박 强迫, 협박 脅迫 (z.B. beim Raub, vgl. § 333 KStGB); durch ~ 협박으로; ~ mit einem empfindlichen Übel 일정한 해악을 가할 것으로 협박하여.

Druck:kündigung *f.* 강요된 해고 强要된 解雇; **~sache** *f.* 인쇄물 印刷物; ~ des Bundestages 연방의회(聯邦議會)의 인쇄물; **~schrift** *f.* 인쇄물 印刷物.

Dualismus *m.* 이원론 二元論.

dualistisch *adj.* 이원(二元)의, 이원적 二元的.

Dualität *f.* 이원성 二元性.

Dulde und liquidiere 수인(受認)하고 보상(補償)하라, 수인하고 청산(淸算)하라.

Dulden *n.* → Duldung.

Duldung *f.* 1. (*allg.*) 용인 容認, 인용 認容, 수인 受認, 감수 甘受; 2. (*im Aufenthaltsrecht*) 체류용인 滯留容認.

Duldungs:anordnung *f.* 수인명령 受認命令; **~anspruch** *m.* 인용청구권 認容請求權; **~bescheid** *m.* 수인결정 受認決定; **~fiktion** *f.* 체류용인의제 滯留容認擬制; **~pflicht** *f.* 수인의무 受認義務; **~recht** *n.* 수인권 受認權; **~verfügung** *f.* 수인처분 受認處分; **~vollmacht** *f.* 인용수권 認容授權, 인용대리권 認容代理權.

Duplik *f.* 1. (*i.S. einer weiteren Gegeneinrede*) 재재항변 再再抗辯, 재항변에 대한 항변; 2. (*als Antwort auf einen Schriftsatz*) 답변서(答辯書)에 대한 답변서.

Durchbrechung *f.* 예외 例外.

Durchfahrt *f.* 통행 通行; **~recht** *n.* 통행권 通行權; **~verbot** *n.* 통행금지 通行禁止.

Durchfrachtvertrag *m.* 통행운송계약 通行運送契約.

Durchfuhr f. 통과 通過; ~ von Waren 물품(物品)의 통과; **~verbot** n. 통과금지 通過禁止.

Durchführung f. 1. (i.S.v. Vollzug) 집행 執行; 2. (i.S.v. Ausführung) 시행 施行, 실행 實行.

Durchführungs:anordnung f. 집행명령 執行命令; **~befehl** m. 집행명령 執行命令; **~bestimmung** f. 집행규정 執行規定, 집행규칙 執行規則; **~handlung** f. 집행행위 執行行爲; **~organ** n. 집행기관 執行機關; **~pflicht** f. 실행의무 實行義務; **~verordnung** f. 시행령 施行令, 집행명령 執行命令; **~vorschrift** f. → Durchführungsbestimmung.

Durchgang m. 1. (z.B. im Gesetzgebungsverfahren) 회(回); 2. (i.S.v. weiter-/ durchreichen) 통과 通過; 3. (i.S.v. durchgehen/ -fahren) 통행 通行.

Durchgangs:delikt n. 경과범죄 經過犯罪; **~erwerb** m. 통과취득 通過取得; **~verkehr** m. 통행(교통) 通行(交通).

Durchgriff m. 접속 接續, 직접효력 直接效力.

Durchgriffs:erinnerung f. 사법보좌관의 결정에 대한 이의; **~haftung** f. 직접책임 直接責任; **~kondiktion** f. 부당이득의 직접청구 不當利得의 直接請求; **~lehre** f. 실체파악론 實體把握論; **~regelung** f. 직접효력규정 直接效力規定; **~wirkung** f. 직접효력 直接效力.

Durchlieferung f. 1. (strafr. i.S.v. § 43 IRG) (engl. transit) 통과인도 通過引渡; 2. (zivilr. i.S.d. Bereicherungsrechts) 통과배달 通過配達.

Durchschnitt m. 평균 平均.

Durchschnitts:einkommen m. 평균수입 平均收入; **~lohn** m. 평균임금 平均賃金. // Der Begriff wird vom ArbStandardsG (engl. Labor Standard Act, kor. 근로기준법) für die Berechnung von Ausgleichszahlungen (z.B. Ruhegehalt: § 34 ArbStandardsG, Unfallentschädigung, §§ 81, 89 ArbStandardsG) verwendet und ergibt sich aus dem Durchschnittseinkommen der letzten drei vor dem jeweiligen Ereignis vergangenen Monate. // **~gehalt** n. → Durchschnittslohn; **~gewerbetreibender** m. 평균적(平均適) 영업행위자(營業行爲者); **~kosten** f. 평균비용 平均費用; **~mensch** m. 평균인 平均人; normaler ~ 일반적(一般的) 평균인; verständiger ~ 이해심(理解心) 있는 평균인, 합리적(合理的)인 평균인; **~miete** f. 평균차임 平均借賃; **~qualität** f. (von Sachen) 평균품질 平均品質; **~(steuer)satz** m. 평균(과세)율 平均(課稅)率; **~wert** m. 평균가치 平均價値.

Durchschrift *f.* 복사 複寫.

Durchsetzung *f.* 실현 實現, 집행 執行, 관철 貫徹; ~ eines Anspruchs 청구권(請求權)의 집행; zwangsweise ~ 강제적(强制的)인 실현.

Durchsuchung *f.* (*strafprozessr.*) 수색 搜索 (§ 109 KStPO). // § 109 Abs. 1 KStPO regelt die Durchsuchung beim Angeklagten, § 109 Abs. 2 KStPO die Durchsuchung bei anderen Personen (피고인 아닌 자). Bei der Durchsuchung besteht ein Anwesenheitsrecht des Staatsanwaltes, des Verteidigers und des Angeklagten. // ~ bei anderen Personen 제삼자(第三者)의 수색; ~ beim Verdächtigen 범죄혐의자(犯罪嫌疑者)의 수색; ~ von Personen 사람의 수색; ~ von Sachen 물건(物件)의 수색; ~ einer Wohnung 주거(住居)의 수색, 가택(家宅)의 수색; ~ und Beschlagnahme (search and seizure) 압수수색 押收搜索.

Durchsuchungs:anordnung *f.* 수색명령 搜索命令; **~befehl** *m.* 수색명령 搜索命令; **~beschluss** *m.* 수색영장 搜索令狀; **~protokoll** *n.* 수색기록 搜索記錄, 수색조서 搜索調書; **~recht** *n.* 수색권 搜索權.

Dürfen *n.* (im Innenverhältnis) (대내적으로) 해도 되는 바, 허용 許容.

E, e

E – commerce *engl.* (*i.S.v. Elektronischer Handel*) 전자상거래 電子商去來.

Earn-Out-Klausel *f.* (Earnout) 조건부 대가 조항 條件附 代價 條項.

Echtheit *f.* 진정 眞正; ~ der Urkunde 문서(文書)의 진정. // Die Echtheit wird bei öffentlichen Urkunden vermutet, vgl. § 356 Abs. 1 KZPO. Dies gilt gem. § 356 Abs. 3 KZPO auch bei von ausländischen Behörden ausgestellten Urkunden.

Effekten *pl.* 증권 證券; **~geschäft** *n.* 증권거래 證券去來.

Effektivität *f.* 실효성 實效性, 효율성 效率性; ~ der Gefahrenabwehr 위험방지(危險防止)의 실효성; ~ des Gemeinschaftsrechts 공동체법(共同體法)의 실효성.

Effizienz *f.* 효율성 效率性; **~kontrolle** *f.* 효율성의 통제 效率性의 統制.

EG – Vertrag *m.* 유럽공동체조약(共同體條約).

Ehe *f.* 혼인 婚姻.

ehe:ähnlich *adj.* 혼인(婚姻)과 유사(類似)한; **~ähnliche Gemeinschaft** *f.* 혼인유사공동체 婚姻類似共同體.

Ehe:anfechtung *f.* → Eheaufhebung; **~aufhebung** *f.* (*wörtl.*) 혼인해소 婚人解消. // Das KBGB verwendet jedoch den Begriff „혼인취소 婚人取消" (Eheanfechtung) und bedient sich somit eines Terminus, der zunächst die rückwirkende Anfechtung des bürgerlichen Rechts impliziert. Diese Rückwirkung wird jedoch von § 824 KBGB ausgeschlossen. // **~aufhebungsgrund** *m.* 혼인취소의 사유 婚姻取消의 事由; **~aufhebungsklage** *f.* 혼인취소(婚姻取消)의 소(訴); **~beratung** *f.* 혼인상담 婚姻相談; **~betrug** *m.* 혼인사기 婚姻詐欺.

Ehebruch *m.* 1. (*im Zivilrecht*) 간통 姦通. // Der Bruch der Ehe ist aufgrund des in Korea noch praktizierten Verschuldensprinzips bei Scheidungen gem. § 840 KBGB ein Scheidungsgrund. // 2. (*im Strafrecht*) → 간통죄 姦通罪. // Ehebruch war in Korea gem. § 241 Abs. 1 KStGB a.F. auf Antrag des betrogenen Ehegatten bis ins Jahr 2015 strafbar. Der Antrag konnte gem. § 241 Abs. 2 S. 2 KStGB a.F. nicht gestellt werden, wenn der Ehegatte dem anderen Partner selbst zum Ehebruch zugeredet (종용 慫慂) hat oder ihn gebilligt oder verziehen (유서 宥恕) hat. Bzgl. des Strafantrags bestimmte § 229 KStPO: **Antrag des Ehegatten.** (1) Im Fall des § 241 KStGB kann der Antrag nicht gestellt werden, wenn nicht zuvor die Ehe aufgehoben oder Scheidungsklage erhoben wurde. (Die Frist zur Stellung eines Strafantrags betrug gem. § 230 S. 1 KStPO 6 Monate ab Kenntnis von der Person des Täters bzw. der Täterin).

(2) Wird im Fall des Abs. 1 erneut geheiratet oder die Scheidungsklage zurückgenommen, so gilt der Antrag als zurückgenommen. //

Das Strafmaß bei Ehebruch betrug Freiheitsstrafe in Form von Zuchthaus bis zu 2 Jahren. Eine Geldstrafe war nicht vorgesehen. Gegen die Norm wurden wiederholt Verfassungsbeschwerden erhoben, die jedoch in der Vergangenheit in den Jahren 1990, 1993, 2001 und 2008 als unbegründet abgewiesen wurden. Zuletzt führte das KVerfG diesbezüglich am 30.10.2008 in seiner Entscheidung 2007헌가17 aus: „Auch wenn sich unser Gesellschaftssystem und das Empfinden der Bevölkerung mit großen Schritten ändert, so haben doch die eigentümlichen sittlichen Vorstellungen und hierbei insbesondere die sittlichen Vorstellungen von verheirateten Männern und Frauen als althergebrachte ethische Tradition eine immer noch tief verwurzelte Stellung in unserer Gesellschaft und da die Bewahrung der Mongamie und die Pflicht zur züchtigen Sexualität zwischen den Ehegatten als eine moralische Grundvorstellung unserer Gesellschaft feststeht, so ist, falls der Ehebruch in der gegenwärtigen Situation letztlich die gesellschaftliche Ordnung verletzt und in die Rechte anderer eingreift, dieses unser Rechtsbewusstein nach wie vor gültig."

Mit Entscheidung vom 26.02.2015 (2009헌바17) erklärte das KVerfG § 241 KStGB schließlich mit 7 von 9 Stimmen für verfassungswidrig. Die Vorschrift wurde am 06.01.2016 aus dem Strafgesetzbuch gestrichen.

Ehe:buch *n*. 혼인부 婚姻簿; **~erschleichung** *f.* → Ehebetrug; **~ fähigkeit** *f.* 혼인능력 婚姻能力; **~fähigkeitszeugnis** *n*. 혼인능력증명서 婚姻能力證明書; **~frau** *f.* 처(妻), 아내; **~gatte** *m*. 배우자 配偶者.

Ehehindernis *n*. 혼인장애 婚姻障碍. // Ehehindernisse in Korea sind: 1. Willensmängel, 2. Fehlende → Ehemündigkeit, 3. Fehlende Zustimmung der

Eltern bei Personen, die zwar die Ehemündigkeit erreicht haben, aber noch minderjährig (d.h. bis zum vollendeten 20. Lebensjahr) sind (§ 808 Abs. 1 KBGB), 4. Blutsverwandtschaft (§ 809 KBGB), 5. Doppelehe (§ 810 KBGB). Nach altem Recht war auch ein Verstoß gegen die von § 811 KBGB a.F. geregelte „Neuheiratsverbotsfrist" (재혼금지기간) ein Ehehindernis. Hierbei handelte es sich um eine Frist, innerhalb der es der Frau verboten war, nach dem Tod ihres Ehegatten, der Scheidung oder Aufhebung der Ehe, erneut zu heiraten. Die Vorschrift lautete: „Eine Frau darf nicht heiraten, wenn nach der Beendigung der Ehe nicht 6 Monate vergangen sind. Dies gilt jedoch nicht, wenn die Frau nach Beendigung der Ehe niedergekommen ist." Zweck dieser Regelung war es, Probleme der Zugehörigkeit eines während der vormaligen Ehe gezeugten aber in der erneuten Ehe geborenen Kindes zu vermeiden. Sie wurde am 31.3.2005 ersatzlos aus dem KBGB gestrichen.

Ehe:leute *f. pl.* 부부 夫婦; geschiedene ~ 이혼(離婚)한 부부; **~lichkeit** *f.* 혼생성 婚生性, 적출성 嫡出性; **~lichkeitsanfechtung** *f.* 혼생자부인 婚生者否認, 적출성부인 嫡出性否認; **~lichkeitsvermutung** *f.* 혼생성추정 婚生性推定, 적출성추정 嫡出性推定; **~mann** *m.* 부(父), 남편 男便; **~mündigkeit** *f.* 혼인적령 婚姻適齡 (§ 807 KBGB). // Nach § 807 KBGB a.F. begann die Ehemündigkeit bei Männern mit dem vollendeten 18., bei Frauen mit dem vollendeten 16. Lebensjahr. Seit dem 21.12.2007 beginnt die Ehefähigkeit ungeachtet des Geschlechts mit dem vollendeten 18. Lebensjahr. // **~name** *m.* 혼인성 婚姻性; **~nichtigkeit** *f.* 혼인의 무효 婚姻의 無效 (§ 815 KBGB); **~partner** *m.* → Ehegatte; **~sachen** *f. pl.* 혼인사건 婚姻事件; **~scheidung** *f.* 이혼 離婚; **~scheidungsgrund** *m.* 이혼(離婚)의 이유(理由); **~schließung** *f.* 혼인(婚姻)의 성립(成立); **~störung** *f.* 혼인방해 婚姻妨害; **~verbot** *n.* 혼인의 금지 婚姻의 禁止; z.B. § 809 KBGB (Ehe unter Verwandten), vgl. auch → Ehehindernis; aufschiebendes ~ 정지효(停止效) 혼인의 금지; trennendes (zwingendes) ~ 강제적(强制的) 혼인의 금지; **~vermittlung** *f.* 혼인중개 婚姻仲介; **~vertrag** *m.* 부부재산계약 夫婦財產契約; **~zerrüttung** *f.* 혼인파탄 婚姻破綻.

Eheliche ~~ Lebensgemeinschaft *f.* 혼인생활공동체 婚姻生活共同體; **~ Pflicht** *f.* →Pflicht, eheliche.

Ehren:amt *n.* 명예직 名譽職; **~annahme** *f.* 참가인수 參加引受; **~bürger** *m.* 명예

시민 名譽市民; **~bürgerrecht** *n.* 명예시민권 名譽市民權; **~eintritt** *m.* 어음참가(參加); **~gericht** *n.* 명예법원 名譽法院. Berufsgericht라고도 한다. 직업적인 명예를 위반할 때 징계처분을 내리는 법원. // **~strafe** *f.* 명예형 名譽刑; **~verfahren** *n.* 명예소송 名譽訴訟; **~zahlung** *f.* 참가지급 參加支給.

Ehrverletzung *f.* 명예훼손 名譽毀損.

Eid *m.* 선서 宣誓; **~bruch** *m.* 위증죄 僞證罪 (§ 152 KStGB), vgl. → Meineid.

Eides:ableistung *f.* 선서(宣誓)함; **~abnahme** *f.* 선서(宣誓)시킴.

eidesfähig *adj.* 선서능력(宣誓能力) 있는.

Eides:form *f.* 선서방식 宣誓方式; **~formel** *f.* 선서문 宣誓文. // Gem. § 321 Abs. 2 KZPO, § 157 Abs. 2 KStPO lautet die Eidesformel in Korea: „Ich schwöre, dass ich nach meinem Gewissen, ohne zu lügen oder zu verfälschen, die reine Wahrheit sage und für den Fall, dass ich lüge, die auf einen Meineid stehende Strafe erhalte."

Eides:leistung *f.* 선서(宣誓)함; **~mündigkeit** *f.* 선서능력 宣誓能力; **~pflicht** *f.* 선서의무 宣誓義務 (§ 319 KZPO).

eidesstatt *adj.* 선서(宣誓)에 갈음한.

Eidesstattliche Versicherung *f.* 선서에 갈음한 보증, 선서보증 宣誓保證.

eidesunfähig *adj.* 선서능력(宣誓能力) 없는

Eides:unfähigkeit *f.* 선서무능력 宣誓無能力; **~ unmündiger** *m.* 선서무능력자 宣誓無能力者; **~unmündigkeit** *f.* 선서무능력 宣誓無能力 (§ 322 KZPO, § 159 KStPO). Liegt vor bei Personen unter 16 Jahren (§ 322 Nr. 1 KZPO, § 159 Nr. 1 KStPO) und bei solchen, die die Bedeutung des Eides nicht begreifen können (§ 322 Nr. 2 KZPO, § 159 Nr. 2 KStPO). // **~verweigerung** *f.* 선서거부 宣誓拒否; **~verweigerungsrecht** *n.* 선서거부권 宣誓拒否權 (§ 324 KZPO).

Eigen:anteil *m.* 자기지분 自己持分; **~besitz** *m.* 자주점유(권) 自主占有(權); **~gebrauch** *m.* 자기사용 自己使用; **~geld** *n.* 자기자금 自己資金; **~kapital** *n.* 자기자본 自己資本; **~leistung** *f.* 자기기여 自己寄與; **~macht** *f.* 자력 自力, 사력 私力; ~ ausüben 자력을 행사(行使)하다; verbotene ~ 금지(禁止)된 자력행사.

Eigenschaft *f.* 성상 性狀, 성질 性質; ~ einer Person 사람의 성상; ~ einer Sache 물건(物件)의 성상; zugesicherte ~ 보증(保證)된 성상; wesentliche ~ 본질적(本質的) 성상; verkehrswesentliche ~ 거래상 본질적 (去來上 本質的) 성상.

Eigenschafts:garantie *f.* 성상보장 性狀保障; **~irrtum** *m.* 성상착오 性狀錯誤, 성

상에 대한 착오; **~zusicherung** *f.* 성상보증 性狀保證.

Eigenstaatlichkeit *f.* 독자국가성 獨自國家性; ~ der Länder 연방주(聯邦州)의 독자국가성.

Eigentum *n.* 1. (*zivilr.*) 소유(권) 所有(權); 2. (*verfassungsr.*) 재산(권) 財產(權); ~ an beweglichen Sachen 동산(動産)소유권; ~ zur gesamten Hand 합유 合有; ~ verpflichtet 재산권은 의무를 수반한다; formelles ~ 형식적(形式的) 소유권; genossenschaftliches ~ 공동체적(共同體的) 소유권; wirtschaftliches ~ 경제적(經濟的) 소유권; Freiheit des ~ 소유권의 자유(自由); geistiges ~ 지적재산(권) 知的財產(權), vgl. → Gerichtsstand (§ 24 KZPO); geteiltes ~ 분할소유권 分割所有權.

Eigentümer *m.* 소유자 所有者, 소유권자 所有權者; eingetragener ~ 등기(登記)된 소유자; nicht eingetragener ~ 등기(登記)되지 아닌 소유자.

Eigentümer–Besitzer–Verhältnis *n.* (EBV) 소유자–점유자–관계 所有者–占有者–關係.

Eigentümer:gesellschaft *f.* 재산회사 財產會社; **~grundschuld** *f.* 소유자토지채무 所有者土地債務; **~hypothek** *f.* 소유자저당권 所有者抵當權; **~position** *f.* 소유자의 지위 所有者의 地位.

Eigentums:arten *f. pl.* 소유의 종류 所有의 種類; **~aufgabe** *f.* 소유권포기 所有權抛棄; **~beeinträchtigung** *f.* 소유권침해 所有權侵害; **~delikt** *n.* 소유권범죄 所有權犯罪; **~erwerb** *m.* 소유권취득 所有權取得; vollständiger ~ 완전(完全)소유권취득; **~fiktion** *f.* 소유권의제 所有權擬制; **~freiheit** *f.* 소유권의 자유 所有權의 自由; **~freiheitsklage** *f.* (오스트리아법상의) 소유물방해배제(所有物妨害排除)에 관한 소송(訴訟). // 점유권의 박탈이 아닌 소유권의 침해를 배제하려고 제기하는 소송. 독일법상의 방해배제 및 부작위청구권 (Beseitigungs- und Unterlassungsanspruch)과 유사하다. // **~garantie** *f.* 재산권보장 財產權保障; **~gebrauch** *m.* 재산행사 財產行使; **~herausgabeanspruch** *m.* 소유물반환청구권 所有物返還請求權; **~lage** *f.* 소유관계 所有關係; **~recht** *n.* 소유권 所有權; **~übertragung** *f.* 소유권이전 所有權移轉; **~verlust** *m.* 소유권(所有權)의 상실(喪失); **~verwaltung** *f.* 소유관리 所有管理; **~verzicht** *m.* 소유권포기 所有權抛棄; **~vorbehalt** *m.* (EV) 소유권유보 所有權留保; einfacher ~ 단순(單純)한 소유권유보; erweiterter ~ 확정(確定)된 소유권유보; verlängerter ~ 연장(延長)된 소유권유보; weitergeleiteter ~ 연속(連續)된 소유권유보.

Eigen:verschulden *n.* 자기과실 自己過失, 자기책임 自己責任; **~verwaltung** *f.* 자

기관리 自己管理, 자기행정 自己行政; ~**vornahme** f. 자체적 작용 自體的 作用.

Eignung f. 개연성 蓋然性.

Eil:antrag m. 긴급신청 緊急申請; ~**entscheidung** f. 신속결정 迅速決定; ~**fall** m. 긴급사건 緊急事件; ~**fallzuständigkeit** f. 긴급관할권 緊急管轄權.

Einbehaltung f. 1. (*finanz.*) (withholding) 예수금 預收金; 2. (*allg.*) 유보 留保.

Einberufung f. 징집 徵集, 소집 召集.

Einberufungsbescheid m. 소집처분 召集處分.

Einbrecher m. 침입자 侵入者.

Einbringung f. 제출 提出; ~ eines Gesetzesentwurfs 법안(法案)의 제출.

Einbruch m. 침입 侵入.

Einbruchsdiebstahl m. → Wohnungseinbruchsdiebstahl.

Einbürgerung f. 귀화 歸化.

Eindringen n. (*in ein Gebäude etc.*) 침입 侵入.

einfachgesetzlich adj. 단순법률상 單純法律上.

Einfachtäter m. 단일범인 單一犯人.

Einfuhr f. 수입 輸入; ~ von Waren 상품(商品)의 수입.

Einführungsgesetz n. 경과법 經過法.

Einfuhrzoll m. 수입관세 輸入關稅.

Eingangsformel f. 첫구절(句節).

Eingehungsbetrug m. 체결사기 締結詐欺.

Eingliederung f. (흡수)합병 (吸收)合幷, 편입 編入.

Eingliederungs:konzern m. 편입(編入)콘체른; ~**zuschuss** m. 채용보조금 採用補助金.

Eingriff m. 침해 侵害, 제한 制限; aufopferungsgleicher ~ 희생유사적(犧牲類似的) 침해; belastender ~ 부담(負擔)을 가(加)하는 침해, 부담적(負擔的) 침해; enteignender ~ 수용적(收用的) 침해, enteignungsgleicher ~ 수용유사적(收用類似的) 침해; entschädigungspflichtiger ~ 보상부(補償附)침해; geringster ~ 최소(最小)침해; klassischer ~ 전통적(傳統的) 침해; mittelbarer ~ 간접적(間接的) 침해; staatlicher ~ 국가(國家)으로 부터 침해; unmittelbarer ~ 직접적(直接的) 침해; Grundsatz des geringsten ~s 최소침해의 원칙 最小侵害의 原則.

Eingriffs:gesetz n. 침해법률 侵害法律; ~**intensität** f. 침해(侵害)의 강도(强度); ~**kondiktion** f. 침해부당이득 侵害不當利得; ~**recht** n. 침해법 侵害法;

~verwaltung *f.* 침해행정 侵害行政, 규제행정 規制行政; **~vorbehalt** *m.* 침해유보 侵害留保.

Einhaltung *f.* 준수 遵守; ~ einer Frist 기간(期間)의 준수; ~ eines Gesetzes 법률(法律)의 준수.

Einheit *f.* 일체(성) 一體(性), 통일(성) 統一(性), 통일체 統一體; ~ der Kostenentscheidung → Einheitlichkeit der Kostenentscheidung; ~ der Rechtsordnung법질서(法秩序)의 통일(성); ~ der Verfassung 헌법(憲法)의 통일(성); rechtliche ~ 법률상(法律上)의 통일(성); wirtschaftliche ~ 경제적(經濟的) 일체성.

Einheitliche Europäische Akte *m. pl.* (*Abk.* EEA) 단일유럽법 單一유럽法.

Einheitlichkeit *f.* 합일성 合一性; ~ der Kostenentscheidung 소송비용재판(訴訟費用裁判)의 합일성.

Einheitsgewerkschaft *f.* 통합노동조합 統合勞動組合. // 정치적인 신념 및 세계관과 관계없이 조직되어 정치적 중립성을 지키는 노동조합. → Richtungsgewerkschaft에 반하는 말.

Einheits:gründung *f.* 발기설립 發起設立; **~prinzip** *n.* 단일성의 원칙 單一性의 原則; **~staat** *m.* 단일국가 單一國家; **~strafe** *f.* 단일형 單一刑.

Einigung *f.* 합의 合意, 합치 合致; antizipierte ~ 예정(豫定)된 (物權變動)의 합의; dingliche ~ 물권적(物權的) 합의.

Einigungs:mangel *m.* 합의흠결 合議欠缺; **~stelle** *f.* 1. (*wörtl.*) 합의장소; 2. (*arbeitsrechtl.*) 노사공동위원회 勞使共同委員會. // 종업원대표회 (Betriebsrat)와 사용자 간에 실패된 협의를 조정하기 위해 설립된 영업상 중재원. 독일 Betriebsverfassungsgesetz (BetrVG – 종업원대표회에 관한 법률) 제76조 참조. // **~verhandlung** *f.* 합의(合議)를 위한 협상(協商); **~vertrag** *m.* 통일조약 統一條約.

Einkauf *m.* 구매 購買, 구입 購入; ~ von Waren 상품(商品)구매.

Einkaufs:kartell *n.* 구매(購買)카르텔; **~kooperation** *f.* 구매협력 購買協力.

Einkommen *n.* 수입 收入, 소득 所得; ~ einer juristischen Person 법인(法人)소득; steuerfreies ~ 비과세(非課稅)소득; steuerpflichtiges ~ 과세(課稅)소득.

Einkommenssteuer *f.* 소득세 所得稅.

Einkünfte *f. pl.* 소득 所得; (*als Betrag*) 소득액(額); ~ aus beweglichem Vermögen 동산(動產)소득, 동산으로부터 취득하는 소득; ~ aus unbeweglichem Vermögen 부동산(不動產)소득, 부동산으로부터 취득하는 소득; abzugsfähige ~ 공제(控除)할 수 있는 소득; notifizierte ~ 통지(通知)된 소득; private ~ 개인(個人)소득.

Einlage *f.* 출자(금) 出資(金).
Einlagen:erstattung *f.* 출자(出資)의 상환(償還); **~geschäft** *n.* 예금업무 豫給業務; **~rückgewähr** *f.* 출자의 환급 出資의 環給.
Einlagerung *f.* 보관 保管.
Einlassung *f.* 1. (*i.S.v. Aussage*) 진술 陳述; ~ des Beklagten im Zivilprozess 피고인(被告人)의 (임의(任意)의) 진술; geständige ~ „자백적 진술" (검찰 및 경찰 앞에서 자백); rügelose ~ 항변(抗辯)하지 아니하고 하는 진술, vgl. → Rügelose Einlassung; 2. (*i.S.v. sich auf eine Klage einlassen bzw. akzeptieren*) 응소 應訴.
Einlassungsfrist *f.* 응소기간 應訴期間.
Einlegung *f.* 제기 提起; ~ einer Klage 소송(訴訟)제기.
Einlösungs:klausel *f.* 실효약관 實效約款; **~recht** *n.* 상환권 償還權.
Einmann – GmbH *f.* 1인 유한회사 一人 有限會社.
Einmanngesellschaft *f.* 1인회사 一人會社.
Einnahmen *f. pl.* 수입 收入; **~erzielung** *f.* 수입 收入.
Einrede *f.* 1. (*allg.*) 항변(권) 抗辯(權); 2. (*im Prozessrecht*) 소송법상(訴訟法上)의 항변; 3. *im materiellen Recht* 실체법상(實體法上)의 항변권; ~ der Anfechtbarkeit 취소권(取消權)의 항변; ~ der Aufrechenbarkeit 상계권(相計權)의 항변; ~ der Bereicherung 부당이득(不當利得)의 항변; ~ der Nichterfüllung 동시이행(同時履行)의 항변; (*wörtl.*) (채무)불이행의 항변; ~ der Vorausklage 선소(先訴)의 항변권; ~ des nichterfüllten Vertrages 반대급부의 이행이 이루어지지 않았다는 항변, 동시이행(同時履行)의 항변; ~ des Notbedarfs 곤궁(困窮)의 항변; dilatorische ~ 연기적(延期的) 항변, 정지적(停止的) 항변; peremptorische ~ 부정적(否定的) 항변, 영구적(永久的), 멸각적(滅却的) 항변; prozesshindernde ~ 방소(妨訴)항변.
Einreichung *f.* 제출 提出; ~ der Anklageschrift 공소장(公訴狀)의 제출; ~ eines Schriftsatzes 서면(書面)의 제출.
Einreise *f.* 입국 入國; **~bestimmung** *f.* 입국요건 入國要件; **~erlaubnis** *f.* 입국허가 入國許可; **~verbot** *n.* 입국금지 入國禁止.
Einrichtung *f.* 1. (*i.S.v. Ausstattung*) 설비 設備; 2. (*i.S.v. (baulicher) Anlage*) 시설 施設; öffentliche ~ 공공(公共)시설; 3. (*organisatorisch*) 단체 團體, 기관 機關, 기구 機構; kulturelle ~ 문화(文化)기관; gemeinnützige ~ 자선(慈善)단체; zwischenstaatliche ~ 국제적(國際的) 시설.
Einrichtungsgarantie *f.* 제도적 보장 制度的 保障.

Einschätzung *f.* 평가 評價.

Einschätzungs:prärogative *f.* 평가(評價)의 우선권(優先權), 평가의 특권(特權); ~spielraum *m.* 평가의 여지 評價의 餘地.

Einschließung *f.* 금고 禁錮. 독일형법에는 없는 형벌의 종류로 자유형에 속하지만 교도소 내에서 노동을 하지 않는다는 점에서 징역형과 구분된다.

Einschränkung *f.* 제한 制限; ~ eines Grundrechts 기본권(基本權)의 제한.

Einschränkungsvorbehalt *m.* 제한유보 制限留保.

Einschreiben *n.* 등기우편 登記郵便; ~ mit Rückschein 수신인확인(受信人確認)등기우편.

Einschreibung *f.* 1. (*allg.*) 등록 登錄; 2. (*an einer Hochschule*) 대학(大學)의 입학(入學), 대학의 등록.

Einschreiten *n.* 개입 介入; ~ der Verwaltung 행정(行政)개입.

einseitig *adj.* 일방적(一方的)으로, 편면적 片面的; ~e Verpflichtung 일방적 의무부담(義務負擔).

Einsichtsfähigkeit *f.* 통찰(능)력 洞察(能)力, (개인적) 판단력 (個人的) 判斷力.

Einsichtnahme *f.* 열람.

Einsperren *n.* 감금 監禁.

Einspruch *m.* 이의 異議, 이의신청 異議申請; (*z.T. auch*) 반대 反對.

Einspruchsgesetz *n.* 이의법률 異議法律.

Einstandspflicht *f.* 보증의무 保證義務.

Einsteigen *n.* (*in Gebäude etc.*) 잠입 潛入.

Einstellung *f.* 1. (*prozessual*) 중지 中止, 정지 停止, 중단 中斷; einstweilige ~ 가(假)중지; ~ (*allg.*) des Verfahrens 절차(節次)중지; ~ des Verfahrens im Strafprozess aufgrund kriminalpolitischer Erwägungen 기소유예 起訴猶豫; ~ des Verfahrens im Strafprozess wegen Geringfügigkeit 경미범죄처분 輕微犯罪處分; 2. (*von Angestellten, Beamten etc.*) 고용 雇用, 채용 採用.

Einstellungsbescheid *m.* (*der Staatsanwaltschaft*) 불기소처분 不起訴處分. // Das koreanische Recht kennt kein Klageerzwingungsverfahren. Da aber der Einstellungsbescheid in das aus Art. 27 Abs. 5 KVerf folgende Fragerecht des Verletzten im Strafprozess eingreift, kann gegen ihn Verfassungsbeschwerde nach Art. 111 KVerf erhoben werden, vgl. auch → Klageerzwingungsverfahren, Privatklage.

Einstellungsprüfung *f.* 채용시험 採用試驗.
Einstimmigkeit *f.* 전부동의 全部同意.
Einstweilige ~ ~ **Anordnung** *f.* 가명령 假命令; **~Unterbringung** *f.* 긴급수용 緊急收用, 가수용 假收容; ~ **Verfügung** *f.* 가처분 假處分.
Einstweiliger Rechtsschutz *m.* 가구제 假救濟.
Eintragung *f.* 등기 登記, 수록 收錄, 등재 登載; ~ in das → Bundeszentralregister 연방중앙기록부(聯邦中央記錄簿)에 수록; ~ in das Grundbuch (토지)등기부(土地登記簿)에 등기, 부동산(不動産)등기; ~ in das → Schuldnerverzeichnis 채무불이행자명부(債務不履行者名簿)에 등재; ~ in das Vereinsregister 사단등기부(社團登記簿)에 등기; ~ von Grundstücksrechten 부동산물권(不動産物權)등기.
Eintragungs:antrag *m.* 등기신청 登記申請; **~bewillung** *f.* (als Schriftstück) 등기승낙(서) 登記承諾(書), 등기허락(서) 登記許諾(書); **~fähigkeit** *f.* 등기능력 登記能力; **~klage** *f.* 등기소송 登記訴訟; **~prinzip** *n.* 등기주의 登記主義; **~verfahren** *n.* 등기절차 登記節次.
Eintritt *m.* 1. (*i.S.v. Einmischung*) 개입 介入; 2. (*i.S.v. Realisierung, Entstehung*) 발생 發生.
Eintritts:recht *n.* 개입권 介入權; **~wahrscheinlichkeit** *f.* 발생개연성 發生蓋然性.
Einvernehmen *n.* 양해 諒解, 동의 同意, 합의 合意; gegenseitiges ~ 상호(相互)동의, 상호(相互)합의.
Einvernehmliche Scheidung *f.* 협의이혼 協意離婚.
Einverständnis *n.* 동의 同意.
Einwand *m.* 이의(신청) 異議(申請); ~ der Unzuständigkeit 관할위반(管轄違反)에 대한 이의.
Einwendung *f.* (직권으로 고려해야 할) 항변(권) 抗辯(權); (*allg.*) 대항사유 對抗事由; persönliche ~ 개인적(個人的) 항변; petitorische ~ 본권(本權)에 기한 항변; possessorische ~ 점유(占有)에 기한 항변.
Einwendungsdurchgriff *m.* 항변의 관철 抗辯의 貫徹.
Einwilligung *f.* 사전적 동의 事前的 同意, 사전동의 事前同意, 승낙 承諾; hypothetische ~ 가설적(假說的) 승낙; 가정적(假定的) 승낙; mündliche ~ 구술적(口述的) 승낙; mutmaßliche ~ 추정적(推定的) 승낙; schriftliche ~ 서면적(書面的)의 승낙.
Einwilligungs:theorie *f.* 승낙설 承諾說; **~vorbehalt** *m.* 유보된 동의 留保된 同意.
Einwirkungspflicht *f.* 영향의무 影響義務. // 단체협약의 당사자가 자기 구성원들에

게 그 단체협약을 준수하도록 영향을 미쳐야 하는 의무.

Einwohner *m.* 1. (*im Gegensatz zum Bürger*) 거주자 居住者, 주민 住民; 2. (*i.S.d. Einwohner eines bestimmten Gebietes*) 인구 人口; **~meldeamt** *n.* (*in Deutschland*): 주민등록관청 住民登錄官廳, 주민등록사무소 住民登錄事務所. // Die dem Einwohnermeldeamt in seiner Funktion entsprechende Stelle in Korea wurde vormalig als 동사무소 洞事務所 („Bezirksamt") bezeichnet und heißt nunmehr 주민센터 („Bürgerzentrum"). // **~meldewesen** *n.* 주민등록제 住民登錄制; **~steuer** *f.* 주민세 住民稅; **~zahl** *f.* 주민수 住民數, 인구(수) 人口(數).

Einzahlung *f.* 입금 入金, 납입 納入.

Einzahlungs:beleg *m.* 납입영수증 納入領收證, 입금영수증 入金領收證; **~frist** *f.* 납입기한 納入期限, 입금기한 入金期限.

Einzel:akt *m.* 개별행위 個別行爲; **~aktstheorie** *f.* 개별행위설 個別行爲說; **~anwendung** *f.* 단독적(單獨的) 적용(適用), 개별적(個別的) 적용; **~arrest** *m.* 독방구류 獨房拘留; **~delikt** *n.* 단독범 單獨犯; **~ermächtigung** *f.* 개별수권 個別授權; begrenzte ~ 제한적(制限的) 개별수권; **~fall** *m.* 개별사건 個別事件, 개별사항 個別事項, 개별사례 個別事例; 개개(個個)의 경우; **~fallanwendung** *f.* 개별적(個別的) 적용(適用); **~fallgerechtigkeit** *f.* 개별적 정의 個別的 正義; **~fallgesetz** *n.* 개별법률 個別法律, 개별사건법률 個別事件法律; **~fallgesetzgebung** *f.* 개별사항입법 個別事項立法; **~fallregelung** *f.* 개별규율 個別規律; **~firma** *f.* 단독상호 單獨商號, 단독상인(單獨商人)의 상호; **~forderung** *f.* 단독채권 單獨債權; **~freistellung** *f.* 개별예외 個別例外; **~haft** *f.* 독방감금 獨房監禁; **~handel** *m.* 소매 小賣; **~handelspreis** *m.* 소매가(격) 小賣價(格); **~händler** *m.* 소매상인 小賣商人; **~interesse** *n.* 개인이익 個人利益; **~kaufmann** *m.* 단독상인 單獨商人, 자영업자 自營業者; **~kind** *n.* 독자 獨子; **~klage** *f.* 1. (*subj.*) 개인소송 個人訴訟; 2. (*obj.*) 단일소송 單一訴訟; **~konto** *n.* 개별계정 個別計定; **~maßnahme** *f.* 개별적 처분 個別的 處分; **~person** *f.* (각)(各) 개인(個人); **~personengesetz** *n.* 개인대상법률 個人對象法律; **~pflicht** *f.* 개별적 의무 個別的 義務; **~preis** *m.* 단가 單價; **~preisvertrag** *m.* 단가계약 單價契約; **~recht** *n.* 1. (*i.S.d. AktG*) 단독주주권 單獨株主權; 2. (*allg.*) 개별적 권리 個別的 權利, 개별권 個別權; **~rechtsgut** *n.* 개인(個人)의 법익(法益); **~rechtsnachfolge** *f.* 개별권승계 個別法承繼, 특정승계 特定承繼; **~rechtsübertragung** *f.* 개별적 권리이전 個別的 權利移轉; **~richter** *m.* 단독판사 單獨判事; **~risiko** *n.* 개별위험 個別危險; **~strafe** *f.* 개별형 個別形; **~tat** *f.* (*strafr.*) 단독범(죄) 單獨犯(罪); **~täter** *m.* 단독범

인 單獨犯人; **~unternehmen** n. 개인기업 個人企業; **~vereinbarung** f. 개별합의 個別合意; **~vernehmung** f. 분리신문 分離訊問; **~versicherung** f. 개별보험 個別保險; **~vertretung** f. 단독대리 單獨代理; **~vertretungsrecht** n. 단독대리권 單獨代理權; **~vollmacht** f. 개별(임의)대리권 個別(任意)代理權; **~vormund** m. 단독후견인 單獨後見人; **~vorschrift** f. 개별규정 個別規定; **~zelle** f. (교도소의) 독방(獨房); **~zustellung** f. 개별적 송달 個別的 送達.

Einziehung f. 1. (*im Strafverfahren*) 몰수 沒收 (§ 48 Abs. 1 KStGB). // Die Einziehung ist bei Gegenständen möglich, die nicht im Eigentum eines Dritten stehen, sofern dieser diese nicht bösgläubig im Hinblick auf die Straftat erworben hat, vgl. § 48 Abs. 1 S. 1 KStGB. Eine Einziehung gegen tatunbeteiligte Dritte sieht das koreanische Recht nicht vor (anders das deutsche Recht mit der Einziehung zum Schutz vor Gefahren nach § 74 Abs. 2 Nr. 2 StGB). Die Einziehung ist in Korea somit grds. bloße Nebenstrafe und nicht (auch) polizeiliche Sicherungsmaßnahme. In Einzelfällen kann die Einziehung auch als eigenständige Strafe verhängt werden, vgl. § 49 S. 2 i.V.m. § 41 Nr. 9 KStGB. Ist die Einziehung der Sache nicht möglich (z.B. bei ihrem Verbrauch), so wird stattdessen deren Wert eingezogen, vgl. § 48 Abs. 2 KStGB. Das Gesetz spricht in diesem Fall nicht von 몰수, sondern von 추징(追徵). // 2. (~ *von Personen*) 징집 徵集; 3. (~ *von Forderungen*) (채권의) 징수(徵收), 추심 推尋; 4. (~ *im Straßenrecht*) 도로법상 공용폐지 道路法上 公用廢止; erweiterte ~ (i.S.v. § 73a StGB) 확정적(確定的) 몰수.

Einziehungsermächtigung f. (대금)회수의 권한 (代金)回收의 權限, 추심권한의 수여 推尋權限의 授與.

Einziehungsermächtigungsverfahren n. 추심권한수여절차 推尋權限授與節次.

Einziehungsverfügung f. 징수처분 徵收處分.

Elektronische ~ ~ **Form** f. 전자방식 電子方式; ~ **Signatur** f. 전자서명 電子署名.

Elementarrecht n. 기본권 基本權.

Elterliche Sorge f. 부모의 감호 父母의 監護, 부모의 친권(親權), 부모로서 자녀에 대한 권한.

Eltern pl. 부모 父母; **~geld** n. 양육급여 養育給與; **~recht** n. 친권 親權; **~zeit** f. (*engl.* parental leave) 육아휴직 育兒休職; z.T. auch 양육휴가 養育休暇, 육아기간 育兒期間. // Die Elternzeit ist in Korea in §§ 19 ff. des „Gesetzes über die Gleichbehandlung von Männern und Frauen und zur Förderung der Vereinbarkeit von Arbeit und Familie" (남녀고용평등과 일 · 가정 양립 지원에 관한 법률) in der Fassung vom 20.01.2015 sowie in §§ 10 ff. der entsprechenden Ausführungsverordnung geregelt. Elternzeit kann für einen Zeitraum von bis zu einem Jahr in Anspruch genommen werden.

Embryo *m.* 태아 胎兒, (인간)배아 (人間)胚芽.
Embryonale Stammzelle *f.* 배아줄기세포 胚芽줄기細胞.
Embryonenschutz *m.* 태아보호 胎兒保護, 배아보호 胚芽保護.
Emission *f.* (환경유해물질)배출 (環境有害物質)排出.
Emissions:grenzwert *m.* 배출 한계치 排出 限界值; ~**recht** *n.* 배출권 排出權; ~**theorie** *f.* 발신설 發信說.
Empfang *m.* (*i.S.v. Entgegennahme*) 수령 受領; ~ einer Willenserklärung 의사표시(意思表示)의 수령.
Empfänger *m.* 1. (*allg.*) 수령자 受領者, 수령인 受領人; 2. (*i.S.d. Bereicherungsrechts*) 수익자 收益者 (*wörtl.*: „Begünstigter"); ~**horizont** *m.* 수령자입장(에서) 受領者立場(에서).
Empfängnis *f.* 수태 受胎, 임신 妊娠; ~**verhütung** *f.* 피임 避姙; ~**zeit** *f.* 수태시기 受胎時期.
Empfangs:anzeige *f.* 수령고지 受領告知; ~**bedürftigkeit** *f.* 수령의 필요(성) 受領의 必要(性); ~**behörde** *f.* 수령관청 受領官廳; ~**bekenntnis** *n.* 1. (*allg. des Gläubigers*) 수취확인서 受取確認書, 수령증명 受領證明; schriftliches ~ 서면상 (書面上) 수령증명, 영수증 領收證; 2. (*im Zivilprozess*) 변호사간의 수취 및 송달 확인서 辯護士間의 受取 및 送達確認書; ~**berechtigter** *m.* 수령권자 受領權者; ~**bescheinigung** *f.* 수령증명서 受領證明書; ~**bestätigung** *f.* (als Schriftstück) 수령확인(서) 受領確認(書); ~**bevollmächtigter** *m.* 수령대리인 受領代理人, 수취대리인 受取代理人; ~**bote** *m.* 수령사자 受領使者; ~**ermächtigung** *f.* 수령권한의 수여 受領權限의 授與; ~**fähigkeit** *f.* 수령능력 受領能力; ~**ort** *m.* 수령지 受領地, 수령장소 受領場所; ~**recht** *n.* 수령권 受領權; ~**schein** *m.* 수령서 受領書; ~**staat** *m.* 수령국 受領國, 접수국 接受國; ~**theorie** *f.* 도달주의 到達主義; ~**vertreter** *m.* 수령대리인 受領代理人; ~**verweigerung** *f.* 수령거절 受領拒絶; ~**verweigerungsrecht** *n.* 수령거절권 受領拒絶權; ~**vorrichtung** *f.* 수취가 가능한 수령자의 설비, (우체통 郵遞筒).

Empfehlung *f.* 권고 勸告, 추천 推薦.

Empfehlungs – Marketing *n.* → Netzwerk-Marketing.

Empfehlungsschreiben *n.* 추천장 推薦狀.

Ende der letzten mündlichen Tatsachenverhandlung 사실심의 변론종결 事實審의 辯論終結.

Endogamie *f.* 내혼제 內婚制.

End:absicht *f.* 최종목적 最終目的; **~anwender** *m.* 최종사용자 最終使用者; **~benutzer** *m.* 최종사용자 最終使用者; **~entscheidung** *f.* 최종결정 最終決定; **~termin** *m.* 종기 終期; **~urteil** *n.* 종국판결 終局判決; **~verbraucher** *m.* 최종소비자 最終消費者; **~verbraucherpreis** *m.* 최종소비가격 最終消費價格; **~vermögen** *n.* 최종재산 最終財產.

Enkelgesellschaft *f.* 손자회사 孫子會社.

Entbindung *f.* (*i.S.v. Freistellung*) 면제 免除.

Entdeckung *f.* 발견 發見.

Enteignender Eingriff *m.* 수용적 침해 收用的 侵害.

Enteignung *f.* 1. (*i.S.d. neuen Enteignungsbegriffs*) (공공)수용 (公共)收用; 2. (*i.S.d. alten Enteignungsbegriffs*) 공용침해 公用侵害.

Enteignungs:begriff *m.* 수용개념 收用概念; formeller ~ 형식적(形式的) 수용개념; **~entschädigung** *f.* 수용보상 收用補償.

Enteignungsgleicher Eingriff *m.* 수용유사적 침해 收用類似的 侵害, 수용유사침해 收用類似侵害.

Entfaltungsfreiheit *f.* 인격발현의 자유 人格發現의 自由; persönliche ~ 개인적(個人的) 인격발현의 자유.

Entflechtung *f.* 분할 分割; ~ von Unternehmen 기업(企業)분할.

Entführung *f.* (als Delikt) 유괴(죄) 誘拐(罪).

Entgangener Gewinn *m.* 일실이익 逸失利益.

entgegenhalten *v.* 대항(對抗)하다; einem Dritten ~ 제3자에게 대항하다.

Entgegenhalten *n.* 대항 對抗.

Entgegenhaltung *f.* 대항 對抗.

Entgegensetzung *f.* → Entgegenhaltung.

Entgelt *n.* 보수 報酬, 급여 給與, 지급금 支給金; **~fortzahlung** *f.* 급여계속지급 給與繼續支給; **~vereinbarung** *f.* 보수(報酬)에 대한 약정(約定).

entgeltlich *adj.* 유상(有償)의/으로.

Entgeltlichkeit *f.* 유상성 有償性.

Entlassung *f.* 1. (*allg.*) 석방 釋放; 2. (*arbeitsr.*) 해고 解雇; 3. (*aus einem Amt*) 해임 解任; ~ des Testamentsvollstreckers 유언집행자(遺言執行者)의 해임 (§ 1106 KBGB); anzeigepflichtige ~ 고지의무부(告知義務附) 해고; 4. (*strafprozessr.*) 석방 釋放.

Entlassungs:beihilfe *f.* 석방보조금 釋放補助金; **~hilfe** *f.* 석방보조 釋放補助; **~sperre** *f.* 해고금지 解雇禁止; **~vorbereitung** *f.* 석방준비 釋放準備; **~zeitpunkt** *m.* 석방시기 釋放時期.

Entlastung *f.* 면책 免責; ~ des Vorstandes 이사(理事)의 면책.

Entlastungs:beschluss *m.* 면책결의 免責決意; **~beweis** *m.* 면책입증 免責立證.

Entleiher *m.* 1. (*zivilr.*) (사용-)차주 (使用)借主; 2. (*arbeitsr.*) 사용사업주 使用事業主.

Entmündigter *m.* 금치산자 禁治產者.

Entmündigung *f.* 금치산선고 禁治產宣告.

Entmündigungssache *f.* 금치산사건 禁治產事件.

Entnahme *f.* 채취 採取; ~ von Blutproben 혈액(血液)채취.

Entpönalisierung *f.* 탈범죄화 奪犯罪化.

Entschädigung *f.* 보상 補償, 부조 扶助; z.T. auch ungenau mit „배상 賠償" (Schadensersatz) übersetzt. ~ in Geld 금전(金錢)보상; angemessene ~ 적절(適切)한 보상; öffentliche ~ 공적(公的) 보상; soziale ~ 사회(社會) 보상.

Entschädigungs:fonds *m.* 보상기금 補償基金; **~klausel** *f.* 보상조항 補償條項; salvatorische ~ 보조적(報助的)인 보상조항; **~pflicht** *f.* 보상의무 補償義務.

Entscheid *m.* 결정 決定, 판정 判定.

Entscheidung *f.* 1. (*allg.*) 결정 決定; 2. (*i.S.v. Urteil*) 판결 判決, 재판 裁判; abweisende ~ 기각(棄却)하는 결정; angefochtene ~ 취소(取消)된 결정; behördliche ~ 관청(官廳)의 결정; fehlerhafte ~ 하자(瑕疵) 있는 판결; gerichtliche ~ 법원(法院)의 결정; richterliche ~ 법관(法官)의 결정; stattgebende ~ 인용(認容)하는 결정.

Entscheidungs:befugnis *f.* 결정권 決定權, 심판권 審判權; **~erheblich** *adj.* 결정(決定)에 대하여 전제적(前提的), 결정에 대하여 중대(重大)한; **~erheblichkeit** *f.* 결정(決定)의 전제성 前提性, 결정중대성 決定重大性; **~findung** *f.* 결정발견 決定發見; **~formel** *f.* 결정주문 決定主文, 판결주문 判決主文; **~freiheit** *f.* 결정(決定)의 자유(自由); unternehmerische ~ 경영정책상(經營政策上) 결정자유; **~gründe**

m. 1. *(eines Urteils)* 판결이유 判決理由, 재판이유 裁判理由; 2. *(allg.)* 결정이유 決定理由. // Unabhängig von der Zulässigkeit von Rechtsmitteln muss in Korea jedes Urteil zwingend die Entscheidungsgründe beinhalten, vgl. § 208 Abs. 1 Nr. 4 KZPO. Die Ausnahmevorschrift des § 313a ZPO findet im koreanischen Recht keine Entsprechung. Fehlende oder unzureichende Entscheidungdgründe (이유불비 理由不備) sind ein absoluter Revisionsgrund, vgl. § 424 Abs. 1 Nr. 6 KZPO bzw. Berufungsgrund, vgl. § 361d (361의5) Nr. 11 KStPO. // tragende ~ 판결의 주(主)된 결정이유.

Entscheidungsnorm *f.* 재판규범 裁判規範, 결정규범 決定規範.

Entschließungs:ermessen *n.* 결정재량 決定裁量; **~freiheit** *f.* 결정자유 決定自由.

Entschluss *m.* 결정 決定.

Entschuldigung *f.* 사과.

Entschuldigungsklausel *f.* 면책약관 免責約款.

Entsendestaat *m.* 파견국 派遣國.

Entsprechende Anwendung *f.* 준용 準用.

Entstaatlichung *f.* 탈국가화 奪國家化.

Entstehung *f.* 발생 發生; ~ eines Anspruchs 청구권(請求權)의 발생; ~ eines Rechts 권리(權利)발생; ~ eines Schuldverhältnisses 채무관계(債務關係)의 발생.

Entstehungsgrund *m.* 발생원인 發生原因, 발생근거 發生根據.

Entwicklungs:hilfe *f.* 개발원조 開發援助; **~hilfeprogramm** *n.* 개발원조(開發援助)프로그램; **~risiko** *n.* 개발상의 위험 開發上의 危險.

Entwidmung *f.* 공용폐지 公用廢止.

Entziehbarkeit *f.* 박탈가능성 剝奪可能性.

Entzieher *m.* 침탈자 侵奪者.

Entziehung *f.* 1. *(i.S.v. Wegnahme)* 침탈 侵奪, 박탈 剝奪; ~ der Fahrerlaubnis 운전면허(運轉免許)박탈; ~ von Aktien 주식의 소각 主式의 消却; 2. *(i.S.v. Entwöhnung)* 금단 禁斷.

Entziehungsanstalt *f.* 금단시설 禁斷施設.

Entzug *m.* → Entziehung.

Enumeration *f.* 열거 列擧, 열기 列記.

Enumerationsprinzip *n.* 열거주의 列擧主義, 열기주의 列記主義.

enumerativ *adj.* 열거적 列擧的, 열기적 列記的.

Erb:anfall *m.* 상속취득 相續取得; **~anspruch** *m.* 상속청구권 相續請求權; **~anteil** *m.* 상속지분 相續持分; **~auseinandersetzung** *f.* 상속의 분할 相續의 分割; **~bauberechtigter** *m.* 지상권자 地上權者; **~baurecht** *n.* 지상권 地上權.

Erbe *m.* 1. (*i.S.d. Person*) 상속인 相續人; gesetzlicher ~ 법정(法定)상속인; ~ gleicher Ordnung 동순위(同順位)의 상속인; ~ 1. Ordnung 제1순위의 상속인; 2. (*i.S.d. Erbmasse*) 유산 遺產.

Erbeinsetzung *f.* 상속인(相續人)의 지정(指定).

Erben:besitz *m.* 상속인의 점유(권) 相續人의 占有(權), vgl. § 193 KBGB (entspricht § 857 BGB); **~gemeinschaft** *m.* 공동상속 共同相續; **~haftung** *f.* 상속인의 책임 相續人의 責任, 상속책임 相續責任; beschränkte ~ 한정(限定)된 상속인 책임; **~stellung** *f.* 상속인지위 相續人地位.

Erbes|erbe *m.* 상속인의 상속인 相續人의 相續人.

Erb:fähigkeit *f.* 상속능력 相續能力; **~fall** *m.* 상속개시 相續開始; **~fallschulden** *f.* 상속개시(相續開始)로 발생(發生)한 채무(債務).

Erbfolge *f.* 상속(순서) 相續(順序), 상속순위 相續順位 (§§ 1000 – 1003 KBGB); gesetzliche ~ 법정(法定)상속, 유류분 상속 遺留分 相續. // Kraft Gesetzes ist der Ehegatte des Erblasser zur Erbfolge berufen. Die Verwandten des Erblassers und übrige Personen sind wie folgt in fünf Ordnungen zur gesetzlichen Erbfolge berufen: 1. Ordnung: Kinder, Enkel, Urenkel; 2. Ordnung: Eltern; 3. Ordnung: Geschwister; 4. Ordnung: Verwandtschaft 3. Grades; 5. Ordnung: Personen mit einem verwandschaftsähnlichen Näheverhältnis (z.B. „faktische" Ehefrauen (사실상 처), Mitbewohner, Pflegekräfte); 6. Ordnung: Staat.

Erb:lasser *m.* 유언자 遺言者, 피상속인 被相續人; **~lasserschulden** *f.* 유언자 (피상속인)의 채무(債務); **~recht** *n.* 상속법 相續法.

Erbschaft *f.* 상속(재산) 相續(財產), 유산 遺產; Annahme der ~ 상속의 승인(承認); Auseinandersetzung der ~ 유산분할 遺產分割; Ausschlagung der ~ 상속의 포기 (拋棄).

Erbschafts:anspruch *m.* 상속회복청구권 相續回復請求權; **~kauf** *m.* 상속재산매매 相續財產賣買; **~steuer** *f.* 상속세 相續稅; **Erbschafts- und Schenkungssteuer** 상속증여세 相續贈與稅; **~teilung** *f.* 상속재산분할 相續財產 分割; **~verbindlichkeit** *f.* 유산채무 遺產債務; **~vermögen** *n.* 상속재산 相續財產; **~verwaltung** *f.* 유산관리 遺產管理.

Erb:schein *m.* 상속증서 相續證書; **~teil** *m.* 상속분 相續分, 상속지분 相續持分; gesetzlicher ~ 법정(法定)상속분; **~unfähigkeit** *f.* 상속무능력 相續無能力; **~unwürdigkeit** *f.* 상속결격 相續缺格. 재산을 상속 받을 자격이 없음. 예: 유언자를 살해한 상속인; **~vertrag** *m.* 상속계약 相續契約; gemeinschaftlicher ~ 공동(共同)상속계약; zweiseitiger ~ 쌍방(雙方)상속계약; **~verzicht** *m.* 상속포기 相續拋棄.

Ereignis *n.* 사실 事實; zukünftiges ungewisses ~ 장래(將來)의 불확실(不確實)한 사실.

Erfahrungs:gesetz *n.* 경험법 經驗法; **~grundsatz** *m.* 경험원칙 經驗原則.

Erfinder *m.* 발명자 發明者; **~patent** *n.* 발명자의 특허 發明者의 特許; **~recht** *n.* 발명자의 권리 發明者의 權利; **~schutz** *m.* 발명자의 보호 發明者의 保護.

Erfindung *f.* 발명 發明; nicht – patentfähige ~ 특허(特許)를 받을 수 없는 발명; patentfähige ~ 특허를 받을 수 있는 발명.

Erfindungs:höhe *f.* 발명의 독창성 發明의 獨創性, 발명의 고도성 發明의 高度性; **~schutz** 발명보호 發明保護 (Art. 22 Abs. 2 KVerf); **~wert** *m.* 발명의 가치 發明의 價置.

Erfolg *m.* 1. (*allg. i.S.v. Eintritt eines Ereignisses*) 결과 結果, 2. (*i.S.v. Triumph*) 성공 成功; 3. (*i.S.v. Wirkungen*) 효과 效果; rechtlicher ~ 법적(法的) 효과; tatbestandlicher ~ → tatbestandsmäßiger ~ 구성요건적(構成要件的) 결과.

Erfolgs:abwendung *f.* 결과회피 結果回避; **~abwendungsmöglichkeit** *f.* 결과회피가능성 結果回避可能性; **~abwendungspflicht** *f.* 결과회피의무 結果回避義務; **~aussicht** *f.* (1. *einer Klage*) 승소가능성 勝訴可能性; 2. (*allg.*) 성공전망 成功展望; ~ des Rechtsmittels 상소(上訴)의 승리가능성; **~beurteilung** *f.* 성공판단 成功判斷; **~delikt** *n.* 결과범 結果犯; **~eintritt** *m.* 결과발생 結果發生; **~haftung** *f.* 결과책임 結果責任; **~honorar** *n.* 성공보수 成功報酬; **~ort** *m.* 결과발생지 結果發生地; **~qualifikation** *f.* 결과가중 結果加重; **~unrecht** *n.* 결과위법 結果違法; **~verwirklichung** *f.* 결과실현 結果實現; **~verwirklichungswille** *m.* 결과실현의사 結果實現意思; **~wert** *m.* 결과가치 結果價置; **~wille** *m.* 결과의사 結果意思; zielgerichteter ~ 목적에 맞추어진 결과의사.

erforderlich *adj.* 필요(必要)한, 필요성(必要性)이 있는, 요(要)하는.

Erforderlichkeit *f.* 필요성 必要性; Grundsatz der ~ 필요성의 원칙(原則).

Erforderlichkeits:klausel *f.* 요건조항 要件條項, vgl. → Bedürfnisklausel; **~kontrolle** *f.* 필요성의 통제 必要性의 統制.

Erfordernis *n.* 1. (*i.S.v. Voraussetzung*) 요건 要件; 2. (*i.S.v. Verlangen*) 요구 要求; ~ der Schriftlichkeit 서면(書面)의 요구; gesetzliches ~ 법정(法定)요건.

Erforschungspflicht *f.* 조사의무 調査義務.

Erfüllbarkeit *f.* 이행가능성 履行可能性, 변제가능성 辨濟可能性.

Erfüllung *f.* 이행 履行 (so z.B. bezeichnet in § 428 Abs. 1 KBGB, § 124 S. 2 KBGB), 변제 辨濟, 이행변제; an ~s halber 변제를 위하여; an ~s statt 변제에 갈음하여; ~ des Vertrags 계약(契約)변제; ~ einer Nichtschuld 비채(非債)변제; ordnungsgemäße ~ 채무내용(債務內容)에 좇은 변제.

Erfüllungs:angebot *n.* 변제의 제공 辨濟의 提供; **~anspruch** *m.* 변제청구권 辨濟請求權; **~betrug** *m.* 이행사기 履行詐欺; **~funktion** *f.* 이행기능 履行機能; **~gehilfe** *m.* 이행보조자 履行補助者; **~geschäft** *n.* 이행행위 履行行爲.

erfüllungshalber *adj.* 변제(辨濟)를 위하여; → Leistung an Erfüllungs statt 대물변제 代物辨濟 (§ 466 KBGB), 변제에 갈음하여.

Erfüllungs:interesse *n.* 이행이익 履行利益; **~ort** *m.* 변제의 장소 辨濟의 場所 (§ 467 KBGB), 이행장소 履行場所, 이행지 履行地; **~schaden** *m.* 이행손해 履行損害.

erfüllungsstatt *adj.* 변제(辨濟)에 갈음하여.

Erfüllungs:übernahme *f.* 이행인수 履行引受; **~verweigerung** *f.* 이행거절 履行拒絶; **~wille** 변제의사 辨濟意思; **~wirkung** *f.* 변제효력 辨濟效力; **~zweck** *m.* 변제목적 辨濟目的.

Ergänzungs:abgabe *f.* 추가세 追加稅; **~klage** *f.* 보충소송 補充訴訟; **~pfleger** *m.* 대리보호자 代理保護者; **~richter** *m.* 보충판사 補充判事, 배석판사 陪席判事; **~schöffe** *m.* 보충참심원 補充參審員, 배석참심원 陪席參審員; **~urteil** *n.* 추가판결 追加判決.

Ergebniskontrolle *f.* 결과통제 結果統制.

Ergreifung *f.* 체포 逮捕.

Ergreifungsort *m.* 체포지 逮捕地.

Erheblichkeit *f.* 현저성 顯著性, 중대성 重大性; ~ des Irrtums 착오(錯誤)의 현저성; objektive ~ 객관적(客觀的) 현저성.

Erhöhungsvorbehalt *m.* 증액유보 增額留保; vertraglicher ~ 계약상(契約上) 증액유보.

Erholungsurlaub *m.* 휴양휴가 休養休暇.

Erinnerung *f.* 1. (*allg. als Rechtsbehelf*) 이의 異議; befristete ~ 즉시(卽時)이의; 2.

(*im Zwangsvollstreckungsrechts*) 집행방법에 관한 이의 執行方法에 관한 異議 (§ 16 KZVG).

Erkenntnis:grund *m.* 인식근거 認識根據; **~verfahren** *n.* 판결절차 判決節次, 사실인정절차 事實認定節次; beschleunigtes ~ 신속(迅速)한 판결절차/사실인정절차.

Erklärender *m.* 1. (*i.S. desjenigen, der eine Willenserklärung abgibt*) 표의자 表意者; 2. (*allg.*) 표시자 表示者.

Erklärung *f.* 1. (*i.S.v. Äußerung*) 표시 表示, 진술 陳述; 2. (*i.S.v. Erläuterung*) 설명 說明; bedingte ~ 조건부(條件附) 표시; befristete ~ 기한부(期限附) 표시; einseitige ~ 일방적(一方的) 표시; mündliche ~ 구두(口頭) 진술; rechtserhebliche ~ 법적(法的) 의미(意味)가 있는 표시; rechtsgestaltende ~ 법형성적(法形成的) 표시; schriftliche ~ 서면(書面)에 의한 진술; unbedingte ~ 무조건(無條件)의 표시; unbefristete ~ 무기한(無期限)의 표시; vergleichsähnliche ~ 화해유사적(和解類似的) 진술.

Erklärungs:akt *m.* 표시행위 表示行爲; **~bewusstsein** *n.* 표시인식 表示認識; **~bote** *m.* 표시사자 表示使者; **~irrtum** *m.* 표시상의 착오 表示上의 錯誤; **~pflicht** *f.* 설명의무 說明義務; **~theorie** *f.* 표시설 表示說; **~wille** *m.* 표시의사 表示意思.

Erkrankung *f.* 질병 疾病.

Erlangung *f.* 취득 取得; ~ eines Vorteils 이익(利益)의 취득.

Erlass *m.* 1. (*einer Norm*) 발령 發令; 2. (*eines Einzelakts mit Ausnahme von Urteilen*) 발급 發給, 발부 發付; 3. (*eines Urteils*) 3. 판결의 선고 判決의 宣告; 4. (*i.S.v. Verwaltungsvorschrift*) 행정규칙 行政規則, 훈령 訓令; 5. (*allg. i.S.v. Befreiung, Entlastung bzw. i.S.v. § 397 BGB*) 면제 免除; 6. (*i.S.v. etwas aufstellen*) 발행 發行, 발급 發給; ~ des Haftbefehls 구속영장(拘束令狀)의 발급; ~ des japanischen Kaisers (Tenno) (nach der Meiji-Verfassung) 칙령 勅令; ~ der Schuld 채무(債務)면제; ~ der Strafe 형벌면제 刑罰免除; ~ einer Rechtsverordnung 법령의 발행 法令의 發行; ~ eines Haftbefehls 구속영장(拘束令狀)의 발부.

Erlassvertrag *m.* 면제계약 免除契約.

Erlaubnis *f.* 허가 許可, 허용 許容; ~ mit Anzeigevorbehalt 고지유보부(告知留保附) 허용; dingliche ~ 물적(物的) 허가; persönliche ~ 인적(人的) 허가; **~schreiben** *n.* 허가장 許可狀; **~tatbestandsirrtum** *m.* 허용구성요건의 착오 許容構成要件의 錯誤; **~verweigerung** *f.* 허용거부 許容拒否; ~ **vorbehalt** *m.* 유보부 허용 留保附 許

容, 허용유보 許容留保.

Erläuterung *f.* 설명 說明.

Erlebensfallversicherung *f.* 생존보험 生存保險.

Erledigung *f.* 소멸 消滅, 종결 終結, 종료 終了; ~ der Hauptsache 본안(本案)종료; ~ des Verwaltungsaktes 행정행위(行政行爲)의 종료.

Erledigungs:erklärung *f.* 본안종료합의선언 本案終了合意宣言; beidseitige ~ 쌍방적(雙方的) 본안종료합의선언; einseitige ~ 일방적(一方的) 본안종료합의선언; übereinstimmende ~ 양당사자(兩當事者) 본안종료합의선언; **~grund** *m.* 종료사유 終了事由.

Erleichterung *f.* 편의 便宜.

Erlös *m.* 매득금 買得金, 환가금 換價金, 매각대금 賣却代金.

Erlöschen *n.* 소멸 消滅; ~ der Forderung 채권(債權)의 소멸; ~ der Gesellschaft 회사(會社)의 소멸; ~ der Hypothek 저당권(抵當權)의 소멸; ~ der Vertretungsmacht 대리권(代理權)의 소멸; ~ der Schuld 채무(債務)의 소멸; ~ des Anspruchs 청구권(請求權)소멸; ~ des Schuldverhältnisses 채무관계(債務關係)의 소멸; ~ eines Rechts 권리(權利)의 소멸.

Erlöschengrund *m.* 소멸원인 消滅原因.

ermächtigen *v.* (*jmd.*) (누구에게) 권한(權限)을 부여(附與)하다.

Ermächtigung *f.* 권한수여 權限授與, 권한부여 權限附與, 수권 授權, 권한위임 權限委任; ausdrückliche ~ 명시적(明示的) 권한수혀; gesetzliche ~ 법률상(法律上)의 권한부여, 법률(法律)의 수권; rechtsgeschäftliche ~ 법률행위상(法律行爲上)의 권한부여.

Ermächtigungs:gesetz *n.* 수권법 授權法; **~grundlage** *f.* 수권근거 授權根據, 수권조항 授權條項; gesetzliche ~ 법정(法定) 수권근거; spezielle ~ 특별(特別) 수권근거; **~schreiben** *n.* 수권서 授權書; **~theorie** *f.* 수권주의(설) 授權主義(說); **~treuhand** *f.* 권한부여의 신탁 權限附與의 信託.

Ermahnung *f.* 경고 警告.

Ermessen *n.* 재량(권) 裁量(權); billiges ~ 형평적(衡平的) 재량, 공평(公平)한 재량; fehlerfreies ~ 무하자(無瑕疵)재량; freies ~ 자유(自由)재량; gebundenes ~ 구속부(拘束附) 재량; gerichtliches ~ 재판상(裁判上) 재량; pflichtgemäßes ~ 법적 의무에 합치한 재량 法的 義務에 合致한 裁量, 의무적(義務的) 재량; richterliches ~ 법관(法官)의 재량; umfassendes ~ 완전(完全)재량.

Ermessens:akt *m.* 재량행위 裁量行爲; **~ausfall** *m.* 재량부재 裁量不在;

~**ausübung** *f.* 재량행사 裁量行使; **fehlerfreie** ~ 무하자(無瑕疵)재량행사; ~**ausweisung** (Ermessens-Ausweisung) *f.* 재량추방 裁量追放; ~**bereich** *m.* 재량범위 裁量範圍; ~**entscheidung** *f.* 재량결정 裁量決定; ~**erwägung** *f.* 재량고려 裁量考慮; ~**fehler** *m.* 재량하자 裁量瑕疵; ~**fehleinschätzung** *f.* 재량오관 裁量誤判; ~**fehlgebrauch** *m.* 재량권(裁量權)의 잘못 수행(遂行); ~**freiheit** *f.* 재량자유 裁量自由; ~**gebrauch** *n.* → Ermessensausübung; ~**grundsatz** *m.* 재량원칙 裁量原則; ~**missbrauch** *m.* 재량권남용 裁量權濫用; ~**nichtausübung** *f.* → Ermessensnichtgebrauch; ~**nichtgebrauch** *m.* 재량권불행사 裁量權不行使; ~**reduzierung** *f.* 재량권의 수축 裁量權의 收縮; ~ auf Null 재량권의 영으로 수축; ~**richtlinie** *f.* 재량준칙 裁量準則; ~**schrumpfung** *f.* 재량수축 裁量收縮; ~**schwund** *m.* 재량소멸 裁量消滅; ~**spielraum** *m.* 재량여지 裁量餘地; ~**überschreitung** *f.* 재량권일탈 裁量權逸脫; ~**unterschreitung** *f.* 재량권의 과소수행 裁量權의 過少遂行; ~**vorschrift** *f.* 재량규정 裁量規定.

Ermittler *m. (i.S.v. Ermittlungsbeamter)* 수사관 搜査官; verdeckter ~ 신분(身分)을 위장(僞裝)하는 수사관.

Ermittlung *f.* 1. *(allg.)* 조사 調査, 탐지 探知; 2. *(von Polizei und Staatsanwaltschaft)* 수사 搜査; 3. *(von Amts wegen)* 직권탐지 職權探知; verdeckte ~ 신분위장수사 身分僞裝搜査.

Ermittlungs:akte *f.* 조사기록 調査記錄; ~**beamter** *m.* 수사관 搜査官; ~**behörde** *f.* 수사기관 搜査機關; ~**einrichtung** *f.* 수사설비 搜査設備; ~**ergebnis** *n.* 조사의 결과 調査의 結果; ~**grundsatz** *m.* 직권탐지주의 職權探知主義; ~**organ** *n.* 조사기관 調査機關; ~**person** *f.* 수사보좌관 搜査補佐官; ~**tätigkeit** *f.* 수사활동 搜査活動, 수사행위 搜査行爲; ~**richter** *m.* 수사법관 搜査法官; ~**technik** *f.* 수사기술 搜査技術; ~**verfahren** *n.* 수사절차 搜査節次; ~**ziel** *n.* 수사목적 搜思目的.

ermorden *v. jmd.* 누구를 모살(謀殺)하다.

ermordet werden *v. pass.* 모살(謀殺)되다.

Ermordung *f.* 모살(謀殺)됨, 모살함.

ernannt werden *v. pass.* 위임(委任)되다, 임명(任命)되다, 선임(先任)되다.

ernennen *v.* 위임(委任)하다, 임명(任命)하다, 선임(先任)하다.

Ernennung *f.* 1. *(allg.)* 위임 委任, 임명 任命, 선임 先任; 2. *(im Beamtenrecht)* 임명 任命; ~ des Beamten 공무원(公務員) 의 임명; ~ des Testamentsvollstreckers (durch den Erblasser oder einen Dritten) 유언집행자의 지정 遺言執行者의 指

定 (§ 1093 bzw. § 1094 KBGB); ~ des Testamentsvollstreckers (durch das Nachlassgericht) 유언집행자의 선임 遺言執行者의 先任 (§ 1096 KBGB).

Ernennungs:akt m. (im Beamtenrecht) 임명행위 任命行爲; **~beschluss** m. 위임결정 委任決定; **~recht** n. 위임권 委任權; **~urkunde** f. 임명증명서 任命證明書; **~verfahren** n. 위임절차 委任節次; **~voraussetzung(en)** f. (pl.) 임명의 요건 任命의 要件.

erneuern v. 갱신(更新)하다; einen Vertrag ~ 계약(契約)을 갱신하다.

Erneuerung f. 갱신 更新.

Erneuerungsvertrag m. 갱신계약 更新契約.

Eröffnung f. (allg.) 개시 開始; ~ des Insolvenzverfahrens 파산절차(破産節次)의 개시; ~ des (Gerichts-)Verfahrens 소송(訴訟)개시, 재판(裁判)개시; ~ des Hauptverfahrens 공판절차(公判節次)의 개시; ~ des Verkehrs 유통개시 流通開始.

Eröffnungs:antrag m. 개시신청 開始申請; **~beschluss** m. 개시결정 開始決定; **~bilanz** f. 영업개시대차대조표 營業開始貸借對照表; **~kontrolle** f. 개시통제 開始統制; **~verfahren** n. 공판개시절차 公判開始節次.

Erpresser m. 공갈자 恐喝者.

Erpresserischer Menschenraub m. 인질강요 人質强要 (§ 324 a KStBG).

Erpresster m. 피공갈자 被恐喝者.

Erpressung f. 공갈(죄) 恐喝(罪) (§ 350 Abs. 1 KStGB); räuberische ~ 강도적(强盜的) 공갈. // Das KStGB unterscheidet nicht zwischen Erpressung und räuberischer Erpressung. Vielmehr umfasst der Tatbestand der Erpressung in § 350 Abs. 1 KStGB auch solche Nötigungsmittel, die denen des Raubes entsprechen, d.h. Gewaltanwendung und Drohung mit gegenwärtiger Gefahr für Leib und Leben. Die Abgrenzung zwischen Raub und (räuberischer) Erpressung wird somit innerhalb des § 350 KStGB vorgenommen. Maßgeblich ist die Vorstellung des Opfers (외포심의 정도 = Grad des Zwangsgefühls), den Gewahrsam unabhängig von seinem Verhalten zu verlieren (dann Raub) oder mit einem Rest an Freiwilligkeit gehandelt zu haben (dann Erpressung). Die wörtliche Übersetzung der „Räuberischen Erpressung" lautet „강도상 공갈죄". Strafmaß des § 350 Abs. 1 KStGB ist Zuchthaus bis zu 10 Jahren oder Geldstrafe bis zu 20 Mio KRW. § 350 Abs. 2 KStGB regelt den Fall der mittelbaren Erpressung, d.h. wenn der Täter sich mit den Mitteln des Abs. 1 für die Herbeiführung der Vermögensverfügung eines Dritten bedient. Das Strafmaß entspricht dem des Abs. 1.

Erregungszustand *m.* 흥분상태 興奮狀態.

Errichtung *f.* (*einer Gesellschaft*) (회사의) 창립 (會社의) 創立, 설립 設立.

error (*lat.*) 착오 錯誤; ~ **in objecto** 객체(客體)의 착오, 대상물(對象物)에 대한 착오; ~ **in persona** 사람에 대한 착오(錯誤).

Ersatz *m.* 1. (*allg.*) 대상 代償; 2. (*eines Schadens*) 배상 賠償; 3. (*i.S.v. Entschädigung*) 보상 補償; ~ von Aufwendungen 비용(費用)의 배상.

Ersatz:anspruch *n.* 대상청구권 代償請求權; ~**aussonderungsrecht** *n.* 대상적 환취권 代償的 還取權; ~**bescheid** *m.* 재처분 再處分; ~**fähigkeit** *f.* 배상가능성 賠償可能性; ~ des Schadens 손해(損害)배상가능성; ~**freiheitsstrafe** *f.* 대체자유형 代替自由刑. 부과된 벌금의 납입이 불가능한 경우에 자유형으로 대체할 수 있는데(독일형법 제43조 참조) 이를 대체자유형이라 함. // ~**kasse** *f.* 보충조합 補充組合; ~**leistung** *f.* 손해배상 損害賠償; ~**leistungsanspruch** *m.* 손해배상청구권 損害賠償請求權; ~**lieferung** *f.* 대체공급 代替供給; ~**lösung** *f.* 대체적 해결 代替的 解決; ~**mutter** *f.* 대리모 代理母; ~**organisation** *f.* 대체조직 代替組織; ~**pflicht** *f.* 1. (*i.S.v. Schadensersatzpflicht*) (손해)배상책임 (損害)賠償責任; 2. (*i.S.v. Entschädigungspflicht*) 보상의무 補償義務; ~**pflichtiger** *m.* 배상의무자 賠償義務資, 보상의무자 補償義務者 (vgl. → Ersatzpflicht); ~**umfang** *m.* 배상범위 賠償範位; ~**vornahme** *f.* 대체실행 代替實行, 대리집행 代理執行, 대리실행 代理實行, 대집행 代執行; ~**zuständigkeit** *f.* 대체권한 代替權限; ~**zustellung** *f.* 보충송달 補充送達; ~ durch Niederlegung 유치송달 遺置送達, 유치를 통한 송달; ~**zwangshaft** *f.* 대체(代替)하는 강제구금(强制拘禁).

Erscheinen *n.* 출석 出席.

Erscheinungspflicht *f.* 출석의무 出席義務.

Erschleichen *n.* 사취 詐取; ~ von Leistungen (als Delikt) 급부사취(죄) 給付詐取(罪).

Erschwerniszulage *f.* 중노동급부에 대한 특별수당 重勞動給付에 대한 特別手當.

Ersetzungsbefugnis *f.* 대체권능 代替權能.

Ersitzung *f.* (동산소유권의) 취득시효 (動産所有取得權의) 取得時效, vgl. § 246 KBGB für bewegliche Sachen. Für unbewegliche Sachen: → Buchersitzung.

Erst-Recht-Schluss *m.* 당연해석 當然解釋, 하물며해석, 물론해석 勿論解釋.

Erstattung *f.* 환급 還給, 반환 返還, 상환 償還.

Erstattungsanspruch *m.* 부당이득반환청구권 不當利得返還請求權, 반환청구권 返還請求權; öffentlich – rechtlicher ~ 공법상(公法上)의 부당이득반환청구권.

erstinstanzlich *adj.* 제1심(第一審)의 심급(審級).

Erstprämie *f.* 최초보험료 最初保險料.

Erstrisikoversicherung *f.* 제1차위험보험 第一次危險保險.

Erstversicherer *m.* 원보험자 原保險者.

Ersuchen *n.* 촉탁 囑託, 수탁 受託.

Ertrag *m.* 수익 收益; betrieblicher ~ (*engl.* operating revenue) 영업(營業)수익.

Ertragshoheit *f.* 조세수익권 租稅收益權.

Erwachsener *m.* 성년자 成年者.

Erweislichkeit *f.* 증명가능성 證明可能性.

Erweiterung *f.* 확대 擴大.

Erwerb *m.* 1. (*insbes. i.S.v. Erhalt des Eigentums*) 취득 取得, 획득 獲得; 2. (*insbes. i.S.v. Erhalt der Inhaberschaft an Rechten*) 양수 讓受; 3. (*i.S.v. Einkommen*) 소득 所得; ~ der Staatsangehörigkeit 국적(國籍)의 취득; ~ vom Berechtigten 권리자(權利者)로부터의 취득; ~ vom Nichtberechtigten 무권리자(無權利者)로부터의 취득; gutgläubiger ~ 선의(善意)취득; originärer ~ 원시(原始)취득.

Erwerber *m.* 1. (*von Sachen*) 취득인 取得人, 취득자 取得者; 2. (*von Rechten*) 양수인 讓受人; bösgläubiger ~ 악의(惡意)취득인; gutgläubiger ~ 선의(善意)취득; redlicher ~ 성실(誠實)한 취득인.

Erwerbs:ermächtigung *f.* 취득권한의 수여 取得權限의 授與, 취득권한부여 取得權附與; **~fähigkeit** *f.* 소득능력 所得能力; verminderte ~ 감소(減少)된 소득능력; **~genossenschaft** *f.* 영리조합 營利組合; **~minderung** *f.* 소득(능력)감소 所得(能力)減少; teilweise ~ 부분적(部分的) 소득능력감소; volle ~ 전면적(全面的) 소득능력감소; **~minderungsrente** *f.* 소득능력감소연금 所得能力減少年金; **~recht** *n.* 취득권 取得權; dingliches ~ 물권적(物權的) 취득권, 물권(物權)취득권; **~schaden** *m.* 소득손해 所得損害; **~schutz** *m.* 취득보호 取得保護; **~steuer** *f.* 취득세 取得稅; **~tätigkeit** *f.* 영리행위 營利行爲, 영리활동 營利活動; private ~ 사적(私的) 영리행위; **~unfähigkeit** *f.* 소득활동불능상태 所得活動不能狀態, 생계무능력 生計無能力.

erwerbswirtschaftlich *adj.* 영리적 營利的.

Erwirkung *f.* 취득효 取得效.

Erwirkungshandlung *f.* 취효적 소송행위 取效的 訴訟行爲.

Erzeugnis *n.* 산출물 產出物; ~ eines Grundstücks 토지(土地)의 산출물; landwirtschaftliches ~ 농업(農業)산출물.

Erziehungs:aufgabe *f.* 교육임무 敎育任務; **~beistand** *f.* (als Person) 보호후견(인) 保護後見(人), 교육보조(인) 敎育補助(人); **~geld** *n.* 육아보조금 育兒補助金, 교육지원금 敎育支援金; **~urlaub** *m.* 육아휴가 育兒休暇; **~maßnahme** *f.* 교육조치 敎育措置; **~maßregel** *f.* 보호처분 保護處分, 교육처분 敎育處分; **~pflicht** *f.* 교육의무 敎育義務; **~register** *n.* 교육기록부 敎育記錄簿.

Erzwingungshaft *f.* 이행강제구금 履行强制拘禁.

essentialia negotii (*lat.*) 법률행위의 본질적 내용 法律行爲의 本質的 內容.

Etat *m.* 예산 豫算; **~genehmigung** *f.* 예산승인 豫算承認.

Ethik *f.* 윤리 倫理; **~kommission** *f.* 윤리의원회 倫理議員會.

EU-Grundrechtsbeschwerde *f.* 유럽기본권소원(基本權所願).

Euratom → Abkürzungsverzeichnis.

Europaparlament *n.* 유럽의회(議會).

Europarat *m.* 유럽이사회(理事會).

Europäische ~ ~ Atomgemeinschaft *f.* (*Abk.* Euratom) 유럽원자력공동체(原子力共同體); **~ Gemeinschaft(en)** *f.* (*Abk.* EG) 유럽공동체(共同體); **~ Gemeinschaft für Kohle und Stahl** *f.* (*Abk.* EGKS) 유럽석탄철강공동체(石炭鐵鋼共同體); **~ Kommission** *f.* 유럽집행위원회(執行委員會); **~ Menschenrechtskonvention** *f.* 유럽인권선언(人權宣言); **~ Politische Zusammenarbeit** *f.* (*Abk.* EPZ) 유럽정치협력(政治協力); **~ Union** *f.* (*Abk.* EU) 유럽연합(聯合); **~ Wirtschaftsgemeinschaft** *f.* (*Abk.* EWG) 유럽경제공동체(經濟共同體); **~ Zentralbank** *f.* (*Abk.* EZB) 유럽중앙은행(中央銀行).

Europäischer ~ ~ Gerichtshof *m.* (*Abk.* EuGH) 유럽연합대법원(聯合大法院), 유럽재판소(裁判所); **~ Gerichtshof für Menschenrechte** *m.* (*Abk.* EGMR) (*engl.* European Court of Human Rights) 유럽인권재판소(人權裁判所); **~ Rat** *m.* (*Abk.* ER) (*engl.* European Council) 유럽이사회(理事會).

Europäisches ~ ~ Auslieferungsabkommen *n.* 유럽범죄인인도협정(犯罪人引渡協定); **~ Parlament** *n.* 유럽의회(議會); **~ Patent** *n.* 유럽특허(特許); **~ Patentamt** *n.* 유럽특허청(特許廳); **~ System der Zentralbanken** *n.* (*Abk.* ESZB) 유럽중앙은행제도(中央銀行制度).

Europa:kammer *f.* 유럽심의회(審議會); **~recht** *n.* 유럽법(法).

Eventual:antrag *m.* 예비적 청구 豫備的 請求; **~aufrechnung** *f.* 예비적 상계 豫備的 相計; **~maxime** *f.* 동시제출주의 同時提出主義; **~verbindlichkeit** *f.* (*engl.* contingent liability) 우발채무 偶發債務; **~vorsatz** *m.* 미필적 고의 未必的 故意; **~widerklage** *f.* 예비적 반소 豫備的 反訴.

Evidenz *f.* 명백성 明白性; **~kontrolle** *f.* 명백성통제 明白性統制.

Eviktion *f.* 추탈담보 追奪擔保.

Eviktionshaftung *f.* 추탈담보책임 追奪擔保責任. // Das koreanische Recht hält in §§ 570 – 579 KBGB an der im deutschen Recht im Jahr 2001 abgeschafften Eviktionshaftung im Rechtskauf fest.

Evokationsrecht *n.* 사건이송요구권 事件移送要求權.

Ewigkeitsgarantie *f.* → Ewigkeitsklausel.

Ewigkeitsklausel *f.* 영속조항 永續條項, vgl. → Verfassungsänderung. // 독일 기본법 제79조 제3항에 의하여 특정한 헌법규정과 내용을 개정하는 것은 허용되지 않기 때문에 „영속조항"으로 명명된다. Ewigkeitsgarantie (영속보장)라고도 한다.

ex nunc (Wirkung) 미래효 未來效, 추급효 追及效, 현재효 現在效, 현재(現在)로부터 효과(效果).

Ex-Tag *m.* (주주총회당일 후에 있는) 이익배당금액(利益配當金額)이 정해지는 날, 이익배당금액결정당일 利益配當額決定當日.

ex tunc (Wirkung) 소급효 遡及效.

Exekutive *f.* 행정권 行政權, 행정부 行政部.

Exequatur *f.* (영사)인가장 (領事)認可狀.

Existenzminimum *n.* 최저생활 最低生活; materielles ~ 물질적(物質的) 최저생활; ökologisches ~ 환경적(環境的) 최저생활.

Existenz:gründer *m.* 생계창업준비자 生計創業準備者, 창업자 創業者; **~gründervertrag** *m.* 창업자계약 創業者契約; **~recht** *n.* 생존권 生存權.

Exkulpation *f.* 면책 免責.

Exkulpationsbeweis *m.* 면책입증 免責立證.

Explosionsdelikt *n.* 폭발물파열죄 爆發物破裂罪 (§ 172 KStGB).

Export *m.* 수출 輸出; **~kommission** *f.* 수출위탁 輸出委託; **~versicherung** *f.* 수출보험 輸出保險; **~versicherungsgesellschaft** *f.* 수출보험회사 輸出保險會社.

Exterritorialität *f.* 치외 治外.

Exzess *m.* 과잉 過剩; **~tat** *f.* 과잉범행 過剩犯行; **~täter** *m.* 과잉범인 過剩犯人.

F, f

Fabrikations:fehler *m.* 제조상의 결함 製造上의 缺陷, vgl. → Produkthaftung; **~stätte** *f.* 공장 工場.

Fach:amt *n.* 전문관청 專門官廳; **~anwalt** *m.* 전문변호사 專門辯護士; **~anwaltsordnung** *f.* (*Abk.* FAO) → Gesetzesregister; **~aufsicht** *f.* 행정감독 行政監督, 합목적성의 통제 合目的性의 統制, 직무감독 職務監督; (*wörtl.*) 전문감독 專門監督, 전무적 감독; **~ausdruck** *m.* 전문용어 專門用語; juristischer ~ 법률(法律)전문용어; **~behörde** *f.* 전문행정기관 專門行政機關; **~gericht** *n.* 전문법원 專門法院; **~gerichtsbarkeit** *f.* 전문법원재판권 專門法院裁判權, 전문재판권 專門裁判權; **~gewerkschaft** *f.* 직종별 노동조합 職種別 勞種動組合; **~hochschule** *f.* 전문대학 專門大學; **~planung** *f.* 부문계획 部門計劃; **~recht** *n.* 전문법 專門法; **~richter** *m.* 전문법관 專門法官; **~sprache** *f.* 전문용어 專門用語; juristische ~ 법률(法律)전문용어; **~zeitschrift** *f.* 전문학술지 專門學術誌; juristische ~ 법률(法律)전문학술지.

Factor *m.* 팩토링을 영위하는 금융기관(金融機關), 팩토링을 업(業)으로 하는 자(者).

Factoring *n.* 팩토링 (채권양도에 관한 거래, 채권매수업); echtes ~ 진정(眞正)한 팩토링; offenes (offengelegtes) ~ 명시적(明示的) 팩토링; unechtes ~ 부진정(不眞正)한 팩토링; verdecktes ~ 숨겨진 팩토링.

Factoringvertrag *m.* 팩토링계약(契約).

Fahndung *f.* 수사 搜查.

Fahren ohne Fahrerlaubnis (als Delikt) 무면허운전(죄) 無免許運轉(罪).

Fahrer *m.* 운전자 運轉者.

Fahrerflucht *f.* 1. (*wörtl.*) 운전자의 도주 運轉者의 逃走; 2. (*umgangssprachl.*) 뺑소니; vgl. → Unerlaubtes Entfernen vom Unfallort.

Fahrerlaubnis *f.* 운전면허 運轉免許; Entzug der ~ 운전면허의 취소(取消); ~ auf Probe 수습상(修習上) 운전면허.

Fahrlässigkeit *n.* 과실 過失; bewusste ~ 인식(認識)있는 과실; leichte ~ 경(經)과실; leichteste ~ 최경과실 最經過失; mittlere ~ 중간(中間)과실; objektive ~ 객관적(客觀的) 과실; schwere (grobe) ~ 중(重)과실; schwerste (gröbste) ~ 최중(最重)과실; unbewusste ~ 인식(認識) 없는 과실.

Fahrlässigkeits:delikt *n.* 과실범 過失犯; **~schuld** *f.* 과실책임 過失責任.

Fahrnispfandrecht *n.* 동산담보권 動産擔保權.

Fahrverbot *n.* 운전금지 運轉禁止.

Fahrzeug:halter *m.* 자동차보유자 自動車保有者; **~register** *n.* 차량등록부 車輛登錄簿.

fakultativ *adj.* 임의적 任意的.

Fall *m.* 사건 事件.

Fall:recht *n.* (*engl.* case law) 판례법 判例法; **~studie** *f.* 사건조사 事件調查.

fällig *adj.* 변제기(辨濟期)에 있을 것; **~e** Schuld 채무가 변제기에 있을 것, 변제기채무.

Fälligkeit *f.* 변제기 辨濟期, 이행기 履行期, 지급기한 支給期限, 지급시기 支給時期; **~ der Forderung** 채권(債權)의 변제기.

falsa demonstratio (*lat.*) 잘못된 표시(表示).

falsa demonstration non nocet (*lat.*) 잘못된 표시는 해(害)가 되지 않는다.

Falsch:aussage *f.* (als Delikt) 허위진술(죄) 虛僞陳述(罪); **~beurkundung** *f.* 허위문서작성 虛僞文書作成; **~beurkundung im Amt** *f.* → 허위공문서작성죄 虛僞公文書作成罪 (§ 227 KStGB); **~bezeichnung** *f.* → falsa demonstratio; **~lieferung** *f.* 다른 종류물의 급부(種類物의 給付).

Fälscher *m.* 위조자 僞造者.

Fälschung *f.* 위조 僞造; **~ beweiserheblicher Daten** (als Delikt) 증명에 중요(證明에 重要)한 데이터위조(죄); **~ von Urkunden** 문서위조 文書僞造; **~ von Wahlunterlagen** (als Delikt) 선거자료위조(죄) 選擧資料僞造(罪).

Falsifikation *f.* 개찬 改竄, 반증 反證.

falsus procurator (*lat.*) 무권대리인 無權代理人.

Familie *f.* 가족 家族, 가정 家庭, als Suffix: ~가(家).

Familien:angehöriger *m.* 가족구성원 家族構成員; **~angelegenheit** *f.* 가사사건 家事事件; internationale ~ 국제(國際)가사사건; **~beihilfe** *f.* 가족보조금 家族補助金; **~betrieb** *m.* → Familienunternehmen; **~buch** *n.* 가족부 家族簿; **~diebstahl** *m.* vgl. → Haus- und Familiendiebstahl; **~gesellschaft** *f.* 가족회사 家族會社; vermögensverwaltende ~ 재산관리(財産管理)하는 가족회사; **~kasse** *f.* 가족기금 家族基金; **~lasten** *f. pl.* 가족부양 家族扶養; **~mitglied** *n.* 가족구성원 家族構成員; **~name** *m.* 성 性; **~oberhaupt** *n.* 호주 戶主; **~recht** *n.* 가족법 家族法; internationales ~ 국제(國際)가족법; **~register** *n.* 호적(부) 戶籍(簿);

~registerauszug *m.* 호적부의 초본 戶籍簿의 抄本; **~richter** *m.* 가사사건의 법관 家事事件의 法官; **~sachen** *n. pl.* 가사사건 家事事件.

Familienstand *m.* 혼인여부 婚姻與否, 혼인관계 婚姻關係, 가족관계 家族關係, 결혼여부 結婚與否. 미혼, 기혼, 이혼, 사별 등 혼인관계. // In Korea werden die folgenden Familienstände unterschieden: ledig (미혼), verheiratet (기혼), geschieden (이혼). Teilweise können auch die folgenden Familienstände angegeben werden: wiederverheiratet (재혼), verwitwet (사별), getrennt lebend (별거), zusammen lebend (동거). // 독일에서는 다음과 같은 혼인관계가 구별된다: 미혼 (ledig), 기혼 (verheiratet), 별거 (getrennt lebend), 이혼 (geschieden), 사별 (verwitwet), 동성혼인 (verpartnert), 동성혼인관계폐지 (entpartnert), 동성혼인관계의 유족 (partnerhinterblieben), 미지 (Familienstand unbekannt).

Familien:unterhalt *m.* 가족부양 家族扶養; **~unternehmen** *n.* 동족경영 同族經營; **~verbund** *m.* 가족단체 家族團體; **~verhältnisse** *n. pl.* 가족상황 家族狀況; **~versicherung** *f.* 가족보험 家族保險; **~zuschlag** *m.* (공무원급여법상) 가족수당 家族手當.

Faust:pfand(recht) *n.* 동산질 動產質; **~recht** *n.* 사력권 私力權.

Fehderecht *n.* 복수법 復讐法.

Fehl:entscheidung *f.* 잘못된 결정(決定); **~urteil** *n.* 오판 誤判.

Fehler *m.* 결함 缺陷; **~begriff** *m.* 결함개념 缺陷概念; objektiver ~ 객관적(客觀的) 결함개념; subjektiver ~ 주관적(主觀的) 결함개념; **~identität** *f.* 결함의 동일성 缺陷의 同一性; **~kalkül** *n.* 결함계측 缺陷計測.

Fehlgehen der Tat (범죄)행위의 잘못된 진행 (犯罪)行爲의 잘못된 進行; → aberratio ictus.

fehlgeschlagen *adj.* 실패(失敗)한.

Fehl:interpretation *f.* 잘못된 해석(解釋), 오해 誤解; **~verhalten** *n.* 잘못된 행동(行動).

Feiertagsarbeit *f.* 휴일근로 休日勤勞. // Feiertagsarbeit ist gem. § 56 ArbStandardG mit einem Zuschlag von mindestens 50 % zu vergüten.

Ferieneigentum *n.* 휴가소유 休暇財產.

Fernabsatz:geschäft *n.* 통신판매 通信販賣; **~vertrag** *m.* 통신판매계약 通信販賣契約.

Fernmelde:geheimnis *n.* 전신의 비밀 電信의 秘密.

Fertigstellungsbescheinigung *f.* 완성증명서 完成證明書.

Festgeld *n.* (time deposit) 정기예금 定期預金.

Festgenommener *m.* 피체포자 被逮捕者.
Festhalten *n.* 체포 逮捕.
Festhaltung *f.* 구류 拘留.
Festnahme *f.* 체포 逮捕; ~ auf frischer Tat 현행범인체포 現行犯人逮捕; polizeiliche ~ 경찰(警察)에 의한 체포; vorläufige ~ 긴급(緊急)체포 (§ 200 b KStPO), 무영장(無令狀)체포; (*wörtl.*) 가(假)체포.
Festnahme:berechtigter *m.* 체포권자 逮捕權者; **~grund** *m.* 체포이유 逮捕理由; **~recht** *n.* 체포권 逮捕權.
Festschrift *f.* 기념논집 記念論集.
Festsetzung *f.* (*i.S.v. Bestimmung*) 확정 確定.
Feststellung *f.* 확정(행위) 確定(行爲), 확인(행위) 確認(行爲); deklaratorische ~ 선언적(宣言的) 확인.
Feststellungs:anordnung *f.* 확인처분 確認處分; einstweilige ~ 확인가처분 確認假處分; **~beschwerde** *f.* 1. (*wörtl.*) 확인항고 確認抗告; 2. (*i.S.v. Feststellungsklage, z.B. im Kartellrecht*) 확인소송 確認訴訟; **~interesse** *n.* 확인의 이익 確認의 利益, 확인이익; qualifiziertes ~ 특별(特別)한 확인의 이익; **~klage** *f.* 확인소송 確認訴訟, 확인의 소; nachträgliche ~ 사후적(事後的) 확인소송; negative ~ 소극적(消極的) 확인소송; **~last** *f.* 확인부담 確認負擔; **~urteil** *n.* 확인판결 確認判決; **~wirkung** *f.* 확인적 효력 確認的 效力.
Feuerversicherung *f.* 화재보험 火災保險.
Fiduziant *m.* 신탁자 信託者.
Fiduziar *m.* 수탁자 受託者.
fiduziarisches Geschäft 신탁행위 信託行爲.
Fiktion *f.* 의제 疑制, 간주 看做; gesetzliche ~ 법률상(法律上) 의제; juristische ~ 법적(法的) 의제; ~ der Volljährigkeit 성년(成年)의제, z.B. gem. § 826 a KBGB (Eheschließung des Minderjährigen), vgl. → Volljährigkeit.
Fiktionswirkung *f.* 간주효 看做效.
Filialprokura *f.* 지점지배권 支店支配權. 지점에서만 영업하게 하는 지배권.
final-rechtlich *adj.* 목적법적 目的法的.
Finanz:amt *n.* 세무서 稅務署; **~aufkommen** *n.* 재정수입 財政收入; **~ausgleich** *m.* 재정균형 財政均衡, 재정조정 財政調整; kommunaler ~ 기초자치단체(基礎自治團體)의 재정균형; **~ausgleichsgesetz** *n.* → Gesetzesregister; **~behörde**

f. 재정관청 財政官廳; ~**dienstleistung** *f.* 금융(金融)서비스; ~**gericht** *n.* 재정법원 財政法院; ~**gerichtsbarkeit** *f.* 재정관할 財政管轄, 재정재판권 財政裁判權; ~**gerichtsordnung** *f.* 조세법원법 租稅法院法; ~**hilfe** *f.* 재정지원 財政支援; ~**holding – Gesellschaft** *f.* 금융지주회사 金融持株會社.

Finanzierung *f.* 1. (*allg.*) 융자 融資, 금융 金融; 2. (*institutionell, i.S.v. Bereitstellung*) 자금조달 資金調達; 3. (*als Handlung*) 자금제공 資金提供; dualistische ~ 이원적(二元的) 금융.

Finanzierungs:hilfe *f.* 신용지원 信用支援, 금융조달원조 金融調達援助; ~**leasing** *n.* 금융(金融)리스; ~**methode** *f.* 금융방법 金融方法; ~**plan** *m.* 금융계획 金融計劃; ~**vertrag** *m.* 금융리스계약 金融리스契約; ~**wechsel** *m.* 융통(融通)어음.

Finanz:hoheit *f.* 재정고권 財政高權; ~**institut** *n.* 금융기관 金融機關; ~**instrument** *n.* 금융상품 金融商品; ~**kraft** *f.* 재정력 財政力; regionale ~ 지방(地方)재정력; ~**markt** *m.* 금융시장 金融市場; ~**minister** *m.* 재정부장관 財政部長官; ~**ministerium** *n.* 재정부 財政部; ~**monopol** *n.* 전매권 專賣權, 재정독점 財政獨占; ~**planung** *f.* 재정계획 財政計劃; ~**produkt** *n.* 금융제품 金融製品; ~**richter** *m.* 재정법원판사 財政法院判事; ~**streitverfahren** *n.* 재정소송 財政訴訟; ~**unternehmen** *n.* 금융사업 金融事業, 금융기업 金融企業; ~**verwaltung** *f.* 재정 財政; ~**wechsel** *m.* 융통(融通)어음.

Findelkind *n.* (*engl.* foundling, abandoned child) 기아 棄兒. // Gem. § 2 Abs. 2 KStAG gelten in Korea aufgefundene Findelkinder als in Korea geboren und somit i.V.m. § 2 Abs. 1 Nr. 3 KStAG als koreanische Staatsangehörige, vgl. → Abstammungsrecht. Ein Beweis des Gegenteils wie er z.B. im deutschen StAG in § 4 Abs. 2 vorgesehen ist, kennt das KStAG nicht.

Finderlohn *m.* 유실물습득자(遺失物習得者)의 보상금(補償金).

Fingerabdruck *m.* 지문 指紋.

Firma *f.* 상호 商號; gemeinschaftliche ~ 공동(共同)상호.

Firmen:ausschließlichkeit *f.* 상호의 배타성 商號의 排他性; ~**beständigkeit** *f.* 상호의 지속성 商號의 持續性; ~**einheit** *f.* (Prinzip der ~) 상호단일(의 원칙) 商號單一(의 原則); ~**eintragung** *f.* 상호의 등기 商號의 登記; ~**fortführung** *f.* 상호의 계속 商號의 繼續; ~**freiheit** *f.* (Prinzip der ~) 상호자유(주의) 商號自由(主義); ~**löschung** *f.* 상호의 소멸 商號의 消滅; ~**öffentlichkeit** *f.* 상호의 공공연성 商號의 公公演性; ~**recht** *n.* 1. (*als subj. Recht*) 상호권 商號權; 2. (*als Rechtsgebiet*) 상호

법 商號法; **~schutz** *m.* 상호보호 商號保護; **~tarifvertrag** *m.* 기업별 협약 企業別 協約; **~verletzung** *f.* 상호침해 商號侵害; **~wahrheit** *f.* (Prinzip der ~) 상호진실(주의) 商號眞實(主義); **~wert** *m.* 상호의 가치 商號의 價値.

Fischereirecht *n.* 어업권 漁業權.

Fischwilderei *f.* (als Delikt) 밀어(죄) 密漁(罪).

fiskalisch *adj.* 국고적 國庫的.

Fiskalisches Handeln *n.* 국고작용 國庫作用.

Fiskal:jahr *n.* 회계연도 會計年度; **~verwaltung** *f.* 국고행정 國庫行政.

Fiskus *m.* 국고 國庫.

Fixgeschäft *n.* 정기채무 定期債務, 정기행위 定期行爲 (§ 545 KBGB, § 68 KHGB); absolutes ~ 절대적(絶對的) 정기행위; relatives ~ 상대적(相對的) 정기행위.

Fixhandelskauf *m.* 확정기상사매매 確定期商事賣買.

Fix:kauf *m.* 정기매매 定基賣買; **~kosten** *f.* 고정비 固定費.

Flächenland *n.* 지역주 地域州. // „도시주" (→ Stadtstaat) 및 독일연방국의 주 중에 시(市)가 아닌 주의 명칭.

Flächennutzungsplan *m.* 평지이용계획 平地利用計劃, 토지이용기본계획 土地利用基本計劃.

Flächenstaat *m.* 평면국가 平面國家. // 국토가 인구와 비교할 때 비례적으로 아주 넓은 국가의 명칭. 대표적인 예는 몽골, 러시아나 카자흐스탄이다.

Flucht ins Privatrecht *f.* 사법(私法)으로의 도피(逃避).

Flucht:anreiz *m.* 도망충동 逃亡衝動; **~gefahr** *f.* 1. (*wörtl.*) 도주의 위험 逃走의 危險; 2. (in Korea verwendete Terminologie) 도피의 염려 逃避의 念慮 („Besorgnis der Flucht"), vgl. z.B. Art. 12 Abs. 3 S. 2 KVerf; z.T auch 도망할 염려 逃亡할 念慮.

Flüchtling *m.* 난민 難民.

Flur:stück *n.* 지적공부상(地籍公簿上) 토지의 최소한 단위; **~karte** *f.* 지적도 地籍圖; **~nummer** *f.* 지적번호 地籍番號.

Flüssige Mittel *n. pl.* (quick asset) 당좌자산 當座資産.

Föderalismus *m.* 연방주의 聯邦主義.

Föderalismusreform *m.* 연방주의 개혁 聯邦主義改革, 연방제도 개혁 聯邦制度 改革.

Föderalstaat *m.* 연방국가 聯邦國家.

Folge:anspruch *m.* 후속청구권 後續請求權; **~klage** *f.* 후속소송 後續訴訟.

Folgen:abwägung *f.* 결과의 형량 結果의 衡量; **~beseitigung** *f.* 결과제거 結果除去.

Folgenbeseitigungsanspruch *m.* (*Abk.* FBA) 결과제거청구권 結果除去請求權; sozialrechtlicher ~ vgl. → Herstellungsanspruch, sozialrechtlicher.

Folgenbeseitigungs:last *f.* 결과제거부담 結果除去負擔; **~pflicht** *f.* 결과제거의무 結果除去義務.

Folgenentschädigungsanspruch *m.* (*Abk.* FEA) 결과보상청구권 結果補償請求權.

Folge:prämie *f.* 계속보험료 繼續保險料; **~recht** *n.* 추급권 追及權; **~sache** *f.* 부대 사건 附帶事件; **~schaden** *m.* 확대손해 擴大損害; **~vertrag** *m.* 후속계약 後續契約.

Folter *f.* 고문 拷問; **~verbot** *n.* 고문금지 拷問禁止.

Forderung *f.* 채권 債權; ~, die in eine Geldforderung übergehen kann 금전(金錢)으로 환산(換算)할 수 있는 채권; abgetretene ~ 양도(讓渡)된 채권; anerkannte ~ 인낙(認諾)된 채권; aufrechenbare ~ 상계(相計) 가능(可能)한 채권; ausstehende ~ 미수(未收)채권; bedingte ~ 조건부(條件附) 채권; bestehende ~ 존재(存在)채권; betagte ~ 기한부(期限附) 채권; einredebehaftete ~ 항변부(抗辯附) 채권; entstandene ~ 성립(成立)된 채권; erloschene ~ 소멸(消滅)된 채권; fällige ~ 변제기(辨濟期)채권; gegenseitige ~ 쌍방(雙方)채권; gegenüberstehende ~ 대립(對立)하는 채권; gegenwärtige ~ 현재(現在)채권; gemeinschaftliche ~ 공동(共同)채권; gepfändete ~ 압류(押留)된 채권; gegenseitige ~ 쌍방(雙方)채권; gesicherte ~ 담보(擔保)된 채권, 피담보채권 被擔保債權; gleichartige ~ 동종(同種)채권; künftige ~ 장래(將來)채권; nicht abtretbare ~ 양도불가능(讓渡不可能)한 채권; sich deckende ~en 상응(相應)하는 채권; unabtretbare ~ → nicht abtretbare ~ ; unpfändbare ~ 압류(押留)할 수 없는 채권; unwirksame ~ 무효(無效)채권; vorrangige ~ 우선(優先)채권; wirksame ~ 유효(有效)한 채권; zivilrechtliche ~ 민법상(民法上) 채권; zu sichernde ~ 담보(擔保)할 (필요가 있는) 채권; zukünftige ~ 장래(將來)채권.

Forderung ~ ~ abtreten 채권을 양도(讓渡)하다; ~ anerkennen 채권을 인낙(認諾)하다; ~ anmelden 채권을 신고(申告)하다; ~ aufheben 채권을 소멸(消滅)시키다; ~ einziehen 채권을 추심(推尋)하다; ~ erlassen 채권을 면제(免除)하다; ~ geltendmachen 채권을 행사(行使)하다; ~ pfänden 채권을 압류(押留)하다; ~ übernehmen 채권을 인수(引受)하다; ~ übertragen 채권을 양도(讓渡)하다; ~ verkaufen 채권을 매도(賣渡)하다.

Forderungs:abtretung *f.* 채권양도 債權讓渡; **~anerkennung** *f.* 채권인낙 債權認諾; **~anmeldung** *f.* 채권신고 債權申告; **~aufhebung** *f.* 채권소멸 債權消滅; **~begründung** *f.* 채권창설 債權創設; **~betrag** *m.* 채권액 債權額; **~bündel** *n.* 채

권(債權)의 음; ~**einziehung** *f.* 채권추심 債權推尋; ~**erlass** *m.* 채권면제 債權免除; ~**inhaber** *m.* 채권자 債權者, 채권의 소지인 債權의 所持人; ~**inhalt** *m.* 채권의 내용 債權의 內容; ~**kauf** *m.* 채권매매 債權賣買; ~**mehrheit** *f.* 수개의 채권 數個의 債權; ~**pfandrecht** *n.* 채권질 債權質; ~**pfändung** *f.* 채권압류 債權押留; ~**recht** *n.* 채권 債權, 청구권 請求權; ~**teilung** *f.* 채권분할 債權分割; ~**stundung** *f.* 채권유예 債權猶豫; ~**summe** *f.* 채권(총)액 債權(總)額; ~**übergang** *m.* 채권이전 債權移轉; gesetzlicher ~ 법정채권이전 法定債權移轉; ~**übernahme** *f.* 채권인수 債權引受; ~**übertragung** *f.* 채권양도 債權讓渡; ~**verletzung** *f.* 채권침해 債權侵害; positive ~ 적극적 (積極的) 채권침해; ~**verwaltung** *f.* 채권관리 債權管理.

Förderung *f.* (*i.S.v. Unterstützen*) 장려 獎勵, 지원 支援, 조장 助長, 촉진 促進.

Förderungs:pflicht *f.* 촉진의무 促進義務, 지원의무 支援義務; ~**verwaltung** *f.* 장려행정 獎勵行政.

Form *f.* 1. (*i.S.v. Art und Weise*) 방식 方式, 요식 要式, 형식 形式; 2. (*i.S.v. Formular*) 양식 樣式; äußere ~ 외적(外的) 형식; gesetzliche ~ 법률적(法律的) 요식; mündliche ~ 구두(口頭) 방식; notarielle ~ 공증(公證)된 방식; schriftliche ~ 서면(書面)방식.

formal *adj.* → formell.

Formaldelikt *n.* 형식범 形式犯.

formell *adj.* 방식적 方式的, 형식적 形式的.

formell-rechtlich *adj.* 형식법적 形式法的.

Formenwahlfreiheit *f.* 형식 선택의 자유 形式 選擇의 自由, 행위형식 선택의 자유 行爲形式 選擇의 自由.

Form:erfordernis *n.* 형식요건 形式要件; ~**fehler** *m.* 형식의 하자 形式의 瑕疵; ~**freiheit** *f.* 방식의 자유 方式의 自由; ~**kaufmann** *m.* 형식상인 形式商人, vgl. § 5 Abs. 2 KHGB, wonach alle Gesellschaften (회사) Kaufleute sind. In § 169 KHGB werden Gesellschaften als Vereine definiert, die zum Betrieb eines Handelsgewerbes oder sonst mit Gewinnabsicht gegründet werden. Indem das KHGB hier bereits auf die bloße Gewinnerzielungsabsicht abstellt, fasst es den Begriff des Formkaufmanns erheblich weiter als das deutsche Recht. Eine Beschränkung auf *Handels*gesellschaften wird nicht vorgenommen. Daher sind auch Offene Handelsgesellschaften und Kommanditgesellschaften unabhängig vom Betrieb eines Handelsgewerbes

Formkaufleute i.S.d. KHGB, vgl. auch § 170 KHGB (Gesellschaftsformen): „Die fünf Gesellschaftsformen sind die Offene Handelsgesellschaft, die Kommanditgesellschaft, die Limited Liability Company, die Aktiengesellschaft und die Gesellschaft mit beschränkter Haftung."

förmlich *adj.* 공식적 公式的, 형식적 形式的, 절차적 節次的.

Förmliche Beschwerde *f.* 절차적 소원 節次的 訴願.

Förmlicher Rechtsbehelf *m.* 형식적 권리구제 形式的 權利救濟.

formlos *adj.* 비형식적 非形式的, 무요식적 無要式的.

Form:mangel *m.* 방식(方式)의 흠결(欠缺); **~nichtigkeit** *f.* 방식상 무효 方式上 無效.

Formularvertrag *m.* 서식계약 書式契約.

Form:verletzung *f.* 방식위반 方式違反; **~vorschrift** *f.* 방식규정 方式規定; **~wechsel** *m.* 조직변경 組織變更, (*gesellschaftsr.*) 형태변경 形態變更; **~zwang** *m.* 방식강제 方式强制.

Forst:wirtschaft *f.* 산림업 山林業; **~recht** *n.* 산림권 山林權.

Fortbildung *f.* 직업훈련 職業訓練. 직업을 행사하는 자에게 직업훈련.

Fortgeltung *f.* 계속적 적용 繼續的 適用.

Fortgesetzte Handlung *f.* 1. (*allg.*) 연속행위 連續行爲, 지속행위 持續行爲; 2. (*strafr.*) 연속범 連續犯.

Fortsetzungs:delikt *n.* 연속범 連續犯; **~feststellungsklage** *f.* 계속(적)확인소송 繼續(的)確認訴訟; **~zusammenhang** *m.* 연속관련성 連續關聯性.

Fracht:brief *m.* 운송장 運送狀; **~frei** *adj.* 운임제외 運賃除外; **~führer** *m.* 운송인 運送人, 화물운송업자 貨物運送業者; **~geschäft** *n.* 운송업 運送業; **~vertrag** *m.* (화물)운송계약 (貨物)運送契約.

Fragerecht *n.* (*im Strafprozess*) 진술권 陳述權. // In Korea hat als Ausgleich für das fehlende Privatklageverfahren im Strafprozess auch der Verletzte ein Fragerecht als Grundrecht gem. Art. 27 Abs. 5 KVerf, vgl. auch → Privatklage, Einstellungsbescheid, Klageerzwingungsverfahren.

Fraktion *f.* (원내)교섭단체 (員內)交涉團體.

fraktionslos *adj.* (원내)교섭단체에 속하지 않는 (院內)交涉團體에 屬하지 않는.

Franchise *n.* 상호, 상표에 대한 사용허낙 商號, 商標에 대한 使用許諾, 프랜차이즈.

Franchisegeber *m.* 모기업 母企業, 프랜차이즈공급자(供給者).

Franchisenehmer *m.* 가맹점 加盟店, 프랜차이즈이용자(利用者).

Franchisevertrag *m.* 프랜차이즈계약(契約).

franko *adj.* → frachtfrei.

Freeze – Out *engl.* → Squeeze – out.

Frei:aktie *f.* 무상주 無償株; **~arbeit** *f.* 자유노동 自由勞動; **~beruf** *m.* → Beruf, freier; **~betrag** *m.* 비과세액 非課稅額, 공제액 控除額; **~beweis** *m.* 자유로운 증명 自由로운 證明, 자유증거방법 自由證據方法; **~beweisverfahren** *n.* 자유증거절차 自由證據節次.

Freie Entfaltung der Persönlichkeit 인격의 자유로운 발현 人格의 自由로운 發現.

Freigabeklausel *f.* 상환조항 償還條項, 환원규정 還元規定.

Freigabepflicht *f.* 상환의무 償還義務, 환원의무 還元義務.

Freigang *m.* 자유외출 自由外出.

Freiheit *f.* 자유 自由; individuelle ~ 개인적(個人的) 자유; kollektive ~ 집단적(集團的) 자유; kommunikative ~ 의사소통(意思疏通的)의 자유; pädagogische ~ 교육(敎育)의 자유; politische ~ 정치적(政治的) 자유; wirtschaftliche ~ 경제적(經濟的) 자유.

Freiheit der ~ ~ der Berichterstattung 보도(報道)의 자유; ~ der Person 인신(人身)의 자유; ~ der Lehre 교수(敎授)의 자유; ~ der Meinungsäußerung 의사표현(意思表現)의 자유; ~ der Rechtsformenwahl 법형식 선택 (法形式 選擇)의 자유; ~ der Willensbetätigung 의사실행(意思實行)의 자유; ~ der Willensentschließung 의사결정(意思決定)의 자유; ~ Wissenschaft 과학(科學)의 자유.

Freiheits:beraubung *f.* 체포감금죄 逮捕監禁罪 (§ 276 Abs. 1 KStGB). // Tathandlungen der Freiheitsberaubung sind das Festhalten (체포) und das Einsperren (감금). Das Strafmaß beträgt bis zu 5 Jahre Zuchthaus oder Geldstrafe bis zu 7 Mio KRW. Eine Qualifikation enthält § 276 Abs. 2 KStGB: Wer eigene Vorfahren gerader Linie, oder die seines Ehepartners einsperrt, wird mit bis zu 10 Jahren Zuchthaus oder bis zu 15 Mio KRW Geldstrafe bestraft. Nach dem Grundtatbestand und seiner Qualifikation in § 276 Abs. 1, Abs. 2 KStGB, unterliegen die Freiheitsentziehungsdelikte der folgenden Systematik:

1. § 277 Abs. 1 KStGB: Mit „Schwerer oder dauerhafter Freiheitsentziehung" betitelt, läßt der Wortlaut des Delikts beim Freiheitsentzug „unbarmherziges Handeln" (가혹한 행위) als Tathandlung genügen. Das Strafmaß beträgt Zuchthaus bis zu 7 Jahren, bzw. gem. § 277 Abs. 2 KStGB nicht unter 2

Jahren, soweit Vorfahren des Täters oder seines Ehegatten unbarmherzig behandelt werden.

2. § 278 KStGB: Besonders schwerer Fall der Freiheitsentziehung: Begeht, wer in den Fällen der §§ 276, 277 als Mitglied einer Bande, unter der Ausübung von Gewalt oder unter Mitführung eines gefährlichen Werkzeuges handelt. Die Strafe wird bis um die Hälfte erhöht.

3. § 279 KStGB: Gewohnheitsmäßige Begehung: Wer gewohnheitsmäßig eine Tat der in §§ 276 – 278 bezeichneten Taten begeht, dessen Strafe wird bis zur Hälfte der dort vorgesehenen Strafen erhöht.

4. § 280 KStGB regelt die Strafbarkeit des Versuchs in den Fällen der §§ 276 – 279.

5. § 281 Abs. 1 KStGB: Freiheitsentziehung mit Verletzungs- oder Todesfolge in den Fällen der §§ 276 – 280. Bei einer Verletzung des Opfers wird mit Zuchthaus nicht unter einem, bei dessen Tod nicht unter drei Jahren bestraft. Bei eigenen Vorfahren (oder denen des Ehepartners) beträgt das Mindeststrafmaß zwei bzw. fünf Jahre.

Freiheits:bereich *m.* 자유영역 自由領域; **~entziehung** *f.* → Freiheitsentzug; **~entzug** *m.* 자유박탈 自由剝奪; **~recht** *n.* 자유권 自由權.

Freiheitsstrafe *f.* 자유형 自由刑; befristete ~ 유기(有期)자유형; lebenslange ~ 종신(終身)자유형; unbefristete ~ 무기(無期)자유형. // Das koreanische Recht unterscheidet noch zwischen **Zuchthaus** (→ 징역 懲役 = Freiheitsentzug mit Zwangsarbeit, übliche Form der Freiheitsstrafe), **Einschließung** (금고 禁錮 = Freiheitsentzug ohne Zwangsarbeit) und **Haft** (구류 拘留 = Freiheitsentzug zwischen 1 und 30 Tagen ohne Zwangsarbeit).

Freilassung *f.* 석방 釋放.

Freiliste *f.* (im Seekriegsrecht) 면제목록 免除目錄.

Freisprechung *f.* 무죄선거 無罪選擧.

Freispruch *m.* 무죄판결 無罪判決.

Freistellung *f.* 면제 免除, 면책 免責, 예외 例外.

Freistellungs:anspruch *m.* 면책청구권 免責請求權; **~klausel** *f.* 면제조항 免除條項.

Freitod *m.* 자살 自殺, vgl. → Selbstmord.

Freiversicherung *f.* 임의보험 任意保險.

freiwillig *adj.* 임의적 任意的.

Freiwillige Gerichtsbarkeit 비송사건재판권 非訟事件裁判權.

Freizeichnungsklausel *f.* 면책약관 免責約款.

Freizeit *f.* 자유시간 自由時間; **~arrest** *m.* 주말구류 週末拘留, 여가구류 餘暇拘留.

Freizügigkeit *f.* 이전 (거주)의 자유 移轉 (居主)의 自由, 이동의 자유 移動의 自由, 거주이전의 자유 居主移轉의 自由 (Art. 14 KVerf).

fremd *adj.* (*in Bezug auf Personen*) 타인(他人)의, 남의.

Fremd:besitz *m.* 타주점유(권) 他主占有(權); **~besitzer** *m.* 타주점유자 他主占有者; **~bestimmtheit** *f.* 타인결정성 他人決定性.

Fremdenrecht *n.* 외인법 外人法.

Fremd:geschäftsführungswille *m.* 타인사무 관리의사 他人事務 管理意思; **~kapital** *n.* 타인자본 他人資本; **~steuerung** *f.* des Unternehmens 회사(會社)의 사실상(事實上)의 지배(支配); **~verarbeitung** *f.* 타인(他人)을 위한 가공(加工); **~vergleichsgrundsatz** *m.* (*engl.* arm's length principle) 독립기업간원칙 獨立企業間原則, 팔 거리 원칙, 팔 길이 원칙; **~verschulden** *n.* 타인책임 他人責任; **~versicherung** *f.* 타인(他人)을 위한 보험(保險); **~vornahme** *f.* 타자집행 他者執行, 타자행위 他者行爲, 타자조치 他者措置; **~währung** *f.* 외화 外貨, 외국통화 外國通貨; **~währungsschuld** *f.* 외화채무 外貨債務.

Friedens:pflicht *f.* 평화의무 平和義務; **~richter** *m.* 치안판사 治安判事; **~theorie** *f.* 평화설 平和說; **~verrat** *m.* 평화배반 平和背反.

Frist *f.* 기간 期間, 기한 期限; angemessene ~ 상당(相當)한 기간, 적정(適正)한 기간; bestimmte ~ 일정(一正)한 기간; gesetzliche ~ 법정(法定)기간; richterliche ~ 재판(裁判)기간, 재정(裁定)기간.

Frist:ablauf *m.* 기간만료 期間滿了, 기간경고 期間經過; **~beginn** *m.* 기한개시 期限開始, 기간의 시작 期間의 始作; **~berechnung** *f.* 기간의 계산 期間의 計算; **~bestimmung** *f.* 기간의 정함 期間의 정(定)함, 기간확정 期間確定; **~ende** *n.* 기간종료 期間終了; **~einhaltung** *f.* 기간준수 期間遵守; **~gebundenheit** *f.* 기간제한 期間制限; **~hemmung** *f.* 기한정지 期韓停止; **~setzung** *f.* 기간설정 期間設定, 기간확정 期間確定; erfolglose ~ 실패(失敗)된 기간설정; **~überschreitung** *f.* 기간초과 期間超過; **~unterbrechung** *f.* 기간중단 期間中斷; **~veränderung** *f.* 기간신축 期間伸縮; **~verlängerung** *f.* 기간연장 期間延長; **~versäumnis** *n.* 기간해태 期間懈怠; **~wahrung** *f.* → Fristeinhaltung.

Frucht *f.*, *pl.*: **Früchte** 1. (*i.S.v. Ertrag*) (§ 99 BGB) 과실 果實, (물건의 이익); 2. (*i.S.v. Leibesfrucht*) 배아 胚芽; juristische ~ 법정(法定)과실; stehende und hängende ~ 미분리(未分離)과실.

Frucht:erlös *m.* 과실의 이익 果實의 利益; **~ziehung** *f. (Recht auf ~)* 지상권 地上權 (§§ 279 ff. KBGB); 과실수취(권) 果實收取(權); übermäßige ~ 과도(過度)한 과실수취.

Früher erster Termin *m.* 조기 제1회 기일 早期 第一回 期日, 조기변론기일 早期辯論期日, 서면선행절차(書面先行節次) 없는 재판(裁判)기일.

Früherkennungsuntersuchung *f.* 조기건강진단 早期健康診斷.

Führerprinzip *n.* 지도원리 指導原理.

Führerschein *m.* (*als Schriftstück*) 운전면허(증) 運轉免許(證); **~ausstellung** *f.* 운전면허증의 발행 運轉免許의 發行; **~entzug** *m.* 운전면허취소 運轉免許取消.

Führungsaufsicht *f.* 보안관찰 保安觀察.

Fünf – Prozent – Klausel *f.* 5%조항(條項).

Fürsorgepflicht *f.* 배려의무 配慮義務.

Fund *m.* 유실물습득 遺失物拾得.

Funktion *f.* 기능 機能; staatliche ~ 국가(國家)기능.

Funktionalismus *m.* 기능주의 機能主義.

funktionell *adj.* 기능적 機能的.

Funktions:garantie *f.* 기능보장 機能保障; **~grenze** *f.* 기능적 한계 機能的 限界; **~mangel** *m.* 기능하자 機能瑕疵.

Funktionsnachfolge *f.* 기능승계 機能承繼, 기능양수 機能讓受; Grundsatz der ~ 기능승계의 원칙(原則). // 제2차 대전 후 건국된 독일 연방 공화국에게 옛 독일 제국의 배상책임 또는 소유보상의무를 이전시키는 이론.

Funktions:theorie *f.* 기능이론 機能理論; **~träger** *m.* 역할수행자 役割遂行者; **~tüchtigkeit** *f.* 기능적(機能的) 효율성(效率性); ~ der Verwaltung 행정(行政)의 기능적 효율성; **~unfähigkeit** *f.* 기능마비 機能痲痹; **~vorbehalt** *m.* 기능유보 機能留保.

Fürsorge *f.* 배려 配慮; gerichtliche ~ 사법적(司法的) 배려, 법원(法院)으로 부터 배려; **~pflicht** *f.* 배려의무 配慮義務; **~pflichtverletzung** *f.* 배려의무위반 配慮義務違反.

Fusion *f.* → Verschmelzung.

Fusions:freiheit *f.* 합병자유 合倂自由; **~kontrolle** *f.* 합병규제 合倂規制; präventive ~ 예방적(豫防的) 합병규제; **~vertrag** *m.* 합병계약 合倂契約.

Future (*engl.*) → Terminkontrakt.

G, g

Garant *m.* 보장인 保障, → Garantie.

Garanten:pflicht *f.* 보장의무 保障義務; **~stellung** *f.* 보장인지위 保障人地位.

Garantie *f.* 보장 保障. Nicht zu verwechseln mit „보증" (保證). Dieser Begriff meint die Bürgschaft ebenso wie „보증인" nicht den Garanten, sondern den Bürgen bezeichnet. // erweiterte ~ 확정(確定)된 보장; institutionelle ~ 제도적(制度的) 보장; selbständige ~ 독립적 보장; unselbständige ~ 비독립적(非獨立的) 보장; verlängerte ~ 연장(延長)된 보장.

Garantie ~ ~ eine ~ geben 보장(保障)하다; ~ gewähren 보장(保障)하다.

Garantie:anspruch *m.* 보장청구권 保障請求權; **~erklärung** *f.* 보장의사표시 保障意思表示; **~fonds** *m.* 보장기금 保障基金; **~frist** *f.* 보장기간 保障期間; **~funktion** *f.* 보장기능 保障機能. // 배서에 있어서 배서인의 지불에 관한 책임을 부여하는 기능. // **~geschäft** *n.* 신용보증업무 信用保證業務; **~haftung** *f.* 보장책임 保障責任; **~indassoment** *n.* 담보배서 擔保背書; **~klausel** *f.* 보장약관 保障約款; **~leistung** *f.* 보장급부 保障給付; **~preis** *m.* 보장가격 保障價格; **~versprechen** *n.* 보장약속 保障約束; **~vertrag** *m.* 보장계약 保障契約.

Gast *m.* 고객.

Gastarbeiter *m.* → Gastarbeitnehmer.

Gastarbeitnehmer *m.* 이주 노동자 移住 勞動者. // 외국에서 온 임시노동자.

Gaststätte *f.* 음식점 飮食店, 식당 食堂, 숙식업소 宿食業所.

Gaststättenerlaubnis *f.* 음식점영업허가 飮食店營業許可.

Gastwirt *m.* 숙박업자 宿泊業者; **~haftung** *f.* 숙박업자책임 宿泊業者責任; **~vertrag** *m.* 숙박계약 宿泊契約.

Gattungs:kauf *m.* 종류물매매 種類物賣買; **~merkmal** *n.* 종류표지 種類標識; **~sache** *f.* 종류물 種類物; **~schuld** *f.* 종류채권 種類債權 (§ 375 Abs. 1 KBGB); begrenzte ~ 한정(限定)종류채권; beschränkte ~ 제한(制限)종류채권; gemischte ~ 혼합(混合)종류채권.

Gebäude *n.* 건물 建物, 건축물 建築物; verbundenes ~ 결합(結合)된 건물; **~haftung** *f.* 1. (*wörtl.*) 건축물책임 建築物責任; 2. (*vom KBGB verwendete Terminologie*)

공작물등의 점유자, 소유자의 책임 (§ 758 KBGB: „Haftung des Besitzers und Eigentümers von Konstruktionen"); **~schaden** *m.* 건축물손해 建築物損害; **~versicherung** *f.* 건물보험 建物保險.

Gebiet *n.* 1. (*allg. i.S.v. Sach- bzw. Fachbereich*) 영역 領域; 2. (*i.S.v. Fläche*) 지역 地域; rechtliches ~ 법적(法的) 영역; wirtschaftliches ~ 경제적(經濟的) 영역.

Gebiets:hoheit *f.* 영토고권 領土高權, 지역고권 地域高權; **~grundsatz** *m.* 속지주의 屬地主義.

Gebietskörperschaft *f.* 지역단체 地域團體, 영역단체 領域團體; öffentlich – rechtliche ~ 공법상(公法上) 지역단체.

Gebiets:verband *m.* (einer Partei) (정당의) 지구당 (政黨의) 地區當; **~zugehörigkeit** *f.* 영토소속(관계) 領土所屬(關係).

Gebot *n.* 명령 命令, 요구 要求; ~ der Rücksichtnahme 고려(考慮)명령.

Gebots:norm *f.* 명령규범 命令規範; **~verfügung** *f.* 명령처분 命令處分.

Gebrauch *m.* 1. (*einer Sache*) 사용 使用; 2. (*einer Einrichtung*) 이용 利用; amtlicher ~ 직무상(職務上) 사용, 공용 公用; bestimmungsgemäßer ~ 의도(意圖)에 따른 사용, 용도(用途)에 따른 사용; gemeinnütziger ~ 공익(公益)에 따른 사용; persönlicher ~ 개인(個人)사용, 개인용 個人用; vertragsgemäßer ~ 계약(契約)에 좇은 사용; zeitweiliger ~ 일시적(一時的) 사용.

Gebrauchs:absicht *f.* 사용의 의사 使用의 意思; **~anmaßung** *f.* 사용절도 使用竊盜; (*wörtl.*) (일시적) 무단사용 (一時的) 無斷使用. // Die Gebrauchsanmaßung ist auch in Korea grds. nicht strafbar. Ausnahme (wie in Deutschland) beim → Unbefugten Gebrauch von Fahrzeugen. // **~artikel** *m.* → Gebrauchsgegenstand; **~berechtigung** *f.* 사용권 使用權; **~gegenstand** *m.* 용품 用品; ~ des (all)täglichen Lebens 일상(日常)용품; **~lizenz** *f.* 사용인가 使用認可.

Gebrauchsmuster *n.* 실용신안 實用新案; **~eintragung** *f.* 실용신안등록 實用新案登錄; **~gesetz** *n.* → Gesetzesregister; **~rolle** *f.* 실용신안등록부 實用新案登錄簿; **~schutz** *m.* 실용신안보호 實用新案保護; **~streitsache** *f.* 실용신안에 관한 쟁송(사건) 實用新案에 관한 爭訟(事件).

Gebrauchsrecht *n.* 사용권 使用權.

Gebrauchstauglichkeit *f.* 사용가능성 使用可能性.

Gebrauchsüberlassung *f.* 1. (*allg.*) 사용이전 使用移轉, 사용시킴; 2. (*i.e.S.* → Leihe) (사용)대차 (使用)貸借; entgeltliche ~ 유상(有償)사용이전; unentgeltliche ~

무상(無償)사용이전.

Gebrauchs:überlassungsvertrag *m.* (사용)이전계약 (使用)移轉契約; **~vorteil** *m.* 사용이익 使用利益; **~wert** *m.* 사용가치 使用價置; **~zweck** *m.* 사용목적 使用目的.

Gebrauchtwagen *m.* 중고차 中古車; **~kauf** *m.* 중고차매매 中古車賣買; **~handel** *m.* 중고차거래 中古車去來.

Gebrechen *n.* 결함 缺陷, 장애 障碍; geistiges ~ 심리적(心理的) 결함; körperliches ~ 육체적(肉體的) 결함.

Gebrechlichkeit *f.* → Gebrechen.

Gebrechlichkeits:pfleger *m.* 장애인의 후견인 障碍人의 後見人; **~pflegschaft** *f.* 장애인의 후견 障碍人의 後見.

Gebühr *f.* 수수료 手數料, 보수 報酬, 사용료 使用料.

Gebühren:aufstellung *f.* 수수료명세 手數料明細; **~erhebung** *f.* 수수료징수 手數料徵收; **~marke** *f.* 수입인지 收入印紙; **~ordnung** *f.* 수수료규정 手數料規定; **~pflichtigkeit** *f.* 수수료지불의무 手數料支拂義務; **~satz** *m.* 수수료율 手數料率; **~streitwert** *m.* 소송비용이 정해지는 소송물의 가액 訴訟費用이 定해지는 訴訟物의 價額; **~über(er)hebung** *f.* (als Delikt) 수수료과도징수(죄) 手數料過度徵收(罪); **~vorschuss** *m.* 수수료선불 手數料先拂, 수수료예납 手數料豫納; **~zahlung** *f.* 수수료지불 手數料支拂.

gebührenpflichtig *adj.* 수수료지불의무(手數料支拂義務)가 있는.

Gebührenpflichtige Verwarnung *f.* 수수료지불의무(手數料支拂義務)가 있는 경고(警告).

Geburt *f.* 출산 出産, 출생 出生.

Geburtenbuch *n.* 출생부 出生簿.

Geburts:anzeige *f.* 출생신고 出生申告; **~helfer** *m.* 조산사 助産師; **~name** *m.* 출생당시의 성명 出生當時의 姓名; **~register** *n.* 출생등록부 出生登錄簿; **~schein** *m.* 출생증명서 出生證明書; **~urkunde** *f.* 출생증명서 出生證明書.

geeignet *adj.* 적합적 適合的, 적합성(適合性)가 있는, 적정적 適正的, 적정성(適正性)가 있는.

Geeignetheit *f.* 적합성 適合性, 적정성 適正性; Grundsatz der ~ 적합성의 원칙(原則).

Gefahr *f.* 1. (*allg.*) 위험(성) 危險(性); 2. (*im Polizeirecht als Oberbegriff*) 위해 危害; ~ für Leib und Leben 인명(人命) 또는 신체(身體)의 위해; ~ für die öffentliche Ordnung 공공(公共)의 질서(秩序)에 대한 위해; ~ im Verzug 긴급(緊急)위험, 임박(臨

迫)한 위험; abstrakte ~ 추상적(抽象的) 위해; akute ~ 긴급(緊急)한 위험; dringende ~ 긴급(緊急)한 위험; drohende ~ 목전(目前)의 위험, 급박(急迫)한 위험, 긴박(緊迫)한 위험; erhebliche ~ 중대(重大)한 의해; erkennbare ~ 인식(認識)할 수 있는 위험; gegenwärtige ~ 현재(現在)의 위험; gemeine ~ 공공(公共)의 위험; konkrete ~ 구체적(具體的) 위해; latente ~ 잠재적(潛在的) 위험; mittelbare ~ 간접(間接)위험; objektive ~ 객관적(客觀的) 위험; offensichtliche ~ 명백(明白)한 위험; polizeiliche ~ 경찰(警察)위험; qualifizierte ~ 강화(强化)된 위험; rechtlich relevante ~ 법적(法的)으로 중요(重要)한 위험; subjektive ~ 주관적(主觀的) 위험; übernommene ~ 인수(引受)된 위험; unmittelbare ~ 직접(直接)위험; versicherte ~ 보험(保險)된 위험.

Gefährdung *f.* 위해 危害, 위험 危險, 위협 威脅, 위태화 危殆化, 위험야기 危險惹起; ~ des Straßenverkehrs (als Delikt) 도로교통의 위태화(죄) 道路交通의 危殆化(罪); mittelbare ~ 간접적(間接) 위해; unmittelbare ~ 직접적(直接的) 위해.

Gefährdungs:absicht *f.* 위해의도 危害意圖; **~begriff** *m.* 위험성개념 危險性概念; **~delikt** *n.* 위험범 危險犯; abstraktes ~ 추상적(抽象的) 위험범; konkretes ~ 구체적(具體的) 위험범; **~haftung** *f.* 위험책임 危險責任; öffentlich-rechtliche ~ 공법상(公法上)의 위험책임; **~haftungsanspruch** *m.* 위험책임청구권 危險責任請求權; **~potential** *n.* 위해가능성 危害可能性; **~tatbestand** *m.* 위험구성요건 危險構成要件; **~vorsatz** *m.* 위해고의 危害故意.

Gefahr:eintritt *m.* 위해발생 危害發生; **~erforschung** *f.* 위험확인 危險確認; **~erforschungseingriff** *m.* 위험확인 위한 침해 危險確認 爲한 侵害.

Gefahren:abwägung *f.* 위험형량 危險衡量; **~abwehr** *f.* 위험방지 危險防止, 위험예방 危險豫方; **~abwehrbehörde** *f.* 위험방지관청 危險防止官廳; **~abwehrmaßnahme** *f.* 위험(발생)방지조치 危險(發生)防止措置; **~abwehrrecht** *n.* 위험방지법 危險防止法; **~abwendung** *f.* 위험방지 危險防止; **~ausgleich** *m.* 위험의 균등화 危險의 均等化; **~bereich** *m.* 위험영역 危險領域; **~beseitigung** *f.* 위험제거 危險除去; **~gemeinschaft** *f.* 위험공동체 危險共同體; **~lage** *f.* 위험상태 危險狀態, 위험상황 危險狀況; **~quelle** *f.* 위험원 危險源; **~schwelle** *f.* 위험수준 危險水準; **~verdacht** *m.* 위험의 혐의 危險의 嫌疑; **~vorsorge** *f.* 위험(危險)에 대한 사전배려(事前配慮); **~zulage** *f.* 위험(추가)수당 危險(追加)手當; **~zustand** *m.* 위험상태 危險狀態.

Gefahrerhöhung *f.* 위험증대 危險增大.

Gefahrgeneigte Arbeit *f.* 위험성 있는 작업 危險性 있는 作業.

Gefahrgeneigtheit *f.* 위험발생가능성 危險發生可能性.

Gefährliches Werkzeug *n.* (*wörtl.*) 위험한 도구 危險한 道具, vgl. → Waffe.

Gefährlichkeit *f.* 위험(성) 危險(性), 위해(성) 危害(性); abstrakte ~ 추상적(抽象的) 위험성; allgemeine ~ 일반적(一般的) 위험성; besondere ~ 특별(特別)한 위험성; konkrete ~ 구체적(具體的) 위험성.

Gefährlichkeit des ~ ~ Täters 행위자(行爲者)의 위험성.

Gefährlichkeits:grad *m.* 위험(성)정도 危險(性)程度; **~vermutung** *f.* 위험(성)추정 危險(性)推定.

Gefahr:minderung *f.* 위험감소 危險減少; **~minderungspflicht** *f.* 위험감소의무 危險減少義務; **~standspflicht** *f.* 위험유지의무 危險維持義務. // 보험계약 체결후 위험의 증가를 방지해야 하는 피보험자의 의무. // **~tragung** *f.* 위험부담 危險負擔; **~übergang** *m.* 위험이전 危險移轉; **~übernahme** *f.* 위험인수 危險引受; **~verhinderung** *f.* 위험방지 危險防止; **~vermeidung** *f.* 위험회피 危險回避; **~verteilung** *f.* 위험분담 危險分擔.

Gefälligkeit *f.* 호의(관계) 好意(關係); ~ des alltäglichen Lebens 일상생활(日常生活)의 호의관계; gesetzliches ~ 법정(法定) 호의관계; rechtsgeschäftliches ~ 법률행위상(法律行爲上) 호의관계.

Gefälligkeits:akzept *m.* 융통(融通)어음; **~fahrt** *f.* 호의운전 好意運轉; **~verhältnis** *n.* 호의관계 好意關係; **~wechsel** *m.* → Gefälligkeitsakzept.

Gefangenenbefreiung *f.* (als Delikt) 도주관여(죄) 逃走關與(罪).

Gefangener *m.* 재소자 在所者, 피구금자 被拘禁者.

Gefangennahme *f.* 체포 逮捕.

Gefängnis *n.* 교도소 矯導所; **~strafe** *f.* 교도소형 矯導所刑.

Gefühlsäußerung *f.* 감정의 표시 感精의 表示.

Gegen:ansicht *f.* 반대의견 反對意見; **~beweis** *m.* → 반증 反證; indirekter ~ 간접(間接)반증; **~darstellung** *f.* 반론 反論; **~darstellungsanspruch** *m.* 반론청구권 反論請求權; **~darstellungsrecht** *n.* 반론권 反論權; **~einrede** *f.* 재항변 再抗辯; **~erklärung** *f.* (als Schriftstück) 답변(서) 答辯(書); **~forderung** *f.* 반대채권 反對債權; **~leistung** *f.* 반대급부 反對給付.

Gegenleistungs:gefahr *f.* 반대급부위험 反對給付危險; **~pflicht** *f.* 반대급부의무 反對給付義務; Befreiung von der ~ 반대급부의무의 면제(免除).

Gegen:norm *f.* 반대규정 反對規定; **~rede** *f.* 반대(反對)말, 반론 反論, 답변 答辯;

~schluss *m.* 반대추론 反對推論.

Gegenseitigkeit *f.* 상호(주의) 相互(主義), 상호성 相互性, 쌍방성 雙方性; ~ der Forderungen 채권(債權)의 쌍방성.

Gegenseitigkeitsversicherung *f.* 상호보험 相互保險.

Gegenstand *m.* 1. (*i.S.v.* § 90 BGB) 물건 物件, vgl. → Sache; (*am Ende von Komposita*) ~물(物); 2. (*i.S.v. Objekt, Thema etc.*) 목적물 目的物, 대상 對象, 사항 事項; beweglicher ~ 동산물 動産物; geschuldeter ~ 채무(債務)의 목적물; z.T. auch 변제의 목적물 辨濟의 目的物, vgl. z.B. § 490 KBGB (→ Selbsthilfeverkauf); geschützter ~ 보호대상 保護對象; körperlicher ~ 유체물 有體物; räumlich abgrenzbarer ~ 공간적(空間的)으로 한정(限定)할 수 있는 대상; streitbefangener ~ 소송물 訴訟物; unbeweglicher ~ 부동산물 不動産物; unkörperlicher ~ 무체물 無體物; verhafteter ~ 담보목적물 擔保目的物; versicherter ~ 피보험물 被保險物.

Gegenstand des ~ ~ Anspruchs 청구권(請求權)의 대상; ~ **Anlagevermögens** *m.* 고정자산(固定資産)의 대상.

gegenstandslos *adj.* 대상(對象)이 없는.

Gegenstands:theorie *f.* 대상이론 對象理論; ~**wert** *m.* 대상액 對象額.

Gegenüberstellung *f.* 대질 對質.

Gegenvormund *m.* 후견감독인 後見監督人.

Gegenvorstellung *f.* 반대의견의 진술 反對意見의 陳述, 이의신청 異議申請.

Gegenwärtigkeit *f.* 현재성 現在性; ~ des Angriffs 침해(侵害)의 현재성.

Gegenzeichnung *f.* 부서 副署.

Gehalt *n.* 1. (*des Angestellten*) 급료 給料, 급여 給與; 2. (*des Beamten*) 봉급 俸給, vgl. → Dienstbezüge.

Gehalts:abtretung *f.* 급료양도 給料讓渡; ~**abzug** *m.* 급료(給料)에서의 공제(控除); ~**anspruch** *m.* 급료청구권 給料請求權.

Geheimer Vorbehalt *m.* 1. (*wörtl.*) 비밀유보 秘密留保; 2. (*i.S.v.* § 116 BGB) 심리유보 心理留保, 단독허위표시 單獨虛僞表示, 진의(眞意) 아님, 진의 아닌 의사표시 진의(眞意) 아닌 意思表示 (§ 107 KBGB).

Geheimgebrauchsmuster *n.* 기밀실용신안 機密實用新案.

Geheimhaltungspflicht *f.* 비밀유지의무 秘密維持義務.

Geheimnis *n.* 기밀 機密, 비밀 秘密; ~**träger** *m.* 비밀취급자 秘密取扱者; ~**verrat** *m.* (als Delikt) 1. 비밀누설(죄) 秘密漏泄(罪); so z.B. verwendet bei dem Verrat von Dienstgeheimnissen gem. § 317 KStGB (업무상비밀누설), der inhaltlich § 203 StGB entspricht. 2. 비밀침해(죄) 秘密侵害(罪) **§ 316 KStGB. Verletzung von Geheimnissen.** (1) Derjenige, der Briefe, Dokumente oder Bilder einer Person weitergibt, die diese mit einem Siegel oder durch andere Vorrichtungen gesichert hat, wird mit bis zu drei Jahren Freiheitsstrafe oder mit Geldstrafe bis zu 5 Mio KRW bestraft.

(2) Derjenige, der den Inhalt von Briefen, Dokumenten, Bildern, elektronischen oder anderen besonderen medialen Aufzeichnungen einer Person weitergibt, die diese mit einem Siegel oder durch andere Vorrichtungen gesichert hat, wird nach Abs. 1 bestraft.

Geheimwettbewerb *m.* 비밀경쟁 秘密競爭.

Geheiß *m.* 지시 指示; **~erwerb** *m.* 지시소유권취득 指示所有權取得; **~person** *f.* 지시(指示)된 사람.

Gehilfe *m.* 1. (*zivilr.*) 보조인 補助人, 보조자 補助者; 2. (*strafr.*) 종범인 從犯人.

Gehirntod *m.* 뇌사 腦死.

Gehör *n.* 청문 聽聞; rechtliches ~ 법적(法的) 청문; Anspruch auf rechtliches ~ 법적 청문에 대한 청구권(請求權).

Gehorsamspflicht *f.* 복종의무 服從義務.

Geisel *f.* 인질 人質; als ~ nehmen 인질로 삼다; **~nahme** *f.* (als Delikt) 인질(죄) 人質(罪).

Geistes:krankheit *f.* 정신병 精神病; **~schwäche** *f.* 정신박약 精神薄弱.

Geistiges Gebrechen *n.* 심신상실 心身喪失.

Geld *n.* 돈, 금전 金錢; (*i.S.v. Bargeld*) 현금 現金.

Geld:betrag *m.* 금액 金額; **~buße** *f.* 범칙금 犯則金, 과태료 過怠料; **~darlehen** *n.* 금전소비대차 金錢消費貸借; **~darlehensvertrag** *m.* 금전소비대차계약 金錢消費貸借契約; **~einlage** *f.* 금전출자 金錢出資; **~entschädigung** *f.* 금전배상 金錢賠償, 금전보상 金錢補償; **~ersatz** *m.* 금전배상 金錢賠償, → Wertersatz; **~ersatzanspruch** *m.* 금전배상청구권 金錢賠償請求權; **~fälschung** *f.* (als Delikt) 통화위조(죄) 通貨僞造(罪); **~forderung** *f.* 금전채권 金錢債權; **~karte** *f.* 현금(現金)카드; **~leistung** *f.* 금전급부 金錢給付, 금전지급 金錢支給; einmalige ~ 일회적(一回的) 금전급부; laufende ~ 지속적(持續的) 금전급부; öffentlich – rechtliche ~ 공법상(公法上) 금전급부; **~menge** *f.* 금액 金額; **~rente** *f.* 금전정기연금 金錢

定期年金; ~schuld *f.* 금전채무 金錢債務; ~sorte *f.* 금종 金種; ~sortenschuld *f.* 금종채무 金種債務; ~strafe *f.* 벌금(형) 罰金(刑); ~summe *f.* 금액 金額; ~summenschuld *f.* 금액채무 金額債務; ~wäsche *f.* 자금세탁 資金洗濯, 돈세탁; ~wechsel *m.* 환전 換錢; ~wechselgeschäft *n.* 환전업 換錢業; ~wertschuld *f.* 금전가치채무 金錢價值債務; ~zahlung *f.* 금전납부 金錢納付.

Gelegenheits:schiedsgericht *n.* 비상설 중재법원 非常設 仲裁法院; ~tat *f.* 기회범 (죄) 機會犯(罪); ~täter *m.* 기회범인 機會犯人.

Geltendmachung *f.* 행사 行使, 실현 實現, 요구 要求, 추궁 追窮; ~ einer Forderung 채권(債權)의 행사; ~ eines Rechts 권리(權利)의 실현; verspätete ~ 지연(遲延)된 행사.

Geltungsbereich *m.* 유효범위 有效範位, 효력범위 效力範位; gesetzlicher ~ 법률(法律)의 효력범위; persönlicher ~ 인적(人的) 효력범위; sachlicher ~ 물적(物的) 효력범위.

Geltungsvorrang *m.* 효력우위 效力優位, 효력상(效力上)의 우위(優位).

Gemeinde *f.* 기초지방자치단체 基礎地方自治團體, vgl. → Gebietskörperschaft.

Gemeinde:abgabe *f.* 기초지방자치단체의 공과금 基礎地方自治團體의 公課金; ~angelegenheit *f.* 기초지방자치단체의 사무 基礎地方自治團體의 事務; ~ausschuss *m.* 기초지방자치단체의 위원회 基礎地方自治團體의 委員會; ~direktor *m.* 기초지방자치단체장 基礎地方自治團體의 長; ~einrichtung *f.* 기초지방자치단체의 시설 基礎地方自治團體의 施設; ~gebiet *n.* 기초지방자치단체의 영역 基礎地方自治團體의 領域; ~haushalt *m.* 기초지방자치단체의 예산 基礎地方自治團體의 豫算; ~ordnung *f.* 기초지방자치단체의 법률 基礎地方自治團體의 法律; ~rat *m.* 지초지방자치단체의회 基礎地方自治團體議會; ~steuer *f.* 기초지방자치단체의 조세 基礎地方自治團體의 租稅; ~verband *m.* 기초지방자치단체연합 基礎地方自治團體聯合, 기초지방자치단체조합(組合); ~verfassung *f.* 기초지방자치단체의 조직 基礎地方自治團體의 組織; ~versammlung *f.* 기초지방자치단체의 대표기관 基礎地方自治團體의 代表機關; ~vertreter *m.* 기초지방자치단체의 대표자 基礎地方自治團體의 代表者; ~verwaltung *f.* 기초지방자치단체의 행정 基礎地方自治團體의 行政; ~verwaltungsverband *m.* 기초지방자치단체의 행정연합 基礎地方自治團體의 行政聯合; ~wahl *f.* 기초지방자치단체의 선거 基礎地方自治團體의 選擧.

Gemein:eigentum *n.* 공익재산 公益財産; ~gebrauch *m.* 공동사용 共同使用; ~gefahr *f.* → Gemeingefährlichkeit.

gemeingefährlich *adj.* 공공(公共)에 위험(危險)한.

Gemeingefährlichkeit *f.* 공공위험(성) 公共危險(性).

Gemein:interesse *n.* 공동이익 共同利益; **~kosten** *f.* (*engl.* overhead) 간접비 間接費; **~last** *f.* 공동부담 共同負擔; **~lastprinzip** *n.* 공동부담의 원칙 共同負擔의 原則; **~nutz** *m.* 공익 公益.

gemeinnützig *adj.* 공익적 公益的, 공익에 따른.

Gemeinnützige Einrichtung 공익시설 公益施設.

Gemeinnützigkeit *f.* 공익성 公益性.

Gemeinrecht *n.* 보통법 普通法.

Gemeinschaft *f.* 공동(체) 共同(體); eheähnliche ~ 혼인유사(婚姻類似)공동체; häusliche ~ 가정(家庭)공동체; ~ nach Bruchteilen 지분적(持分的) 공동체.

Gemeinschafts:aufgabe *f.* (im Verhältnis Bund-Länder) (연방 – 주) 공동과제 (聯邦 – 州) 共同課題, 공동업무 共同業務, 공동사무 共同事務; **~betrieb** *m.* 공동사업 共同事業; **~interesse** *n.* 공동이익 公共利益; **~leben** *n.* 공동생활 共同生活; **~recht** *n.* 공동법 共同法, 공동체법 共同體法; abgeleitetes ~ 파생적(派生的) 공동체법; europäisches ~ 유럽공동체법; primäres ~ 일차적(一次的) 공동체법; sekundäres ~ 이차적(二次的) 공동체법; **~steuer** *f.* 공동세금 共同稅金, 공동세 共同稅; **~unternehmen** *n.* 합작기업 合作企業, 합작투자 合作投資; **~verhältnis** *n.* 공동관계 共同關係; personenrechtliches ~ 인법적(人法的) 공동관계; **~verwaltung** *f.* 공동행정 共同行政.

Gemein:schuldner *m.* 파산채무자 破産債務者; **~wohl** *n.* 공공복지 公共福祉, 공공복리 公共福利; **~wirtschaft** *f.* 공익경제 公益經濟; **~zweck** *m.* 공동목적 共同目的.

Genehmigung *f.* 1. (*verwaltungsr.*) 인가 認可 als von der Rechtswissenschaft verwendeter Terminus, wobei das koreanische Recht keine einheitliche Terminologie verwendet. Neben 인가 finden sich auch die Begriffe 인허 認許, 허가 許可 und 승인 承認; 2. (*zivilr. i.S.v. nachträglicher Zustimmung*) 추인 追認, 승인 承認; behördliche ~ 관청(官廳)의 승인; ~ des Vertrags 계약(契約)의 추인.

genehmigungs:ergänzend *adj.* 허가보완적 許可補完的; **~ersetzend** *adj.* 허가대체적 許可代替的; **~pflichtig** *adj.* 허가의무(許可義務)가 있는.

Genehmigungs:erfordernis *n.* 인가필요성 認可必要性; **~erteilung** *f.* 인가발급 認可發給, 추인발급 追認發給; **~fähigkeit** *f.* 인가가능성 認可可能性; **~konzentration** *f.* 인가의 집중 認可의 集中; **~pflicht(igkeit)** *f.* 인가의무 認可義務; **~verweigerung** *f.* 인가거절 認可拒絶, 추인거절 追認拒絶; **~vorbehalt** *m.* 인가유보 認可留保.

Generalisierung *f.* 일반화 一般化.

General:bundesanwalt *m.* 연방검찰총장 聯邦檢察總長; **~ermächtigung** *f.* 개괄수권 概括授權; **~ermächtigungsklausel** *f.* 개괄수권조항 概括授權條項; **~klausel** *f.* 일반조항 一般條項, 일반규정 一般規定; **~konsul** *m.* 총영사 總領事; **~konsulat** *n.* 총영사관 總領事官; **~prävention** *f.* 일반예방 一般豫防; **~sekretär** *m.* 사무총장 事務總長; **~staatsanwalt** *n.* 검사장 檢事長; **~streik** *m.* 총파업 總罷業, 총동맹파업 總同盟罷, z.T. auch 제너럴 스트라이크 (*engl.* general strike); (*Abk.*) 제네스트; **~versammlung** *f.* 총회 總會; **~vollmacht** *f.* 포괄대리권 包括代理權.

Generationsvertrag *m.* 세대간계약 世代間契約.

Genmanipulation *f.* 유전자 조작 遺傳子 操作.

Genosse *m.* 1. (*einer Genossenschaft*) 조합원 組合員; 2. (*Kollege i.S.d. sozialistischen Diktion*) 동무.

Genossenschaft *f.* 게노센샤프트, 단체 團體, (협동)조합 (協同)組合; eingetragene ~ 등기(登記)조합.

Genossenschaftsregister *n.* 조합등기부 組合登記簿.

Genozid *m.* 집단학살 集團虐殺, 제노사이드 (genocide).

Gen:technik *f.* 유전자기술 遺傳子技術; **~technologie** *f.* 유전공학 遺傳工學.

Genugtuung *f.* 위자 慰藉.

Genuss *m.* (*i.S.v. in Genuss von etwas kommen*) 향유 享有, 향익 享益; in ~ eines Sonderrechts kommen 특권(特權)을 향유하다.

Genuss:recht *n.* 향유권 享有權, 향익권 享益權; **~schein** *m.* 향유증권 享有證券, 향익증권 享益證券.

Gepflogenheit *f.* 관습 慣習; allgemeine ~ 일반적(一般的) 관습; besondere ~ 특별(特別)한 관습; herrschende ~ 지배적(支配的) 관습; ständige ~ 지속적(持續的) 관습; tatsächliche ~ 사실상(事實上) 관습.

Gerechtigkeit *f.* 정의 正義; ausgleichende ~ 평균적(平均的) 정의; materielle ~ 실질적(實質的) 정의; soziale ~ 사회적(社會的) 정의.

Gerechtigkeits:ordnung *f.* 정의질서 正義秩序; **~prinzip** *n.* 정의주의 正義主義, 정의원칙 正義原則; **~staat** *m.* 정의국가 正義國家.

Gericht *n.* 1. (*i.S.v. Behörde*) 법원 法院, 재판소 裁判所; 2. (*i.S.v. Spruchkörper*) 재판부 裁判部;~ der Ausgangsinstanz 원심(原審)법원; ~ der Hauptsache 본안(本案) 재판소; ~ der Rechtsmittelinstanz 상소(上訴)법원; ~ gleicher Ordnung 동

급(同級)법원; ~ des vorangegangenen Rechtszuges 전심(前審)법원; ~ höherer Ordnung 상급(上級)법원; erkennendes ~ 심리(審理)하는 법원, 판결법원 判決法院; ordentliches ~ 통상(通常)법원, 일반(一般)법원, 정규법원 正規法院; privates ~ 사적(私的) 법원; staatliches ~ 국가(國家)법원; vorlegendes ~ 제청(提請)하는 법원; zuständiges ~ 관할(管轄)법원.

gerichtlich *adj.* 재판상의 裁判上의.

Gerichtlicher Schutz *m.* 사법보호 司法保護; entscheidender ~ 판단(判斷)하는 사법보호; beratender ~ 상담(相談)하는 사법보호.

Gerichts:abteilung *f.* 법원(法院)의 부(部); besondere ~ 법원의 특별(特別)부; **~akte** *f.* 재판기록 裁判記錄; **~aufbau** *m.* 법원구조 法院構造; **~barkeit** *f.* 재판권 裁判權, 관할권 管轄權, vgl. → Rechtsweg; dreistufige ~ 3단계(三段階)의 재판권; freiwillige ~ 비송(非訟)재판권; kirchliche ~ 교회(敎會)재판권; ordentliche ~ 일반(一般)재판권; staatliche ~ 국가(國家)의 재판권; streitige ~ 소송(訴訟)재판권; Ausübung der ~ 재판권의 행사(行使); Träger der ~ 재판권의 담당자(擔當者); **~belastung** *f.* 법원의 부담 法院의 負擔; **~bescheid** *m.* 법원의 명령 法院의 命令; **~beschluss** *m.* 법원의 결정 法院의 決定; **~besetzung** *f.* 재판부의 구성 裁判部의 構成; **~bezirk** *m.* 재판구역 裁判區域; **~entscheidung** *f.* (사법적) 판결 (司法的) 判決; **~funktion** *f.* 법원기능 法院機能; **~gebühr** *f.* 재판비용 裁判費用; **~handlung** *f.* 법원의 소송행위 法院의 訴訟行爲; **~hilfe** *f.* 사법보조 司法補助; **~hof** *m.* (사법)재판소 (司法)裁判所, 법원 法院; Internationaler ~ 국제(國際)사법재판소; Oberster ~ (z.B. in Japan) 최고(最高)재판소; entspricht in Korea dem 대법원(大法院) und in Deutschland dem BGH. // **~kosten** *f.* 재판비용 裁判費用; **~organisation** *f.* 법원조직 法院組織; **~person** *f.* 법원직원 法院職員, 법원구성원 法院構成員; **~präsident** *m.* 법원장 法院長; **~prozess** *m.* 재판 裁判; **~saal** *m.* 법정 法廷.

Gerichtsstand *m.* 재판적 裁判籍; allgemeiner ~ 보통(普通)재판적; ausschließlicher ~ 전속(專屬)재판적; besonderer ~ 특별(特別)재판적. // Die Regeln über den Gerichtsstand finden sich in §§ 2 ff. KZPO: § 2 (Allgemeiner Gerichtsstand): „Zuständig ist das Gericht, an dessem Ort der Beklagte seinen allgemeinen Gerichtsstand hat."; § 3 (Gerichtsstand der Person - 사람의 보통재판적) der neben dem **Allgemeinen Gerichtsstand des Wohnsitzes** (주소에 따른 보통재판적) zugleich den Gerichtsstand von exterritorialen (mit Ausnahme von Botschaftern, Gesandten etc.) und wohnsitzlosen Personen regelt: „Der allgemeine Wohnsitz einer Person wird durch deren Wohnsitz bestimmt. Für den Fall, dass kein Wohnsitz in Korea besteht oder der Wohnsitz nicht bekannt ist, bestimmt sich der Gerichtsstand nach dem Aufenthaltsort, falls dieser nicht bestimmt oder bekannt ist, nach dem letzten Wohnsitz." Für ausländische Diplomaten und koreanische Staatsangehörige, die mit der Ausübung ausländischer Hoheitsgewalt befasst sind (z.B. Honorarkonsuln) bestimmt § 4 KZPO den KOGH als Gerichtsstand, solange ein allgemeiner Gerichtsstand nach § 3 KZPO nicht besteht. Im Vergleich zu den Gerichtsstandsregelungen des deutschen Prozessrechts bestehen z.T. erhebliche Unterschiede:

1. § 5. Allgemeiner Gerichtsstand juristischer Personen (법인 등의 보통재판적).
2. § 6. Allgemeiner Gerichtsstand des Staates (국가의 보통재판적).
3. § 7. Besonderer Gerichtsstand des Arbeitsortes (근무지의 특별재판적): „Wird eine Klage gegen jemanden erhoben, der fortgesetzt in einem Büro oder einem Betrieb arbeitet, so kann die Klage bei dem Gericht erhoben werden, dass für den Ort des Büros oder des Betriebs zuständig ist."
4. § 8. Besonderer Gerichtsstand des Aufenthalts- oder Leistungsortes (거소지 또는 의무이행지의 특별재판): „Wird eine Klage in Bezug auf ein Vermögensrecht erhoben, so kann diese an dem Gericht des Aufenthaltsortes oder dem des Leistungsortes erhoben werden."
5. § 9. Besonderer Gerichtsstand des Leistungsortes bei Wechsel und Scheck (어음, 수표 지급지의 특별재판적).
6. § 10. Besonderer Gerichtsstand bei Matrosen, Soldaten und Militärbediensteten (선원, 군인, 군무원에 대한 특별재판적).
7. § 11. Besonderer Gerichtsstand des Ortes des Vermögens (재산이 있는 곳의 특별재판적).
8. § 12. Besonderer Gerichtsstand der Niederlassung (사무소, 영업소가 있는 곳의 특별재판적).
9. § 13. Besonderer Gerichtsstand der Nationalität des Schiffes (선적이 있는 곳의 특별재판적).
10. § 14. Besonderer Gerichtsstand des Ortes des Schiffes (선박의 있는 곳의 특별재판적).

11. §§ 15 – 17. Besonderer Gerichtsstand der Mitgliedschaft (사원 등에 대한 특별재판적).
12. § 18. Besonderer Gerichtsstand der unerlaubten Handlung (불법행위지의 특별재판적).
13. § 19. Besonderer Gerichtsstand der Seenotrettung (해난구조에 관한 특별재판적): „Wird eine Klage in Bezug auf eine Seenotrettung erhoben, so kann diese bei dem Gericht erhoben werden, das für den Ort der Rettung oder für den Ort, an dem das gerettete Schiff zuerst einläuft, zuständig ist."
14. § 20. Besonderer Gerichtsstand des Grundstücks (부동산이 있는 곳의 특별재판적).
15. § 21. Besonderer Gerichtsstand der Eintragung (등기, 등록에 관한 특별재판적).
16. §§ 22, 23. Besonderer Gerichtsstand der Erbschaft und des Testaments (상속, 유증 등의 특별재판적).
17. § 24. Besonderer Gerichtsstand des geistigen Eigentums und des internationalen Handels (지적재산권 등에 관한 특별재판적): „Wird eine Klage in Bezug auf geistiges Eigentum oder den internationalen Handel erhoben, so kann diese bei dem Landgericht (지방법원) erhoben werden, das seinen Sitz in dem Bezirk des Oberlandesgerichts hat in dessen Bezirk sich das nach §§ 2 – 23 zuständige Gericht befindet."
18. § 25. Gerichtsstand des Sachzusammenhangs (관련재판적).

Gerichtsstandsvereinbarung *f.* (*wörtl.*) 재판적(裁判籍)에 관한 관할합의 (管轄合意). Im Gesetz bezeichnet als 합의관할 合意管轄, vgl. § 29 KZPO. // In Verträgen, AGB etc. auch bezeichnet als „관할법원의 합의". Eine Gerichtsstandsvereinbarung in Korea ist im Vergleich zu Deutschland unter sehr viel weiteren Voraussetzungen möglich. § 29 Abs. 1 KZPO lautet: „Die Parteien können durch Vereinbarung das zuständige Gericht der ersten Instanz bestimmen." Obwohl danach Gerichtsstandsvereinbarungen zwischen Verbrauchern und Unternehmern/ Kaufleuten grundsätzlich möglich sind, sind diese unwirksam, wenn sie für den Verbraucher nachteilig sind und die Besorgnis besteht, dass dieser im Fall eines Rechtsstreits unangemessen benachteiligt wird, vgl. KOGH 98마863, 29.6.1998.

Gerichts:verfahren *n.* 재판절차 裁判節次; öffentliches ~ 공개(公開)재판절차; **~verfassung** *f.* 법원조직 法院組織; **~verfassungsgesetz** *n.* (GVG) → Gesetzesregister; **~verhandlung** *f.* 변론 辯論, 법원심리 法院審理; **~vollzieher** *m.* 집행관 執行官, vgl. § 2 KZVG. **Vollstreckungsperson.** Die Zivilvollstreckung wird, soweit nach diesem Gesetz keine Sondervorschriften bestehen, vom Gerichtsvollzieher ausgeübt. // Vgl. zu den Befugnissen des Gerichtsvollziehers §§ 42, 43 KZVG. // **~zuständigkeit** *f.* 법원관할 法院管轄.

Geringfügig Beschäftigter *m.* 저소득자 低所得者.

Geringfügige Beschäftigung *f.* 1. (*i.S.v. gering entlohnte Beschäftigung*) 저소득근로 低所得勤勞; 2. (*i.S.v. kurzfristiger Beschäftigung*) 단기근로 短期勤勞.

Geringfügigkeit *f.* 경미성 經微性.

Gesamt:akt *m.* 합동행위 合同行爲; **~betrag** *m.* 총액 總額; **~betriebsrat** *m.* 전체종업원평의회 全體從業員評議會; **~deckung** *f.* 총액보전 總額保全; **~eigentum** *n.* 총유 總有; **~eigentümer** *m.* 총유자 總有者; **~einkommen** *n.* 총소득 總所得; **~erbe** *m.* 포괄상속인 包括相續人; **~forderung** *f.* 연대채권 連帶債權; **~gläubiger** *m.* 연대채권자 連帶債權者; **~gesellschaft** *f.* 합수적 조합 合手的 組合; **~gewinn** *m.* 총이윤 總利潤, 총수익 總收益; **~grundrecht** *n.* 종합적 기본권 綜合的 期本權; **~gut** *n.* 합유재산 合有財產; **~hand** *f.* 합유관계 合有關係; **~handseigentum** *n.* 합유(소유) 合有(所有); **~handsgemeinschaft** *f.* 합유공동 合有共同; **~handsklage** *f.* 합유관계소송 合有關係訴訟; **~handsvermögen** *n.* 집합재산 集合財產, 합유재산 合有財產; **~hypothek** *f.* 공동저당권 共同抵當權, 총괄저당권 總括抵當權; **~kapitalrentabilität** *f.* (return on assets, ROA) 자산수익율 資產收益率; **~nachfolge** *f.* 포괄승계 包括承繼; **~nachfolger** *m.* 포괄승계인 包括承繼人; **~nachlaß** *m.* 포괄상속재산 包括相續財產; **~nichtigkeit** *f.* 전부무효 全部無效; **~organ** *n.* 전체기관 全體機關; **~planung** *f.* 종합계획 綜合計劃, 전체계획 全體計劃; raumbezogene ~ 전체공간(全體空間)계획; **~preis** *m.* 일괄대금 一括代金, 총가격 總價格; **~prokura** *f.* 공동지배권 共同支配權 (§ 12 KHGB); **~prokurist** *m.* 공동지배인 共同支配人 (§ 12 KHGB); **~rechtsnachfolge** *f.* 포괄권리승계 包括權利承繼, 포괄승계 包括承繼; **~rechtsstreit** *m.* 집단적 권리분쟁 集團的 權利紛爭; **~regelung** *f.* 전체적 규율 全體的 規律; **~schaden** *m.* 총손해 總損害.

Gesamt:schuld *f.* 1. schuldrechtlich (zugleich Oberbegriff) 연대채무 連帶債務 (§ 413 KBGB); 2. Die gesetzliche Gesamtschuld wird als 연대책임 連帶責任

bezeichnet, vgl. z.B. § 760 Abs. 1 KBGB (Haftung mehrerer aus unerlaubter Handlung), § 832 KBGB (Gesamtschuld der Ehegatten). // unechte ~ 부진정 (不眞正)연대채무; **~schuldklage** f. 연대채무소송 連帶債務訴訟; ~ **schuldner** m. 연대채무자 連帶債務者, 연대책임자 連帶責任者; **~schuldvereinbarung** f. 연대채무합의 連帶債務合意; **~schuldverhältnis** n. 연대채무관계 連帶債務關係.

Gesamt:staat m. 전체국가 全體國家, 집합국가 集合國家; **~strafe** f. 병합형 倂合刑; **~tätigkeit** f. 전반적 활동 全般的 活動; **~vermögen** n. 공동재산 共同財産, 총자본 總資本; **~vertrag** m. 집단적 계약 集團的 契約; **~vollmacht** f. 전체대리권 全體代理權.

Gesandter m. 공사 公使.

Geschädigter m. 피해자 被害者; mittelbar ~ 간접(間接)피해자; unmittelbar ~ 직접(直接)피해자.

Geschäft n. 1. (*i.S.v wirtschaftlicher Aktivität*) 영업 營業; 2. (*i.S.d. – nicht notwendigerweise wirtschaftlichen – Besorgung von Angelegenheiten*) 사무 事務; 2. (*i.S.v. Ladengeschäft*) 판매점 販賣店, 가게; 3. (*i.S.v. Handlung*) 행위 行爲; ~ des täglichen Lebens 일상생활상(一常生活上)의 행위; dissimuliertes ~ 은닉된 행위 隱匿된 行爲. // 통정허위표시를 통해서 은닉된 법률행위. // übertragenes ~ 위탁(委託)된 사무; verbundenes ~ 결합행위 結合行爲.

Geschäftliche Bezeichnung f. 영업상 명칭 營業上 名稱.

Geschäfts:abschluss m. 계약체결 契約締結; **~anmaßung** f. 불법사무관리 不法事務管理; **~anteil** m. 1. (*i.w.S.*) 영업지분 營業持分, 조합지분 組合持分; 2. (*des einzelnen Gesellschafters*) 사원지분 社員持分; **~auslagen** f. (Schaufensterauslagen) 진열품 陳列品; **~bank** f. 영업은행 營業銀行; **~bedingungen** f. pl. 1. (*i.S.v. AGB*) 거래약관 去來約款, 계약약관 契約約款; allgemeine ~ 보통(普通)거래약관, 보통계약약관; 2. (*i.S.v. Marktbedingungen*) 거래상 조건 去來上 條件; **~bereich** m. 1. (*eines Unternehmens*) 영업분야 營業分野; 2. (*einer Person*) 업무범위 業務範圍; **~bericht** m. (*als Schriftstück*) 영업보고(서) 營業報告(書); **~besorgung** f. 사무처리 事務處理; entgeltliche ~ 유상(有償)사무처리; unentgeltliche ~ 무상(無償)사무처리; **~besorgungsvertrag** m. 사무처리계약 事務處理契約; **~betrieb** m. 1. (*als Tätigkeit*) 영업활동 營業活動; kaufmännisch eingerichteter ~ 상인(商人)의 설비(設備)를 가진 영업활동; kaufmännischer ~ 상업상(商業上) 영업활동; wirtschaftlicher ~ 경영상(經營上) 영업활동, 경제적(經濟的) 영업활동; 2. (*i.S.v. Unternehmen*) 영업소 營業所; **~bezeichnung** f. 영업상 명칭

營業上 名稱, 상호 商號; ~beziehungen *f. pl.* 영업관계 營業關係, 거래관계 去來關係; ~brief *m.* 상용편지 常用便紙; ~buch *m.* 영업장부 營業帳簿; ~einrichtung *f.* 사업장소 事業場所; feste ~ 고정(固定)된 사업장소; ~fähiger *m.* 행위능력자 行爲能力者; ~fähigkeit *f.* (법률)행위능력 (法律)行爲能力; beschränkte ~ 제한(制限)된 행위능력; partielle ~ 부분적(部分的) 행위능력; volle ~ 완전(完全) 행위능력; ~führer *m.* 1. (*einer Gesellschaft*) (대표)이사 (代表)理事, 업무집행자 業務執行者; stellvertretender ~ 대표(代表)하는 업무집행자; 2. (*allg.*) 사무총장 事務總長; 3. (*bei einer GoA*) 관리자 管理者; ~führung *f.* 1. (*i.S.d. GoA*) 사무관리 事務管理; 2. (*i.S.d. der Betriebsführung*) 업무집행 業務執行, 경영 經營; ordnungsgemäße ~ 정상적(正常的) 업무집행; 3. (*i.S.v. Leitungsorgans*) 대표 代表.

Geschäftsführung ohne Auftrag (*Abk.* GoA) 1. (*wörtl.*) 무단사무관리 無斷事務管理, 위임계약 없는 사무의 처리; 2. (*in Korea verwendete Terminologie*) 사무관리 事務管理; berechtigte ~ 정당(正當)한 사무관리; echte ~ 진정(眞正)한 사무관리; öffentlich-rechtliche ~ 공법상(公法上)의 사무관리; unberechtigte ~ 부당(不當)한 사무관리; unechte ~ ohne Auftrag 준사무관리 準事務管理.

Geschäfts:führungsbefugnis *f.* 업무집행권한 業務執行權限; ~führungskosten *f.* 운영비 運營費; ~gang *m.* 직무진행 職務進行; ~gebühr *f.* 활동보수 活動報酬; ~geheimnis *n.* 영업비밀 營業秘密; ~grundlage *f.* 행위기초 行爲基礎; Wegfall der ~ (WGG) 행위기초의 상실(喪失); ~guthaben *n.* 조합원의 지분 組合員의 持分; ~herr *m.* 사무관리 본인 事務管理 本人, 사용자 使用者, 행위본인 行爲本人; ~inhaber *m.* 영업주 營業主; ~irrtum *m.* 내용의 착오 內容의 錯誤; ~jahr *n.* 영업연도 營業年度, 업무연도 業務年度, 사업연도 事業年度; ~kreis *m.* 영업영역 營業領域, 업무영역 業務領域; ~leitung *f.* 영업지배 營業支配; ~ordnung *f.* 의사규칙 議事規則, 사무규정 事務規定, 직무규칙 職務規則; parlamentarische ~ 의회(議會)의 직무규칙; ~plan *m.* (als Schriftstück) 사업계획(서) 事業計劃(書); ~räume *m. pl.* 영업소 營業所; ~raummakler *m.* 영업소중개인 營業所仲介人; ~raummiete *f.* 영업소임대차 營業所賃貸借; ~schädigung *f.* 영업방해 營業妨害; ~stelle *f.* 1. (*eines Gerichts*) (nach neudeutscher Diktion: „Service-Einheit") (법원의) 사무처 事務處, 사무국 事務局; 2. (*eines Betriebs*) 사무소 事務所; ~tätigkeit *f.* 사업수행 事業遂行, 사업활동 事業活動; ~träger *m.* 외교 사절 外交 使節; ~übernahme *f.* 영업인수 營業引受; ~übertragung *f.* (*engl.* business transfer) 영업양도 營業讓渡; ~unfähiger *m.* 행위무능력자 行爲舞能力者; volljähriger ~ 성년(成年)의 행위무능

력자; **~unfähigkeit** *f.* 행위무능력 行爲無能力; **~veräußerung** *f.* 영업양도 營業讓渡; **~verkehr** *m.* (영업)거래 (營業)去來; elektronischer ~ 전자상(電子上) 영업거래, 전자거래 電子去來; **~vermittlung** *f.* 거래중개 去來仲介; **~vermögen** *n.* 영업재산 營業財產; **~verteilung** *f.* 사무분배 事務分配; **~verwaltung** *f.* 영업관리 營業管理, 사무관리 事務管理; **~vorgang** *m.* 사업운영 事業運營; **~wert** *m.* 1. (*bei Notaren und freiwilliger Gerichtsbarkeit*) 비송사건의 법원사무의 가액 非訟事件의 法院事務의 價額; 2. (*i.S.d. Handels- und Steuerrecht*) („*Goodwill*") 영업권 營業權; **~wille** *m.* (법적)효과의사 (法的)效果意思; **~zeichen** *n.* 상표 商標; **~zweig** *m.* 영업종류 營業種類.

Geschenk *n.* 1. (*i.S.d. BGB*) 증여물 贈與物; 2. (*umgangssprachl.*) 선물 膳物.

Geschlecht *n.* 성별 性別.

Geschmacksmuster *n.* 의장(권) 意匠(權); **~anmeldung** *f.* 의장등록신청 意匠登錄申請; **~eintragung** *f.* 의장등록 意匠登錄. // Die Voraussetzungen der Eintragung von Geschmacksmustern sind im KGeschmMG (의장법) geregelt. Anders als bei der Patentfähigkeit wird hierbei nicht auf eine gewerbliche Verwertbarkeit („산업상 이용가능성", vgl. § 29 Abs. 1 KPatG), sondern auf die industrielle Verwertbarkeit („공업상 이용가능성") abgestellt, womit die Möglichkeit der industriellen Produktion gemeint ist („공업적으로 양산가능성"). Die Voraussetzungen der Geschmacksmustereintragung sind somit enger, als die der Patenterteilung während in Deutschland sowohl bei Patenten als auch bei Geschmacksmustern die gewerbliche Verwertbarkeit maßgeblich ist. // **~gesetz** *n.* (GeschMG) → Gesetzesregister; **~recht** *n.* 의장권 意匠權; **~schutz** *m.* 의장보호 意匠保護. // Der Schutz dauert 10 Jahre ab Eintragung, vgl. § 12 Abs. 1 KGeschmMG. // **~urheber** *m.* 의장의 창작인 意匠의 創作人.

geschrieben *adj.* 성문(成文)의.

Geschworenengericht *n.* 배심법원 陪審法院, vgl. → Jurysystem.

Geschworener *m.* 배심원 陪審員, vgl. → Jurysystem.

Gesellschaft *f.* 조합 組合, 회사 會社, vgl. → Gesellschaftsrecht; z.T. auch 법인 法人 (eigentlich: juristische Person); 1. (*des bürgerlichen Rechts*) 민사회사 民事會社, 민법상의 조합 民法上의 組合 (§§ 704 – 724 KBGB); 2. (*allg.*) 이익회사 利益會社, 조합 組合, 회사 會社; 3. (*i.S.v. menschliche Gemeinschaft*) 사회 社

會; individualistische ~ 개인주의적(個人主義的) 회사; abhängige ~ 종속(從屬)회사; ausschüttende ~ 분배(分配)를 행(行)하는 회사, 분배하는 화사; beherrschte ~ 지배(支配)되고 있는 회사; bürgerliche ~ 시민사회 市民社會; durch Fusion untergehende ~ 합병으로 소멸(合倂으로 消滅)하는 회사; fehlerhafte ~ 하자(瑕疵) 있는 회사; herrschende ~ 지배(支配)회사, 지배하고 있는 회사; kollektivistische ~ 단체주의적(團體主義的) 회사; neugegründete ~ 신설(新設)회사; stille ~ 익명조합 匿名組合; übernehmende ~ 인수(引受)하는 회사; untergehende ~ 소멸회사 消滅會社; verbundene ~ 계열사 系列社; de-facto ~ 사실상(事實上) 회사; Fortsetzung einer ~ 회사의 계속(繼續).

Gesellschaft mit beschränkter Haftung *f.* (*Abk.* GmbH) 유한회사 有限會社 (§ 543 ff. KHGB). // Die GmbH nimmt in Korea im Vergleich zur → Aktiengesellschaft nur eine untergeordnete Stellung im Wirtschaftsleben ein. Zum einen ist ihre gesellschaftliche Akzeptanz und das ihr entgegengebrachte geschäftliche Vertrauen gering. Zum anderen ist die Dominanz der Aktiengesellschaft bereits in der gesetzlichen Konzeption des KHGB angelegt. Dieses regelt die Aktiengesellschaft als Grundfall vor der GmbH, welche in den sie betreffenden Vorschriften immer wieder auf die Regelungen über die AG verweist, vgl. z.B. §§ 565 Abs. 2, 570, 571 Abs. 3, 572 Abs. 3, 578 KHGB. Der koreanische Gesetzgeber hat in einer großen Reform des KHGB versucht, die Attraktivität der GmbH zu steigern. Die zahlreichen Änderungen traten am 15.4.2012 in Kraft. So war z.B. die maximale Zahl der Gesellschafter der GmbH grds. auf 50 Personen beschränkt, vgl. § 545 Abs. 1 S. 1 KHGB a.F.. Eine Ausnahme hiervon bedurfte eines besonderen Grundes und einer gerichtlichen Genehmigung. Die Vorschrift wurde im Rahmen der Reform gestrichen. Ebenfalls gestrichen wurde die Regelung des § 546 Abs. 1 KHGB a.F., nach der für die Gründung einer GmbH ein Mindeststammkapital von 10 Mio KRW erforderlich war. In § 546 KHGB n.F. wurde der Mindestnennbetrag der einzelnen Geschäftsanteile zudem von vormals 5.000 KRW auf 100 KRW reduziert. Das Mindeskapital für die Gründung einer GmbH nach koreanischem Recht beträgt somit 100 KRW. Als weitere Änderungen wurden gem. § 607 KHGB die Umwandlung von GmbHs in Aktiengesellschaften sowie gem. § 556 KHGB die Übertragung von Geschäftsanteilen erleichtert. Tatsächlich hat sich die Zahl der GmbHs in Korea von ca. 17.000 im Jahr 2010 auf ca. 27.000 im Jahr 2015 erhöht.

Gesellschaft ~ ~ abwicklen 회사를 청산(淸算)하다; ~ auflösen 회사를 해산(解散)하다; ~ errichten 회사를 설립(設立)하다, 회사를 창립(創立)하다; ~ fortsetzen 회사를 계속(繼續)하다; ~ gründen 회사를 설립(設立)하다, 회사를 창립(創立)하다; ~ kaufen 회사를 매매(賣買)하다; ~ sanieren 회사를 회생(回生)시키다; ~ übergeben 회사를 양수(讓受)하다; ~ übernehmen 회사를 인수(引受)하다; ~ übertragen 회사를 양도(讓渡)하다; ~ verkaufen 회사를 판매(販賣)하다.

Gesellschafter m. 사원 社員, 조합원 組合員; ausgeschiedener ~ 탈퇴(脫退)사원; ausgeschlossener ~ 해임(解任)된 사원; beschränkt haftender ~ 유한책임(有限責任)사원; geschäftsführender ~ 업무를 집행하는 사원, 업무집행사원 業務執行社員 (§§ 201 Abs. 1, 269 KHGB). Teilweise nicht zutreffend mit „회사(會社)를 대표(代表)하는 사원" (= „Der die Gesellschaft vertretende Gesellschafter") übersetzt. // nicht geschäftsführender ~ 업무를 집행하지 않는 사원; persönlich haftender ~ 무한책임(無限責任)사원, vgl. § 212 KHGB für die Haftung der Gesellschafter einer OHG bzw. § 268 KHGB für die Haftung von Komplementär und Kommanditist einer KG. // stiller ~ 익명조합원 匿名組合員; unbeschränkt haftender ~ 무한책임(無限責任)사원; vertretungsberechtigter ~ 대리권(代理權) 있는 사원.

Gesellschafter:anteil m. 사원지분 社員持分; **~beschluss** m. 사원결의 社員決意; **~einlage** f. 사원출자 社員出資; **~liste** f. 사원명부 社員名簿; **~schuld** f. 사원채무 社員債務; **~versammlung** f. 사원총회 社員總會; außerordentliche ~ 임시(臨時)총회; ordentliche ~ 통상(通常)총회.

Gesellschafts:anteil m. 회사지분 會社持分; **~arten** f. pl. 회사종류 會社種類, vgl. → Gesellschaftsrecht; **~auflösung** f. 회사해산 會社解散, 회사해방 會社解放; **~blatt** n. 회사 공고지 會社 公告紙; **~buch** n. 회사장부 會社帳簿; **~eigentum** n. 회사소유 會社所有; **~einlage** f. (회사)출자 (會社)出資; **~firma** f. 상사회사(商事會社)의 상호(商號); **~forderung** f. 회사채권 會社債權; **~form** f. 회사형태 會社形態, vgl. → Gesellschaftsrecht; **~gewinn** m. 회사이익 會社利益; **~gläubiger** m. 회사채권자 會社債權者; **~gründer** m. (회사)발기인 (會社)發起人; **~gründung** f. 회사설립 會社設立, 회사창립 會社創立; **~haftung** f. 회사책임 會社責任; **~kapital** n. 회사자본 會社資本; **~konkurs** m. 회사파산 會社破產; **~mitglied** n. 회사구성원 會

社構成員; **~ordnung** f. 1. (i.S.v. Ordnung eines Unternehmens) 회사내부조직 會社內部組織; 2. (i.S.v. Ordnung der menschlichen Gesellschaft) 사회질서 社會秩序; **~organ** n. 회사기관 會社機關; **~pflicht** f. 사회적 의무 社會的 義務; **~satzung** f. (회사)정관 (會社)定款.

Gesellschaftsrecht n. 회사법 會社法. // Das koreanische HGB unterscheidet in § 170 fünf Arten von Gesellschaften: 1. Offene Handelsgesellschaft (합명회사), 2. Kommanditgesellschaft (합자회사), 3. → Limited Liability Company (유한책임회사), 4. → Aktiengesellschaft (주식회사), 5. → Gesellschaft mit beschränkter Haftung (유한회사). Daneben kennt das koreanische Recht die Gesellschaftsform der → Limited Partnership (bzw. beschränkte Partnerschaft) (합자조합).

Gesellschafts:register n. 회사등기부 會社登記簿; **~schuld(en)** f. (pl.) 조합채무 會社債務, 회사채무 會社債務; **~schuldner** m. 회사채무자 會社債務者; **~sitz** m. 회사의 소재지 會社의 所在地, 회사의 영업지 會社의 營業地; **~umwandlung** f. 회사변경 會社變更; **~verbindlichkeit** f. 회사채무 會社債務, 조합채무 組合債務; **~verhältnis** n. 회사관계 會社關係; **~vermögen** n. 조합재산 組合財産, 회사재산 會社財産; **~vertrag** m. 1. (i.S.v Unternehmenssatzung) 회사계약 會社契約, 조합계약 組合契約, 정관 定款; 2. (i.S.v. Übereinkommen in der menschlichen Gesellschaft) 사회계약 社會契約; **~vertreter** m. 회사대표자 會社代表者; **~vertretung** f. 회사대표 會社代表; **~zweck** m. 회사의 목적 會社의 目的.

Gesetz n. 법률 法律; ~ im formellen Sinn 형식적 의미(形式的 意味)의 법률; ~ im materiellen Sinn 실질적 의미(實質的 意味)의 법률; aufgrund eines ~es 법률에 근거(根據)하여; durch ~ 법률에 의해; allgemeines ~ 일반(一般)법률; einfaches ~ 단순(單純)법률; formelles (förmliches) ~ 형식적(形式的)법률; geltendes ~ 적용(適用)법률; geschriebenes ~ 성문(成文)법률; gleichheitswidriges ~ 평등원칙위반적(平等原則違反的) 법률; gültiges ~ 효력(效力) 있는 법률; inkraftgesetztes ~ 제정(制定)된 법률; inkraftgetretenes ~ 발효(發效)된 법률; materielles ~ 실질적(實質的) 법률, 실체적(實體的) 법률; nachkonstitutionelles ~ 헌법제정 이후 (憲法制定 以後)의 법률; rechtswidriges ~ 불법(不法)법률; reformiertes ~ 개정(改正)법률; satzungsvertretendes ~ 조례대체적(條例代替的) 법률; spezielles ~ 특별(特別)법률; ungeschriebenes ~ 불문(不文)법률; verdrängtes ~ 배제(排除)된 법률; verfassungsänderndes ~ 헌법개정법률 憲法改正法律; verfassungswidriges

~ 위헌(違憲)법률; verordnungsvertretendes ~ 명령대체적(命令代替的) 법률; vorkonstitutionelles ~ 헌법제정 이전 (憲法制定 以前)의 법률; zwingendes ~ 강제(强制)법률; Herrschaft des ~es 법률의 지배(支配).

Gesetz ~ ~ ein ~ anwenden 법률을 적용(適用)하다; ~ ausführen 법률을 시행(施行)하다; ~ befolgen 법률을 준수(遵守)하다; ~ erlassen 법률을 제정(制定)하다.

Gesetzbuch *n.* 법전 法典.

Gesetzes:änderung *f.* 법개정 法改正; **~anwendung** *f.* 법률적용 法律適用; **~ausführung** *f.* 법률시행 法律施行; **~befolgung** *f.* 법률준수 法律遵守; **~befolgungspflicht** *f.* 법률준수의무 法律遵守義務; allgemeine ~ 일반적(一般的) 법률준수의무; **~begriff** *m.* 법률개념 法律概念; unbestimmter ~ 불확정(不確定)법률개념; **~beschluss** *m.* 입법결정 立法決定; **~einheit** *f.* 법률단일(성) 法律單一(性); **~entwurf** *m.* 법률안 法律案, 법안 法案; **~erlass** *m.* 법률제정 法律制定; **~inhalt** *m.* 법률내용 法律內容; **~initiative** *f.* 법률발안 法律發案; **~interpretation** *f.* 법률해석 法律解釋; grammatikalische ~ 문리적(文理的) 법률해석; historische ~ 역사적(歷史的) 법률해석; teleologische ~ 목적론적(目的論的) 법률해석; systematische ~ 체계적(體系的) 법률해석; **~kollision** *f.* 법률의 저촉 法律의 抵觸; **~konkurrenz** *f.* 법률경합 法律競合, 법적(法的) 경합; **~kraft** *f.* 법률적 효력 法律의 效力; **~lücke** *f.* 법률의 흠결 法律의 欠缺, 법률의 결함(缺陷); **~merkmal** *n.* 법률표지 法律標識; deskriptives ~ 기술적(記述的) 법률표지; normatives ~ 규범적(規範的) 법률표지; **~norm** *f.* 법률규범 法律規範; **~positivismus** *m.* 법률실증주의 法律實證主義; **~reform** *f.* 법개혁 法改革; **~systematik** *f.* 법의 체계 法律의 體系, 법률의 분류법 法律의 分類法; **~technik** *f.* 입법기술 立法技術; **~umgehung** *f.* 탈법행위 脫法行爲; **~verstoß** *m.* 법률위반 法律違反; **~vertretend** *adj.* 법률대체적 法律對替的; **~vorbehalt** *m.* 법률의 유보 法律의 留保; **~vorlage** *f.* 법률안 法律案, 법안 法案; **~vorrang** 법률우위 法律優位; **~vorschlag** 법률안 法律案, 법안 法案; **~widrig** *adj.* → gesetzwidrig; **~widrigkeit** *f.* → Gesetzwidrigkeit; **~wortlaut** *m.* 법률문언 法律文言; **~zitat** *n.* 법률인용 法律引用, 법률참조 法律參照; **~zweck** *m.* 법률목적 法律目的.

Gesetzgebende Gewalt *f.* 입법권 立法權.

Gesetz:geber *m.* 입법자 立法者; verfassungsändernder ~ 헌법개정입법자 憲法改正立法者; **~gebung** *f.* 입법 立法; ~ des Bundes 연방의 입법 聯邦의 立法; ~ im formellen Sinn 형식적 의미(形式的 意味)의 법률; ~ im materiellen Sinn 실질

적 의미(實質的 意味)의 법률; ~ im Notstandsfall 비상사태(非常事態)에서의 입법; ausschließende ~ des Bundes 연방의 전속적(專屬的) 입법; ausschließliche ~ 전속적(專屬的) 입법; konkurrierende ~ 경합적 입법 競合的 立法, 경쟁적(競爭的) 입법; symbolische ~ 상징입법 象徵立法; **~gebungskompetenz** f. 입법권능 立法權能, 입법권한 立法權限, 입법권 立法權; ausschließliche ~ 전속적(專屬的) 입법권; konkurrierende ~ 경합적(競合的) 입법권; **~gebungsnotstand** m. 비상입법상태 非常立法狀態, 긴급입법사태 緊急立法事態; **~gebungsrecht** n. 입법권 立法權; **~gebungsverfahren** n. 입법절차 立法節次; **~lichkeitsprinzip** n. (strafr.) 죄형법정주의 罪刑法定主義, vgl. → nullum crimen, nulla poena sine lege scripta. Folgt aus Art. 13 Abs. 1 KVerf, § 1 Abs. 1 KStGB; **~mäßigkeit** f. 법률적합성 法律適合性, 합법률성 合法律性, 법적합성 法適合性, 합법성 合法性; ~ der Verwaltung 행정(行政)의 합법성, 행정(行政)의 법률적합성; **~widrigkeit** f. 위법성 違法性; **~zuständigkeit** f. → Gesetzgebungskompetenz.

gesetzlich adj. 법정 法定, 법률(法律)에 의한.

Gesetzliche Vermutung f. 법률상(法律上) 추정(推定).

Gesetzlicher ~ ~ Erbe m. 법정상속인 法定相續人; **~ Richter** m. 법률(法律)에 의한 법관(法官); **~ Zinssatz** m. 법정이율 法定利率.

Gesetzliches Schuldverhältnis n. 법정채권관계 法定債權關係.

Gesetzmäßigkeit f. 합법률성 合法律性.

Gesetztes Recht n. 제정법 制定法.

gesetzwidrig adj. 위법적 違法的.

Gestaltung f. 형성 形成.

Gestaltungs:akt m. 형성행위 形成行爲; formeller ~ 형식적(形式的) 형성행위; materieller ~ 실체적(實體的) 형성행위; **~fähigkeit** f. 형성능력 形成能力; **~freiheit** f. 형성의 자유 形成의 自由, 형성자유; gesetzgeberische 입법자(立法者)의 형성자유; planerische ~ 계획상(計劃上) 형성자유; **~geschäft** n. (법)형성적 행위 (法)形成的 行爲; **~klage** f. 형성소송 形成訴訟; **~macht** f. 형성권 形成權; **~möglichkeit** f. 형성가능성 形成可能性; **~recht** n. 형성권 形成權; **~spielraum** m. 형성여지 形成餘地; gesetzgeberische ~ 입법자(立法者)의 형성여지; **~urteil** n. 형성판결 形成判決; **~wirkung** f. 형성력 形成力.

Geständnis n. 자백 自白; ausdrückliches ~ 명백(明白)한 자백; außergerichtliches ~ 재판(裁判) 외(外)의 자백; fiktives ~ 간주적(看做的) 자백; gerichtliches ~ 재판상

(裁判上) 자백; qualifiziertes ~ 제한부(制限附) 자백; **~erzwingung** *f.* 자백강요 自白强要; **~fiktion** *f.* 1. (*gesetzliche Terminologie*) 자백간주 自白看做, vgl. § 150 KZPO; 2. (*wissenschaftliche Bezeichnung*) 의제자백 擬制自白.

Gestattung *f.* 허용 許容.

gestehen *v.* 자백(自白)하다.

Gesuch *m.* 청원 請願; **~schreiben** *n.* 청원서 請願書.

Gesundheit *f.* 건강 健康.

Gesundheits:beratung *f.* 건강상담 健康相談; **~beschädigung** *f.* → Gesundheitsschädigung; **~förderung** *f.* 건강증진 健康增進; **~gefährdung** *f.* 건강위험 健康危險; **~management** *n.* 건강관리 健康管理; **~recht** *n.* 건강법 健康法; **~schädigung** *f.* 건강상의 손상 健康上의 損傷, 건강손상 健康損傷, 건강훼손 健康毀損; **~schutz** *m.* 건강보호 健康保護, 보건 保健; **~schutzvorschrift** *f.* 건강보호규칙 健康保護規則; **~verletzung** *f.* 건강침해 健康侵害; **~zeugnis** *n.* 진단서 診斷書; **~zustand** *m.* 건강상의 상태 健康上의 狀態.

Getäuschter *m.* 1. im Zivilrecht 피사기자 被詐欺者; 2. im Strafrecht 피기망자 被欺罔者. Vgl. zu der Terminologie → Täuschung.

Getöteter *m.* 1. (*allg.*) 사망자 死亡者; 2. (*durch Delikt*) 피살자 被殺者.

Getrenntleben *n.* 별거 別居.

Gewähren *n.* 1. (*i.S.v. zur Verfügung stellen*) 공여 供與, 제공 提供; 2. (*i.S.v. Erlauben*) 허가 許可.

Gewährleistung *f.* (하자)담보(책임) (瑕疵)擔保(責任), 보장 保障, 보증 保證, 담보제공 擔保提供.

Gewährleistungs:anspruch *m.* (하자)담보청구권 (瑕疵)擔保請求權; **~haftung** *f.* (하자)담보책임 (瑕疵)擔保責任; **~staat** *m.* 보증국가 保證國家; **~verantwortung** *f.* 보장책임 保障責任.

Gewahrsam *m.* 1. (*an Sachen*) 소지 所持; 2. (*an Personen*) 보호구금 保護拘禁, 보호조치 保護措置.

Gewährung *f.* 허가 許可.

Gewalt *f.* 1. (*abstrakt*) 권력 權力, 실력 實力, 위력 威力; 2. (*körperlich*) 폭력 暴力, 폭행 暴行; durch ~ (und Drohung) 폭행 (또는 협박 脅迫)으로; gesetzgebende ~ 입법권 立法權; höhere ~ 불가항력 不可抗力; hoheitliche ~ 고권력 高權力; öffentliche ~ 공권력 公權力; rechtsprechende ~ 사법권 司法權; richterliche ~ 사법권 司法權;

staatliche ~ 국가(國家)권력; tatsächliche ~ 사실상(事實上)의 실력; vollziehende ~ 집행권 執行權.

Gewalt:anwendung f. → Gewaltausübung; **~ausübung** f. 실력행사 實力行使, 폭력행사 暴力行使; **~darstellung** f. 폭력표현물 暴力表現物; **~kriminalität** f. 폭력범죄 暴力犯罪; **~tätigkeit** f. 폭력행위 暴力行爲; **~verhältnis** n. 권력관계 權力關係; allgemeines ~ 일반(一般)권력관계; besonderes ~ 특별(特別)권력관계, 특별신분관계 特別身分關係;

Gewalten:balancierung f. 권력균형 權力均衡; **~teilung** f. (Grundsatz der ~) 권력분립(주의) 權力分立(主義); **~trennung** f. 권력분리 權力分離.

Gewässer n. (pl.) 수(역) 水(域); fließende ~ 하천 河川; innere ~ 내수 內水; internationale ~ 국제수 國際水, 공해 公海; neutrale ~ 중립수 中立水; stehende ~ 호수 湖水; **~schutz** m. 수역보호 水域保護.

Gewerbe n. 영업 營業, 산업 産業, 경영 經營, 사업 事業; gefährliches ~ 위험(危險)한 영업; produzierendes ~ 생산(生産)경영; ungefährliches ~ 무위험(無危險)한 영업; **~abfall** m. 사업장폐기물 事業場廢棄物; **~amt** n. 영업관청 營業官廳, 사업동록청 事業登錄廳; **~anmeldung** f. 영업신고 營業申告, 영업등록 營業登錄; **~aufsicht** f. 영업감사 營業監査, 영업감독 營業監督; **~betrieb** m. 1. (i.S.v. Gewerbe) 영업 營業; 2. (i.S.v. Betrieb eines Gewerbes) 경영 經營, 상업활동 商業活動; **~erlaubnis** f. 영업허가 營業許可; **~fortführung** f. 영업의 계속수행 營業의 繼續遂行; **~freiheit** f. 영업의 자유 營業의 自由; **~führung** f. 영업수행 營業遂行; **~geheimnis** n. 영업상 비밀 營業上 秘密; **~miete** f. 영업목적(營業目的)으로 사용(使用)되는 부동산(不動産)의 임대차(賃貸借); **~mietvertrag** m. 영업목적(營業目的)으로 사용(使用)되는 부동산(不動産)의 임대차계약(賃貸借契約); **~ordnung** f. 영업규칙 營業規則, 영업령 營業令; **~raum** m. 영업공간 營業空間; **~register** n. 영업등기부 營業登記簿; **~steuer** f. 영업세 營業稅; **~steuergesetz** n. → Gesetzesregister; **~treibender** m. 영업경영자 營業經營者, 영업행위자 營業行爲者; selbständiger ~ 독립적(獨立的)인 영업경영자; **~zulassung** f. 영업규칙상의 허가 營業規則上의 許可; **~zweig** m. 영업분야 營業分野.

gewerblich adj. 영업적 營業的, 영업으로, 영업상 營業上, 업(業)으로.

Gewerbliche ~ ~ Tätigkeit f. 영업적 활동 營業的 活動; **~ Weitervermietung** f. 영업적 전대차 營業的 轉貸借.

Gewerblicher Rechtsschutz m. 상업재산권구제 商業財産權求濟.

gewerbsmäßig *adj.* → gewerblich..

Gewerkschaft *f.* 노동조합 勞動組合.

Gewerkschaftsbund *m.* 노동조합연맹 勞動組合聯盟.

Gewinn *m.* 이익 利益, 이익금 利益金, 이윤 利潤, 이득 利得; ~ eines Unternehmens 기업(企業)의 이윤; entgangener ~ 재산취득의 방해 財產取得의 放害, 소극적 손해 消極的 損害, 얻지 못하게 된 이익; nicht ausgeschütteter ~ 유보이윤 留保利潤; nicht verteilter ~ (*engl.* undivided profit) 미처분 이익잉여금 未處分 利益剩餘金; steuerpflichtiger ~ 납세의무(納稅義務)가 있는 이윤; zu besteuernder ~ 과세대상(課稅對象)인 이윤.

Gewinn und Verlust 손익 損益.

Gewinn- und Verlustrechung *f.* (als Dokument) 손익계산(서) 損益計算(書).

Gewinn:abführung *f.* 이익지급 利益支給; **~abführungsvertrag** *m.* 이익지급계약 利益支給契約; **~abschöpfung** *f.* 이익박탈 利益剝奪; **~absicht** *f.* 영리의 목적 營利의 目的; **~aufteilung** *f.* 이윤배분 利潤配分; **~ausschüttung** *f.* (이익)배당 (利益)配當, 이익분배 利益分配; **~beteiligung** *f.* 이익참가 利益參加, 이익분배 利益分配, 이익배당 利益配當, 이윤참여 利潤參與; **~bezugsrecht** *n.* 이익배당권 利益配當權; **~ermittlung** *f.* 이윤조사 利潤調査; **~erzielung** *f.* 이득취득 利得取得; **~erzielungsabsicht** *f.* 영리(營利)의 목적(目的), 영리목적, 이득취득의도 利得取得意圖; mit ~ 영리목적으로; **~gemeinschaft** *f.* 손익공동체 損益共動體; **~marge** *f.* (*engl.* profit margin) 매출이익 賣出利益; **~obligation** *f.* 이익참가부사채 利益參可附社債, 이익분배증권 利益分配證券; **~rücklage** *f.* 이익준비금 利益準備金; **~schuldverschreibung** *f.* 이익참가부사채 利益參可附私債; **~verteilung** *f.* → Dividende; **~verwendung** *f.* 이익금사용 利益金使用; **~verwendungsbeschluss** *m.* 이익금사용결의 利益金使用決議; **~vortrag** *m.* 이익금이월공제 利益金移越控除, 이월이익금 移越利益金; **~zurechnung** *f.* 이윤귀속 利潤歸屬; gegenseitige ~ 상호적(相互的) 이윤귀속; **~zusage** *f.* 이득약속 利得約束.

Gewissen *n.* 양심 良心.

Gewissensfreiheit *f.* 양심의 자유 良心의 自由 (Art. 19 KVerf).

Gewissheit *f.* 확실(성) 確實(性). 예: „Es herrscht Gewissheit über die Tatbeteiligung." = „범죄행위에 참가한 것은 확실하다."

gewohnheitsmäßig *adj.* 1. (*allg.*) 관습상/적 慣習上/的; 2. (*strafr.*) 상습상/적 常習上/的.

Gewohnheitsmäßiges Handeln *n.* 상습적 행위 常習的 行爲.

Gewohnheits:recht *n.* 관습법 慣習法; ungeschriebenes ~ 불문(不文) 관습법; Verbot des ~s (*strafr.*) 관습형법금지(의 원칙) 慣習刑法禁止(의 原則); (*wörtl.*: Verbot des Gewohnheitsstrafrechts); **~täter** *m.* → Gewohnheitsverbrecher; **~verbrechen** *n.* 상습범 常習犯; **~verbrecher** *m.* 상습범인 常習犯人.

Girovertrag *m.* 지로계약(契約).

Glaubensfreiheit *f.* 신앙의 자유 信仰의 自由.

glaubhaft *adj.* 신뢰(信賴)가 있는, 믿을만한; ~ **machen** *v.* 소명(疏明)하다.

Glaubhaftmachung *f.* 소명 疏明.

Gläubiger *m.* 채권자 債權者; bisheriger (alter) ~ 종전(從前)의 채권자; neuer ~ 새로운 채권자.

Gläubiger:anfechtung *f.* 채권자취소 債權者取消; **~begehren** *n.* 채권자요구 債權者要求; **~begünstigung** *f.* (als Delikt) 채권자비호(죄) 債權者庇護(罪); **~gefährdung** *f.* 채권자위협 債權者威脅; **~mehrheit** *f.* 다수당사자의 채권자 多數當事者의 債權者; **~recht** *n.* 채권자의 권리(權利); **~schutz** *m.* 채권자보호 債權者保護; **~streit** *m.* 채권자소송 債權者訴訟; **~verlangen** *n.* 채권자청구 債權者請求; **~versammlung** *f.* 채권자집회 債權者集會; **~vertreten** *n.* 채권자책임 債權者責任; **~verzeichnis** *n.* 채권자목록 債權者目錄; **~verzug** *m.* 채권자지체 債權者遲滯.

Glaubwürdigkeit *f.* 신빙성 信憑性.

Gleichartigkeit *f.* 동종성 同種性; ~ der Forderungen 채권(債權)의 동종성.

gleichbedeutend *adj.* 동일(同一)한, 같은 의미의.

Gleichbehandlung *f.* 평등대우 平等待遇; 무차별 無差別, 평등취급 平等取級; allgemeine ~ 일반(一般)평등대우.

Gleichbehandlungs:gesetz *n.* 평등대우법 平等待遇法; **~grundsatz** *m.* 평등대우원칙 平等待遇原則; arbeitsrechtlicher ~ 노동법상(勞動法上) 평등대우원칙.

Gleichberechtigung *f.* 평등성 平等性.

Gleichgültigkeitstheorie *f.* 무관심설 無關心說.

Gleichheit *f.* 평등 平等; ~ der Wahl 평등선거(選擧) (Art. 41 Abs. 1 KVerf); ~ im Unrecht 불법(不法)에 있어서의 평등; ~ vor dem Gesetz 법(法)앞에서의 평등.

Gleichheits:grundsatz *m.* → Gleichheitssatz; **~recht** *n.* 평등권 平等權; **~satz** *m.* 평등원칙(原則); allgemeiner ~ 일반적(一般的) 평등원칙; besonderer ~ 특별적(特別的) 평등원칙.

gleichheitswidrig *adj.* 평등원칙(平等原則)에 반(反)하는.
Gleichordnungskonzern *m.* 수평기업결합 水平企業結合.
Gleichstellung *f.* 평등(화) 平等(化), 동등지위 同等地位.
Gleichstellungsbeauftragter *m.* 평등위임권자 平等委任權者, 평등담당관 平等擔當官; ~ der Bundesregierung 연방정부(聯邦政府)의 평등담당관.
gleichwertig *adj.* 동가치적 同價值的.
Gleichwertigkeit *f.* 동가치성 同價值性; tatbestandliche ~ 구성요건적(構成要件的) 동가치성.
Gliedstaat *m.* 지분국가 支分國家, 지방국가 支邦國家.
Globalisierung *f.* 세계화 世界化.
Global:sicherheit *f.* 일괄담보 一括擔保, 포괄담보 包括擔保; **~zession** *f.* 일괄양도 一括讓渡, 포괄양도 包括讓渡.
Glücksspiel *n.* 도박 賭博.
Gnade *f.* 사면 赦免; große ~ 큰 사면(赦免), 대사면 大赦免; kleine ~ 작은 사면(赦免).
Gnaden:befugnis *f.* (특별)사면권한 (特別)赦免權限; **~gesuch** *n.* (특별)사면청원(特別)赦免請願; **~ordnung** *f.* 사면규정 赦免規定; **~recht** *n.* (특별)사면권 特別赦免權; **~weg** *m.* (특별)사면절차 特別赦免節次.
go(ing) public *engl.* vgl. → Publikumsgesellschaft.
Goldklausel *f.* 금약관 金約款.
Gratifikation *f.* 상여금 賞與金.
Grand Jury *f.* 대배심 大陪審.
Gremium *n.* 위원회 委員會; sachverständiges ~ 전문가(專門家)위원회.
Grenzbezeichnung *f.* 경계표 境界標.
Grenze *f.* 1. (*i.S.v. Staatsgrenze*) 국경 國境; 2. (*allg. zwischen räumlich abgegrenzten Gebieten, z.B. zwischen Grundstücken*) 경계 境界; 3. (*abstrakt i.S.v. Beschränkung*) 한계 限界, 한도 限度.
Grenz:merkmal *n.* 경계표(지) 境界標(識), 계표 界標; **~stein** *m.* 경계표 境界標, 界標 계표; **~streitigkeit** *f.* (*nachbarrechtl.*) (상린법상) 경계분쟁 (相隣法上) 境界紛爭; **~verückung** *f.* (Delikt) 경계침범죄 境界侵犯罪 (§ 370 KStGB); **~wert** *m.* 한계치 限界値.
Grober Unverstand *m.* 중대한 오해 重大한 誤解.
Großer Senat *m.* 대심원 大審院.

Grund *m.* 1. (*i.S.v. causa*) 근거 根據, 원인 原因, 이유 理由; rechtlicher ~ 법적(法的) 인 근거; tatsächlicher ~ 사실상(事實上) 근거; 2. (*i.S.v. Boden*) 토지 土地; 3. (*i.S.v. Basis*) 근본 根本, 기본 基本, 기초 基礎.

Grund:anschauung *f.* 근본사상 根本思想; **~ausbildung** *f.* (*milit.*) 기초군사훈련 基礎軍事訓練; **~bedeutung** *f.* 기본의미 基本意味; **~bedingung** *f.* 기본조건 基本條件; **~begriff** *m.* 기본개념 基本槪念.

Grundbuch *n.* 부동산등기부 不動産登記簿 (*wörtl.* „Buch der unbeweglichen Sachen"); (토지등기부 土地登記簿); oft auch nur „등기부". // Die dem Inhalt des deutschen Grundbuchs entsprechende (d.h. auf die Offenlegung der Rechtsverhältnisse an einem *Grundstück* beschränkte) Übersetzung lautet „토지등기부" (土地登記簿). Hierbei handelt es sich aber lediglich um einen Abschnitt des koreanischen Grundbuchs, das neben Grundstücken in zwei weiteren Abschnitten zudem Einzelbauten (건물등기부 建物登記簿) und Gebäudegesamtheiten (집합건물등기부 集合建物登記簿) behandelt, was Folge der anders als im deutschen Recht in Korea vorgenommenen rechtlichen Trennung zwischen Grundstück und Gebäude ist. // Richtigkeit des ~s 토지등기부의 정당성(正當性).

Grundbuch:amt *n.* 등기관청 登記官廳; **~blatt** *n.* 등기부용지 登記簿用紙; **~eintragung** *f.* (토지)등기부에 등기 (土地)登記簿에 登記; **~inhalt** *m.* 등기부의 내용 登記簿의 內容; **~ordnung** *f.* → Gesetzesregister; **~system** *n.* 등기부제도 登記簿制度, 등기부주의 登記簿主義.

Grunddienstbarkeit *f.* 지역권 地役權.

Gründer *m.* 1. (*allg.*) 설립행위자 設立行爲者; 2. (*eines Unternehmens*) 설립자 設立者, 발기인 發起人; **~anteil** *m.* 발기인지분 發起人持分; **~geschäft** *n.* 원인행위 原因行爲; **~gesellschaft** *f.* 발기인회사 發起人會社.

Grund:erwerb *m.* 부동산취득 不動産取得; **~erwerbssteuer** *f.* 부동산취득세 不動産取得稅; **~freibetrag** *m.* 기초공제액 基礎控除額.

Grundgesetz *n.* (GG) 기본법 基本法. // 독일의 헌법.

Grundhandelsgeschäft *n.* 기본적 상행위 基本的 商行爲.

Grundhandelsgewerbe *n.* 기본상행위 基本商行爲, 기초적 상업 基礎的 商業.

Grundkapital *n.* 자본 資本, 기본자산 基本資産, 기본자본 基本資本; Bruchteil des ~s 자본의 구성분(構成分); Prinzip der Beständigkeit des ~s 자본불변의 원

칙 資本不變의 原則; Prinzip der Bindung des ~s 자본구속의 원칙 資本狗速의 原則; Prinzip der Erhaltung des ~s 자본유지의 원칙 資本維持의 原則; Prinzip des festen ~s 자본확정의 원칙 資本確定의 原則; Erhöhung des ~s 자본증가(增加).

Grundlehre f. 기본원리 基本原理.

Grundlohn m. 기본임금 基本賃金.

Grundordnung f. 기본질서 基本秩序; freiheitlich – demokratische ~ 자유민주적(自由民主的) 기본질서; politische ~ 정치적(政治的) 기본질서; rechtliche ~ 법적(法的) 기본질서; staatliche ~ 국가(國家)의 기본질서.

Grundpfand n. 토지담보(권) 土地擔保(權).

Grundpfandrecht n. 토지에 관한 담보물권 土地에 관한 擔保物權, 부동산(不動産)에 관한 담보물권, 토지담보권 土地擔保權, 부동산담보권 不動産擔保權.

Grundrecht n. 기본권 基本權; demokratisches ~ 민주적(民主的) 기본권; modernes ~ 현대(現代) 기본권; Doppelcharakter der ~e 기본권의 이중적 성격(二重的 性格); Drittwirkung von ~en 기본권의 제삼자적 효력(第三者的 效力); wirtschaftliches ~ 경제적(經濟的) 기본권.

Grundrecht ~ ~ auf körperliche Unversehrtheit 신체적 불가침성의 기본권 身體的 不可侵性의 基本權.

Grundrechts:berechtigter m. 기본권자 基本權者; **~berechtigung** f. (wörtl.) 기본권에 대한 권리, 기본권을 가지는 지위; → Grundrechtsträgerschaft은 대등하다. // **~charakter** m. 기본권성 基本權性; **~dogmatik** f. 기본권해석론 基本權解釋論; **~eingriff** m. 기본권제한 基本權制限, 기본권침해 基本權侵害; faktischer ~ 사실상(事實上) 기본권침해; mittelbarer ~ 간접적(間接的) 기본권제한; klassischer ~ 전통적(傳統的) 기본권제한; unmittelbarer ~ 직접적(直接的) 기본권제한; **~fähigkeit** f. 기본권능력 基本權能力; **~kollision** f. 기본권상충 基本權相衝; **~konkurrenz** f. 기본권경쟁 基本權競爭, 기본권경합 基本權競合; **~mündigkeit** f. 기본권능력 基本權能力; **~rang** m. 기본권(基本權)과 같은 지위(地位); **~schranke** f. 기본권한계 基本權限界; immanente ~ 내재적(內在的) 기본권한계; **~schutz** m. 기본권보호 基本權保護; **~senat** m. 기본권합의부 基本權合意部. // 독일 연방헌법재판소법 (Bundesverfassungsgerichtsgesetz/ BVerfGG) 제2조 제1항에 따라서 연방헌법재판소는 두 개의 원 및 합의부(Senat)으로 구성되는데 제1원은 특히 기본법 제1조 내지 제17조에 해당되는 규범통제소송과 헌법소원을 담당하고, 따라서 제1원은 "기본권합의부"로, 제2원은 공무원관계, 병역 및 민간대체복무, 형사소송 및 행정벌, 형사집행에 관한 규범통제

와 헌법소원, 권한쟁의, 정당금지, 선거소송을 담당하는데, 따라서 제2원은 "국법합의부 (Staatsrechtssenat)"로 묘사되기도 한다. // **~standard** *m.* 기본권수준 基本權水準; **~träger** *m.* 기본권주체 基本權主體; **~ trägerschaft** *f.* 기본권주체성 基本權主體性; → Grundrechtsberechtigung은 대등하다. // **~verletzung** *f.* 기본권침해 基本權侵害; **~verpflichteter** *m.* 기본권의무자 基本權義務者; **~verwirklichung** *f.* 기본권실현 基本權實現; **~verwirkung** *f.* 기본권상실 基本權喪失, 기본권실효 基本權實效; **~voraussetzung** *f.* 기본권전제조건 緊本權前提條件.

Grundregel *f.* 기본규정 基本規定.

Grundrente *f.* 1. (*i.S.v. Rentenschuld*) 지료 地料; 2. (*i.S.v. Altersrente*) 기본연금 基本年金.

Grundsatz *m.* 원칙 原則; demokratischer ~ 민주적(民主的) 원칙; ~ **der Allzuständigkeit** 전면관할의 원칙 全面管轄의 原則; ~ **der Angemessenheit** 상당성(相當性)의 원칙; ~ **der Beschleunigung** 신속한 재판의 원칙 迅速한 裁判의 原則; ~ **der freien Beweiswürdigung** 증거평가자유(證據評價自由)의 원칙; ~ **der Erforderlichkeit** 필요성(必要性)의 원칙; ~ **der fehlerhaften Gesellschaft** 하자(瑕疵) 있는 회사(會社)의 원칙; ~ **der freien Übertragbarkeit der Mitgliedschaft einer AG** 주식양도자유(株式讓渡自由)의 원칙; ~ **der Geeignetheit** 적합성(適合性)의 원칙; ~ **der Kosteneinheit** 소송비용불가분(訴訟費用不可分)의 원칙; ~ **der Offenkundigkeit** 공시(公示)의 원칙; ~ **der Öffentlichkeit** 공개성(公開性)의 원칙; ~ **der Verhältnismäßigkeit** 비례성(比例性)의 원칙, 비례원칙; ~ **der Vertragsfreiheit** 계약자유(契約自由)의 원칙; ~ **des fairen Verfahrens** 공정(公正)한 재판(裁判)의 원칙, 적정절차(適正節次)의 원칙; ~ **des freien Mandats** 자유위임(自由委任)원칙; ~ **des öffentlichen Glaubens** 공신(公信)의 원칙; ~ **von Treu und Glauben** 신의원칙 信義原則.

Grundsätzliche Bedeutung (*als Revisionsgrund*) 근본적인 중요성 根本的인 重要性.

Grundschuld *f.* 토지채무 土地債務; **~bestellung** *f.* 토지채무설정 土地債務設定; **~bestellungsurkunde** *f.* 토지채무설정증서 土地債務設定證書; **~brief** *m.* 토지채무증서 土地債務證書; **~gläubiger** *m.* 토지채권자 土地債權者, 토지채무의 채권자 土地債務의 債權者; **~schuldner** *m.* 토지채무자 土地債務者, 토지채무의 채무자 土地債務의 債務者.

Grund:sicherung *f.* 1. (*wörtl.*) 기초보장 基礎保障; 2. (*sinngemäß*) 최저생활보장

最低生活保障; **~steuer** *f.* 부동산세 不動產稅; **~stoff** *m.* 원재료 原材料.

Grundstück *n.* 부동산 不動產, 토지 土地; benachbartes ~ 이웃토지(土地), 인접토지 隣接土地, 인접해 있는 토지, 인지 隣地; belastetes ~ 부담(負擔) 있는 토지; dienendes ~ 승역지 承役地; herrschendes ~ 요역지 要役地; landwirtschaftliches ~ 농지 農地; wesentlicher Bestandteil des ~s 토지의 본질적 구성부분 土地의 本質的 構成部分.

Grundstücks:belastung *f.* 토지부담 土地負擔; **~eigentümer** *m.* 토지소유자 土地所有者; **~erwerb** *m.* 부동산의 취득 不動產의 取得; **~erwerber** *m.* 부동산의 취득인 不動產의 取得人; **~karte** *f.* 지적도 地籍圖; **~makler** *m.* 부동산중개사 不動產仲介士; **~nutzung** *f.* 토지이용 土地利用; **~oberfläche** *f.* 지표 地表; **~recht** *n.* 부동산물권 不動產物權; **~veräußerung** *f.* 토지양도 土地讓渡; **~zubehör** *n.* 토지종물 土地從物.

Grundtatbestand *m.* 기본구성요건 基本構成要件.

Gründung *f.* (einer Gesellschaft) (회사의) 설립 設立, 창립 創立; ~ eines Unternehmens 회사(會社)설립, 회사창립; ~ einer juristischen Person 법인(法人)설립; einfache ~ 단순(單純)설립; qualifizierte ~ 변태(變態)설립.

Gründungs:abrede *f.* 설립약정 設立約定; **~akt** *m.* 설립행위 設立行爲; **~aufwand** *m.* 설립비용 設立費用; **~bericht** *m.* 설립보고서 設立報告書; **~bilanz** *f.* 설립대차대조표 設立貸借對照表; **~einlage** *f.* 설립출자 設立出資; **~eintragung** *f.* 설립등기 設立登記; **~fonds** *m.* 설립자금 設立資金; **~freiheit** *f.* 설립의 자유 設立의 自由; **~geschäft** *n.* 설립행위 設立行爲, 설립사무 設立事務; **~gesellschaft** *f.* 설립중(設立中)의 회사(會社); **~gesellschafter** *m.* 발기인 發起人, 설립자 設立者; **~hauptversammlung** *f.* 설립총회 設立總會; **~kapital** *n.* 설립자본 設立資本; **~komitee** *n.* 설립위원회 設立委員會; **~kosten** *f.* 설립비(용) 設立費(用); **~kredit** *m.* 설립신용 設立信用; **~mitglied** *n.* 발기인 發起人, 설립자 設立者; **~protokoll** *n.* 설립조서 設立調書; **~prüfer** *m.* 설립(設立)에 대한 심사인(審查人), 설립검사인 設立檢查人; **~prüfung** *f.* 설립(設立)에 대한 심사(審查); **~satzung** *f.* 설립정관 設立定款; **~stadium** *n.* 설립단계 設立段階; **~urkunde** *f.* 설립증서 設立證書; **~verfahren** *n.* 설립절차 設立節次; **~vertrag** *m.* 설립계약 設立契約; **~vorbereitung** *f.* 설립준비 設立準備; **~vorvertrag** *m.* 설립예약 設立豫約; **~zeitpunkt** *m.* 설립시 設立時; **~zwang** *m.* 설립강제 設立强制.

Grund:urteil *n.* 원인판결 原因判決; **~verfügung** *f.* 원처분 原處分; **~vergütung** *f.* 기본보수 基本報酬; **~verwaltungsakt** *m.* 원행정행위 原行政行爲; **~vorsorge** *f.*

기본배려 期本配慮; **~wasser** n. 지하수 地下水; **~wechsel** m. 기본(基本)어음.

Gruppe f. 1. (allg. als Zusammenfassung natürlicher oder juristischer Personen) 단체 團體, 집단 集團; 2. (i.S.v. 1. als Suffix) ~단(團), ~파(派), ~조(組); 3. (als Ordnungseinheit) 분류 分類.

Gruppen:boykott m. 집단(集團)보이콧; **~freistellungsverordnung** f. 일괄면제규칙 一括免除規則, 일괄예외규칙 一括例外規則; **~lebensversicherung** f. 단체생명보험 團體生命保險; **~versicherung** f. 단체보험 團體保險; **~versicherungsvertrag** m. 단체보험계약 團體保險契約.

gültig adj. 유효(有效)한.

Gültigkeit f. 유효(성) 有效(性); allgemeine ~ 일반적(一般的) 유효성; rechtliche ~ 법적(法的) 유효성; ~ des Vertrags 계약(契約)의 유효성.

Gültigkeits:dauer f. 유효기간 有效期間; **~irrtum** m. 효력의 착오 效力의 錯誤; **~vermutung** f. 유효추정 有效推定; **~voraussetzung** f. 유효의 요건 有效의 要件.

Günstigkeitsprinzip n. 유리우선원칙 有利優先原則.

Gut n. 1. (i.S.v. persönliche Habe) 재산 財産, 재물 財物, 재화 財貨; 2. (i.S.v. Transportgut) 화물 貨物; geistiges ~ 정신적(精神的) 재산; körperliches ~ 유체(有體)재물; unkörperliches ~ 무체(無體)재물.

Gutachten n. (전문)감정서 (專門)鑑定書, (전문)의견서 (專門)意見書; ärztliches ~ 의사(醫師)감정서; bautechnisches ~ 건축(建築)감정서; fachliches ~ 전문(專門)감정서; juristisches ~ 법률(法律)감정서; medizinisches ~ 의학(醫學)감정서; technisches ~ 기술(技術)감정서; **~entwurf** m. 감정서안 鑑定書案, 예비감정서 豫備鑑定書; **~verweigerungsrecht** n. 감정거부권 鑑定拒否權.

Gutachter m. (전문)감정인 (專門)鑑定人; **~ausschuss** m. 감정인위원회 鑑定人委員會.

Gute Sitten f. pl. 공서양속 公序良俗.

Guter Glaube m. 선의 善意.

Güte f. (i.S.v. Qualität) (품)질 (品)質; geringe ~ 하급(下級) 품질, 하등(下等) 품질; gleiche ~ 동질 同質; hohe ~ 고급(高級) 품질, 고등(高等) 품질; mittlere ~ 중급(中級) 품질, 중등(中等) 품질.

Güter n. pl. vgl. → Gut.

Güter:abwägung f. 이익형량 利益衡量; **~einkauf** m. 재화구매 財貨購買; **~gemeinschaft** f. 1. (allg.) 재산공동체 財産共動體; 2. (eherechtl.) 부부공산제 夫婦共產制; **~kraftverkehr** m. 화물차량운송 貨物車輛運送; **~recht** n. 재산법 財

產法; eheliches ~ 부부(夫婦)재산법; ~**rechtsregister** *n.* (부부)재산등록부 (夫婦)財產登錄簿; ~**stand** *m.* 부부재산제 夫婦財產制; gesetzlicher ~ 법정(法定)부부재산제; ~**transportversicherung** *f.* 화물운송보험 貨物運送保險; ~**trennung** *f.* (*eheliche*) (부부)별산제 (夫婦)別產制; ~**versendung** *f.* 물품운송 物品運送.

Güte:stelle *f.* 화해소 和解所, 조정소 調停所; ~**verfahren** *n.* 화해절차 和解節次; ~**verhandlung** *f.* 화해심리 和解審理, 화해변론 和解辯論; ~**vorschlag** *m.* 화해안 和解案.

Güteverhandlung *f.* 화해변론 和解辯論.

gutgläubig *adj.* 선의(善意)의.

Gutgläubiger Dritter *m.* 선의의 제3자 善意의 第三者.

Gutgläubiger Erwerb *m.* 선의취득 善意取得 (§ 249 KBGB).

Gutgläubigkeit *f.* 선의 善意.

Gutglaubens:erwerb *m.* 선의취득 善意取得; ~**schutz** *m.* 선의보호 善意保護.

Guthaben *n.* (eines Kontos) (당좌)예금 (當座)預金.

gütlich *adj.* 화해적 和解的, 호의적 好意的.

gütliche Streitbeilegung 화해를 통한 분쟁해결 和解를 통한 紛爭解決.

H, h

Haager Konvention *f.* 헤이그조약(條約).

Habe *f.* 재산 財産, 재물 財物, 재화 財貨.

Hafen *m.* 항만 港灣, 항구 港口; (*Abk.*) 항 港; freier ~ 자유(自由)항; neutraler ~ 중립(中立)항.

Haft *f.* 체포 逮捕, 구속 拘束, 구류 拘留, 구금 拘禁.

Haft:anstalt *f.* 감옥 監獄, 교도소 矯導所; **~aussetzung** *f.* 구속정지 拘束停止; **~bedingung** *f.* 구속상황 拘束狀況; **~befehl** *m.* 구속영장 拘束令狀, 체포영장 逮捕令狀 (§ 200 a KStPO). 예: „Einen Haftbefehl erlassen." = „체포영장을 발부(發付)하다." // europäischer ~ 유럽체포영장; internationaler ~ 국제(國際)체포영장; richterlicher ~ 법관(法官)의 체포영장; schriftlicher ~ 서면(書面)체포영장; **~beschwerde** *f.* 구속항고 拘束抗告; **~dauer** *f.* 구속기간 拘束期間; **~entlassung** *f.* 출옥 出獄, 석방 釋放; vorläufige ~ 임시(臨時)석방; **~entschädigung** *f.* 구속보상 拘束補償; **~fähigkeit** *f.* 구속감당능력 拘束勘當能力; **~frist** *f.* 구속기간 拘束期間; **~fristberechnung** *f.* 구속기간산정 拘束期間算定; **~grund** *m.* 구속사유 拘束事由; zusätzlicher ~ 추가(追加)구속사유.

Haftkostenbeitrag *m.* 구속비용부담금 拘束費用負擔金.

Häftling *m.* 수감자 收監者, 피구금자 被拘禁者.

Haftpflicht *f.* 배상의무 賠償義務, 책임의무 責任義務; allgemeine ~ 일반(一般)책임의무; beschränkte ~ 유한(有限)책임의무; betriebliche ~ 영업(營業)책임의무; gesetzliche ~ 법정(法定)책임의무; private ~ 사적(私的)책임의무; unbeschränkte ~ 무한(無限)책임의무; vertragliche ~ 계약상(契約上) 책임의무.

haftpflichtig *adj.* 책임의무(責任義務)가 있는.

Haftpflichtiger *m.* 책임의무자 責任義務者.

Haftpflicht:gesetz *n.* (HaftPflG) → Gesetzesregister; **~prozess** *m.* 책임의무소송 責任義務訴訟; **~versicherer** *m.* 책임보험자 責任保險者; **~versicherter** *m.* 책임피보험자 責任被保險者; **~versicherung** *f.* 책임보험 責任保險 (§ 719 ff. KHGB). // Die Haftpflichtversicherung ist auf die zivilrechtliche Haftung beschränkt. // betriebliche ~ 영업(營業)책임보험 (§ 721 KHGB); private ~ 사적(私的) 책임보험;

~versicherungsvertrag *m.* 책임보험계약 責任保險契約.

Haft:prüfung *f.* 구속적부심사 拘束適否審査 (Art. 12 Abs. 6 KVerf, § 214 a KStPO); mündliche ~ 심문(審問) 있는 구속적부심사. // Das System der Haftprüfung (구속적부심사제도) wurde in Korea erstmals im Jahr 1948 eingeführt, jedoch kurz darauf wieder abgeschafft. Erst mit der Verfassung der 5. Republik im Jahr 1979 wurde die Haftprüfung wieder eingeführt, wenn auch unter strengen Voraussetzungen. Nach der heutigen Rechtslage besteht das Recht auf Haftprüfung grds. unbeschränkt. // **~prüfungsantrag** *m.* 구속적부심사청구 拘束適否審査請求; **~prüfungsverfahren** *n.* 구속적부심사절차 拘束適否審査節次; **~recht** *n.* 구속권 拘束權; **~richter** *m.* 구속법관 拘束法官, 영장담당법관 令狀擔當法官; **~sache** *f.* 구류사건 拘留事件; **~strafe** *f.* 구류형 拘留刑, (자유형 自由刑); **~summe** *f.* 책임금액 責任金額; **~unfähigkeit** *f.* 구류감당무능력 拘留勘當無能力.

Haftung *f.* 책임 責任, 과책 過責; (*z.T. auch*) 배상 賠償; ~ wegen Eviktion 추탈담보(追奪擔保)책임; außervertragliche ~ 계약외(契約外)의 책임; beschränkte ~ 유한(有限)책임; deliktische ~ 불법행위상(不法行爲上) 책임; dingliche ~ 물적(物的) 책임; direkte ~ 직접(直接) 책임; eigene ~ 자기(自己)책임; fremde ~ 타인(他人)책임; gesamtschuldnerische ~ 연대책임 連帶責任 (→ Gesamtschuld); gesetzliche ~ 법정(法定)책임; indirekte ~ 간접(間接) 책임; mittelbare ~ 간접(間接) 책임; persönliche ~ 인적(人的)책임; strafrechtliche ~ 형사(刑事)책임; unbeschränkte ~ 무한(無限)책임; unmittelbare ~ 직접(直接) 책임; verschuldensabhängige ~ 과실(過失)책임; verschuldensunabhängige ~ 무과실(無過失)책임; vertragliche ~ 계약상(契約上) 책임; zivilrechtliche ~ 민사(民事)책임.

Haftung für ~ ~ Dritte 제3자(第三者)에 대한 책임; ~ Erfüllungsgehilfen 이행보조자책임 履行補助者責任 (§ 391 KBGB, §§ 115, 135, 148, 150 KHGB); ~ Verrichtungsgehilfen 사용자책임 使用者責任 (§ 756 Abs. 1 KBGB).

Haftungs:anspuch *m.* 손해배상청구권 損害賠償請求權; **~anteil** *m.* 책임배분 責任配分; **~ausschluss** *m.* 책임배제 責任排除; **~befreiung** *f.* 책임면제 責任免除, 면책 免責; **~begrenzung** *f.* 책임제한 責任制限; **~begründung** *f.* 책임성립 責任成立; **~bereich** *m.* 책임영역 責任領域; **~bescheid** *m.* 책임결정 責任決定; **~beschränkung** *f.* 책임제한 責任制限; **~erlass** *m.* 책임면제 責任免除; **~freistellung** *f.* 배상책임면제 賠償責任勉除; **~grenze** *f.* 책임한도 責任限度;

~grundlage *f.* 책임기초 責任基礎; ~höchstgrenze *f.* 책임최고한도 責任最高限度; ~höchstsumme *f.* 책임최고한도액 責任最高限度額; ~intensität *f.* 책임의 정도 責任의 程度; ~klage *f.* 책임소송 責任訴訟; ~masse *f.* 책임재산 責任財産; ~maßstab *m.* 책임기준 責任基準; ~milderung *f.* → Haftungsminderung; ~minderung *f.* 책임경감 責任經減, 책임감소 責任減少; ~objekt *n.* 책임객체 責任客體; ~quote *f.* 책임비율 責任比率; ~recht *n.* 배상법 賠償法; ~risiko *n.* 책임위험(성) 責任危險(性); ~schaden *m.* 책임손해 責任損害; ~schuldner *m.* 책임채무자 責任債務者; ~subjekt *n.* 책임주체 責任主體; ~summe *f.* 책임금액 責任金額; ~system *n.* 책임제도 責任制度; ~träger *m.* 배상주체 賠償主體; ~übernahme *f.* 책임인수 責任引受; ~übernahmevertrag *m.* 책임인수계약 責任引受契約; ~umfang *m.* 책임범위 責任範圍, 배상범위 賠償範圍; → Wertersatz; ~unfähiger *m.* 책임무능력자 責任無能力者; ~untauglichkeit *f.* 책임무능력 責任無能力; ~verhältnis *n.* 책임관계 責任關係; ~verpflichtung *f.* 책임의무부담 責任義務負擔; ~verschärfung *f.* 책임가중 責任加重; ~verzicht *m.* 책임포기 責任抛棄; ~wirkung *f.* 책임의 효력 責任의 效力; ~zurechnung *f.* 책임귀속 責任歸屬, 귀책 歸責.

Haft:urlaub *m.* 구속휴가 拘束休暇; **~verschonung** *f.* 구속집행유예 拘束執行猶豫; **~zeit** *f.* 구속기간 拘束期間.

Halbteilungsgrundsatz *m.* 1. (*steuerrechtl.*) 반액과세의 원칙 半額課稅의 原則; 2. (*allg.*) 절반의 분배원칙 折半의 分配原則.

Haltbarkeitsgarantie *f.* 기한보장 期限保障, 내구성 보장 耐久性 保障, 내구보장 耐久保障.

Halter *m.* (eines KFZ) (자동차의) 보유자 (自動車의) 保有者.

Handakte *f.* 수기문서 手記文書.

Handel *m.* 무역 貿易, 거래 去來, 교역 交易; elektronischer ~ → E – Commerce.

Handeln *n.* 1. (*i.S.v. einer Handlung*) 작위 作爲, 행위 行爲; 2. (*i.S.v. in Aktion treten*) 활동 活動, 작용 作用; ~ für einen anderen 타인(他人)을 위한 행위; ~ im eigenen Namen 자기(自己)의 이름으로 하는 행위; ~ im fremden Namen 타인(他人)의 이름으로 행위; behördliches ~ 행정관청(行政官廳)의 행위; deliktisches ~ 불법(不法)행위; erlaubtes ~ 허용(許容)된 행위; fiskalisches ~ 국고적(國庫的) 행위, 영리경제적(營利經濟的) 활동; gemeinnütziges ~ 공익(公益)을 위한 행위; geschäftsmäßiges ~ 영업상(營業上) 활동; konkludentes ~ 추단적(推斷的) 행위; mit Strafe bedrohtes ~ 형벌(刑罰)로 위협(威脅)된 행위; rechtswidriges ~ 위법(違法)한 행위;

rechtswirksames ~ 법적효과(法的效果)가 있는 행위; schadensersatzpflichtiges ~ 손해배상의무(損害賠償義務)가 있는 행위; schuldhaftes ~ 유책(有責)행위; vorsätzliches ~ 고의(故意)행위.

Handelndenhaftung *f.* 행위자책임 行爲者責任.

Handels:abkommen *n.* 무역협정 貿易協定; **~agent** *m.* → Handelsmakler; **~angelegenheit** *f.* 상사 商事; **~beziehungen** *f. pl.* 무역관계 貿易關係, 거래관계 去來關係; **~bilanz** *f.* 상업대차조표 商業貸借對照表; **~brief** *m.* 상용편지 商用便紙; **~buch** *n.* 상업장부 商業帳簿; **~brauch** *m.* 상사관행 商事慣行, 상관행 商慣行, 거래관행 去來慣行; **~embargo** *n.* 교역금지 交易禁止, 무역금지 貿易禁止; **~firma** *f.* 상호 商號; **~flagge** *f.* 상선기 商船旗; **~flotte** *f.* 상선단 商船團; **~geheimnis** *n.* 거래상 비밀 去來上 秘密; **~gericht** *n.* 상사재판소 商事裁判所; **~geschäft** *n.* 상행위 商行爲; absolutes ~ 절대적(絶對的) 상행위; akzessorisches ~ 부속적(附屬的) 상행위, 보조적(補助的) 상행위, 부수적(附隨的) 상행위; beidseites ~ 쌍방적(雙方的) 상행위; einseitiges ~ 일방적(一方的) 상행위; relatives ~ 상대적(相對的) 상행위; **~gesellschaft** *f.* 상법상 회사 商法上 會社, 상사회사 商事會社. // Das koreanische HGB nennt den Begriff der Handelsgesellschaft nicht, sondern spricht allein von der Gesellschaft (회사). Vgl. → Formkaufmann. // **~gesetzbuch** *n.* 상법(전) 商法(典); **~gewerbe** *n.* (*wörtl.*) 상업 商業. // Das koreanische HGB spricht jedoch in diesem Kontext von „상행위 商行爲" (= „Handelsaktivität"), vgl. z.B. § 4 KHGB (→ Istkaufmann). 예: Er betreibt ein Handelsgewerbe. „그는 상업을 행한다." 의미: „그는 상행위를 한다." // kaufmännisches ~ 상인(商人)의 상업; vollkaufmännisches ~ 완전상인(完全商人)의 상업; **~gewohnheitsrecht** *n.* 상관습법 商慣習法; **~hemmnis** *n.* 무역장벽 貿易障壁, 무역장애 貿易障碍; nichttarifäres ~ 비관세(非關稅) 무역장벽; tarifäres ~ 관세(關稅) 무역장벽; **~innung** *f.* 상업조합 商業組合; **~kapital** *n.* 상업자본 商業資本; **~kammer** *f.* 1. (*Spruchkörper*) 상사부 商事部; 2. (*Selbstverwaltungskörperschaft*) 상사회의소 商事會議所; i.d.R. aber mit 상공회의소 商工會議所 (Industrie- und Handelskammer) zu übersetzen. // **~kauf** *m.* 상사매매 商事賣買; **~konzession** *f.* 무역허가 貿易許可, 상업면허 商業免許; **~krieg** *m.* 무역전쟁 貿易戰爭; **~makler** *m.* (상사)중개인 (商事)仲介人, vgl. → Makler; 중개상 仲介商; **~marine** *f.* → Handelsflotte; **~marke** *f.* 상표 商標; **~niederlassung** *f.* 영업소 營業所; **~obligation** *f.* 상사채무 商事債務; **~organisation** *f.* 무역조직 貿易組織;

~**partner** *m.* 1. (*in Gestalt eines Staates*) 무역상대국 貿易相對國; 2. (*in Gestalt einer anderen jur. oder nat. Person*) 무역상대방 貿易相對方; ~**politik** *f.* 무역정책 貿易政策; ~**recht** *n.* 상사법 商事法, 상법 商法; ~**register** *n.* 상업등기(부) 商業登記(簿); ~**richter** *m.* 상사법관 商事法官; ~**sache** *f.* (*prozessual*) 상사사건 商事事件, 상사 商事; ~**schiff** *n.* 상선 商船; ~**sitte** *f.* → Handelsbrauch; ~**sprache** *f.* 상업용어 商業用語; internationale ~ 국제(國際) 상업용어; ~**statistik** *f.* 무역통계 貿易統計; ~**unternehmen** *n.* 상업상 기업 商業上 企業; ~**verkehr** *m.* 상거래 商去來; ~**vertreter** *m.* 상사대리인 商事代理人, 대리상 代理商; unechter ~ 부진정(不眞正) 상사대리인; ~**vertreterprivileg** *n.* 상사대리인특권 商事代理人特權; ~**vertretervertrag** *m.* 상사대리인계약 商事代理人契約, 대리상계약 代理商契約; ~**vertretung** *f.* 상사대리 商事代理; ~**vollmacht** *f.* 상법상 대리권 商法上 代理權; ~**ware** *f.* 상품 商品; ~**wechsel** *m.* 상업(商業)어음; ~**wert** *m.* 상품가치 商品價値.

Handgeschäft *n.* 요물계약 要物契約; → Realvertrag.

Handlung *f.* 작위 作爲, 행위 行爲; deliktische ~ 불법(不法)행위; einseitige ~ 일방적(一方的) 행위; fortgesetzte ~ 1. (*allg.*) 연속행위 連續行爲, 지속(持續)행위; 2. (*strafr.*) 연속범 連續犯; gewohnheitsmäßige ~ 상습적(常習的) 행위; rechtlich bedeutsame ~ 법적의미(法的意味)가 있는 행위; rechtswidrige ~ 위법(違法)한 행위; schädigende ~ 손해(損害)행위, 가해행위 加害行爲; schuldhafte ~ 유책(有責)한 행위; selbstständige ~ 독립적(獨立的) 행위; sexuelle ~ 성행위 性行爲; strafbare ~ 가벌적(加罰的) 행위; tatbestandsmäßige ~ 구성요건(構成要件)에 해당(該當)하는 행위; unerlaubte ~ 불법행위 不法行爲; → Deliktsrecht; unvertretbare ~ 비대체적(非代替的) 행위; vertretbare ~ 대체적(代替的) 행위; vorsätzliche ~ 고의적(故意的) 행위.

Handlungsbegriff *m.* 행위개념 行爲槪念; finaler ~ 목적적(目的的) 행위개념; kausaler ~ 인과적(因果的) 행위개념; natürlicher ~ 자연적(自然的) 행위개념; sozialer ~ 사회적(社會的) 행위개념.

Handlungs:bevollmächtigter *m.* 1. (*teilweise bezeichnet als*) 대리권을 가진 상업사용인 代理權을 가진 商業使用人; 2. (*vom KHGB verwendeter Begriff*) 부분적 포괄대리권을 가진 사용인 部分的 包括代理權을 가진 使用人 (§ 15 KHGB). // Der Handlungsbevollmächtigte ist gem. § 15 Abs. 1 KHGB nur zu solchen Geschäften ermächtigt, die ihm ausdrücklich übertragen wurden, wobei eine Ermächtigung zur Prozessführung (재판행위) ausgenommen ist. // ~**einheit** *f.* 행위단위 行爲單位, 행위단일 行爲單一, 행위의 단일성; ~**ermessen** *n.* 행위재량

行爲裁量; ~**fähigkeit** *f.* 행위능력 行爲能力; ~**form** *f.* 행위형식 行爲形式; ~ der Verwaltung 행정(行政)의 행위형식; ~**formfreiheit** *f.* 행위형식의 자유 行爲形式의 自由; ~**formverbot** *n.* 행위형식금지 行爲形式禁止; ~**freiheit** *f.* 활동자유 活動自由, 행동자유 行動自由, 행위자유 行爲自由; allgemeine ~ 일반적(一般的) 행동자유; ~**gehilfe** *m.* 상업사용인 商業使用人; ~**haftung** *f.* 행위책임 行爲責任; ~**maxime** *f.* 행위원칙 行爲原則; ~**mehrheit** *f.* 다수행위 多數行爲; ~**lehre** *f.* 행위론 行爲論; allgemeine ~ 일반적(一般的) 행위론; finale ~ 목적적(目的的) 행위론; kausale ~ 인과적(因果的) 행위론; natürliche ~ 자연적(自然的) 행위론; soziale ~ 사회적(社會的) 행위론; ~**norm** *f.* 행위규범 行爲規範; ~**objekt** *n.* 행위객체 行爲客體, 행위대상물 行爲對象物; ~**pflicht** *f.* 행위의무 行爲義務; ~**subjekt** *n.* 행위주체 行爲主體; ~**unrecht** *n.* 행위위법 行爲違法; ~**vollmacht** *f.* 상사대리권 商事代理權; ~**wille** *m.* 행위의사 行爲意思.

Handschenkung *f.* 현실증여 現實贈與.

Handwerk *n.* 수공업 手工業.

Handwerker *m.* 수공업자 手工業者; ~**versicherung** *f.* 수공업자보험 手工業者保險.

Handwerks:betrieb *m.* 수공영업 手工營業; ~**geselle** *m.* 수공업의 기능공 手工業의 技能工; ~**innung** *f.* 수공업의 조합 手工業의 組合; ~**kammer** *f.* 수공업회의소 手工業會議所; ~**karte** *f.* → Handwerksrolle; ~**lehrling** *m.* 수공업의 도제 手工業의 徒弟; ~**meister** *m.* 수공업의 명인 手工業의 名人, 기능장 技能長; ~**ordnung** *f.* (HandwO) 수공업에 관한 법률; ~**recht** *n.* 수공업에 관한 법; ~**rolle** *f.* 수공업등록부 手工業登錄簿, 수공업자 명부 手工業者 名簿.

Härte *f.* 가혹 苛酷; unbillige (unangemessene) ~ 부당(不當)한 가혹; ~**fall** *m.* 정상참작 情狀參酌; ~**fallregelung** *f.* 정상참작구제책 情狀參酌救濟策; ~**klausel** *f.* 가혹조항 苛酷條項.

Haupt:aktionär *m.* 대주주 大株主, 주요주주 主要株主; ~**anspruch** *m.* 주청구 主請求; ~**antrag** *m.* 주(主)된 청구(請求), 주된 신청(申請); ~**betrieb** *m.* 주(主)된 사업(事業); ~**beweis** *m.* 본증 本證; ~**bürge** *m.* 주보증인 主保證人; ~**einkommen** *n.* 주요소득 主要所得; ~**forderung** *f.* 주요채권 主要債權; ~**geschäftssitz** *m.* 본점의 소재지 本店의 所在地; ~**gesellschaft** *f.* 주회사 主會社; ~**intervenient** *m.* 주참가인 主參加人; ~**intervention** *f.* 주참가 主參加, 독립당사자참가 獨立當事者參加 (§ 79 KZPO); ~**klage** *f.* 본소 本訴; ~**leistung** *f.* 주(主)된 급부(給付); ~**leistungspflicht** *f.* 주(主)된 급부의무(給付義務); ~**mangel** *m.* 주요하

자 主要遲延; **~niederlassung** *f.* 본점 本店; **~pflicht** *f.* 주(主)된 (의무)義務; **~pflichtverletzung** *f.* 주(된)의무위반 主(된)義務違反; **~prozess** *m.* 본안소송 本案訴訟.

Hauptsache *f.* 1. (*i.S.d. Prozessrechts*) 본안 本案; Erledigung der ~ 본안종료 (終了); 2. (*sachenr.*) 주물 主物, 주(主)된 물건(物件); 3. (*allg.*) 주요사실 主要事實; **~verfahren** *n.* 본안절차 本案節次.

Hauptschuldner *m.* 주채무자 主債務者.

Haupt:strafe *f.* 주형 主刑; **~tat** *f.* 1. (*im Strafrecht*) 주범 主犯; 2. (*allg.*) 주행위 主行爲; **~termin** *m.* 주기일 主基日, 변론기일 辯論期日; **~unternehmen** *n.* 원사업자 原事業者; **~unternehmer** *m.* 원사업자 原事業者; **~verfahren** *n.* 1. 공판절차 公判節次; 2. (*wörtl.*) 주요절차 主要節次; das ~ eröffnen 공판절차를 개시(開始)하다; **~verhandlung** *f.* (*i.S.v. gerichtlicher Hauptverhandlung*) 공판 公判, 본안심리 本案審理; **~verhandlungssaal** *m.* 공판정 公判廷; **~versammlung** 1. (*allg.*) 총회 總會; 2. (*i.S.d. AktG*) 주주(株主)총회; außerordentliche ~ 임시(臨時)총회; konstituierende ~ 창립(創立)총회; ordentliche ~ 정기(定基)총회; **~vertrag** *m.* 본계약 本契約, 주계약 主契約; **~versicherung** *f.* 주보험 主保險; **~vollmacht** *f.* 주대리권 主代理權; **~wohnsitz** *m.* 주거주지 主居住地.

Haus *n.* 1. (*allg.*) 가옥 家屋, 가택 家宅; 2. (*bei Komposita*) ~가(家); 3. (*alltagssprachl.*) 집.

Haus- und Familiendiebstahl *m.* 친족상도례 親族相盜例 (§ 328 KStGB).

Haus:anwalt *m.* 고문변호사 顧問辯護士, 자문변호사 諮問辯護士; **~arbeit** *f.* 1. (*i.S.v. Erwerbstätigkeit*) 가내노동 家內勞動; 2. (*i.S.v. Haushaltsführung*) 가사 家事; 3. (*von Schülern, Studenten etc.*) 숙제 宿題; **~arrest** *m.* 자택구금 自宅拘禁; **~bank** *f.* 주거래은행 主去來銀行; **~besetzer** *m.* 가옥(불법)점거자 家屋(不法)占據者; **~besetzung** *f.* 가옥(불법)점거 家屋(不法)占據; **~durchsuchung** *f.* 가택수색 家宅搜索; ~ zur Nachtzeit 야간(夜間)가택수색; **~eigentümer** *m.* 집주인, 주택 소유자 住宅 所有者.

Hausfriedensbruch *m.* (*als Delikt*) 1. (*wörtl.*) 주거평온침해(죄) 住居平穩侵害(罪); 2. 주거침입(죄) 住居侵入(罪) (§ 319 Abs. 1 KStGB). // Das Strafmaß beträgt Geldstrafe bis zu 5 Mio KRW oder bis zu 3 Jahre Zuchthaus. Als geschützte Sphären nennt die Norm Wohnungen, andere Gebäude (관리하는 건조물), Schiffe, Luftfahrzeuge sowie einzelne Räume innerhalb von Gebäuden, soweit diese eine Privatsphäre entfalten, die der einer Wohnung nahesteht (점유하는 방실). Unter letztere fallen daher z.B. das eigene Büro, Studien- oder Hotelzimmer, nicht jedoch das allein zum Vergnügen angemietete Karaoke- oder Videozimmer. Nach § 319 Abs. 2 KStGB wird ebenso bestraft, wer einer Aufforderung zum Verlassen einer der in Abs. 1 genannten Räumlichkeiten nicht nachkommt.

Hausgewerbetreibender *m.* 가내영업자 家內營業者.

Haushalt *m.* 1. (*i.S.v. Budget*) 예산 豫算; 2. (*i.S.v. Güterstand*) 세대 世帶; ehelicher ~ 배우자(配偶者)의 세대; gemeinsamer ~ 공동(共同)세대; privater ~ 개인(個人)세대.

Haushalts:angehöriger *m.* 세대구성원 世帶構成員; **~ausschuss** *m.* 예산위원회 豫算委員會; **~defizit** *n.* 재정적자 財政赤字; **~etat** *m.* 예산금액 豫算金額; **~führung** *f.* 가사처리 家事處理; **~gebaren** *n.* 예산관련행위 豫算關聯行爲; **~gesetz** *n.* 예산법(률) 豫算法(律), 예산회계법 豫算會計法. // Das KHaushaltsG wurde am 4.10.2006 gestrichen und durch das StaatsFinanzG (국가재정법) ersetzt. // **~jahr** *n.* 예산연도 豫算年度, 회계연도 會計年度. // Das Haushaltsjahr entspricht in Korea wie in Deutschland gem. § 2 KHaushaltsG (예산회계법) a.F., § 2 StaatsFinanzG (국가재정법) dem Kalenderjahr. // **~plan** *m.* 예산계획 豫算計劃; **~politik** *f.* 예산정책 豫算政策; **~recht** *n.* 예산법 豫算法; **~versicherung** *f.* 가계보험 家計保險; **~wirtschaft** *f.* 예산관리 豫算管理.

Haus:miete *f.* 주택임대 住宅賃貸; **~müll** *m.* (일반생활/一般生活) 쓰레기; **~ordnung** *f.* (insbes. von Arbeiterwohnheimen, vgl. § 102 Abs. 1 ArbStandardsG) → 기숙사규칙 寄宿舍規則.

Hausrat *m.* 가재도구 家財道具.

Hausrats:teilung *f.* 가재도구분배 家財道具分配; **~versicherung** *f.* 가재도구손해보험 家財道具損害保險.

Hausrecht *n.* 주거권 住居權, 가택권 家宅權.

Haus:türgeschäft *n.* 방문판매 訪問販賣; **~türwiderrufgeschäft** *n.* (*wörtl.*) 방문철회판매 訪問撤回販賣. Das koreanische Recht verwendet diesen Ausdruck jedoch nicht, sondern spricht allein vom „Haustürgeschäft" (방문판매). Die Beurteilung von Haustürgeschäften ist in Korea in einem eigenen Gesetz geregelt (방문판매 등에 관한 법률). // **~verwalter** *m.* 건물관리인 建物管理人, 주택

관리인 住宅管理人; **~verwaltung** *f.* 건물관리 建物管理, 주택관리 住宅管理.

Haverie *f.* 해손 海損; große ~ 공동(共同)해손.

Hebamme *f.* → Geburtshelfer.

Hebe:recht *n.* 세금징수권 稅金徵收權, 징세권 徵稅權; **~satz** *m.* 징수율 徵收率.

Hehlerei *f.* 장물죄 臟物罪 (§ 362 KStGB). Das Strafmaß für Hehlerei beträgt Geldstrafe bis zu 15 Mio KRW oder Freiheitsstrafe (Zuchthaus) bis zu 7 Jahren. Tatobjekt ist „Diebesgut" (장물), wobei alle durch Vermögensdelikt erlangten Vermögensgüter gemeint sind. Tathandlungen sind das Sichverschaffen (취득), das Absetzen (양도), der Transport (운반) und die Aufbewahrung (보관) dieser Güter. Das Tatbestandsmerkmal „Sichverschaffen" wurde im alten KStGB mit den Handlungen „수수 (授受)" (unentgeltlicher Erwerb) und „고매 (故買)" (Ankauf) umschrieben. Nach der neuen Terminologie muss nunmehr nicht die Frage beantwortet werden, ob ein Kaufpreis gezahlt wurde oder nicht.

Heilbehandlung *f.* 치료 治療, 요양 療養.

Heilbehandlungskosten *f.* 치료비 治療費, 요양비 療養費; notwendige ~ 필수적(必須的) 치료비.

Heilung *f.* 1. (*von Rechtsgeschäften, Verfahrensfehlern etc.*) 추완 追完, 치유 治癒; 2. (*von Krankheit, Körperschäden etc.*) 치료 治療, 요양 療養.

Heilungskosten *f.* 치료비 治療費, 요양비 療養費; notwendige ~ 필수적(必須的) 치료비.

Heimarbeit *f.* 가내근로 家內勤勞.

Heimarbeiter *m.* 가내근로자 家內勤勞者.

Heimat *m.* 고향 故鄕.

Heimat:hafen *m.* 선적항 船籍港; **~loser** *m.* 고향(故鄕)이 없는 사람; **~staat** *m.* 조국 祖國, 모국 母國.

Heimaufenthalt *m.* 1. (*im Wohnsitz*) 자택거주 子宅居住; 2. (*im Erziehungsheim*) 고아원거주 孤兒院居住.

Heimfall *m.* 귀속 歸屬.

Heimisches Recht *n.* 고유법 固有法.

Heimtücke *f.* 교활 狡猾.

heimtückisch *adj.* 교활(狡猾)한.

Heirat *f.* 결혼 結婚, 혼인 婚姻.

Heirats:buch n. 혼인부 婚姻簿; **~vermittler** m. 혼인중개인 婚姻仲介人; **~vermittlung** f. 혼인중개 婚姻仲介.

Hemmschwellentheorie f. 심리억제론 心理抑制論, 심리억제력론 心理抑制力論.

Hemmung f. 1. (i.S.v. aussetzen) 정지 停止; 2. (i.S.v. unterdrücken) 억제 抑制; ~ der Frist 기간(期間)정지; ~ der Verjährung 소멸시효(消滅時效)의 정지.

Herabsetzung f. 1. (allg.) 감소 減少; 2. (von Beträgen) 감액 減額; 3. (im Rahmen einer Bewertung) 과소평가 過小評價; ~ der Strafe 감형 減刑; ~ des Grundkapitals 자본감소 資本減少.

Heranwachsender m. 청년 靑年; (만18세에서 만21세 미만까지). 독일형법상 청년은 개인의 발육 상태에 따라 형법 또는 소년법이 적용된다. // Das koreanische Strafrecht kennt den Begriff des Heranwachsenden nicht. Stattdessen ist gem. § 2 Alt. 1 KJGG Jugendlicher, wer unter 19 Jahre alt ist. Vgl. auch → Jugendstrafrecht.

Herausgabe f. 반환 返還, 引渡; **~anspruch** m. 반환청구권 返還請求權; **~klage** f. 반환소송 返還訴訟; **~pflicht** f. 반환의무 返還義務; **~prozess** m. 반환재판(절차) 返還裁判(節次); **~verfügung** f. 반환처분 返還處分; **~verweigerungsrecht** n. 반환거부권 返還拒否權.

Herkunfts:angabe f. 원산지표시 原產地表示; **~prinzip** n. → Ursprungsprinzip.

Herrin des Verfahrens 절차의 주재자 節次의 主宰者.

Herrschaft f. 통치 統治, 지배 支配; ~ des Rechts 법(法)의 지배(支配), 법치 法治; tatsächliche ~ 사실상(事實上)의 지배.

Herrschafts:delikt n. 지배범 支配犯; **~gewalt** f. 통치권 統治權, 지배력 支配力; tatsächliche ~ 사실상(事實上) 지배력; **~recht** n. 지배권 支配權; absolutes ~ 절대적(絕對的) 지배권; relatives ~ 상대적(相對的) 지배권; umfassendes ~ 포괄적(包括的) 지배권; **~vertrag** m. 지배계약 支配契約.

Hersteller m. 생산자 生產者, 제작자 製作者, 제조자 製造者, 제조업자 製造業者.

Hersteller:haftung f. 제조업자책임 製造業者責任, vgl. → Produkthaftung; **~garantie** f. 생산자(품질)보장 生產者(品質)保障.

Herstellung f. 1. (i.S.v. Produktion) 제작 製作, 생산 生產; 2. (i.S.v. Wiederherstellung) 회복 回復.

Herstellungsanspruch m. 회복청구권 回復請求權; sozialrechtlicher ~ 사회법상(社會法上) 회복청구권. // 결과제거청구권의 한 종류로서 „Sozialrechtlicher

Folgenbeseitigungsanspruch" (사회법상 결과제거청구권)이라고도 한다. 일반적인 결과제거청구권과는 달리 침해 이전의 상태로 회복하는 것에 한정되지 않고 아울러 만약 침해가 없었다면 이루어졌을 가정적 상태의 회복까지도 청구할 수 있다는 판례를 통해서 발전된 법적 권리. BSGE (연방사회법원결정) 41, 126 (127); 49,30 (33) 참조.

Hilfeleistung *f.* 구조 救助, 원조 援助.

Hilfeleistungspflicht *f.* 원조의무 援助義務.

Hilfs:anspruch *m.* 구조청구권 救助請求權; **~antrag** *m.* 구조신청 救助申請, 보조적 청구 補助的 請求, 예비적 청구 豫備的 請求; **~anwendung** *f.* 보조적용 補助 適用; **~aufrechnung** *f.* 예비적 상계 豫備的 相計; **~beamter** *m.* 보조관 補助官; **~begründung** *f.* 예비적 이유 豫備的 理由; **~beweis** *m.* 예비적 증거 豫備的 證據; **~handelsgeschäft** *n.* 보조적 상행위 補助的 商行爲; **~mittel** *n.* 구조수단 救助手段; **~norm** *f.* 보조적 규정 補助的 規定; **~organ** *n.* 보조기관 補助機關; **~person** *f.* 보조자 補助者; **~richter** *m.* 보조판사 補助判事, 보조재판관 補助裁判官; **~schöffe** *m.* 보조참심원 補助參審員; **~stoff** *m.* 보조원료 補助原料; **~tätigkeit** *f.* 보조적 활동 補助的 活動; **~tatsache** *f.* 보조사실 補助事實; **~vorschrift** *f.* 보조규정 補助規定.

hilfsweise *adj.* 예비적 豫備的, 구조적 救助的, 보조적 補助的; ~ Anwendung 보조적 적용(適用).

Hilfs:werk *n.* 구호사업 救護事業; **~widerklage** *f.* 예비적 반소 豫備的 反訴; **~wissenschaft** *f.* 보조학 補助學.

Hindernis *n.* 장벽 障壁, 장애 障碍, 지장 支障.

Hinderungsgrund *m.* 장애원인 障碍原因.

Hingabe *f.* (*i.S.v. Übertragung, Geben*) 교부 交付; ~ erfüllungshalber 변제목적(辨濟目的)의 교부, 변제를 위한 교부; ~ sicherungshalber 담보목적(擔保目的)의 교부, 담보를 위한 교부.

Hinnahme *f.* 용인 容認.

Hinrichtung *f.* 사형 집행 死刑 執行, 처형 處刑.

Hinterbliebenenrente *f.* 유족연금 遺族年金.

Hinterbliebener *m.* 유족 遺族.

Hinterleger *m.* 임치인 任置人.

Hinterlegung *f.* 공탁 供託 (§§ 485 – 491 KBGB); öffentlich-rechtliche ~ 공법상 (公法上)의 공탁.

Hinterlegungs:ort *m.* 공탁지 供託地; **~stelle** *f.* 공탁소 供託所.

Hinweis *m.* 고지 告知, 교시 教示, 지적 指摘, 표명 表明; **~pflicht** *f.* 고지의무 告知義務, 지적의무 指摘義務, 표명의무 表明義務.

Hochschulautonomie *f.* 대학의 자치 大學의 自治.

Hochschule *f.* 대학(교) 大學(校); private ~ 사립(私立) 대학; staatliche ~ 국립(國立) 대학.

Hochschulrahmengesetz *n.* (HRG) → Gesetzesregister.

Höchstbetrag *m.* 최고액 最高額.

Höchstbetragshypothek *f.* 1. (*wörtl.*) 최고액저당권 最高額抵當權; 2. (*Gesetzeswortlaut*) 근저당권 根抵當權 (§ 357 KBGB).

Höchstbietender *m.* 최고입찰자 最高入札者.

Höchstmaß *n.* 최상한 最上限.

höchstpersönlich *adj.* 일신전속적 一身專屬的; ~es Recht 일신전속적 권리(權利), 일신전속권 一身專屬權.

Höchststimmrecht *n.* 의결권한도 議決權限度, 최고의결권 最高議決權.

Höchststrafe *f.* 최고형 最高刑.

Hochverrat *m.* (als Delikt) 내란(죄) 內亂(罪) (§ 87 KStGB). // Der Rädelsführer kann gem. § 87 Nr. 1 KStGB mit dem Tode bestraft werden.

Hoffnungskauf *m.* 희망매매 希望賣買.

Hoheitliche ~ **~Aufgabe** *f.* 고권업무 高權業務, 주권업무 主權業務; **~Gewalt** *f.* 고권 高權.

Hoheitliches Handeln 고권적 행위 高權的 行爲.

Hoheits:akt *m.* 고권적 행위 高權的 行爲, 고권행위 高權行爲; entschädigungspflichtiger ~ 보상부(補償附) 고권행위; gerichtsfreier ~ 재판(裁判)으로 부터 자유(自由)로운 고권행위; staatlicher ~ 국가(國家)의 고권행위; **~aufgabe** *f.* 고권적 임무 高權的 任務, 고권적 사무 高權的 事務; **~befugnis** *f.* 관할권 管轄權, 고권권한 高權權限; **~bereich** *m.* 영토(지역) 領土(地域); **~gebiet** *n.* 고권지역 高權地域, 영역 領域, 영토 領土; **~gewalt** *f.* 고권 高權, 주권 主權; **~gewässer** *n.* 영해 領海, 내수 內水; **~handeln** *n.* 고권작용 高權作用; schlichtes ~ 단순(單純) 고권작용; **~recht** *n.* 고권 高權, 주권 主權; kommunales ~ 지방지치단체(地方自治團體)의 고권; staatliches ~ 국가(國家) 고권; **~träger** *m.* 고권담당자 高權擔當者, 고권주체 高權主體; gestörter ~ 침해(侵害)된 고권주체; störender ~ 침해(侵害)하는 고권주체; **~verwaltung** *f.* 고권행정 高權行政; schlichte ~ 단순(單純) 고권행정; **~zeichen** *n.* 고권상징 高權象徵.

Höhere Gewalt *f.* 불가항력 不可抗力.
Höherer Dienst *m.* (공무원법상) 고위직근무 高位職勤務.
höherrangig *adj.* 상위(上位)의.
Holdinggesellschaft *f.* 지주회사 持株會社.
Holschuld *f.* 추심채무 推尋債務.
Homogenität *f.* 동질성 同質性.
Honorarkonsul *m.* 명예 영사 名譽 領事.
Hörensagen *n.* 1. (*i.S.d. allg. Sprachgebrauchs, Gerücht*) 소문 所聞, 전문 傳聞; 2. (*i.S.v. Hearsay evidence nach US-amerikanischem Recht*) 전문증거 傳聞證據; Zeuge vom ~ 전문증인 傳聞證人, 소문(所聞)의 증인.
Hypothek *f.* 저당권 抵當權; ~ aufnehmen 저당권을 설정(設定)하다; gewöhnliche ~ 보통(普通)저당권.
Hypothekar *m.* 저당권자 抵當權者.
Hypotheken:bank *f.* 저당은행 抵當銀行; **~besteller** *m.* 저당권 설정자 抵當權 設定者; **~bestellung** *f.* 저당권 설정 抵當權 設定; **~bestellungsurkunde** *f.* 저당권설정증서 抵當權設定證書; **~brief** *m.* 저당증권 抵當證權; **~gewinnabgabe** *f.* 저당수익공과금 抵當收益公課金; **~gläubiger** *m.* 저당의 채권자 抵當의 債權者; **~pfandbrief** *m.* 저당담보증서 抵當擔保證書; **~register** *n.* 저당등기부 抵當登記簿; **~schuld** *f.* 저당채무 抵當債務; **~schuldner** *m.* 저당채무자 抵當債務者; **~übernahme** *f.* 저당인수 抵當引受.
Hypothetischer Zustand *m.* 가정적 상태 暇定的 狀態.

I, i

Idealkonkurrenz *f.* 상상적 경합 想像的 競合 (§ 40 KStGB).

Idealverein *m.* 공익사단 公益社團, 비영리사단 非營利社團.

Identität *f.* 1. (*i.S.v. identisch*) 동일성 同一性; 2. (*einer Person*) 신원 身元.

Identitätsfeststellung *f.* → Personalienfeststellung.

Identifikationsfeststellung *f.* 인적검사 人的檢査, 신원검사 身元檢査.

identisch *adj.* 동일(同一)한.

Im eigenen Namen 자신(自身)의 이름으로.

Im fremden Namen 타인(他人)의 이름으로.

Im Namen des Volkes 국민(國民)의 이름으로.

immanent *adj.* 내재적 內在的.

Immanenz *f.* 내재성 內在性.

Immanenztheorie *f.* 내재성이론 內在性理論.

Immaterialgut *n.* 무체재산 無體財産, 무형 재산권 無形 財産權.

Immaterialgüterrecht *n.* 무체재산권 無體財産權.

Immaterialrechtsgut *n.* 무체재산적 법익 無體財産的 法益.

Immaterielle Vermögenswerte / Aktiva 무형자산 無形資産.

Immission *f.* (생활)방해 (生活)妨害, (환경)오염 (環境)汚染.

Immissions:grenzwert *m.* 오염 한계기준 汚染 限界基準; **~schutz** *m.* 생활방해에 대한 보호 生活妨害에 대한 保護.

Immobiliar:darlehnen *n.* 부동산(담보부)소비대차 不動産(擔保附)消費貸借; **~darlehensvertrag** *m.* 부동산(담보부)소비차계약 不動産(擔保附)消費貸契約; **~kredit** *m.* 부동산담보 不動産擔保.

Immobilie *f.* 부동산 不動産.

Immobilien-Leasing *n.* 부동산(不動産)리스.

Immobilienmakler *m.* 부동산중개인 不動産仲介人.

Immunität *f.* (des Abgeordneten) (의원의) 불체포특권 不逮捕特權, 면제 免除; diplomatische ~ 외교적(外交的) 면책특권, 외교면제 外交免除; konsularische ~ 영사면제 領事免除; parlamentarische ~ 의회상(議會上)의 면책특권; politische ~ 정치

적(政治的) 면책특권.

Imponderabilien *f. pl.* → unwägbare Stoffe.

Importeur *m.* 수입업자 輸入業者.

in dubio pro reo (*lat.*) 의심(疑心)스러운 경우에는 피고인(被告人)의 이익(利益)으로; 의심스러울 때에는 피고인에게 유리하게.

In-Kraft-Setzen *n.* → Inkraftsetzen.

In-Kraft-Treten *n.* → Inkrafttreten.

Inaussichtstellen eines empfindlichen Übels 일정한 해악을 가할 것을 통고(통지, 고지)함.

Inbegriff *m.* 집합 集合; ~ von Sachen 집합물(物).

Inbesitznahme *f.* 점유취득 占有取得.

Indemnität *f.* (*des Abgeordneten*) (의원의) 면책특권 免責特權.

Indexmiete *f.* 지수식 차임 指數式 借賃.

Individual:abrede *f.* 특약 特約; **~arbeitsrecht** *n.* 개별 노동법 個別 勞動法; **~beschwerde** *f.* 주관적 소원 主觀的 訴願, 개인소원 個人訴願; **~grundrecht** *n.* 개인적 기본권 個人的 基本權; **~interesse** *n.* 사적 이익 私的 利益; → Allgemeininteresse.

Individualisierung *f.* 개별화 個別化.

Individualismus *m.* 개인주의 個人主義.

Individual:prävention *f.* 개별예방 個別豫防; **~recht** *n.* 주관적 권리 主觀的 權利, 개인권리 個人權利; **~rechtsgut** *n.* 개인법익 個人法益; **~schuld** *f.* (auch: Speziesschuld, Stückschuld) 특정물채무 特定物債務; **~verfassungsbeschwerde** *f.* 개인헌법소원 個人憲法訴願, 주관적(主觀的) 헌법소원.

Indiz *n.* 징표 徵表, 정황 精況, 간접증거 間接證據.

Indizien:beweis *m.* 간접증거 間接證據, 정황증거 情況證據; **~prozess** *m.* 징표재판 徵表裁判.

Indiztatsache *f.* 간접사실 間接事實.

Indossament *n.* 배서 背書.

Indossant *m.* 배서인 背書人.

Indossatar *m.* 피배서인 被背書人.

Industrie- und Handelskammer *f.* 상공회의소 商工會議所.

Industrie:geheimnis *n.* 산업비밀 産業秘密; **~verband** *m.* 산업별단체 産業別團體.

Infektionsschutz *m.* 전염병예방 傳染病豫防.

Information *f.* 정보 情報.

Informationelle Selbstbestimmung *f.* 정보에 관한 자기결정권 情報에 관한 自己決定權.

Informations:austausch *m.* 정보교환 情報交換; **~beherrschung** *f.* 정보지배 情報支配; **~beherrschungsrecht** *n.* 정보지배권 情報支配權; **~beschaffung** *f.* 정보수집 情報收集; **~eingriff** *m.* 정보상 침해 情報上 侵害; **~freiheit** *f.* 정보의 자유 情報의 自由; **~gesellschaft** *f.* 정보사회 情報社會; **~pflicht** *f.* 정보제공의무 情報提供義務; **~recht** *n.* 정보권 情報權.

informell *adj.* 비공식적 非公式的.

Infrastrukturverwaltung *f.* 인프라행정(行政), 기반시설행정 基盤施設行政.

Ingerenz *f.* 선행위험행위 先行危險行爲.

Ingewahrsamnahme *f.* 감금유치 監禁誘致.

Inhaber *m.* 소지인 所持人; **~aktie** *f.* (*engl.* bearer share) 무기명주식 無記名株式; **~grundschuld** *f.* 무기명토지채무 無記名土地債務; **~klausel** *f.* 소지인약관 所持人約款; **~papier** *n.* (*engl.* securities to bearer) 무기명증권 無記名證券; **~scheck** *m.* (*engl.* bearer cheque) 무기명수표 無記名手票; **~schuldverschreibung** *f.* 무기명채권증권 無記名債權證券, 무기명채권 無記名債券.

Inhaftierung *f.* → Inhaftnahme.

Inhaftnahme *f.* 체포 逮捕.

Inhalt *m.* 내용 內容; ~ des Rechtsgeschäfts 법률행위(法律行爲)의 내용; ~ des Schuldverhältnisses 채무관계(債務關係)의 내용; wesentlicher ~ 본질적(本質的) 내용.

Inhalts:änderung *f.* 내용변경 內容變更; **~bestimmung** *f.* (재산권)내용규정 (財産權)內容規定; ausgleichspflichtige ~ 보상의무(補償義務)가 있는 내용규정, 보상을 요하는 내용규정; **~freiheit** *f.* 내용의 자유 內容의 自由; **~irrtum** *m.* 내용의 착오 內容의 錯誤; **~kontrolle** *f.* 내용통제 內容統制.

Initiativrecht *n.* (*im Gesetzgebungsverfahren*) 법률발안권 法律發案權.

Inkasso *n.* 징수 徵收, 회수 回收, (채권)추심 (債權)推尋; **~indossament** *n.* 추심배서 推尋背書; **~unternehmen** *n.* 채권추심업 債權推尋業; **~unternehmer** *m.* 채권추심업자 債權推尋業者; **~zession** *f.* 신탁적 (채권)양도 信託的 (債權)讓渡.

Inkaufnahme *f.* 감수 甘受; billigende ~ 용인적(容認的) 감수.

Inklusivtag *m.* 이익배당결정일 전일 利益配當決定日 前日.

Inkompatibilität *f.* 양립(兩立) 못 함.
Inkraftsetzen *n.* 제정 制定; ~ eines Gesetzes 법률(法律)제정.
Inkrafttreten *n.* 발효 發效; ~ eines Gesetzes 법률(法律)발효.
Inland *n.* 국내 國內, 내국 內國.
Inländer *m.* 내국인 內國人; **~besteuerung** *f.* 내국인과세 內國人課稅; **~diskriminierung** *f.* 국내인차별 國內人差別.
Inlands:bezug *m.* 내국관련성 內國關聯性; **~tat** *f.* 국내범 國內犯; **~verbindlichkeit** *f.* 국내채무 國內債務.
Innehabung *f.* (*eines Rechts*) (권리의) 보유 保有.
Innen:ausgleich *m.* (내부)구상 (內部)求償; **~bereich** *m.* 내부영역 內部領域; **~gesellschaft** *f.* 내적 조합 內的 組合; **~recht** *n.* 대내관계법 對內關係法, 내부법 內部法; **~verhältnis** *n.* 대내관계 對內關係, 내부관계 內部關係; **~vollmacht** *f.* 내부적 임의대리권 內部的 任意代理權; **~wirkung** *f.* 내부적 효력 內部的 效力.
innerstaatlich *adj.* 국가 내부적/의 國家 內部的/의.
Innominatkontrakt *m.* 무명계약 無名契約.
Innung *f.* 동업자조합 同業者組合.
Inquisitions:maxime *f.* 규문주의 糾問主義, 직권탐지주의 職權探知主義; **~prinzip** *n.* →Inquisitionsmaxime; **~prozess** *m.* 규문소송 糾問訴訟; **~verfahren** *n.* 규문절차 糾問節次.
Insasse *m.* 재소자 在所者.
Insichgeschäft *n.* 자기행위 自己行爲, 자기계약 自己契約, 자기대리 自己代理. // § 124 KBGB. **Selbstkontraktion, Mehrvertretung.** Ein Verteter kann, soweit er keine Erlaubnis des Vertetenen hat, für den Vertretenen kein Rechtsgeschäft mit sich selbst vornehmen oder beide Parteien bei einem derartigen Rechtsgeschäft vertreten. Er kann jedoch eine Verbindlichkeit erfüllen.
Insichprozess *m.* 내부자소송 內部者訴訟.
Insider:geschäft *n.* 내부거래 內部去來, 내부자거래 內部者去來; **~information** *f.* 내부자정보 內部者情報; **~papiere** *n. pl.* 내부자증권 內部者證券.
Insolvenz *f.* (*engl.* insolvency) 파산 破産; z.T. auch 도산 倒産; ~ des Verkäufers 매도인(賣渡人)의 파산; **~anfechtung** *f.* 파산부인 破産否認, 파산취소 破産取消 // 파산관재인에 의한 파산채무자행위의 취소. // **~anmeldung** *f.* 파산신청 破産申

請; **~antrag** *m.* 파산신청 破産申請; **~delikt** *n.* 파산범죄 破産犯罪, 파산죄 破産罪; **~erklärung** *f.* (Schweiz) 파산선언 破産宣言; **~eröffnung** *f.* 파산선고 破産宣告, 파산개시 破産開始; **~eröffnungsbeschluss** *m.* 파산선고(破産宣告)에 대한 결정(決定); **~fähigkeit** *f.* 파산능력 破産能力; **~forderung** *f.* 파산채권 破産債權; **~gericht** *n.* 파산법원 破産法院; **~gläubiger** *m.* 파산채권자 破産債權者; **~grund** *m.* 파산원인 破産原因; **~masse** *f.* 파산재단 破産財團, 파산재산 破産財産; (예) „zur Insolvenzmasse gehörendes Vermögen" = "파산재단 소유의 재산"; **~ordnung** *f.* (InsO) (*wörtl.*) 파산법 破産法, 도산법 倒産法. // Das koreanische Pendant zur deutschen Insolvenzordnung trägt den Namen "채무자 회생 및 파산에 관한 법률" (Gesetz über die Sanierung und Insolvenz von Schuldnern). // **~plan** *m.* 파산계획 破産計劃; rechtskräftig bestätigter ~ 재판상 확정(裁判上 確定)된 파산계획; **~recht** *n.* 파산법 破産法; **~schuldner** *m.* 파산채무자 破産債務者; **~straftat** *f.* 파산범죄 破産犯罪, 파산죄 破産罪; **~tabelle** *f.* 파산법상(破産法上)의 채권표(債權表), (파산)채권자표 (破産)債權者表; **~unfähigkeit** *f.* 파산불능 破産不能; **~verfahren** *n.* 파산절차 破産節次; **~vergleich** *m.* 파산상 화해 破産上 和解; **~verwalter** *m.* 파산관재인 破産管財人; **~verwaltung** *f.* 파산관리 破産管理; **~vorrecht** *n.* 파산우선권 破産優先權, 파산선취특권 破産先取得權; **~ware** *f.* 파산물(품) 破産物(品).

Insolvenz ~ ~ eine ~ anmelden 파산을 신청(申請)하다; ~ beantragen 판산을 신청(申請)하다; ~ eröffnen 파산을 개시(開始)하다.

Instanz *f.* (*i.S.v. Gerichtsinstanz, Rechtszug*) 심급 審級; (*bei Komposita*) ~심(審); erste ~ 첫 번째 심급, 제1심(第一審)의 심급; höhere ~ 상급심 上級審; letzte ~ 최후(最後)심급, 마지막 심급; niedrigere ~ 하급심 下級審; vorige ~ 전심 前審.

Instanzenzug *m.* 심급순서 審級順序.

institutionell *adj.* 제도적 制度的.

Institutionelle Garantie *f.* 제도적 보장 制度的 保障.

Institutionsgarantie *f.* 제도보장 制度保障.

Instrument *n.* (*abstrakt i.S.v. Mittel*) 수단 手段; kooperatives ~ 협력적(協力的) 수단; ökonomisches ~ 경제적(經濟的) 수단.

Instruktionsgrundsatz *m.* 심문주의 審問主義.

Integration *f.* (von Flüchtlingen) (난민의) 사회통합 (難民의) 社會統合.

Integrität *f.* 완전성 完全性, 불가침성 不可侵性; persönliche ~ 인적(人的) 불가침성; räumliche ~ 공간적(空間的) 불가침성.

Integritätsinteresse *n.* 완전성이익 完全性利益.

Intensität *f.* 강도 强度.

Intensivtäter *m.* (*engl.* habitual offender) 상습적 범죄인 常習的 犯罪人, 습관적 범죄인 習慣的 犯罪人, 상습범 常習犯.

inter omnes (*lat.*) 모든 사람 사이, 만인(萬人)을 상대로.

inter partes (*lat.*) 당사자(當事者) 사이.

Internalisierung *f.* 내부화 內部化.

international *adj.* 국제적 國際的.

Integration *f.* 통합 統合.

Interesse *n.* (*i.S.v. rechtliches Interesse*) 이익 利益, 이해(관계) 利害(關係); allgemeines ~ 일반적(一般的) 이익; beiderseitiges ~ 쌍방적(雙方的) 이익; beeinträchtigtes ~ 침해(侵害)된 이익; berechtigtes ~ 정당(正當)한 이익; besonderes ~ 특별(特別)한 이익; bestehendes ~ 존재(存在)하는 이익; eigenes ~ 자기(自己)이익, 사익 私益; einseitiges ~ 일방적(一方的) 이익; finanzielles ~ 재산적(財産的) 이익; gegenseitiges ~ 상호적(相互的) 이익; gemeinsames ~ 공동적(共同的) 이익; geschütztes ~ 보호(保護)된 이익; gesellschaftliches ~ 사회적(社會的) 이익; mittelbares ~ 간접(間接)이익; nationales ~ 국가(國家)이익, 국익 國益; negatives ~ 소극적(消極的) 이익; objektives ~ 객관적(客觀的) 이익; öffentliches ~ 공공(公共) 이익, 공익 公益; positives ~ 적극적(積極的) 이익; privates ~ 사적(私的) 이익, 사익 私益; prozessuales ~ 소송상(訴訟上) 이익; rechtliches ~ 법적(法的) 이익, 법률상(法律上) 이익; schutzwürdiges (schützenswertes) ~ 보호가치(保護價値) 있는 이익; subjektives ~ 주관적(主觀的) 이익; tatsächliches ~ 사실상(事實上) 이익; unmittelbares ~ 직접(直接)이익; versicherbares ~ 보험에 가입(保險에 加入)할 수 있는 이익, 보험가입가능(保險加入可能)한 이익; versichertes ~ 피보험(被保險)이익; wirtschaftliches ~ 경제적(經濟的) 이익, 재산적(財產的) 이익.

Interessen *n. pl.* 이익 利益; ~ des Staates 국가(國家)의 이익; kollidierende ~ 저촉(抵觸)하는 이익; widersprechende ~ 모순(矛盾)되는 이익.

Interessen:abwägung *f.* 이익형량 利益衡量; **~ausgleich** *m.* 이익조정 利益調停; **~berührung** *f.* 이익관계 利益關係; **~gegensatz** *m.* → Interessenkonflikt; **~gemeinschaft** *f.* 이익의 공동 利益의 共同; **~jurisprudenz** *f.* 이익법학 利益法學; **~kollision** *f.* 이익충돌 利益衝突; **~konflikt** *m.* 이익대립 利益對立, 이익충돌 利益

衝突; **~theorie** *f.* 이익설 利益說; **~verband** *m.* 이익단체 利益團體; **~verletzung** *f.* 이익침해 利益侵害; **~verfolgung** *f.* 이익추구 利益追求.

Interessent *m.* 이해관계인 理解關係人.

interimistisch *adj.* 임시적 臨時的.

Interims~ (Präfix) 가(暇)~, 중간(中間)의, 임시(臨時).

Interims:aktie *f.* 가주식 暇株式, 중간주식 中間株式; **~dividende** *f.* → Abschlagsdividende; **~regierung** *f.* 임시정부 臨時政府; **~schein** *m.* 가증권 暇證券, 중간증권 中間證券; **~wechsel** *m.* 가(暇)어음.

Interlokut *n.* 중간판결 中間判決.

international *adj.* 국제(적) 國際(的).

Internationaler ~ Strafgerichtshof *m.* (IStGH) (CPI *frz.: Cour pénale internationale*, ICC *engl. International Criminal Court*) 국제형사재판소 國制刑事裁判所. // Südkorea ist seit 2003 Mitglied des IStHG. // **~ Währungsfonds** *m.* (IWF) 국제통화기금 國際通貨基金.

Internationales Privatrecht *n.* (IPR) 국제사법 國際私法.

Interpellation *f.* 질의 質疑.

Interpellationsrecht *n.* 질의권 質疑權, 질문권 質問權.

Interpol 국제경찰군 國際警察軍.

Interpretation *f.* 해석 解釋.

Interpretations:herrschaft *f.* 해석지배권 解釋支配權; **~monopol** *n.* 해석독점권 解釋獨占權.

Intervenient *m.* 참가인 參加人.

Intervention *f.* 1. (*im Prozess*) (소송에) 참가 參加; 2. (*allg. i.S.v. einmischen*) 개입 介入.

Interventions:interesse *n.* 참가이익 參加利益; **~klage** *f.* 참가소송 參加訴訟; →„Drittwiderspruchsklage"라고도 한다. // **~politik** *f.* 개입정책 介入政策; **~wirkung** *f.* 참가적 효력 參加的 效力, 참가효력 參加效力 (§ 77 KZPO).

Invalidität *f.* 장애 障碍.

Invaliditätsversorgung *f.* 장애연금 障碍年金.

Inventar *n.* 재산목록 財産目錄, 속구 屬具, 재고자산 在庫資産; **~errichtung** *f.* 재산목록작성 財産目錄作成.

Inventur *f.* 재물조사 財物調査, 재고조사 在庫調査.

Inverkehrbringen *n.* 공급 供給, 유통 流通; ~ von Produkten 제조물(製造物)의 공급.

Investition *f.* 투자 投資 → Kapitalanlage.

Investitions:anleihe *f.* 투자채권 投資債權; **~bedingung(en)** *f.* (*pl.*) 투자조건 投資條件; **~förderung** *f.* 투자촉진 投資促進; **~geschäft** *n.* 투자활동 投資活動; **~gut** *n.* (*pl.* ~güter) 투자재 投資財; **~hilfe** *f.* 투자보조 投資補助; **~kontrolle** *f.* 투자통제 投資統制; **~kosten** *f.* 투자비 投資費; **~lenkung** *f.* 투자조정 投資調整; **~programm** *n.* 투자(投資)프로그램, 투자계획 投資計劃; **~schutz** *m.* 투자보장 投資保障; **~schutzabkommen** *n.* 투자보장협정 投資保障協定; **~vorrang** *m.* 투자우선 投資優先; **~zulage** *f.* 투자(投資)를 위한 특별수당(特別手當).

Investitur *f.* 서임 敍任; **~streit** *m.* 서임권 분쟁 敍任權 紛爭.

Investment *n.* (*engl.*) 투자 投資; **~bank** *f.* 투자은행 投資銀行; **~banking** *n.* 투자은행사업 投資銀行事業; **~fonds** *n.* 투자기금 投資基金; offener ~ 공연적(公演的) 투자기금; **~fondsanteil** *m.* 투자기금지분 投資基金持分; **~kapital** *n.* 투자자본 投資資本; **~management** *n.* 투자관리 投者管理; **~gesellschaft** *f.* 투자회사 投資會社; ausländische ~ 외국계(外國系)의 투자회사; **~risiko** *n.* 투자위험성 投資危險性; **~schutzabkommen** n. (*wörtl.*) 투자보호협약 投資保護協約; → Bilateral Investment Treaty; **~vermögen** n. 투자자산 投資資産; **~zertifikat** n. 투자증권 投者證券.

Investor m. 투자자 投資者; ausländischer ~ 외국계(外國系) 투자자.

invitation ad offerendum (*lat.*) 청약의 유인 請約의 誘引.

Inzahlungnahme *f.* 할인인수 割引引受; ~ eines Gebrauchtwagens 중고차(中古車)의 할인인수.

Inzest *m.* (als Delikt) 근친상간(죄) 近親相姦(罪). // Inzest ist in Korea grds. nicht strafbar (zu der Ausnahme sogleich). Die fehlende Strafbarkeit ist dabei jedoch kein Ausdruck besonderer sexueller Liberalität (vgl. hierzu auch → Strafrecht). Sie wird vielmehr damit begründet, dass es sich beim Inzest um eines der größten gesellschaftlichen Tabus handelt, welches seine Grundlage in dem seit der Choson – Dynastie (1392 – 1910) bestehenden Verbot der innerfamiliären Ehe (동성동본결혼금지제도 同姓同本結婚禁止制度) hat. Ein Verstoß gegen dieses Verbot gehe mit einer beispiellosen gesellschaftlichen Ächtung einher, so dass es einer zusätzlichen strafrechtlichen Sanktionierung nicht bedürfe. § 5 des Sondergesetzes über die Bestrafung von Sexualdelikten und den Schutz der Opfer (성폭력범죄의 처벌 및 피해자보호 등에 관한 특례법) regelt jedoch Qualifikationen der Sexualdelikte der §§ 297 – 299 KStGB, falls das Opfer ein Blutsverwandter bis zum 4. Grad des Täters oder ein Verwandter seines Ehegatten ist.

inzident *adj.* 부수적 附隨的.

Inzident:kontrolle *f.* 부수적 통제 附隨的 統制; **~prüfung** *f.* 부수적 심사 附隨的 審査.

ipso iure (*lat.*) 법률상 당연 當然; ~ - Nichtigkeit 당연무효 當然無效.

irreparable *adj.* 회복(回復)할 수 없는.

Irreversibilität *f.* 회복불가능성 回復不可能性.

Irrtum *m.* 착오 錯誤; ~ über das Handlungsobjekt 행위객체(行爲客體)의 착오, 행위대상물(行爲對象物)의 착오; erheblicher ~ 의미(意味)의 중대한 착오; unvermeidbarer ~ 예방(豫防)할 수 없는 착오; vermeidbarer ~ 예방(豫防)할 수 있는 착오.

Irrtumslehre *f.* 착오론 錯誤論.

Ist – Ausweisung *f.* 필요적 추방 必要的 追放.

Ist – Beschaffenheit *f.* 있는 상태(狀態), 존재(存在)하는 성상(性相).

Ist – Zustand *m.* 현재상태 現在狀態.

Istkaufmann *m.* 당연상인 當然商人 (§ 4 KHBG): „Kaufmann ist, wer im eigenen Namen ein Handelsgewerbe betreibt."

iudex a quo (*lat.*) 수소법원 受訴法院.

iudex ad quem (*lat.*) 상소법원 上訴法院.

ius ~ ~ civile (*lat.*) 시민법 市民法; ~ **gentium** (*lat.*) 만민법 萬民法; ~ **sanguinis** (*lat.*) → Abstammungsrecht; ~ **solis** (*lat.*) → Bodenrecht.

J, j

Jagd *f.* 사냥, 수렵 狩獵; **~aufseher** *m.* 사냥감독(관) 사냥監督(官); **~aufsicht** *f.* 사냥감독(監督); **~berechtigter** *m.* 수렵권리자 狩獵權利者; **~berechtigung** *f.* 수렵권리 狩獵權利; **~bezirk** *m.* 사냥구역(區域); **~erlaubnis** *f.* 사냥면허(免許); **~schaden** *m.* 사냥손해(損害); **~steuer** *f.* 사냥세(稅); **~verbot** *n.* 사냥금지(禁止); **~wilderei** *f.* → Wilderei; **~zeit** *f.* 사냥시기(時期)/기간(期間).

Jäger *m.* 사냥꾼; **~prüfung** *f.* 사냥면허시험(免許試驗).

Jahrbuch *n.* 연보 年譜, 연감 年鑑; ~ des öffentliches Rechts 공법(公法)연감; statistisches ~ 통계(統計)연보.

Jahres:abschluss *m.* (financial statement) 연말결산 年末決算, 재무제표 財務諸表; **~abschlussbilanz** *f.* 1. (*alte Terminologie*) 연말결산대차대조표 年末決算貸借對照表; 2. (*neue Terminologie*) 연말결산재무상태표 年末決算財務狀態表; **~bericht** *m.* 연차보고(서) 年次報告(書); **~bilanz** *f.* 1. (*alte Terminologie*) 연도대차대조표 年度貸借對照表; 2. (*neue Terminologie*) 연도별 재무상태표 年度別 財務狀態表; **~einkommen** *n.* 연간소득 年間所得; **~frist** *f.* 1년(年)로 정(定)한 기한(期限), 년의 기한; **~gewinn** *m.* 연간수익 年間收益; **~hauptversammlung** *f.* 연도(주주)총회 年度(株主)總會; **~überschuss** *m.* 연도잉여금 年度剩餘金; **~umsatz** *m.* 연간매상고 年間賣上高; **~urlaub** *m.* 연차휴가 年次休暇; bezahlter ~ 연차유급(有給)휴가; unbezahlter ~ 연차무급(無給)휴가; **~verlust** *m.* 연간손실 年間損失; **~zins** *m.* 연리 年利.

Janusköpfigkeit *f.* 표리부동 表裏不同, 얼굴이 둘인, 결국 겉과 속이 다른; verfassungsrechtliche ~ 헌법상(憲法上) 표리부동. // 야누스 (Janus, Ianus)는 로마신화에서 앞과 뒤에 각각 다른 얼굴을 가지고 있는 신이다. 예문: „Das Urteil zeigt sich janusköpfig." 그 판결은 표리부동하다.

jedermann *pron.* 모든 사람.

Jedermannsrecht *n.* (*i.S.d. § 127 Abs. 1 StPO*) 만인권리 萬人權利. // § 212 KStPO. Jedermann kann einen auf frischer Tat betroffenen Täter ohne Haftbefehl festnehmen.

Joint – Venture *n.* 합작투자 合作投資.

Joint – Venture – Vertrag *m.* 합작투자계약 合作投資契約.

Judikative *f.* 사법(권) 司法(權), 사법부 司法部.

Judikatur *f.* 판례 判例, 판결 判決; **~recht** *n.* (case law) 판례법 判例法.

Judiz *n.* 법적판단 法的判斷.

Jugend:amt *n.* 소년국 少年局; **~arbeit** *f.* 소년근로 少年勤勞; **~arbeitsschutz** *m.* 소년근로보호 少年勤勞保護, vgl. Art. 32 Abs. 5 KVerf (Abschnitt Grundrechte und ~pflichten): „Die Arbeit Jugendlicher unterliegt einem besonderen Schutz." Das ArbStandardsG (근로기준법) enthält hierzu in den §§ 64 ff. zahlreiche Schutzbestimmungen. // **~arrest** *m.* 소년구류 少年拘留, 소년구금 少年拘禁; **~behörde** *f.* 소년관청 少年官廳; **~fürsorge** *f.* 청소년보호 靑少年保護. 질병, 위험 등이 있는 청소년에 대한 보호조치. // **~gefährdung** *f.* 청소년위해 靑少年危害; **~gefängnis** *n.* 소년교도소 少年矯導所; **~gericht** *n.* (*wörtl.*) 소년법원 少年法院. // In Korea werden mit diesem Begriff nur Gerichte bezeichnet, die sich mit Jugendschutzsachen befassen. Die dem deutschen Jugendgericht (d.h. Gerichte, die sowohl Jugendschutzkammern, als auch Jugendstrafkammern umfassen) entsprechende Umschreibung lautet: „소년보호 및 형사사건을 관할하는 법원". // **~gerichtsgesetz** *n.* → Gesetzesregister; **~gerichtshilfe** *f.* 소년사법보조 少年司法補助; **~hilfe** *f.* 소년보조 少年補助; **~hilfeausschuss** *m.* 소년보조위원회 少年補助委員會; **~kammer** *f.* 소년재판부 少年裁判部, 소년부 少年部. // Jugendkammern bestehen beim Familiengericht (가정법원소년부) und beim Landgericht (지방법원소년부); **~kriminalität** *f.* 소년범죄 少年犯罪.

Jugendliche(r) *f./m.* (청)소년 (靑)少年, 연소자 年少者. // Jugendliche sind in Korea unter 20 – Jährige. Jugendliche i.S.d. koreanischen Rechts sind daher auch Kinder i.S.d. deutschen StGB, vgl. § 2 KJGG; vgl. auch → Jugendstrafrecht.

Jugend:pflege *f.* 소년보도 少年輔導. 문제 없는 아이를 양육. Jugendfürsorge에 반하는 말. // **~pfleger** *m.* 소년보좌관 少年補佐官, 소년보도관 少年報道官; **~richter** *m.* 소년법원의 법관 少年法院의 法官; **~sachen** *f. pl.* 소년사건 少年事件. Jugendsachen unterteilen sich in in Korea in Jugendschutzsachen und Jugendstrafsachen. // **~schöffe** *m.* 소년참심원 少年參審員; **~schutz** *m.* 소년보호 少年保護; **~schutzgesetz** *n.* → Gesetzesregister; **~schutzkammer** *f.* (*wörtl.*) 소년보호재판부 少年保護裁判部, 소년보호부 少年

保護部. // Die Jugendschutzkammer wird in Korea begrifflich nicht von der Jugendkammer abgegrenzt. // **~schutzsachen** *f. pl.* 소년보호사건 少年保護事件; **~staatsanwalt** *m.* 소년검찰 少年檢察; **~strafanstalt** *f.* 소년교도소 少年矯導所; **~strafe** *f.* 소년형 少年刑; **~strafrecht** *n.* 소년형법 少年刑法. // Das koreanische Jugendstrafrecht weist große Unterschiede zu Deutschland auf. Eine Unterteilung in Kinder, Jugendliche und Heranwachsende wird nicht vorgenommen. Jugendlicher i.S.d. KJGG (소년법) sind somit auch unter 14 – Jährige. // **~strafsachen** *f. pl.* 소년(少年)의 형사사건(刑事事件); **~straftat** *f.* 소년범죄행위 少年犯罪行爲; **~strafverfahren** *n.* 소년형사소송절차 少年刑事訴訟節次; **~strafvollzug** *m.* 소년형벌집행 少年刑罰執行; **~strafe** *f.* 소년형벌 少年刑罰; **~täter** *m.* 소년범인 少年犯人; **~vertretung** *f.* 소년 대표 少年 代表; **~wohlfahrt** *f.* 소년복지 少年福祉.

Junktim – Klausel *f.* 불가분조항 不可分條項.

Jura 법(률)학 法(律)學; **~student** *m.* 법학생 法學生.

Jurisdiktion *f.* 재판관할권 裁判管轄權, 사법권 司法權.

Jurisprudenz *f.* 법학 法學, 법률학 法律學.

Jurist *m.* 법학자 法學者, 법률전문가 法律專門家.

Juristen:ausbildung *f.* 법률전문가교육 法律專門家敎育; **~tag** *m.* 법률전문가대회 法律專門家大會.

juristisch *adj.* 법률상(法律上)의, 법적 法的.

Juristische Person *f.* 법인 法人; ~ des öffentlichen Rechts 공법상(公法上)의 법인, 공법인 公法人; ~ des Privatrechts 사법상(私法上)의 법인, 사법인 私法人; gemeinnützige ~ 공익(公益)법인; inländische ~ 내국(內國)법인; nichtwirtschaftliche ~ (*engl.* Nonprofit Corporation, NPC) 비영리(非營利)법인.

Juristische Sekunde *f.* 법적 순간 法的 瞬間.

Jury *f.* 배심원전체 陪審員全體; **~system** *n.* 배심제 陪審制. // Infolge der fortschreitenden Demokratisierung Koreas kam es zu einer breiten Diskussion über die Notwendigkeit einer Bürgerbeteiligung im gerichtlichen Verfahren. Nach Abwägung der Vor- und Nachteile des amerikanischen Jurysystems und dem Schöffensystem deutscher Prägung, wurde schließlich durch das am 1.1.2008 in Kraft getretene Gesetz über die Bürgerbeteiligung im Strafprozess (국민의 형사재판 참여에 관한 법률) ein System eingeführt, das dem Jurysystem nach anglo – amerikanischem Vorbild zwar nahesteht, sich aber in wesentlichen Punkten grundlegend von diesem unterscheidet. Die Einberufung einer Jury ist danach nur in gesetzlich vorgesehenen Fällen möglich, die sich auf den Bereich des Strafrechts und hier grds. allein auf Fälle schwerer Kriminalität beschränken, die in § 5 Abs. 1 Nr. 1 – 5 abschließend aufgeführt werden. Widerspricht der Angeschuldigte, so wird keine Jury bestellt, vgl. § 5 Abs. 2 i.V.m. § 8. Die Jury besteht gem. § 13 Abs. 1 aus neun Mitgliedern, wenn als Strafmaß die Todesstrafe oder eine lebenslange Freiheitsstrafe zu erwarten ist, in allen anderen Fällen aus sieben Personen. Die Rolle der Jury beschränkt sich gem. § 12 Abs. 1 allein auf die Abgabe von Empfehlungen. Der Richter ist hieran (rechtlich) in keiner Weise gebunden, er kann sich also in seiner Entscheidung vollständig über die Vorschläge der Jury hinwegsetzen. Das Gerichtsverfahren mit Beteiligung einer Jury wird als „Bürgerbeteiligungsgerichtsverfahren" (국민참여재판 國民參與裁判) bezeichnet. In den ersten drei Jahren seit der Einführung des Verfahrens (Zeitraum vom 1.1.2008 bis zum 31.12.2010) wurden von 19.431 einschlägigen Fällen nur 321 Prozesse unter Beteiligung einer Jury geführt. Dies hat mehrere Gründe: Der Angeschuldigte muss zum einen gem. § 8 Abs. 2 S. 1 innerhalb von nur sieben Tagen ab der Zustellung der Klageschrift schriftlich erklären, ob er mit der Durchführung des Verfahrens einverstanden ist. Wird die Frist versäumt, so wird gem. § 8 Abs. 3 angenommen, dass das Verfahren nicht gewollt ist. Zwar ist die Frist gem. § 8 Abs. 1 S. 2 gewahrt, wenn die Erklärung des inhaftierten Angeschuldigten dem Leiter der Haftanstalt oder dessen Vertreter zugeht. Jedoch werden sich Fälle, in denen die Erklärung aufgrund eines „Organisationsverschuldens" verspätet oder gar nicht zugeht, statistisch nur schwer erfassen lassen. Berücksichtigt man zudem die Stellung des – wenn auch zu Unrecht – Angeschuldigten in konfuzianistisch geprägten Gesellschaften, so kann davon ausgegangen werden, dass viele Angeschuldigte von ihrem Recht, eine Jury einberufen zu lassen, keinen Gebrauch machen werden. Ein weiterer Grund besteht in dem gem. § 9 Abs. 1 Nr. 3 bestehenden Ablehnungsrecht des Richters. Danach kann dieser durch Beschluss die Einberufung einer Jury in „sonstigen Fällen, in denen die Durchführung eines Bürgerbeteiligungsverfahrens unangemessen erscheint", ablehnen.

Justitiabilität *f.* 사법판단가능성 司法判斷可能性.

Justitiar *m.* (기업의) 법률고문 (企業)의 法律顧問.

Justiz *f.* 사법 司法; **~akt** *m.* 사법행위 司法行爲; **~attaché** *m.* 법무협력관 法務協力官; **~aufsicht** *f.* 사법감독 司法監督; **~aufsichtsbehörde** *f.* 사법감독청 司法監督廳; **~ausbildung** *f.* 사법교육 司法敎育. 넓은 의미로 법률전문가 및 법학자 (변호사, 판사, 검사 등) 뿐만 아니라 사법보좌관과 같이 모든 사법업무에 종사하는 자를 상대로 하는 교육. // **~beamter** *m.* 사법관 司法官; **~bediensteter** *m.* 법원사무관 法院事務官; **~behörde** *f.* 사법관청 司法官廳, 사법국 司法局, 사법청 司法廳; **~gewalt** *f.* 사법권 司法權; **~gerichtsbarkeit** *f.* 사법재판권 司法裁判權 // → Ordentliche Gerichtsbarkeit과 같은 의미; **~gewährung** *f.* 사법보장 司法保障; **~gewährungsanspruch** *m.* 사법보장청구권 司法保障請求權; **~hoheit** *f.* 재판고권 裁判高權; **~irrtum** *m.* (법원의) 오판(誤判); **~minister** *m.* 법무장관 法務長官; **~ministerium** *n.* 법무부 法務部; **~organ** *n.* 사법기관 司法機關; **~pflege** *f.* 사법司法; **~prüfungsamt** *n.* (약어: JPA) 사법시험국 司法試驗局, 사법시험실시기관 司法試驗實施機關; gemeinsames ~ 공동(共同)사법시험국; (베를린주와 브란덴부르크주 간에 합병된 사법시험국); **~reform** *f.* 사법개혁 司法改革; **~staat** *m.* 사법국가 司法國家; **~verwaltung** *f.* 사법행정 司法行政; **~verwaltungsakt** *m.* 사법행정행위 司法行政行爲; **~verwaltungsangelegenheiten** *f. pl.* 사법행정사무 司法行政事務; **~verwaltungskosten** *f.* 사법행정비용 司法行政費用; **~vollzugsanstalt** *f.* 사법집행시설 司法執行施設; **~wesen** *n.* 사법제도 司法制度.

K, k

Kabinett *n.* 내각 內閣.

Kabinetts:beschluss *m.* 내각(內閣)의 의결(議決); **~mitglied** *n.* 내각구성원 內閣構成員; **~justiz** *f.* 내각사법 內閣司法. // 중세대 때 영주가 행사하던 사법권. // **~vorlage** *f.* 내각제안 內閣提案.

Kaduzierung *f.* 실권선언 失權宣言. // 주주의 주식 및 사원의 지분을 상실시키는 선언.

Kalender:jahr *n.* 역년 曆年, 연도 年度; **~monat** *m.* 역월 曆月; **~tag** *m.* 역일 曆日.

Kalkulationsirrtum *m.* 산정착오 算定錯誤.

Kammer *f.* 1. (*i.S.d. Spruchkörpers eines Gerichts*) 법원의 합의부 法院의 合意部, 재판부 裁判部; 주법원(Landgericht)의 재판부, 주고등법원(Oberlandesgericht)의 재판부, vgl. → Abteilung, → Senat; 2. (*allg. i.S.v. Körperschaft*) 합의체 合意體; 3. (*i.S.d. berufsständischen Körperschaften, z.B.* → *Rechtsanwaltskammer*) 협회 協會; ~ für Baulandsachen 건축부지소송사건(建築敷地訴訟事件) 재판부; ~ für Handelssachen 상사(商事)재판부; große ~ 대재판부 大裁判部.

Kammergericht *n.* 베를린주 고등법원의 명칭.

Kammergerichtspräsident/-präsidentin *m./f.* 베를린주의 고등법원장(高等法院長).

Kampf *m.* 1. (*allg.*) 투쟁 鬪爭; 2. (*i.S.d. Arbeitsrechts*) 쟁의 爭議; **~mittel** *n.* 쟁의수단 爭議手段; **~parität** *f.* 쟁의대등성 爭議對等性.

Kann – Kaufmann *m.* 임의상인 任意商人.

Kann – Vorschrift *f.* 가능규정 可能規定, 선택규정 選擇規定.

Kanonisches Recht *n.* 카논법(法).

Kanzlei *f.* 1. (*allg. i.S.v. Büro*) 사무소 事務所; 2. (*i.S.v. Behörde*) 사무국 事務局, 사무처 事務處; 2. (*i.S.v. Anwaltskanzlei*) 법률사무소 法律事務所; **~vorsteher** *m.* 사무국장 事務局長.

Kanzler *m.* 수상 首相; **~demokratie** *f.* 수상제민주주의 首相制民主主義; **~prinzip** *n.* 수상의 정책지침원리 首相의 政策指針原理.

Kapazitäts:ermittlung *f.* (bei Hochschulen) 직원, 설비, 학력 등을 감안하여 대학교입학정원을 정하는 조사. // **~vorbehalt** *m.* 가능유보 可能留保; ~ staatlicher

Leistung 국가적(國家的) 급부(給付)에 관한 가능유보.

Kapital *n.* 자본 資本, 자본금 資本金; eingebrachtes ~ 출자(出資)자본; genehmigtes ~ 인허(認許)자본; gezeichnetes ~ 청약(請約)자본; stimmberechtigtes ~ 의결권(議決權) 있는 자본.

Kapital:abfindung *f.* 일시금배상 一時金賠償; **~anlage** *f.* 자본투자 資本投資; **~anlagebetrug** *m.* 자본투자사기 資本投資詐欺; **~anlagegesellschaft** *f.* 자본투자회사 資本投資會社; **~anleger** *m.* 자본투자자 資本投資者; **~anteil** *m.* 자본지분 資本持分; **~aufstockung** *f.* (*engl.* increase of capital) 증자 增資; **~ausfuhr** *f.* 자본수출 資本輸出; **~beteiligung** *f.* 자본참가 資本參加, 자본참여 資本參與; **~betrag** *m.* 자본액 資本額; **~eigner** *m.* 자본주 資本主; **~einfuhr** *f.* 자본수입 資本輸入; **~einlage** *f.* 자본출자 資本出資; **~entschädigung** *f.* 자본보상 資本補償; **~erhöhung** *f.* 자본증가 資本增加; **~ertrag** *m.* 자본소득 資本所得; **~ertragssteuer** *f.* (*engl.* capital gains tax) 금융소득세 金融所得稅, 자본소득세 資本所得稅, 양도소득세 讓渡所得稅; **~deckung** *f.* 자본적립 資本積立; **~gesellschaft** *f.* 자본회사 資本會社, 물적회사 物的會社; große ~ 대(규모)자본회사 大(規模)資本會社; kleine ~ 소(규모)자본회사 小(規模)資本會社; mittelgroße ~ 중(규모)자본회사 中規模資本會社.

Kapitalherabsetzung *f.* (*engl.* reduction of capital) 자본감소 資本減少, 자본금감소 資本金減少; (*Abk.*) 감자 減資. // Das koreanische Handelsgesetz unterschied bis zum 15.04.2012 begrifflich nicht zwischen effektiver und nomineller Kapitalherabsetzung. Daher war auch in Fällen der nominellen Kapitalherabsetzung, bei der es anders als bei der effektiven Kapitalherabsetzung zu keinem Abfluss liquider Mittel kommt, gem. § 438 Abs. 1 KHGB a.F. ein qualifizierter Mehrheitsbeschluss der Hauptversammlung erforderlich. Nach der neuen Rechtslage kann die Hauptversammlung gem. § 438 Abs. 2, § 368 Abs. 1 KHGB nunmehr die nominelle Kapitalherabsetzung auch mit einfacher Mehrheit beschließen. Zugleich wurde der Gläubigerschutz im Rahmen der Kapitalherabsetzung gem. § 439 Abs. 2 S. 2 KHGB auf Fälle der effektiven Kapitalherabsetzung beschränkt. Die effektive Kapitalherabsetzung wird vom Gesetz als „결손의 보전을 위한 자본금의 감소" (= „Herabsetzung des Kapitals zur Verlustbereinigung") bezeichnet. // effektive ~ 실질적(實質的) 자본감소, 유상(有

償)자본감소; nominelle ~ 형식적(形式的) 자본감소, 명목상(名目上) 자본감소, 무상(無償)자본감소; ordentliche ~ 통상(通常)의 자본감소; vereinfachte ~ 간이(簡易) 자본감소.

Kapitalismus *m.* 자본주의 資本主義.

Kapitalmarkt *m.* 자본시장 資本市場; **~fähigkeit** *f.* 자본시장 적응성 資本市場 適應性; **~papier** *n.* 자본시장증권 資本市場證券.

Kapital:umwandlung *f.* 자본변경 資本變更; **~reserve** *f.* 자본준비금 資本準備金; **~rücklage** *f.* (*engl.* capital surplus) 자본잉여금 資本剩餘金; **~system** *n.* 자본제도 資本制度; autorisiertes ~ 수권(授權)자본제; **~verbrechen** *n.* 중대범죄 重大犯罪; **~verkehr** *m.* 자본이동 資本移動; **~verkehrssteuer** *f.* 자본이동세 資本移動稅; **~vermögen** *n.* 자본재산 資本財産; **~versicherung** *f.* 자금보험 資金保險; **~zins** *m.* 자본이자 資本利子.

Kapitän *m.* 선장 船長.

Kappungsgrenze *f.* 삭감한계 削減限界, 인상한계 引上限界, 상한 上限.

Karenzzeit *f.* 지불정지기간 支拂停止期間.

Kargoversicherung *f.* 적하보험 積荷保險.

Kartell *n.* 카르텔; wirtschaftliches ~ 경제적(經濟的) 카르텔; **~amt** *n.* 카르텔감독청(監督廳); **~behörde** *f.* 카르텔당국(當局); **~bildung** *f.* 카르텔설립(設立), 카르텔형성(形成); **~recht** *n.* 카르텔법(法); **~senat** *m.* (법원의) 카르텔부(部), 카르텔합의부(合意部); ~ des Bundesgerichtshofs 연방법원(聯邦法院)의 카르텔부; **~verbot** *n.* 카르텔금지(禁止); **~verordnung** *f.* 카르텔명령(命令); **~vertrag** *m.* 카르텔계약(契約).

Karten:aussteller *m.* 카드발행(업)자 카드發行(業)者; **~inhaber** *m.* 카드소지인(所持人); **~missbrauch** *m.* 카드남용(濫用); **~verwendung** *f.* 카드이용(利用); missbräuchliche ~ 남용적(濫用的) 카드이용.

Kaskoversicherung *f.* 차량보험 車輛保險; (*wörtl.*) 선체보험 船體保險.

Kassationsklausel *f.* → Kassatorische Klausel.

Kassatorische Klausel *f.* 실권조항 失權條項, 파훼조항 破毀條項. // 채무자가 계약상 채무를 이행하지 않는 경우에는 모든 계약상의 권리가 상실된다는 약정.

Kasuistik *f.* 결의론 決意論, 개별해결방법 個別解決方法, 카주이스틱.

kasuistisch *adj.* 결의론적 決意論的.

Kataster *n.* 지적공부 地籍公簿, 토지대장 土地臺帳, 지적부 地籍簿, 지적도 地籍圖, 임야대장 林野臺帳, 임야도 林野圖, vgl. § 2 Nr. 1 KKatasterG (지적법); **~amt** *n.* 지적

공부국 地籍公簿局; **~aufnahme** *f.* 지적공부의 작성 地籍公簿의 作成; **~auszug** *m.* 지적공부의 초본 地籍公簿의 抄本.

Katastrophe *f.* 재해 災害, 재난 災難.

Katastrophen:hilfe *f.* 재해구조 災害救助; **~notstand** *m.* 재해긴급사태 災害緊急事態; **~schutz** *m.* 재해구호 災害救護.

Kauf *m.* 매매 賣買; ~ auf Besicht 점검(點檢)매매; ~ bricht (nicht) Miete 매매는 임대차(賃貸借)를 깨뜨린다 (깨뜨리지 않는다); ~ auf Probe 견본(見本)매매, 시험(試驗)매매; ~ nach Probe 시품매매 試品賣買; ~ unter Eigentumsvorbehalt 소유권유보부매매 所有權留保附賣買.

Käufer *m.* 매수인 買受人; **~verlangen** *n.* 매수인의 요구 買受人의 要求.

Kaufgegenstand *m.* → Kaufsache.

Kaufmann *m.* 상인 商人; ~ kraft Gewerbebetrieb 상업활동(商業活動)에 의한 상인; ~ kraft Eintragung 상업등기(商業登記)에 의한 상인; ~ kraft Rechtsform 법형식(法形式)에 의한 상인.

Kaufmännischer Angestellter *m.* 상업사용인 商業使用人.

Kaufmanns:eigenschaft *f.* 상인자격 商人資格; **~fähigkeit** *f.* 상인능력 商人能力.

Kauf:option *f.* 매매(賣買)옵션; **~preis** *m.* (매매)대금 (賣買)代金; Bewirken des ~es 대금지급 代金支給; vereinbarter ~ 약정(約定)한 매매대금; **~preisforderung** *f.* 대금채권 代金債權; **~preisvereinbarung** *f.* 매매대금(賣買代金)에 대한 약정(約定); **~preiszahlung** *f.* (매매)대금의 지급(支給); teilweise ~ 일부(一部) 대금지급; vollständige ~ 완전(完全)한 (매매)대금의 지급; **~recht** *n.* 매매법 賣買法; **~sache** *f.* 매매목적물 賣買目的物, 매물 賣物; **~vertrag** *m.* 매매계약 賣買繼約; doppelt bedingter ~ 이중의 조건부 매매 二重의 條件附 賣買.

kausal *adj.* 인과적인 因果的인, 유인(有因)적/한/하게/의.

Kausal:abrede *f.* 원인적 합의 原因的 合意; **~geschäft** *n.* 원인행위 原因行爲.

Kausalität *f.* 인과관계 因果關係; äquivalente ~ 조건적(條件的) 인과관계; haftungsausfüllende ~ 책임충족적(責任充足的) 인과관계; haftungsbegründende (haftungsauslösende) ~ 책임설정적(責任設定的) 인과관계, 책임발생적(責任發生的) 인과관계, 책임성립적(責任成立的) 인과관계.

Kausalverlauf *m.* 인과진행 因果進行; atypischer ~ 비전형적(非典型的) 인과진행; typischer ~ 전형적(典型的) 인과진행.

Kausalzusammenhang *m.* → Kausalität.

Kaution *f.* 1. (*allg., z.B. im Mietrecht*) 보증금 保證金; 2. (*zur Haftaussetzung*) 보석(保釋)보증금, 보석금 保釋金, 보석 保釋.
Kavaliersdelikt *n.* 기사범죄 騎士犯罪.
Kennen *n.* 앎, 알고 있음, 지식 知識.
Kennenmüssen *n.* 알아야 함.
Kenntlichmachung *f.* 表示 表示.
Kenntnis *f.* 지식 知識, 인식 認識; **~nahme** *f.* 인식(認識)됨.
Kennzeichenrecht *n.* 표시권 表示權.
Kennzeichnungspflicht *f.* 표시의무 表示義務.
Kern:bereich *m.* 본질영역 本質領域, 핵심영역 核心領域; ~ staatlicher Pflichten 국가의무(國家義務)의 핵심영역; **~bereichstheorie** *f.* 핵심영역이론 核心領域理論; **~bestand** *m.* 핵심부분 核心部分; **~kompetenz** *f.* 1. (*i.S.e. Wettbewerbsvorteils*) (*engl.* core competency) 핵심역량 核心力量, 핵심능력 核心能力; 2. (*im Gesetzgebungsverfahren*) 본질(입법)권한 本質(立法)權限, 핵심(입법)권능 核心(立法)權能, 핵심입법권 核心立法權; ~ des Bundes 연방(聯邦)의 핵심입법권.
Ketten:arbeitsvertrag *m.* 연쇄적 근로계약 連鎖的 勤勞契約; **~geschäft** *n.* 연쇄계약 連鎖契約.
Kind *n.* 아동 兒童, 자식 子息, 자녀 子女, 자 子; eheliches ~ 친생자 親生子; minderjähriges ~ 미성년(未成年)의 자녀; nichteheliches ~ 혼인외(婚姻外)에서 출생(出生)한 자, vgl. → Anerkennung der nichtehelichen Vaterschaft.
Kinder:arbeit *f.* 연소근로 年少勤勞, 아동노동 兒童勞動; **~freibetrag** *m.* 자녀(子女)에 위해 세금공제액(稅金控除額); **~garten** *m.* 유치원 幼稚園; **~geld** *n.* 아동수당 兒童手當, 자녀양육보조금 子女養育補助金; **~handel** *m.* 아동매매 兒童賣買.
Kinderhaus *n.* (im Familiengericht) (가정법원의) 면접교섭실 (家庭法源의) 面接交涉室, 만남의 방. // Neben der richterlichen Befragung von Kindern findet hier in Korea auch der Umgang statt.
Kinderkriminalität *f.* 아동범죄 兒童犯罪
Kinder – Nachversicherung *f.* 어린이추가보험(追加保險).
Kinderzuschlag *m.* 자녀양육수당 子女養育手當.
Kindes:entziehung *f.* 아동약취 兒動略取; **~missbrauch** *m.* 아동학대 兒童虐待; **~tötung** *f.* 아동살해 兒動殺害; **~vermögen** *n.* 자녀의 재산 子女의 財産; Gefährdung des ~s 자녀재산의 위험(危險); **~wohl** *n.* 자녀복리 子女福利.

Kindschaftssachen *f. pl.* 자녀관계사건 子女關係事件.

Kirche *f.* 교회 敎會.

Kirchendiebstahl *m.* 교회절도 敎會竊盜.

Kirchenrecht *n.* (*inneres*) 교회법 敎會法, wobei dieser Begriff teilweise allein zur Beschreibung des Rechts der römisch – katholische Kirche verwendet wird. In diesem Fall wird das Recht der evangelischen Kirche mit „사원법" (寺院法) umschrieben.

Kirchensteuer *f.* 교회세 敎會稅.

Klagbarkeit *f.* 소구가능성 訴求可能性, 소송초래가능성 訴訟招來可能性, 소송을 초래할 수 있음.

Klagabweisung *f.* → Klageabweisung.

Klaganerkenntnis *n.* 소의 인낙 訴의 認諾.

Klagantrag *m.* 청구취지 請求趣旨, 청구 請求.

Klage *f.* 소송 訴訟; (*Abk.*) 소 訴; anhängige ~ 계속중(繫屬中)인 소송, 계속(繫屬)된 소송, 계속(繫屬)되어 있던 소송; öffentliche ~ 공소 公訴, vgl. → Anklage; rechtshängige ~ 계속중(繫屬中)인 소송, 계속(繫屬)된 소송, 계속(繫屬)되어 있던 소송; ~ annehmen 소송을 접수(接受)하다; ~ erheben 소송을 제기(提起)하다; Zurücknahme der ~ 소의 취하(取下).

Klage:abweisung *f.* 소(訴)의 기각(棄却), 청구기각 請求棄却, 패소(판결) 敗訴(判決); **~abweisungsantrag** *m.* 소송기각신청 訴訟棄却申請; **~änderung** *f.* 소(訴)의 변경(變更); z.T. auch 청구(請求)의 변경 („Antragsänderung") (§§ 262, 263 KZPO); **~anerkenntnis** *f.* 1. (*wörtl.*) 소의 인낙 訴의 認諾; 2. Das Gesetz spricht von 청구의 인낙 (請求의 認諾), vgl. § 220 KZPO. // **~anspruch** *m.* 소송상 청구 訴訟上 請求; **~antrag** *m.* → Klagantrag; **~art** *f.* 소송종류 訴訟種類, 소송유형 訴訟類型; statthafte ~ 허용(許容)되는 소송유형; **~auswechslung** *f.* 소송물의 교체 訴訟物의 交替; **~befugnis** *f.* 원고적격 原告適格; **~begehren** *n.* 소송상 청구 訴訟上 請求, 소송상 요구(要求), 청구(請求)의 취지(趣旨); **~behauptung** *f.* 소(訴)의 주장(主張); **~berechtigung** *f.* 제소자격 提訴資格; **~einreichung** *f.* 소장제출 訴狀提出; **~erhebung** *f.* 1. (*bei Erhebung einer Klage im Strafprozess*) 소추 訴追, wobei zu beachten ist, dass sich der Begriff nicht auf die (Anklage-)Erhebung der Staataanwaltschaft (기소 起訴) beschränkt, sondern bei allen Fällen einer Klageerhebung in Strafsachen (d.h. auch bei der → Privatklage) verwendet wird; z.T. auch 공소 公訴; 2. (*als Überbegriff für alle Klagen in sämtlichen Rechtsgebieten*) 소송제기 訴訟提起, 제소 提訴. // Die Klageerhebung erfolgt in Korea nach h.M. wie in Deutschland durch Zustellung der Klageschrift, vgl. → Rechtshängigkeit. // missbräuchliche ~ 남소 濫訴.

Klage:erweiterung *f.* 변론확장 辯論擴張, 청구취지의 확장 請求趣旨의 擴張; **~erzwingung** *f.* 기소강제 起訴強制; **~erzwingungsverfahren** *n.* 기소강제절차 起訴強制節次. // Die KStPO kennt kein Klageerzwingungsverfahren. Gegen Einstellungsbescheide der Staatsanwaltschaft kann im Wege der Verfassungsbeschwerde vorgegangen werden, vgl. → Einstellungsbescheid. // **~frist** *f.* 소제기기간 訴提起期間, 제소기간 提訴期間; **~gegegenstand** *m.* 소송물 訴訟物, 소송대상 訴訟對象; **~grund** *m.* 소송의 이유 訴訟의 理由, 제소이유 提訴理由, 청구의 원인 請求의 原因; **~häufung** *f.* → Klagenhäufung; **~mitteilung** *f.* 소송의 통지 訴訟의 通知.

Klagenhäufung *f.* 소의 병합 訴의 倂合; alternative ~ 선택적(選擇的) 소의 병합; eventuelle ~ 예비적(豫備的) 소의 병합; kumulative ~ 단순(單純)한 소의 병합; objektive ~ 객관적(客觀的) 소의 병합; subjektive ~ 주관적(主觀的) 소의 병합.

Kläger *m.* 원고 原告. // In Akten und Sachverhalten wird die klagende Partei auch als „갑(甲)" („A") bezeichnet. // **~begehren** *n.* 원고의 原告의 要求; **~mehrheit** *f.* 다수원고 多數原告訴訟; **~seite** *f.* 원고측 原告側; **~vorbringen** *n.* 원고주장 原告主張.

Klage:recht *n.* 소권 訴權; außerordentliches ~ 비상(非常)소권; direktes ~ 직접(直接)소권; persönliches ~ 개인(個人)소권.

Klagerücknahme *f.* 소의 취하 訴의 取下 (§§ 266 – 267 KZPO). // Die Klage kann gem. § 266 Abs. 1 KZPO bis zum Eintritt der Rechtskraft ganz oder teilweise zurückgenommen werden. Die Rücknahme bedarf jedoch gem. § 266 Abs. 2 KZPO der Einwilligung des Beklagten, wenn dieser bereits schriftlich auf die Klage erwidert oder sich im vorbereitenden Termin (→ 변론준비기일) zur Sache geäußert oder verhandelt hat. Die Rücknahme muss grds. schriftlich erfolgen und kann nur im Termin bzw. vorbereitenden Termin mündlich erklärt werden, vgl. § 266 Abs. 3 KZPO. Nach § 266 Abs. 4 KZPO ist ab der Zustellung der Klage auch die Rücknahme zuzustellen. Bei Säumnis des Beklagten im Termin ist ihm stattdessen gem. § 266 Abs.

5 KZPO das Sitzungsprotokoll zuzustellen. Die Einwilligung des Beklagten wird gem. § 266 Abs. 6 KZPO fingiert, wenn dieser nicht innerhalb von zwei Wochen ab Zustellung widerspricht. In Bezug auf den zurückgenommenen Teil gilt die Klage gem. § 267 Abs. 1 KZPO als von Anfang an nicht rechtshängig geworden. Wird die Klage nach Erlass eines Endurteils zurückgenommen, so kann sie gem. § 267 Abs. 2 KZPO nicht mehr erhoben werden.

Klage:schrift *f.* 소장 訴狀, 소송서류 訴訟書類; Zustellung der ~ 소장의 송달(送達); **~verbindung** *f.* 소의 병합 訴의 倂合 (§ 253 KZPO, § 10 KVwGO); **~verzicht** *m.* 1. (*wörtl.*) 소(訴)의 포기(抛棄). 2. Die KZPO verwendet im Kontext des Klageverzichts den Begriff „청구의 포기" (請求의 抛棄) = „Anspruchsverzicht", vgl. § 220 KZPO. // **~weg** *m.* 소송수단 訴訟手段; **~ziel** *n.* 소송목적 訴訟目的, 소의 목적; **~zunahme** *f.* 소송증가 訴訟增加; **~zustellung** *f.* 소장의 송달 訴狀의 送達.

Klarstellungs:funktion *f.* 해명기능 解明機能; **~interesse** *n.* 해명이익 解明利益; objektives ~ 객관적(客觀的) 해명이익.

Klasse *f.* 1. (*allg. i.S.v. Klassifikation*) 분류 分類, 종류 種類, 류 類; 2. (*i.S.v. gesellschaftlichen Klasse o. Rangverhältnis*) 계급 階級.

Klassen:justiz *f.* 계급(을 차별하는)판결 階級(을 差別하는)判決; **~kampf** *m.* 계급투쟁 階級鬪爭; Anreizung zum ~ 계급투쟁의 교사(敎唆). // 1960년 제6차 형사개정법까지 독일형법 제130조에 의해 범죄로 규정되었다. 현 형법 제130조에서 규율하고 있는 „국민선동죄" (Volksverhetzung)에 포함된다. // **~recht** *n.* 계급법 階級法.

Klassifikation *f.* 분류 分類.

Klausel *f.* 1. (*im Vertrag, AGB etc.*) 약관 約款, 조항 條項; salvatorische ~ 구제조항 救濟條項, 보조조항 補助條項; 2. (*i.S.d. Zwangsvollstreckungsrechts* = *Vollstreckungsklausel*) 집행문 執行文.

Klauselverbot *n.* 조항금지 條項禁止, 금지조항 禁止條項; ~ mit Wertungsmöglichkeit 평가(評價)를 유보(留保)한 금지조항; ~ ohne Wertungsmöglichkeit 평가(平價)를 유보(留保)하지 아니한 금지조항.

Kleine ~ ~ Anfrage *f.* 소질문 小質問; ~ **Kapitalgesellschaft** *f.* 소자본회사 小資本會社.

Klein:aktionär *m.* 소액주주 少額株主; **~anleger** *m.* 소액투자자 少額投資者; **~gewerbe** *n.* 소규모영업 小規模營業; **~gewerbetreibender** *m.* 소규모영업자 小

規模營業者; **~kriminalität** *f.* 경미범죄 經微犯罪; **~krimineller** *m.* 경미범죄인 經微犯罪人.

Knebelung *f.* 구속 拘束, 속박 束縛.

Knebelungsvertrag *m.* 속박적 계약 束縛的 契約.

Knebelvertrag *m.* → Knebelungsvertrag.

Koalition *f.* 1. (*allg.*) 단결체 團結體; 2. (*arbeitsrechtl.*) 노동법상(勞動法上) 단결체; 3. (*politisch*) 연합 聯合, 연립 聯立.

Koalitions:beitritt *f.* 단결체가입 團結體加入; **~freiheit** *f.* 결사의 자유 結社의 自油, 단결권 團結權, 단결의 자유 團結의 自由; individuelle ~ 개별적(個別的) 단결권; kollektive ~ 집단적(集團的) 단결권; negative ~ 소극적(消極的) 단결권; positive ~ 적극적(積極的) 단결권; **~kabinett** *n.* 연립내각 聯立內閣; **~partei** *f.* 연립정당 聯立政當; **~partner** *m.* 연립정부(聯立政府)의 파트너; **~recht** *n.* 단결권 團結權; **~regierung** *f.* 연립정부 聯立政府; **~verbot** *n.* 단결금지 團結禁止; **~verhandlungen** *f. pl.* (정당)연합협상 (政黨)聯合協商; **~zwang** *m.* 단결강제 團結强制.

Kodifikation *f.* 성문화 成文化, 편찬 編纂.

Kodifikations:geschichte *f.* 편찬연혁 編纂沿革, 입법연혁 立法沿革; **~prozess** *m.* 편찬절차 編纂節次, 조문화절차 條文化節次; **~streit** *m.* 법전편찬논의 法典編纂論議.

Kodifizierung *f.* → Kodifikation.

Koexistenz *f.* 공존 共存; friedliche ~ 평화적(平和的) 공존.

Koinzidenz *f.* 동시존재 同時存在.

Kollegial:behörde *f.* 합의체기관 合意體機關; **~beschluss** *m.* 합의체(合意體)의 결의(決意); **~gericht** *n.* (법원의) 합의부 合意部; **~organ** *n.* 합의체기관 合意體機關; **~prinzip** *n.* 합의체원칙 合意體原則.

Kollegium *n.* 합의체 合意體.

Kollektiv:arbeitsrecht *n.* 집단적 노동법 集團的 勞動法; **~arbeitsvertrag** *m.* 단체노동계약 團體勞動契約, 집단적 노동계약 集團的 勞動契約; **~delikt** *n.* 집합범 集合犯; **~gesellschaft** *f.* 합명회사 合名會社, vgl. → Offene Handelsgesellschaft; **~haftung** *f.* 단체책임 團體責任; **~verschulden** *n.* 집합책임 集合責任; **~vertrag** *m.* 집단계약 集團契約.

Kollision *f.* 충돌 衝突, 저촉 抵觸.

Kollisions:gefahr *f.* 저촉위험 抵觸危險; **~norm** *f.* 저촉규범 抵觸規範; **~recht** *n.*

저촉법 抵觸法.

Kollusion *f.* 결탁 結託, 공모 共謨, 협력 協力.

kollusiv *adj.* 협력적(協力的)으로.

Kolonial:amt *n.* 식민국 植民局; **~gebiet** *n.* 식민영역 植民領域; **~politik** *f.* 식민(지)정책 植民(地)政策; **~recht** *n.* 식민지법 植民地法; **~system** *n.* 식민제(도) 植民制(度); **~verwaltung** *f.* 식민행정 植民行政.

Kolonie *f.* 식민지 植民地.

Kombinationswirkung *f.* 결합효과 結合效果, 조합효과 組合效果.

Komitee *n.* 위원회 委員會; **~mitglied** *n.* (위원회의) 위원(委員).

Kommanditgesellschaft *f.* (*Abk.* KG) 합자회사 合資會社 (§§ 268 ff. KHGB); **~ auf Aktien** (*Abk.* KGaA) 주식(株式)합자회사.

Kommanditist *m.* 유한책임사원 有限責任社員.

Kommentar *m.* 1. (*i.S.v. schriftlicher Kommentierung*) 주석서 注釋書; juristischer ~ 법학(法學)주석서; 2. (*i.S.v. Meinungskundgabe*) 언급 言及, 논평 論評.

Kommerzialisierung *f.* 상화 商化, 상업화 商業化.

Kommission *f.* 1. (*handelsrechtl.*) 위탁매매업 委託賣買業; 2. (*i.S.v. Organ*) 위원회 委員會; 3. (*finanz.*) 커미션; ~ der europäischen Gemeinschaft 유럽공동체(共同體)위원회.

Kommissionär *m.* 중개인 仲介人, 위탁매매인 委託賣買人, 위탁매매업자 委託業者, 위탁판매인 委託販賣人.

Kommissions:geschäft *n.* 위탁매매업 委託賣買業; **~vertrag** *m.* 중개계약 仲介契約, 위탁계약 委託契約; **~wechsel** *m.* 위탁(委託)어음.

Kommissivdelikt *n.* → Begehungsdelikt.

Kommittent *m.* 위탁자 委託者.

Kommunalaufsicht *f.* 지방자치단체감독 地方自治團體監督.

Kommunale Selbstverwaltung *f.* 지방자치 地方自治.

Kommunal:abgabe *f.* 지방공과금 地方公課金; **~verfassung** *f.* 지방자치단체의 헌법 地方自治團體의 憲法, 지방자치단체 내부(內部)의 기관조직(機關組織); **~verfassungsbeschwerde** *f.* 지방자치단체헌법소원 地方自治團體憲法所願; **~wahl** *f.* 지방선거 地方選擧; **~recht** *n.* 지방자치단체법 地方自治團體法, 지방자치법 地方自治法; **~steuern** *f. pl.* 지방세 地方稅.

Kommune *f.* 기초자치단체 基礎自治團體, vgl. auch → Gebietskörperschaft.

Kommunikationsgrundrecht *n.* 의사소통기본권 意思疏通基本權.
Kompensation *f.* 대상 代償, 보상 補償, 전보 塡補.
Kompensatorisch *adj.* 보상적 補償的, 전보적 塡補的.
Kompetenz *f.* (*i.S.v. Berechtigung*) 권한 權限, 권능 權能, 관할 管轄.
Kompetenz- Kompetenz *f.* 권한(權限)에 대한 권한.
Kompetenz:konflikt *m.* 권한쟁의 權限爭議, 권한충돌 權限衝突; negative ~ 소극적 (消極的) 권한충돌; positive ~ 적극적(積極的) 권한충돌; **~norm** *f.* 권한규범 權限規範; **~verteilung** *f.* 권한분배 權限分配; **~zuweisung** *f.* 권한의 부여 權限의 賦與.
Komplementär *m.* 무한책임사원 無限責任社員.
Kondiktion *f.* 부당이득의 반환 不當利得의 返還.
Konflikt *m.* 분쟁 紛爭, 충돌 衝突; bewaffneter ~ 무력(武力)충돌; rechtlicher ~ 법적 (法的) 분쟁; **~lösung** *f.* 분쟁해결 紛爭解決; außergerichtlicher ~ 재판외(裁判外) 분쟁해결, 소송외(訴訟外) 분쟁해결; gerichtlicher ~ 재판상(裁判上) 분쟁해결, 소송(訴訟)에 의한 분쟁해결.
Konfusion *f.* 혼동 混同.
Konjunktur *f.* 경기 景氣.
konkludent *adj.* 추단적 推斷的.
Konkludente Erklärung *f.* 추단적 의사표시 推斷的 意思表示.
Konkludentes Handeln *n.* 추단적 행위 推斷的 行爲.
Konkordanz *f.* 조화 調和, 정합성 整合性; praktische ~ 실제상(實際上)의 조화, 실체적(實體的) 정합성, 실제적 (규범)조화 實際的 (規範)調和, 실천척(實踐的) (규범)조화.
konkret *adj.* 구체적 具體的.
Konkretisierung *f.* 1. (*allg.*) 구체화 具體化; 2. (*einer Gattungsschuld*) 종류채무의 특정 種類債務의 特定.
Konkretisierungsprinzip *n.* 구체화원칙 具體化原則.
Konkurrentenklage *f.* 경쟁자소송 競爭者訴訟, 경업자소송 競業者訴訟; beamtenrechtliche ~ 공부원법상(公務員法上) 경쟁자소송; negative ~ 소극적(消極的) 경업자소송; positive ~ 적극적(積極的) 경업자소송.
Konkurrentenstreitverfahren *n.* 경쟁자분쟁절차 競爭者紛爭節次; beamtenrechtliches ~ 공부원법상(公務員法上) 경쟁자분쟁절차.
Konkurrenz *f.* 1. (*i.S.d. Strafrechts*) 경합 競合 (§§ 37 – 40 KStGB); 2. (*i.S.v. Wettbewerb*) 경쟁 競爭; ~ von Straftaten 범죄행위의(犯罪行爲의) 경합;

monopolistische ~ (*engl.* monopolistic competition) 독점적(獨占的) 경쟁.

Konkurrenz:lehre *f.* 경합론 競合論; **~verbot** *n.* 경업피지의무 競業避止義務; **~verhältnis** *n.* 경합관계 競合關係.

Konkurs *m.* 파산 破産, 도산 倒産, vgl. i.Ü., insbesondere für weitere Komposita (Konkurs~) → **Insolvenz**~.

Konkurs:anspruch *m.* 파산청구권 破産請求權; **~versteigerung** *f.* 파산경매 破産 競賣; **~ware** *f.* 파산물(품) 破産物(品); **~warenverkauf** *m.* 파산물매각 破産物賣却.

Können *n.* 할 수 있는 바; ~ im Außenverhältnis 대외적(對外的)으로 할 수 있는 바.

Konnexität *f.* 1. (*allg.*) 견련(성) 牽聯(性); 2. (*Begriff bei der Konnexität zwischen Haupt- und Widerklage*) 관련성 關聯性; ~ der Forderungen 채권(債權)의 견련성.

Konnossement *n.* 선하증권 船荷證券.

Konsens *m.* (의사표시의) 합치 (意思表示의) 合致, 합의 合意; **~prinzip** *n.* 합의원칙 合意原則.

Konsensualvertrag *m.* 낙성계약 諾成契約; → Versprechensgeschäft.

Konsolidation *f.* (*sachenr.*) (물권의) 혼동 (物權의) 混同.

Konsolidierte ~ ~ **Bilanz** *f.* → Konzernbilanz; ~ **Gewinn- und Verlustrechnung** *f.* → Konzern Gewinn- und Verlustrechnung.

Konstitutionalismus *m.* 입헌주의 立憲主義.

konstitutiv *adj.* 구성적 構成的, 본질적 本質的, 창설적 創設的.

konstitutive Wirkung *f.* 창설적 효과 (효력) 創設的 效果 (效力), 구성적(構成的) 효력.

Konstruktionsfehler *m.* 설계상의 결함 設計上의 缺陷.

Konsul *m.* 영사 領事.

Konsular:agent *m.* 영사대리 領事代理; **~agentur** *f.* 영사대리사무소 領事代理事務所; **~beamter** *m.* 영사관원 領事官員; **~bezirk** *m.* 영사관할구역 領事管轄區域.

Konsularische ~ ~ **Beziehungen** *f. pl.* 영사관계 領事關係; Aufnahme konsularischer Beziehungen 영사관계의 수립(樹立); Pflege konsularischer Beziehungen 영사관계의 수행(遂行); ~ **Räumlichkeit** *f.* 영사관사 領事官舍; ~ **Vertretung** *f.* 영사기관 領事機關.

Konsularisches Archiv *n.* 영사문서 領事文書.

Konsulat *n.* 영사관 領事官.

Konsultation *f.* 협의 協議.

Konsum *m.* 소비 消費; **~güter** *n. pl.* 소비재 消費財; **~kredit** *m.* 소비자신용 消費者

信用; **~steuer** *f.* 소비세 消費稅.

Konsument *m.* 소비자 消費者.

Konsumtion *f.* (*strafr.*) 흡수관계 吸收關係.

Kontakt:sperre *f.* 접촉금지 接觸禁止; **~verbot** *n.* 접근금지 接近禁止.

Konterbande *f.* (해전법상) 전시용제품 (海戰法上) 戰時用製品, 전시금제품 戰時禁制品; absolute ~ 절대적(絶對的) 전시용제품; relative ~ 상대적(相對的) 전시용제품.

Kontinentales Recht 대륙법 大陸法.

Kontinuität *f.* 연속성 連續性.

Kontinuitätstheorie *f.* 연속설 連續說.

Konto *n.* 당좌 當座, 계정 計定, 계좌 計座; **~guthaben** *n.* 당좌예금 當座預金.

Kontokorrent *m.* 상호계산 相互計算 (§ 72 KHGB).

Kontradiktionaliät *f.* 반대관계 反對關係, 대심성 對審性.

kontradiktorisch *adj.* 대심적 對審的.

Kontrahierungs:freiheit *f.* 계약체결의 자유 契約締結의 自由, 체약자유 締約自由; **~zwang** *m.* 체약강제 締約强制.

Kontribution *f.* (*finanz.*) 부담금 負擔金.

Kontrolle *f.* 통제 統制, 심사 審查, 감독 監督, 검문 檢問.

Kontroll:delikt *n.* 통제범죄 統制犯罪 (통제하지 않으면 발견되지 않는 범죄; 주로 음주운전 등 교통방해죄); **~dichte** *f.* 통제강도 統制强度, 심사강도 審查强度; **~gremium** *n.* 통제위원회 統制委員會; parlamentarisches ~ 의회(議會)통제위원회; **~maßstab** *m.* 심사기준 審查基準; **~norm** *f.* 통제규범 統制規範; **~organ** *n.* 통제기관 統制機關; **~recht** *n.* 통제권 統制權, 감독권 監督權; **~stelle** *f.* 검문소 檢問所.

Konvention *f.* 협약 協約.

Konventionalverfassung *f.* 관습헌법 慣習憲法.

Konversion *f.* 전환 轉換.

Konzentration *f.* (*i.S.v. Bündelung*) 집중 集中; wirtschaftliche ~ 경제적(經濟的) 집중.

Konzentrations:maxime *f.* 집중심리주의 集中審理主義, 집중원칙 集中原則; **~wirkung** *f.* 집중효 集中效.

Konzern *m.* 콘체른, 기업결합 企業結合, 기업집단 企業集團; faktischer ~ 사실상(事實上) 기업결합; **~abschluss** *m.* 콘체른결산(決算), 연결재무제표 連結財務諸表; **~betriebsrat** *m.* 콘체른사업장협의회(事業場協議會); **~bilanz** *f.* (*engl.*

consolidated balance sheet) 연결대차대조표 連結貸借對照表; ~ **Gewinn- und Verlustrechnung** *f.* (*engl.* consolidated income statement) 연결손익계산(서) 連結損益計算(書); **~unternehmen** *n.* 결합기업 結合企業; **~vorbehalt** *m.* 콘체른 유보(留保).

Konzession *f.* 1. (*i.S.v. Bewilligung*) 인허 認許, 승인 承認, 허가 許可; 2. (*i.S.v. Pachtgebiet*) 조차지 租借地.

Konzessionssystem *n.* (*gesellschaftsr.*) 허가주의 許可主義.

Kooperation *f.* 협력 協力, 협동 協同.

Kooperations:maxime *f.* 협력주의 協力主義, 협동주의 協同主義; **~hoheit** *f.* 협력고권 協力高權; kommunale ~ 지방자치단체(地方自治團體)의 협력고권; **~prinzip** *n.* 협력원칙 協力原則, 협동주의 協同主義; **~verhältnis** *n.* 협동관계 協同關係; **~vertrag** *m.* 협력계약 協力契約.

Koppelungsgeschäft *n.* 연결행위 連結行爲.

Koppelungsverbot *n.* 부당결부금지 不當結付禁止.

Kopplungsvorschrift *f.* 연결규정 連結規定.

Körper *m.* 1. (*i.S.v. materieller Gegenstand*) 물체 物體; 2. (*der menschliche Körper*) 몸, 신체 身體.

Körperliche Unversehrtheit *f.* 신체적 불가침성 身體的 不可侵性.

Körperlicher Gegenstand *m.* 유체물 有體物.

Körperschaft *f.* 조합 組合, 단체 團體; gesetzgebende ~ 입법(立法)단체; öffentlich rechtliche ~ 공공(公共)단체, 공법상 단체 公法上 團體; ~ des öffentlichen Rechts 공법상(公法上) 단체; staatliche ~ 국가(國家)단체.

Körperschafts:steuer *f.* 법인세 法人稅; **~steuergesetz** *n.* (KStG) → Gesetzesregister.

Körperverletzung (als Delikt) *f.* 상해(죄) 傷害(罪) (§ 257 KStGB). // Das Strafmaß für die einfache Körperverletzung beträgt Zuchthaus bis zu 7 Jahren, Entzug einer „Befähigung" (자격정지, vgl. zum Begriff der „Befähigung": → Nebenfolge) für die Dauer von bis zu 10 Jahren oder Geldstrafe von bis zu 10 Mio KRW. // ~ **im Amt** 1. (*wörtl.*) 직무(職務)에 관한 상해; 2. (*vom KStGB verwendete Terminologie*) 공무원의 폭행 公務員의 暴行, 가혹행위 苛酷行爲 (§ 125 KStGB). // Tauglicher Täter ist anders als in § 340 StGB nicht jeder Amtsträger, sondern nur derjenige, der ein „mit dem körperlichen

K, k

Freiheitsentzug im Zusammenhang stehendes Amt" (인신구속에 관한 직무) ausübt oder solche Personen, die ihm dabei helfen. Die Regelung ist daher im Ergebnis ein auf die Strafverfolgungsorgane ausgerichtetes Sonderdelikt und wird in der Literatur als „특수공무원의 폭행, 가혹행위" (Durch Sonderbeamte ausgeübte Gewalt und Grausamkeit) bezeichnet. Das Strafmaß ist Zuchthaus bis zu fünf Jahren und Suspendierung für einen Zeitraum bis zu 10 Jahren. // **~ mit Todesfolge** 상해치사(죄) 傷害致死(罪) (§ 259 KStGB). // Die Körperverletzung mit Todesfolge wird mit Zuchthaus nicht unter drei Jahren bestraft (§ 259 Abs. 1 KStGB). Ist das Opfer ein Vorfahre in gerader Linie des Täters oder seines Ehepartners wird mit Zuchthaus nicht unter fünf Jahren oder lebenslanger Freiheitsstrafe bestraft (§ 259 Abs. 2 KStGB). // **fahrlässige ~** 과실치상 過失致傷 (§ 266 Abs. 1 KStGB). // Die fahrlässige Körperverletzung kann gem. § 266 Abs. 2 KStGB nicht gegen den Willen des Verletzten („피해자의 의사에 반하여") verfolgt werden. // **fahrlässige ~ mit Todesfolge** 과실치사 過失致死 (§ 267 KStGB); **gefährliche ~** 위험(危險)한 상해; **schwere ~** 중(重)상해.

Körperverletzungsdelikt *n.* 상해죄 傷害罪 (§§ 257 – 268 KStGB).

Kosten *f.* 1. (*allg.*) 비용 費用; 2. (*für wirtschaftliche Betätigung*) 경비 經費; laufende ~ 계속비 繼續費; 통상(通常)경비; 3. (*i.S.v. Prozesskosten*) 소송비용 訴訟費用; im Kontext wie in Deutschland regelmäßig als „Kosten" (비용) bezeichnet; 4. (*i.S.v.* (*Verkaufs-*)*Preis*) 가격 價格; 5. (*i.S.v.* (*Herstellungs-*)*Preis*) 원가 原價.

Kosten ~ ~ auferlegen 비용을 부과(賦課)하다; ~ festsetzen 비용을 확정(確定)하다.

Kosten / angefallene ~ 발생(發生)된 비용; anteilige ~ 분담적(分擔的) 비용; außergerichtliche ~ 재판외(裁判外) 비용, 법원외(法院外) 비용; eigene ~ 자기(自己) 비용, 자비 自費; einmalige ~ 일회적(一回的) 비용; erstattungsfähige ~ 상환가능(償還可能)한 비용; feste ~ 확정(確定)경비/비용; fixe ~ 고정(固定)경비/비용, 고정비; gerichtliche ~ 재판(裁判)비용; laufende ~ 통상(通常)경비/비용.

Kosten:anordnung *f.* 비용지불명령 費用支拂命令; **~anschlag** *m.* → Kostenvoranschlag; **~anspruch** *m.* 비용청구권 費用請求權; **~ansatz** *m.* 소송비용액산정 訴訟費用額算定; **~anteil** *m.* 소송비용부담부분 訴訟費用負擔部分, 소송비용비율 訴訟費用比率; **~auferlegung** *f.* 비용부과 費用賦課; **~aufhebung** *f.* 비

용의 무효화 費用의 無效化, 소송비용일부면제 訴訟費用一部免除; **~aufstellung** *f.* (als Schriftstück) 비용명세(서) 費用明細(書); **~aufwand** *m.* 부과비용 賦課費用; **~ausgleich** *m.* 소송비용의 균형 訴訟費用의 均衡; **~beamter** *m.* (소송)비용담당공무원 (訴訟)費用談當公務員; **~befreiung** *f.* 비용면제 費用免除; **~berechnung** *f.* (공증인의) 비용계산 費用計算; **~beschluss** *m.* (소송)비용결정 (訴訟)費用決定 (§ 114 KZPO), (소송)비용명령 (訴訟)費用命令; **~betrag** *m.* 비용액 費用額; **~deckung** *f.* (부담된) 비용의 완전보상(完全補償), 비용상환 費用償還; **~deckungsprinzip** *n.* (부담된) 비용의 완전보상주의(完全補償主義), 비용상환원칙 費用償還原則; **~einheit** *f.* (Grundsatz der ~) 소송비용불가분(의 원칙) 訴訟費用不可分(의 原則); **~entscheidung** *f.* 소송비용재판 訴訟費用裁判, 비용재판 費用裁判. // Die Kostenentscheidung ergeht von Amts wegen bei instanzabschließendem Schlussurteil. Es gilt der Grundsatz der Kosteneinheit, vgl. § 104 S. 1 KZPO. In Einzelfällen kann eine Kostenentscheidung auch bei Teil- oder Zwischenurteilen ergehen, vgl. § 104 S. 2 KZPO.

Kosten:erhebung *f.* 비용징수 費用徵收; **~erhöhung** *f.* 비용액증가 費用額增加, 비용증액 費用增額; **~ersatz** *m.* 비용상환 費用償還, 비용보상 費用補償; **~ersatzanspruch** *m.* 비용보상청구권 費用補償請求權; **~erstattung** *f.* (소송)비용반환 (訴訟)費用返還; **~erstattungsanspruch** *m.* 소송비용반환청구권 訴訟費用返還請求權; materiellrechtlicher ~ 실체법상(實體法上) 소송비용반환청구권; prozessualer ~ 소송법상(訴訟法上) 소송비용반환청구권; **~erstattungsantrag** *m.* 비용반환신청 費用返還申請; **~erstattungspflicht** *f.* 비용반환의무 費用返還義務; **~festsetzung** *f.* (*prozessr.*) 소송비용액확정 訴訟費用額確定; **~festsetzungsbeschluss** *m.* 소송비용액확정결정 訴訟費用額確定決定; **~festsetzungsklage** *f.* 소송비용액확정소송 訴訟費用額確定訴訟; **~festsetzungsverfahren** *n.* 소송비용액확정절차 訴訟費用額確定節次; **~forderung** *f.* 비용청구 費用請求; **~freiheit** *f.* 소송비용면제 訴訟費用免除; **~gläubiger** *m.* 비용채권자 費用債權者; **~grundentscheidung** *f.* 소송비용원인재판 訴訟費用原因裁判; **~haftung** *f.* 비용책임 費用責任; **~herabsetzung** *f.* (소송)비용감액 (訴訟)費用減額; **~inflation** *f.* 가격(價格)의 인플레이션; **~last** *f.* 비용부담 費用負擔; **~miete** *f.* 주택에 필요한 평균통상비용에 상응하는 차임(借賃) (공공주택에 있어서 제한된 차임); **~ordnung** *f.* 비용규정 費用規定; **~pflicht** *f.* 비용의무 費用義務, 비용부담 費用負擔; **~quote** *f.* 소송비용비율 訴訟費用比率; **~rechnung**

f. (als Schriftstück) 소송비용계산(서) 訴訟費用計算(書); **~recht** *n.* 비용법 費用法; **~reduzierung** *f.* 비용감액 費用減額; **~sachen** *f. pl.* 비용사건 費用事件; **~schätzung** *f.* 비용평가 費用評價; **~schuld** *f.* 소송비용지불의무 訴訟費用支拂義務; **~schuldner** *m.* 소송비용지불의무자 訴訟費用支拂義務者, 비용채무자 費用債務者; gesetzlicher ~ 법정(法定) 소송비용지불의무자; **~senkung** *f.* 비용절감 費用節減; **~teilung** *f.* 비용분담 費用分擔; **~träger** *m.* 비용부담자 費用負擔者; **~tragung** *f.* 비용부담 費用負擔; **~tragungspflicht** *f.* 비용부담의무 費用負擔義務; **~trennung** *f.* 소송비용가분 訴訟費用可分, 소송비용분할 訴訟費用分割; **~übernahme** *f.* 비용인수 費用引受; **~umlage** *f.* 비용할당 費用割當; **~versicherung** *f.* 비용보험 費用保險; **~verteilung** *f.* 비용배분 費用配分; **~verzeichnis** *n.* 비용목록 費用目錄; **~voranschlag** (*schriftl.*) *m.* 비용견적(서) 費用見積(書); **~vorauszahlung** *f.* 비용선불 費用先拂; **~vorschuss** *m.* 비용예납 費用豫納, 비용(일부) (일시)선불 費用(一部)의 (一時)先拂, 비용의 미리 지급; **~vorschusspflicht** *f.* 비용예납의무 費用豫納義務, 비용선불의무 費用先拂義務; **~wesen** *n.* (소송)비용제도 (訴訟)費用制度; **~zahlung** *f.* 비용지불 費用支拂, 비용지급 費用支給; **~zahlungsverpflichtung** *f.* 비용지불의무 費用支拂義務; **~zurechnung** *f.* 비용(부담)귀책 費用(負擔)歸責.

Kraftfahrzeug:haftpflicht *f.* 자동차손해배상보험 自動車損害賠償保險; **~halter** *m.* 자동차보유자 自動車保有者; **~steuer** *f.* 자동차세 自動車稅; **~versicherung** *f.* 자동차보험 自動車保險.

Kraftloserklärung *f.* 실효선언 失效宣言.

Kranken:geld *n.* 질병보조금 疾病補助金; **~haus** *n.* 병원 病院; psychiatrisches ~ 정신(精神)병원; **~kasse** *f.* 의료보험조합 醫療保險組合, 질병기금 疾病基金; **~pflege** *f.* 간호(활동) 看護(活動); **~versicherung** *f.* 질병보험 疾病保險, 의료보험 醫療保險; öffentlich-rechtliche ~ 공법상(公法上) 질병보험; privatrechtliche ~ 사법상(私法上) 질병보험.

Krankheit *f.* 질병 疾病.

Krankheits:behandlung *f.* 질병치료 疾病治療; **~verhütung** *f.* 질병예방 疾病豫防.

Kredit *m.* 신용(대부) 信用(貸付); **~auftrag** *m.* 신용위임 信用委任; **~beschaffung** *f.* 신용조달 信用調達; **~betrug** *m.* (als Delikt) 신용사기(죄) 信用詐欺(罪); **~geber** *m.* 신용대부인 信用貸付人; **~gebungsfunktion** *f.* 신용제공의 기능 信用提供의 機能; **~gefährdung** *f.* (als Delikt) 신용훼손(죄) 信用毀損(罪). // Die Kreditgefährdung ist in Korea gem. § 313 KStGB strafbar (Geldstrafe bis zu 15 Mio KRW oder Freiheitsstrafe bis zu 5 Jahren). // **~geschäft** *n.* 신용거래 信用去來; **~institut** *n.* 금융기관 金融機關; **~karte** *f.* 신용(信用)카드; **~kartenbetrug** *m.* 신용카드사기(죄) 신용카드詐欺(罪); **~kartengeschäft** *n.* 신용카드거래(去來); **~nehmer** *m.* 신용임차인 信用賃借人; **~prüfung** *f.* 신용조사 信用調査; **~verhältnis** *n.* 신용대부관계 信用貸付關係; **~vertrag** *m.* 신용계약 信用契約; **~wechsel** *m.* 융통(融通)어음; **~wesen** *n.* 신용제도 信用制度; **~wirtschaft** *f.* 신용거래 信用去來, 신용경제 信用經濟; **~wucher** *m.* 신용폭리 信用暴利.

Kreis *m.* (*i.S.v. Verwaltungseinheit*) 상급지방자치단체 上級地方自治團體; (*Entsprechung in Korea*) 군(郡); **~gericht** *n.* 지역법원 地域法院. // 옛 동독의 구법원(區法院)으로 서독의 „Amtsgericht"와 유사한 역할을 했던 법원의 명칭. // **~laufwirtschaft** *f.* 순환관리 循環管理; **~ordnung** *f.* 상급지방자치단체법 上級地方自治團體法; **~tag** *m.* 상급지방자치단체회의 上級地方自治團體議會.

Kreisfreie Stadt *f.* 상급지방자치단체에 소속되지 않은 도시 (자유시), 군에 소속되지 않는 도시 (자유시).

Kreiswehrersatzamt *n.* 지역병무청 地域兵務廳.

Kreuz:offerte *f.* 교차청약 交叉請約; **~verhör** *n.* 교호심문 交互審問.

Krieg *m.* 전쟁 戰爭; in Komposita am Ende oft ~전; kalter ~ 냉전 冷戰.

kriegsähnlich *adj.* 전쟁에 유사(戰爭에 類似)한.

Kriegs:dienst *m.* 병역 兵役, vgl. i.Ü. → Wehrdienst; **~dienstverweigerer** *m.* 병역거부자 兵役拒否者; **~dienstverweigerung** *f.* 병역거부 兵役拒否, vgl. → Wehrdienstverweigerung; **~dienstverweigerungsrecht** *n.* 병역거부권 兵役拒否權; **~erklärung** *f.* 선전 宣戰, 전쟁개시의 의사표시 戰爭開始의 意思表示; 전쟁선언 戰爭宣言; **~gefahr** *f.* 전쟁위험(성) 戰爭危險(性); **~gefangener** *m.* 포로 浦虜; **~partei** *f.* 교전단체 交戰團體; **~recht** *n.* 전시법 戰時法; **~verbrechen** *n.* 전쟁범죄 戰爭犯罪; (*Abk.*) 전범 戰犯; **~verbrecher** *m.* 전쟁범인 戰爭犯人; **~verbrechertribunal** *n.* 전범재판소 戰犯裁判所; **~verbrecherprozess** *m.* 전쟁범인재판 戰爭犯人裁判; **~zeiten** *f. pl.* 전시 戰時.

Kriminalisierung *f.* 범죄화 犯罪化.

Kriminalität *f.* 범죄 犯罪; geringfügige ~ 경미(經微)범죄; leichte ~ 경(經)범죄; schwere ~ 중(重)범죄.

Kriminal:delikt *n.* 형사범 刑事犯; **~politik** *f.* 형사정책 刑事政策; **~politisch** *adj.* 형사정책상 刑事政策上; **~polizei** *f.* 사법경찰 司法警察, 범죄의 진압경찰 犯罪의

鎭壓警察; ~**prävention** *f.* 범죄예방 犯罪豫防; städtebauliche ~ 도시계획(都市計劃)을 통한 범죄예방; ~**recht** *n.* 범죄형법 犯罪刑法; ~**statisik** *f.* 범죄통계 犯罪統計; ~**vorbehalt** *m.* 범죄유보 犯罪留保.

kriminell *adj.* 범죄적 犯罪的.

Kriminologe *m.* 범죄학자 犯罪學者.

Kriminologie *f.* 형사학 刑事學, 범죄학 犯罪學.

Krise *f.* 위기 危機.

Krisen:management *n.* 위기관리 危機管理; ~**strafrecht** *n.* 전시형법 戰時刑法.

Kronzeuge *m.* 공범증인 共犯證人.

Kryptowährung *f.* (*engl.* cryptocurrency) 암호화폐 暗號貨幣.

Kultur *f.* 문화 文化; ~**attaché** *m.* 문화협력관 文化協力官; ~**hoheit** *f.* 문화고권 文化高權.

Kumulation *f.* 축적 蓄積, 누적 累積.

Kunden:stamm *m.* 고객명부(名簿).

Kündigung *f.* Die Übersetzung des Begriffs „Kündigung" in die koreanische Sprache ist abhängig davon, ob es sich bei dem Vertragsverhältnis, auf das sich die Kündigung bezieht, um ein Arbeitsverhältnis oder um ein anderes Dauerschuldverhältnis handelt. 1. (~ *eines Arbeitsvertrags*) 해고 解雇; 2. (~ *von anderen Dauerschuldverhältnissen einschließlich des Dienstvertrages*, vgl. § 657 Abs. 3 KBGB) 해지 解止; 3. (*z.T. auch, z.B. bei internationalen Abkommen*) 종료 終了 („Beendigung"). Bei der Übersetzung der nachfolgenden Komposita wird aus Gründen der Vereinfachung allein auf die arbeitsrechtliche Kündigung abgestellt. Bei einer Kündigung eines anderen Schuldverhältnisses ist „해고" durch „해지" zu ersetzen. // außerordentliche ~ 즉시(卽時)해고, 특별(特別)해고; betriebsbedingte ~ 경영상 이유(經營上 理由)에 의한 해고; fristlose ~ 즉시(卽時)해고; mündliche ~ 구두(口頭) 해고; ordentliche ~ 일반(一般)해고, 통상(通常)해고; personenbedingte ~ 일신상 사유(一身上 事由)에 의한 해고; schriftliche ~ 서면(書面) 해고; verhaltensbedingte ~ 행태상 이유(行態上 理由)에 의한 해고; ~ wegen eines schwerwiegendes Verstoßes des Arbeitnehmers → 징계해고 懲戒解雇 (*wörtl.*: „Disziplinarkündigung").

Kündigungserklärung *f.* 해고통고 解雇通告, 해고통보 解雇通報, 해고의사 解雇意思, 해고통지 解雇通知.

Kündigungs:freiheit *f.* 해고의 자유 解雇의 自由; **~frist** *f.* 해고기간 解雇期間, 해고예고기간 解雇豫告期間; **~recht** *n.* 해고권 解雇權; außerordentliches ~ 특별(特別)해고권; gesetzliches ~ 법정(法定)해고권, ordentliches ~ 통상(通常)해고권, vertragliches ~ 약정(約定)해고권; **~schreiben** *n.* 해고통지서 解雇通知書; **~schutz** *m.* 해고보호 解雇保護, 해고제한 解雇制限; allgemeiner ~ 일반적(一般的) 해고보호; besonderer ~ 특별적(特別的) 해고보호; **~schutzgesetz** *n.* 해고보호법 解雇保護法; **~schutzklage** *f.* 해고보호소송 解雇保護法訴訟.

künftig *adj.* 장래(將來)의, 미래(未來)의.

Kunstfreiheit *f.* 예술의 자유 藝術의 自由 (Art. 22 Abs. 1, 2. Alt. KVerf).

Künstlername *m.* 예명 藝名.

Kuppelei *f.* 음행매개 淫行媒介.

Kurswert *m.* 환금시세 換金時勢, 시장가격 市場價格, 시세 時勢.

Kurz:arbeit *f.* 조업단축 操業短縮; **~arrest** *m.* 단기구속 短期拘束.

Kürzung *f.* 경감 經減; ~ des Schadensersatzes 배상액(賠償額)의 경감. Vgl. § 765 Abs. 1 KBGB, wonach der Schädiger die Kürzung seiner Ersatzpflicht verlangen kann, wenn er nicht vorsätzlich oder grob fahrlässig gehandelt hat und die Zahlung des Schadensersatzes zu einem schwerwiegenden Eingriff in seine Lebensführung führen würde. Gem. § 765 Abs. 2 KBGB kürzt das Gericht den Ersatzanspruch bei einem entsprechenden Verlangen des Schädigers unter Berücksichtigung der wirtschaftlichen Situation der Parteien sowie der Schädigungsursache. // ~ der Dienstbezüge 감봉 減俸.

L, l

Lade:frist *f.* 1. (*bei Schiffsladung*) 선적기한 船積期限; 2. (*allg.*) 화물(貨物)기한; **~gebühr** *f.* 선적비용 船積費用; **~geschäft** *n.* 화물거래 貨物去來; **~papiere** *n. pl.* 선적서류 船積書類; **~schein** *m.* 선적증권 船積證券, 화물상환증 貨物相換證; **~zeit** *f.* 선적기간 船積期間.

Laden *m.* 가게, 매점 賣店; **~angestellter** *m.* 1. (*umgangssprachl.*) 가게직원(職員); 2. (*i.S.d. HGB*) 물건판매점포의 사용인 物件販賣店鋪의 使用人, vgl. § 16 KHGB; **~dieb** *m.* 가게도둑; **~diebstahl** *m.* 가게도둑질; **~gehilfe** *m.* 점원 店員; **~geschäft** *n.* 매점 賣店; kleines ~ 소매점 小賣店; **~inhaber** *m.* 가게주인(主人); **~schluss** *m.* 폐점 閉店; **~schlussgesetz** *n.* 폐점법 閉店法; **~schlusszeit** *f.* 폐점시간 閉店時間.

Ladung *f.* 1. (*i.S.v. Vorladung*) (als Schriftstück) 소환(장) 召喚(狀), 소환명령 召喚命令; 2. (*i.S.v. Beladung*) 화물 貨物; gerichtliche ~ 법원(法院)으로부터 소환; förmliche ~ 형식적(形式的) 소환; formlose ~ 비형식적(非形式的) 소환; nochmalige ~ 재(再)소환; öffentliche ~ 공시(公示)소환; persönliche ~ 개별(個別)소환; wiederholte ~ 반복(反復) 소환.

Ladungs:fähigkeit *f.* 소환장송달가능성 召喚狀送達可能性; **~frist** *f.* 소환기한 召喚期限; **~schreiben** *n.* 소환장 召喚狀; **~termin** *m.* 소환기일 召喚期日; **~tüchtigkeit** *f.* 감하능력 堪荷能力; **~zustellung** *f.* 소환장의 송달 召喚狀의 送達.

Lage *f.* 1. (*abstrakt*) 상황 狀況, 상태 狀態; 2. (*persönliche ~*) 사정 事情; 3. (*i.S.v. pers. Stellung, Position*) 지위 地位; persönliche ~ 개인적(個人的) 상황; prozessuale ~ 소송상(訴訟上)의 상황; rechtliche ~ 법률상(法律上) 상황; tatsächliche ~ 사실상(事實上) 상황; wirtschaftliche ~ 경제적(經濟的) 상황.

Lager *n.* 창고 倉庫, 보관(소) 保管(所).

Lager:geld *n.* 보관료 保管料; **~geschäft** *n.* 창고업 創庫業; **~halter** *m.* 창고업자 創庫業者; **~schein** *m.* 창고증권 創庫證權.

Lagerung *f.* 보관 保管, 저장 貯藏.

Laienrichter *m.* 소인법관 素人法官, 비전문인법관 非專門人法官.

Land *n.* 1. (*i.S.v. Grund und Boden*) 토지 土地, 육지 陸地; 2. (*i.S.v. Bundesland*)

주(州); 3. (*i.S.v. Staat*) 국가 國家.

Land:besitz *m.* 토지소유 土地所有; **~besitzer** *m.* 토지소유자 土地所有者; **~erwerb** *m.* 토지취득 土地取得.

Länder:angelegenheit *f.* 주(州)의 사무(事務); **~finanzausgleich** *m.* 주(州)의 재정균형(財政均衡); **~interesse** *n.* 주(州)의 이익(利益); **~kompetenz** *f.* 주(州)의 권능(權能).

Landes:amt *n.* 주관청 州官廳; ~ für Verfassungsschutz 주헌법보호청 州憲法保護廳; **~angelegenheit** *f.* → Länderangelegenheit; **~anstalt** *f.* 주영조물 州營造物; **~arbeitsgericht** *n.* 주노동법원 州勞動法院; **~aufsicht** *f.* 주감독 州監督; **~aufsichtsbehörde** *f.* 주감독관청 州監督官廳; **~ausführungsgesetz** *n.* 주시행법 州施行法; **~bank** *f.* 주은행 州銀行; **~beamter** *m.* 주공무원 州公務員; (Entsprechung in Korea) 지방(地方)공무원; **~behörde** *f.* 주관청 州官廳; mittlere ~ 중급(中級) 주관청; obere ~ 상급(上級) 주관청; oberste ~ 최상급(最上級) 주관청; untere ~ 하급(下級) 주관청; **~ebene** *f.* 주(州)의 차원(次元); **~exekutive** *f.* 주행정부 州行政部; **~gericht** *n.* 1. (*in Deutschland*) 주법원 州法院; 2. (*Entsprechung in Korea*) 지방법원 地方法院; oberstes ~ 최상급(最上級) 주법원; **~gesetz** *n.* 주법률 州法律; **~gesetzgeber** *m.* 주입법자 州立法者; **~gesetzgebung** *f.* 주입법 州立法; **~gewinnung** *f.* 매립 埋立; **~haushalt** *m.* 주예산 州豫算; **~hoheit** *f.* 주(州)의 고권(高權); **~justizverwaltung** *f.* 주사법행정 州司法行政; **~kriminalamt** *n.* 주범죄수사국 州犯罪搜査局; **~ministerium** *n.* 주부처 州部處; **~mittelbehörde** *f.* 주중급관청 州中級官廳; **~oberbehörde** *f.* 주상급관청 州上級官廳; **~polizei** *f.* 주경찰 州警察; **~produkt** *n.* 국산 國産; **~rechnungshof** *m.* 주회계검사원 州會計僉事院; **~recht** *n.* 주법 州法; abgeleitetes ~ 파생적(派生的) 주법; **~rechtlich** *adj.* 주법상(州法上)의; **~regierung** *f.* 주정부 州政府; **~sozialgericht** *n.* 주사회법원 州社會法院; **~sprache** *f.* 국어 國語; **~staatsgewalt** *f.* 주공권력 州公權力; **~steuer** *f.* 주세 州稅; **~unterbehörde** *f.* 주하급관청 州下級官廳; **~verfassung** *f.* 주헌법 州憲法; **~verfassungsbeschwerde** *f.* 주헌법소원 州憲法所願; **~verfassungsgericht** *n.* 주헌법재판소 州憲法裁判所. // 독일연방공화국에 유일하게 슐레스비히홀슈타인 (Schleswig Holstein)주에서만 주헌법재판소가 없었는데 2008년5월1일 이 주에서도 주헌법원재판소가 설치되었다. // **~verfassungsrecht** *n.* 주헌법 州憲法; **~verfassungsschutz** *m.* 주헌법보호 州憲法保護; **~verrat** *m.* 국가배반죄 國家背反罪; **~versicherungsanstalt** *f.* 주보험공단 州保險公團;

~**verteidigung** *f.* 국방 國防; ~**vertretung** *f.* 주대의회 州對議會; ~**verwaltung** *f.* 주행정 州行政; ~**verwaltungsverfahrensgesetz** *n.* 주행정절차법 州行政節次法; ~**zentralbank** *f.* 주중앙은행 州中央銀行.

Land:fracht *f.* 육상운송화물 陸上運送貨物; ~**friedensbruch** *m.* (als Delikt) 소요(죄) 騷擾(罪) (§ 115 KStGB).

Landgericht *n.* 1. (*in Deutschland*) 주법원 州法院; 2. (*Entsprechung in Korea*) 지방법원 地方法院.

Landgerichts:bezirk *m.* 주법원의 관할구역 州法院의 管轄區域; ~**präsident** *m.* 주법원장 州法院長.

Landkreis *m.* 1. (*in Deutschland*) 상급지방자치단체 上級地方自治團體; 2. (*Entsprechung in Korea*) 군 郡.

Land:pacht *f.* 농지용익임대차 農地用益賃貸借; ~**parzelle** *f.* 토지(土地)의 부지(部地); ~**recht** *n.* 란트법(法); ~**schenkung** *f.* 토지증여 土地贈與; ~**tag** *m.* 주의회 州議會; ~**tagsabgeordneter** *m.* 주의회(州議會)의 의원(議員); ~**transport** *m.* 육상운송 陸上運送; ~**versicherung** *f.* 육지보험 陸地保險.

Landwirt *m.* 농부 農夫, 농업경영자 農業經營者.

Landwirtschaft *f.* 농업 農業.

Landwirtschaftliches Erzeugnis 농산(물) 農産(物).

Landwirtschafts:betrieb *m.* 농업(기업) 農業(企業); ~**erzeugnis** *n.* 농산(물) 農産(物); ~**genossenschaft** *f.* 농업협동조합 農業協同組合; ~**kammer** *f.* 농업회의소 農業會議所; ~**minister** *m.* 농림부장관 農林部長官; ~**ministerium** *n.* 농림부 農林部; ~**politik** *f.* 농업정책 農業政策; ~**sache** *f.* 농업사건 農業事件.

langfristig *adj.* 장기(長期)~/ ~적, ~의.

Langjährige Übung *f.* 오랜기간(期間)의 관행(慣行).

Langzeit~ 장기 長期; ~**häftling** *m.* 장기수형자(受刑者); ~**strafe** *f.* 장기형(刑).

Last *f.* → Lasten.

Lasten *f. pl.* 부담 負擔; außerordentliche ~ 특별(特別)부담; öffentliche ~ 공적(公的)부담.

Lasten:ausgleich *m.* 부담조정 負擔調整; ~**ausgleichsabgabe** *f.* 부담조정세 負擔調整稅; ~**ausgleichsgesetz** *n.* 부담조정법 負擔調整法; ~**befreiung** *f.* 부담면제 負擔免除; ~**freiheit** *f.* 부담(負擔)없음, 부담부존재 負擔不存在; ~**übergang** *n.* 부담이전 負擔移轉; ~**verteilung** *f.* 부담분배 負擔分配.

Laufbahn *f.* 경력 經歷; ~ des Beamten 공무원(公務員)의 경력; **~prinzip** *n.* (공무원)경력원칙 (公務員)經歷原則.

Lauschangriff *m.* 도청 盜聽; großer ~ 대규모(大規模) 도청; kleiner ~ 소규모(小規模) 도청.

Leasing *n.* 리스; **~geber** *m.* 리스제공자(提供者); **~gegenstand** *m.* 리스목적물(目的物); **~nehmer** *m.* 리스이용자(利用者); **~rate** *f.* 리스대금(代金), 리스료(料); **~unternehmen** *n.* 리스회사(會社); **~vertrag** 리스계약(契約); **~zeitraum** *m.* 리스기간(期間).

Leben *n.* 1. (*abstrakt, philosophisch*) 인생 人生 (das menschliche Leben); 2. (*i.S.d. alltäglichen Lebens*) 생활 生活, 삶; 3. (*konkret, biologisch, z.B. als geschütztes Rechtsgut der Tötungstatbestände*) 생명 生命; 4. (*i.S.v. Existenz, Dasein*) 생존 生存. Die Nuancen werden u.a. beim Ausdruck „**Recht auf Leben**" relevant. Während die verbreitete Übersetzung „생존권" den Schutz der körperlichen Unversehrtheit betont, stellt die koreanische Verfassung in Art. 34 Abs. 1 mit der Formulierung „인간다운 생활을 할 권리" auf den Schutz eines menschenwürdigen Lebens und somit auf die Lebensumstände ab. Das „Recht auf Leben" wird daher in der Literatur auch teilweise mit dem Begriff „생활권" wiedergegeben. // (all)tägliches ~ 일상생활 一常生活; kommerzielles ~ 통상적(通常的) 생활; kulturelles ~ 문화적(文化的) 생활; menschenwürdiges ~ 인간(人間)다운 생활; wirtschaftliches ~ 경제적(經濟的) 생활; wissenschaftliches ~ 학술적(學術的) 생활.

Lebens:bedarf *m.* 생활필수(품) 生活必須(品); **~dauer** *f.* 1. (*eines Lebewesens*) 수명 壽命, 생존기간 生存期間; 2. (*allg. i.S.v. Haltwertszeit*) 유효기간 有效期間; **~entzug** *m.* 생명박탈 生命剝奪; **~erfahrung** *f.* 인생경험 人生經驗; allgemeine ~ 일반적(一般的) 인생경험; **~erhaltung** *f.* 생명보존 生命保存; **~erhaltungsmaßnahme** *f.* 생명보존조치 生命保存措置; **~erwartung** *f.* 예상수명 豫想壽命; allgemeine ~ 일반(一般)예상수명; durchschnittliche (mittlere) ~ 평균(平均)예상수명; **~freude** *f.* 삶의 기쁨; **~führung** *f.* 생활영위 生活營爲; **~gefahr** *f.* 생명위험 生命危險; **~gefährdung** *f.* 생명위해 生命危害; **~gemeinschaft** *f.* 생활공동체 生活共同體, 공동생활 共同生活; eheliche ~ 부부공동생활 夫婦共同生活, 부부생활공동체 夫婦生活共同體; nichteheliche ~ 부부 아닌 생활공동체; **~grundlage** *f.* 삶의 기초(基礎); **~haltungskosten** *pl.* 생활비 生活費; **~jahr** *n.* 연령 年齡; (*i.V.m.*

Jahresangabe ~세; z.B. 18. Lebensjahr: 18세); vollendetes 18. Lebensjahr 만(滿) 18세.

lebenslang *adj*. 1. (*als Strafmaß*) 무기형 無期刑; 2. (*allg.*) 인생(人生)동안의; ~e Zahlungen 인생동안에 걸쳐 지급(支給).

Lebens:lauf *m*. 이력서 履歷書; **~mittel** *n*. 식료품 食料品, 식품 食品; **~mittelvergiftung** *f*. 식중독 食中毒; **~partner** *m*. 사실혼배우자 事實婚配偶者; **~partnerschaft** *f*. 동성혼인관계 同性婚姻關係, 동성동반자관계 同性同伴者關係; eingetragene ~ 등기(登記)된 동성혼인관계; **~sachverhalt** *m*. 생활사실 生活事實, 생활상황 生活狀況; einheitlicher ~ 단일(單一)생활상황; feststehender ~ 확정(確定)된 생활상황; **~standard** *m*. 생활수준 生活水準; **~umwelt** *f*. 생활환경 生活環境; **~unterhalt** *m*. 생계 生計; **~verhältnis** *n*. 생활관계 生活關係.

Lebensversicherung *f*. 생명보험(계약) 生命保險(契約); ~ auf den Erlebensfall 생명보험 生命保險; ~ auf den Todesfall 사망보험 死亡保險; ~ mit Gewinnbeteiligung 이익배당(利益配當) 생명보험.

Lebensversicherungs:vertrag *m*. 생명보험계약 生命保險契約.

Lebens:vorgang *m*. 생활사실 生活事實; einheitlicher ~ 단일(單一)한 생활사실; **~wandel** *m*. 처신 處身, 품행 品行. // 생활하는 방법과 방식. // **~zeit** *f*. auf ~ 종신(終身)동안의.

ledig *adj*. 미혼 未婚.

Leerformel *f*. 내용(內用)이 없는 규칙(規則).

legal *adj*. 합법적 合法的.

Legal:ausnahme *f*. 법률상 예외 法律上 例外; **~definition** *f*. 법률상 의의 法律上 意義; **~enteignung** *f*. 법률에 의한 공용침해 法律에 의한 公用侵害, 법률수용 法律收容; **~zession** *f*. 법정양도 法定讓渡.

Legalisierung *f*. 합법화 合法化.

Legalisierungswirkung *f*. 합법화효과 合法化效果.

Legalität *f*. 합법성 合法性.

Legalitäts:grundsatz *m*. 기소법정원칙 起訴法定原則; **~prinzip** *n*. 기소법정주의 起訴法定主義.

Legalismus *m*. 법률주의 法律主義.

Legislativakt *m*. 입법행위 立法行爲.

Legislative *f*. 입법 立法.

Legislaturperiode *f.* 입법기 立法期.
legitim *adj.* 적법(適法)한.
Legitimation *f.* 정당성 正當性, 준정 準正.
Legitimations:papier *n.* 면책증권 免責證權; ~**übertragung** *f.* 자격양도 資格讓渡; ~**wirkung** *f.* 자격수여적 효력 資格授與的 效力.
Legitimität *f.* 정당성 正當性, 적법성 適法性.
Lehre *f.* 교수 敎授.
Lehrfreiheit *f.* 교수의 자유 敎授의 自由.
Lehrling *m.* 수습사원 修習社員, 도제 徒第, 훈련생 訓練生.
Lehrlings:ausschuss *m.* 도제위원회 徒第委員會; ~**rolle** *f.* 도제명부 徒第名簿.
Lehrtätigkeit *f.* 교육활동 敎育活動.
Leibes:durchsuchung *f.* → Leibesvisitation; ~**frucht** *f.* 태아 胎兒; ~**strafe** *f.* 신체형 身體刑; ~**visitation** *f.* 신체수색 身體搜索. // Die Durchsuchung von Frauen darf nur im Beisein einer volljährigen Frau durchgeführt werden, vgl. § 124 KStPO. // ~**visite** *f.* (*med.*) 신체검사 身體檢查.
Leibrente *f.* 종신정기금 終身定期金.
Leibrentenvertrag *m.* 종신정기금계약 終身定期金契約.
Leiche *f.* 시체 屍體, 사체 死體.
Leichtfertigkeit *f.* 중과실 重過失.
Leiharbeit *f.* 비정규직 非正規職. // Leiharbeit hat sich in Korea seit der Finanzkrise im Jahr 1997 stark verbreitet. Die Zahl der Leiharbeiter liegt seit Jahren bei etwas über einem Drittel aller Arbeitnehmer, wobei anzunehmen ist, das tatsächliche Zahl noch höher liegt. Im Jahr 2007 wurden die Rechte der Leiharbeiter durch Inkrafttreten des Gesetzes über den Schutz von Zeit- und Kurzarbeitern (기간제 및 단시간근로자 보호 등에 법률), das Gesetz über den Schutz von Leiharbeitern (파견근로자보호 등에 관한 법률) und das Gesetz über das Arbeitskomitee (노동위원회법) gestärkt. Diese Gesetze werden z.T. unter dem Begriff „Leiharbeitschutzgesetze" (비정규직 보호법) zusammengefasst. Werden Leiharbeiter für mehr als zwei Jahren beschäftigt, so wird ihre Festanstellung von der Rechtsprechung fingiert, vgl. z.B. KOGH 2008두4367, 22.7.2010. Vgl. auch → Arbeitnehmerüberlassung.
Leih:arbeiter *m.* 비정규직근로자 非正規職勤勞者, 파견근로자 派遣勤勞者;

~arbeitnehmer *m.* → Leiharbeiter.

Leiharbeits:verhältnis *n.* 비정규직관계 非正規職關係; **~vertrag** *m.* 비정규직계약 非正規職契約.

Leihe *f.* 사용대차 使用貸借 (§§ 609 – 617 KBGB).

Leih:gebühr *f.* 사용대차비용 使用貸借費用; **~mutter** *f.* 대리모 代理母; **~sache** *f.* 사용대차목적물 使用貸借目的物, 차용물 借用物; **~vertrag** *m.* 사용대차계약 使用貸借契約; **~wagen** *m.* 1. (*umgangssprachl. i.S.v. Mietwagen*) 렌터카, 렌트카 (rental car); 2. (*wörtl.*) 사용대차 목적된 (자동)차.

Leistender *m.* 급부자 給付者.

Leistung *f.* 1. (*schuldr.*) 급부 給付, 이행 履行; *z.T. auch* 변제 辨濟, wobei dieser Begriff ungenau ist, da hiermit der Leistungserfolg (Erfüllung) gemeint ist. // 2. (*allg. i.S.v. Tätigkeit*) 활동 活動.

Leistung / ~ an Erfüllungs statt 변제(辨濟)에 갈음하여, 대물(代物)변제 (§ 466 KBGB); ~ durch Dritte 제3자(第三者)에 의(依)한 급부; ~ erfüllungshalber 변제에 위하여, 대물급부 代物給付, 변제목적(辨濟目的)의 급부, 변제를 위한 급부; ~ ohne Rechtsgrund 법적 원인(法的 原因) 없는 급부; ~ sicherungshalber 담보목적(擔保目的)의 급부, 담보를 위한 급부; ~ von Sacheinlagen 현물의 출자 現物의 出資; ~ Zug um Zug 상환(相換)이행, 동시이행 同時履行, 교환적(交換的) 급부; abgekürzte ~ 단축(短縮)급부; angebotene ~ 제공(提供)된 급부; eigene ~ 자기(自己)급부; einmalige ~ 일회적(一回的) 급부; entgeltliche ~ 유상(有償)급부; fremde ~ 타인(他人)급부; ganze ~ 완전(完全) 급부, 급부 전부(全部); geistige ~ 정신적(精神的) 활동; geldwerte ~ 금전적 가치(金錢的 價値)가 있는 급부; geschuldete ~ 채무(債務)에 의한 급부; gewerbliche ~ 영업적(營業的) 활동; gleichartige ~ 동종(同種)급부; mögliche ~ 가능(可能)한 급부; primäre ~ 일차적(一次的) 급부; rechtsgrundlose ~ 법적근거(法的根據) 없는 급부; soziale ~ 사회적(社會的) 급부; sukzessive ~ 계속적(繼續的) 급부; teilbare ~ 가분적(可分的) 급부; teilweise ~ 일부(一部)급부; unentgeltliche ~ 무상(無償)급부; unmögliche ~ 불가능(不可能)한 급부; unteilbare ~ 불가분(不可分) 급부; unvertretbare ~ 불대체(不代替)급부; unvollständige ~ 불완전(不完全)한 급부; vereinbarte ~ 합의(合意)된 급부; vertretbare ~ 대체(代替)급부; vollständige ~ 완전(完全)한 급부; wiederkehrende ~ 회귀(回歸)급부; zu erbringende ~ 이행(履行)되어야 할 급부; zusätzliche ~ 부가(附加)급부.

Leistungs:angebot *n.* 급부제공 給付提供; **~annahme** *f.* 급부수령 給付受領, 급

부수취 給付受取; ~anspruch *m.* 이행청구권 履行請求權; ~auftrag *m.* 급부위탁 給付委託; ~ausschluss *m.* 급부의 배제 給付의 排除; ~austausch *m.* 급부교환 給付交換; ~befehl *m.* 이행명령 履行命令; ~begriff *m.* 급부개념 給付槪念; ~bescheid *m.* 급부결정 給付結定; ~beschreibung *f.* 급부확정 給付確定. 교환계약의 물상 급부에 대한 확정. // ~beschwerde *f.* 1. (*wörtl.*) 급부항고 給付抗告; 2. (*i.S.v. Leistungsklage, z.B. im Kartellrecht*) 급부소송 給付訴訟; ~bestimmung *f.* 급부결정 給付決定, 급부특정 給付特定; einseitige ~ 일방적(一方的) 급부결정, 편무적(片務的) 급부결정; ~bestimmungsrecht *n.* 급부결정권 給付決定權; ~bewirkung *f.* 급부실행 給付實行, 급부실현 給付實現; ~empfang *m.* 급부수령 給付受領; ~empfänger *m.* 급부수령자 給付受領者; tatsächlicher ~ 사실상(事實上) 급부수령자; ~entgelt *n.* 성과급 成果給, 급부대금 給付代金, 업적급 業績給. 근로자에게 주어진 작업에 대해 이루어낸 성과를 기준으로 하여 지급되는 임금 (예: 성과급 임금 또는 상여금). → „Zeitlohn"에 반하는 말. // ~erbringung *f.* 급부이행 給付履行, 급부실행 給付實行; rechtzeitige ~ 약정시기(約定時期) 내의 급부실행; ~erbringungspflicht *f.* 급부실행의무 給付實行義務; ~erschleichung *f.* (als Delikt) 급부사취(죄) 給付詐取(罪); ~fähigkeit *f.* 급부능력 給付能力; anfängliche ~ 원시적(原始的) 급부능력, 사전적(事前的) 급부능력; nachträgliche ~ 후발적(後發的) 급부능력, 사후적(事後的) 급부능력; wirtschaftliche ~ 경제적(經濟的) 급부능력; ~fähigkeitsprinzip *n.* (*steuerr.*) 응능과세의 원칙 應能課稅의 原則; ~freiheit *f.* 급부의 자유 給付의 自由; ~ des Versicherers 보험자(保險者)의 급부의 자유; ~frist *f.* 급부기간 給付期間; ~garantie *f.* 급부보장 給付保障; ~gefahr *f.* 급부위험 給付危險; ~gegenstand *m.* 급부의 목적물 給付의 目的物, 급부목적물 給付目的物; ~gesetz *n.* 급부법률 給付法律; ~grund *m.* 지급원인 支給原因; ~handlung *f.* 급부행위 給付行爲; ~hindernis *n.* 급부장애 給付障碍; ~ bei Vertragsschluss 계약체결시(契約締結時)의 급부장애; ~interesse *n.* 급부이익 給付利益; ~kette *f.* 급부연쇄 給付連鎖; ~klage *f.* 이행소송 履行訴訟, 이행의 소; allgemeine ~ 일반적(一般的) 이행소송. // Die allgemeine Leistungsklage wird in Korea nicht anerkannt. In Fällen, bei denen in Deutschland die allgemeine Leistungsklage statthaft wäre (z.B. bei einstufigen Rechtsverhältnissen), wird der Rechtsschutz in Korea durch die Feststellungsklage oder durch eine gegen das Unterlassen gerichtete Anfechtungsklage gewährt. Verweigert die Behörde dennoch die Vornahme der gebotenen Handlung, verlagert sich der Rechtsschutz auf die Sekundärebene. Die Vornahme der Handlung kann somit letztlich nicht erzwungen werden. Aufgrund dieser unbefriedigenden Rechtslage ist die Einführung der allgemeinen Leistungsklage in Korea nach deutschem Vorbild Gegenstand ständiger Diskussion. // **~kondiktion** *f.* 급부부당이득 給付不當利得; **~kürzung** *f.* 1. (*allg.*) 급부감소 給付減少; 2. (*als Delikt*) 급부감축죄 給付減縮罪; **~lohn** *m.* → Leistungsentgelt의 옛날 명칭; **~ort** *m.* 급부지 給付地, 이행지 履行地 (§ 467 KBGB), 급부장소 給付場所; Vereinbarung des Leistungsorts 이행지의 약정(約定); **~pflicht** *f.* 급부의무 給付義務; beiderseitige ~ 쌍방(雙方)의 급부의무; primäre ~ 일차적(一次的) 급부의무; sekundäre ~ 이차적(二次的) 급부의무; synallagmatische ~ 쌍무(雙務)급부의무; **~pflichtverletzung** *f.* 급부의무위반 給付義務違反; **~plan** *m.* 급부계획 給付計劃; **~recht** *n.* 급부법 給付法; **~staat** *m.* 급부국가 給付國家, 서비스국가(國家); **~störung** *f.* 급부장애 給付障碍; schuldhafte ~ 유책(有責) 급부장애; **~störungsrecht** *n.* 급부장애법 給付障碍法; **~subvention** *f.* 급부보조금 給付補助金, 급부지원 給付支援; direkte ~ 직접적(直接的) 급부지원; **~termin** *m.* 급부기일 給付期日; **~unmöglichmachung** *f.* 이행불능(履行不能)의 초래(招來)함; schuldhafte ~ 과실(過失)로 이행불능의 초래함; **~unmöglichkeit** *f.* 이행불능 履行不能; **~unvermögen** *n.* 주관적 급부불능 主觀的 給付不能; anfängliches ~ 원시적(原始的) 주관적 급부불능, 사전적(事前的) 주관적 급부불능; nachträgliches ~ 후발적(後發的) 주관적 급부불능, 사후적(事後的) 주관적 급부불능; **~urteil** *n.* 이행판결 履行判決, 급부판결 給付判決; **~verbot** *n.* 급부금지 給付禁止; **~verantwortung** *f.* 급부책임 給付責任; **~verfügung** *f.* 이행가처분 履行暇處分; **~vermögen** *n.* 급부능력 給付能力; anfängliches ~ 원시적(原始的) 급부능력, 사전적(事前的) 급부능력; nachträgliches ~ 후발적(後發的) 급부능력, 사후적(事後的) 급부능력; **~verpflichtung** *f.* 급부의무 給付義務; **~versprechen** *n.* 급부약속 給付約束; **~verwaltung** *f.* 급부행정 給付行政, 서비스행정(行政); **~verweigerung** *f.* 급부거절 給付拒絶; **~verweigerungsrecht** *n.* 급부거절권 給付拒絶權; **~verzögerung** *f.* → Leistungsverzug; **~verzug** *m.* 이행지체 履行遲滯 (§§ 389, 544 KBGB); **~vorbehalt** *m.* 급부유보 給付留保; **~wille** *m.* 급부의사 給付意思; **~wucher** *m.* 급부폭리 給付暴利; **~zeit** *f.* 급부의 시점 給付의 時點, 이행기 履行期, 급부시기 給付時期; **~zulage** *f.* 중노동급부를 위한 특별수당 重勞動給付를 위한 特別手當; **~zwang** *m.* 급부강제 給付强制; **~zweck** *m.* 급부목적 給付目的.

Leit:fall *m.* 지도사건 指導事件, 지도판례 指導判例; **~gedanke** *m.* 지배사상 支配

思想; **~grundsatz** *m.* 지도원칙 指導原則; **~planke** *f.* (도로변의) 방지벽 防止壁; **~satz** *m.* (eines Urteils) (판결)요지 (判決)要旨, 판지 判旨.

Leitung *f.* (*i.S.v. Führung*) 지휘 指揮, 執行.

Leitungs:befugnis *f.* → Leitungsmacht; **~macht** *f.* 지휘권 指揮權; **~organ** *n.* 지휘기관 指揮器官, 집행기관 執行器官.

Leitzins *m.* 기준이자 基準利子, 프라임 레이트 (*engl.* prime rate).

Lenkungs:gesetz *n.* 유도적 법률 誘導的 法律, 향도적 법률 嚮導的 法律; **~recht** *n.* 규제법 規制法; **~steuer** *f.* 유도적 誘導稅, 유도적 조세 誘導的 租稅, 조정세 調整稅; **~verwaltung** *f.* 유도행정 誘導行政.

Lesung *f.* (*im Gesetzgebungsverfahren*) 독회 讀會.

Letter of Intent 계약의향서 契約意向書.

Letztbietender *m.* 최후입찰자 最後入札者.

letztinstanzlich *adj.* 최후심급(最後審級)의, 마지막 심급의.

Leugnen *n.* 부인 否認; motiviertes ~ 이유부(理由附) 부인.

lex ~ ~ **fori** (*lat.*) 법정지법 法廷地法; ~ **generalis** (*lat.*) (Allgemeines Gesetz) 일반법 一般法; ~ **inferior** (*lat.*) 하위법 下位法; ~ **loci protectionis** (*lat.*) 보호국법 保護國法; ~ **posterior** (*lat.*) 신법 新法; ~ Grundsatz 신법우선원칙 新法優先原則; ~ **scripta** (*lat.*) (Geschriebenes Recht) 성문법 成文法; ~ **specialis** (*lat.*) (Spezialgesetz) 특별법 特別法; ~ Grundsatz 특별법우선원칙 特別法優先原則; ~ **superior** (*lat.*) 상위법 上位法.

Liberalisierung *f.* 자유화 自由化.

Liberalismus *m.* 자유주의 自由主義.

Lieferant *m.* 공급자 供給者.

Liefer:angebot *n.* 공급(供給)의 제공(提供); **~anweisung** *f.* 공급명령 供給命令; **~auftrag** *m.* 공급위탁 供給委託; **~gebot** *n.* 공급명령 供給命令; **~schein** *m.* 공급증서 供給證書; **~vertrag** *m.* 공급계약 供給契約.

Lieferung *f.* 공급 供給, 배달 配達.

Lieferungs:vertrag *m.* 공급계약 供給契約; sukzessiver ~ 계속적(繼續的) 공급계약; **~werk** *n.* 공급저작물 供給著作物.

Liegenschaft *f.* 부동산 不動產.

Limited Liability Company *f.* (*Abk.* LLC) 유한책임회사 有限責任會社. // Die LLC nach amerikanischem Vorbild wurde am 24.11.2011 als

Gesellschaftsform in das koreanische Recht eingeführt und ergänzt die bereits bestehenden Gesellschaftformen der OHG, KG, AG und GmbH, vgl. § 170 KHGB. Sie ist im Abschnitt 3 a des KHGB in den §§ 287의2 bis 287의 45 geregelt. Die Haftung der Gesellschafter ist gem. § 287의7 KHGB grds. auf die geleistete Einlage begrenzt. Eine Abtretung der Gesellschaftsanteile ist, solange im Gesellschaftsvertrag nichts anderes bestimmt ist, grds. nicht ohne die Einwilligung aller geschäftsführenden Gesellschafter möglich. Verfügt die LLC über keine geschäftsführende Gesellschafter, so ist die Einwilligung aller nicht geschäftsführender Gesellschafter erforderlich, vgl. § 287의8 Abs. 1 – 3 KHGB. Der LLC selbst ist der Erwerb von Gesellschaftsanteilen nach § 287의9 KHGB ausdrücklich untersagt. Ohne Einwilligung aller Gesellschafter unterliegen die geschäftsführenden Gesellschafter einem gesetzlichen → Wettbewerbsverbot nach § 287의10 I KHGB.

Limited Partnership *f.* (*Abk.* LP) 합자조합 合資組合. // Als neben der → Limited Liability Company zweite Gesellschaftsform nach anglo – amerikanischem Vorbild wurde ebenfalls am 24.11.2011 die Limited Partnership (Beschränkte Partnerschaft) in die §§ 86 a – h des KHGB eingeführt. Von ihrer Struktur her ist die LP mit der Kommanditgesellschaft (KG) zu vergleichen. Ähnlich wie die KG besteht auch die LP gem. § 86 a KHGB aus einem geschäftsführenden Partner (업무집행 조합원), der mit seinem Vermögen unbegrenzt haftet und einem sog. Limited Partner (유한책임 조합원), dessen Haftung sich auf seine Einlage beschränkt.

Liquidation *f.* 청산 淸算; ~ einer Gesellschaft 회사(會社)의 청산.
Liquidationszweck *m.* 청산목적 淸算目的.
Liquidator *m.* 청산인 淸算人.
Liquidität *f.* 유동성 流動性.
List *f.* 기망 欺罔, 위계 僞計.
Listenwahl *f.* 명부선거 名簿選擧.
Lizenz *f.* 인가 認可, 공적 허가 公的 許可, 라이센스.
Lizenz:gebühr *f.* 사용료 使用料, 인가비 認可費, 라이센스비용(費用); **~vergabe** *f.* 라이센스교부(交付); **~vertrag** *m.* 인가계약 認可契約.

Locusprinzip *n.* → Lokusprinzip.

Logik *f.* 논리 論理.

Lohn *m.* 급료 給料, 노임 勞賃, 임금 賃金; **~abtretung** *f.* 임금양도 賃金讓渡; **~anspruch** *m.* 임금청구권 賃金請求權; **~ausfall** *m.* 임금누락 賃金漏落; **~ausgleich** *m.* 임금보상 賃金補償; **~bescheinigung** *f.* (als Schriftstück) 임금증명(서) 賃金證明(書); **~erhöhung** *f.* 임금인상 賃金引上; **~forderung** *f.* 1. (*im allg. Sprachgebrauch i.S.v. „Forderung nach Lohn"*) 임금요구 賃金要求; 2. (*i.S.v. schuldrechtlicher Forderung*) 임금채권 賃金債權; **~fortzahlung** *f.* 임금계속지급 賃金繼續支給, 지속적 임금지급 持續的 賃金支給; **~fortzahlungsgesetz** *n.* 임금계속지급법 賃金繼續支給法; **~fortzahlungspflicht** *f.* 임금계속지급의무 賃給繼續支給義務; **~kosten** *f.* 임금비용 賃金費用; **~kürzung** *f.* 임금삭감 賃金削減; **~nebenkosten** *f.* (*engl.* non-wage labour costs) 임금(외)부대비용 賃金(外)附帶費用; **~niveau** *m.* 임금수준 賃金水準; **~pfändung** *f.* 임금압류 賃金押留; **~politik** *f.* 임금정책 賃金政策; **~standard** *m.* 임금수준 賃金水準; **~steuer** *f.* 근로소득세 勤勞所得稅, 노동소득세 勞動所得稅; **~steuerkarte** *f.* 근로소득세(勤勞所得稅)카드; **~struktur** *f.* 임금구조 賃金構造; **~summensteuer** *f.* 임금(賃金)에 대한 조세(租稅); **~tarifvertrag** *m.* 단체임금협약 團體賃金協約; **~verhandlung** *f.* 임금교섭 賃金交涉; **~vorauszahlung** *f.* → Lohnvorschuss.

Lohnvorschuss *m.* 임금선불 賃金先拂. // Arbeitnehmer haben in Korea gem. § 45 ArbStandardsG i.V.m. § 20 AusfVO zum ArbStandardsG (근로기준법시행령) einen gesetzlich geregelten Anspruch auf Vorauszahlung von Lohn bei besonderer finanzieller Belastung durch Geburt, Krankheit, Schädigung, Heirat oder Tod des Arbeitnehmers oder einer Person, die von dessen Unterhalt abhängig ist sowie in Fällen, in denen der Arbeitnehmer aufgrund zwingender Gründe für mehr als eine Woche in seine Heimat zurückkehren muss. Der Lohnvorschuss wird in diesen Fällen als „비상시지급 非常時支給" („Notzeitenvergütung") bezeichnet.

Lohn:zahlung *f.* 임금지불 賃金支拂, 임금지급 賃金支給; **~zahlungsrisiko** *n.* 임금지급위험 賃金支給危險.

Lokusprinzip *n.* 위치선후원칙 位置先後原則. // 부동산등기부에서 등기 된 권리의 순위는 등기된 시간에 따라가는 원칙 (→ Tempusprinzip). 즉 다른 권리 보다 일찍 등기 된 권리가 우선적으로 적용된다는 원칙 이다.

Los *n.* (*i.S.d. Glücksspiels*) 추첨 抽籤.

Löschung *f.* 1. (*allg.*) 삭제 削除, 취소 取消; 2. (*im Grundbuch, Handelsbuch etc.*) 말소 抹消; ~ der Hypothek 저당권(抵當權)말소; ~ einer Firma 상호(相互)취소; ~ von Amts wegen 직권(職權)말소, 직권취소; ~ von Daten 정보(情報)취소.

Löschungs:anspruch *m.* 말소청구권 抹消請求權; **~antrag** *m.* 말소신청 抹消申請; **~anzeige** *f.* 말소고지 抹消告知; **~benachrichtigung** *f.* 말소통지 抹消通知; **~bewilligung** *f.* 말소허가 抹消許可; **~bescheinigung** *f.* 말소증명서 抹消證明書; **~klage** *f.* 말소소송 抹消訴訟; **~pflicht** *f.* 말소의무 抹消義務; **~prinzip** *n.* 말소주의 抹消主義; **~verfahren** *n.* 말소절차 抹消節次; **~vermerk** *m.* 말소기재 抹消記載; **~vormerkung** *f.* 말소가등기 抹消暇登記.

Lotterievertrag *m.* 복권계약 福券契約.

Loyalitätspflicht *f.* 성실의무 誠實義務.

Lücke *f.* 흠결 欠缺, 결함 結含; offene ~ 명시적(明示的) 흠결; verdeckte ~ 은폐(隱蔽)된 흠결; ~ im Gesetz 법률(法律)의 결함/흠결; ~ im Recht 법(法)의 결함/흠결.

Lückenhaftigkeit *f.* 흠결성 欠缺性.

Luftfahrt *f.* 항공(운수) 航空(運輸).

Luftfahrt-Bundesamt *n.* 연방항공청 聯邦航空廳.

Luft:fahrzeug *n.* 항공기 航空機; **~frachtführer** *m.* 항공운송인 航空運送人; **~raum** *m.* 영공 領空; **~transport** *m.* 항공운송 航空運送; **~transportversicherung** *f.* 항공운송보험 航空運送保險; **~verkehr** *m.* 항공교통 航空交通; **~versicherung** *f.* 항공보험 航空保險.

Lüge *f.* 1. (*umgangssprachl.*) 거짓말; 2. (*schriftsprachl.*) 허위 虛僞.

Luxus:artikel *m.* 사치품 奢侈品; **~steuer** *f.* wurde erstmals im Jahr 1976 eingeführt als 특별소비세 特別消費稅 („Sonderverbrauchssteuer"). Ab dem 31.12.2007 wird sie als 개별소비세 個別消費稅 („Einzelverbrauchssteuer") bezeichnet. Wörtliche Übersetzung: 사치세 奢侈稅; **~tier** *n.* 애완동물 愛玩動物.

M, m

Macht *f.* 권력 權力, 세력 勢力; **~bereich** *m.* 세력범위 勢力範圍; **~verhältnis** *n.* 권력관계 權力關係; besonderes ~ 특별(特別)권력관계; **~vollkommenheit** *f.* 절대권력 絶對權力; eigene ~ 고유(固有)의 절대권력.

Mahn:antrag *m.* 지급명령신청 支給命令申請. // Seit dem im Jahr 2006 erlassenen Gesetz über die Verwendung elektronischer Dokumente im Mahnverfahren (독촉절차에서의 전자문서이용등의 관한 법률) können Mahnanträge auf der Homepage des KOGH gestellt werden. // **~bescheid** *m.* 지급명령 支給命令, 독촉명령 督促命令; **~gebühr** *f.* 독촉(수수)료 督促(手數)料; **~gericht** *n.* 독촉절차담당법원 督促節次擔當法院; **~kosten** *f.* 독촉비용 督促費用; **~schreiben** *n.* 최고장 催告狀; **~verfahren** *n.* 독촉절차 督促節次; (*wörtl.*: „schnelles Verfahren") (§§ 462 ff. KZPO). // Anders als in Deutschland können neben Geldforderungen auch auf andere vertretbare Sachen und Wertpapiere gerichtete Forderungen im Mahnverfahren tituliert werden, vgl. § 462 Abs. 1 S. 1 KBGB. // europäisches ~ 유럽 내 독촉절차.

Mahnung *f.* 최고 催告, 경고 警告.

Maintenance Leasing *n.* 유지관리(維持管理)리스.

Majorität *f.* → Mehrheit.

Makler *m.* 중개인 仲介人. // Der Begriff beschreibt wie in Deutschland den Handelsmakler, vgl. § 93 KHGB. Grds. überflüssig aber z.T. verwendet ist daher die Umschreibung „상사중개인" (상사 商事 = Handelssachen). Werden bürgerlich – rechtliche Geschäfte vermittelt, spricht man von „민사중개인" (민사 民事 = Zivilsachen), was dem Begriff des (Zivil-)Mäklers entspricht. Sollen die nachfolgenden Begriffe im Zusammenhang mit einem Mäkler verwendet werden, ist jeweils der Begriff „민사" voranzustellen.

Makler:büro *n.* 중개소 仲介所; **~courtage** *f.* → Maklergebühr; **~gebühr** *f.* 중개료 仲介料; **~geschäft** *n.* 1. (*i.S.v. Unternehmen*) 중개업 仲介業; 2. (*i.S.v. Handlung*) 중개행위 仲介行爲; **~gewerbe** *n.* 중개업 仲介業; **~leistung** *f.* 중개행위 仲介行爲; **~lohn** *m.* 중개료 仲介料; **~provision** *f.* → Maklerlohn; **~vertrag**

m. 중개계약 仲介契約. // Der Maklervertrag ist im KBGB nicht geregelt. Er wird als → Auftrag i.S.d. § 680 KBGB angesehen. Die Pflichten des Mäklers folgen somit aus den §§ 680 ff. KBGB, die des Maklers aus §§ 93 ff. KHGB und §§ 680 ff. KBGB.

mandatieren *v*. 의뢰(依賴)하다. // 예: „Einen Rechtsanwalt mandatieren." 변호사에게 변호를 의뢰하다.

Mandant *m*. 의뢰인 依賴人.

Mandat *n*. 1. (*allg. i.S.v. Delelgation von Aufgaben*) 위임(관계) 委任(關係); 2. (~ *des Abgeordneten*) 의석 議席; 3. (*im Völkerrecht als Form der Verwaltung*) 위임통치 委任統治; 4. (~ *des Rechtsanwalts*) 의뢰 依賴, 위임 委任; freies ~ 자유(自由)위임관계; imperatives ~ 명령적(命令的) 위임관계.

Mandatar *m*. → Bevollmächtigter.

mandatieren *v*. 위임(委任)하다.

Mandats:ausübung *f*. 위임수행 委任遂行; **~gebiet** *n*. 위임통치지역 委任統治地域; **~verhältnis** *m*. 위임관계 委任關係.

Mangel *m*. 1. (*i.S.d. zivilrechtl. Mängelgewährleistung*) 하자 瑕疵; 2. (*allg. i.S.v. Fehler*) 흠결 欠缺, 흠(欠), vgl. → Fehler; 3. (*i.S.v. Fehlen*) 결여 缺如; ~ der Ernstlichkeit 진지성(眞摯性)의 결여; ~ des Verfahrens 절차(節次)의 하자; offenkundiger ~ 명백(明白)한 하자; schwerwiegender ~ 중대(重大)한 하자; **~bezeichnung** *f*. 하자설명 瑕疵說明; **~erscheinung** *f*. 1. (*i.S.v. In-Erscheinung-Treten eines Mangels*) 하자발생 瑕疵發生; 2. (*i.S.v. auf den Mangel zurückzuführende Symptome*) 하자의 외관 瑕疵의 外觀; **~folgeschaden** *m*. 하자확대손해 瑕疵擴大損害; **~gewährleistung** *f*. 하자담보 瑕疵擔保, 하자담보책임 瑕疵擔保責任; **~schaden** *m*. 하자손해 瑕疵損害; **~ursache** *f*. 하자원인 瑕疵原因.

Mängel:anspruch *m*. 하자청구권 瑕疵請求權; **~anzeige** *f*. 하자통고 瑕疵通告, 하자통지 瑕疵通知; **~beseitigung** *f*. 하자제거 瑕疵除去; **~beseitigungsanspruch** *m*. 하자제거청구권 瑕疵除去請求權; **~einrede** *f*. 하자항변 瑕疵抗辯; **~gewährleistung** *f*. 하자담보 瑕疵擔保, 하자담보책임 瑕疵擔保責任; **~haftung** *f*. 하자책임 瑕疵責任; **~heilung** *f*. 하자치유 瑕疵治癒; **~rechte** *n. pl*. 하자에 기인한 권리 (瑕疵에 起因한 權利); **~rüge** *f*. 하자의 통지 瑕疵의 通知; ~ **rügefrist** *f*. 하자통지기한 瑕疵通知期限.

mangelbehaftet *adj*. 하자(瑕疵) 있는.

mangelfrei *adj.* 하자(瑕疵) 없이.

Mankohaftung *f.* 결손책임 缺損責任.

Mantel:gesetz *n.* 기본틀법 基本틀法. // Mantelgesetz 및 Artikelgesetz (조항법)은 하나의 법률이 다양한 법적인 분야에 관한 내용을 포함하는 경우를 일컫는다. 대표적으로 하나의 개정법률이 동시에 다양한 타법률(민법, 형법 등)을 개정하는 경우를 들 수 있다. // **~tarifvertrag** *m.* 개괄적 단체협약 概括的 團體協約, 총괄단체협약 總括團體協約.

Marke *f.* 상표 商標; (international) registrierte ~ (국제)등록 상표 (國際)登錄 商標.

Marken:amt *n.* 상표청 商標廳; **~anmeldung** *f.* 상표출원 商標出願; **~eintragung** *f.* 상표등록 商標登錄; **~gesetz** *n.* 상표법 商標法; **~inhaber** *m.* 상표권자 商標權者; **~recht** *n.* 1. (*i.S.v. Anspruch*) 상표권 商標權; 2. (*i.S.d. Rechtsgebiets*) 상표법 商標法; **~rechtsrichtlinie** *f.* 상표권에 관한 지침 商標權에 관한 指針; **~rechtsverletzung** *f.* 상표권침해 商標權侵害; **~schutz** *m.* 상표보호 商標保護; **~schutzverletzung** *f.* 상표보호침해 商標保護侵害; **~ware** *f.* 상표품 商標品.

Markt *m.* 시장 市場; ausländischer ~ 외국(外國)시장; freier ~ 자유(自由)시장; gemeinsamer ~ 공동(共同)시장; inländischer ~ 국내(國內)시장; internationaler ~ 국제(國際)시장; relevanter ~ 관련시장 關聯市場.

Markt:abschottung *f.* 시장봉쇄 市場封鎖; **~analyse** *f.* 시장분석 市場分析; **~anteil** *m.* 시장 점유율 市場 占有率; **~aufteilung** *f.* 시장분할 市場分割; **~beeinflussung** *f.* 시장영향 市場影響.

Marktbeherrschende Stellung *f.* 시장지배적(市場支配的) 지위(地位).

Markt:beherrschung *f.* 시장지배 市場支配; **~freiheit** *f.* 시장자유 市場自由; **~konzentration** *f.* 시장집중(도) 市場集中(度); **~macht** *f.* 시장지배력 市場支配力; relative ~ 상대적(相對的) 시장지배력; **~ordnung** *f.* 시장질서 市場秩序, 시장규제 市場規制; **~ortprinzip** *n.* (*lat.* lex loci solutionis, *engl.* law of the place of performance) 이행지법의 원칙 履行地法의 原則; **~preis** *m.* 시장가격 市場價格, 시가 市價; **~stellung** *f.* 시장지위 市場地位; **~teilnehmer** *m.* 시장참가자 市場參加者; **~transparenz** *f.* 시장투명성 市場透明性; **~verhalten** *n.* 시장행태 市場行態.

Marktwirtschaft *f.* 시장경제 市場經濟; freie ~ 자유(自由)시장경제; soziale ~ 사회적(社會的) 시장경제.

Markt:zugang *m.* 시장접근 市場接近, 시장진입 市場進入; **~zugangsbehinderung** *f.* 시장접근의 방해 市場接近의 妨害; **~zugangsbeschränkung** *f.* 시장접근의 제한 市場接近의 制限.

Maß *n.* 정도 程度; ~ der Nutzung 이용(利用)의 정도.
Masse *f.* 1. (*i.S.v. Vermögensmasse*) 재산 財產; 2. (*i.S.v. großer Anzahl*) 대량 大量, 대중 大衆, 집단 集團.
Massen:änderungskündigung *f.* 집단변경해고 集團變更解雇; **~entlassung** *f.* 대중해고 大衆解雇, 집단해고 集團解雇; **~kriminalität** *f.* 대중범죄 大衆犯罪; **~verfahren** *n.* 대량절차 大量節次, 대량재판 大量裁判; **~verwaltungsakt** *m.* 대량행정행위 大量行政行爲.
Masseverbindlichkeit *f.* (파산)재산채무 (破產)財產債務.
Maßgeblicher Zeitpunkt *m.* 기준시 基準時; ~ der Rechtswidrigkeit 위법(違法)기준시.
Maßgeblichkeit *f.* 규준성 規準性, 규준력 規準力, 기준성 基準性.
Maßnahme *f.* 1. (*insbes. bei Trägern öffentlicher Gewalt*) 처분 處分; 2. (*allg.*) 조치 措置, 조처 措處; eine ~ ergreifen 조치를 취(取)하다; doppelfunktionale ~ 이중기능수행적(二重機能遂行的) 조치, 이중기능적(二重機能的) 조치; einstweilige ~ 가처분(暇處分)조치; erkennungsdienstliche ~ 감식(鑑識)조치; hoheitliche ~ 고권(高權)조치; polizeiliche ~ 경찰(警察)처분; repressive ~ 억압적(抑壓的) 조치; vorbeugende ~ 예방적(豫防的) 조치.
Maßnahmegesetz *n.* 처분법률 處分法律.
Maßregel *f.* 처분 處分; ~ zur Besserung und Sicherung (개선 및) 보안처분 (改善 및) 保安處分; freiheitsentziehende ~ 자유박탈적(自由剝奪的) 보안처분.
Maßregelungsverbot *n.* 처분금지 處分禁止.
Maßstab *m.* 기준 基準; rechtlicher ~ 법적(法的) 기준.
materiell *adj.* 실체적 實體的, 실질적 實質的.
materiell-rechtlich *adj.* 실체법적 實體法的.
Materielle ~ ~ Rechtskraft *f.* 실체적 확정력 實體的 確定力; ~ **Vermögenswerte / Aktiva** 유형자산 有形資產.
Maut *f.* vgl. → Mautgebühr.
Mautgebühr *f.* 통행료 通行料.
Mediation *f.* 조정 調停. // Der in der Alltagssprache synonym verwendete Begriff „중재" (仲裁) meint das Schiedsverfahren.
Mediator *m.* 조정인 調停人.
Medienfreiheit *f.* (대중)매체의 자유 (大衆)媒體自由, 미디어자유(自由).

Medizin:ethik *f.* 의료윤리학 醫療倫理學; **~produkt** *n.* 의료기기 醫療機器.

Mehr:arbeit *f.* 초과근무 超過勤務, 잔업 殘業, 시간외 근무 時間外 勤務; **~arbeitsvergütung** *f.* 초과근무수당 超過勤務手當; **~erlös** *m.* 추가이익 追加利益.

Mehrfach:täter *m.* 다중범인 多重犯人; **~verteidigung** *f.* 이중변호 二重辯護.

Mehrheit *f.* 과반수 過半數, 다수 多數, vgl. → Abstimmung; absolute ~ 절대(絕對) 다수; einfache ~ 단순(單純) 다수; qualifizierte ~ 특별(特別) 다수; relative ~ 상대(相對) 다수; ~ von Ansprüchen 다수의 청구권(請求權); ~ von Gläubigern 다수의 채권자(債權者); ~ von Schuldnern 다수의 채무자(債務者); ~ von Schuldverhältnissen 다수의 채권관계(債權關係).

Mehrheits:aktionär *m.* 지배주주 支配株主; **~beschluss** *m.* 다수결 多數決; **~beteiligung** *f.* 다수참가 多數參加; **~prinzip** *n.* 다수결원리 多數決原理, 다수원칙 多數原則; **~wahl** *f.* 다수대표제 多數代表制, 다수결선제 多數決選制; absolute ~ 절대적(絕對的) 다수대표제; relative ~ 상대적(相對的) 다수대표제.

Mehrkosten *f.* 추가비용 追加費用.

Mehrstimm:aktie *f.* 복수의결주 複數議決株; **~recht** *n.* 복수의결권 複數議決權; **~rechtsaktie** *f.* 복수의결권주 複數議決權株.

Mehrstufigkeit *f.* 다단계성 多段階性.

Mehrtäterschaft *f.* 다수정범 多數正犯.

Mehrvertretung *f.* 쌍방대리 雙方代理 (§ 124 KBGB), vgl. → Insichgeschäft.

Mehrwert *m.* 잉여가치 剩餘價值, 부가가치 附加價值; **~steuer** *f.* 부가가치세 附加價值稅.

Mehrwertstheorie *f.* 잉여가치설 剩餘價值說.

Meineid *m.* 위증죄 僞證罪 (§ 152 KStGB), vgl. → Aussagedelikt.

Meinung *f.* 1. (*allg.*) 의견 意見; 2. (*i.S.v.* Willensbildung) 의사 意思; 3. (*i.S.v.* wissenschaftlicher Doktrin) 학설 學說; abweichende ~ 다른 의견, 소수(小數)의견, 小數說; herrschende ~ 다수(多數)의견, 다수설 多數說.

Meinungs:äußerung *f.* 의사표현 意思表現; **~äußerungsfreiheit** *f.* 의사표현의 자유 意思表現의 自由; **~bildung** *f.* 의사형성 意思形成; **~bildungsfreiheit** *f.* 의사형성자유 意思形成自由; **~freiheit** *f.* 의사의 자유 意思의 自由, 표현의 자유 表現의 自由; **~verschiedenheit** *f.* 견해차이 見解差異.

Meistbegünstigungs:klausel *f.* 1. (*i.S.d. internationalen Handelsrechts*) (*engl.* Most favourite Nation) 최혜국조항 最惠國條項; 2. (*allg.*) 최혜대우조항 最惠

待遇條項; echte ~ 진정(眞正) 최혜대우조항; unechte ~ 부진정(不眞正) 최혜대우조항; **~prinzip** *n*. *1. (i.S.d. internationalen Handelsrechts) (engl.* Most favourite Nation*)* 최혜국원칙 最惠國原則; 2. *(allg.)* 최혜대우원칙 最惠待遇原則.

Meistbietender *m*. 최고가경매인 最高價競賣人.

Melde:amt *n*. 신고사무소 申告事務所; **~auflage** *f.* 신고부담 申告負擔, 신공의무(申告義務)의 부과(賦課); **~behörde** *f.* 신고관청 申告官廳; **~frist** *f.* 신고기간 申告期間; **~pflicht** *f.* 신고의무 申告義務; **~vorschrift** *f.* 신고규정 申告規定; **~zwang** *m*. 신고강제 申告强制.

Meldung *f.* 신고(보고) 申告(報告).

Menge *f.* 양 量; gleiche ~ 동량 同量.

Mengen:geschäft *n*. 다수계약 多數契約; **~ladungsvertrag** *m*. 산화적계약 散貨積系約.

Menschen:handel *m*. 인신매매 人身賣買; **~raub** *m*. 인신약취 人身略取; **~recht** *n*. 인권 人權; **~würde** *f.* 인간존엄(성) 人間尊嚴(性) (Art. 10 KVerf).

Mentalreservation *f.* 심리유보 心理留保.

Merger & Aquisition *engl. (Abk.* M&A*)* 인수 및 합병 引受 및 合併, 사업매수 事業買收.

Merkantiler Minderwert *m*. 거래상 감액 去來上 減額.

Merkmal *n*. 요소 要素; besonderes ~ 특수(特殊)한 요소; persönliches ~ 인적(人的) 요소.

Methode *f.* 방법 方法.

Methodenlehre *f.* 방법론(학) 方法論(學); juristische ~ 법학(法學)방법론.

Methodik *f.* → Methodenlehre.

Methodiker *m*. 방법론자 方法論者.

MFN-Prinzip *n*. (Most favourite Nation- Prinzip) 최혜국원칙 最惠國原則.

Miet:bindung *f.* 차임제한 借賃制限; **~datenbank** *f.* 차임(借賃)데이터베이스; **~dauer** *f.* 임대차 기간 賃貸借 其間.

Miete *f.* 1. (*i.S.v. Mietvertrag*) **(**사용**-)**임대차 (使用)賃貸借 (§§ 618 - 654 KBGB). // Das koreanische Zivilgesetzbuch unterscheidet terminologisch nicht zwischen Miete und Pacht. § 618 KBGB lautet: „Durch die Vereinbarung, dass eine Partei der anderen die Nutzung **und den Ertrag** einer Sache ermöglicht und die andere Partei hierfür einen Mietzins entrichtet, kommt ein Mietvertrag zustande." Die Terminolgie des KBGB (임대차) ist daher mit „Miete und Pacht" zu übersetzen. Miete und Pacht i.S.d. deutschen BGB sind mit den vom KBGB nicht verwendeten Begriffen (사용임대차: wörtl.: „Gebrauchsmiete" = Miete i.S.d. BGB) und (용익임대차: wörtl.: „Genussmiete" = Pacht i.S.d. BGB) zu übersetzen. // 2. (*i.S.v. Mietzins*) (*im KBGB verwendete Terminologie*) 차임 借賃; (*umgangssprachl.*) 임대료 賃貸料; ortsübliche ~ 지역상례적(地域常例的) 차임.

Mieter *m.* 임차인 賃借人; **~schutz** *m.* 임차인(이익)보호 賃借人(利益)保護.

Miet:erhöhung *f.* 차임인상 借賃引上, 차임증액 借賃增額. // Eine einseitige Erhöhung der Miete ist gem. § 628 KBGB bei einer Erhöhung der öffentlichen Abgaben oder einer Veränderung der wirtschaftlichen Umstände möglich. Bei Wohnraummiete ist der Erhöhungsbetrag nach § 628 KBGB auf 1/20 der Miete begrenzt, vgl. § 7 S. 2 Wohnraummietschutzgesetz (주택임대차보호법) i.V.m. Präsidialverordnung. Die Beschränkung findet keine Anwendung bei individual vereinbarten Mieterhöhungen oder bei Beendigung und Neubegründung des Mietverhältnisses, vgl. KOGH 93 다 30532, 7.12.1993. // **~erhöhungsverlangen** *n.* 차임증액청구 借賃增額請求; **~forderung** *f.* 차임청구권 借賃請求權; **~jahr** *n.* (사용)임대년 (使用)賃貸年; **~kauf** *m.* 임대차매매 賃貸借買; **~kaution** *f.* 임대차보증금 賃貸借保證金; **~kündigung** *f.* 임대차관계의 해지 賃貸借關係의 解止; **~minerung** *f.* 차임감액 借賃減額; **~minderungsrecht** *n.* 차임감액청구권 借賃減額請求權. // Ein Mietminderungsrecht besteht gem. § 627 Abs. 1 KBGB bei einer Nutzungsbeeinträchtigung durch eine nicht durch den Mieter verschuldete Verschlechterung der Mietsache sowie gem. § 628 KBGB bei einer Verringerung der öffentlichen Abgaben oder einer Veränderung der wirtschaftlichen Umstände. Die Minderung ist anders als eine auf § 628 KBGB gestützte → Mieterhöhung unbegrenzt möglich. // **~objekt** *n.* 임대차 목적물 賃貸借 目的物; **~recht** *n.* (als Rechtsgebiet) 임대차법 賃貸借法; **~sache** *f.* 임대물 賃貸物, 임차물 賃借物, 임대차목적물 賃貸借目的物; Nutzung der ~ 임차물 사용(使用); **~sicherheit** *f.* 임대차보증금 賃貸借保證金; **~spanne** *f.* 차임격차 借賃格差; **~spiegel** *m.* 차임일람표 借賃一覽表; einfacher ~ 단순(單純)차임일람표; qualifizierter ~ 특별(特別)차임일람표; **~streitigkeit** *f.* 임대차계약상 분쟁 賃貸借契約上 紛爭; **~verhältnis** *n.* 임대차(계약상) 관계 賃貸借(契

約上) 關係; ~ auf bestimmte Zeit 기간(期間)의 정(定)함이 있는 임대차관계; ~ auf unbestimmte Zeit 기간의 정함이 없는 임대차관계; ~ über Wohnraum 주거공간(住居空間)에 관한 임대차관계; ~vertrag m. 임대차계약 賃貸借契約 (§ 618 KBGB); ~wagen m. 임대차 賃貸車, 렌터카; ~wucher m. 임대폭리 賃貸暴利; ~zeit f. 임대기간 賃貸期間; ~zins m. 1. (im KBGB verwendete Terminologie) 차임 借賃; 2. (umgangssprachl.) 임대료 賃貸料; ~zinsveränderung f. 차임증감 借賃增減.

Milderungsgrund m. 감경사유 減輕事由.

Militär:diktatur f. 군사독재 軍事獨裁; ~**gericht** n. 군사법원 軍事法院 (Art. 110 KVerf); ~**gerichtsbarkeit** f. 군사재판권 軍事裁判權; ~**justiz** f. 군사사법 軍事司法; ~**polizei** f. 헌병(대) 憲兵(隊); ~**polizist** m. 헌병(대) 憲兵(隊); ~**richter** m. 군사재판관 軍事裁判官.

Mindermeinung f. 소수의견 少數意見.

Minderheit f. 소수 少數; nationale ~ 소수민족(民族). **Minderheiten:recht** n. 소수자권리 少數者權利; ~**schutz** m. 소수의 보호 少數의 保護.

Minderheits:aktionär m. 소수주주 少數株主, 소액주주 少額株主; ~**beteiligung** f. 소수지분참가 少數脂分參加; ~**recht** n. 소수권 少數權; ~ der Aktionäre 소수주주권 少數株主權.

Minderjähriger m. 미성년자 未成年者. // Minderjährig ist in Korea, wer das 20. Lebensjahr noch nicht vollendet hat (§ 4 KBGB). Heiratet der Minderjährige, so gilt er gem. § 826 a KBGB als volljährig, sog. Volljährigkeitsfiktion (성년의제 成年擬制).

Minderjährigkeit f. 미성년 未成年.

Minderkaufmann m. 소상인 小商人.

Minderung f. 1. (allg. i.S.v. Abnahme) 감소 減少; 2. (i.S.v.Verringerung von Beträgen) 감액 減額; 2. (i.S.d. Gestaltungsrechts) 감액청구 減額請求; ~ des Kaufpreises 대금(代金)감액(청구); ~ des Lohns 보수(報酬)감액(청구); ~ **der Erwerbsfähigkeit** 감소된 소득능력 減少된 所得能力.

Minderungs:anspruch m. 감액청구권 減額請求權; ~**grund** m. 감액사유 減額事由.

Minderwert m. 감액 減額; merkantiler ~ 거래상(去來上) 감액; technischer ~ 기술상(技術上) 감액.

Mindestgebot n. 최저경매가격 最低競賣價格.

Mindestkapital n. 최소자본액 最小資本額, 최저자본액 最低資本額, 최소자본금 最小

資本金, 최저자본금 最低資本金.

Mindestlohn *m.* 최저임금 最低賃金. // Der Mindestlohn ist in Korea in der Verfassung verankert (Art. 32 Abs. 1 KVerf a.E.) und in dem im Jahr 1986 erlassenen Mindestlohngesetz (최저임금법) geregelt. Die Höhe beträgt (Stand November 2017) bei einer nach Stunden bemessenden Beschäftigung 6.470 KRW/ Stunde, bei einer nach Tagen bemessenden Beschäftigung 51.760 KRW/ Tag (basierend auf einem 8-Stunden-Tag) und bei einer nach Monaten bemessenden Beschäftigung 1.352.230 KRW/ Monat (basierend auf einer 40-Stunden-Woche). // Senkung des ~s 최저임금의 삭감(削減); **~gesetz** *n.* 최저임금법 最低賃金法.

Mindeststammkapital *n.* 최소자본액 最小資本額, 최저자본액 最低資本額, 최소자본금 最小資本金, 최저자본금 最低資本金, vgl. → Gesellschaft mit beschränkter Haftung.

Mindeststrafe *f.* 최소형 最小刑(最少刑).

Mindestvorschrift *f.* 최소규정 最小規定.

Minister *m.* 각료 閣僚, 장관 長官; **~anklage** *f.* 장관 탄핵 長官 彈劾; **~erlaubnis** *f.* 장관의 허가 長官의 許可.

Ministerialverordnung *f.* 부령 部令.

Minister:präsident *m.* (국무)총리 (國務)總理, 수상 首相; **~rat** *m.* 각료이사회 閣僚理事會.

Misch:form *f.* 혼합형식 混合形式; **~tatbestand** *m.* 혼합규정 混合規定, 혼합구성요건 混合構成要件; **~verwaltung** *f.* 혼합행정 混合行政.

Missbrauch *m.* 1. (*von Macht, Rechten etc.*) 남용 濫用, 남용행위 濫用行爲; 2. (*i.S.v. körperlicher Missbrauch von Personen*) (→ Misshandlung) 학대 虐待; 3. (*i.S.v. sexueller Missbrauch*) 성적학대 性的虐待, 추행 醜行; ~ der Amtsgewalt 직권(職權)의 남용; ~ der Befugnis 권한(權限)의 남용; ~ der Hoheitsgewalt 주권(主權)의 남용; ~ der Verfügungsmacht 처분권한(處分權限)의 남용; ~ der Vertretungsmacht 대리권(代理權)의 남용; ~ von Kindern 아동(兒童)학대; ~ von Rechten 권리(權利)의 남용.

missbrauchen *v.* 1. (*von Macht, Rechten etc.*) 남용(濫用)하다; 2. (*körperlich*) 학대(虐待)하다; 3. (*sexuell*) 강간(强姦)하다.

Missbrauchs:aufsicht *f.* 남용행위의 심사 濫用行爲의 審査. // 남용행위에 해당되는

지 여부에 대한 심사. // ~**gebühr** *f.* 1. *(wörtl.)* 남용제재금 濫用制裁金; 2. *(bezogen auf missbräuchliche Klageerhebung)* 남소제재금 濫訴制裁金; ~**gefahr** *f.* *(i.S.v. 1.)* 남용의 위험 濫用의 危險; ~**handlung** *f.* *(i.S.v. 1.)* 남용행위 濫用行爲; ~**kontrolle** *f.* 남용의 통제 濫用의 統制; ~**prävention** *f.* *(i.S.v. 1.)* 남용의 예방 濫用의 豫防.

Missdeutung *f.* 곡해 曲解.

misshandeln *v.* 학대(虐待)하다; körperlich ~ 신체적(身體的)으로 학대하다.

Misshandlung *f.* 학대 虐待; ~ von Schutzbefohlenen 피보호자학대(죄) 被保護者虐待(罪); körperliche (physische) ~ 신체적(身體的) 학대; geistige (psychische) ~ 심리적(心理的) 학대.

Misskredit *m.* 불신용 不信用; in ~ kommen 신용(信用)을 잃다; jmdn. in ~ bringen 누구의 신용을 잃게 하다.

Misstrauens:antrag *m.* 불신임신청 不信任申請; ~**votum** *n.* 불신임투표 不信任投票; konstitutives ~ 건설적(建設的) 불신임투표; konstruktives ~ 건설적(建設的) 불신임투표.

Mitangeklagter *m.* 공동피고인 共同被告人.

Mitarbeiter *m.* 협업자 協業者; freier ~ 자유(自由) 협업자; ~**aktie** *f.* 종업원주식 從業員株式.

Mitbenutzung *f.* 공동이용 共同利用.

Mitbesitz *m.* 공동점유 共同占有; kollektiver ~ 집합적(集合的) 공동점유; schlichter ~ 단순(單純)공동점유.

Mitbesitzer *m.* 공동점유자 共同占有者.

Mitbestimmung *f.* 공동결정 共同決定; betriebliche ~ 영업상(營業上)공동결정.

Mitbestimmungs:demokratie *f.* 공동결정 민주주의 共同決定 民主主義; ~**gesetz** *n.* 공동결정법 共同決定法; ~**recht** *n.* 공동결정권 共同決定權, 공동의결권 共同議決權.

Mitbürge *m.* 공동보증인 共同保證人.

Mitbürgschaft *f.* 공동보증 共同保證.

Miteigentum *n.* 공유 共有, 공동소유(권) 共同所有(權); ~ nach Bruchteilen 지분적(基本的) 공동소유.

Miteigentümer *m.* 공동소유자 共動所有者.

Miterbe *m.* 공동상속인 共同相續人.

Mitgewahrsam *m.* 공동소지 共動所持.

Mitglied n. 1. (allg.) 구성원 構成員; 2. (gesellschaftsr.) 사원 社員, vgl. → Gesellschafter; stimmberechtigtes ~ 의결권(議決權) 있는 사원; 3 (~ des Bundestags) (Abk. MdB) 연방의회의원 聯邦議會議員.

Mitglieder:versammlung f. 사원총회 社員總會; außerordentliche ~ 임시(臨時) 총회 (§ 69 KBGB); ordentliche ~ 통상(通常)총회 (§ 70 KBGB); **~wechsel** m. 구성원의 변경 構成員의 變更; **~zahl** f. 구성원수 構成員數; gesetzliche ~ 법정(法定) 구성원수.

Mitgliedschaft f. 사원권 社員權.

Mitgliedschaftspapier n. 사원권적 유가증권 社員的 有價證券.

Mitglieds:recht n. 사원권 社員權; **~staat** m. 회원국 會員國.

Mithaftung f. 공동책임 共同責任.

Mitnahme f. (i.S.v. bei sich tragen) 반출 搬出.

Mitspracherecht n. 협의권 協議權.

Mittäter m. 공동정범인 共同正犯人.

Mittäterschaft f. 공동정범 共同正犯.

Mitteilung f. 통지 通知; schriftliche ~ 서면상(書面上)의 통지.

Mitteilungspflicht f. 통지의무 通知義務.

Mittel n. (pl.) 1. (i.S.v. Maßnahme); 수단 手段; mit den Mitteln des Raubes 강도죄(强度罪)의 수단으로; 2. (i.S.v. finanzielle Mittel) 자금 資金, 기금 基金; geringfügige ~ 소액(小額)의 자금; mildestes ~ 최소(最小)수단; öffentliche ~ 공공(公共)기금.

mittelbar adj. 간접적 間接的, 간접(間接)의.

Mittelbare ~ ~ Demokratie f. 간접민주주의 間接民主主義; **~ Falschbeurkundung** f. 간접문서위조(죄) 間接文書僞造(罪); **~ Täterschaft** f. 간접정범 間接正犯.

Mittelbarer ~ ~ Besitz m. 간접점유 間接占有; **~ Besitzer** m. 간접점유자 間接占有者; **~ Täter** m. 간접정범인 間接正犯人.

Mittelbarkeit f. 간접성 間接性.

Mittelbehörde f. 중급행정기관 中級行政機官, 중급관청 中級官廳.

Mittelstand m. 중소기업(들) 中小企業(들).

Mittelstandskartell n. 중소기업(中小企業)카르텔.

Miturheber m. 공동저작자 共同著作者.

Mitursache *f.* 공동원인 共同原因.

Mitverschulden *n.* 기여과실 寄與過失, 공동과책 共同過責.

Mitversicherung *f.* 공동보험 共同保險.

Mitwirkung *f.* 협력 協力, 참여 參與.

Mitwirkungs:pflicht *f.* 협력의무 協力義務, 참여의무 參與義務; ~ des Beteiligten 당사자(當事者)의 협력의무; ~recht *n.* 참여권 參與權.

Mobiliar:anwartschaft *f.* 동산기대권 動産期待權; ~pfand(recht) *n.* 동산담보(권) 動産擔保(權).

Mobilie *f.* 동산 動産.

Modalität *f.* 방식 方式.

Modernisierung *f.* (bei Bauwerken) 리모델링 (*engl.* remodelling).

Möglichkeit *f.* 가능성 可能性, 개연성 蓋然性; ~ der Rechtsverletzung 권리침해가능성 權利侵害可能性.

Möglichkeitstheorie *f.* 가능성설 可能性說, 개연성설 蓋然性說.

Monarch *m.* 군주 君主.

Monarchie *f.* 군주(제) 君主(制); absolute ~ 절대(絶對)군주제; beschränkte ~ 제한적(制限的) 군주제; despotische ~ 전제(專制)군주제; konstitutionelle ~ 입헌(立憲)군주제; unbeschränkte ~ 무제한적(無制限的) 군주제.

Monatsfrist *f.* 월(月)로 정(定)한 기한(期限), 월의 기한.

Monogamie *f.* 일부일처제 一夫一妻制 (*wörtl.:* „Ein Mann - eine Frau - System").

Monopol *n.* 독점(권) 獨占(權); privates ~ 사적(私的) 독점; öffentliches ~ 공적(公的) 독점; staatliches ~ 국가(國家)의 독점(권).

Monopolisierung *f.* 독점화 獨占化.

Monopol:kommission *f.* 독점위원회 獨占委員會; ~stellung *f.* 독점적 지위 獨占的 地位; ~verbot *n.* 독점금지 獨占禁止.

Montage *f.* 조립 組立, 설치 設置; ~fehler *m.* 조립하자 組立瑕疵.

Montanunion *f.* 석탄철강공동체 石炭鐵鋼共同體; europäische ~ 유럽석탄철강공동체.

Moral *f.* 도덕 道德.

Moratorium *n.* 모라토리엄, 지급유예 支給猶豫, 이행불능선언 履行不能宣言.

Mord *m.* 모살(죄) 謀殺(罪), vgl. → Tötungsdelikte.

Mordlust *f.* 살해욕 殺害慾.

Motiv(e) *n.* (*pl.*) 1. (*allg. i.S.v. Motivation*) 동기 動機; 2. (*i.S.v. Begründung zu*

Gesetzen etc.) 이유서 理由書.

Motivirrtum *m.* 동기의 착오 動機의 錯誤.

Mündel *n.* 피후견인 被後見人.

mündlich *adj.* 구두(口頭)로.

Mündliche ~ ~ Tatsachenverhandlung *f.* 사실심의 변론 事實審의 辯論; **~ Verhandlung** *f.* 변론 辯論; Einheit der ~ 변론의 일체성(一體性); Schluss (Ende) der ~ 변론종결(終結).

Mündlichkeit *f.* (Grds. der ~) 구술주의 口述主義, 구두주의 口頭主義.

Mündlichkeitsprinzip *n.* 구술(변론)주의 口述(辯論)主義, 구두주의 口頭主義.

Mundraub *m.* 음식물절도(죄) 飮食物竊盜(罪).

Muss-Vorschrift *f.* 필연규정 必然規定, 강제규정 强制規定.

Müssen *n.* 의무 義務, 필연 必然.

Musskaufmann *m.* 필요상인 必要商人, 당연상인 當然商人.

Muster *n.* 1. (*i.S.d. GeschmMG*) 도안 圖案, 의장 意匠; 2. (*i.S.v. beispielhaft*) 대표 代表, 표본 標本, 표준 標準; 3. (*i.S.v. Probe*) 견본 見本.

Muster:protokoll *n.* (i.S.v. § 2 Abs. 1a GmbHG) 표준정관 標準定款, 표준설립계약서 標準設立契約書; **~prozess** *m.* 견본소송 見本訴訟, 표본소송 標本訴訟, 대표소송 代表訴訟.

Musterung *f.* 신체검사 身體檢査.

Mustervertrag *m.* 표본계약 標本契約.

mutatis mutandis (*lat.*) 준용 準用.

Mutter *f.* 모(母); leibliche ~ 생모 生母.

Mutter:gesellschaft *f.* 모회사 母會社; **~schaft** *f.* 모성 母性; **~schaftsanerkennung** *f.* 모(母)에 의한 (임의)인지 (任意)認知; **~schaftsgeld** *n.* 분만보상금 分娩補償金; **~schaftsurlaub** *m.* 1. (*allg.*) 출산휴가 出産休暇, 출산휴직 出産休職; 2. (*vor der Geburt*) 출산전휴가 出産前休暇; 3. (*nach der Geburt*) 출산후휴가 出産後休暇; **~schutz** *n.* 모성보호 母性保護; **~schutzgesetz** *n.* 모성보호법 母性保護法; **~unternehmen** *n.* 모기업 母企業, 모회사 母會社.

N, n

Nachahmung *f.* 모방 模倣.

Nachahmungs:delikt *n.* 모방범 模倣犯; **~freiheit** *f.* 모방의 자유 模倣의 自由; **~kriminalität** *f.* 모방범죄 模倣犯罪; **~schutz** *m.* 모방(模倣)으로부터의 보호(保護), 모방보호 模倣保護; **~täter** *m.* 모방범인 模倣犯人; **~verbot** *n.* 모방금지 模倣禁止.

Nachbar:grundstück *n.* 이웃토지(土地), 인접토지 隣接土地, 인지 隣地; **~klage** *f.* 이웃주민의 소송 이웃住民의 訴訟, 이웃소송, 인인소송 隣人訴訟; **~recht** *n.* 상린법 相隣法, 인인법 隣人法.

Nachbarschaftsverhältnis *n.* 상린관계 相隣關係, 인인관계 隣人關係.

Nachbesserung *f.* 보수 補修, 개선 改善; ~ eines Sachmangels 하자(瑕疵)의 보수; ~ eines Gesetzes 법률(法律)의 개선; fehlgeschlagene ~ 실패(失敗)한 보수.

Nachbesserungs:anspruch *m.* 보수청구권 補修請求權; **~pflicht** *f.* 보수의무 補修義務; **~recht** *n.* 보수권 補修權; **~versuch** *m.* 보수시도 補修試圖; erfolgloser ~ 성공(成功) 못 한 보수시도; erfolgreicher ~ 성공(成功)한 보수시도; fehlgeschlagener ~ 실패(失敗)된 보수시도; misslungener ~ 실패(失敗)된 보수시도; zweimaliger ~ 두 번째 보수시도.

Nachbürge *m.* 부보증인 副保證人.

Nachbürgschaft *f.* 부보증 副保證.

Nacheid *m.* 심문(審問)한 뒤에하는 선서(宣誓).

Nacherbe *m.* 후순위상속인 後順位相續人.

Nacherfüllung *f.* 추완(이행) 追完(履行).

Nacherfüllungsfrist *f.* 추완이행기한 追完履行期限.

Nachfolge *f.* 1. (*in ein Amt*) 후임 後任; 2. (*allg.*) 승계 承繼.

Nachfolger *m.* 후임자 後任者, 승계인 承繼人.

Nachfrist *f.* 추완이행(追完履行) 위한 기한(期限).

Nachgründung *f.* (*engl.* post-formation acquisition) 사후설립 事後設立.

Nachhaltigkeit *f.* 지속가능성 持續可能性.

Nachholen *n.* 추완 追完, 보완 補完; ~ von Gründen 사유(事由)의 추완.

Nachindossament *n.* 기한후배서 期限後背書.

Nachlass *m.* 상속재산 相續財產, 유산 遺產; **~gegenstand** *m.* 유산물 遺產物.

Nachlassgericht *n.* Das Nachlassgericht wird in Korea terminologisch nicht von anderen Gerichten abgegrenzt. Das Gesetz spricht daher lediglich von „Gericht" (법원), vgl. z.B. § 1096 KBGB. Wörtliche Übersetzung: 유산(관할)법원 遺產(管轄)法院.

Nachlass:teilung *f.* 상속재산의 분할 相續財產의 分割; **~verbindlichkeit** *f.* 유산채무 遺產債務; **~verwalter** *m.* 유산관리인 遺產管理人; **~verwaltung** *f.* 유산관리 遺產管理; **~verzeichnis** *n.* 유언재산목록 遺言財產目錄; Anfertigung des Nachlassverzeichnisses 유언재산목록작성 遺言財產目錄作成 (§ 1100 KBGB).

Nachlieferung *f.* 추후급부 推後給付.

Nachnahme *f.* 대금교환우편 代金交換郵便.

Nachprüfung *f.* (사후)심사 (事後)審查.

Nachschieben von Gründen *n.* 이유의 사후보완 理由의 事後補完, 사유의 추가 事由의 追加.

Nachschusspflicht *f.* 추가출자의무 追加出資義務.

Nachsichtwechsel *m.* 일람후정기출급(一覽後定期出給)어음.

Nachtarbeit *f.* 야근 夜勤, 야간근로 夜間勤勞. // Gem. § 56 ArbStandardsG gilt in Korea Arbeit zwischen 22 Uhr und 6 Uhr als Nachtarbeit.

Nachteil *m.* 불이익 不利益, 불익 不益, 불리 不利; besonders schwerer ~ 특히 중대(重大)한 불이익; irreparabler ~ 회복(回復)할 수 없는 불이익; rechtlicher ~ 법률상(法律上) 불이익; schwerer ~ 중대(重大)한 불이익; tatsächlicher (faktischer) ~ 사실상(事實上) 불이익; unabwendbarer ~ 피(避)할 수 없는 불이익; unerträglicher ~ 참을 수 없는 불이익.

nachträglich *adj.* 사후적 事後的.

Nachtrags:entscheidung *f.* 사후결정 事後決定; **~haushalt** *m.* 추가예산 追加豫算.

Nachtrunk *m.* 사후음주 事後飲酒.

Nach:unternehmen *n.* 하도급업 下都給業; **~unternehmer** *m.* 하도급업자 下都給業者.

Nachverfahren *n.* 사후재판 事後裁判, 사후절차 事後節次.

Nachweisbarkeit *f.* 증명가능성 證明可能性.

nachweisbar *adj.* 증명가능(證明可能)한.

Nachweis:gesetz *n.* (계약설립)확인법 (契約設立)確認法; **~makler** *m.* 소개중개인

紹介仲介人.

Nachwirkung *f.* 여후효 餘後效.

Nachzensur *f.* 사후검열 事後檢閱.

Nachzugsaktie *f.* 후배주 後輩株.

Nähe *f.* 근접성 近接性; zeitliche und räumliche (örtliche) ~ 시간적(時間的), 장소적(場所的) 근접성; **~beziehung** *f.* 근접관계 近接關係; persönliche ~ 개인적(個人的) 근접관계.

Namens:aktie *f.* (*engl.* registered share) 기명주식 記名株式; vinkulierte ~ (*engl.* registered share with restricted transferability) 양도제한(讓渡制限) 기명주식; **~papier** *n.* 기명증권 記名證權; **~recht** *n.* 성명권 姓名權; **~zusatz** *m.* 명칭부가 名稱附加.

Nasciturus *m.* 태아 胎兒.

Nassauskiesungsbeschluss *f.* (1981년에 독일 연방헌법재판소가 내린) 자갈채취결정(採取決定).

Nationalflagge *f.* 1. (*allg.*) 국기 國旗; 2. (*Bezeichnung der Nationalflagge Koreas*) 태극기 太極旗.

Nationalität *f.* 국적 國籍.

National:sozialismus *m.* 국가사회주의 國家社會主義; **~wappen** *n.* 국가의 문장 國家의 紋章.

NATO *f.* (North Atlantic Treaty Organization) 북대서양 조약 기구 北大西洋 條約機構.

Natur *f.* 1. (*i.S.v. Umwelt*) 자연 自然; 2. (*i.S.v. Wesensart*) 성질 性質, 본질 本質, 본성 本性; ~ der Sache 사물의 본성 事物의 本性; rechtliche ~ 법적(法的) 성질.

Natural:dividende *f.* 현물배당 現物配當; **~herstellung** *f.* 원상회복 原狀回復.

Naturalie *f.* 현물 現物.

Natural:obligation *f.* 자연채무 自然債務; **~restitution** *f.* 원상회복 原狀回復, 원상복구 原狀復舊, vgl. → Wertersatz.

Natürliche Lebensgrundlage *f.* 자연적 생활근거 自然的 生活根據.

Natürliche Person 자연인 自然人.

Naturrecht *n.* 자연법 自然法.

Naturrechtslehre *f.* 자연법학 自然法學.

Naturschutz *m.* 환경보호 環境保護.

ne bis in idem (*lat.*) 일사부재리의 원칙 一事不再理의 原則.

Neben:abrede *f.* 부수협정 附隨協定; **~beruf** *m.* 부업 副業; **~bestimmung** *f.* 1. (zum Verwaltungsakt) (행정행위의) 부관 (行政行爲의) 附款; 2. (*allg.*) 부수적 내용 附隨的 內用; **~beteiligter** *m.* 보조참가인 補助參加人; **~entgelt** *n.* 부수적 보수 附隨的 報酬; **~folge** *f.* (*wörtl.*) 부수적 결과 附隨的 結果, 부가제재 附加制裁. // Inhaltlich entspricht der Nebenfolge des § 45 Abs. 1 StGB die in §§ 41 Nr. 5, 43, 44 KStGB geregelte „Suspendierung von Befähigungen" (자격정지 資格停止). „Befähigung" definiert das Gesetz in § 43 Abs. 1 KStGB als 1. die Beamteneigenschaft, 2. das aktive und passive Wahlrecht, 3. Fähigkeit zur Bekleidung eines öffentlichen Amtes, 4. Die Fähigkeit als Organ einer juristischen Person oder in einer anderen für sie wichtigen Funktion tätig zu werden. Die Aussetzung der Befähigung kann für einen Zeitraum von 1 – 15 Jahren verhängt werden. Nach § 43 Abs. 1 KStGB können die Befähigungen auch dauerhaft entzogen werden. Der dauerhafte Entzug wird als „자격상실" (資格喪失) = „Befähigungsverlust" bezeichnet. // **~forderung** *f.* 종(從)된 채권(債權); **~gebäude** *n.* 부속건물 附屬建物; **~gewerbe** *n.* 부수적 영업 附隨的 營業; **~handelsgeschäft** *n.* 부속적 상행위 附屬的 商行爲, 보조적(補助的) 상행위; **~intervenient** *m.* → Streitgehilfe; **~intervention** *f.* 보조참가 補助參加 (§§ 71 – 77 KZPO); selbständige ~ 통상(通常)보조참가; streitgenössische ~ 공동소송(共同訴訟)보조참가; **~klage** *f.* 공소참여 公訴參與; **~kläger** *m.* 공소참여인 公訴參與人; **~klägerrecht** *n.* 공소참여권 公訴參與權; **~kosten** *f.* 부수비용 附隨費用; **~leistung** *f.* 종(從)된 급부(給付), 부수적(附隨的) 급부; **~leistungspflicht** *f.* 부수적 급부의무 附隨的 給付義務, 부수적 주의의무 附隨的 主義義務, 종(從)된 급부의무; **~pflicht** *f.* 부수적 의무 附隨的 義務; **~pflichtverletzung** *f.* 부수적 의무위반 附隨的 義務違反; **~sache** *f.* 종(從)된 물건(物件), 종물 從物; **~schuld** *f.* 부수적 채무 附隨的 債務; **~strafe** *f.* 부가형 附加刑; **~täter** *m.* 동시범인 同時犯人; **~täterschaft** *f.* 동시범 同時犯; **~verfahren** *n.* 부수절차 附隨節次.

Negatives Interesse *n.* 소극적 이익 消極的 利益.

Negativmaßnahme *f.* 소극조치 消極措置.

Nennbetrag *m.* 명목액수 名目額數, 액면 額面.

Nennbetragsaktie *f.* 액면주식 額面株式.

Nennwertaktie *f.* → Nennbetragsaktie.

Neoliberalismus m. 신자유주의 新自由主義.

Neubeginn m. 재시작 再始作, 갱신 更新; ~ der Verjährung 소멸시효(消滅時效)의 갱신.

Neugläubiger m. 신채권자 新債權者, vgl. → Zessionar.

Nettoentgelt n. 순임금 純賃金.

Nettolohn m. 순노임 純勞賃.

Netz:fahndung f. 전산수색 電算搜索; **~vertrag** m. 계약의 연쇄 契約의 連鎖.

Netzwerk-Marketing n. (*engl.* Network Marketing, Multi-Level-Marketing, MLM) 다단계판매 多段階販賣.

Neu:abschluss m. 재체결 再締結; ~ eines Vertrages 계약재체결 契約再締結; **~aktie** f. 신주 新株; **~beginn** m. 재시작 再始作; ~ der Verjährung 소멸시효(消滅時效)의 재시작; **~bescheidung** f. 재결정 再決定; **~fassung** f. 개편 改編; **~regelung** f. 개선 改善; gesetzliche ~ 개선입법 改善立法.

Neutralität f. 중립(성) 中立(性).

Neutralitäts:abkommen n. 중립협정 中立協定; **~bruch** m. 중립파기 中立破棄; **~erklärung** f. 중립선언 中立宣言; **~pflicht** f. 중립의무 中立義務; **~politik** f. 중립정책 中立政策; **~vereinbarung** f. 중립합의 中立合意; **~verletzung** f. 중립위반 中立違反.

Nicht:abgabe f. 1. (*bei Sachen*) 미교부 未交付; 2. (*bei Erklärungen*) 미발표 未發表, 미표시 未表示; ~ einer Willenserklärung 의사표시(意思表示)의 미표시; **~abschluss** m. 미체결 未締結; ~ eines Vertrages 계약(契約)의 미체결; **~abtretbarkeit** f. 양도불가능성 讓渡不可能性; **~anerkennung** f. 불인정 不認定; **~annahme** f. 1. (*allg.*) 불수취 不受取, 미수령 未受領, 불인수 不引受, 인수거절 引受拒絶, 미수취 未受取; 2. (*eines Verfahrens*) 심판불회부 審判不回附; ~ einer Leistung 급부(給付)의 미수취; **~anwendung** f. 부적용 不適用; **~anzeige** f. 1. (*im Zivilrecht*) 미통지 未通知; 2. (*im Strafrecht*) 미고발 未告發, vgl. → Anzeige; **~ausübung** f. 무행사 無行使; ~ eines Rechts 권리(權利)의 무행사; **~beachtung** f. 무시 無視; **~befolgung** f. 미준수 未遵守; ~ von Gesetzen 법률(法律)의 미준수.

Nichtberechtigter m. 무권리자 無權利者, 권한(權限) 없는 자(者), 무권한자 無權限者.

Nichtbestehen n. 1. (*i.S.v. Nichtexistenz*) 부존립 不存立, 부존재 不存在; 2. (*i.S.v. Nichterfolg*) 불합격 不合格; ~ eines Rechtsverhältnisses 법률관계(法律關係)의 부존립.

Nichtehe f. 혼인설립흠결 婚姻設立欠缺.

nichtehelich adj. 혼인외 婚姻外, 혼외 婚外; nichteheliches Kind 혼인외에서 출생(出生)한 자(者), vgl. → Anerkennung der nichtehelichen Vaterschaft.

Nicht:erfüllung f. 불이행 不履行; **~erfüllungsschaden** m. 불이행손해 不履行損害.

Nichtigerklärung f. 무효선언 無效宣言.

Nicht:eröffnung f. 비개시 非改備; **~erscheinen** n. 결석 缺席, 불출석 不出席.

Nichterweislichkeit f. 입증불능 立證不能.

Nichtigkeit f. 무효 無效; absolute ~ 절대적(絕對的) 무효; beiderseitige ~ 상호적(相互的) 무효; einseitige ~ 일방적(一方的) 무효; relative ~ 상대적(相對的) 무효; rückwirkende ~ 소급적(遡及的) 무효; teilweise ~ 일부적(一部的) 무효; vollständige ~ 완전(完全)무효.

Nichtigkeit ~ ~ der Willenserklärung 의사표시(意思表示)의 무효; ~ des Rechtsgeschäfts 법률행위(法律行爲)의 무효; ~ des Verwaltungsakts 행정행위(行政行爲)의 무효.

Nichtigkeits:feststellungsklage f. 무효확인소송 無效確認訴訟; **~grund** m. 무효이유 無效理由; **~klage** f. 무효의 소 無效의 訴.

Nicht:kaufmann m. 비상인 非商人; **~klagerhebung** f. 부제소 不提訴; **~leistung** f. 불이행 不履行.

nichtöffentlich adj. 비공개적 非公開的.

nichtrechtsfähig adj. 권리능력(權利能力)없는.

Nichtregierungsorganisation f. 비정부기구 非政府機構.

Nicht:schuld f. (zivilr.) 비채 非債; **~störer** m. 비책임자 非責任者, vgl. zur Terminologie → Störer; **~unternehmer** m. 사업자(事業者) 아닌 자(者); **~urteil** n. 비판결 非判決; **~verantwortlicher** m. 비책임자 非責任者; **~vereidigung** f. 비선서 非宣誓; **~vermögensschaden** m. 비재산적 손해 非財產的 損害, 비재산상(上) 손해, 재산이외의 손해 財產以外의 損害, vgl. → Deliktsrecht; **~wissen** n. 무지 無知, 부지 不知; Bestreiten mit ~ 부지의 진술(陳述).

Nichtzulassungsbeschwerde f. 상고불허가에 대한 이의 上告不許可에 대한 異議.

Nichtzustandekommen n. 불성립 不成立; ~ eines Rechtsgeschäfts 법률행위(法律行爲)의 불성립.

Nidation f. 수정란의 자궁내 착상.

Niederlassung f. 1. (einer nat. Pers.) 거주(이전) 居住(移轉); 2. (i.S.v.

Geschäftsniederlassung) 영업소 營業所, 대리점 代理店.

Niederlassungs:erlaubnis *f.* 영주허가 永住許可; **~freiheit** *f.* 거주(이전)의 자유 居住(移轉)의 自由; **~recht** *n.* 영주권 永住權; **~verbot** *n.* 거주(이전)금지 居住(移轉)禁止.

Niederlegung *f.* 1. (*eines Amts*) 사임 辭任; 2. (*i.S.v. Hinterlegung*) 보관(시킴) 保管(시킴), 유치 誘致, 장소에 둠.

Niederlegungs:frist *f.* 보관기간 保管期間; **~ort** *m.* 보관지 保管地.

Niederschlagung *f.* 기각 棄却, 각하 閣下; ~ von Abgaben 공과금(公課金)의 기각; ~ von Gerichtskosten 재판비용(裁判費用)의 기각; ~ von Steuern 조세(租稅)의 기각; ~ von Strafverfahren 형사절차(刑事節次)의 기각.

Niederschrift *f.* 기록 記錄.

Nießbrauch *m.* 용익권 用益權; ~ an beweglichen Sachen 동산(動産)에 대한 용익권, 동산용익권 動産用益權; ~ an einem Grundstück 토지(土地)에 대한 용익권, 토지용익권; ~ an einem Recht 권리(權利)에 대한 용익권.

Nießbraucher *m.* 용익권자 用益權者.

Nominalismus *m.* 명목가치주의 名目價値主義, 유명론 唯名論.

Nominalitätsgrundsatz *m.* 명목가치주의 名目價値主義.

nominell *adj.* 명목상 名目上.

Norm *f.* 규정 規定, 규범 規範; ~ mit Selbstvollzug 자기집행(自己執行) 규범; bußgeldbewehrte ~ 과태료(過怠料) 예정된 규범; objektive ~ 객관적(客觀的) 규범; selbstvollziehende ~ 자기집행(自己執行)하는 규범; strafbewehrte ~ 형벌(刑罰) 예정된 규범; subjektive ~ 주관적(主觀的) 규범; verweisende ~ 지시(指示)하는 규범; Schutzzweck der ~ 규범의 보호목적(保護目的); **~adressat** *m.* 수범자 受範者, 수규자 受規者, 규범의 피적용자 規範의 被適用者; **~adressaten** *m. pl.* 수범자집단 受範者集團.

Normal:bürger *m.* 보통시민 普通市民; **~fall** *m.* 통상사건 通常事件, 통상사례 通常事例.

normativ *adj.* 규범적 規範的.

Normativbestimmung *f.* (*gesellschaftsr.*) 준칙주의 準則主義

Normativer Schaden *m.* 규범적 손해 規範的 損害.

Normatives Merkmal *n.* 규범적 표지 規範的 標識.

Norm:befolgung *f.* 규범준수 規範遵守; **~befolgungspflicht** *f.* 규범준수의무 規範遵守義務; **~begünstigter** *m.* 규범수익자 規範收益者; **~begünstigung**

f. 규범수익 規範收益; **~begünstigungsprinzip** *n.* 규범수익원칙 規範收益原則; **~bereich** *m.* 규범영역 規範領域; **~bestätigung** *f.* 규범확인 規範確認; **~bestätigungsverfahren** *n.* 규범확인절차 規範確認節次.

Normen:erlassklage *f.* 규범제정요구소송 規範制定要求訴訟, 규범발령소송 規範發令訴訟; **~interpretation** *f.* 규범해석 規範解釋.

Normenkontrollantrag *m.* 규범통제청구 規範統制請求.

Normenkontrolle *f.* 규범통제 規範統制; abstrakte ~ 추상적(抽象的) 규범통제; akzidentielle ~ 우발적(隅發的) 규범통제; inzidente ~ 부수적(附隨的) 규범통제; konkrete ~ 구체적(具體的) 규범통제; prinzipale ~ 본원적(本源的) 규범통제.

Normenkontrollverfahren *n.* 규범통제절차 規範統制節次; konkretes ~ 구체적(具體的) 규범통제절차.

Normen:programm *n.* 규범(規範)프로그램; **~relation** *f.* 규범관계 規範關係; verfassungswidrige ~ 위헌적(違憲的) 규범관계; **~vertrag** *m.* 규범적 효력을 갖는 계약.

norminterpretierend *adj.* 규범해석적 規範解釋的.

normkonkretisierend *adj.* 규범구체화적 規範具體化的.

Normkontext *m.* 규범문맥 規範文脈.

Norm:prüfung *f.* 규범심사 規範審查; **~setzung** *f.* 규범정립 規範正立, 규범제정 規範制定; **~setzungsakt** *m.* 규범정립행위 規範正立行爲; **~spaltung** *f.* 규범분열 規範分裂; **~text** *m.* 규범문언 規範文言; **~übertretung** *f.* →Normverstoß; **~verstoß** *m.* 규범위반 規範違反; **~verwerfung** *f.* 규범폐기 規範廢棄; **~verwerfungsmonopol** *n.* 규범폐기독점권 規範廢棄獨占權; **~wiederholungsverbot** *n.* 재입법금지원칙 再立法禁止原則; **~zweck** *m.* 규범(規範)의 목적(目的).

Notanwalt *m.* 당직변호사 當職辯護士, 비상변호사 非常辯護士, 긴급변호사 緊急辯護士.

Notar *m.* 공증인 公證人; **~gebühren** *f. pl.* 공증인수수료 公證人手數料.

Notariat *n.* 1. (*institutionell*) 공증인제도 公證人制度; 2. (*als räumliche Niederlassung*) 공증사무소 公證事務所.

Notariatsverwalter *m.* 공증관리인 公證管理人.

Notarielle Beurkundung *f.* 공증인의 공증 公證人의 公證.

Notarvertreter *m.* 공증인대리인 公證人代理人.

Not:behelf *m.* 비상수단 非常手段; **~bestellung** *f.* 긴급선임 緊急選任; **~beweis**

m. 긴급증거 緊急證據; **~frist** *f.* 불변기간 不變期間; z.B. in § 491 Abs. 2 KZPO; **~geschäftsführer** *m.* 비상대표 非常代表; **~gesetzgeber** *m.* 긴급입법자 緊急立法者; **~hilfe** *f.* 긴급구조 緊急救助; **~legislative** *f.* 긴급입법 緊急立法.

Notifikation *f.* 통지 通知, 통고 通告.

Notifizierung *f.* → Notifikation.

Nötigung *f.* (als Delikt) 강요(죄) 强要(罪). // **§ 324 KStGB.** Wer durch Gewalt oder Drohung die Rechtsausübung eines Menschen verhindert oder ihn zu einer Handlung veranlasst, zu der er nicht verpflichtet ist, wird mit bis zu fünf Jahren Zuchthaus bestraft.

Nötigungserfolg *m.* 강제효과 强制效果.

Notrecht *n.* 긴급권 緊急權.

Notstaatsanwalt *m.* 당직검사 當職檢事, 긴급검사 緊急檢事.

Notstand *m.* 1. (*allg.*) 긴급(상황) 緊急(狀況), 비상사태 非常事態, 긴급상태 緊急常態; 2. (*zivilr.*) (민법상 民法上) 긴급피난(避難), vgl. § 761 Abs. 2 KBGB; aggressiver ~ → angreifender ~; angreifender ~ 공격적(攻擊的) 긴급피난; defensiver ~ 방어적(防禦的) 긴급피난; polizeilicher ~ 경찰긴급피난 警察緊急避難, 경찰상(警察上)긴급상황; strafrechtlicher ~ 형사법상(刑事法上) 긴급(피난).

Notstands:fall *m.* 비상사태 非常事態; **~verordnung** *f.* 긴급명령 緊急命令; **~recht** *n.* 긴급권 緊急權.

Not:testament *n.* 긴급유언(서) 緊急遺言(書); **~veräußerung** *f.* 긴급매각 緊急賣却; **~verkauf** *m.* 긴급매각 緊急賣却.

Notweg *m.* 주위토지통행로 周圍土地通行路.

Notwegerecht *n.* 주위토지통행권 周圍土地通行權 (§ 219 KBGB).

Notwehr *f.* 정당방위 正當防衛 (*wörtl.* „Billige Verteidigung"), vgl. § 761 Abs. 1 KBGB, § 21 Abs. 1 KStGB. Neben der Gegenwärtigkeit fordert der Wortlaut des Gesetzes zwar keinen rechtswidrigen Angriff (위법한 침해), sondern lediglich einen „unbilligen" Angriff (부당한 침해). Nach h.M. ist die Unbilligkeit jedoch gleichbedeutend mit der Rechtswidrigkeit. Wie in Deutschland läßt die Notwehr die Rechtswidrigkeit der Handlung entfallen.

Notwehrexzess *m.* 과잉방위 過剩防衛 (§ 21 Abs. 2, Abs. 3 KStGB). // Überschreitet der sich Verteidigende die Grenzen der Notwehr gem. § 21 Abs. 3 KStGB „bei Nacht oder in einer anderen beklemmenden Situation (야

간 기타 불안스러운 상태하에서) aufgrund von Furcht (공포), Schrecken (경악), Erregung (흥분) oder Verwirrung (당황), so wird er nicht bestraft". Da die Vorschrift auch auf die (objektive) Tatsituation abstellt, genügt das bloße (subjektive) Vorliegen von asthenischen Affekten nicht zur Entschuldigung. In anderen Fällen als die des § 21 Abs. 1 KStGB, d.h. insbesondere bei einer Überschreitung der Grenzen der Notwehr aus sthenischen Affekten, führt der Notwehrexzess nicht zum Schuldausschluss. Jedoch kann die Strafe nach den Umständen des Einzelfalls gemildert werden (§ 21 Abs. 2 KStGB).

Notwehr:handlung f. 정당방위행위 正當防衛行爲; **~lage** f. 정당방위상황 正當防衛狀況; **~mittel** n. 정당방위의 수단 正當防衛의 手段; **~recht** n. 정당방위권 正當防衛權; **~situation** f. → Notwehrlage; **~wille** m. 정당방위의 방위의사 正當防衛의 防衛意思.

Notzucht f. → Vergewaltigung.

Notzuständigkeit f. 긴급관할 緊急管轄.

nullum crimen, nulla poena sine legem (scripta) (lat.) (성문)법률 없으면 범죄 없고 형벌도 없다, 죄형법정주의 罪刑法鄭主義; → Gesetzlichkeitsprinzip.

numerus – clausus 1. (i.S.d. Hochschulzugangs) 대학입학정원 大學入學定員; 2. (sachenr.) 물권(物權)에 대한 닫혀진 수(數), 물권법정주의 物權法定主義; 3. (gesellschaftsr.) 설립형태의 제한 設立形態의 制限.

Nutzen m. 편익 便益, 이익 利益.

Nutznießer m. → Destinatär.

Nutztier n. 가축 家畜.

Nutzung f. 1. (allg. i.S.v. Benutzung) 사용 使用, 이용 利用; 2. (i.S.v. Ertrag) 수익 收益; 3. (i.S.v. § 347 BGB) 용익 用益; behindertengerechte ~ 장애(障碍)에 맞은 이용; mittelbare ~ 간접(間接)사용; unmittelbare ~ 직접(直接)사용.

Nutzungs:art f. 사용방식 使用方式; **~beeinträchtigung** f. 이용침해 利用侵害; **~eigentum** n. 이용소유권 利用所有權; **~entschädigung** f. 사용보상 使用補償 (사용이익상실에 대한 보상); **~gebühr** f. 사용료 使用料; **~ordnung** f. 이용규칙 利用規則; **~pfand** n. 수익질권 收益質權; **~recht** n. 용익권 用益權, 이용권 利用權, 사용권 使用權; dingliches ~ 물권적(物權的) 이용권, 용익물권 用益物權; **~vergütung** f. 용익대금 用益代金; **~verhältnis** n. 이용관계 利用關係; **~verordnung** f. 이용령 利用令; **~vertrag** m. 이용계약 利用契約; **~zweck** m. 이용목적 利用目的.

O, o

Obdachloser *m.* 노숙자 露宿者; Zwangseinweisung von ~en 노숙자의 강제입소(強制入所).

Ober:besitz *m.* 상위점유 上位占有; **~besitzer** *m.* 상위점유자 上位占有者˙ **~behörde** *f.* 상급행정기관 上級行政機官.

Oberfinanzdirektion *f.* 지방국세청 地方國稅廳.

Obergesellschaft *f.* 지배회사 支配會社.

Oberlandesgericht *n.* (*Abk.* OLG) 1. (*in Deutschland*) 주고등법원 州高等法院; 2. (*wörtl.*) 상급지방법원 上級地方法院.

Oberstaatsanwalt *m.* 고등검찰관 高等檢察官, 부장검사 部長檢事; leitender ~ 지도(指導)하는 부장검사.

Oberster Gerichtshof *m.* (*Abk.* OGH) 1. (*wörtl. und Bezeichnung für den deutschen OGH*) 최고재판소 最高裁判所; 2. (*Entsprechung in Korea*) 대법원 大法院 („großer Gerichtshof").

Oberstes Gericht *n.* 최고법원 最高法院 (옛 동독의 대법원의 명칭).

Oberverwaltungsgericht *n.* (*Abk.* OVG) 고등행정법원 高等行政法院.

Obhutspflicht *f.* 보관의무 保管義務, 안전의무 安全義務.

Objektivität *f.* 객관성 客觀性.

Objektivitätspflicht *f.* 객관의무 客觀義務.

Obliegenheit *f.* 부진정의무 不眞正義務. // Teilweise werden auch die Begriffe „의무"(義務), „책무"(債務) oder „책임"(責任) verwendet. Diese weisen jedoch nicht auf den fehlenden Schuldcharakter der Obliegenheit hin.

Obliegenheits:pflicht *f.* 부진정의무 不眞正義務; **~verletzung** *f.* 부진정의무위반 不眞正義務違反.

Obligation *f.* 1. (*schuldr.*) 채무(관계) 債務(關係); 2. (*wertpapierr.*) 채무증서 債務證書.

Obligationenrecht *n.* 1. (*wörtl.*) 채무법 債務法; 2. (*i.S.d. Bezeichnung für das Recht der Schuldverhältnisse im schweizerischen Recht*) 채권법 債權法, vgl. → Schuldrecht.

obligatorisch *adj.* 강행적 強行的, 의무적 義務的.

Obrigkeit *f.* 절대권력 絕對權力.

Observierung *f.* 관찰 觀察.

Obsiegen *n.* (*im Prozess*) 승소 勝訴; teilweises ~ 일부(一部)승소. Vgl. zu der Kostenentscheidung → Teilunterliegen; vollständiges ~ 전부(全部)승소.

OECD *f. Abk.* (Organisation für wirtschaftliche Zusammenarbeit und Entwicklung) 경제협력개발기구 經濟協力開發機構; ~ - **Mitgliedsstaat** *m.* 경제협력개발기구의 회원국(會員國).

Offenbarungspflicht *f.* 진실고지의무 眞實告知義務; ~ des Arbeitnehmers 근로자(勤勞者)의 진실고지의무.

Offene Handelsgesellschaft *f.* (*Abk.* OHG) 합명회사 合名會社 (§§ 178 ff. KHGB).

offenkundig *adj.* 명백(明白)한/히.

Offenkundigkeit *f.* 명백(明白)함, 공지 公知, 공시 公示.

Offenkundigkeitsprinzip *n.* 현명원칙 顯名原則, 공시의 원칙 公示의 原則.

Offenlegung *f.* 개시 開始, 공개 公開, 공시 公示; ~ der Beweismittel 증거(證據)의 개시.

offensichtlich *adj.* 명백(明白)한/히; ~ unzulässig 명백히 부적법(不適法)한.

Öffentlich – rechtlicher Vertrag *m.* 공법상 계약 公法上 契約.

Öffentliche ~ ~ **Ausschreibung** *f.* 고시 告示; ~ **Beglaubigung** *f.* 공적인증 公的認證; ~ **Bekanntmachung** *f.* 공고 公告; ~ **Gewalt** *f.* 공권력 公權力; ~ **Hand** *f.* 전체의 공동기관 全體의 共同機關; ~ **Klage** *f.* 공소 公訴; ~ **Sache** *f.* 공물 公物; ~ **Sicherheit und Ordnung** *f.* 공공의 안녕과 질서 公共의 安寧과 秩序; ~ **Zustellung** *f.* 공시송달 公示送達.

Öffentlicher ~ ~ **Dienst** *m.* 공공부문종사자 公共部門從事者; ~ **Friede** *m.* 공공평화 公共平和, 공공의 평온 公共의 平穩; ~ **Glaube** *m.* 공신(력) 公信(力); ~ **Weg** *m.* 공로 公路.

Öffentliches ~ ~ **Amt** *n.* 공무 公務; ~ **Interesse** *n.* 공공의 이익 公共의 利益, 공익 公益; ~ **Recht** *n.* 공법 公法; ~ **Testament** *n.* 공적 유언 公的 遺言.

Öffentlichkeit *f.* 1. (*Grds. der* ~) 공개주의 公開主義; 2. (*allg.*) 공개성 公開性; 3. (*i.S.v. public*) 공공 公共, 공중 公衆; ~ der Verhandlung 변론(辯論)의 공개; ~ des Verfahrens 절차(節次)의 공개.

Öffentlichkeits:beteiligung *f.* 공개참가 公開參可, 주민참가 住民參加; **~fahndung** *f.* 공개수사 公開搜查; **~grundsatz** *m.* 공개주의 公開主義.

295

Offizial:betrieb *m.* → Amtsbetrieb; **~delikt** *n.* 비친고죄 非親告罪; **~maxime** *f.* 직권주의 職權主義; **~prinzip** *n.* 직권주의 職權主義, 국가처벌주의 國家處罰主義, 국가소추주의 國家訴追主義; **~verteidiger** *m.* → Pflichtverteidiger.

Öffnungsklausel *f.* 개방조항 開放條項.

Öko – audit *n.* 환경자기감시 環境自己監視.

Ökologisierung *f.* 환경화 環境化, 환경친화 環境親和.

Ökosteuer *f.* 환경세 環境稅.

Oligarchie *f.* 과두제 寡頭制.

Oligopol *n.* 과점 寡占.

Ombudsman *m.* 옴부즈만, 호민관 護民官 (*lat.* tribunus plebis).

Ontologie *f.* 존재론 存在論.

Operatingleasing *n.* 운용(運用)리스.

Opfer *n.* 피해자 被害者; **~entschädigung** *f.* 피해자보상 被害者補償; **~schutz** *m.* 피해자보호 被害者保護.

Opportunität *f.* 편의성 便宜性; politische ~ 정치적(政治的) 편의성.

Opportunitätsprinzip *f.* 1. (*im Strafrecht*) 기소편의주의 起訴便宜主義; 2. (*im Verwaltungsrecht*) 행정편의주의 行政便宜主義.

Opposition *f.* 1. (*politisch*) 야당 野黨; 2. (*allg.*) 반대측 反對側.

Oppositions:bildung *f.* 야당결성 野黨結成; **~führer** *m.* 야당대표 野黨代表; **~partei** *f.* 야당 野黨.

Optimierungsgebot *n.* 최적화명령 最適化命令.

Option *f.* 옵션, 선택권 選擇權.

Options:recht *n.* 옵션행사권(行使權); **~schein** *m.* 옵션거래증권(去來證券).

Ordentliche Gerichtsbarkeit *f.* 일반 재판권 一般 裁判權.

Order:papier *n.* 지시증권 指示證券; kaufmännisches ~ 상업상(商業上)의 지시증권; **~schuldverschreibung** *f.* 지시채권증권 指示債券權證券.

Ordnung *f.* (*i.S.v. System*) 질서 秩序; innere ~ 내부(內部)질서; objektive ~ 객관적(客觀的) 질서; verfassungsmäßige (verfassungsgemäße) ~ 합헌(合憲)질서, 헌법적(合憲的) 질서; verfassungsrechtliche ~ 국헌 國憲.

Ordnungs:behörde *f.* 질서행정청 秩序行政廳; **~geld** *n.* 질서금 秩序金, 과태료 過怠料, 질서벌금 秩序罰金; **~haft** *f.* 질서구금 秩序拘禁, 감치 監置; **~mittel** *n.* 질서제재 秩序制裁, 질서수단 秩序手段; **~prinzip** *n.* 질서의 원칙 秩序의 原則; **~strafe** *f.* 질서

벌 秩序罰; ~**verwaltung** *f.* 질서행정 秩序行政; ~**vorschrift** *f.* 단속규정 團束規定, 훈시규정 訓示規定, 질서규정 秩序規定; ~**widrigkeit** *f.* 질서위반(행위) 秩序違反(行爲); ~**widrigkeitsverfahren** *n.* 질서위반(행위)절차 秩序違反(行爲)節次.

Organ *n.* 1. (*organisatorisch*) 기관 機關; 2. (*Körperteil*) 장기 臟器; ~ der Rechtspflege 사법(司法)기관; ~ des Bundes 연방(聯邦)기관; kollegiales ~ 합의체(合議體)의 기관; staatliches ~ 국가(國家)기관.

Organ:gesellschaft *f.* 기관회사 機關會社; ~**haftung** *f.* 기관책임 機關責任, 법인의 자기 기관에 대한 손해배상책임 法人의 自己 機關에 대한 損害賠償責任; ~**handel** *m.* 장기매매 臟器賣買.

Organisation *f.* 1. (*i.S.v. Ordnung*) 조직 組織; 2. (*i.S.v. Körperschaft*) 기구 機構; internationale ~ 국제(國際)기구.

Organisations:ermessen *n.* (des Dienstherrn) (고용관청의) 조직재량 (雇傭官廳의) 組織裁量; ~**form** *f.* 조직형태 組織形態, ~ sui generis 독자적(獨自的) 조직형태; ~**gesetz** *n.* 조직법률 組織法律; ~**gewalt** *f.* 조직권력 組織權力; ~**hoheit** *f.* 조직고권 組織高權; ~**klausel** *f.* 조직조항 組織條項; ~**mangel** *m.* 조직상의 결함 組織上의 缺陷; ~**verschulden** *n.* 조직과실 組織過失; ~**vertrag** *m.* 조직법상의 계약 組織法上의 契約; ~**vorschrift** *f.* 조직규칙 組織規則; ~**zwang** *m.* 조직강제 組織強制.

Organismus *m.* 유기체 有機體.

Organ:klage *f.* 기관소송 機關訴訟; ~**leihe** *f.* 기관위임 機關委任; ~**spende** *f.* 장기기증 臟器寄贈; ~**streit** *m.* 기관쟁송 機關爭訟, vgl. Art. 111 Abs. 1 Nr. 4 KVerf; 기관소송 機關訴訟, 기관쟁송절차 機關爭訟節次; ~**streitverfahren** *n.* → Organstreit; ~ **träger** *m.* 기관보유 機關保有; ~**transplantation** *f.* 장기이식 臟器移植.

Ort des allgemeines Gerichtsstandes *m.* 보통 재판적(普通 裁判籍)이 있는 곳.

ortsüblich *adj.* 지역상례적 地域常例的, 지역에 통상적 地域의 通常的.

Orts:recht *n.* 지역법 地域法; ~**üblichkeit** *f.* 지역상례성 地域常例性.

Outsourcing *n.* 외부화 外部化, 아웃소싱.

P, p

Pacht *f.* 용익임대차 用益賃貸借. // Das koreanische Recht kennt keine Unterscheidung zwischen Miete und Pacht. Jegliche Form der entgeltlichen Gebrauchsüberlassung berechtigt neben der Nutzung auch zur Fruchtziehung, vgl. → Miete. // **~gebiet** *n.* (*engl.* Leased territory) 조차지 租借地; **~jahr** *n.* 용익임대년 用益賃貸年; **~objekt** *n.* 용익임차 목적물 用益賃貸借 目的物; **~verhältnis** *n.* 용익임대차관계 用益賃貸借關係; **~vertrag** *m.* 용익임대차계약 用益賃貸借契約; **~zins** *m.* 용익임대차료 用益賃貸借料.

Pächter *m.* 용익임대차인 用益賃貸借人.

pacta sunt servanda (*lat.*) 계약(契約)은 지켜져야 한다.

Pandektenrecht *n.* 판덱텐법(法).

Paragraph *m.* 조항 條項, 조 條.

Parallelverhalten *n.* 병행행위 竝行行爲.

Parität *f.* 대등성 對等性.

Parlament *n.* 국회 國會, 의회 議會; Auflösung des ~s 국회해산(解散); Arbeitsfähigkeit des ~s 의회의 작용능력(適用能力).

Parlamentarische Kontrolle *f.* 의원에 의한 통제 議員에 의한 統制.

Parlamentarisches Regierungssystem *n.* 의원내각제 議員內閣制.

Parlamentarischer Rat *m.* 의회의 협의회 議會의 協議會.

Parlamentarismus *m.* 의원내각제 義院內閣制, 의회주의 議會主義.

Parlaments:abgeordneter *m.* 국회의원 國會議員; **~auflösung** *f.* 의회해산 議會解散; **~autonomie** *f.* 의회의 자율 議會의 自律; **~beschluss** *m.* 의회의결 議會議決; **~brauch** *m.* 의회관습 議會慣習; **~gesetz** *n.* 의회법률 議會法律, 의회제정법률 議會制定法律; vorkonstitutionelles ~ 헌법제정 이전 (憲法制定 以前)의 의회법률; **~präsident** *m.* 국회의장 國會議長; **~sprecher** *m.* 국회의장 國會議長; **~vorbehalt** *m.* 의회유보 議會留保; **~wahl** *f.* 국회(의원)선거 國會(議員)選擧.

Partei *f.* 1. (*z.B eines Rechtsstreits, von Verhandlungen etc.*) 당사자 當事者; 2. (*politische ~*) 정당 政黨; ~ kraft Amtes 직권상(職權上) 당사자; beide ~en 양(兩)당사자; obsiegende ~ (*im Prozess*) 승소(勝訴)한 당사자, 승소자 勝訴者; säumige ~ 변

론(辯論)을 하지 않은 당사자, 결석(缺席)당사자; unterliegende ~ (*im Prozess*) 패소(敗訴)한 당사자, 패소자 敗訴者; vertragsschließende ~ 계약체결(契約締結)당사자.

Partei:abrede *f.* 당사자간의 합의 當事者間의 合意; **~änderung** *f.* 당사자의 변경 當事者의 變更; gewillkürte ~ 임의적(任意的) 당사자의 변경; **~antrag** *m.* 당사자의 신청 當事者의 申請; **~autonomie** *f.* 당사자자치 當事者自治; **~befragung** *f.* 당사자로부터 증인의 신문 當事者로부터 證人의 訊問; **~begriff** *m.* 당사자개념 當事者概念; formeller ~ 형식적(形式的) 당사자개념; funktioneller ~ 기능적(機能的) 당사자개념; materieller ~ 실질적(實質的) 당사자개념; **~beitritt** *m.* 당사자참가 當事者參加; gesetzlicher ~ 법정(法定) 당사자참가; gewillkürter ~ 임의적(任意的) 당사자참가; **~bestimmung** *f.* 당사자의 결정 當事者의 決定; **~betrieb** *m.* 당사자의 소송수행권 當事者의 訴訟遂行權, 당사자로부터 소송수행 當事者로부터 訴訟遂行; **~bezeichnung** *f.* 당사자의 명칭 當事者의 名稱.

Parteienprivileg *n.* 정당특권 政黨特權; **~staat** *m.* 정당국가 政黨國家.

Partei:erweiterung *f.* 당사자의 추가 當事者의 追加; **~fähigkeit** *f.* 당사자능력 當事者能力 (§§ 51 ff. KZPO); aktive ~ 적극적(積極的) 당사자능력; passive ~ 소극적(消極的) 당사자능력; Verlust der ~ 당사자능력의 상실(喪失); **~führung** *f.* 당사자수행 當事者遂行; **~gründung** *f.* 정당설립 政黨設立; **~handlung** *f.* 당사자행위 當事者行爲; **~herrschaft** *f.* 당사자의 처분권(주의) 當事者의 處分權(主義); **~identität** *f.* 당사자의 동일성 當事者의 同一性; **~kosten** *f.* 당사자비용 當事者費用; **~maxime** *f.* 당사자주의 當事者主義; **~mehrheit** *f.* 다수당사자 多數當事者; **~öffentlichkeit** *f.* 당사자공개 當事者公開; Grundsatz der ~ 당사자공개의 원칙(原則); **~prozess** *m.* 당사자소송 當事者訴訟, 본인소송 本人訴訟; **~spende** *f.* 정당기부금 政黨寄附金; **~stellung** *f.* 당사자지위 當事者地位; **~streitigkeit** *f.* 당사자소송 當事者訴訟; **~tag** *m.* 정당대회 政黨大會; **~vereinbarung** *f.* 당사자(간)의 합의 當事者(間)의 合意; **~vernehmung** *f.* 당사자신문 當事者訊問; gesetzliche ~ 법정(法定) 당사자신문; **~verbot** *n.* 정당금지 政黨禁止; **~verrat** *m.* (*als Delikt*) 당사자배반(죄) 當事者背反(罪); **~verschulden** *n.* 당사자의 과실 當事者의 過失; **~vertreter** *m.* (*wörtl.*) 당사자의 대리인 當事者의 代理人, vgl. → Prozessbevollmächtigter; **~vortrag** *m.* 당사자의 공술 當事者의 供述, 당사자주장 當事者主張; gleichwertiger ~ 대등(對等)한 당사자의 공술; **~wechsel** *m.* 당사자의 교체 當事者의 交替; (*bei Verträgen*) 당사자의(當事者) 변경(變更); bedingter ~ 조건부(條件附) 당사자의 교체; gesetzlicher ~ 법정(法定) 당사자의 교체; gewillkürter ~ 임의적(任意的) 당사자의 교체; ~ kraft

Gesamtrechtsnachfolge포괄적 권리승계 (包括的 權利承繼)에 따른 당사자의 교체; ~**wille** *m*. 당사자의 의사 當事者의 意思; ~**zustellung** *f*. 당사자송달 當事者送達.

partiairsch *adj*. (이익)참가적 (利益)參加的; ~es Rechtsgeschäft 이익참가법률행위 (法律行爲).

Partizipation *f*. 참여 參與.

Partnerschaft *f*. 1. (*gesellschaftsr*.) 동업 同業; beschränkte ~ vgl. → Limited Partnership; 2. (*familienr*.) 동반자관계 同伴者關係, 친밀관계 親密關係.

Partnerschaftsgesellschaft *f*. (PartG) 동업회사 同業會社, 파트너쉽회사(會社).

Pass *m*. 여권 旅券.

passiv *adj*. 수동적 受動的.

Passiva *f*. 부채 負債, 비용 費用; antizipierte ~ (*engl*. accrued expense) 미지급(未支給)비용.

Passiv:prozess *m*. 수동소송 受動訴訟; ~**versicherung** *f*. 소극보험 消極保險; ~**vertretung** *f*. 수동대리 受動代理, 수령대표 受領代表.

Passivlegitimation *f*. (올바른) 피고인가 被告認可, 피고의 본안적격 被告人의 本案適格, 정당한 피고 正當한 被告.

Passpflicht *f*. 여권의무 旅券義務.

Patent *n*. 특허(권) 特許(權); ~ anmelden 특허를 출원(出願)하다.

Patent:abteilung *f*. 특허부 特許部; ~**amt** *n*. 특허청 特許廳; ~**anmelder** *m*. 특허 출원인 特許出願人; ~**anmeldung** *f*. 특허출원 特許出願; ~**anwalt** *m*. 변리사 辨理士; ~**erteilung** *f*. 특허부여 特許附與.

patentfähig *adj*. 특허(特許)를 받을 수 있는.

Patent:fähigkeit *f*. 특허능력 特許能力, vgl. → Geschmacksmustereintragung; ~**gericht** *n*. 특허법원 特許法院; ~**gerichtsbarkeit** *f*. 특허재판권 特許裁判權; ~**gesetz** *n*. 특허법 特許法; ~**inhaber** *m*. 특허권자 特許權者; ~**laufzeit** *f*. 특허권 존속기간 特許權 存續期間; ~**offenlegung** *f*. 특허공개 特許公開; ~**offenlegungsschrift** *f*. 특허공개서류 特許公開書類; ~**prüfung** *f*. 특허심사 特許審查, 특허심판 特許審判; ~**recht** *n*. 1. (*als Einzelrecht*) 특허권 特許權; 2. (*als Rechtsgebiet*) 특허법 特許法; ~**schutz** *m*. 특허권보호 特許權保護; ~**verletzung** *f*. 특허권침해 特許權侵害; ~**wesen** *n*. 특허제도 特許制度.

Patronatserklärung *f*. 후원의 표시 後援의 表示; harte ~ 강(强)한 후원의 표시; weiche ~ 약(弱)한 후원의 표시.

Pauschale *f.* 일괄정액 一括定額.

Pauschalisierung *f.* 일괄화 一括化; ~ des Schadens 손해(損害)의 일괄화, 손해의 일괄적 산정(算定).

Pauschgebühr *f.* 일괄수수료 一括手數料.

per -se -Verbot *n.* 당연금지 當然禁止.

Periodenkontokorrent *m.* 기간적 상호계산 期間的 相互計算.

perpetuatio fori (*lat.*) 관할의 항정 管轄의 恒定.

Perpetuierung *f.* 유지 維持.

Person *f.* 1. (*am Ende von Komposita grds.*) ~인(人) oder ~자(者), jedoch beide z.T. auch alleinstehend; 2. (*ohne Teil eines Kompositums zu sein*) 사람; ansässige ~ 거주자 居住者; ~ des Täters 범인 犯人; bevorrechtigte ~ 특권(特權) 있는 사람; juristische ~ 법인 法人; natürliche ~ 자연인 自然人; prozessfähige ~ 소송능력(訴訟能力)이 있는 사람; steuerpflichtige ~ 납세의무자 納稅義務者; widerstandsunfähige ~ 항거불능(抗拒不能)인 사람.

persona non grata (*lat.*) 불만(不滿)으로 선언(宣言)된 인물(人物), 환영(歡迎)받지 못하는 사람, 외교상 기피인물 外交上 忌避人物.

Personal *n.* 직원 職員; konsularisches ~ 영사직원 領事職員.

Personal:abbau *m.* 감원 減員; **~abgabe** *f.* 인적부과금 人的賦課金; **~angelegenheit** *f.* 인사관계사항 人事關係事項; **~ausweis** *m.* 신분증명서 身分證明書; **~bedarf** *m.* 직원소요 職員所要; **~beweis** *m.* 인적증거 人的證據; **~firma** *f.* 인적상호 人的商號. // 상인의 성명과 동일한 상호.

Personalienfeststellung *f.* 신원확인 身元確認.

Personal:hoheit *f.* 인적고권 人的高權, 영민고권 領民高權, 대인고권 對人高權; **~körperschaft** *f.* 인적단체 人的團體; **~kosten** *f.* 인건비 人件費; **~kredit** *m.* 인적신용 人的信用; **~leasing** *n.* 인력(人力)리스; **~planung** *f.* 인력계획 人力計劃, 인사계획 人事計劃; **~privatisierung** *f.* 인적민영화 人的民營化; **~rat** *m.* 공공부문종업원평의회 公共部門終業員評議會; **~sicherheit** *f.* 인적담보 人的擔保; **~steuer** *f.* 인적조세 人的租稅, 인세 人稅; **~vertretung** *f.* 직원대표 職員代表; **~vertretungsrecht** *n.* 직원대표권 職員代表權.

personelle Angelegenheit 인사관련사항 人事關聯事項.

Personen:beförderung *f.* 여객운송 旅客運送, 사람의 운송(運送); **~beförderungsvertrag** *m.* 여객운송계약 旅客運送契約; **~durchsuchung** *f.*

사람의 수색(搜索); ~**gesamtheit** *f.* 인적공동체 人的共同體; ~**gesellschaft** *f.* 인적회사 人的會社, 인적조합 人的組合; ~**gleichheit** *f.* 인적인 동일성 人的인 同一性; ~**haftung** *f.* 인격책임 人格責任; ~**handelsgesellschaft** *f.* 인적상사회사 人的商事會社, 인적상사조합 人的商事組合; ~**kreis** *m.* 다수(多數)의 사람; ~**mehrheit** *f.* 다수인 多數人.

personenrechtlich *adj.* 인법적 人法的.

Personen:schaden *m.* 인신손해 人身損害, 인적손해 人的損害; ~**sorge** *f.* 인격보호 人格保護, 인적배려 人的配慮; ~**stand** *m.* 신분 身分, 시민(市民)으로서의 지위(地位), 호적 戶籍; ~**standsfälschung** *f.* (als Delikt) 호적허위신고(죄) 戶籍虛僞申告(罪); ~**standswesen** *n.* 신분제도 身分制度; ~**vereinigung** *f.* 인적단체 人的團體; ~**verletzung** *f.* 인신침해 人身侵害, 인적 침해 人的 侵害; ~**versicherung** *f.* 인보험 人保險; ~**versicherungsvertrag** *m.* 인보험계약 人保險契約; ~**wahl** *f.* 사람의 선거(選擧).

persönliche ~ ~ Abhängigkeit 인적 종속성 人的 從屬性; ~ **Dienstbarkeit** *f.* 인역권 人役權; ~ **Haftung** *f.* 개인책임 個人責任.

Persönlichkeitsrecht *n.* 인격권 人格權; allgemeines ~ 일반적(一般的) 인격권; besonderes ~ 개별적(個別的) 인격권.

Persönlichkeitsrechtsschutz *m.* 인격권의 보호 人格權의 保護; postmortaler ~ 인격권의 사후적(死後的) 보호.

Petit (Petty) Jury *f.* ~ 소배심 小陪審.

Petition *f.* 청원 請願.

Petitions:ausschuss *m.* 청원위원회 請願委員會; ~**recht** *n.* 청원권 請願權.

petitorisch *adj.* 본권(本權)에 기한, 본권상 本權上.

Petitorische Widerklage *f.* 본권상 반소 本權上 反訴.

Petitorischer Anspruch *m.* 본권상 청구권 本權上 請求權.

Pfand *n.* 1. *i.S.v. Pfandrecht* 질권 質權, 담보권 擔保權; 2. *i.S.v. Pfandsache* 질물 質物; ~ an Rechten 권리질 權利質; gesetzliches ~ 법정(法定)질권, 법률(法律)에 의한 질권; ~**brief** *m.* 담보증서 擔保證書; ~**leihhaus** *n.* 전당포 典當鋪; ~**gläubiger** *m.* 질권자 質權者; ~**indossament** *n.* 입질배서 入質背書; ~**kehr** *f.* (als Delikt) 권리행사방해죄 權利行使放害罪; ~**recht** *n.* 질권 質權; ~ an beweglichen Sachen 동산(動産)에 대한 질권; ~ an Rechten 권리(權利)에 대한 질권; ~**sache** *f.* 질물 質物; ~**schein** *m.* 질권증서 質權證書; ~**verkauf** *m.* 질물매각 質物賣却.

Pfändung *f.* 압류 押留.

Pfändungs:beschluss *m.* 압류명령 押留命令 (§ 227 Abs. 1 KZVG); **~gläubiger** *m.* 압류담보권자 押留擔保權者; **~pfandrecht** *n.* 압류담보권 押留擔保權; **~verbot** *n.* 압류금지 押留禁止, vgl. § 195 KZVG (in Bezug auf Sachen Sachen), § 246 KZVG (in Bezug auf Forderungen) sowie §§ 31 – 33 a KSteuererhebG (국세징수법).

Pfandverkauf *m.* 질물매각 質物賣却.

Pflege *f.* 수발, 간호 看護; **~bedürftigkeit** *f.* 수발필요성(必要性), 간호필요성 看護必要性; **~verhältnis** *n.* (*engl.* foster care) 가정위탁 家庭委託; **~versicherung** *f.* 수발보험(保險), 간호보험 看護保險.

Pflegschaft *f.* 감호 監護, 재산관리 財產管理.

Pflicht *f.* 의무 義務; ~ des Beamten → 공무원(公務員)의 의무; eheliche ~ 부부간(夫婦間)의 의무 (§ 826 KBGB). // Zu den gesetzlich geregelten ehelichen Pflichten gehören in Korea die Pflicht zum Zusammenleben (→ 동거의무), Versorgungspflichten (부양의무) und die Pflicht zum harmonischen Miteinander (협조의무). // gegenseitige ~ 쌍방(雙方)의무; gesetzliche (gesetzlich geregelte) ~ 법정(法定) 의무; höchstpersönliche ~ 일신전속적(一身專屬的) 의무; militärische ~ 군사적(軍事的) 의무; nachvertragliche ~ 계약이후의무 契約以後義務; öffentlich-rechtliche ~ 공법적(公法的) 의무; sittliche ~ 도의적(道義的) 의무; staatsbürgerliche ~ 국민(國民)의 의무; vertragliche ~ 계약상(契約上) 의무; vertragstypische ~ 계약(契約)에서 전형적(典型的) 의무; ~ mit geringer Intensität 약화된 강도(弱化된 強度)의 의무; ~ zur Klageerhebung 제소(提訴)의무.

Pflicht:angabe *f.* 의무기재 義務記載; **~aufgabe** *f.* 의무적 사무 義務的 事務, 의무사무 義務事務; **~bindung** *f.* 의무구속 義務拘束; **~delikt** *n.* 의무범 義務犯; **~eintritt** *m.* 의무가입 義務加入.

Pflichten:bündel *n.* 의무(義務)의 묶음; **~kollision** *f.* 의무충돌 義務衝突; rechtfertigende ~ 정당화적(正當化的) 의무충돌; **~träger** *m.* 의무의 주체 義務의 主體; **~umfang** *m.* 의무범위 義務範圍.

Pflichtiger *m.* 의무자 義務者, 의무부담자 義務負擔者.

Pflicht:inhalt *m.* 의무내용 義務內用; **~mitgliedschaft** *f.* 의무가입 義務加入; **~schenkung** *f.* 의무상 증여 義務上 贈與; **~teil** *m.* 유류분 遺留分, (상속법상의) 의무지분 義務持分; **~teilsrecht** *n.* 유류분권 遺留分權; **~verletzung** *f.* 의무위반 義

務違反; grobe ~ 중대(重大)한 의무위반, 현저(顯著)한 의무위반; **~versicherung** *f.* 1. (*wörtl.*) 의무보험 義務保險; 2. (*Entsprechung in Korea*) 강제보험 强制保險 („Zwangsversicherung"); **~versicherungsgesetz** *n.* 강제보험법 强制保險法; **~verstoß** *m.* → Pflichtverletzung.

Pflichtverteidiger *m.* 국선변호인 國選辯護人 (§ 33 KStPO). Hat der Angeklagte (vgl. zu dem Begriff des Angeschuldigten im koreanischen Recht → Angeschuldigter) noch keinen Verteidiger, muss das Gericht gem. § 33 KStPO in den folgenden Fällen von Amts wegen einen Verteidiger bestellen:

1. Der Angeklagte befindet sich in Haft,
2. ist minderjährig,
3. ist älter als 70 Jahre,
4. ist taubstumm, oder
5. es besteht der Verdacht, dass er körperlich oder geistig behindert ist, oder
6. ist wegen einer Tat angeklagt, die mit dem Tode, lebenslanger Freiheitsstrafe oder mit mehr als 3 Jahren Zuchthaus bestraft wird.
7. Auf Verlangen des Angeklagten, wenn dieser wegen Armut oder aus anderen Gründen keinen Verteidiger beauftragen kann (§ 33 Abs. 2 KStPO).

Zudem muss ein Verteidiger bestellt werden, wenn das Gericht zu der Überzeugung gelangt, dass dies unter Berücksichtigung des Alters, des Intellekts oder des Bildungsgrades des Angeklagten für dessen Rechtsschutz erforderlich ist und dieser nicht ausdrücklich widerspricht, vgl. § 33 Abs. 3 KStPO. Ohne Pflichtverteidiger kann mit der Verhandlung grds. nicht begonnen werden, vgl. § 282 S. 1 KStPO. Erscheint der Pflichtverteidiger nicht, hat das Gericht einen anderen Pflichtverteidiger zu bestellen, vgl. § 283 KStPO. Die Entscheidung des Gerichts ist nicht angreifbar, vgl. KOGH 92모49, 3.12.1993. Das Gericht kann nach Maßgabe des § 31 KStPO auch Pflichtverteidiger bestellen, die keine Anwaltszulassung haben (KOGH 74도 1965, 30.8.1974), vgl. auch → Strafverteidiger.

Pflichtvorschrift *f.* 의무규정 義務規定.
pflichtwidrig *adj.* 의무에 위반(義務에 違反)하게, 의무에 반(反)하여.
Pflichtwidrigkeit *f.* 의무위반성 義務違反性.
Pflichtwidrigkeitszusammenhang *m.* 의무위반관련성 義務違反關聯性.

Plädoyer *n.* 변론 辯論.

Planfeststellungsverfahren *n.* 계획확정절차 計劃確定節次.

Plangewährleistung *f.* 계획보장 計劃保障.

Plangewährleistungsanspruch *m.* 계획보장청구권 計劃保障請求權.

Planung *f.* 계획 計劃; imperative ~ 구속적(拘束的) 계획; indikative ~ 지시적(指示的) 계획; informative ~ 정보제공적(情報提供的) 계획; influenzierende ~ 조성적(助成的) 계획; normative ~ 규범적(規範的) 계획.

Planungs:einheit *f.* 계획단위 計劃單位; **~ermessen** *n.* 계획재량 計劃裁量; **~hoheit** *f.* 계획고권 計劃高權; kommunale ~ 지방자치단체(地方自治團體)의 계획고권.

Platz:verweisung *f.* 퇴거명령 退去命令; **~wechsel** *m.* 동지(同地)어음.

Plebiszit *n.* 플레비시트, 국민투표 國民投票.

Plenum *n.* 총회 總會, 합의부 合意部.

Pluralismus *m.* 다원주의 多元主義.

Politik *f.* 1. (*als Institution*) 정치 政治; 2. (*i.S.v. konkreter Maßnahme*) 정책 政策; 3. (*i.S.v. Kompetenz, Aufgabenfeld, z.B. in der EU*) 권한 權限.

Politiker *m.* 정치가 政治家.

Politisch ~ ~ **Verfolgter** *m.* 정치난민 政治難民.

Politische ~ ~ **Betätigung** *f.* 정치적 활동 政治的 活動; ~ **Verantwortung** *f.* 정치적 책임(責任); ~ **Verdächtigung** *f.* 정치적 혐의(嫌疑); ~ **Verfolgung** *f.* 정치적 박해(迫害).

Politischer ~ ~ **Beamter** *m.* 정치적 공무원 政治的 公務員, 정무직공무원 政務職公務員 (§ 2 Abs. 3 Nr. 1 StaatsBeamtG); ~ **Streik** *m.* 정치적(政治的) 파업(罷業); ~ **Verbrecher** *m.* 정치범인 政治犯人; ~ **Vertrag** *m.* 정치상(政治上) 계약(契約).

Polizei *f.* 경찰 警察. // Entsprechend der zentralstaatlichen Struktur Koreas ist die Polizei in Korea grds. Polzei des Einheitsstaates (국가경찰), deren Tätigkeit einheitsstaatlich geregelt ist. In der jüngeren Vergangenheit wurde jedoch mit dem am 1.7.2006 in Kraft getretenen „Sondergesetz über das Verwaltungssystem der Insel Cheju" (제주도 행정체제 등에 관한 특별법) und dem „Sondergesetz zur Einrichtung der Sonderselbstverwaltung der Insel Cheju und zur Schaffung einer internationalen Freistadt" (제주특별자치도 설치 및 국제자유도시 조성을 위한 특별법) auch eine Polizei auf der Ebene der kommunalen Selbstverwaltungskörperschaften (지방자치단체경

찰 bzw. 자치체경찰) geschaffen, die dem Gouverneur der Insel untersteht. // präventive ~ 예방(豫防)경찰; strafverfolgende ~ 사법(司法)경찰; strafvereitelnde (strafverhindernde) ~ 행정(行政)경찰.

Polizei:aufgabe *f.* 경찰사무 警察事務; **~aufsicht** *f.* 경찰감독 警察監督; **~beamter** *m.* 경찰공무원 警察公務員, 경찰관 警察官; **~befugnis** *n.* 경찰의 권한 警察의 權限; **~behörde** *f.* 경찰관청 警察官廳; **~gewahrsam** *m.* 경찰의 구류 警察의 拘留; **~gewalt** 경찰권 警察權; Ausübung von ~ 경찰권의 발동 警察權의 發動; **~haft** *f.* 경찰의 감금 警察의 監禁; **~helfer** *m.* 경찰보조인 警察補助人; **~organisation** *f.* 경찰의 조직 警察의 組織; **~pflicht** *f.* 경찰책임 警察責任, 경찰의무 警察義務; **~pflichtige(r)** *f./m.* 경찰책임자 警察責任者, 경찰의무자 警察義務者; **~recht** *n.* 경찰법 警察法; europäisches ~ 유럽 경찰법; internationales ~ 국제(國際) 경찰법; **~schutz** *m.* 경찰보호 警察保護; **~staat** *m.* 경찰국가 警察國家; **~tätigkeit** *f.* 경찰활동 警察活動; **~verfügung** *f.* 경찰처분 警察處分; **~verordnung** *f.* 경찰명령 警察命令; **~verwaltung** *f.* 경찰행정 警察行政; **~vollzug** *m.* 경찰집행 警察執行; **~zwang** *m.* 경찰강제 警察强制; **Justiz~** 사법경찰 司法警察.

Polygamie *f.* 일부다처혼 一夫多妻婚; **~verbot** *n.* 일부다처혼금지 一夫多妻婚禁止.

Pönalisierung *f.* 범죄화 犯罪化, 처벌화 處罰化.

Popular:beschwerde *f.* 민중소원 民衆訴願, 만인소원 萬人訴願; **~klage** *f.* 민중소송 民衆訴訟, 만인소송 萬人訴訟. // Gem. § 45 KVwGO ist die Popularklage nur in gesetzlich geregelten Fällen statthaft. Eine derartige Regelung findet sich z.B. in § 92 des koreanischen Gesetzes über Volksabstimmungen (국민투표법). Danach kann jeder Abstimmende, der innerhalb von 20 Tagen nach der Volksabstimmung mehr als 100.000 Unterschriften sammelt, gegen die Abstimmung klagen. Ein weiteres Beispiel ist § 222 Abs. 1 des Wahlgesetzes für öffentliche Ämter (공직선거법). Danach kann jeder Wähler bei Wahlen auf staatlicher Ebene (Wahl der Präsidenten oder des Parlaments) bei Verstößen gegen Wahlgrundsätze innerhalb von 30 Tagen im Wege der Klage vorgehen. Die Klage wird als „선거소송" (選擧訴訟 – Wahlklage) bezeichnet.

Pornographie *f.* 외설 猥褻.

Pornographische Schriften *f. pl.* 외설물 猥褻物.

Positive ~ ~ Bedingung *f.* 적극적 조건 積極的 條件; **~ Forderungsverletzung** *f.* 적극적 채권침해(위반) 積極的 債權侵害(違反); **~ Vertragsverletzung** *f.* 적극적

계약침해(위반) 積極的 契約侵害(違反).

Positives ~ ~ Interesse *n.* 적극적 이익 積極的 利益; **~ Recht** *n.* 적극법 積極法.

Positivität des Rechts 법의 실정성 法의 實定性.

Positivmaßnahme *f.* 적극조치 積極措置.

positivrechtlich *adj.* 실정법적(實定法的)인.

possessorisch *adj.* 점유(占有)에 기한.

Post *f.* 1. (*i.S.v. Postamt*) 우체국 郵遞局; 2. (*i.S.v. Postsendung*) 우편물 郵便物.

Post:beförderung *f.* 우편운송 郵便運送; **~beschlagnahme** *f.* 우편물압수 郵便物押收; **~gebühren** *f. pl.* 우편물비용 郵便物費用; **~geheimnis** *n.* 우편의 비밀 郵便의 秘密.

postmortal *adj.* 사후(死後)의.

Post:sendung *f.* 우편송달물 郵便送達物; **~zustellung** *f.* 우편송달 郵便送達 (§ 187 KZPO); **~zustellungsurkunde** *f.* 우편송달증서 郵便送達證書; **~zwang** *m.* 우편강제 郵便强制. // 구 국가우편물송달독점을 통해 독일연방우체국 (Deutsche Bundespost)을 이용하는 의무.

Postulationsfähigkeit *f.* 변론능력 辯論能力.

Potestativbedingung *f.* 수의조건 隨意條件.

Präambel *f.* 전문 前文.

Pragmatismus *m.* 실용주의 實用主義.

Präjudiz *f.* 선결 先決.

Präjudiziabilität *f.* (판결의) 선결관계 先決關係, 선결문제 先決問題, 선결력 先決力, 예단 豫斷, 기결 旣決.

Präjudiziabilitätswirkung *f.* 선결관계효 先決關係效.

präjudiziell *adj.* 선판단(先判斷)으로서.

Präjudizienrecht *n.* 판례법 判例法, 선결법 先決法.

Präjudizwirkung *f.* 선결효 先決效, 기결력 旣決力.

Präklusion *f.* 1. (*allg. i.S.v. Ausschluss*) (절차)배제효 (節次)排除效; 2. (*i.S.v. Verlust eines Rechts*) 실권 失權, 제권 除權.

Präklusions:prinzip *n.* 배제효의 원칙 排除效의 原則; **~wirkung** *f.* 배제효 排除效.

Präklusiv:frist *f.* 실권기간 失權期間; **~urteil** *n.* 실권판결 失權判決.

Praktikant *m.* 훈련생 訓練生, 인턴사원(社員), 연수생 研修生.

Praktikum *n.* 인턴, 인턴사원근무(社員勤務), 인턴직(職).

Praktische Konkordanz *f.* 실제상의 조화 實際上의 調和, 실체적 정합성 實體的 整合性, 실제적 (규범)조화 實際的 (規範)調和, 실천척(實踐的) (규범)조화.

Prämie *f.* 1. (*bei Versicherungen*) 보험료 保險料; 2. (*i.S.v. Arbeitslohn*) 보수 報酬; 3. (*i.S.v. Gratifikation*) 상여금 償與金; 4. (*allg. i.S.v. Draufgabe*) a. einer Sache 상(賞), 상품 償品, b. als Geldzahlung 상금 償金.

Prämien:befreiung *f.* 보험료(지불)면제 保險料(支拂)免除; **~periode** *f.* 보험료기간 保險料期間; **~satz** *m.* 보험료의 비율 保險料의 費率; **~zahlung** *f.* 보험료지불 保險料支拂; **~zuschlag** *m.* 추가보험료 追加保險料.

Präsident *m.* 1. (*eines Staates*) 대통령 大統領; 2. (*eines Unternehmens*) 사장 社長; 3. (*eines Instituts*) 원장 院長; 4. (*eines Komitees, einer Kammer*) 회장 會長; 5. (*eines Gerichts*) 법원장 法院長 bzw. 재판소장 裁判所長, 재판소의 소장(所長); ~ des Obersten Gerichtshofes 대법원장 大法院長; ~ des Verfassungsgerichts 헌법재판소장 憲法裁判所長.

Präsidial:rat *m.* (*i.S.d. Gerichtsorganisation*) 재판장보좌관 裁判長補佐官; **~system** *n.* 대통령제 大統領制; **~verordnung** *f.* 대통령령 大統領令.

Präsidium *n.* 의장단 議長團.

Prätendentenstreit *m.* 채권자간의 소송 債權者間의 訴訟.

Prävention *f.* 예방 豫防; generale ~ 일반적(一般的) 예방; speziale ~ 특별(特別)한 예방.

präventiv *adj.* 예방적 豫防的.

Präventives Verbot 예방적 금지 豫防的 禁止.

Präventives Verbot mit Erlaubnisvorbehalt *n.* 허가유보부 예방적 금지 許可留保附 豫防的 禁止.

Präventiv:gewahrsam *m.* 예방적 보호구금 豫防的 保護拘禁; **~staat** *m.* 예방국가 豫防國家.

Praxis *f.* 실행 實行, 실무 實務; staatliche ~ 국가(國家)의 실행.

Präzedenzfall *m.* 사례 事例.

Preis *m.* 1. (*i.S.v. Kaufpreis*) 가격 價格, 대가 對價, 대금 代金, 값; 2. (*eines Gegenstandes*) 물가 物價; 3. (*i.S.v. Auszeichnung*) 상 賞.

Preis:abschlag *m.* 가격인하 價格引下, 감가 減價, 할인 割引; **~absprache** *f.* 가격담합 價格談合, 가격혀정 價格協定; **~anstieg** *m.* 가격상승 價格上昇; **~ausschreiben** *n.* 우수현상광고 優秀懸賞廣告 (§ 678 KBGB); **~bindung** *f.* 1. (*sinngemäß*) 정가준수의무 定價遵守義務, 재판매 가격유지 再販賣 價格維持; 2. (*wörtl.*) 가격구속 價格

拘束; vertikale ~ 수직적(垂直的) 가격구속; **~gabe** *f.* 1. (*i.S.v. Mitteilung*) 공개 公開; ~ von Informationen 정보(情報)의 공개; 2. (*i.S.v. Aufgabe, Resignation*) 포기 拋棄, 위부 委付; **~recht** *n.* 위부권 委付權; **~gefahr** *f.* 대금지급위험 代金支給危險, 대가위험 對價危險, 반대급부위험 反對給附危險; **~gefälle** *n.* 가격차 價格差; **~index** *m.* 가격지수 價格指數; **~kartell** *n.* 가격(價格)카르텔; **~korrektur** *f.* 가격변경 價格變更, 가격수정 價格修正; **~missbrauch** *m.* 가격남용 價格濫用; **~nachlass** *m.* (가격)할인 (價格)割引; **~politik** *f.* 물가정책 物價政策; **~regelung** *f.* 가격조정 價格調整; **~schwankung** *f.* 1. (*allg.*) 가격변동 價格變動; 2. (*bei Aktien*) 주가변동 株價變動; **~senkung** *f.* 가격하락 價格下落, 감가 減價; **~stabilität** *f.* 물가안정성 物價安定性; **~steigerung** *f.* 물가상승 物價上昇; **~steigerungsrate** *f.* 물가상승률 物價上昇率; **~werbung** *f.* 가격광고 價格廣告.

Premierminister *m.* (국무)총리 國務總理; 수상 首相.

Presse *f.* 신문 新聞, 출판(사) 出版(社); **~erzeugnis** *n.* 출판물 出版物; **~freiheit** *f.* 출판의 자유 出版의 自由, 신문의 자유 新聞의 自由; **~tätigkeit** *f.* 신문활동 新聞活動.

prima – facie – Beweis *m.* 표현증명 表現證明, 일응증명 一應證明, 일응의 추정 一應의 推定, 추정증거 推定證據.

Primär:leistungspflicht *f.* 일차적 급부의무 一次的 給付義務; **~pflicht** *f.* 일차적 의무 一次的 義務; **~recht** *n.* (제)일차법 (制)一次法.

primärrechtlich *adj.* (제)일차법의.

Primär:rechtsschutz *m.* 일차적 권리보호 一次的 權利保護; **~ziel** *n.* 제일차의 목표 第一次의 目標.

Primat der Verfassung 헌법의 우위 憲法의 優位.

Primerminister *m.* 국무총리 國務總理.

primus inter partes (*lat.*) 동류 중의 일인자 同類 中의 一人者.

Prinzip *n.* 원리 原理, 원칙 原則; rechtsstaatliches ~ 법치국가원칙 法治國家原則.

Prinzip der ~ ~ begrenzten Einzelermächtigung 제한적 수권원칙 制限的 授權原則.

Prioritäts:aktie *f.* 우선주 優先株; **~anspruch** *m.* 우선청구권 優先請求權; **~grundsatz** *m.* 우선성의 원칙 優先性의 原則; **~recht** *n.* 우선권 優先權.

Privat:autonomie *f.* 의사자치 意思自治, 사적자치 私的自治; **~geheimnis** *n.* 사적 비밀 私的 秘密; **~hochschule** *f.* 사립대학 私立大學; **~interesse** *n.* 사적이익 私的 利益.

Privatisierung *f.* 민영화 民營化, 사유화 私有化.

Privatisierungsgebot *n.* 민영화의 명령 民營化의 命令.

Privat:klage *f.* 사인소추 私人訴追, 개인소추 個人訴追; nicht: 사인기소 私人起訴, vgl. → Klageerhebung. // In Korea kann das Strafverfahren nur von der Staatsanwaltschaft betrieben werden. Dem Verletzten steht jedoch während der Verhandlung ein Fragerecht zu, vgl. Art. 27 Abs. 5 KVerf. Der Begriff der in Korea nicht anerkannten Privatklage wird von der Wissenschaft unterteilt in Klagen, die nur vom Verletzten selbst erhoben werden können (피해자소추 被害者訴追) und Klagen, die von jedermann erhoben werden können (공중소추 公衆訴追). // **~klageverfahren** *n.* 사인소추절차 私人訴追節次; **~konto** *n.* 사인계좌 私人計座; **~monopol** *n.* 사독점 私獨占; **~nützigkeit** *f.* 사적효용(성) 私的效用(性), 사적 유용(가능성) 私的 有用(可能性), 사적 이용성 私的 利用性; **~person** *f.* 사인 私人; **~personal** *n.* 개인사용인 個人使用人; **~recht** *n.* 1. (*i.S.d. Rechtsgebiets*) 사법 私法; allgemeines ~ 일반(一般)사법; besonderes ~ 특별(特別)사법; internationales ~ 국제(國際)사법; 2. (*i.S.v. Rechte des Einzelnen*) (Privatrechte) 사권 私權; subjektives ~ 주관적(主觀的)사권; **~rechtlich** *adj.* 사법적 私法的; **~rechtsgestaltend** *adj.* 사권형성적 私權形成的; **~rechtsverhältnis** *n.* 사법관계 私法關係; **~rechtsverkehr** *m.* 사법적 거래 私法的 去來; **~schule** *f.* 사립학교 私立學校; **~schulfreiheit** *f.* 사립학교의 자유 私立學校의 自由; **~sphäre** *f.* 사적영역 私的領域; **~unternehmen** *n.* 사기업 私企業; **~unternehmer** *m.* 사기업자 私企業者; **~urkunde** *f.* 사문서 私文書; **~vermögen** *n.* 개인재산 個人財產, 사유재산 私有財產; **~versicherung** *f.* 사보험 私保險; **~wirtschaft** *f.* 사경제 私經濟; **~wirtschaftsverwaltung** *f.* 사경제행정 私經濟行政.

pro bono (publico) 프로 보노, 공익을 위하여. // Angelehnt an die jurisitische Ausbildungspraxis amerikanischer Universitäten werden die koreanischen Referendare des Justizausbildungsinstituts (사법연수원) während der Semesterferien in verschiedenen Einrichtungen (Gewerkschaften, Bürgerämter, Verbraucherverbände etc.) mit der Vornahme kostenloser Rechtsberatung betraut. In Seoul zugelassene Anwälte sind verpflichtet monatlich mindestens 20 Stunden kostenloser Rechtsberatung anzubieten, oder einen entsprechenden Geldbetrag an die Anwaltskammer zu zahlen. Vgl. zu den pro bono Aktivitäten in Korea die Homepage der unter der

Aufsicht des Justizministeriums stehenden Korea Legal Aid Corporation (대한법률구조공단) (www.klac.or.kr).

Pro – future – Wirkung *f.* 미래효 未來效.

Pro Kopf 일인당 一人當; ~ - **Einkommen** *n.* 일인당 소득 一人當 所得; ~ - **Verbrauch** *m.* 일인당 소비 一人當 消費.

Probe:arbeitsverhältnis *n.* 시용근로관계 試用勤勞關係; befristetes ~ 기간부(期間附) 시용근로관계; ~**exemplar** *n.* 견본 見本; ~**fahrt** *f.* 시운전 試運轉; ~**kauf** *m.* 시험매매 試驗賣買; ~**zeit** *f.* 1. (*allg.*) 시용기간 試用期間; 2. (*im Arbeitsrecht*) 견습기간 見習期間, 시험채용기간 試驗採用期間, 수습기간 修習期間.

Produkt *n.* 제조물 製造物, 제품 製品; fehlerhaftes ~ 결함(缺陷) 있는 제조물; in Verkehr gebrachtes ~ 공급(供給)한 제조물; mangelhaftes ~ 하자(瑕疵) 있는 제조물.

Produkthaftung *f.* 제조물책임 製造物責任. // Die Haftung des Herstellers für fehlerhafte Produkte ist in Korea in dem am 12.01.2000 in Kraft getretenen Produkthaftungsgesetz (제조물책임법) geregelt, dessen Regelungsgehalt sich z.T. deutlich an das deutsche Produkthaftungsgesetz anlehnt. Nach § 3 Abs. 1 KProdHaftG haftet der Produzent für Schäden, die eine Person aufgrund eines fehlerhaften Produkts an Leben, Körper oder Vermögen erleidet. Ausgenommen ist die Haftung für Schäden, die an dem fehlerhaften Produkt selbst entstehen. Einen Anwendungsausschluss bei Arzneimitteln sieht das koreanische Recht anders als das deutsche nicht vor. Durch § 3 Abs. 2 KProdHaftG wird der Kreis der Haftungsadressaten erweitert. Danach haftet in Fällen, in denen der Hersteller nicht bekannt ist auch derjenige, der das fehlerhafte Produkt mit Gewinnerzielungsabsicht verkauft oder auf sonstige Weise in Verkehr gebracht hat, sofern er den Hersteller nicht in einer angemessenen Frist benennt. Die Ersatzpflicht des Herstellers ist gem. § 4 Abs. 1 Nr. 1 – 4 KProdHaftG ausgeschlossen, wenn er die Sache nicht in Verkehr gebracht hat (Nr. 1), der Fehler im Zeitpunkt des Inverkehrbringens nach dem Stand der Wissenschaft und Technik nicht erkannt werden konnte (Nr. 2), der Fehler darauf beruht, dass das Produkt den im Zeitpunkt seines Inverkehrbringens geltenden Rechtsvorschriften entsprochen hat (Nr. 3) oder im Falle der Herstellung eines Grundstoffes oder Teilprodukts der Fehler durch die Konstruktion des Produkts, für welches das Teilprodukt verwendet wurde oder durch die Anleitungen des Herstellers des Produkts verursacht wurde (Nr. 4). Die Haftungsfreistellung nach Nr. 4 wird gem. § 4 Abs. 2 KProdHaftG versagt, falls der Hersteller nachdem er von dem Fehler wusste oder wissen konnte, keine hinreichenden Maßnahmen zur Vermeidung von Schäden getroffen hat. Mehrere Ersatzpflichtige haften gem. § 5 KProdHaftG als Gesamtschuldner. Die Haftung des Herstellers kann gem. § 6 S. 1 KProdHG grds. nicht vertraglich ausgeschlossen werden. Der Anspruch nach § 3 KProdHaftG verjährt gem. § 7 Abs. 1 KProdHaftG nach drei Jahren ab Kenntnis von der Person des Ersatzpflichtigen.

Produkthaftungsgesetz n. 제조물책임법 製造物責任法.

Produktion f. 생산 生産, 제조 製造.

Produktions:anlage f. 제조시설 製造施設; **~kapazität** f. 제조능력 製造能力; **~mittel** n. 생산수단 生産手段; **~unternehmen** n. 제조기업 製造企業.

Produktsicherheit f. 제품안전 製品安全.

Produktsicherheitsgesetz n. 제품안전법 製品安全法.

Produzent m. 생산자 生産者, 제작자 製作者, 제조자 製造者, 제조업자 製造業者.

Produzentenhaftung f. 제조자책임 製造者責任, 제조업자책임 製造業者責任.

Profit m. 이윤 利潤, 이익 利益.

Prognose f. 예측 豫測.

Prognose:entscheidung f. 예측결정 豫測決定; ~ des Gesetzgebers 입법자(立法者)의 예측결정; **~risiko** n. 예측위험 豫測危險. // 예컨대 불법행위법상 기호이익(嗜好利益, Affektionsinteresse)에 대하여 원상회복을 하려고 하면 기본적으로 재구입비의 130%까지 수리비를 청구할 수 있다. 그런데 예측된 수리비는 비록 재구입비의 130%가 넘어간다고 하더라도 배상해야 할 의무가 있다. 왜냐하면 가해자는 예측위험을 부담하기 때문이다. // **~spielraum** m. 예측여지 豫測餘地; **~zeitraum** m. 예측기간 豫測期間.

Prokura f. 지배권 支配權; (*wörtl.: "Herrschaftsrecht"*), vgl. → Prokurist.

Prokuraindossament n. 추심위임배서 推尋委任背書.

Prokurist m. 지배인 支配人 (§§ 10 – 14 KHGB). // In seine Rechtsstellung gelangt der Prokurist in Korea durch Ernennung (선임). Der Umfang seiner Vertretungsmacht ist in § 11 Abs. 1 KHGB geregelt. Danach ist er zu sämtlichen gerichtlichen und außergerichtlichen Handlungen ermächtigt, die im Zusammenhang mit dem Geschäftsbetrieb stehen. Dies schließt auch Grundstücksgeschäfte mit ein. Zudem ist er gem. § 11 Abs. 2 KHGB bevollmächtigt, andere Handlungsgehilfen zu ernennen oder zu entlassen. Eine Beschränkung seiner Vertretungsmacht im Innenverhältnis entfaltet gem. § 11 Abs. 3 KHGB gutgläubigen Dritten gegenüber keine Wirkung.

Prorogation *f.* 합의관할 合意管轄, 관할합의 管轄合意.

Prospekt *m.* 안내서 案內書.

Prospekthaftung *f.* 안내서책임 案內書責任, 사업서책임 事業書責任.

Prostitution *f.* 매음 賣淫.

Protest *m.* 거절 拒絶.

Protokoll *n.* 1. (*allg. als Schriftstück*) 조서 調書; 2. (*der Verhandlung im Gerichtsverfahren*) 소송기록 訴訟記錄; 공판조서 公判調書; 3. (*diplomatisches ~*) 의정(서) 議定(書); **~führer** *m.* 조서작성자 調書作成者; **~führung** *f.* 조서작성 調書作成.

Protokollierung *f.* 조서작성 調書作成.

Protokoll:anfechtung *f.* 조서(調書)에 대한 취소(取消); **~verlesung** *f.* 조서낭독 調書郎讀; **~widerspruch** *m.* 조서(調書)에 대한 이의(異議).

Provision *f.* 수수료 手數料.

Provisionsanspruch *m.* 수수료청구권 手數料請求權.

Prozess *m.* 1. (*i.S.v. Klage*) 소송 訴訟, 재판절차 裁判節次; 2. (*i.S.v. Entwicklung*) 과정 過程; laufender ~ 계속중(繫屬中) 소송; ~ anstrengen 소송을 제기(提起)하다; ~ führen 소송을 수행(遂行)하다; 3. (*i.S.v. Verfahren*) 절차 節次.

Prozess:agent *m.* 소송중개인 訴訟仲介人. // 구법원에서만 변호사를 갈음하여 구술변론을 할 수 있던 소송대리인 및 변호인. 구 독일민사소송법 (ZPO) 제157조 제3항에서 규정되었는데 2008년에 본 규정이 삭제되고 구 소송중개인은 현 민사소송법 제90조 „Beistand" (변호인)라는 명칭으로 개정되었다. // **~akte** *f.* 소송기록 訴訟記錄; **~antrag** *m.* 쟁송중 절차신청 爭訟中 節次申請, 소송상의 신청 訴訟上의 申請; **~art** *f.* 소송의 종류 訴訟의 種類; **~anwalt** *m.* 변호사 辯護士; **~aufrechnung** *f.* 소송법상 상계 訴訟法上 相計; **~austritt** *m.* 소송탈퇴 訴訟脫退 (§§ 80, 82 Abs. 3 KZPO); **~beginn** *m.* 소송의 개시 訴訟의 開市; **~beitritt** *m.* 소송참가 訴訟參加; ~ eines Dritten 제3자의 소송참가 (§ 79 KZPO); **~beschleunigung** *f.* 소송산속 訴訟迅速; **~beteiligter** *m.* 소송관계인 訴訟關係人; **~betrug** *m.* 소송사기 訴

訟詐欺; **~bevollmächtigter** *m.* 소송대리인 訴訟代理人; **~bevollmächtigung** *f.* 소송대리 訴訟代理; **~einrede** *f.* 소송상 항변 訴訟上 抗辯; **~entscheidung** *f.* 절차재판 節次裁判; **~fähigkeit** *f.* 소송능력 訴訟能力 (§§ 51 ff. KZPO); ~ von Ausländern 외국인(外國人)의 소송능력, vgl. § 57 KZPO, der dem § 55 ZPO wortgleich nachgebildet wurde. // **~förderungspflicht** *f.* 소송촉진의무 訴訟促進義務; allgemeine ~ 일반(一般)소송촉진의무; **~führer** *m.* 원고 原告, 소송인 訴訟人; **~führung** *f.* 소송수행 訴訟遂行; **~führungsbefugnis** *f.* 소송수행권 訴訟遂行權, 소송수행자격 訴訟遂行資格; beschränkte ~ 제한적(制限的) 소송수행권; passive ~ 수동적(受動的) 소송수행권; **~gegenstand** *m.* 소송대상 訴訟對象, 심판대상 審判對象; **~gegner** *m.* 피고 被告, 소송상대방 訴訟相對方; **~gericht** *n.* 판결법원 判決法院, 수소법원 受訴法院; **~grundrecht** *n.* 절차적 기본법 節次的 基本法; **~grundsatz** *m.* 소송상 원칙 訴訟上 原則; **~handlung** 소송행위 訴訟行爲; **~handlungsvoraussetzung** *f.* 소송행위요건 訴訟行爲要件; **~helfer** *m.* 소송지원자 訴訟支援者; **~hindernis** *n.* 소송장애 訴訟障碍.

Prozesskosten *f.* 소송비용 訴訟費用 (§§ 98 – 116 KZPO); **~hilfe** *f.* (PKH) 소송(비용)구조 訴訟(費用)救助 (§§ 128 – 133 KZPO). // Im entsprechenden Kontext oft nur als „구조 救助" („Hilfe") bezeichnet. Die Prozesskostenhilfe wird in Korea nicht nur auf Antrag bewilligt, sondern kann auch von Amts wegen gewährt werden. Statt der „hinreichenden Erfolgsaussicht" der Klage i.S.d. § 114 ZPO verlangt § 128 Abs. 1 KZPO, dass ein Unterliegen nicht offensichtlich ist. // **~vorschuss** *m.* 소송비용의 예납 訴訟費用의 豫納; **~sicherheit** *f.* 소송비용의 담보 訴訟費用의 擔保 (§ 117 – 127 KZPO). **§ 117. Pflicht zur Sicherheitsleistung.** (1) Für den Fall, dass der Kläger seinen Wohnsitz, sein Büro und (zwar spricht der Gesetzeswortlaut hier von „und" (와), dies wird aber sinnvollerweise als „oder" (또는) zu verstehen sein) seinen Betrieb nicht in der Republik Korea hat, so hat das Gericht dem Kläger auf Antrag des Beklagten die Leistung einer Sicherheit aufzutragen. Dies gilt auch bei einer nicht ausreichenden Sicherheit.

Prozess:lage *f.* 소송상태 訴訟狀態; **~leitung** 소송지휘 訴訟指揮; materielle ~ 실체적(實體的) 소송지휘; **~mangel** *m.* 소송상 하자 訴訟上 瑕疵; **~maxime** *f.* 소송절차의 기본원칙 訴訟次의 基本原則; **~nachfolge** *f.* 소송의 승계 訴訟의 承繼; **~partei** *f.* 소송당사자 訴訟當事者; **~ökonomie** *f.* 소송경제(성) 訴訟經濟(性); **~organ** *n.* 소

송기관 訴訟機關; ~ eigener Art 독자적(獨自的) 소송기관; **~pfleger** *m.* 사법보좌관 司法補佐官; **~recht** *n.* 소송법 訴訟法; **~rechtsgeschäft** 소송법률행위 訴訟法律行爲; **~rechtslehre** *f.* 소송법론 訴訟法論; **~rechtsverhältnis** *n.* 소송법상 법률관계 訴訟上 法律關係.

Prozesstandschaft *f.* (제삼자의) 소송담당 (第三者의) 訴訟擔當; aktive ~ 능동적(能動的) 소송담당; ausschließliche ~ 전속적(專屬的) 소송담당; gesetzliche ~ 법정(法定)소송담당; gewillkürte ~ 임의적(任意的) 소송담당; gewillkürte ~ auf der Aktivseite 원고측(原告側)의 임의적 소송담당; gewillkürte ~ auf der Passivseite 피고측(被告側)의 임의적 소송담당; konkurrierende ~ 경합적(競合的) 소송담당; passive ~ 수동적(受動的) 소송담당.

Prozesstandschafter *m.* 소송담당자 訴訟擔當者; gesetzlicher ~ 법정(法定)소송담당자.

Prozess:subjekt *n.* 소송주체 訴訟主體; **~trennung** *f.* 소송분리(分離), 변론(辯論)의 분리; **~übernahme** *f.* 소송인수 訴訟引受; z.B. § 82 KZPO; **~unfähigkeit** *f.* 소송무능력 訴訟無能力; absolute ~ 절대적(絶對的) 소송무능력; relative ~ 상대적(相對的) 소송무능력; **~urteil** *n.* 소송판결 訴訟判決; **~verbindung** *f.* 변론(辯論)의 병합(倂合); **~vergleich** *m.* 소송상 화해 訴訟上 和解, 재판상(裁判上) 화해; **~verschleppung** *f.* 소송지연 訴訟遲延; **~vertrag** *m.* 소송계약 訴訟契約; **~vertreter** *m.* 소송대리인 訴訟代理人, 소송대표자 訴訟代表者; **~vertretung** *f.* 소송대리 訴訟代理, 소송대표 訴訟代表; **~verzögerung** *f.* 소송지연 訴訟遲延; **~vollmacht** *f.* 소송대리권 訴訟代理權; **~voraussetzung** *f.* 소송요건 訴訟要件, 소송조건 訴訟條件; **~wesen** *n.* 소송제도 訴訟制度; **~zinsen** *m. pl.* 소송이자 訴訟利子.

Prüfer *m.* 검사인 檢査人.

Prüfrichtung *f.* 심사방향 審査方向.

Prüfung *f.* 1. (*i.S.v. Nachprüfung*) 감사 監査, 조사 調査, 심사 審査; insbes. bei einer gerichtlichen Prüfung auch: 심판 審判; ~ von Amts wegen 직권(職權)조사; formelle ~ 형식적(形式的) 심사; hypothetische ~ 가정적(假定的) 심사; materielle ~ 실질적(實質的) 심사; sachliche ~ 사실상(事實上) 심사; summarische ~ 약식(略式)조사, 축약적(縮約的) 조사; summarische ~ der Hauptsache 본안(本案)의 약식심사; 2. (*i.S.v. Abprüfung, Klausur*) 시험 試驗.

Prüfungs:amt *n.* 시험실시기관 試驗實施機關; **~bericht** *m.* 감사보고서 監査報告書; **~gegenstand** *m.* 심판대상 審判對象; **~kompetenz** *f.* 심판권한 審判權限;

~**maßstab** *m*. 심판기준 審判基準; ~**programm** *n*. 심사계획 審査計劃, 심사프로그램; ~**schema** *n*. 심사방식 審査方式; ~**umfang** *m*. 심판의 범위 審判의 範圍.

Publikumsgesellschaft *f.* 공개(公開)된 기업(企業); in eine ~ umwandeln (going public) 기업공개.

Publizität *f.* 공시 公示, 공개성 公開性.

Publizitätsprinzip *f.* (Offenkundigkeitsprinzip) 공시의 원칙 公示의 原則; negativer ~ 소극적(消極的) 공시의 원칙; positiver ~ 적극적(積極的) 공시의 원칙.

Putativ:delikt *n*. (Wahndelikt) 환각범 幻覺犯, 환각죄 幻覺罪; z.T. auch 오상범 誤想犯, 착각범 錯覺犯 oder 망상범 忘想犯; ~**gefahr** *f.* 오상위험 誤想危險; ~**notstand** *m*. 오상긴급피난 誤想緊急避難; ~**notwehr** *f.* 오상방위 誤想防衛, 착각방위 錯覺防衛; ~**notwehrexzess** *m*. 오상과잉방위 誤想過剩防衛.

Q, q

Qualifikation *f.* 1. (*strafr.*) 가중 加重; 2. (*i.S.v. Befähigung*) 자격 資格.
Quantenaktie *f.* 액면주식 額面株式
Quarantäne *f.* 검역 檢疫.
Quasi:berufskrankheit *f.* 유사직업병 類似職業病; **~delikt** *n.* 준불법행위 準不法行爲; **~vertrag** *m.* 준(準)계약.
Quellen:steuer *f.* 원천징수세 源泉徵收稅; **~steuersatz** *m.* 원천세율 源泉稅率.
Querschnitts:materie *f.* 횡단대상 橫斷對象, vgl. → Querschnittsrecht; **~recht** *n.* 횡단법 橫斷法. // 다양한 법영역에서 규정된 법. 대표적인 예는 건축법, 국토이용개발법 또는 형법 등에서 규정된 환경법이다.
Quittung *f.* 영수증 領收證; ~ ausstellen 영수증을 발행(發行)하다.
Quittungserteilung *f.* 영수증의 교부 領收證의 交付.
Quorum *n.* 정족수 定足數.
Quotenaktie *f.* 무액면주식 無額面株式, 비례주식 比例株式.

R, r

Rabatt *m.* 할인 割引; **~beschränkung** *f.* 할인제한 割引制限; **~geschäft** *n.* 할인거래 割引去來; **~kartell** *n.* 할인(割引)카르텔; **~verbot** *n.* 할인금지 割引禁止.

Rachsucht *f.* 복수욕 復讐慾.

Rädelsführer *m.* 수괴 首魁.

Rahmen:beschluss *m.* 기본결의 基本決議; **~gebühr** *f.* 개괄보수 槪括報酬; **~gesetz** *n.* (*engl.* framework law) 대강법률 大綱法律, 총괄법률 總括法律, 기본법률 基本法律; **~gesetzgebung** *f.* 대강입법 大綱立法, 총괄입법 總括立法, 기본입법 基本立法; **~recht** *n.* 범주적 권리 範疇的 權利; **~tarifvertrag** *m.* 개괄적 단체협약 槪括的 團體協約; **~vertrag** *m.* 기본계약 基本契約, 기초계약 基礎契約.

Rang *m.* 1. (*i.S.v. Rangfolge*) 순위 順位, 계위 階位; 2. (*i.S.v. Stellung*) 지위 地位; ~ von Rechten 권리(權利)의 순위; gleicher ~ 동일(同一)한 순위; nachstehender ~ 후순위(後順位)적/의; vorgehender ~ 선순위(先順位)적/의.

Rang:abtretung *f.* 순위양도 順位讓渡; **~änderung** *f.* 순위변경 順位變更; **~erhaltung** *f.* 순위유지 順位維持; **~folge** *f.* 순위 順位, 석차 席次; **~gleichheit** *f.* 동일순위 同一順位; **~ordnung** *f.* 순위 順位; **~prinzip** *n.* 계급(階級)의 원칙(原則), 순위원칙 順位原則; **~stelle** *f.* 순위 順位; **~unterschied** *m.* 순위차이 順位差異; **~verlust** *n.* 순위상실 順位喪失; **~verhältnis** *n.* 순위(관계) 順位(關係); **~vorbehalt** *m.* 순위유보 順位留保; **~wahrung** *f.* 순위유지 順位維持, 순위보전 順位保全; **~wirkung** *f.* 순위보전의 효력 順位保全의 效力.

Rasterfahndung *f.* 검색수사 檢索搜査, 스크린수사(搜査).

Rat *m.* 1. (*i.S.v. Ratschlag*) 조언 助言; 2. (*i.S.v. Kollegialorgan*) 위원회 委員會, 평의회 評議會, 협의회 協議會; parlamentarischer ~ 의회(議會)의 협의회; 3. (*i.S.v. ratgebende Person*) 고문 顧問.

Rate *f.* 분할 分割, 할부 割賦.

Raten:betrag *m.* 할부금액 割賦金額; **~geschäft** *n.* 할부거래 割賦去來, 할부판매 割賦販賣; **~kauf** *m.* 할부매매 割賦賣買; **~lieferungsvertrag** *m.* 분할공급계약 分割供給契約; **~rückstand** *m.* 할부금연체 割賦金延滯; **~wechsel** *m.* 분할금(分割金)어음; **~zahlung** *f.* 분할지급 分割支給, 분납 分納; **~zahlungskredit** *m.* 분할지급

(分割支給)의 관한 신용대출(信用貸出).

Ratifikation *f.* 비준 批准.

Ratifikations:frist *f.* 비준기간 批准期間; **~klausel** *f.* 비준조항 批准條項; **~urkunde** *f.* 비준서 批准書.

Ratifizierung *f.* → Ratifikation.

ratio legis (*lat.*) 법률의 목적 法律의 目的.

rational *adj.* 합리적 合理的.

Rationalisierung *f.* 합리화 合理化.

Rationalisierungs:abkommen *n.* 합리화(合理化)에 관한 협정(協定); **~kartell** *n.* 합리화(合理化)카르텔; **~maßnahme** *f.* 합리화조치 合理化措置.

Rationalismus *m.* 합리주의 合理注意.

Rationalität *f.* 합리성 合理性.

Ratspräsident *m.* 평의회장 評議會長.

Raub *m.* 강도(죄) 强盜(罪), vgl. bzgl. des Tatobjekts die entsprechenden Ausführungen zum → Diebstahl. // ~ mit Todesfolge 강도살인 – 치사죄 (强盜殺人 – 致死罪) (§ 338 KStGB); einfacher ~ 단순(單純)강도 (§ 333 KStGB); schwerer ~ 특수(特殊)강도 (§ 334 KStGB); versuchter ~ 강도미수(未遂) (§ 342 KStGB); ~delikt *n.* 강도죄 强盜罪; ~mord *m.* 강도살인 强盜殺人. // **Systematik der Raubdelikte** (강도죄의 체계): Die Raubdelikte unterliegen im KStGB einer stärkeren Differenzierung als in Deutschland:

1. § 333: Einfacher Raub (단순강도): Grundtatbestand. Strafmaß ist Zuchthaus von nicht weniger als drei Jahren.
2. § 334: Schwerer Raub (특수강도): Qualifikation durch nächtlichen Einbruch (Abs. 1), Beisichführen einer Waffe oder eines gefährlichen Wekzeuges oder gemeinschaftliche Begehung (Abs. 2). Mindesstrafe ist Zuchthaus von fünf Jahren.
3. § 335: Sicherungs- oder Anschlussraub (준강도/ 사후강도). Der Tatbestand ist erfüllt, wenn der Täter seine aus einer Vortat erlangte Beute in zeitlicher oder räumlicher Nähe zur Vortat durch die Mittel des Raubes sichert.
4. § 336: Raub in Tateinheit mit Freiheitsberaubung (인질강도).
5. § 337: Raub in Tateinheit mit Körperverletzung (강도상해 – 치상죄).
6. § 338: Raub mit Todesfolge (강도살인 – 치사죄).

7. § 339: Raub in Tateinheit mit Vergewaltigung (강도강간죄).
8. § 340 Abs. 1: Raub auf See (Raub von oder auf Schiffen) (해상강도죄).
9. § 340 Abs. 2: Raub auf See mit Körperverletzung (해상강도상해 – 치상죄).
10. § 340 Abs. 3: Raub auf See mit Todesfolge oder Vergewaltigung (해상강도살인 – 치사죄 – 강간죄).
11. § 341: Gewohnheitsmäßiger Raub in den Fällen der §§ 333, 334, 336 und 340 Abs. 1 (상습강도죄).
12. § 343: Vorbereitung/ Verabredung eines Raubes (강도예비-음모죄).

Räuberische Erpressung *f.* vgl. → Erpressung.

Räuberischer ~ ~ Angriff auf Kraftfahrer *m.* 자동차운전자에 대한 강도적 공격죄 自動車運轉者에 대한 强盜的 攻擊罪; **~ Diebstahl** *m.* 강도적 절도죄 强盜的 竊盜罪.

Raum *m.* 공간 空間, 영역 領域; rechtsfreier ~ 법률이 준수되지 않는 무질서의 영역. // 무정부주의와 유사한 말.

Raumfrachtvertrag *m.* 선박운송계약 船舶運送契約.

Raumordnung *f.* 국토(이용)개발 國土(利用)開發.

Raumordnungs:gesetz *n.* 국토이용개발법 國土利用開發法; **~plan** *m.* 국토이용개발종합계획 國土利用開發綜合計劃.

Räumung *f.* 1. (*von (Wohn)gebäuden*) 명도 明渡; 2. (*eines Lagers*) 정리 整理.

Räumungs:androhung *f.* 명도협박 明渡脅迫; **~ankündigung** *f.* 명도예고 明渡豫告; **~anordnung** *f.* 명도명령 明渡命令; **~anspruch** *m.* 명도청구권 明渡請求權; **~befehl** *m.* 명도명령 明渡命令, 명도지시 明渡指示; **~frist** *f.* 명도기한 明渡期限; **~gläubiger** *m.* 명도채권자 明渡債券者; **~klage** *f.* 명도소송 明渡訴訟; **~kosten** *f.* 명도비용 明渡費用; **~pflicht** *f.* 명도의무 明渡義務; **~schuldner** *m.* 명도채무자 明渡債務者; **~schutz** *m.* 명도보호 明渡保護; **~titel** *m.* 명도채무명의 明渡債務名義; **~urteil** *n.* 명도판결 明渡判決; **~vergleich** *m.* 명도화해 明渡和解; **~verkauf** *m.* 정리대매출 整理大賣出.

Rauschgift *n.* 마약 痲藥, 환각제 幻覺劑; **~delikt** *n.* 마약범죄 痲藥犯罪; **~händler** *m.* 마약상인 痲藥商人.

Rausch:mittel *n.* 중독물질 中毒物質; **~tat** *f.* 취중범행 醉中犯行, 환각중(幻覺中)범행; **~zustand** *m.* 취(醉)한 상태(狀態), 환각상태 幻覺狀態.

Razzia *f.* 일제단속 一齊團束.

Real:abgabe f. 물적부과금 物的賦課金; **~akt** m. 사실행위 事實行爲; reiner ~ 순수 (純粹) 사실행위.

Realismus m. 실재론 實在論.

Real:angebot n. → Realofferte; **~handlung** f. 사실행위 事實行爲.

Realisation f. 1. (allg.) 실현 實現; 2. (finanz.) 환금 煥金, 청산 淸算.

Real:kauf m. 현실매매 現實賣買; **~konkurrenz** f. 실체적 경합 實體的 競合, z.T. auch nur 경합범 競合犯 (§ 37 KStGB); **~kontrakt** m. 요물계약 要物契約; **~körperschaft** f. 물적 단체 物的 團體; **~kredit** m. 물적 신용 物的 信用; **~last** f. 물상부담 物上負擔, 물적부담 物的負擔, 토지부담 土地負擔; **~offerte** f. 현실제공 現實提供; **~sicherheit** f. 물적 담보 物的 擔保; **~steuer** f. 물적조세 物的 租稅; **~vermögen** n. 사실재산 事實財産; **~vertrag** m. 요물계약 要物契約; → Handgeschäft; **~zins** m. 사실이자 事實利子.

Receptumhaftung f. 레셉툼수령책임(受領責任).

Rechenschaft f. 보고 報告, 해명 解明.

Rechenschafts:bericht m. 해명서 解明書, 해명보고서 解明報告書; **~legung** f. 보고 報告, 해명 解明; **~pflicht** f. 보고의무 報告義務.

Rechnung f. (als Dokument) 계산(서) 計算(書), 회계 會計; ~ ablegen 계산하다; laufende ~ 상호(相互)계산; für fremde ~ 타인(他人)의 계산으로.

Rechnungs:betrag m. 계산액 計算額; **~buch** n. 회계장부 會計帳簿; **~hof** m. 회계검사원 會計檢査院; **~jahr** n. 회계연도 會計年度; **~legung** f. 결산 決算, 회계보고 會計報告; **~legungsirrtum** m. 결산착오 決算錯誤.

Recht n. 1. (allg. institutionell) 법 法; 2. (i.S.v. Recht des Einzelnen) 권리 權利; ~ am eigenen Bild 자기초상(自己肖像)에 관한 권리; ~ am eingerichteten und ausgeübten Gewerbebetrieb 설치되고 실행되고 있는 영업에 관한 (보호)권리; ~ am Wechsel 어음에 대한 권리; ~ auf Besuch 접견권 接見權; → Besuchsrecht; ~ aus dem Wechsel 어음상의 권리; ~ des Orts des Gerichtsstandes 법정지법 法廷地法; ~ gegenüber jedermann 모든 사람에게 대항(對抗)할 수 있는 권리; ~ zum Besitz 점유(占有)할 수 있는 권리; Aberkennung (Entzug) von ~en 권리의 박탈 權利의 剝奪.

Recht // abdingbares ~ 특약가능(特約可能)한 법률(法律); aberkanntes ~ 박탈(剝奪)된 권리(權利); abgeleitetes ~ 승계권리 承繼權利; abgetretenes ~ 양수(讓受)권리; absolutes ~ 절대권 絶對權; abstraktes ~ 추상적(抽象的) 권리(權利); abtretbares ~ 양도(讓渡)할 수 있는 권리(權利); akzessorisches ~ 부속적(附屬的) 권리; alleiniges

~ 전속법 專屬法; altes ~ 구법 舊法; anerkanntes ~ 인정(認定)된 권리(權利), 인낙 (認諾)된 권리(權利); anwendbares ~ 준거법 準據法; anzuwendendes ~ 준거(準據) 해야 할 법(法); aufgehobenes ~ 소멸(消滅)된 권리; außerstaatliches ~ 국외법 國外法; ausschließliches ~ 전속법 專屬法; besonderes ~ 특권 特權; besseres ~ 우선권 優先權; derivatives ~ → abgeleitetes Recht; beschränkt dingliches ~ 제한물권 制限物權; dingliches ~ 물권 物權; dispositives ~ 임의(任意)법, 임의법규(法規); einfaches ~ 단순법 單純法. 헌법하위의 법을 의미한다. // eingeräumtes ~ 허용(許容)된 권리(權利); eingetragenes ~ 등기(登記)된 권리(權利); erworbenes ~ 기득권 既得權, 획득권 獲得權; formelles ~ 절차법 節次法, 형식법 形式法; fremdes ~ 타인(他人)권리; gegenseitiges ~ 쌍방적(雙方的) 권리(權利); gelöschtes ~ 소멸(消滅)된 권리(權利); geltendes ~ 효력(效力)을 가지는 법(法); gemeines ~ 보통법 普通法; gemeinnütziges ~ 공익권 公益權; germanisches ~ 게르만법(法); geschriebenes ~ 성문법 成文法; gesetztes ~ 제정법 制定法, 정립법 定立法; germanisches ~ 게르만법(法); gewachsenes ~ 성장(成長)하여 온 법(法); grundrechtsgleiches ~ 기본권(基本權)과 유사(類似)한 권리(權利); grundstücksgleiches ~ 토지(土地)와 동일시(同一視)되는 권리(權利); höchstpersönliches ~ 일신전속적(一身專屬的) 권리; höherrangiges ~ 상위법 上位法; internationales ~ 국제법 國際法; innerstaatliches ~ 국내법 國內法; konkretes ~ 구체적(具體的) 권리(權利); kooperatives ~ 협력적(協力的) 법; materielles ~ 실체(實體)법; mediales ~ 매개적(媒介的) 법; mittelbares ~ 간접적(間接的) 권리; nachgiebiges ~ → dispositives Recht; nationales ~ 국내법 國內法; neues ~ 새법(法), 신법 新法; objektives ~ 객관적(客觀的) 법; obligatorisches ~ 강행법 强行法; öffentliches ~ 공법 公法; persönliches ~ 일신전속권 一身專屬權; positives ~ 실정법 實定法; privates ~ 사권 私權; prozedurales ~ 절차적(節次的) 법; relatives ~ 상대권 相對權, 상대적 권리; richtiges ~ 정법 正法; selbstnütziges ~ 자익권 自益權; souveränes ~ 주권적(主權的) 권리; staatliches ~ 국가법 國家法, 국내법 國內法; statusbegründendes ~ 지위창설적(地位創設的) 권리; rezipiertes ~ 계수법 繼受法; römisches ~ 로마법(法); subjektives ~ 주관적(主觀的) 권리, 권리 權利; subjektives öffentliches ~ (주관적) 공권 (主觀的) 公權; übergesetzliches ~ 초실정적(超實定的) 법; überpositives ~ 초실정적(超實定的) 법; ungeschriebenes ~ 불문(不文)법; unmittelbar geltendes ~ 직접적(直接的)으로 효력을 가지는 법; unmittelbares ~ 직접적(直接的) 권리; veräußerliches ~ 매각(賣却)할 수 있는 권리; vererbliches ~ 상속(相續)할 수 있

는 권리; vermögenswertes ~ 재산가치(財産價置)가 있는 권리; zwingendes ~ (obligatorisches) 강행(强行)법; Herrschaft des ~s 법(法)의 지배(支配), 법치 法治.

Recht:fertigungsgrund *m.* 위법성조각사유 違法性阻却事由 (§§ 20 – 24 KStGB); **~mäßigkeit** *f.* 법적합성 法適合性, 합법성 合法性; **Sonder~** 고유권 固有權; **Verfahrens~** 절차(節次)법.

Recht am ~ ~ eingerichteten und ausgeübten Gewerbebetrieb 설정(設定), 행사(行使)되는 영업(營業)에 대한 권리.

Recht an ~ ~ einem Recht 채권(債權)에 대한 권리; **~ einer Sache** 물건(物件)에 대한 권리.

Recht auf ~ ~ Arbeit 근로권 勤勞權, 근로의 권리, vgl. Art. 32 Abs. 1 KVerf: „Alle Staatsbürger haben das Recht auf Arbeit. Der Staat hat mit gesellschaftlichen und wirtschaftlichen Methoden für die Förderung der Beschäftigung und den Schutz eines angemessenen Lohnes zu sorgen, und ein Mindestlohnsystem in Kraft zu setzen." Vgl. zu der korrespondierenden Pflicht zur Arbeit → Arbeitspflicht. Das Recht auf Arbeit umfasst nicht nur das Recht auf einen Arbeitsplatz, sondern fordert als Ausprägung der Menschenwürde auch ordentliche Arbeitsbedingungen und eine angemesse Vergütung, vgl. KVerfG 2004 헌마670, 30.8.2007, das zugleich klarstellt, dass sich auch ausländische Arbeitnehmer auf diesem Schutz berufen können. // **~ Besuch** 접견권 接見權; → Besuchsrecht; **~ Bildung** 교육(敎育)을 받을 권리(權利) (Art. 31 Abs. 1 KVerf); **~ Existenz** 생존권 生存權; **~ freie Entfaltung der Persönlichkeit** 인격(人格)의 자유(自由)로운 발현권(發現權); **~ Fruchtziehung** 과실수취권 果實收取權; **~ informationelle Selbstbestimmung** 정보(情報)에 대한 자기결정권(自己決定權); **~ körperliche Unversehrtheit** 신체적 불가침권 身體的 不可侵權, 신체적(身體的) 완전성(完全性)에 대한 권리; **~ Leben** 생존권 生存權, 생명(生命)에 대한 권리, vgl. → Leben; **~ Lüge** 허위권 虛僞權; **~ Privatsphäre** 사생활보호권 私生活保護權; **~ rechtliches Gehör** 법적 청문권 法的 聽聞權; **~ Schriftwechsel** 문서교환권 文書交換權; **~ Vergessenwerden** (*engl.* right to be forgotten) 잊힐 권리(權利), 잊혀질 권리.

Recht zum Besitz 점유(占有)할 수 있는 권리(權利).

Recht zur Vernehmung 신문권 訊問權.

Recht ~ ~ ein ~ aberkennen 권리(權利)를 박탈(剝奪)하다; **~ abtreten** 권리(權利)를

양도(讓渡)하다; ~ anerkennen 권리(權利)를 인낙(認諾)하다, 권리를 인정(認定)하다; ~ aufheben 권리(權利)를 소멸(消滅)하다; ~ bestellen 권리(權利)를 설정(設定)하다; ~ löschen 권리(權利)를 소멸(消滅)하다; ~ veräußern 권리(權利)를 매각(賣却)하다.

Rechte Dritter 제삼자의 권리 第三者의 權利.

rechtfertigen *v.* 정당화(正當化)하다, 정당화시키다.

Rechtfertigender Notstand *m.* 정당화적 긴급피난 正當化的 緊急避難.

Rechtfertigung *f.* 정당화 正當化.

Rechtlich geschütztes Interesse 법적으로 보호되는 이익 法的으로 保護되는 利益.

Rechtliche ~ ~ Sonderverbindung *f.* 법적 특수구속관계 法的 特殊拘束關係; ~ **Würdigung** *f.* 법적 평가 法的 評價.

Rechtlicher ~ ~ Erfolg *m.* 법적 효과 法的 效果; ~ **Gesichtspunkt** *m.* 법적 고려 法的 考慮.

Rechtliches ~ ~ Dürfen *n.* 법적으로 해도 되는 것, 법적 용인 法的 容認; ~ **Gehör** *n.* 법적 청문 法的 聽問; ~ **Interesse** *n.* 법률상 이익 法律上 利益; ~ **Können** *n.* 법적(法的)으로 할 수 있는 바, 법적 가능성(可能性); ~ **Nichts (Nullum)** *n.* 법적(法的)인 무(無).

Rechtsetzung *f.* → Rechtssetzung.

Rechts:aberkennung *f.* → Rechtsentzug; **~abteilung** *f.* (eines Unternehmens) (기업)법무팀 (Legal team), 법률사무부 法律事務部. // Die wörtliche Übersetzung und z.B. in Japan für den Begriff Rechtsabteilung verwendete Terminologie „法務部" (jap. H mu-bu)" bezeichnet in Korea das Justizministerium (in Japan: H mu-sh „法務省"). // **~abtretung** *f.* 권리양도 權利讓渡; **~abwägung** *f.* 법(익)형량 法(益)衡量; **~akt** *m.* 법률행위 法律行爲, 법적(法的) 행위; ausbrechender ~ 일탈적(逸脫的) 법률행위; einseitiger ~ 단독(單獨) 법률행위; **~analogie** *f.* 법유추 法類推; verbotene ~ 금지(禁止)된 법유추; **~änderung** *f.* 법(률)변경 法(律)變更, 권리변동 權利變動, 권리변경 權利變更; gesetzliche ~ 법정(法定) 권리변동; rechtsgeschäftliche ~ 법률행위(法律行爲)에 의한 권리변동; schwebende ~ 유동적(流動的) 권리변동; **~änderungsklage** *f.* 권리변경(權利變更)의 소(訴); **~anerkennung** *f.* 권리인정 權利認定, 권리인낙 權利認諾; **~angelegenheit** *f.* 법적업무 法的業務, 법률사항 法律事項; **~angleichung** *f.* 법적통합 法的統合; **~anschauung** *f.* 법(률)관 法(律)觀; **~ansicht** *f.* 법률상의 주장/진술 法律上의 主張/陳述; **~anspruch** *m.* 권리청구(권) 權利請求(權);

~antropologie *f.* 법인류학 法人類學; ~anwalt *m.* 변호사 辯護士; zugelassener ~ 허용(許容)된 변호사; ~anwaltschaft *f.* 변호사계 辯護士界, 변호사전체 辯護士全體; ~anwaltsgebühr *f.* 변호사의 수임료 辯護士의 受任料, 변호사비용 辯護士費用, 변호사보수 辯護士報酬, 변호사수수료 辯護士手數料; ~anwaltsgesellschaft *f.* 변호사회사 辯護士會社; ~anwaltskammer *f.* 변호사회 辯護士會, 변호사협회 辯護士協會; ~anwaltskanzlei *f.* 변호사사무소 辯護士事務所, 법률사무소 法律事務所; ~anwaltsordnung *f.* 변호사령 辯護士令; ~anwaltssozietät *f.* 변호사공동체 辯護士共同體; ~anwaltsvergütung *f.* 변호사보수 辯護士報酬; ~anwender *m.* 법(률)적용자 法(律)適用者; ~anwendung *f.* 법(률)적용 法(律)適用, 법의 적용; ~anwendungsgleichheit *f.* 법적용(法適用)의 평등(平等); ~auffassung *f.* 법(률)적 견해 法(律)的 見解; ~ des Gerichts 법원(法院)의 법적 견해. // Der Ausdruck „unter Beachtung der Rechtsauffassung des Gerichts" wird im koreanischen Recht mit „판결의 취지에 따라" (= „entsprechend der Begründung des Urteils") wiedergegeben, vgl. z.B. § 30 Abs. 2 KVwGO. // ~aufhebung *f.* 권리소멸 權利消滅; ~aufsicht *f.* 법집행감독 法執行監督, 적법성의 통제 適法性의 統制, 법률감독 法律監督, 합법성감독 合法性監督; ~aufsichtsbehörde *f.* 합법성감독관청 合法性監督官廳; ~aufspaltung *f.* 권리분리 權利分離; ~ausdruck *m.* → Rechtsterminologie; ~auskunft *f.* 법률상담 法律相談; ~auskunftsstelle *f.* 법률상담소 法律相談所; ~auslegung *f.* 법(률)해석 法(律)解釋; ~ausübung *f.* 권리행사 權利行使; sittenwidrige ~ 공서양속(公序良俗)에 반(反)하는 권리행사; ~ausübungsfrist *f.* 권리행사기간 權利行使期間; ~bedingung *f.* 법정조건 法定條件; ~beeinträchtigung *f.* 권리침해 權利侵害; ~befehl *m.* 권리구제절차 權利救濟節次, 법명령 法命令; ~befriedung *f.* 법적(法的) 평화(平和)의 회복(回復); ~befugnis *f.* 법률권능 法律權能, 법률권한 法律權限; ~begriff *m.* 법률개념 法律概念, 법개념; bestimmter ~ 확정(確定)법률개념; normativer ~ 규범적(規範的) 법률개념; unbestimmter ~ 불확정(不確定)법률개념.

rechtsbegründend *adj.* 설권적 設權的, 권리설정적 權利設定的.

Rechts:begründung *f.* 권리창설 權利創設; ~behauptung *f.* 법적 주장 法的 主張; ~behelf *m.* 불복(신청) 不服(申請), 권리구제(수단) 權利救濟(手段); förmlicher ~ 형식적(形式的) 권리구제; formloser ~ 비형식적(非形式的) 권리구제, 비요식적(無要式的) 권리구제; Einlegung des ~s 불복신청(申請); ~behelfsbelehrung *f.* 불복고지 不服告知. // § 26 KVwVfG. Erlässt eine Verwaltungsbehörde eine Verfügung, so hat sie dem Betroffenen über die Frage, ob gegen die Verfügung Widerspruch, Verwaltungsklage (행정소송) oder andere Rechtsbehelfe erhoben werden können sowie über das Verfahren, die Frist und weitere erforderliche Angelegenheiten zu informieren. // ~**behelfsfrist** *f.* 불복신청기간 不服申請期間; ~**behelfsverfahren** *n.* 불복절차 不服節次; ~**belehrung** *f.* 법적사항(法的事項)의 고지(告知)/ 안내(案內); ~**beistand** *m.* 1. (*institutionell*) 변호 辯護; 2. (*personell*) 변호인 辯護人; ~**berater** *m.* 법률상담사 法律相談士; ~**beratung** *f.* 법률상담 法律相談; ~**beratungsstelle** *f.* 법률상담소 法律相談所; ~**berufe** *m. pl.* 법률전문직업 法律專門職業; ~**beschränkung** *f.* 권리제한 權利制限; ~**beschwerde** *f.* 법률항고 法律抗告; ~**besitz** *m.* 권리점유 權利占有; ~**besorgung** *f.* 제삼자를 위한 법률행위 第三者를 위한 法律行爲; ~**bestand** *m.* 권리존속 權利存續; ~**bestandsschutz** *m.* 법적존속보호 法的存續保護; ~**beständigkeit** *f.* 법률의 유효성 法律의 有效性, 권리존속성 權利存續性; ~**bestellung** *f.* 권리설정 權利設定; ~**beugung** *f.* 법의 악용 法의 濫用, 법의 왜곡 法의 歪曲; ~**bewahrung** *f.* 법보전 法保全; ~**bewährung** *f.* 법의 건재 法의 建在. // 법 또는 법률은 어려운 상태에도 불구하고 건재하는 것, 법은 세월이나 비상상태의 시험을 견디는 것. // ~**bewusstsein** *n.* 권리의식 權利意識, 법의식 法意識; ~**beziehung** *f.* 법률관계 法律關係, 법적관계 法的關係; ~**bindung** *f.* 법적구속 法的拘束; ~**bindungswille** *m.* 법적구속의사 法的拘束意思; ~**blindheit** *f.* 법(法)에 대한 맹목(盲目); ~**bruch** *m.* 법률위반 法律違反; ~**buch** *n.* 법전 法典; ~**charakter** *m.* 법적성질 法的性質; ~**dogmatik** *f.* 법해석학 法解釋學, 법해석론 法解釋論, 법도그마틱; ~**durchsetzung** *f.* 법(률)의 관철 法(律)의 貫徹; ~**einheit** *f.* 법의 통일(성) 法의 統一(性); ~**eingriff** *m.* 권리침해 權利侵害; ~**eintritt** *m.* 기존 권리보유자(旣存 權利保有者)에 갈음하거나 추가되는 권리(權利)의 승계(承繼); ~**empfinden** *n.* 법감각 法感覺, 법감정 法感情; allgemeines ~ 일반적(一般的) 법감정; ~**entwicklung** *f.* 법의 발전 法의 發展; ~**entzug** *m.* 권리박탈 權利剝奪; ~**erfolg** *m.* 법률효과 法律效果.

rechtserheblich *adj.* 법적(法的) 의미(意味)가 있는.

Rechts:erheblichkeit *f.* 법률상 중요성 法律上 重要性; ~**erkenntnis** *f.* 법(률)인식 法(律)認識; ~**erwerb** *m.* 권리취득 權利取得; abgeleiteter (derivativer) ~ 승계적(承繼的) 권리취득; ursprünglicher (originärer) ~ 원시적(原始的) 권리취득; ~**erwerber** *m.* 권리취득인 權利取得人; ~**ethik** *f.* 법윤리 法倫理; ~**fähigkeit** *f.* 권리능력 權利能力; ~**fall** *m.* 법률사건 法律事件; ~**fehler** *m.* 권리결함 權利缺陷.

Rechts:figur *f.* 법적 현상 法的 現象, 법개념 法概念; **~findung** *f.* 법발견 法發見; freie ~ 자유(自由)로운 법발견; **~folge** *f.* 법적 효과 法的 效果, 법률효과 法律效果; gesetzliche ~ 법률(法律)에 따른 법률효과, 법정효과 法定效果; gewollte ~ 의도(意圖)하는 법률효과; **~folgeverweis** *m.* → Rechtsfolgenverweisung; **~folgenverweisung** *f.* 법률효과의 지원 法律效果의 指示, 법률효과제시 法律效果提示; **~folgewille** *m.* 법률효과의사 法律效果意思; **~form** *f.* 법형식 法形式; **~formwahl** *f.* 법형식 선택 法形式 選擇; Freiheit der ~ 법형식 선택의 자유(自由); **~fortbildung** *f.* 법발전 法發展, 법형성 法形成; gesetzesübersteigende ~ 법률초월적(法律超越的) 법발전; richterliche ~ 법관(法官)에 의한 법발전; **~frage** *f.* 법률문제 法律問題; abstrakte ~ 추상적(抽象的) 법률문제; offene ~ 해결 못 한 법률문제; **~fremde** *m.* 권리의 무관계자 權利의 無關係者; **~frieden** *m.* 법적 평화 法的 平和; **~fundament** *n.* 법적 기본 法的 基本; **~garantie** *f.* 권리보장 權利保障; **~gebiet** *n.* 법(률)영역 法(律)領域, 법(률)분야 法(律)分野; **~gefühl** *n.* 법적 감각 法的 感覺, 법적 감정 法的 感情; **~gehilfe** *m.* 법관의 보조인 法官의 補助人; **~geltung** *f.* 법효력 法效力; **~gemeinschaft** *f.* 법공동체 法共同體; **~genosse** *m.* (*wörtl.*) 법(法)동무, 법동료 法同僚. // 같은 법률제도에 소속된 사람.

Rechtsgeschäft *n.* 법률행위 法律行爲. // Bei Komposita reduziert sich der Begriff zumeist auf „행위" = „Handlung" (z.B. 단독행위 statt 단독법률행위). Im folgenden wird im Sinne einer genauen Terminolgie immer „법률행위" verwendet. // ~ eigener Art 독자적 종류의 법률행위 獨自的 種類의 法律行爲; abstraktes ~ 무인(無因)행위; anfechtbares ~ 취소(取消)할 수 있는 법률행위; bedingtes ~ 조건부(條件附) 법률행위; bedingungsfeindliches ~ 조건(條件)에 친하지 않은 법률행위; befristetes ~ 기한부(期限附) 법률행위; dingliches ~ 물권(物權)법률행위; einseitiges ~ 단독(單獨)행위, 일방(一方)행위; entgeltliches ~ 유상(有償)행위; fiduziarisches ~ 신탁(법률)행위 信託(法律)行爲; formelles ~ 요식(要式)행위; formfreies ~ 불요식(不要式)행위; gesetzwidriges ~ 위법적(違法的) 행위; kausales ~ 유인(有因)행위; mehrseitiges ~ 다수당사자간(多數當事者間)행위; nichtiges ~ 무효(無效)행위; partiarisches ~ 이익참가(利益參加)행위; rechtswidriges ~ 불법(不法)행위; sachenrechtliches ~ 물권행위 物權行爲; sittenwidriges ~ 풍속(風俗)에 반(反)하는 법률행위; unentgeltliches ~ 무상(無償)행위; verdecktes ~ 은닉(隱匿)행위; wirksames ~ 효력(效力) 있는 법률행위; zweiseitiges ~ 쌍무적(雙務的) 법률행위.

Rechtsgeschäftsähnliche Handlung *f.* 준법률행위 準法律行爲.

Rechtsgeschäftslehre *f.* 법률행위론 法律行爲論, 법률행위학 法律行爲學.

Rechts:geschichte *f.* 1. (*i.S.v. Wissenschaft*) 법사학 法史學; 2. (*allg.*) 법역사 法歷史; **~gestaltend** *adj.* 1. (*in Bezug auf das institutionelle Recht*) 법률형성적 法律形成的, 법형성적 法形成的; 2. (*in Bezug auf das Recht des Einzelnen*) 권리형성적 權利形成的; **~gestaltung** *f.* 1. (*in Bezug auf das institutionelle Recht*) 법률형성 法律形成, 법형성 法形成; 2. (*in Bezug auf das Recht des Einzelnen*) 권리형성 權利形成; **~grund** *m.* 법적 원인 法的 原因, 법적 근거(根據), 법률요건(要件); **~grundsatz** *m.* 법리 法理, 법의 원리(原理), 법원칙 法原則; **~grundverweis** *m.* → Rechtsgrundverweisung; **~grundverweisung** *f.* 법률원인의 제시 法律原因의 提示; **~gültig** *adj.* 법적효력(法的效力)이 있는; **~gültigkeit** *f.* 법적유효성 法的 有效性; **~gut** *n.* 법익 法益, 법적보호대상 法的保護對象; ~ der Allgemeinheit 공공(公共)의 법익; ~ des Einzelnen 개인(個人)의 법익; bedrohtes ~ 위협(威脅)을 받은 법익; eigenes ~ 자기(自己)의 법익; fremdes ~ 타인(他人)의 법익; gefährdetes ~ 위협(威脅)을 받은 법익; geschütztes ~ 보호(保護)법익; staatliches ~ 국가(國家)법익; verletztes ~ 침해(侵害)된 법익; **~gutachten** *n.* 법적 감정서 法的 鑑定書, 법적 조언서 法的 助言書; **~gutgefährdung** *f.* 법익(法益)에 대한 위해(危害); **~güterabwägung** *f.* 법익형량 法益衡量; **~güterschutz** *m.* 법익보호 法益保護; **~gutverletzung** *f.* 법익침해 法益侵害; **~handlung** *f.* 법적행위 法的行爲; **~hängig** *adj.* 계속(係屬)된. „Die Klage ist rechtshängig geworden.": 소가 계속되었다. // **~hängigkeit** *f.* 소송계속 訴訟係屬. // Anders als das deutsche Recht in § 253 Abs. 1 ZPO, äußert sich die KZPO nicht zum Zeitpunkt des Eintritts der Rechtshängigkeit. Nach Rspr. und h.M. tritt die Rechtshängigkeit jedoch wie in Deutschland erst nach Zustellung der Klageschrift ein. // anderweitige ~ 다른 법원(法院)에서 소송계속.

Rechts:hilfe *f.* 사법공조 司法共助, 법률(法律)공조, 법적 지원 法的 支援; internationale ~ 국제(國際)사법공조; **~hilfeabkommen** *n.* 사법공조협약 司法共助協約; **~hilfeersuchen** *n.* 사법공조촉탁 司法共助囑託; **~hilfeordnung** *f.* 사법공조규칙 司法共助規則; **~idee** *f.* 법이념 法理念; **~inhaber** *m.* 권리보유자 權利保有者; **~instanz** *f.* 법률심 法律審; **~institut** *n.* 법제도 法制度; **~interesse** *n.* 법적 이익 法的 利益, 법률상 이익 法律上 利益; **~kauf** *m.* 권리매매 權利賣買; **~klarheit** *f.* 법적 명백성 法的 明白性; **~kollision** *f.* 권리상충 權利相衝, 권리충돌 權利衝突; **~kontrolle** *f.* 법적 검토 法的 檢討; **~kraft** *f.* 확정력 確定力, 기판력 旣判力;

formelle ~ 형식적(形式的) 기판력; materielle ~ 실체적(實體的) 기판력, 실질적(實質的) 확정력; subjektive ~ 주관적(主觀的) 확정력; in ~ erwachsen 기판력이 발생(發生)하다; Eintritt der ~ 기판력의 발생(發生); Umfang der ~ 기판력의 범위(範圍); **~krafterstreckung** f. 기판력의 확장(擴張); allseitige ~ 쌍방적(雙方的) 기판력의 확장; einseitige ~ 일방적(一方的) 기판력의 확장.

rechtskräftig adj. 확정력(確定力) 있는; ~es Urteil 확정력 있는 판결(判決).

Rechts:kreis f. 권리영역 權利領域; **~kreistheorie** f. 권리영역이론 權利領域理論; **~kultur** f. 법문화 法文化; **~lage** f. 법적 상태 法的 狀態, 법(률)상태 法(律)狀態, 권리상태 權利狀態, 법상황 法狀況; klare ~ 명백(明白)한 법상태; tatsächliche (wirkliche) ~ 사실상(事實上) 법상태, 진실(眞實)한 법상태; unklare ~ 명백(明白)하지 않은 법적 상태; Umgestaltung der ~ 법상태의 재형성(再形成); **~leben** n. 법생활 法生活; **~lehre** f. 법론 法論, 법학 法學; reine ~ 순수(純粹)법론; **~lehrer** m. (대학)의 법학교수 (大學)의 法學敎授; **~logik** f. 법논리 法論理; **~lücke** f. 법의 결함(缺陷), 법의 흠결(欠缺); **~macht** f. 법적(法的) 힘; **~mangel** m. 권리하자 權利瑕疵, 권리의 흠결(欠缺); **~mäßigkeit** f. 합법성 合法性; **~medizin** f. 법의학 法醫學; **~missbrauch** m. 권리남용 權利濫用.

Rechtsmittel n. 상소 上訴, 불복 不服, 법적 수단 法的 手段; ~ einlegen 상소를 제기(提起)하다; ~ zurücknehmen 상소를 철회(撤回)하다.

Rechtsmittel:belehrung f. 상소교시 上訴敎示, 상소고지 上訴告知; **~berechtigter** m. 상소권자 上訴權者; **~einlegung** f. 상소제기 上訴提起; **~führer** m. 상소제기자 上訴提起者; **~klarheit** f. 상소명백성 上訴明白性; **~kosten** f. 상소비(용) 上訴費(用); **~lehre** f. 상소론 上訴論; **~rücknahme** f. 상소(上訴)의 취하(取下); **~schrift** f. 상소서면 上訴書面, 상소장 上訴狀; **~verfahren** n. 상소절차 上訴節次; **~verzicht** m. 1. (*im Zivilprozessrecht*) 상소권(上訴權)의 포기(抛棄); 2. (*im Strafprozessrecht*) 상소의 포기. // Im Zivilprozess finden sich die Regeln über den Rechtsmittelverzicht in den §§ 394, 395, 425, 443 KZPO, im Strafprozess in §§ 349 – 356 KStPO.

Rechts:nachfolge f. 권리승계 權利承繼; ~ von Todes wegen 사망(死亡)에 위한 권리승계; **~nachfolger** m. 권리승계인 權利承繼人; **~nachteil** m. 법적(法的) 불이익(不利益); **~natur** f. 법적성질 法的性質, 법률적(法律的) 성질; **~norm** f. 법규범 法規範; bußgeldbewehrte ~ 과태료(過怠料)가 예정된 법규범, 과태료부과규정 過怠料賦課規定; objektive ~ 객관적(客觀的) 법규범; strafbewehrte ~ 형벌(刑罰)

이 예정된 법규범, 형벌부과규정 刑罰賦課規定; subjektive ~ 주관적(主觀的) 법규범; **~ordnung** *f.* 법질서 法秩序; **~persönlichkeit** *f.* 법인격 法人格; eigene ~ 독자적(獨自的) 법인격; **~pflege** *f.* 사법 司法; **~pflegeorgan** *n.* 사법기관 司法機關; **~pfleger** *m.* 사법보좌관 司法補佐官, 사법관시보 司法官試補; **~pflicht** *f.* 법적의무 法的義務; **~philosophie** *f.* 법철학 法哲學; **~position** *f.* 법적 지위 法的 地位; vermögenswerte ~ 재산적 가치(財産的 價値)가 있는 법적 지위; **~positivismus** *m.* 법실증주의 法實證主義; **~praxis** *f.* 법실무 法實務.

Rechtsprechung *f.* 판례 判例, 사법 司法; herrschende ~ 지도적(指導的)인 판례, 리딩케이스 (*leading case*); höchstrichterliche ~ 최고재판소(最高裁判所)의 판례; neue ~ 새로운 판례; verfassungsrechtliche ~ 헌법상(憲法上) 판례; widersprüchliche ~ 모순(矛盾)되는 판례.

Rechts:prinzip *n.* 법원리 法原理, 법원칙 法原則; oberstes ~ 최고(最高)의 법원리; unabänderliches ~ 변경(變更)할 수 없는 법원리; **~quelle** *f.* 법원 法原; ungeschriebene ~ 불문(不文)법원; die Rechtsquellen des Gesellschaftsrechts 회사법(會社法)의 법원; **~referendar** *m.* → Referendar; **~reflex** *m.* 반사적 이익 反射的 利益, 법적 반응 法的 反應; **~regel** *f.* 법칙 法則; **~sache** *f.* 소송사건 訴訟事件; **~sachverhalt** *m.* 법적 사실관계 法的 事實關係; **~satz** *m.* 법규 法規, 법원칙 法原則; materieller ~ 실체적(實體的) 법규; ungeschriebener ~ 무언(無言)법규; zwingender ~ 강행(强行)법규; **~satzverfassungsbeschwerde** *f.* 법규헌법소원 法規憲法所願; **~satzvorbehalt** *m.* 법규유보 法規留保; **~schein** *m.* 법적외관 法的外觀, 권리외관 權利外觀; äußerer ~ 법적외관; **~scheinhaftung** *f.* (법적)외관책임 (法的)外觀責任; **~scheintheorie** (법적)외관주의 (法的)外觀主義, (법적)외관이론 (法的)外觀理論.

Rechtsschutz *m.* 1. (권리)구제 (權利)救濟; 2. 권리보호 權利保護. // Beide Begriffe umschreiben das Wort „Rechtsschutz" hinreichend, haben jedoch eine unterschiedliche Nuancierung. Der Begriff „권리구제" ist ein aus Japan übernommender Terminus, der gegenüber „권리보호" förmlicher wirkt und insbesondere in Überschriften und feststehenden Komposita noch weitreichende Verwendung erfährt. Zudem deutet er an, dass der Rechtsschutz von oben herab als eine Art Gnadenrecht gewährt wird, während „권리보호" den obligatorischen Charakter des Rechtsschutzes betont. // effektiver ~ 효과적(效果的)인 권리보호; einstweiliger ~ (민법상) 가구제 (民法上)

暇求濟; intensiver ~ 집중적(集中的)인 권리보호; staatlicher ~ 국가(國家)를 통한 권리보호; rascher ~ 신속(迅速)한 권리보호; umfassender ~ 포괄적(包括的) 권리보호; vorbeugender ~ 예방적(豫防的) 권리구제; vorläufiger ~ (행정법상) 가구제 (行政法上) 假求濟, vgl. → Vorläufiger Rechtsschutz;
Rechts:schutzbedürfnis n. 권리보호필요성 權利保護必要性; allgemeines ~ 일반적(一般的) 권리보호필요성; besonderes ~ 특별(特別)한 권리보호필요성; **~schutzbegehren** n. 권리보호요구 權利保護要求; **~schutzbehauptung** f. 권리보호의 주장 權利保護의 主張; **~schutzform** f. 권리구제의 방식 權利求濟의 方式; **~schutzgarantie** f. 권리구제보장(원칙) 權利求濟保護(原則); **~schutzinteresse** n. 권리보호이익 權利保護利益; objektives ~ 객관적(客觀的) 권리보호이익; subjektives ~ 주관적(主觀的) 권리보호이익; **~schutzverbindlichkeit** f. 법적(法的) 구속력(拘束力); **~schutzverfahren** n. 권리구제절차 權利求濟節次; subjektives ~ 주관적(主觀的) 권리보호절차; **~schutzversicherung** f. 권리구제보험 權利求濟保險, 권리보호보험 權利保護保險; **~schutzverzicht** m. 소송포기 訴訟抛棄, 권리구제포기 權利求濟抛棄.
Rechts:setzung f. 입법 立法, 법제정 法制定, 법정립 法定立; ~ der Verwaltung 행정입법 行政立法; staatliche ~ 국가적(國家的) 입법; **~sicherheit** f. 법적 안정성 法的 安定性; **~sinn** m. 법적 의미 法的 意味; **~soziologie** f. 법사회학 法社會學; **~staat** m. 법치국가 法治國家; autoritärer ~ 권위적(權威的) 법치국가; demokratischer ~ 민주적(民主的) 법치국가, 민주법치국가; formeller ~ 형식적(形式的) 법치국가; liberaler ~ 자유적(自由的) 법치국가; materieller ~ 실질적(實質的) 법치국가; objektiver ~ 객관적(客觀的) 법치국가; republikanischer ~ 공화적(共和的) 법치국가; sozialer ~ 사회적(社會的) 법치국가; subjektiver ~ 주관적(主觀的) 법치국가; **~staatlichkeit** f. 법치국가성 法治國家性; **~staatsgrundsatz** m. 법치국가원칙 法治國家原則; **~staatsprinzip** n. 법치국가원리 法治國家原理, 법치주의 法治主義; **~stellung** f. (des Einzelnen) (개인의) 법적 지위 (個人의) 法的 地位; subjektivierte ~ 주관화(主觀化)된 법적 지위; **~stärkung** f. 법강화 法强化; **~störung** f. 권리방해 權利妨害; **~streit** m. 소송 訴訟, (법률상의) 쟁송 (法律上의) 爭訟, 법률분쟁 法律紛爭, 권리분쟁 權利紛爭, 재판 裁判; anhängiger ~ 계속(繫屬)된 쟁송; bürgerlicher ~ 민사재판 民事裁判; kollektiver ~ 집단적(集團的) 권리분쟁; Lage des ~s 소송의 진행정도(進行程度); **~streitigkeit** f. 이익분쟁 利益紛爭, 권리분쟁 權利紛爭, 법적분쟁 法의 紛爭; bürgerliche ~ 민사(民事)법적분쟁; **~subjekt** n. 법주체 法主體; parteifähiges

331

~ 당사자능력(當事者能力) 있는 법주체; ~**system** *n*. 법률제도 法律制度; (*Abk*.) 법제 法制; ~**teilung** *f*. 권리분할 權利分割; ~**terminologie** *f*. 법률(전문)용어 法律(專門)用語; ~**theorie** *f*. 법이론 法理論; ~**titel** *m*. → Titel; ~**träger** *m*. 권리의 주체 權利의 主體, 권리주체 權利主體; ~**trägerprinzip** *n*. 권리주체의 원리 權利主體의 原理; ~**übergang** *m*. 권리이전 權利移轉; ~**übernahme** *f*. 권리인수 權利引受; ~**übertragung** *f*. 권리양도 權利讓渡; ~**überzeugung** *f*. 법적확신 法的確信; ~**umfang** *m*. 권리범위 權利範圍; ~**umsetzung** *f*. 법실행 法實行; ~**unerheblich** *adj*. 법적(法的) 의미(意味)가 없는; ~**unsicherheit** *f*. 법적 불안정성 法的 不安定性; ~**verbindlich** *adj*. 법적(法的) 구속력(拘束力)이 있는; ~**verbindlichkeit** *f*. 법적구속(력) 法的拘束(力); unmittelbare ~ 직접적(直接的) 법적구속력; ~**vereinheitlichung** *f*. 법적통합 法的統合, 법적통일 法的統一; ~**verfall** *m*. 권리상실 權利喪失; ~**verfolgung** *f*. 권리실현 權利實現, 권리추구 權利追求; ~**vergleich** *m*. 법비교 法比較, 비교법 比較法; ~**vergleichung** *f*. → Rechtsvergleich.

Rechtsverhältnis *n*. 법적관계 法的關係, 법(률)관계 法(律)關係; einheitliches ~ 동일(同一)한 법적관계; konkretes ~ 구체적(具體的) 법률관계; öffentliches ~ 공법관계 公法關係; partiarisches ~ 이익참가(利益參加)법률관계; streitiges ~ 분쟁(紛爭) 있는 법률관계; zweistufiges ~ 이단계(二段階)법률관계.

Rechtsverhältnis ~ ~ ändern 법적관계를 변경(變更)시키다; ~ aufheben 법적관계를 소멸(消滅)시키다; ~ begründen 법적관계를 발생(發生)시키다.

Rechts:verhinderung *f*. 권리저지 權利沮止; ~**verkehr** *m*. 법적 거래 法的 去來; ~**verletzung** *f*. 권리침해 權利侵害; ~**verlust** *m*. 권리의 상실 權利의 喪失, 실권 失權; ~**vermutung** *f*. 권리추정 權利推定; ~**verordnung** *f*. 법규명령 法規命令; ~**verstoß** *m*. 법(률)위반 法(律)違反; ~**vertrauen** *n*. 법(法)에 대한 신뢰(信賴); ~**verweigerung** *f*. 권리거부 權利拒否; ~**verwirklichung** *f*. 권리실현 權利實現; ~**verwirkung** *f*. 권리상실 權利喪失, 권리실효 權利失效; ~**verzicht** *m*. 권리의 포기 權利의 抛棄; ~**vorgänger** *m*. 피권리승계인 被權利承繼人; ~**vorschrift** *m*. 법규정 法規定, 법규 法規; innerstaatliche ~ 국내(國內)법규정; ~**vorteil** *m*. 법적(法的) 이익(利益); ~**wahl** *f*. 법선택 法選擇; ~**wahrung** *f*. 법(法)의 유지(維持), 권리보전 權利保全.

Rechtsweg *m*. (*wörtl*.) 권리구제경로 權利求濟經路. // 권리구제방법 權利求濟方法, 권리구제절차 權利求濟節次, 소송(訴訟)의 방법(方法), 소송의 수단(手段) 등의 의미를 내포한다. 법원으로 갈 수 있는 길이라는 뜻도 있고 여러 재판권 중 민사재판권과 형사재판권의 일반재판권 (Ordentliche Gerichtsbarkeit: Zivil- und Strafgerichte), 행정재판권 (Verwaltungsgerichtsbarkeit), 사회재판권 (Sozialgerichtsbarkeit), 재정재판권 (Finanzgerichtsbarkeit)과 노동재판권 (Arbeitsgerichtsbarkeit) 등 해당 사건을 관할하는 법원을 선택해서 소송을 제기할 때 „Rechtsweg"이 개시된다 („Der Rechtsweg ist eröffnet"). 이는 헌법적으로 보장된 개념으로서 당사자 간에 어떤 합의가 있다고 하더라도 이를 배제하지 못 한다. 계약서에서 나오는 „Der Rechtsweg ist ausgeschlossen" („권리구제절차가 배제된다")라는 표현이 있더라도 소송을 제기할 권리를 부인할 수 없고 오히려 청구권을 승인하지 않는다는 의미가 있을 뿐이다. 도박이나 내기는 불완전한 채무 (이른바 Unvollkommene Verbindlichkeit)로서 원래 청구권이 없다. 이럴 때에는 „권리구제절차를 배제한다"라는 말은 선언적인 의미가 있을 뿐이다.

Rechts:wegeröffnung f. 권리구제절차개시 權利求濟節次開始; **~wegerschöpfung** f. 권리구제절차(權利求濟節次) 이행. // 어떤 불복을 제기하기 전에 일단 먼저 일반법원에서 소송절차를 마쳐야 하는 제도이다. 예를 들면 연방헌법재판소법 제90조 제2항에 의거하여 헌법소원을 제기 전에 일반법원에 먼저 소송을 제기해야 한다. 예문: „Die Verfassungsbeschwerde kann erst nach Erschöpfung des Rechtsweges erhoben werden." // **~weggarantie** f. 소송방법의 보장 訴訟方法의 保障, 권리구제절차보장 權利求濟節次保障. // 어떤 권리를 침해당한 자가 법원에서 소송을 제기할 수 있는 소송의 길이 열려 있는 기본법상 권리. 독일 기본법 제19조 제4항에서 이를 규정하고 있다. // **~widrigkeit** f. 위법(성) 違法(性), 불법(성) 不法(性); Bewusstsein der ~ 위법성의 인식(認識); einfache ~ 단순(單純)한 위법성, 단순위법; evidente ~ 명백(明白)한 위법성; formelle ~ 형식적(形式的) 위법성; materielle ~ 실질적(實質的) 위법성; **~widrigkeitsklausel** f. 위법조항 違法條項; **~widrigkeitszusammenhang** m. 위법성의 관련성 違法性의 關聯性, 위법성의 견련성(牽連性); **~wirklichkeit** f. 법실현 法實現; **~wirksamkeit** f. 법적유효성 法的有效性; **~wirkung** f. 법적 효과 法的 效果; ~ nach außen 대외적(對外的) 법적 효과, 외부(外部)에 대한 법적 효과; mittelbare ~ 간접(間接) 법적 효과; unmittelbare ~ 직접(直接) 법적 효과; **~wissenschaft** f. 법학 法學; freie ~ 자유(自由)로운 법학; vergleichende ~ 비교법학 比較法學; **~wörterbuch** n. 법률용어사전 法律用語辭典; **~zersplitterung** f. 법의 분열 法의 分裂, 법의 분립 法의 分立; **~zug** m. 심급 審級, → Instanz; **~zustand** m. 권리상태 權利狀態; **~zweck** m. 법목적 法目的.

Redaktionsversehen n. 편집상(編輯上)의 잘못.

Rede:freiheit f. 언론의 자유 言論의 自由; parlamentarische ~ 의회(議會)에서 언론

의 자유; **~zeit** *f.* 발언시간 發言時間.

redlich *adj.* 성실(誠實)한/의; ~er Vertragspartner 성실한 계약상대방(契約相對方).

Redlichkeit *f.* 성실성 誠實性.

Reeder *m.* 선박소유자 船舶所有者.

Reederei *f.* 선박회사 船舶會社, 선박공유 船舶共有.

Referat *n.* 사무국 事務局.

Referendar *m.* 1. (*im juristischen Vorbereitungsdienst*) a) (*in Korea*) 사법연수생 司法硏修生, 법률연구원 法律硏究員; b) (*in Deutschland*) 사법관시보 司法官試補; 2. (*auf Lehramt*) 예비교사 豫備敎師.

Referendarexamen *n.* 제1차 국가시험 第一次 國家試驗.

Referendariat *n.* 1. (*i.S.d. juristischen Vorbereitungsdienstes*) 사법연수 司法硏修; 2. (*bei der Ausbildung zum Lehramt*) 예비교사업무 豫備敎師業務.

Referendum *n.* 레퍼렌덤.

Reflex *m.* 1. (*i.S.v. Spiegelung*) 반사 反射; 2. (*i.S.v. Reaktion*) 반응 反應.

Reflex:recht *n.* 반사적 이익 反射的 利益; **~wirkung** *f.* 반사적 효력 反射的 效力.

Reform *f.* 개정 改正; **~gesetz** *n.* 개정법 改正法; **~gesetzgeber** *m.* 개정입법자 改正立法者.

Reformatio in peius (*lat.*) 불이익변경 不利益變更.

Reformation *f.* 종교개혁 宗教改革.

Regel *f.* 규칙 規則; allgemeine ~ 일반(一般)규칙.

Regel – Ausweisung *f.* 원칙적 추방 原則的 追放.

Regel:bedarf *m.* 통상비 필요비 通常의 必要費; **~beispiel** *n.* 규정례 規定例, 규정예시형식 規定例示形式; **~leistung** *f.* 통상급여 通常給與, 법정급여 法定給與.

Regelung *f.* 규정 規定, 규율 規律; abschließende ~ 확정적(確定的)인 규정; dispositive ~ 임의(任意)규정; einfachgesetzliche ~ 단순법률상(單純法律上) 규정; einstweilige ~ 일시적(一時的) 규정; gesetzliche ~ 법적(法的) 규정; interne ~ 내부적(內部的) 규정; obligatorische ~ → zwingende ~ ; organinterne ~ 기관내부적(機關內部的) 규정; vorübergehende ~ 경과(經過)규정; zwingende ~ 강행(强行)규정.

Regelungs:anordnung *f.* 규율명령 規律命令; **~bedürfnis** *n.* 규율필요(성) 規律必要(性); **~bereich** *m.* 규정범위 規定範圍, 규정영역 規定領域; **~defizit** *n.* 규율결함 規律缺陷; **~dichte** *f.* 규율밀도 規律密度; **~gegenstand** *m.* 규율대상 規律對象; **~lücke** *f.* 규율흠결 規律欠缺; verdeckte ~ 숨겨진 규율흠결; planwidrige ~ 계획위

반적(計劃違反的) 규율흠결; **~spielraum** *m.* 규율재량 規律裁量; **~streitigkeit** *f.* 권리분쟁 權利紛爭.

Regelunterhalt *m.* 통상의 부양료 通常의 扶養料.

Regierung *f.* 정부 政府.

Regierungs:akt *m.* 통치행위 統治行爲; **~bezirk** *m.* 통치구역 統治區域; **~entwurf** *m.* 정부초안 政府草案; **~fähigkeit** *f.* 통치능력 統治能力; **~form** *f.* 정체 政體, 정부형태 政府形態; **~handeln** *n.* 정부작용 政府作用; **~krise** *f.* 정부위기 政府危機; **~mitglied** *n.* 정부구성원 政府構成員; **~organisation** *f.* 정부기구 政府機構; **~system** *n.* 정부제(도) 政府制(度); parlamentarisches ~ 의회(議會)정부제, 의원내각제 議員內閣制; **~vertreter** *m.* 정부대표자 政府代表者.

Region *f.* 지역 地域, 구역 區域.

Regional:plan *m.* 지역계획 地域計劃; **~steuer** *f.* 지방세 地方稅.

Register *n.* 등기부 登記簿, 등록부 登錄簿, 장부 帳簿; öffentliches ~ 공적(公的) 장부; **~auszug** *m.* 등기부의 초본 登記簿의 抄本; **~führung** *f.* 등기부운용 登記簿運用; **~hafen** *m.* 선적항 船籍港, 선박등록항 船舶登錄港.

Regress *m.* 구상 求償; **~anspruch** *m.* 구상청구권 求償請求權, 상환청구권 償還請求權; **~verbot** *n.* 구상금지 求償禁止.

Regulierung *f.* 규정 規定, 규제 規制, 조정 調整, 통제 統制.

Regulierungsverwaltung *f.* 규제행정 規制行定.

Rehabilitation *f.* 재활 再活.

Rehabilitationseinrichtung *f.* 재활시설 再活施設.

Rehabilitierung *f.* 갱생 更生.

Reich *n.* 1. (*allg.*) 제국 帝國; 2. Für das Deutsche Reich (독일제국) wird z.T. die Transkription „라이히" verwendet.

Reichs:arbeitsgericht *n.* 제국노동법원 帝國勞動法院; **~finanzgericht** *n.* 제국재정법원 帝國財政法院; **~gericht** *m.* 제국법원 帝國法院, 제국재판소 帝國裁判所, 라이히재판소; **~gerichtsrechtssprechung** *f.* 제국법원의 판례 帝國法院의 判例; **~kammergericht** *n.* 제국궁정재판소 帝國宮廷裁判所; **~verwaltungsgericht** *n.* 제국행정법원 帝國行政法院.

Re – Import *m.* 재수입 再輸入.

Reine Rechtslehre 순수법학 純粹法學.

Reingewinn *m.* 순익 純益.

Reinvestition *f.* (*engl.* plow back) 재투자 再投資.
Reise *f.* 여행 旅行; **~ausweis** *m.* 여행증서 旅行證書; **~freiheit** *f.* 여행자유 旅行自由; **~kosten** *f.* 여행비 旅行費; **~leistung** *f.* 여행급부 旅行給付; **~gut** *n.* 수하물 手荷物.
Reisender *m.* 여행자 旅行者.
Reise:pass *m.* (여행)여권 (旅行)旅券; **~preis** *m.* 여행대금 旅行代金; **~scheck** *m.* 여행자수표 旅行者手票; **~unternehmen** *n.* 여행사 旅行社; **~unternehmer** *m.* 여행업자 旅行業者; **~veranstalter** *m.* 여행주최자 旅行主催者; **~vermittlungsvertrag** *m.* 여행중개계약 旅行仲介契約; **~vertrag** *m.* 여행계약 旅行契約. // Das KBGB enthielt anders als das deutsche Recht in §§ 651a ff. BGB vormals keine Sondervorschriften über die Erbringung von Reiseleistungen. Am 02.03.2015 wurden mit §§ 674a ff. KBGB entsprechende Regelungen geschaffen, die zum 02.03.2016 in Kraft getreten sind.
Rekta:indossament *n.* 배서금지배서 背書禁止背書; **~papier** *n.* 기명증권 記名證券; → Namenspapier; **~wechsel** *m.* 배서금지(背書禁止)어음.
Relativismus *m.* 상대주의 相對主義.
Religion *f.* 종교 宗敎.
Religions:ausübung *f.* 종교행사 宗敎行使, 종교행위 宗敎行爲; Freiheit der ~ 종교행사의 자유(自由); **~freiheit** *f.* 종교의 자유 宗敎의 自由; **~gemeinschaft** *f.* 종교단체 宗敎團體, 종교공동체 宗敎共同體; **~grundrecht** *n.* 종교적 기본권 宗敎的 基本權; **~unterricht** *m.* 종교수업 宗敎授業.
Remittent *m.* 어음수취인(受取人).
Remonstration *f.* 이의신청 異議申請, 의견진술 意見陳述, 의견제출 意見提出.
Remonstrations:pflicht *f.* 의견진술의무 意見陳述義務; **~recht** *n.* 의견진술권 意見陳述權.
Rendite *f.* 수익 收益.
Rentabilität *f.* 수익성 收益性.
Rente *f.* 1. (*i.S.v. Ruhebezug*) (보험)연금 (保險)年金, 퇴직금 退職金; 2. (*aus einem Grundstück*) 토지채무 土地債務; 3. (*bei vorzeitiger Erwerbsunfähigkeit*) 정기금 定期金.
Renten:anspruch *m.* 연금청구권 年金請求權; **~anwartschaft** *f.* 연금기대권 年金期待權; **~ausgleich** *m.* 연금조정 年金調整; **~forderung** *f.* 연금청구 年金請求; **~formel** *f.* 연금산정공식 年金算定公式; **~kasse** *f.* 연금기금 年金基金; **~kauf** *m.* 연

금매매 年金賣買; **~recht** *n.* 정기금채권 定期金債權; **~schein** *m.* 정기금증권 定期金證券; **~schenkung** *f.* 정기금증여 定期金贈與; **~schuld** *f.* 정기토지채무 定期土地債務; **~schuldbrief** *m.* 정기토지채무증권 定期土地債務證券; **~versicherung** *f.* 연금보험 年金保險; betriebliche ~ 기업상(企業上) 연금보험; gesetzliche ~ 법적(法定) 연금보험; öffentliche ~ 공적(公的) 연금보험; private ~ 사적(私的) 연금보험.

Rentner *m.* 연금수급권자 年金受給權者.

Reparatur *f.* 수선 修繕, 수리 修理; **~auftrag** *m.* 수리위임 修理委任; **~aufwand** *m.* 수리비용 修理費用; **~kosten** *f.* 수리비 修理費.

Repetitor *m.* 사립법학원의 강사 私立法學院의 講師.

Repetitorium *n.* 사립법학원 私立法學院.

Replik *f.* 1. (*i.S.v. Gegeneinrede*) 재항변 再抗辯; 2. (*auf einen Schriftsatz, z.B. im Zivilprozess*) 답변서 答辯書.

Repräsentant *m.* 대표(자) 代表(者).

Repräsentantenhaftung *f.* 대표자책임 代表者責任.

Repräsentanz *f.* 대리점 代理店.

Repräsentativsystem *n.* 대의제도 代議制度.

Repressalie *f.* 조치 措置.

Repression *f.* 억압 抑壓.

repressiv *adj.* 억압적(抑壓的)인.

Reproduktion *f.* 1. (*i.S.v. Kopie*) 복사 複寫; 2. (*i.S.v. Wiederherstellung*) 재생 再生.

Reproduktionsmedizin *f.* 재생의학 再生醫學.

Republik *f.* 공화국 共和國; demokratische ~ 민주공화국 民主共和國.

Reserve:fonds *m.* 준비금 準備金; freiwilliger ~ 임의(任意)준비금; gesetzlicher ~ 법정(法定)준비금; stiller ~ 비밀(秘密)준비금; unechter ~ 부진정(不眞正)준비금; **~kompetenz** *f.* 유보권한 留保權限; **~zuständigkeit** *f.* 예비적 권한 豫備的 權限.

Resulotion *f.* 결의 決意; ~ einbringen 결의안(決意案)을 제출(提出)하다.

Resozialisierung *f.* 재사회화 再社會化.

Restitution *f.* 원상회복 原狀回復, 보상 補償, 배상 賠償.

Restitutions:anspruch *m.* 원상회복청구권 原狀回復請求權; **~grund** *m.* 원상회복원인 原狀回復原因; **~klage** *f.* 원상회복의 소 原狀回復의 訴.

Rest:kaufpreis *m.* 잔대금 殘代金; **~risiko** *n.* 잔존위험 殘存危險; **~schuld** *f.* 잔존

채무 殘存債務; **~schuldbefreiung** *f.* 잔존채무면책 殘存債務免責.

Reugeld *m.* 해약금 解約金.

Revaluierungsverhältnis *n.* 보상관계 補償關係.

Reserve Charge (*engl.*) → Reverse-Charge-Verfahren.

Reverse-Charge-Verfahren *n.* 매입자납부제도 買入者納付制度.

Revision *f.* 1. (*als Rechtsmittel*) 상고 上告 (§§ 422 ff. KZPO, §§ 371 ff. KStPO); ~ einlegen 상고를 제기(提起)하다, 상고하다; ~ zulassen 상고를 허가(許可)하다; 2. (*allg. i.S.v. Überprüfung*) 검사 檢查, 심사 審查; 3. (*i.S.v. Veränderung, z.B. bei einer Gesetzesrevision*) 개정 改正, 변경 變更.

Revisions:antrag *m.* 상고신청 上告申請; **~begründung** *f.* (Schriftsatz) 상고이유(서) 上告理由(書); **~einlegung** *f.* 상고제기 上告提起; **~ersteckung** *f.* 상고확정 上告確定; **~frist** *f.* 상고기간 上告期間; **~gericht** *n.* 상고법원 上告法院; **~grund** *m.* 상고이유 上告理由; absoluter ~ 절대적(絕對的) 상고이유; **~instanz** *n.* 상고심 上告審; **~schrift** *f.* 상고장 上告狀; **~verfahren** *n.* 상고심절차 上告節次; **~zurückweisung** *f.* 상고기각 上告棄却.

Rezeption *f.* 계수 繼受.

Rezipiertes Recht 계수법 繼受法.

Richter *m.* 1. 판사 判事 (*als Anrede:* 판사님); 2. (*veraltet*) 법관 法官. Dieser aus Japan stammende Begriff bedeutet seinem Wortlaut nach lediglich „Rechtsbeamter" (*jap.:* H kan), wird jedoch in Korea auch für die Bezeichnung von Richtern verwendet. Seit den 70er Jahren ist zunehmend der Begriff „판사" (*jap.:* Hanji) gebräuchlich. Insbesondere bei Komposita findet die Bezeichnung „법관" jedoch weiterhin Verwendung. // 3. Die Bezeichnung „재판관" (裁判官) ist Richtern am Verfassungsgericht (vgl. Art. 111 Abs. 2 KVerf) und Militärgerichten (vgl. Art. 110 Abs. 3 KVerf) vorbehalten. Die Richter am Obersten Gerichtshof werden als „대법관" (大法官) bezeichnet. // ~ auf Probe 예비판사 豫備判事. // Seit dem Jahr 2007 gibt es in Korea keine Richter auf Probe mehr. Stattdessen wurde der Berufsstand der sog. „Legal Clerks" (재판연구원 裁判研究員) geschaffen. // Ablehnung des ~s 판사에 대한 기피(忌避); Ausschluss des ~s 판사의 제척(除斥); beauftragter ~ 수명판사 일반재판권 受命判事; beisitzender ~ 배석(陪席)판사; ehemaliger ~ 이전(以前)의 판사; ehrenamtlicher ~ 명예(名譽)판사, 명예직(名譽職)판사; erkennender ~ 심판

(審判)하고 있는 판사; ersuchter ~ 수탁(受託)판사 (§ 332 KZPO); gesetzlicher ~ 법률(法律)에 의한 판사; vorsitzender ~ 재판장 裁判長; richterliche Unabhängigkeit 사법권의 독립 司法權의 獨立, 법관(法官)의 독립; richterliches Prüfungsrecht 판사의 법령심사권(法令審査權).

Richter:amt n. 법관 法官, 법관지위 法官地位, 판사직 判事職; Befähigung zum ~ 판사지위를 받을 수 있는 자격.

Richterlicher Notdienst m. 1. (wörtl.) 법관의 긴급직무 法官의 緊急職務; 2. (in Korea) 당직판사 當職判事 (wörtl.: „Richter im Dienst").

Richter:notdienst m. → Richterlicher Notdienst; **~recht** n. 재판관법 裁判官法, 법관법 法官法, 판례법 判例法; **~spruch** m. 판결 判決; **~staat** m. 판사국가 判事國家; **~verhältnis** n. 판사관계 判事關係.

Richtervorbehalt m. (wörtl.) 법관유보 法官留保, wobei dieser Begriff in Korea nicht verwendet wird. Stattdessen wird in Anlehnung an das US – amerikanische Recht vom „영장주의 令狀主義" (Warrant – System) gesprochen. Der verfassungsrechtliche Richtervorbehalt ist in Korea in Art. 12 Abs. 3 KVerf geregelt: „Bei einer Festnahme, Verhaftung, Beschlagnahme oder Durchsuchung ist auf Grundlage eines rechtmäßigen Verfahrens auf Antrag des Staatsanwaltes ein durch einen Richter ausgefertigter Beschluss vorzulegen. In Fällen von auf frischer Tat betroffener Täter und bei Taten, die mit einer Freiheitsstrafe von mehr als 3 Jahren bestraft werden und bei denen Flucht- oder Verdunkelungsgefahr besteht, kann der Beschluss auch nachträglich angefordert werden." Der Begriff der Durchsuchung umfasst sowohl Wohnungs- als auch Personendurchsuchungen. Obwohl der *verfassungsrechtliche* Richtervorbehalt in Art. 12 Abs. 3 KVerf somit einerseits weiter gefasst ist als der in Art. 13 Abs. 2, 104 Abs. 2 GG auf Wohnungsdurchsuchungen und freiheitsentziehende Maßnahmen beschränkte Richtervorbehalt in Deutschland, lässt z.B. das Antragserfordernis seitens der Staatsanwaltschaft erkennen, dass nur strafverfolgende Maßnahmen dem richterlichen Vorbehalt unterliegen. Die Frage, ob z.B. im Ausländerrecht im Vorfeld einer Abschiebehaft ebenfalls eine Entscheidung des Richters herbeizuführen ist, ist umstritten. Eine höchstrichterliche Entscheidung zu dieser Frage steht noch aus.

Richter:vorlage f. 판사의 제청 判事의 提請; **~wahlausschuss** m. 판사선발위원회 判事選拔委員會.

Richtlinie f. 지침 指針; **EU - ~** 유럽연합(聯合) 지침; **~en der Politik** 정책(政策)지침.

Richtlinienkompetenz f. 지침권능 指針權能, 지침권 指針權.

Richtigkeit f. 정당성 正當性; institutionelle ~ 제도적(制度的) 정당성; materielle ~ 실체적(實體的) 정당성.

Richtigkeitsvermutung f. 정당성추정 正當性推定.

Richtungsgewerkschaft f. 정파별 노동조합 政派別 勞動組合. → Einheitsgewerkschaft에 반하는 말.

Ringförmige Beteiligung f. 환상적 상호참가 環狀的 相互參加.

Risiko n. 위험 危險, 리스크 (risk); allgemeines ~ 일반적(一般的) 위험; erlaubtes ~ 허용(許容)된 위험; **~begriff** m. 위험개념 危險概念; **~bewertung** f. 위험평가 危險評價; **~forschung** f. 위험연구 危險硏究; **~gesellschaft** f. 위험사회 危險社會; **~haftung** f. 위험책임 危險責任; → Gefährdungshaftung; **~kommunikation** f. 위해성정보제공 危害性情報提供. // 연방위험평가기관 (Bundesinstitut für Risikobewertung, *Abk.* BfR)은 상품이 건강 등에 미치는 영향을 조사 또는 평가하고 공개하는 업무를 한다. // **~strafrecht** n. 위험형법 危險刑法; **~übernahme** f. 위험인수 危險引受; vertragliche ~ 계약상(契約上) 위험인수; **~verringerung** f. 위험감소 危險減少; **~verteilung** f. 위험분배 危險分配, 위험분산 危險分散; **~vorsorge** f. 위험(사전)대비 危險(事前)對備; **~wahrnehmung** f. 위험인식 危險認識.

Robe f. 법복 法服.

Rohstoff m. 원료 原料.

Römisches Recht 로마법(法).

Rubrum n. (des Urteils) (판결)문서두 (判決)文書頭.

Rück:abtretung f. 재양도 再讓渡; **~abwicklung** f. 원상회복 原狀回復, 청산 淸算; ~ des Vertrages 계약(契約)의 원상회복, 계약의 청산; **~abwicklungsanspruch** m. 원상회복청구권 原狀回復請求權; **~abwicklungsverhältnis** n. 원상회복관계 原狀回復關係, 청산관계 淸算關係; **~auflassung** f. 부동산소유권재이전합의 不動產所有權再移轉合意; **~ausfuhr** f. 재수출 再輸出; **~bürge** m. 구상보증인 求償保證人; **~bürgschaft** f. 구상보증 求償保證; **~einfuhr** f. 재수입 再輸入; **~eintragung** f. 재등록 再登錄; **~erstattung** f. 자금의 반환 資金의 返還, 환불 還拂; **~erwerb** m. 재취득 再取得; **~erwerbsrecht** n. 재취득권 再取得權.

Rückfall *m.* (*strafr.*) 재범 再犯, 누범 累犯 (§ 35 KStGB). // Derjenige, der zumindest mit Einschließung (금고) bestraft wurde und nach Beendigung der Strafdauer innerhalb von drei Jahren eine Tat begeht, die ebenfalls mit Einschließung bestraft wird, wird als Wiederholungstäter bestraft, d.h. das Strafmaß kann bis zu der doppelten Höhe festgesetzt werden.

Rückfälliger *m.* 누범자 累犯者.

Rückfall:quote *f.* 누범률 累犯率; **~täter** *m.* 누범자 累犯者; **~wahrscheinlichkeit** *f.* 누범가능성 累犯可能性.

Rückforderung *f.* 반환청구 返還請求.

Rückforderungs:anspruch *m.* 반환청구권 返還請求權; **~durchgriff** *m.* 반환청구권의 접속 返還請求權의 接續; **~klausel** *f.* 반환청구조항 返還請求條項; **~recht** *n.* 반환청구권리 返還請求權利.

Rückgabe *f.* 반환 返還; **~frist** *f.* 반환기간 返還期間; **~pflicht** *f.* 반환의무 返還義務; bereicherungsrechtliche ~ (부당)이득법상 반환의무 (不當)利得法上 返還義務; **~recht** *n.* 반환권 返還權; **~termin** *m.* 반환기일 返還期日; **~wille** *m.* 반환의사 返還意思.

Rückgewähr *f.* 반환 返還; ~ des Kaufpreises (매매)대금 (賣買)代金의 반환; **~pflicht** *f.* 반환의무 返還義務; **~schuld** *f.* 반환채무 返還債務; vertragliche ~ 계약상(契約上) 반환채무; **~schuldverhältnis** *n.* 반환채무관계 返還債務關係, 반환청산채무관계 返還淸算債務關係.

Rückgriff *m.* 구상 求償, 상환청구 償還請求; ~ des Bürgen 보증인(保證人)의 구상.

Rückgriffs:anspruch *m.* 구상청구권 求償請求權; **~kondiktion** *f.* 구상부당이득 求償不當利得; **~recht** *n.* 구상권 求償權.

Rückindossament *n.* 환배서 還背書.

Rückkäufer *m.* 환매자 還賣者.

Rückkauf *m.* 환매 還賣.

Rückkaufs:befugnis *f.* 환매권한 還賣權限; **~berechtigter** *m.* 환매권한자 還賣權限者; **~berechtigung** *f.* → Rückkaufsbefugnis; **~preis** *m.* 환매가격 還賣價格; **~recht** *n.* 환매권 還賣權; **~vereinbarung** *f.* 환매합의 還賣合意; **~vertrag** *m.* 환매계약 還賣契約; **~wert** *m.* 환매가치 還賣價値.

Rückkehrverbot *n.* 귀가금지 歸家禁止.

Rücklage *f.* 준비금 準備金, 예비비 豫備費. Vgl. für Rücklagen im Staatshaushalt

§ 22 StaatsFinanzG. // freiwillige ~ 임의(任意)준비금; gesetzliche ~ 법정(法定)준비금; offene ~ 공연(公然)준비금; stille ~ 비밀(秘密)준비금.

Rücknahme *f.* 1. (*i.S.v. Aufhebung*) 취소 取消, ~ eines (rechtswidrigen) Verwaltungsakts 위법한 행정행위(違法한 行政行爲)의 취소; 2. (*bei der Klagerücknahme*) 취하 取下; 3. (*i.S.v. wieder an sich nehmen*) 회수 回收; ~ der Berufung 항소취하 抗訴取下; ~ der Klage 소(訴)의 취하; ~ von Amts wegen 직권(職權)취소; 4. (*eines Antrags*) 신청철회 申請撤回.

Rücknahme:erklärung *f.* 취하 (bzw. 취소, 회수) 의사표시(意思表示); **~pflicht** *f.* 회수의무 回收義務; **~recht** *n.* 회수권 回收權.

Rückruf *m.* 리콜 (*engl.* recall), 소환 召還.

Rücksichtnahme *f.* 배려 配慮, 고려 考慮; **~gebot** *n.* 배려명령 配慮命令, 고려명령 考慮命令; **~pflicht** *f.* 배려의무 配慮義務, 고려의무 考慮義務.

Rückschein *m.* (우편물) 수령확인증 (郵便物) 受領確認證.

Rückstellung *f.* 예비금 豫備金.

Rücktrag *m.* (carryback) 소급 遡及.

Rücktritt *m.* 1. (*vom Vertrag*) (계약의) 해제 (契約의) 解除; 2. (*von der Tat*) 중지 (범) 中止(犯); freiwilliger ~ 자의(自意)에 의한 중지; 3. (*vom Versuch*) 중지미수 中止未遂 (§ 26 KStGB); ~ vom beendeten Versuch 실행(實行)중지미수; ~ vom unbeendeten Versuch 착수(着手)중지미수; 5. (*von einem Amt*) 사임 辭任.

Rücktritts:androhung *f.* (*i.S.v.* 5.) 사임위협 辭任威脅; **~erklärung** *f.* 해제통고 解除通告, 해제의사(표시) 解除意思(表示); **~frist** *f.* 해제기간 解除期間; **~grund** *m.* 해제원인 解除原因; **~recht** *n.* 해제권 解除權; gesetzliches ~ 법정(法定) 해제권; vertragliches ~ 계약상(契約上) 해제권; **~vorbehalt** *m.* 해제유보 解除留保.

Rück:übertragung *f.* 반환 返還; **~vergütung** *f.* 사후보상 事後補償; **~versicherer** *m.* 재보험자 再保險者; **~versicherung** *f.* 재보험 再保險; **~verweisung** *f.* 반정 反定; **~wärtsversicherung** *f.* 소급보험 遡及保險; **~wechsel** *m.* 역(逆)어음.

rückwirkend *adj.* 소급적 遡及的.

Rückwirkung *f.* 소급효 遡及效; ~ von Gesetzen 법률(法律)의 소급효; echte ~ 진정(眞定) 소급효; unechte ~ 부(不)진정 소급효.

Rückwirkungsverbot *n.* (Grundsatz des ~s) 소급효금지(의 원칙) 遡及效禁止(의 原則)

Rückzahlung f. 반환 返還.

Rückzahlungs:anspruch m. 반환청구권 返還請求權; **~pflicht** f. 반환의무 返還義務; **~verweigerung** f. 반환거절 返還拒絕.

Rüge f. 이의 異議, 항변 抗辯; **~pflicht** f. 이의의무 異議義務; **~recht** n. 이의권 異議權; **~verzicht** m. 이의포기 異議抛棄.

Rügelose Einlassung f. 항변(抗辯)하지 아니하고 하는 진술(陳述). // Vgl. § 30 KZPO (Zuständigkeit durch Verhandlung) Rügt der Beklagte nicht die Unzuständigkeit vor dem Gericht der ersten Instanz und verhandelt zur Hauptache oder lässt sich im vorbereitenden Termin ein, so ist dieses Gericht zuständig.

Ruhe:bezüge m. pl. 퇴직금 退職金; **~gehalt** n. 연금 年金, 퇴직(연)금 退職(年)金 (§ 34 ArbStandardsG); **~geld** n. vgl. → Ruhegehalt.

Ruhen n. 중지 中止, 휴지 休止; **~ der Verjährung** 시효소멸(時效消滅)의 중지; **~ des Verfahrens** 소송절차의 중지 訴訟節次의 中止.

Ruhe:pause f. 휴게시간 休憩時間; **~stand** m. 정년 停年, 퇴직 退職; **~standsbeamter** m. 퇴직공무원 退職公務員; **~zeit** f. 1. (*arbeitsr. i.S.v. § 5 Abs. 1 ArbZG*) (최소)근로정지시간 (最小)勤勞停止時間, 휴식시간 休息時間. // 독일 근로시간법(Arbeitszeitgesetz) 제5조1항: 근로자는 매일 근무시간이 끝난 후 최소 11시간 휴식을 취해야 한다. // 2. (*nachbarschaftsrechtlich*) 이웃에게 방해되지 않게 야간에 조용하게 지내야 하는 시간.

Rundfunk:freiheit f. 방송의 자유 放送의 自由; **~gebühr** f. 방송수신료 放送受信料.

S, s

Saalverhaftung *f.* 법정구속 法廷拘束.
Sabotage *f.* 1. (*im Arbeitsrecht*) 태업 怠業; 2. (*allg.*) 방해행위 妨害行爲, 사보타주.
Sach:anlagevermögen *n.* 물적 설비재산 物的 設備財産; **~antrag** *m.* 본안신청 本案申請; **~bedarf** *m.* 물적(物的) 수요(需要); **~bedürfnis** *n.* 실질적(實質的) 필요성 (必要性); **~begriff** *m.* 물건개념 物件槪念.
Sachbeschädigung *f.* (als Delikt) 재물손괴(죄) 財物損壞(罪) (*wörtl.* „Beschädigung von Vermögensgegenständen") (§ 366 KStGB). // Das Strafmaß beträgt Geldstrafe bis zu 7 Mio KRW oder Freiheitsstrafe (Zuchthaus) bis zu drei Jahre. Die Vorschrift schützt anders als § 303 StGB nicht nur körperliche Gegenstände, sondern auch „das Vermögen, Urkunden, elektronische und andere Aufzeichnungen" (재물, 문서 또는 전자기록등 특수매체기록). Die Sachbeschädigung i.S.d. § 303 StGB kann mit „유체물손괴(죄) 有體物損壞(罪)" (Beschädigung körperlicher Gegenstände) übersetzt werden. Vgl. zum Sachbegriff im koreanischen Recht → Sache. Taugliche Tathandlung ist neben der Beschädigung (손괴) auch das Unterdrücken (은닉) oder jede andere Handlung, die den Gebrauchswert des Tatobjekt verringert. Bei der Zerstörung öffentlicher Urkunden oder Sachen ist § 141 Abs. 1 KStGB (공용물의 파괴), bei der Zerstörung von für die Öffentlichkeit gewidmeten Bauwerken § 367 KStGB (공익건조물파괴) einschlägig. Zerstört der Eigentümer seine im Besitz eines Dritten befindliche Sache, so ist § 323 KStGB (Verhinderung der Rechtsausübung – 권리행사방해죄) einschlägig.
Sach:besitz *m.* 물건(物件)에 대한 점유(占有); **~besitzer** *m.* 물건(物件)의 점유자(占有者); **~bestand** *m.* 사실상 존속 事實上 存續; **~beweis** *m.* 물적 증거 物的 證據; **~darlehen** *n.* 물건소비대차 物件消費貸借; **~darlehensvertrag** *m.* 물건소비대차계약 物件消費貸借契約; **~dividende** *f.* 물건배당 物件配當, 물적 배당 物 配當.
Sache *f.* 1. 물건 物件. // Der Sachbegriff des KBGB entspricht nicht dem des § 90 BGB. § 98 KBGB lautet: „Sache im Sinne dieses Gesetzes sind körperliche Gegenstände, sowie Elektrizität und andere beherrschbare

Naturkräfte." Sachen können daher neben körperlichen auch unkörperliche Gegenstände sein (Sonnenlicht, Musik, Gerüche etc.). Zu den Auswirkungen auf die → Sachbeschädigung, vgl. dort. Mit Hinweis auf den wirtschaftlichen Bezug des Zivilgesetzbuchs wird allen Gegenständen die Sacheigenschaft i.S.d. KBGB abgesprochen, die nicht als Handelsware dienen können (z.B. „lebende" Menschen). 2. (*i.S.v.* § *265 Abs. 1 ZPO*) 소송물 訴訟物, 사건 事件.

Sache (*i.S.v.* 1.) / abgetrennte ~ 분리된 물건 分離된 物件; abhanden gekommene ~ 점유이탈물 占有離脫物 (유실물 및 도품); bestimmte ~ 특정물 特定物; bewegliche ~ 동산 動産; einfache ~ 단일물 單一物; einheitliche ~ 단일(單一)한 물건; fremde ~ 타인(他人)의 물건; gepfändete ~ 압류물 押留物; geschuldete ~ 채무의 목적물 債務의 目的物; z.T. auch 변제의 목적물 辨濟의 目的物, vgl. z.B. § 490 KBGB (→ Selbsthilfeverkauf); gestohlene ~ 도품 盜品; herrenlose ~ 무주물 無主物, vgl. § 252 KBGB (Eigentumserwerb); hinterlegte ~ 공탁물 供託物; öffentliche ~ 공물 公物, ~ im Anstaltsgebrauch 영조물사용(營造物使用)공물; ~ im Gemeingebrauch 공공용물 公共用物; ~ im Sondergebrauch 특별사용(特別使用)공물; ~ im Verwaltungsgebrauch 행정사용(行政使用)공물; ~ im Zivilgebrauch 자유사용 (自由使用)공물; körperliche ~ 유체물 有體物; unbestimmte ~ 불특정물 不特定物; unbewegliche ~ 부동산 不動産; unteilbare ~ 불가분(不可分)물건; unvertretbare ~ 불대체물 不代替物, 비대체물 非代替物; verbrauchbare ~ 소비물 消費物; verlorene ~ 유실물 遺失物, vgl. § 253 KBGB (Eigentumserwerb); verkehrsfähige ~ 융통물 融通物; verkehrsunfähige ~ 불융통물 不融通物; vermietete ~ 임차물 賃借物, 임차된 물건; versicherte ~ 보험(保險)된 물건, 피보험물 被保險物; versteigerte ~ 경매 (競賣)된 물건; vertretbare ~ 대체물 代替物; zusammengesetze ~ 합성물 合成物.

Sache ~ ~ abtrennen 물건을 분리(分離)하다; ~ aneignen 물건을 수거(收去)하다.

Sach:eigentum *n.* 물건(物件)에 대한 소유(所有); **~eigentümer** *m.* 물건(物件)의 소유자(所有者); **~einlage** *f.* 현물출자 現物出資; verdeckte ~ 은폐(隱蔽)된 현물출자.

Sachenrecht *n.* 물권법 物權法.

Sachenrechtsbereinigungsgesetz *n.* 물권관계정리법 物權關係整理法.

Sachentscheidung *f.* 본안판단 本案判斷, 본안판결 本案判決, 본안재판 本案裁判, 사실결정 事實決定.

Sachentscheidungs:kompetenz *f.* 본안판단권 本案判斷權; **~voraussetzung** *f.* 본안판단요건 本案判斷要件.

Sach:erhalt *m.* 물건보존 物件保存; **~erhaltung** *f.* → Sacherhalt; **~firma** *f.* 물적 상호 物的商號. // 회사목적과 관계가 있는 상호.

sachfremd *adj.* 근거(根據)없이/없는.

Sach:gebundenheit *f.* 사항관련성 事項關聯性; **~gerecht** *adj.* 정당(正當)한; **~gerechtigkeit** *f.* 사실정당성 事實正當性; **~gesamtheit** *f.* 집합물건 集合物件, 물건전체 物件全體; **~gesamtheitsversicherung** *f.* 집합물건보험 集合物件保險; **~gewalt** *f.* 물건에 관한 지배 物件에 관한 支配, 물건지배 物件支配; tatsächliche ~ 사실적(事實的) 물건지배; **~haftung** *f.* 물상책임 物上責任; **~herrschaft** *f.* 물적 지배권 物的 支配權, 물건에 대한 지배권; öffentlich – rechtliche ~ 공법상(公法上) 물적 지배권, tatsächliche ~ 사실상(事實上) 물적 지배권; **~inbegriff** *m.* 집합물 集合物; **~kompetenz** *f.* 실체적 권한 實體的 權限; besondere ~ 특별(特別)한 실체적 권한; **~kunde** *f.* 전문지식 專門知識; besondere ~ 특별(特別)한 전문지식; **~lage** *f.* 상태 狀態; **~legitimation** *f.* 본안적격 本案適格.

Sachlicher Grund 정당한 사유 正當한 事由.

Sach:lieferung *f.* 물건급부 物件給付; **~mangel** *m.* 물건하자 物件瑕疵; **~nähe** *f.* 사물(事物) 또는 사안(事案)에 대한 근접성(近接性), 밀접성(密接性); **~prüfung** *f.* 본안심사 本案審査, 사실관계심사 事實關係審査; **~schuld** *f.* 물건채무 物件債務; **~übernahme** *f.* 재산인수 財産引受; **~urteil** *n.* 본안판결 本案判決; **~verhalt** *m.* 사안 事案, 사실 事實, 사실관계 事實關繼, 사건 事件, 사태 事態.

Sachverhaltsermittlung *f.* 사실조사 事實調査.

Sachverständigen:beweis *m.* 감정인 증거 鑑定人의 證據; **~gutachten** *n.* (als Schriftstück) 전문가의 감정(서) 專門家의 鑑定(書), 전문가평가(서) 專門家評價(書), 전문가의 의견(서) 專門家의 意見(書); **~kosten** *f.* 전문가 비용 專門家 費用, 감정인 비용 鑑定人 費用.

Sachverständiger *m.* 감정인 鑑定人, 전문가 專門家; öffentlich bestellter ~ 공적(公的)으로 임명(任命)된 감정인; vereidigter ~ 서약(誓約)된 감정인, 선서(宣誓)된 감정인. // Bei unrichtiger Begutachtung durch einen vereidigten Sachverständigen kann Strafbarkeit nach § 154 i.V.m. §§ 152, 153 KStGB (허위감정죄 虛僞鑑定罪) bestehen.

Sachverständiger Zeuge *m.* 감정증인 鑑定證人.

Sach:vortrag *m.* 본안진술 本案陳述, 본안에 관한 진술; **~walter** *m.* 관리인 管理人; **~wehr** *f.* 대물방위 代物防衛; **~wert** *m.* (물적)가치 (物的)價値; **~wertheorie** *f.* 가치

설 價値說; **~zusammenhang** *m.* 관련성 關聯性; innerer ~ 내부적(內部的) 관련성.

Saldo *m.* 차액 差額, 잔액 殘額; **~anerkenntnis** *n.* 차액승인 差額承認.

Saldotheorie *f.* 차액설 差額說.

Sale and lease back *engl.* 매매후 재리스 賣買後 再리스.

Salvatorische Klausel *f.* 보충적 효력유지 조항 補充的 效力維持 條項.

Sammelbegriff *m.* 집합개념 集合槪念.

Sammelklage *f.* (*engl.* class action) 집단소송 集團訴訟.

Sammelwerk *n.* 편집저작물 編輯著作物.

Sanierungs:gebiet *n.* 재개발지역 再開發地域, 정비지역 整備地域; **~maßnahme** *f.* 재개발조치 再開發措置, 정비조치 整備措置; **~verfahren** *n.* (*im koreanischen Insolvenzrecht*) 회생절차 回生節次.

Sanktion *f.* 제재 制裁; alternative ~ 대안적(代案的) 제재; strafrechtliche ~ 형사(刑事)제재.

Satzung *f.* 1. (*von Selbstverwaltungskörperschaften*) 자치법규 自治法規, 지방자치단체의 조례(條例), 자치입법 自治立法; 2. (*von Gesellschaften*) 정관 定款; 3. (*allg.*) (근본)규칙 (根本)規則, 조례 條例, 규약 規約.

Satzungs:änderung *f.* 정관변경 定款變更; **~änderungsbeschluss** *m.* 정관변경결의 定款變更決議; **~autonomie** *f.* 규약자율 規約自律; **~freiheit** *f.* 정관자치 定款自治; **~gewalt** *f.* 규칙제정권 規則制定權.

Säumnis *f.* → Versäumnis.

Schachtel:beteiligung *f.* 소규모참가 小規模參加; **~gesellschaft** *f.* 주식지분회사 株式持分會社; **~privileg** *n.* 주식지분우위 株式持分優位.

Schaden *m.* 손해 損害, 피해 被害; erheblicher ~ 중대(重大)한 손해; erlittener ~ 받은 손해; immaterieller ~ 비물질적(非物質的) 손해, 비재산적(非財産的) 손해; normativer ~ 규범적 (規範的) 손해; negativer ~ 소극적(消極的) 손해; mittelbarer ~ 간접(間接) 손해; positiver ~ 적극적(積極的) 손해; zusätzlicher ~ 부가적(附加的) 손해.

Schaden ~ ~ erleiden 손해(損害)를 입다; ~ zufügen 손해를 가(加)하다.

Schadens:abwendung *f.* 손해방지 損害防止; **~abwendungspflicht** *f.* 손해방지의무 損害防止義務; **~anlage** *f.* 내재손해 內在損害; **~anzeige** *f.* 손해통지 損害通知; **~anzeigepflicht** *f.* 손해통지의무 損害通知義務; **~art** *f.* 손해종류 損害種類; **~ausgleich** *m.* 손해배상 損害賠償; **~begriff** *m.* 손해개념 損害槪念; **~begründung** *f.* 손해초래 損害招來; ~ aus der Person eines Dritten, vgl. →

Drittschadensliquidation; **~berechnung** *f.* 손해산정 損害算定, 손해계산 損害計算; abstrakte ~ 추상적(抽象的) 손해산정; konkrete ~ 구체적(具體的) 손해산정; **~betrag** *m.* 손해액 損害額; **~beweis** *m.* 손해증명 損害證明; **~eintritt** *m.* 손해발생 損害發生.

Schadensersatz *m.* 손해배상 損害賠償, 배상; (als Betrag) 손해배상액 損害賠償額; ~ bei Markenschutzverletzung 상표보호침해(商標保護侵害)로 인한 손해배상; ~ bei Sachmangel 물건하자(物件瑕疵)로 인한 손해배상; ~ in Geld 금전배상 金錢賠償; ~ leisten 손해배상을 이행(履行)하다, 손해를 배상하다; ~ nach Fristsetzung 기한설정후(期間設定後) 손해배상; ~ neben der Leistung 급부를 부수(給付를 附隨)하는 손해배상; ~ ohne Fristsetzung 기한설정(期間設定)없는 손해배상; ~ statt der Leistung 급부(給付)에 갈음하는 손해배상; ~ wegen Firmenverletzung 상호침해(商號侵害)로 인한 손해배상; ~ wegen Nichterfüllung (채무)불이행(債務不履行)으로 인한 손해배상; ~ wegen Pflichtverletzung 의무위반(義務違反)으로 인한 손해배상; großer ~ 대(大)손해배상; anstelle von ~ 손해배상에 갈음하여; kleiner ~ 소(小)손해배상; kompensatorischer ~ → kompensierender ~; kompensierender ~ 보상적(補償的) 손해배상, 전보적(塡補的) 손해배상; neben ~ 손해배상과 함께; strafender ~ → Strafschadensersatz.

Schadensersatz:anspruch *m.* 손해배상청구권 損害賠償請求權; **~berechtigter** *m.* 손해배상권리자 損害賠償權利者; **~berechtigung** *f.* 손해배상권리 損害賠償權利; **~betrag** *m.* 손해배상액 損害賠償額; **~forderung** *f.* 손해배상청구 損害賠償請求; **~höhe** *f.* 손해배상액수 損害賠償額數; **~klage** *f.* 손해배상소송 損害賠償訴訟; (*Abk.*) 손배소 損賠訴; **~leistung** *f.* 손해배상의 급부 損害賠償의 給付; **~pflicht** *f.* 손해배상의무 損害賠償義務; **~pflichtig** *adj.* 손해배상의무(損害賠償義務)가 있는; **~pflichtiger** *m.* 손해배상의무자 損害賠償義務者; **~prozess** *m.* 손해배상청구소송 損害賠償請求訴訟; **~summe** *f.* 손해배상액 損害賠償額; **~umfang** *m.* 손해배상범위 損害賠償範圍.

Schadens:fall *m.* 손해사건 損害事件; **~feststellung** *f.* 손해확정 損害確定; **~geneigte Arbeit** *f.* 위험작업 危險作業, 손해발생(損害發生)이 가능(可能)한 작업; **~geneigtheit** *f.* 손해발생의 경향성 損害發生의 傾向性; **~grund** *m.* 손해원인 損害原因; **~höhe** *f.* 손해의 크기, 손액수 損額數, 손해액 損害額; **~liquidation** *f.* 손해배상 損害賠償; ~ aus der Person eines Dritten → Drittschadensliqidation; **~minderung** *f.* 손해확대의 방지 損害擴大의 防止, 손해감소 損害減少;

~**minderungspflicht** *f.* 손해확대의 방지의무 損害擴大의 防止義務, 손해감소의무 損害減少義務; ~**pauschalierung** *f.* 손해일괄화 損害一括化; ~**risiko** *n.* 손해위험 損害危險; betriebliches ~ 기업상(企業上)의 손해위험; ~**rückversicherung** *f.* 손해재보험 損害再保險; ~**umfang** *m.* 손해범위 損害範圍; ~**ursache** *f.* 손해원인 損害原因; hypothetische ~ 가정적(暇定的) 손해원인; ~**verhinderung** *f.* 손해방지 損害防止; ~**verhütung** *f.* 손해예방 損害豫防; ~**verlagerung** *f.* 손해이전 損害移轉, 손해괴리 損害乖離; zufällige ~ 우연(偶然)한 손해괴리; ~**versicherung** *f.* 손해보험 損害保險; ~**verursacher** *m.* (손해의)가해자 (損害의) 加害者; ~**verursachung** *f.* 손해초래 損害招來; ~**wahrscheinlichkeit** *f.* 손해의 개연성 損害의 蓋然性, 손해의 가능성(可能性); ~**wiedergutmachung** *f.* 손해원상획복 損害原狀回復, 손해회복 損害回復; ~**zufügung** *f.* 손해가해 損害加害.

Schädiger *m.* (손해의) 가해자 (損害의) 加害者.

schädigen *v.* 손해(損害)를 가(加)하다.

Schädigendes Verhalten *n.* 가해적 행위 加害的 行爲.

Schädigung *f.* 가해행위 加害行爲; fahrlässige ~ 과실(過失)에 의한 가해행위; vorsätzliche ~ 고의(故意)에 의한 가해행위.

Schädigungs:absicht *f.* 가해(加害)에 대한 고의(故意); ~**handlung** *f.* 가해행위 加害行爲.

Schädlichkeit *f.* 유해성 有害性.

Schank:erlaubnis *f.* 주류소매면허 酒類小賣免許; ~**erlaubnissteuer** *f.* 주류소매면허세 酒類小賣免許稅; ~**konzession** *f.* → Schankerlaubnis; ~**wirtschaft** *f.* 음료수소매영업 飮料水小賣營業.

Schatten:kabinett *n.* 섀도캐비닛, 그림자의 내각(內閣). // 선거 이전에 각 정당이 이미 위임하는 미래의 내각구성원으로 선거에 이길 경우에는 정부구성원이 되는 자. // ~**minister** *m.* „그림자의 내각"의 장관.

Schatz *m.* 1. 매장물 埋藏物; 2. (*umgangssprachl.*) 보물 寶物.

Schatzfund *m.* 매장물발견 埋藏物發見.

Schätzklausel *f.* 사정규정 査定規定.

Schätzung *f.* 평가 評價, 사정 査定.

Schätzungs:amt *n.* 평가청 評價廳; ~**fehler** *m.* 평가과오 評價過誤; ~**preis** *m.* (Schätzpreis) 평가가격 評價價格; ~**wert** *m.* (Schätzwert) 평가액 評價額, 평가가치 評價價値.

Schaufensterauslagen *f. pl.* 진열품 陳列品.

Scheck *m.* 수표 手票; gekreuzter ~ 횡선(橫線)수표.

Scheck:aussteller *m.* 수표교부인 手票交付人, 수표발행인 手票發行人; **~ausstellung** *f.* 수표교부 手票交付, 수표발행 手票發行; **~bereicherungsanspruch** *m.* 수표부당이득청구권 手票不當利得請求權; **~betrag** *m.* 수표금액 手票金額; **~betrug** *m.* 수표사기 手票詐欺; **~bezogener** *m.* 수표지급인 手票支給人; **~buch** *n.* 수표장 手票狀; **~bürge** *m.* 수표보증인 手票保證人; **~bürgschaft** *f.* 수표보증 手票保證; **~einlösung** *f.* 수표실효 手票實效; **~karte** *f.* 수표(手票)카드; **~kartenmissbrauch** *m.* (als Delikt) 수표카드남용(죄) 手票카드濫用(罪); **~summe** *f.* 수표금액 手票金額; **~verbot** *n.* 수표금지 手票禁止; **~verpflichtung** *f.* 수표상채무 手票上債務.

Scheidung *f.* 이혼 離婚.

Scheidungs:grund *m.* 이혼원인 離婚原因; **~verfahren** *n.* 이혼절차 離婚節次; **~rechtsstreit** *m.* 이혼에 관한 법적 분쟁; **~urteil** *n.* 이혼판결 離婚判決.

Schein~ *m.* 1. (*i.S.v. etwas herbeilügen*) 가장 假裝, 허위 虛僞; 2. (*i.S.v. etwas Vorhandenes verschleiern*) 위장 僞裝; 3. (*i.S.v. etwas nicht Vorhandenes fingieren*) 의제 議題.

Schein:abtretung *f.* 허위양도 虛僞讓渡; **~adoption** *f.* 허위입양 虛僞入養; **~angebot** *n.* 허위제공 虛僞提供; **~aufkäufer** *m.* 허위매수인 虛僞買收人. // 경찰의 비밀요원이 실제로는 매수할 의사가 없으면서 수사 등의 목적으로 장물이나 마약 등을 매수하는 것을 의미한다. // **~bedingung** *f.* 가장조건 假裝條件; **~begründung** *f.* 가장적 이유제시 假裝의 理由提示; **~bestandteil** *m.* 허위구성부분 虛僞構成部分; **~ehe** *f.* 가장결혼 假裝結婚; **~entscheidung** *f.* 사이비 결정(決定); **~erbe** *m.* 가장상속인 假裝相續人; **~erklärung** *f.* 허위표시 虛僞表示, 희언표시 戲言表示, 통정허위의사표시 通情虛僞意思表示; **~firma** *f.* 의제상호 議題商號; **~forderung** *f.* 가장채권 假裝債權; **~gefahr** *n.* 의제위험 議題危險, 상상위험 想像危險; **~geschäft** *n.* 통정허위표시 通情虛僞表示, 통정허위의사표시 通情虛僞意思表示 (§ 108 Abs. 1 KBGB); 가장행위 假裝行爲; **~gesellschaft** *f.* 의제회사 議題會社; **~gesellschafter** *m.* (*wörtl.*) 의제사원 議題社員. // Das koreanische Recht kennt neben dem Scheingesellschafter den Begriff des „Selbsternannten Gesellschafters" (자칭사원 自稱社員), der wie der Scheingesellschafter bei einem Dritten den Eindruck hervorruft, er sei Gesellschafter, jedoch nur im Zusammenhang mit der OHG und KG Verwendung findet, vgl. §§ 215, 269 KHGB. //

~gründung *f.* 위장설립 僞裝設立; ~kauf *m.* 가장매매 假裝賣買; ~kaufmann *m.* 의제상인 擬制商人; ~scheidung *f.* 가장이혼 假裝離婚; ~selbständiger *m.* 외관자영업자 外觀自營業者, 외관상(外觀上)의 자영업자; ~selbständigkeit *f.* 외관자영업 外觀自營業; ~urteil *f.* 사이비 판결(判決); ~vater *m.* 사이비 아버지; ~verteidiger *m.* 허위변호인 虛僞辯護人 (변호사자격이 박탈된 변호인); ~verkauf *m.* 가장매도 假裝賣渡; ~vertrag *m.* 의제계약 議題契約; ~vollmacht *f.* → Anscheinsvollmacht; ~waffe *f.* 허위무기 虛僞武器; ~zahlung *f.* 허위지불 虛僞支拂; ~zession *f.* → Scheinabtretung.

Scheitern *n.* 실패 失敗; ~ der Ehe 혼인(婚姻)의 실패, 혼인관계(婚姻關繼)의 실패; ~ der Vertragsverhandlung 계약교섭(契約交涉)의 실패.

Schenker (Schenkender) *m.* 증여자 贈與者.

Schenkung *f.* 증여 贈與 (§§ 554 – 562 KBGB); ~ auf den Todesfall 사망(死亡)으로 인한 증여; ~ unter Auflage 부담부(負擔附)증여; ~ unter Ehegatten 부부간(夫婦間) 증여; ~ von Todes wegen 사인(死因)증여.

Schenkung / bedingte ~ 조건부 증여 條件附 贈與; einfache ~ 단순증여 單純贈與; wechselseitige ~ 상호적 증여 相互的 贈與.

Schenkungs:absicht *f.* 증여의사 贈與意思; ~akt *m.* 증여행위 贈與行爲; ~annahme *f.* 증여수령 贈與受領; ~empfänger *m.* 수증자 受贈者; ~objekt *n.* 증여목적물 贈與目的物; ~steuer *f.* 증여세 贈與稅; ~urkunde *f.* 증여증서 贈與證書; ~versprechen *n.* 채권적 증여 債權的 贈與, 증여약속 贈與約速; ~vertrag *m.* 증여계약 贈與契約; ~widerruf *m.* 증여취소 贈與取消.

Scherz:erklärung *f.* → Scheinerklärung; ~geschäft *n.* → Scheingeschäft.

Schichtarbeit *f.* 교대근무 交代勤務.

Schicksalsaufgabe *f.* 숙명적 임무 宿明的 任務.

Schickschuld *f.* 송부채무 送付債務.

Schieds:abrede *f.* 중재합의로서 계약 仲裁合意로서 契約; ~antrag *m.* 중재신청 仲裁申請; ~fähigkeit *f.* 중재능력 仲裁能力; ~klausel *f.* 중재조항 仲裁條項.

Schiedsgericht *n.* 1. (*allg.*) 중재법원 仲裁法院, 중재판정부 仲裁判定部; 2. (*arbeitsr.*) 중재원 仲裁院, 중재위원회 仲裁委員會; institutionelles ~ 상설(常設)중재법원; privates ~ 사설(私設)중재법원.

Schiedsgerichts:barkeit *f.* 중재재판권 仲裁裁判權; ~hof *m.* 중재재판소 仲裁裁判所; ~klausel *f.* 중재법원조항 仲裁法院條項; ~kosten *f.* 중재재판비용 仲裁裁判

費用; ~**ordnung** *f.* 중재재판소법 仲裁裁判所法; ~**spruch** *m.* 중재재정 仲裁裁定; ~**vereinbarung** *f.* 중재재판상 합의 仲裁裁判上 合意; ~**verfahren** *n.* 중재재판절차 仲裁裁判節次; internationales ~ 국제(國際)중재재판절차.

Schieds:gutachten *n.* 중재감정서 仲裁鑑定書; ~**gutachter** *m.* 중재감정인 仲裁鑑定人; ~**klausel** *f.* 중재조항 仲裁條項; ~**organ** *n.* 중재기관 仲裁機關; ~**richter** *m.* 중재인 仲裁人, 중재법관 仲裁法官; ~**richtervertrag** *m.* 중재법관계약 仲裁法官契約. (중재인과 당사자 사이의 계약).

Schiedsrichterliches Verfahren *n.* 중재재판절차 仲裁裁判節次.

Schieds:spruch *m.* 1. (*wörtl.*) 재판정 裁判定, 중재판정 仲裁判定; 2. (*im Arbeitsrecht*) 중재재정 仲裁裁定. // Der in Bezug auf Auseinandersetzungen zwischen Arbeitgeber und Arbeitnehmern ergehende Schiedspruch wirkt gem. § 70 Abs. 1 des Gesetzes über Gewerkschaften und die Schlichtung von Arbeitsbeziehungen (노동조합 및 노동관계조정법) wie ein Tarifvertrag. // ~**urteil** *n.* 중재판결 仲裁判決; ~**vereinbarung** *f.* 중재합의 仲裁合意; ~**verfahren** *n.* 중재절차 仲裁節次; ~**vergleich** *m.* 중재화해 仲裁和解; ~**vertrag** *m.* 중재계약 仲裁契約.

Schiff *n.* 선박 船舶, 배; ~**bruch** *m.* 난파 難波.

Schiffer *m.* 선장 船長.

Schiff:fahrt *f.* 선박항행 船舶航行, 항해 航海; ~**fahrtsgericht** *n.* 선박항행법원 船舶航行法院; ~**fahrtsrecht** *n.* 항해법 航海法.

Schiffs:anteil *m.* 선박지분 船舶持分; ~**ausbesserung** *f.* 선박(船舶)의 수선(修繕); ~**bauwerk** *n.* 건조중 선박 建造中 船舶, 선박(船舶)의 건조(建造); ~**besatzung** *f.* (선박)승조원 (船舶)乘組員; ~**eigenümer** *m.* 선주 船主, 배주인(主人), 선박소유자 船舶所有者; ~**eigner** *m.* → Schiffseigentümer; ~**gewalt** *f.* 선박권력 船舶權力; ~**gläubiger** *m.* 선박채권자 船舶債權者; ~**hypothek** *f.* 선박저당권 船舶抵當權; ~**kauf** *m.* 선박매매 船舶賣買; ~**ladung** *f.* 선적 船積; ~**makler** *m.* 선박중개인 船舶仲介人; ~**papiere** *n. pl.* 선박서류 船舶書類; ~**part** *m.* 선박지분 船舶持分; ~**register** *n.* 선박등기부 船舶登記簿; ~**verkehr** *m.* 항해 航海, 선박교통 船舶交通; ~**versicherung** *f.* 선박보험 船舶保險; ~**werft** *f.* 조선소 造船所; ~**zubehör** *n.* 속구 屬具.

Schikaneverbot *n.* 악의적 가해의 금지 惡意的 加害의 禁止, 시카네금지(禁止).

Schlägerei *f.* 몸싸움, 격투 格鬪; Beteiligung an einer ~ (als Delikt) 격투참여(죄)

格鬪參與(罪).

Schlechterfüllung *f.* 불완전이행 不完全履行.

Schlechtgläubigkeit *f.* → Bösgläubigkeit.

Schlechtleistung *f.* 불완전한 이행 不完全한 履行, 불완전급부 不完全給付.

Schleppnetzfahndung *f.* 저인망수색 底引網搜索.

Schlichter *m.* 조정자 調停者, 중재인 仲裁人.

Schlichtung *f.* 조정 調停, 중재 仲裁.

Schlichtungs:abrede *f.* 조정약정 調停約定; **~ausschuss** *m.* 조정위원회 調停委員會; **~fähigkeit** *f.* 조정능력 調停能力; **~vereinbarung** *f.* 조정합의 調停合意; **~verfahren** *n.* 조정절차 調停節次; **~versuch** *m.* 조정시도 調停試圖; **~vorschlag** *m.* 조정제안 調停提案; **~zwang** *m.* 조정강제 調停强制.

Schließungsvermerk *m.* 폐쇄표시 閉鎖表示.

Schluss der mündlichen Verhandlung *m.* 변론종결 辯論終結, 변론의 종결.

Schluss:abrechnung *f.* 정산 精算, 결산 結算; **~antrag** *m.* 최종신청 最終申請; **~bericht** *m.* 최종보고 最終報告; **~bestand** *m.* (*engl.* ending inventory) 기말재고 期末在庫; **~bestimmung** *f.* 최종규정 最終規定; **~bilanz** *f.* 종결대차대조표 終結貸借對照表; **~note** *f.* 결약서 結約書; **~tag** *m.* 최종일 最終日; **~urteil** *n.* 최종판결 最終判決; **~vortrag** *m.* 최종진술 最終陳述.

Schlüsselgewalt *f.* 부부간의 가사대리권 夫婦間의 家事代理權. // Vgl. § 827 KBGB. Eheliche Vertretungsmacht. (1) Die Ehepartner haben in Bezug auf den alltäglichen Haushalt (일상의 가사) gegenseitige Vertretungsmacht. (2) Eine Beschränkung der Vertretungsmacht nach Abs. 1 kann einem gutgläubigen Dritten nicht entgegengehalten werden. //

Der „alltägliche Haushalt" wird von der Rechtsprechung definiert, als die „zur gemeinsamen Lebensführung erforderlichen gewöhnlichen Geschäfte", vgl. KOGH 2008다95861, 23.4.2009.

독일민법 제1357조 참조. „Schlüsselgewalt" 라는 단어는 원래 "열쇠권력"이라는 뜻이 있다. 독일 중세에 결혼한 여자들이 결혼을 통해서 얻었던 권리를 보여주는 열쇠를 상징으로 지녔다. 열쇠권력에 해당하지 않는 법률행위에 대해서 남편은 후견인 이었다.

Schlüssigkeit *f.* 충분(充分)한 이유(理由), 구체성 具體性, 신빙성 信憑性.

Schlüssigkeitstheorie *f.* 구체성설 具體性說, 신빙성설 信憑性說.

Schmerzen *f.* 고통 苦痛.

Schmerzensgeld *f.* 위자료 慰藉料. // Das Schmerzensgeld ist in § 751 Abs. 1 KBGB geregelt, der dem § 847 BGB a.F. entspricht: „Derjenige, der den Körper, die Freiheit oder die Ehre eines anderen verletzt oder einen anderen seelischen Schmerz hervorruft, hat auch denjenigen Schaden zu ersetzen, der nicht Vermögensschaden ist." Zu beachten ist auch § 752 KBGB: „Derjenige, der einen anderen tötet, hat auch für den Fall, dass die Verwandten in grader Linie oder der Ehepartner des Geschädigten hierdurch keinen Vermögenschaden erleiden, Schadensersatz zu leisten."

Schneeball-System *n.* (*engl.* pyramid scheme) 피라미드 사기(詐欺); (*wörtl.*) 눈뭉치제도.

Schnellverfahren *n.* 신속절차 迅速節次, 신속재판 迅速裁判.

Schöffe *m.* 참심원 參審員, vgl. → Jurysystem.

Schöffen:amt *n.* 참심원직 參審員職; **~gericht** *n.* 참심법원 參審法院; **~liste** *f.* 참심원명부 參審員名簿; **~richter** *m.* 참심법관 參審法官; **~system** *n.* 참심제 參審制, vgl. → Jurysystem.

Schönheitsreperatur *f.* 미장수리(修理); **~klausel** *f.* 미장수리조항(修理條項).

Schonfrist *f.* 유예기간 猶豫期間.

Schranke *f.* 한계 限界, 제한 制限, 한정 限定; grundrechtsimmanente ~ 기본권의 내재적 한계 期本權의 內在的 限界; immanente ~ 내재적(內在的) 한계; verfassungsimmanente ~ 헌법의 내재적(憲法의 內在的) 한계; verfassungsrechtliche ~ 헌법상(憲法上) 한계. // Die Beschränkung der Grundrechte wird in Art. 37 Abs. 2 KVerf einheitlich geregelt: „Alle Freiheiten und Rechte der Bürger können durch Gesetz nur in den Fällen beschränkt werden, in denen dies für die Sicherheit des Staates, der Aufrechterhaltung der öffentlichen Ordnung oder für das öffentliche Wohl erforderlich ist, wobei nicht in den Kern der Freiheiten oder Rechte eingegriffen werden darf."

Schranken:bestimmung *f.* (재산권)한계규정 (財産權)限界規定; **~systematik** *f.* 한계제도 限界制度; **~trias** *m.* 삼한계 三限界.

Schriften *f. pl.* 문서 文書, 서면 書面; pornographische ~ 외설(猥褻)문서.

Schrift:form *f.* 서면형식 書面形式, 서식 書式; **~führer** *m.* 서기 書記, 기록담당자 記錄擔當者.

schriftlich *adj.* 서면(書面)의, 서면으로, 문서(文書)의 의한

Schriftlichkeit *f.* 서면주의 書面主義, 서면성 書面性.

Schrift:probe *f.* 필적 견본 筆的 見本; **~satz** *m.* 서면 書面, 의견서 意見書; eingereichter ~ 제출(提出)된 서면; ergänzender ~ 추가적(追加的) 서면; verspäteter ~ 지체(遲刻)된 서면; vorbereitender ~ 준비(準備)서면; **~stück** *n.* 문건 文件, 문서 文書, 서류 書類, 서면; ~ zu Beweiszwecken 증거목적(證據目的) 서면; **~tum** *n.* 학계 學界; **~vergleichung** *f.* 서류비교 書類比較; **~wechsel** *m.* 서면교환 書面交換; **~zeichen** *n.* 글자(子), 문자 文字.

Schufa *f.* (SCHUFA) → Schutzgemeinschaft für allgemeine Kreditsicherung.

Schulbehörde *f.* 학교관청 學校官廳, 교육청 敎育廳.

Schuld *f.* 1. (*schuldr.*) 채무 債務; (*umgangssprachl.*) 빚; 2. (*strafr.*) 죄책 罪責; 3. (*allg. i.S.v. Verantwortlichkeit*) 책임 責任; abstrakte ~ 무인(無因)채무; fremde ~ 타인(他人)의 채무; gemeinschaftliche ~ 공동(共同)채무.

Schuld:anerkenntnis *n.* 채무승인 債務承認; abstraktes ~ 추상적(抽象的) 채무승인; negatives ~ 소극적 채무승인 消極的 債務承認; **~ausgleich** *m.* 책임상쇄 責任相殺; **~ausschließungsgrund** *m.* 책임배제사유 責任排除事由; **~beitritt** *m.* 채무참가 債務參加; gesetzlicher ~ 법정(法定) 채무참가; **~ebene** *f.* 죄책단계 罪責段階.

Schulden:bereinigung *f.* 채무정리 債務整理; **~bereinigungsplan** *m.* 채무정리계획 債務整理計劃; **~haftung** *f.* 채무책임 債務責任.

schuldfähig *adj.* 책임능력(責任能力) 있는.

Schuld:fähigkeit *f.* 책임능력 責任能力; bedingte ~ 조건적(條件的) 책임능력; verminderte (beschränkte, eingeschränkte) ~ 한정(限定)책임능력; **~form** *f.* 책임형식 責任形式; **~frage** *f.* 1. (*allg.*) 책임여부 責任與否, 책임문제 責任問題; 2. (*im Strafprozess*) 죄책여부 罪責與否, 죄책문제 罪責問題; **~gehalt** *m.* 책임내용 責任內容; **~grund** *m.* 채무원인 債務原因; **~grundsatz** *m.* 책임(주의)원칙 責任(主義)原則.

schuldhaft *adj.* 유책(有責)의, 유책한.

schuldig *adj.* 1. (*strafr.*) 유죄(有罪)의; 2. (*allg.*) 책임(責任) 있는.

Schuldinterlokut *n.* (형사재판상의) 책임결정 責任決定.

schuldlos *adj.* 1. (*strafr.*) 무죄(無罪)의; 2. (*allg.*) 책임(責任) 없는.

Schuld:mitübernahme *f.* (*wörtl.*) 병존적 채무인수 並存的 債務引受; → Schuldbeitritt.

Schuldner *m.* 채무자 債務者; bisheriger (alter) ~ 종전(從前)의 채무자;

zahlungsunfähiger ~ 지불능력(支拂能力) 없는 채무자.

Schuldner:ausfall *m.* 채무자의 지급불능 債務者의 支給不能; **~begünstigung** *f.* (als Delikt) 채무자 비호(죄) 債務者 庇護(罪); **~kartei** *f.* vgl. → Schuldnerverzeichnis; **~mehrheit** *f.* 다수당사자의 채무자 多數當事者의 債務者; **~verschulden** *n.* 채무자과실 債務者過失; **~vertreten** *n.* 채무자책임 債務者責任.

Schuldnerverzeichnis *n.* 1. (*wörtl.*) 채무자명부 債務者名簿; 2. (*Entsprechung in Korea*) 채무불이행자명부 債務不履行者名簿 („Verzeichnis der säumigen Schuldner"). // Gem. § 70 Abs. 1 KZVG kann grds. jeder Gläubiger dann einen Antrag auf Eintragung des Schuldners in das Schuldnerverzeichniss stellen, wenn dieser trotz einer titulierten Geldforderung mit mehr als 6 Monaten in Zahlungsverzug ist. Mit dem deutschen Schuldnerverzeichnis i.S.d. § 915 ZPO ist das koreanische Pendant daher kaum zu vergleichen. Weder erfolgt eine Eintragung von Amts wegen, noch wird für die Eintragung eine Offenbarungsversicherung verlangt. Das Schuldnerverzeichnis koreanischer Prägung entspricht daher eher einer Art staatlicher Schufa (→ Schutzgemeinschaft für allgemeine Kreditsicherung) auch wenn die Eintragungsvoraussetzungen sehr viel enger sind. Zuständig für die Entscheidung über den Antrag ist gem. § 70 Abs. 3 KZVG das Gericht, in dessen Bezirk der Schuldner seinen allgemeinen → Gerichtsstand hat. Gem. § 72 Abs. 4 KZVG ist das Schuldnerverzeichnis öffentlich: „Jedermann kann beantragen, das Schuldnerverzeichnis oder dessen Kopie einzusehen oder zu kopieren." Das KVerfG hat die Verfassungsmäßigkeit dieser Vorschrift bestätigt, vgl. KVerfG 2008헌마663, 27.5.2010.

Schuldnerverzug *m.* 채무불이행 債務不履行, 채무자이행지체 債務履行遲滯, 채무자지체 (§§ 389, 544 KBGB).

Schuld:schein *m.* 채무증서 債務證書, 채무증권 債務證券; **~spruch** *m.* 유죄판결 有罪判決; **~ort** *m.* 채무이행지 債務履行地; **~prinzip** *n.* 책임(주의)원칙 責任(主義)原則; **~recht** *n.* 채권법 債權法. // Die wörtliche Übersetzung des Begriffs „Schuldrecht" lautet 채무법 債務法. Die Regeln des KBGB, die dem Schuldrecht des deutschen BGB entsprechen, werden jedoch als „채권법" (Forderungsrecht) bezeichnet. // ~ allgemeiner Teil 채권총론(總論); ~ besonderer Teil 채권각론(各論).

Schuldrechtsanpassungsgesetz *n.* 채권관계조정법 債權關係調整法.

Schuldrechtsmodernisierung *f.* 채권법현대화 債權法現代化.

Schuld:theorie *f.* 책임설 責任說; eingeschränkte ~ 제한적(制限的) 책임설; **~titel** *m.* 채무명의 債務名義; **~übergang** *m.* 채무이전 債務移轉; **~übernahme** *f.* 채무인수 債務引受; befreiende ~ 면책적(免責的) 채무인수; kumulative ~ 병존적(並存的) 채무인수; **~übernahmevertrag** *m.* 채무인수계약 債務引受契約; **~unfähigkeit** *f.* 책임무능력 責任無能力; **~verhältnis** *n.* 채무관계 債務關係, 채권관계 債權關係; bilaterales ~ 쌍방적(雙方的) 채권관계; gesetzliches ~ 법률상(法律上) 채권관계; multilaterales ~ 다면적(多面的) 채권관계; öffentlich-rechtliches ~ 공법상(公法上) 채권관계; vertragliches ~ 계약상(契約上) 채권관계; verwaltungsrechtliches ~ 행정법상(行政法上) 채권관계; zivilrechtliches ~ 민법상(民法上) 채권관계; **~verschreibung** *f.* 사채 社債, 채무약속 債務約束, 채권증서 債權證書; ~ auf den Inhaber 소지인출급식 증권 所地人出給式 證權; **~versprechen** *n.* 채무약속 債務約束; **~vorwurf** *m.* 책임비난 責任非難; Schwere des ~s 책임비난의 정도(程度), 책임비난의 중대성(重大性).

Schule *f.* 학교 學校; bekenntnisfreie ~ 비종교(非宗教)학교; öffentliche ~ 공립(公立)학교; private ~ 사립(私立)학교; staatliche ~ 국립(國立)학교.

Schüler *m.* 학생 學生.

Schulpflicht *f.* 의무교육 義務敎育. // Die Schulpflicht folgt aus Art. 31 Abs. 2 KVerf.

Schulrecht *n.* 학교법 學校法.

Schusswaffe *f.* 총기 銃器.

Schusswaffengebrauch *m.* 총기사용 銃器使用.

Schutz *m.* 보호 保護; diplomatischer ~ 외교적(外交的) 보호; gerichtlicher ~ 법원(法院)으로부터 보호; konsularischer ~ 영사(領事)보호; rechtlicher ~ 법적(法的) 보호; verfassungsrechtlicher ~ 헌법적(憲法的) 보호; unter ~ stellen 보호하(下)에 놓다.

Schutz:anspruch *m.* 보호청구권 保護請求權; **~befohlener** *m.* 피보호자 被保護者; **~behauptung** *f.* 자기보호를 위한 진술 自己保護를 爲한 陳述; **~bereich** *m.* 보호영역 保護領域; personeller ~ 인사상(人事上) 보호영역; sachlicher ~ 실질적(實質的) 보호영역; zeitlicher ~ 시간적(時間的) 보호영역; **~gegenstand** *m.* → Schutzobjekt; **~gesetz** *n.* 보호법률 保護法律; unter Verstoß gegen ein ~ 보호법률을 위반(違反)하여.

Schutzgemeinschaft für allgemeine Kreditsicherung *f.* (*Abk.* Schufa) (*wörtl.*) 일반적 신용보증을 위한 보호공동체 (一般的 信用保證을 위한 保護共同體). // 독일 사립 채무불이행자명부.

Schutz:gewahrsam *m.* 보호구금 保護拘禁; **~gut** *n.* 보호이익 保護利益; einfachgesetzliches ~ 일반법률적(一般法律的) 보호이익; grundrechtliches ~ 기본권적(基本權的) 보호이익; **~norm** *f.* 보호규범 保護規範, 수호규범 守護規範; **~normtheorie** *f.* 보호규범론 保護規範論; **~landprinzip** *n.* 보호국법원칙 保護國法原則; **~objekt** *n.* 보호객체 保護客體; **~pflicht** *f.* 보호의무 保護義務, grundrechtliche ~ 기본권(基本權) 보호의무; staatliche ~ 국가(國家)의 보호의무; **~polizei** *f.* 치안경찰 治安警察; **~recht** *n.* 보호권 保護權; diplomatisches ~ 외교적(外交的) 보호권; gewerbliches ~ 영업상(營業上)의 보호권; **~vorrichtung** *f.* 보호장치 保護裝置; **~vorschrift** *f.* 보호규정 保護規定; **~wald** *m.* 보호림 保護林; **~wehr** *f.* 보호적 방위 保護的 防衛; **~wirkung** *f.* 보호적 효과 保護的 效果; **~würdig** *adj.* 보호(保護)할 가치(價値)가 있는; **~würdigkeit** *f.* 보호가치 保護價値; **~würdigkeitstheorie** *f.* 보호가치설 保護價値說; **~zweck** *m.* 보호목적 保護目的; ~ der Norm 규범(規範)의 보호목적; **~zweckzusammenhang** *m.* 보호목적관련성 保護目的關聯性.

Schwangerschaft *f.* 수태 受胎.

Schwangerschaftsabbruch *m.* 낙태 落胎; (*als Delikt*) 낙태죄 落胎罪 (§§ 269, 270 KStGB). Die gesetzliche Systematik ist wie folgt:

1. § 269 Abs. 1: „Eigenabtreibung" (자기낙태) durch die Schwangere selbst wird mit Zuchthaus bis zu 1 Jahr oder Geldstrafe bis zu 2 Mio KRW bestraft. Als eigenhändiges Delikt ist diese Form der Abtreibung nicht beteiligungsfähig. // Die Verfassungsmäßigkeit dieser Vorschrift wurde am 23.08.2012 vom KVerfG bestätigt (2010헌바401). //

2. § 269 Abs. 2: Einwilligungsabtreibung (동의낙태); begeht, wer eine Abtreibung auf Bitten oder mit Einwilligung der Schwangeren vornimmt. Das Strafmaß entspricht dem des § 269 Abs. 1 KStGB.

3. § 270 Abs. 1: „Geschäftsmäßige" Abtreibung (업무상 낙태); begeht, wer als Arzt, Arzt der traditionellen koreanischen Medizin (한의사), Geburtshelfer, Pharmazeut oder Apotheker auf Bitten oder mit Einwilligung der Schwangeren die Abtreibung vornimmt. Die Tatsache, dass der Eingriff

durch qualifizierte Personen vorgenommen wird, stellt keine Privilegierung, sondern einen strafverschärfenden Umstand dar. Das Strafmaß beträgt Zuchthaus bis zu 2 Jahren.
4. § 270 Abs. 2: Abtreibung gegen den Willen der Schwangeren (부동의낙태) wird mit Zuchthaus bis zu 3 Jahren bestraft.
5. §§ 269 Abs. 3, 270 Abs. 3: Abtreibung mit Verletzung oder Todesfolge (낙태치사상) wird bis zu 10 Jahren Zuchthaus bestraft.

Obwohl eine Einschränkung der Strafbarkeit des Schwangerschaftsabbruchs in einigen Fällen (z.B. Schwangerschaft aufgrund Vergewaltigung oder Inzest) diskutiert wurde, enthält das heutige KStGB keine entsprechenden Regelungen.

Schwankungsreserve *f.* 변동준비금 變動準備金.

Schwarzfahrt *f.* 무단운전 無斷運轉.

schwebend *adj.* 유동적 流動的.

Schwebende Unwirksamkeit *f.* 유동적 효력불발생 流動的 效力不發生, 유동적 무효(無效).

Schwebende Wirksamkeit *f.* 유동적 효력발생 流動的 效力發生, 유동적 유효(有效).

Schwebezustand *m.* 불확실한 상태 不確實한 狀態, 유동상태 流動狀態, 미확정 상태 未確定 狀態.

Schweigen *n.* 침묵 沈默, 묵비 默秘.

Schweige:pflicht *f.* 묵비의무 默秘義務; **~recht** *n.* 묵비권 默秘權, vgl. → Aussageverweigerungsrecht; ~ des Beschuldigten 피의자(被疑者)의 묵비권 (§§ 200 Abs. 2 KStPO); ~ des Angeklagten 피고인(被告人)의 묵비권 (§ 289 KStPO).

schwer und unerträglich *adj.* 중대하고 참을 수 없는.

Schwerbehinderter *m.* 중증장애인 重症障碍人.

Schwere *f.* 현저성 顯著性, 중대성 重大性; ~ des Eingriffs 침해(侵害)의 중대성.

Schwere Folge *f.* 중대(重大)한 결과(結果).

Schweretheorie *f.* 중대성이론 重大性理論, 중대설 重大說.

Schwerkriminalität *f.* 중범죄 重犯罪.

Schwerpunktstreik *m.* (punktueller Streik, *engl.* selective-Streik) 지명파업 指名罷業, 중점파업 重点罷業.

Schwurgericht *n.* 대참심법원 大參審法院.

See- Berufsgenossenschaft *f.* 선원조합 船員組合.

Seetüchtigkeit *f.* 감항능력 堪航能力; ~ und Ladungstüchtigkeit *f.* 감항 – 감하 (堪荷)능력.

See:handel *m.* 해상 海商; ~handelsrecht *n.* 해상법 海商法; ~not *f.* 해난 海難; ~schiff *n.* 선박 船舶; nicht eingetragenes ~ 미등기(未登記)선박; ~schiffahrt *f.* 해운 海運; ~versicherung *f.* 해상보험 海上保險.

Sein und Sollen 존재와 당위 存在와 當爲.

Sekundär:leistungspflicht *f.* 이차적 급부의무 二次的 給付義務; ~pflicht *f.* 이차적 의무 二次的 義務; ~recht *n.* (제)이차법 (第)二次法.

sekundärrechtlich *adj.* (제)이차법의.

Sekundär:rechtsschutz *m.* 이차적 권리보호 二次的 權利保護; ~ziel *n.* 이차적 목표 二次的 目標.

Selbstablehnung *f.* 자기회피 自己回避, 자기기피 自己忌避.

Selbständiger *m.* 자영업자 自營業者.

Selbständige Tätigkeit *f.* 독립적 활동 獨立的 活動.

Selbst:anzeige *f.* 자기고발 自己告發, 자수 自首; ~begünstigung *f.* 자기원조 自己援助; ~beschränkung *f.* 자기제한 自己制限, 자제 自制; ~ der Justiz 사법(司法)자제; ~bestimmung *f.* (Recht auf ~) 자기결정(권) 自己決定(權); informationelle ~ (Recht auf ~) 정보(情報)에 대한 자기결정(권); sexuelle ~ 성(性)에 대한 자기결정권, 성적(性的) 자기결정권; ~bestimmungsrecht *n.* 자기결정권 自己決定權; informationelles ~ 개인정보(個人情報)의 자기결정권; ~bezeugung *f.* 자기확인 自己確認; ~bezeugungskraft *f.* 자기확인력 自己確認力; ~bindung *f.* 자기구속 自己拘束; ~ der Verwaltung 행정(行政)의 자기구속; ~eintritt *m.* 자기개입 自己介入; ~eintrittspflicht *f.* (자기)개입의무 (自己)介入義務; ~eintrittsrecht *n.* 자기개입권 自己介入權; ~ermächtigung *f.* 자기수권 自己授權; ~gefährdung *f.* 자초위해 自招危害, 자기위태 自己危殆, 자기위험 自己危險; eigenverantwortliche ~ 자초(自招)한 자기위험, 자기책임(自己責任)으로 발생(發生)한 자기위험; ~hilfe *f.* 자력구제 自力救濟, 자조 自助; ~ des Besitzers 점유자(占有者)의 자력구제; erlaubte ~ 허용(許容)된 자력구제; ~hilferecht *n.* 자력구제권 自力救濟權.

Selbsthilfeverkauf *m.* 자조매각 自助賣却. // § 490 KBGB. Hinterlegung des Selbsthilfeverkauferlöses. Ist die geschuldete Sache zur Hinterlegung nicht geeignet oder ist deren Verderb oder Beschädigung zu besorgen oder erfordert die Hinterlegung unverhältnismäßig hohe Kosten, so kann der Schuldner diese Sache mit Genehmigung des Gerichts versteigern oder zum Marktpreis verkaufen und den Erlös hinterlegen. // Eine vorherige Androhung an den Gläubiger ist anders als im deutschen Recht nicht erforderlich. An ihre Stelle tritt die gerichtliche Genehmigung. Vgl. für den Selbsthilfeverkauf im Handelsrecht §§ 67 Abs. 1, 109, 165 KHGB.

Selbst:kontrahieren *n.* → Selbstkontraktion; **~kontraktion** *f.* 자기계약 自己契約 (§ 124 KBGB), vgl. → Insichgeschäft; **~mord** *m.* 자살 自殺. // Selbstmord ist in Korea wie in Deutschland nicht strafbar, vgl. aber → Tötungsdelikte, zur Strafbarkeit von Anstiftung und Beihilfe zum Selbstmord. // **~organisation** *f.* 자기조직 自己組織; Freiheit der ~ 자지조직의 자유(自由); **~organschaft** *f.* 자기기관성 自己機關性; **~regulierung** *f.* 자기규율 自己規律; **~schädigung** *f.* 자기가해 自己加害; ~ des Opfers 피해자(被害者)의 자기가해; eigenverantwortliche ~ 자기책임(自己責任)의 자기가해; **~schädigungsdelikt** *n.* 자기가해범(죄) 自己加害犯(罪); **~schuldbürgschaft** *f.* 연대보증 連帶保證; **~schuldner** *m.* 연대보증인 連帶保證人; **~verantwortlichkeit** *f.* → Selbstverantwortung; **~verantwortung** *f.* 자기책임 自己責任; **~versammlungsrecht** *n.* 자체소집권 自體召集權; **~versicherung** *f.* 자기보험 自己保險; **~verteidigung** *f.* 자위 自衛; **~verteidigungsrecht** *n.* 자위권 自衛權; kollektives ~ 집단적(集團的) 자위권; **~vertretung** *f.* 자기대리 自己代理; **~verwaltung** *f.* 자치행정 自治行政, 자치 自治; **~verwaltungsaufgabe** *f.* 자치행정사무 自治行政事務; **~verwaltungsgarantie** *f.* 자치행정보장 自治行政保障; **~verwaltungskörperschaft** *f.* 자치단체 自治團體; kommunale ~ 지방(地方)자치단체; **~verwaltungsorgan** *n.* 자치행정기구 自治行政機構; **~vollzug** *m.* 자기집행 自己執行; **~vorlage** *f.* 자기제청 自己提請; **~vornahme** *f.* 직접행위 直接行爲, 자기작용 自己作用, 자기조치 自己措置; ~ der Mängelbeseitigung 하자제거(瑕疵除去)에 대한 자기조치, 하자자기제거 瑕疵自己除去; **~vornahmerecht** *n.* 자기조치권 自己措置權.

Sell – Out – Recht *n.* (*engl.* sell-out-right) (des Minderheitsaktionärs) (소수주주의) 매수청구권 (少數株主의) 買收請求權. // In Korea haben Minderheitsaktionäre seit dem 15.04.2012 gem. § 360의25 Abs. 1 KHGB ein Andienungsrecht gegenüber dem Hauptaktionär. Dieser muss gem. § 360의25 Abs. 2 KHGB die Aktien bei einer entsprechenden Aufforderung des Minderheitsaktionärs innerhalb von zwei Monaten abkaufen. Wie auch beim entgegengesetzten → Squeeze – Out durch den Hauptaktionär wird der Kaufpreis durch Parteivereinbarung bestimmt, vgl. § 360의25 Abs. 3 KHGB. Kann keine Einigung erzielt werden, so wird gem. § 360의25 Abs. 4 KHGB der Kaufpreis auf Antrag einer Partei durch richterlichen Beschluss festgesetzt.

Senat *m.* (*i.S.d. Spruchkörpers eines Gerichts*) 법원의 합의부 法院의 合意部, 재판부 裁判部, 연방법원(Bundesgerichtshof)의 재판부, vgl. → Abteilung, → Kammer; großer ~ 법원의 전원(全員)합의부; ~ des Strafgerichts (고등법원의) 형사부(刑事部).

Senderecht *n.* 방송권 放送權.

Service – Einheit *f.* → Geschäftsstelle.

Sexuelle ~ ~ Belästigung *f.* 성희롱 性戲弄; **~ Nötigung** *f.* 강제추행 强制醜行 (§ 298 KStGB).

Sexueller Missbrauch *m.* 성적 남용 性的 濫用.

Sicherheit *f.* (*i.S.v. (Kredit-)Sicherung*) 담보 擔保; dingliche ~ 물적(物的) 담보.

Sicherheit *f.* 1. (*i.S.v. gefahrenfreier Zustand*) 안전(성) 安全(性); 2. (*i.S.v. Garantie*) 담보 擔保; öffentliche ~ 공적(公的) 안전; 3. (*i.S.v. etwas sichern*) 보전 保全; 4. (*allg i.S.v. Absichern*) 보안 保安; 5. (*i.S.v. Überzeugung, Gewissheit*) 확신 確信.

Sicherheit und Ordnung 안전(安全)과 질서(秩序).

Sicherheits:arrest *m.* 보전(保全)을 위한 가압류(暇押留); **~behörde** *f.* 안전관청 安全官廳; **~leistung** *f.* 1. (*zivilr.*) 담보제공 擔保提供; 2. (*strafr.*) 보석 保釋; **~polizei** *f.* 행정경찰 行政警察; (*wörtl.*) 보안경찰 保安警察; **~rat** *m.* 안전보장회의 安全保障會議, 안전보장이사회 安全保障理事會; **~recht** *n.* 안전법 安全法.

Sicherstellung *f.* 영치 領置.

Sicherung *f.* 1. (*insbes. im Schuldrecht i.S.v. Garantie*) 담보 擔保, 보장 保障; 2. (*insbes. im Strafrecht i.S.v. Sicherstellung und im Zwangsvollstreckungsrecht*) 보전 保全; verfahrensmäßige ~ 절차적(節次的) 보전; vorläufige ~ 임시적(臨時的) 보전.

Sicherungs:abtretung *f.* 담보목적의 채권양도 擔保目的의 債權讓渡; **~anordnung** *f.* 보전명령 保全命令; **~anspruch** *m.* 보전청구권 保全請求權, 피

보전권리 被保全權利; ~**eigentum** n. 담보소유(권) 擔保所有(權); ~**funktion** f. 담보적 기능 擔保的 機能, 보전기능 保全機能; ~**geber** m. 담보제공자 擔保提供者; ~**geschäft** n. 담보(擔保)를 위(爲)한 법률행위(法律行爲); ~**grund** m. 보전사유 保全事由, 피보전필요성 被保全必要性; ~**grundschuld** f. 보전토지채무 保全土地債貿, 담보목적의 토지채무 擔保目的의 土地債務.

sicherungshalber adj. 담보목적(擔保目的)으로.

Sicherungs:haft f. 보안구금 保安拘禁; ~**hypothek** f. 보전저당권 保全抵當權, 담보목적의 저당권 擔保目的의 抵當權; ~**interesse** n. 담보이익 擔保利益; ~**kauf** m. 매매담보 賣買擔保; ~**maßregel** f. 보안처분 保安處分; ~**mittel** n. 담보수단 擔保手段; ~**nehmer** m. 담보인수자 擔保引受者; ~**pfändung** f. 담보목적의 압수 擔保鴛的의 押收; ~**recht** n. 담보권 擔保權; ~**treuhand** f. 담보신탁 擔保信託; ~**übereignung** f. 소유권의 담보양도 所有權의 擔保讓渡, 양도담보 讓渡擔保; antizipierte ~ 예정(豫定)된 소유권의 담보양도; ~**verfahren** n. 보안절차 保安節次; ~**verfügung** n. 보전처분 保全處分; ~**verkauf** m. 매도담보 賣渡擔保; ~**verwahrung** f. 보안감호 保安監護; ~**wirkung** f. 담보적 효력 擔保的 效力.

Sicht:vermerk m. 사증 査證; ~**wechsel** m. 일람출금(出金)어음.

Siegel n. 봉인 封印; ~**bruch** m. (als Delikt) 봉인파괴(죄) 封印破壞(罪).

Siegelung f. 봉인 封印.

Signalwirkung f. 경고효과 警告效果.

Signatur f. 서명 書名.

simulierte Erklärung f. 위장(僞裝)된 표시(表示).

Simultangründung f. 1. (wörtl.) 동시설립 同時設立; 2. 발기설립 發起設立 (§ 295 Abs. 1 KHGB).

Sinn und Zweck m. 의미(意味)와 목표(目標).

Sinn:gehalt m. 의미내용 意味內容; ~**gemäß** adj. 의미(意味)에 맞게; ~**zusammenhang** m. 의미관계 意味關係, 의미연관성 意味聯關性.

Sistierung f. 1. (prozessr.) (in Deutschland) 가체포 暇逮捕, 신원확인(身元確認) 목적의 구류; 2. (prozessr.) (in der Schweiz) 소송절차(訴訟節次)의 중지(中止); 3. (vertragsrechtl.) 위탁자가 요구하는 계약중지(契約中止).

Sitte f. 1. (i.S.v. Gewohnheit) 관습 慣習; 2. (i.S.v. Moral) 도덕 道德.

Sitten:gesetz n. 도덕률 道德律; ~**polizei** f. 풍속경찰 風俗警察.

Sittenwidrigkeit f. (공서)양속위반 (公序)良俗違反, 선량한 풍속위반 善良한 風俗

違反, vgl. § 103 KBGB (entspricht § 138 Abs. 1 BGB) und § 104 KBGB, der § 138 Abs. 2 BGB entspricht, hierbei jedoch allgemein auf die Unbilligkeit des Rechtsgeschäfts (공정을 잃은 법률행위) und nicht auf dessen explizit wucherischen Charakter abstellt.

Sittlichkeit *f.* 윤리성 倫理性.

Situation *f.* 상태 狀態, 상황 狀況; wirtschaftliche ~ 경제(經濟)상태.

Situationsgebundenheit *f.* 상황구속성 狀況狗速性.

Sitz *m.* 1. (*einer jur. Pers.*) (법인의) 소재지 (法人의) 所在地; 2. (*eines Unternehmens*) 영업소 營業所, 영업지 營業地; 3. (*eines Abgeordneten*) 의석 議席.

Sitz:blockade *f.* 연좌시위 連坐示威; **~streik** *m.* 연좌파업 連坐罷業.

Sitzung *f.* 1. (*bei Gericht*) 공판 公判, 재판 裁判; 2. (*einer Personenmehrheit*) 회의소집 會議召集; außerordentliche ~ 임시(臨時)회소집.

Sitzungs:periode *f.* 회기 會期; **~polizei** *f.* 법정경찰권 法廷警察權. // 재판장이 재판을 진행하는 동안에 질서를 유지시켜야 하는 권리와 의무. 독일 법원조직법 (Gerichtsverfassungsgesetz) 제176조 참조. // **~protokoll** *n.* 공판조서 公判調書.

Sofortige Beschwerde *f.* 즉시항고 卽時抗告. // Die sofortige Beschwerde ist in gesetzlich geregelten Fällen statthaft, z.B. gegen die Ablehnung eines Antrags auf Anordnung vorläufigen Rechtsschutzes, vgl. → **Vorläufiger Rechtsschutz**.

Sofortiges Anerkenntnis *n.* 즉시인낙 卽時認諾.

Sofortiger Vollzug *m.* → Sofortvollzug.

Sofortvollzug *m.* 즉시강제 卽時强制, 즉시집행 卽時執行.

Solawechsel *m.* 단일(單一)어음.

Solidargemeinschaft *f.* 연대책임공동체 連帶責任共同體.

Solidarität *f.* 연대성 連帶性.

Solidaritäts:beitrag *m.* 연대금지급 連帶金支給; **~beitragsklausel** *f.* 연대금지급조항 連帶金支給條項; **~prinzip** *n.* 연대성의 원칙 連帶性의 原則.

Soll – Beschaffenheit *f.* 있어야 할 상태(狀態), 당사자간(當事者間)에 합치된 성상(合致된 性相); ~ – **Kosten** *f.* 당위비용 當爲費用; ~ – **Vorschrift** *f.* 당위규정 當爲規定.

Sollen *n.* 당위 當爲.

Sollertrag *m.* 기대가능수익 期待可能收益, 추정소득 推定所得, 당연소득 當然所得.

Sollertragssteuer *f.* 기대가능수익세 期待可能收益稅.

Sollkaufmann *m.* 필연상인 必然商人.

Sonder:abgabe *f.* 특별공과금 特別公課金, 특별부담금 特別負擔金; **~beschluss** *m.* 특별결의 特別決意; **~delikt** *n.* 신분범 身分犯; **~dividende** *f.* 특별(이익)배당(금) 特別(利益)配當(金); **~fall** *m.* 특수한 사례 特殊한 事例; **~gut** *n.* 특별재산 特別財産; **~nachfolge** *f.* 특정승계 特定承繼; **~nutzung** *f.* 특별사용 特別使用; **~opfer** *n.* 특별희생 特別犧牲; **~opfertheorie** *f.* 특별희생설 特別犧牲說; **~ordnungsbehörde** *f.* 특별질서관청 特別秩序官廳 **~privatrecht** *n.* 특별사법 特別私法; ~ der Kaufleute 상인(商人)의 특별사법; **~prüfer** *m.* 특별검사인 特別監査人; **~prüfung** *f.* 특별감사 特別監査; **~recht** *n.* 특별법 特別法; **~rechtstheorie** *f.* 특별법설 特別法說; **~rechtsverhältnis** *n.* 특별법관계 特別法關係; **~rücklage** *f.* 특별준비금 特別準備金; **~steuer** *f.* 특별세 特別稅; **~strafrecht** *n.* 형사특별법 刑事特別法; **~urlaub** *m.* 특별휴가 特別休暇; **~verbindung** *f.* 특별결합관계 特別結合關係; **~vermögen** *n.* 특별재산 特別財産; **~vorschrift** *f.* 특별규정 特別規定; **~vorteil** *m.* 특별이익 特別利益; **~votum** *n.* 반대의견 反對意見; **~zuweisung** *f.* 특별관할 特別管轄.

Sorgerecht *n.* 부양권 扶養權, 양육권 養育權, (자식)보호권 (子息)保護權.

Sorgfalt *f.* 주의 注意; ~ in eigenen Angelegenheiten 자기사무(自己事務)에 대한 주의; die im Verkehr erforderliche ~ 거래상(去來上) 요구(要求)되는 주의.

Sorgfaltspflicht *f.* 주의의무 主意義務, 선관의무 善管義務; gebotene ~ 요구(要求)된 주의의무; **~verletzung** *f.* 주의의무의 위반 主意義務의 違反.

Souveränität *f.* 주권 主權.

Sozial:abbau *m.* 사회복지의 해체 社會福祉의 解體; **~adäquanz** *f.* 사회적 상당성 社會的 相當性; **~auswahl** *f.* 선정의 공정성 選定의 公正性, 사회적 선택 社會的 選擇. // 사회적 관점에서의 (고용관계의) 해고대상자 선정. // **~bindung** *f.* 사회적 구속성 社會的 拘束性; ~ des Eigentums 재산권(財産權)의 사회적 구속성; ~ der Grundrechte 기본권(基本權)의 사회적 구속성; **~bindungstheorie** *f.* 사회구속성이론 社會拘束性理論; **~daten** *f.* 사회(社會)데이터; **~entschädigung** *f.* 사회보상 社會補償; **~geheimnis** *n.* 사회비밀 社會秘密; **~gericht** *n.* 사회법원 社會法院; **~gerichtsbarkeit** *f.* 사회재판권 社會裁判權, 사회관할 社會管轄; **~gerichtsordnung** *f.* 사회법원법 社會法院法; **~gesetzbuch** *n.* 사회법전 社會法典; **~gesetzgebung** *f.* 사회입법 社會立法; **~gestaltung** *f.* 사회형성 社會形成; **~hilfe** *f.* 사회보조 社會補助; **~hilfeanspruch** *m.* 사회보조청구권 社會補助請求權; **~inadäquanz** *f.* 사회적 비상당성 社會的 非相當性; **~klausel** *f.* 사회조항 社會

條項; **~leistungen** *f. pl.* 사회적 급여 社會的 給與; **~pflichtigkeit** *f.* 사회적 구속성 社會的 拘束性; ~ des Eigentums 재산권(財産權)의 사회적 구속성; **~plan** *m.* 사회계획 社會計劃; **~planabfindung** *f.* 사회계획보상 社會計劃補償; **~rat** *m.* 사회이사회 社會理事會; **~recht** *n.* 사회법 社會法, 사회권 社會權, 사회보장법 社會保障法; **~richter** *m.* 사회판사 社會判事; **~staat** *m.* 사회국가 社會國家; **~staatsprinzip** *n.* 사회국가원리 社會國家原理; **~streitverfahren** *n.* 사회소송 社會訴訟; **~union** *f.* 사회통합 社會統合; **~versicherung** *f.* 사회보험 社會保險; pflichtige ~ 의무적(義務的) 사회보험; **~verwaltung** *f.* 사회행정 社會行政; **~widrigkeit** *f.* 반사회성 反社會性.

Soziale ~ ~ Angelegenheit *f.* 사회관련사항 社會關聯事項; **~ Entschädigung** *f.* 사회보상 社會補償; **~ Gerechtigkeit** *f.* 사회적 정의 社會的 正義; **~Marktwirtschaft** *f.* 사회적 시장경제질서 社會的 市場經濟秩序; **~ Rechtfertigung** *f.* 사회적 정당성 社會的 正當性; **~ Sicherheit** *f.* 사회보장 社會保障.

Soziologie *f.* 사회학 社會學; ~ des Rechts 법(法)의 사회학.

Spaltung *f.* 분할 分割; ~ einer Gesellschaft 회사(會社)분할.

Spannungsfall *m.* 긴장사태 緊張事態.

Sparkasse *f.* 상호저축은행 相互貯畜銀行.

Spartengewerkschaft *f.* → Fachgewerkschaft.

Spediteur *m.* 운송주선인 運送周旋人, 화물운송업자 貨物運送業者.

Speditions:geschäft *n.* 운송주선업 運送周旋業; aufeinander folgendes ~ 순차(順次)운송주선업; **~vertrag** *m.* 운송주선계약 運送周旋契約.

Spende *f.* (als Betrag) 기부(금) 寄附(金).

Spendenbetrug *m.* 기부사기 寄附詐欺.

Sperre *f.* 저지 沮止.

Sperrfrist *f.* 중단기간 中斷期間.

Sperrgrundstück *n.* 저지토지 沮止土地. // 독일법은 민중소송을 기본적으로 부인한다. 따라서 소송을 제기하려고 하면 주관적 권리가 있어야 한다. 이런 뜻으로 건축법상의 행정처분에 반대하여 소송을 제기할 수 있도록 해당 지역 안에서 매입된 토지를 저지토지라고 한다. 다만 연방행정법원은 개별사건에 따라 권리남용이 될 수 있고 저지토지에 관한 소유권은 이른바 „소유권의 껍데기" (Hülle des Eigentums)일 뿐이어서 소송을 제기할 수 없다는 판결을 내린 바 있다. BVerwGE 112, 135 참조.

Sperr:klausel *f.* 저지조항 沮止條項, 봉쇄조항 封鎖條項; **~minorität** *f.* 소수저지(권)

少數沮止(權); ~wirkung *f.* 저지효과 沮止效果, 폐쇄효력 閉鎖效力.
Spezialität *f.* 특별관계 特別關係, 특별성 特別性, 특정성 特定性.
Spezialitätsgrundsatz *m.* 특정성의 원칙 特定性의 原則.
Spezialprävention *f.* 특별예방 特別豫防.
Spezialvollmacht *f.* 특정대리권 特定代理權.
Spezies:kauf *m.* 특정물매매 特定物賣買; ~**schuld** *f.* (*auch:* Stückschuld, Individualschuld) 특정물채무 特定物債務.
Sphärentheorie *f.* 영역설 領域說.
Spiel *n.* 사행(계약) 倖射(契約), 노름.
Spitzenbetrag *m.* 단주액 端株額.
Sportwette *f.* 스포츠 내기.
Spruch *m.* (*des Gerichts*) → Tenor.
Spruchkörper *m.* (재판)합의부 (裁判)合意部, 재판부 裁判部, 재판기관 裁判機關, 합의체 合意體.
Spruchreife *f.* 본안의 성숙성 本案의 成熟性, 분쟁(紛爭)의 성숙성.
Sprungrevision *f.* 비약상고 飛躍上告.
Squeeze – out *engl.* 탈출 脫出 (소수주식 강제매수제도 少數株式 强制買收制度, 지배주주의 매도청구 支配株主의 賣渡請求). // Der (aktienrechtliche) Ausschluss von Minderheitsaktionären wurde erstmals mit Wirkung zum 15.4.2012 als Teil einer umfassenden Reformierung des koreanischen Handels- und Gesellschaftsrechts in die §§ 360의24 – 360의26 KHGB eingeführt. Nach § 360의24 Abs. 1 KHGB kann derjenige, der 95 % aller ausgegebenen Aktien auf eigene Rechnung hält (Hauptaktionär) von den anderen Aktionären (Minderheitsaktionäre) den Verkauf der von ihnen gehaltenen Aktien verlangen „soweit dies zur Verwirklichung der wirtschaftlichen Ziele der Gesellschaft erforderlich ist" (회사의 경영상 목적을 달성하기 위하여 필요한 경우). Anders als das deutsche Recht, das in § 327 a Abs. 1 AktG den Squeeze – out nicht von einem bestimmten Grund abhängig macht, ist der Ausschluss in Korea daher selbst für einen Hauptaktionär nicht ohne besondere Begründung möglich. Die Hauptversammlung muss wie in Deutschland in den Squeeze – out einwilligen, vgl. § 360의24 Abs. 3 KHGB. Anders als in Deutschland wird die Höhe der Barabfindung

nicht durch den Hauptaktionär bestimmt, sondern durch Vereinbarung zwischen Haupt- und Minderheitsaktionär festgelegt, vgl. § 360의24 Abs. 7 KHGB. Eine gerichtliche Nachprüfung der Abfindung ist anders als in § 327 f AktG in Korea nicht vorgesehen. Stattdessen kann das Gericht auf Antrag gem. § 360의24 Abs. 8 KHGB die Höhe der Abfindung festlegen, falls sich die Parteien hierauf nicht innerhalb von 30 Tagen ab dem Zeitpunkt der Aufforderung zum Verkauf einigen konnten. Neben dem Squeeze – out Recht des Hauptaktionärs regelt das neue KHGB in § 360의 25 auch das korrespondierende gesellschaftliche → Sell – Out – Recht des Minderheitsaktionärs.

Staat *m*. 1. (*als Nationalstaat*) 국가 國家; 2. (*als Einheit im Bundesstaat*) 주(州); demokratischer ~ 민주주의(民主主義)국가; kooperativer ~ 협력적(協力的) 국가; souveräner ~ 주권(主權)국가; totalitärer ~ 전체(全體)국가.

Staaten:bund *m*. 국가연합 國家聯合; **~gemeinschaft** *f*. 국가공동체 國家共同體; international ~ 국제적(國際的) 국가공동체; **~immunität** *f*. (*engl*. state immunity) 국가면제 國家免除; **~loser** *m*. 무국적자 無國籍者; **~losigkeit** *f*. 무국적 無國籍; **~verbindung** *f*. 국가연합 國家聯合; **~verbund** *m*. 국가연맹 國家聯盟, 국가연합 國家聯合.

Staatliche Aufgaben 국가사무 國家事務.

Staatlichkeit *f*. 국가적 성격 國家的 性格, 국가성 國家性.

Staats:akt *m*. 국가행위 國家行爲; **~angehörigkeit** *f*. 국적 國籍, vgl. → Abstammungsrecht; **~anleihe** *f*. 국채 國債; **~anwalt** *m*. 검사 檢事, 검찰 檢察; vorgesetzter ~ 상급(上級)검사; **~anwaltschaft** *f*. 1. als Institution검찰 檢察; 2. als Behörde 검찰청 檢察廳; 3. z.T. 검사 檢事 (Staatsanwalt); europäische ~ 유럽검찰청; **~aufgabe** *f*. 국가임무 國家任務, 국가사무 國家事務; **~aufsicht** *f*. 국가감독 國家監督, 국가통제 國家統制; **~bürger** *m*. 국민 國民; **~bürgerrecht** *n*. 시민권 市民權; **~bürgerschaft** *f*. (*engl*. citizenship) 시민(권) 市民(權); **~flagge** *f*. 국기 國旗; Bezeichnung in Korea: 태극기 太極旗; **~form** *f*. 국체 國體, 국가형태 國家形態; **~gebiet** *n*. 국가영역 國家領域, 국토 國土, 영토 領土; **~geheimnis** *n*. 국가기밀 國家機密; **~gewalt** *f*. 주권 主權, 국가권력 國家權力; **~gerichtsbarkeit** *f*. 국가재판권 國家裁判權; **~gerichtshof** *m*. 국가재판소 國家裁判所; **~haftung** *f*. 국가배상 國家賠償, 국가책임(責任); mittelbare ~ 대위(代位)

국가책임, 간접(間接)국가배상; unmittelbare ~ 자기(自己)국가책임, 직접(直接)국가배상; verschuldensunabhängige ~ 국가의 무과실책임(無過失責任), 무과실국가책임 無過失國家責任; **~haftungsrecht** *n*. 국가배상법 國家賠償法; **~idee** *f.* 국가이념 國家理念; **~kasse** *f.* 국고 國庫; **~kirche** *f.* 국교 國敎; **~kunde** *f.* 국가학 國家學; **~lehre** *f.* 국가론 國家論; allgemeine ~ 일반적(一般的) 국가론; **~monopol** *n*. 국가독점 國家獨占; **~notstand** *m*. 국가긴급 國家緊急, 국가비상상태 國家非常狀態; **~oberhaupt** *n*. (국가)원수 (國家)元首; **~organ** *n*. 국가기관 國家機關; **~politik** *f.* 국가정책 國家政策; **~präsident** *m*. 대통령 大統領; **~praxis** *f.* 국가실행 國家實行, 국가실무 國家實務; **~prüfung** *f.* 국가시험 國家試驗; **~räson** *f.* 국시 國是; **~rat** 국무회의 國務會議; Mitglied des ~s국무위원 國務委員; Vorsitzender des ~s 국무위원장 國務委員長; **~recht** *n*. 국법 國法, 국가법 國家法; **~rechtssenat** *m*. 국법합의부 國法合意部; → Grundrechtssenat; **~religion** *f.* 국교 國敎; **~schutz** *m*. 국가공안 國家公安, 국가보호 國家保護; **~schutzdelikt** *n*. 국사범 國事犯; **~schutzkammer** *f.* 국사부 國事部, 국가보호부 國家保護部; **~tätigkeit** *f.* 국가활동 國家活動; **~verfassung** *f.* 국가의 헌법 國家의 憲法. Nicht jedoch der Begriff „국헌" (國憲), der die verfassungsrechtliche Ordnung meint, und daher auch einfache Gesetze umfasst, vgl. auch die Legaldefinition des Begriffs in § 91 KStGB. // **~verschuldung** *f.* 국가채무 國家債務; **~vertrag** *m*. 1. (*zwischen Nationalstaaten*) 국가계약 國家契約, 국가조약 國家條約; 2. (*zwischen einzelnen Bundesländern*) 주간 조약 州間 條約; **~verwaltung** *f.* 국가행정 國家行政; mittelbare ~ 간접적(間接的) 국가행정; unmittelbare ~ 직접적(直接的) 국가행정; **~volk** *n*. 국민 國民; **~ziel** *n*. 국가목적 國家目的; **~zielbestimmung** *f.* 국가목적규정 國家目的規定; **~zugehörigkeit** *f.* 국적 國籍, 국가에 소속(所屬).

Stadt *f.* 1. (*allg.*) 도시 都市; 2. (*als Verwaltungseinheit*) 시(市); kreisfreie ~ 상급지방자치단체에 소속하지 않은 도시 (자유시), 군에 소속하지 않는 도시 (자유시); **~recht** *m*. 도시법 都市法; **~staat** *m*. 도시주 都市州. 주(州)의 법적성질을 가지는 도시. 독일에서 베를린주 (Berlin), 브레멘주 (Bremen)와 함부르크주 (Hamburg)가 도시주 이다. → 지역주 (Flächenland)의 반대말.

Staffelkontokorrent *m*. 단계적 상호계산 段階的 相互計算.

Staffelmiete *f.* 단계식 차임 段階式 借賃, 계단식 차임 階段式 借賃.

Staffelmietvereinbarung *f.* 계단식 차임에 관한 약정 階段式 借賃에 관한 約定.

Stamm:aktie *f.* 보통주 普通株; **~einlage** *f.* 기본출자액 基本出資額; **~gesetz** *n*. 근

거법(률) 根據法(律), 기초법 基礎法; **~kapital** *n.* 자본 資本; **~recht** *n.* 기본권리 基本權利; **~wert** *m.* 원본가치 原本價値; **~zelle** *f.* 줄기세포.

Standard:befugnis *f.* (경찰법상) 표준적 권한 (警察法上) 標準的 權限; **~maßnahme** *f.* (경찰법상) 표준적 조치 (警察法上) 標準的 措置.

Standes:beamter *m.* 호적공무원 戶籍公務員; **~recht** *n.* 신분권 身分權.

Standgericht *n.* 즉시군사재판 卽時軍事裁判.

Standort *m.* 1. (*von Soldaten*) 주둔지 駐屯地; 3. (*von Unternehmen etc.*) 소재지 所在地.

Statistisches Bundesamt *n.* 연방통계청 聯邦統計廳.

Stattgabe *f.* 인용 認容.

statthaft *adj.* 허용(許容)의, 허용(許容)되는.

Statthaftigkeit *f.* 대상적격 對象適格, 허용성 許容性.

Status *m.* (*lat.*) 1. (*von Personen, z.b. der beamtenrechtliche Status*) 신분 身分; 2. (*allg. i.S.v. Zustand*) 상태 狀態; 3. (*allg. i.S.v. Position bzw. Stellung*) 지위 地位; **~änderung** *f.* 신분변경 身分變更; **~angelegenheit** *f.* 신분사건 身分事件, 신분사항 身分事項; **~klage** *f.* 신분소송 身分訴訟. 근로관계가 존재하는지 여부에 대하여 자유영업자가 제기하는 노동법상의 확인소송. // **~lehre** *f.* 상태론 狀態論; **~recht** *n.* 신분상 권리 身分上 權利, 상태법 狀態法; **~sache** *f.* 신분사건 身分事件; **~urteil** *n.* 신분판결 身分判決.

status ~ ~ activus (*lat.*) 활동적 상태 活動的인 狀態, 참정권(參政權)을 가지는 상태; **~ negativus** (*lat.*) 소극적 상태 消極的 狀態, 방어권(防禦權)을 가지는 상태; **~ positivus** (*lat.*) 적극적 상태 積極的 狀態, 이행권(履行權) 및 참가권(參加權)을 가지는 상태; **~ subjektionis** (*lat.*) 복종적 상태 服從的 狀態, 권리(權利) 없는 상태.

Statut *n.* 1. (*i.S.v. Satzung eines Unternehmens*) 정관 定款; 2. (*allg. i.S.v. Regel*) 규칙 規則.

Steckbrief *m.* 지명수배장 指名手配狀.

Stellung *f.* 1. (*von Personen*) 신분 身分; 2. (*i.S.v. Position*) 지위 地位; marktbeherrschende ~ 시장(市場)을 지배(支配)하는 지위; rechtliche ~ 법률상(法律上) 지위; 3. (*i.S.v. Einreichung*) 제기 提起; ~ eines Antrags 신청(申請)의 제기.

Stellungnahme *f.* 의견표명 意見表明.

stellvertretendes commodum *n.* 대상 代償.

Stellvertreter *m.* 대리인 代理人; gesetzlicher ~ 법정(法定)대리인; gewillkürter ~

임의(任意)대리인; mittelbarer ~ 간접(間接)대리인.

Stellvertretung *f.* → Vertretung.

Stempel:gesetz *n.* 인지법 印紙法; **~steuer** *f.* 인지세 印紙稅.

Sterbe:buch *n.* 사망부 死亡簿; **~geld** *n.* 장례비(용) 葬禮費(用); **~hilfe** *f.* 안락사 安樂死; aktive ~ 능동적(能動的) 안락사, 적극적(積極的) 안락사; passive ~ 수동적(受動的) 안락사, 소극적(消極的) 안락사.

Steuer *f.* (*pl. Steuern*) 조세 租稅, 세금 稅金; (als Betrag) 세액 稅額; direkte ~ 직접세 直接稅; indirekte ~ 간접세 間接稅; kommunale ~ 지방세 地方稅, 지방(地方)의 조세; regionale ~ 지역(地域)의 조세; staatliche ~ 국세 國稅, 국가(國家)의 조세.

Steuer:abzug *m.* 세금공제 稅金控除; **~amnestie** *f.* 조세사면 租稅赦免; **~angelegenheit** *f.* 조세사건 租稅事件; internationale ~ 국제(國際)조세사건; **~anmeldung** *f.* 납세신고 納稅申告; **~anrechnung** *f.* 세액공제 稅額控除; **~anreiz** *m.* 조세유인 租稅誘因; **~aufkommen** *n.* 조세수입 租稅收入, 세수 稅收, 세입 稅入; **~ausgabe** *f.* 세출 稅出; **~beamter** *m.* 세무공무원 稅務公務員; **~befreiung** *f.* 조세면책 租稅免責, 면세 免稅; **~begünstigung** *f.* 조세상 혜택 租稅上 惠澤; **~bemessung** *f.* 조세기초 租稅基礎; **~bemessungsgrundlage** *f.* 과세표준 課稅標準; **~berater** *m.* 세무사 稅務士; **~beratergesellschaft** *f.* 세무법인 稅務法人; **~beratung** *f.* 조세상담 租稅相談; **~bescheid** *m.* 조세(租稅)의 부과(賦課); **~betrag** *m.* 조세금액 租稅金額, 세액 稅額; **~betrug** *m.* 탈세 脫稅; **~bilanz** *f.* 과세용대차대조표 課稅用貸借對照表; **~delikt** *n.* 조세범 租稅犯; **~einnahme** *f.* 세수 稅收, 세입 稅入; **~erhebung** *f.* 조세징수 租稅徵收; **~erhöhung** *f.* 세금인상 稅金引上; **~erklärung** *f.* 세무신고 稅務申告; **~erleichterung** *f.* 조세경감 租稅經減; **~ermäßigung** *f.* 조세감경 租稅減輕; **~erstattung** *f.* 조세환급 租稅還給; **~festsetzung** *f.* 조세확정 租稅確定, 조세결정 租稅決定; **~festsetzungsverfahren** *n.* 조세확정절차 租稅確定節次; **~flucht** *f.* 조세도피 租稅逃避, 조세피난 租稅避難; **~freibetrag** *m.* 면세액 免稅額; **~freiheit** *f.* 면세 免稅; **~gefährdung** *f.* 납세위험 納稅危險; **~geheimnis** *n.* 조세비밀 租稅秘密; **~gerechtigkeit** *f.* 조세정의 租稅正義, 조세공평성 租稅公平性; **~gesetz** *n.* 세법 稅法; **~hinterzieher** *m.* 조세회피자 租稅回避者; **~hinterziehung** *f.* 조세회피 租稅回避; **~jahr** *n.* 조세년도 租稅年度, 과세연도 課稅年度; **~klasse** *f.* 과세등급 課稅等級; **~last** *f.* 조세부담 租稅負擔, 세부담 稅負擔; **~nachlass** *m.* 조세감면 租稅減免; **~objekt** *n.* 과세물건 課稅物件, 과세대상 課稅對象; **~pflicht** *f.* 납세의

무 納稅義務 (Art. 38 KVerf); beschränkte ~ 제한적(制限的) 납세의무; erweiterte beschränkte ~ 확정(確定)된 제한적 납세의무; persönliche ~ 개인적(個人的) 납세의무; unbeschränkte ~ 무제한(無制限) 납세의무; verlängerte unbeschränkte ~ 연장(延長)된 무제한 납세의무; **~pflichtiger** *m.* 납세의무자 納稅義務者; **~recht** *n.* 세법 稅法; **~reform** *f.* 세제개혁 稅制改革; **~satz** *m.* 세율 稅率; **~satzbegrenzung** *f.* 세율제한 稅率制限; **~schuld** *f.* 조세채무 租稅債務; **~schuldner** *m.* 조세채무자 租稅債務者; **~senkung** *f.* 세금인하 稅金引下; **~strafgesetz** *n.* 조세범처벌법 租稅犯處罰法; **~summe** *f.* 세액 稅額; **~system** *n.* 세제 稅制, 조세체계 租稅體系; **~tarif** *m.* 납세등급 納稅等級.; **~umgehung** *f.* 탈세 脫稅.

Steuerungsfähigkeit *f.* 조정능력 調整能力.

Steuer:veranlagung *f.* 조세부과 租稅賦課; **~vergünstigung** *f.* 조세혜택 租稅惠澤, 조세에 관한 혜택; **~verkürzung** *f.* 탈세 脫稅; **~verwaltung** *f.* 조세행정 租稅行政, 조세관리 租稅管理; **~wesen** *n.* 조세제도 租稅制度; **~zuschlag** *m.* 조세부가 租稅附加.

Steuerung *f.* 조종 操縱, 지도 指導.

Steuerungs:gesetz *n.* 조종법률 操縱法律; **~wissenschaft** *f.* 조종학 操縱學.

Stiftung *f.* 1. (*allg.*) 재단 財團; 2. (*als jur. Pers.*) 재단법인 財團法人; ~ des öffentlichen Rechts 공법상(公法上)의 재단; ~ des Privatrechts 사법상(私法上)의 재단; öffentliche ~ 공공(公共)재단; rechtsfähige ~ 권리능력(權利能力) 가진 재단.

Stiftungs:geschäft *n.* 재단출연행위 財團出捐行爲; **~gründung** *f.* 재단설립 財團設立; **~vermögen** *n.* 재단의 재산 財團의 財産; **~zweck** *m.* 재단의 목적 財團의 目的.

Stille Gesellschaft *f.* 익명조합 匿名組合.

Stillegung *f.* 사용중지 使用中止.

Stillhaltevereinbarung *f.* 중지협상 中止協商.

Stillstand *m.* 정지 停止; ~ des Verfahrens 소송절차(訴訟節次)의 정지.

Stimmabgabe *f.* 의결권행사 議決權行使, 투표 投票.

Stimmberechtigung *f.* 의결권 議決權.

Stimmen:gleichheit *f.* 가부동수 可否同數; **~mehrheit** *f.* 과반수 過半數, 다수결 多數決.

Stimm:recht *n.* 의결권 議決權, 결정권 決定權; richterliches ~ 법관(法官)의 의결권; volles ~ 완전(完全)한 의결권; Missbrauch des ~s 의결권의 남용(濫用);

~rechtsbindungsvertrag *m.* 의결권계약 議決權契約.

Stimmungsdemokratie *f.* 기분상의 민주주의 期分上의 民主主義.

Stimmzahl *f.* 투표수 投票數.

Stipendium *n.* 장학금 獎學金.

Stock:dividende *f.* 주식배당 株式配當; **~option** *f.* 주식매수선택권 株式買收選擇權.

Stockwerkeigentum *n.* 층별소유권 層別所有權.

Stoff *m.* 1. (*allg. i.S.v. Material*) 물질 物質; 2. (*i.S.d. für die Herstellung eines Werks erforderlichen Materials*) 재료 材料; unwägbarer ~ 불가량물 不可量物.

Stoffwert *m.* 재료의 가치 材料의 價値.

Störer *m.* 위해유발자 危害誘發者, 장해야기자 障害惹起者; z.T. auch mit (경찰)책임자 (警察)責任者 (= „Polizeipflichtiger") übersetzt.

Störung *f.* 장해 障害, 방해 妨害, 침해 侵害. // Im Polizeirecht werden insbesondere die Begriffe „장해" oder „교란" (攪亂) verwendet.

Störungsabwehr *f.* 방해방지 妨害防止.

Straf:androhung *f.* 형벌위협 刑罰威脅; **~anspruch** *m.* 형벌청구권 刑罰請求權; ~ des Staates 국가(國家)의 형벌청구권; **~anstalt** *f.* 교도소 矯導所.

Strafantrag *m.* 고소 告訴. // Der Strafantrag kann gem. § 230 Abs. 1 S. 1 KStPO bis zu 6 Monaten, nachdem von der Person des Täters Kenntniss erlangt wurde, gestellt werden. Kann der Antrag aufgrund höherer Gewalt nicht gestellt werden, so beginnt die Frist erst ab Wegfall dieses Grundes, vgl. § 230 Abs. 1 S. 2 KStPO. Gem. § 232 Abs. 1 KStPO kann der Strafantrag bis zur Verkündung des erstinstanzlichen Urteils zurückgenommen werden. In diesem Fall kann der Antrag gem. Abs. 2 nicht erneut gestellt werden. Vgl. auch → Antragsdelikt.

Straf:anzeige *f.* 고발 告發; **~art** *f.* 형벌종류 刑罰種類, 형종 刑種; **~aufhebung** *f.* 형벌면제 刑罰免除; **~aufhebungsgrund** *m.* 형벌면제사유 刑罰免除事由; **~aufschub** *m.* 형벌(집행)유예 刑罰(執行)猶豫; **~ausdehnung** *f.* 형벌확장 刑罰擴張, **~ausschließungsgrund** *m.* 형벌배제사유 刑罰排除事由; **~aussetzung** *f.* (*zur Bewährung*) 형집행유예 刑執行猶豫; **~bar** *adj.* 처벌적 處罰的, 가벌적 加罰的; **~barkeit** *f.* 처벌성 處罰性, 가벌성 加罰性; **~barkeitslücke** *f.* 가벌성 조각 可罰性 阻却, 처벌성결함 處罰性缺陷. // 처벌할 만한 행위를 해도 이에 관한 형법상 규정이 존재하지 않아서 처벌하지 못 하는 것. // **~bedürfnis** *n.* 형벌필요(성) 刑罰必要

(性); ~**befehl** *m*. 1. (*in Korea*) 약식명령 略式命令; 2. (*wörtl*.) 형벌명령 刑罰命令. Der Begriff „과형명령" (課刑命令) wird teilweise in der koreanischen Literatur verwendet, um das deutsche Strafbefehlsverfahren zu beschreiben. // ~**befehlsverfahren** *n*. 약식명령절차 略式命令節次; ~**befreiung** *f*. 형벌면제 刑罰免除; ~**befugnis** *f*. 형벌권 刑罰權; staatliche ~ 국가(國家)형벌권; ~**bewehrt** *adj*. 형벌예정(刑罰豫定)된; ~**drohung** *f*. → Strafandrohung.

Strafe *f*. 형벌 刑罰, 형(刑), vgl. § 41 Nr. 1 – 9 KStGB; Absehen von ~ 형벌면제(免除); Aussetzung der ~ 가석방 暇釋放; eine ~ verhängen 형벌을 과(課)하다, 형벌을 선고(宣告)하다.

Straf:erlass *m*. 형벌사면 刑罰赦免; ~**erwartung** *f*. 형벌예상 刑罰豫想; ~**frage** *f*. 형벌여부 刑罰與否, 형벌문제 刑罰問題; ~**gefangener** *m*. 재소자 在所者; ~**gesetz** *n*. 형법(규정) 刑法(規定); ~**gesetzbuch** *n*. 형법전 刑法典; ~**grund** *m*. 형벌근거 刑罰根據; ~**kammer** *f*. (지방법원의) 형사부 刑事部; große ~ 대(大)형사부; kleine ~ 소(小)형사부; ~**klageverbrauch** *m*. 일사부재리 一事不再理; ~**klagerecht** *n*. 기소권 起訴權; ~**maß** *n*. 형량 刑量; ~**maßnahme** *f*. 형벌처분 刑罰處分; ~**milderung** *f*. 형감경 刑減經, 감형 減刑; ~**milderungsgrund** *m*. 형감경사유 刑減經事由, 減刑事由; ~**monopol** *n*. 형벌독점 刑罰獨占 ~ des Staates 국가(國家)의 형벌독점; ~**mündigkeit** *f*. 형사성년 刑事成年; volle ~ 완전(完全)한 형사성년; bedingte ~ 제한적(制限的) 형사성년; ~**prozess** *m*. 형사소송 刑事訴訟, (*Abk*.) 형소 刑訴, 형사재판 刑事裁判; ~**prozessrecht** *n*. 형사소송법 刑事訴訟法, (*Abk*.) 형소법 刑訴法.

Strafrecht *n*. 형법 刑法. // Zusammen mit dem Familienrecht gehört das koreanische Strafrecht zu den Rechtsgebieten, die noch am stärksten durch die traditionelle, im Konfuzianismus verwurzelte Wertvorstellung des Landes geprägt werden. Dieser Einfluss äußert sich u.a. in dem Vorhandensein eines ausgeprägten Sittenstrafrechts. So gehörte Korea bis ins Jahr 2015 zu den wenigen Staaten der nichtislamischen Welt, in dem → Ehebruch noch unter Strafe gestellt wurde. Bei einer Vielzahl von Delikten wird die Tat zudem qualifiziert, wenn das Opfer ein Vorfahre des Täters oder seines Ehegatten ist. Das Strafmaß wird in diesen Fällen teilweise drastisch erhöht, vgl. z.B. §§ 250 Abs. 2 KStGB (→ Tötung), 276 Abs. 2, 277 Abs. 2 KStGB (→ Freiheitsberaubung), § 259 Abs. 2 KStGB (→ Körperverletzung). Die Tatsache, dass ausdrücklich nur Vor- nicht aber Nachfahren als besonders schützenswerte Tatobjekte behandelt werden, ist Ausdruck des konfuzianistischen Senioritätsprinzips bzw. der Pflicht zur kindlichen Pietät. Die in der koreanischen Justiz herrschende Rechtsauffassung bestätigte das koreanische Verfassungsgericht in Bezug auf die Verfassungsmäßigkeit der Qualifikation des § 259 Abs. 2 KStGB (Körperverletzung mit Todesfolge beim Aszendenten) in seiner Entscheidung 2000헌마53 vom 28.3.2002: „Die Achtung und die Liebe gegenüber einem direkten Vorfahren bildet eine Werteordnung, die einen wesentlichen Bestandteil unserer gesellschaftlichen Moral ausmacht, und daher besteht unter Berücksichtigung der Begründung für die qualifizierte Bestrafung des Nachkommens und der Angemessenheit ihres Umfangs ein vernünftiger Grund für die ungleiche Behandlung." Das ebenfalls stark vom Konfuzianismus beeinflusste japanische Recht hat sich dagegen des Tatbestandes des Aszendentenmordes, der bereits im Jahr 1973 vom JOGH für verfassungswidrig erklärt wurde, im Jahr 1995 entledigt (vgl. auch die den §§ 276, 277 KStGB entsprechenden Regelungen der §§ 220, 221 des japanischen StGB, bei denen die familiären Beziehungen zwischen den Tatbeteiligten unbeachtlich sind).

Der Regelungsgehalt des koreanischen Strafrechts erschöpft sich darüberhinaus bei weitem nicht auf die Normen des KStGB. Große Teile des Strafrechts werden in Spezialgesetzen geregelt, welche das KStGB ergänzen. Exemplarisch sei hier das Gesetz über die Strafverschärfung bei bestimmten Delikten (특정범죄 가중처벌 등에 관한 법률) genannt, in dessen § 1 es heißt: „Dieses Gesetz dient der Bewahrung einer gesunden Gesellschaftsordnung und der Förderung der Volkswirtschaft durch die Regelung von Strafverschäfungen bei bestimmten Delikten des Strafgesetzbuches, des Zollgesetzes, des Steuerstrafgesetzes, des Waldwirtschaftsgesetzes und des Betäubungsmittelgesetzes." Das Gesetz erschöpft sich neben dieser Aussage jedoch nicht allein in der Straferhöhung, sondern begründet in anderen Fällen erst die Strafbarkeit verbotenen Handelns. So wird nach § 4 b die Verletzung der Geheimhaltungspflicht nach § 54 a Abs. 2 Parlamentsgesetz (dort nicht unter Strafe gestellt) mit bis zu 5 Jahren Zuchthaus bestraft. Durch die Auslagerung weiter Teile der Strafrechtsordnung in

Sondergesetze (die anders als das KStGB nicht in englischer Übersetzung herausgegeben werden) ist die Einschätzung des Fortschritts der rechtsstaatlichen Entwicklung der Strafrechtspflege in Korea vom Ausland nur unter großen Schwierigkeiten möglich. Neben einer Vielzahl an weiteren Sonderstrafgesetzen, wie z.B. das Staatssicherheitsgesetz (국가보안법) und dem Sondergesetz über die Bestrafung sexueller Gewalttaten (성폭력범죄의 처벌 등에 관한 특례법) sind in Korea zudem weite Teile der Zivilrechtsordnung pönalisiert. So werden z.B. Verstöße gegen das Arbeitsstandardsgesetz (근로기준법) mit bis zu 5 Jahren Zuchthaus bestraft, vgl. §§ 107 ff. ArbStandardsG.

Strafrecht ~ ~ formelles ~ 형식적(形式的) 형법; materielles ~ 실체적(實體的) 형법.

Straf:rechtsnorm *f.* 형법규범 刑法規範; **~rechtspflege** *f.* 형사사법 刑事司法; **~rechtspolitik** *f.* 형법정책 刑法政策; **~rechtstheorie** *f.* 형법론 刑法論; **~rechtssystem** *n.* 형법체계 刑法體系; **~register** *n.* (구) 수형인명부 受刑人名簿. 1984.9.21 부터 Bundeszentralregister이라고 부른다. // auch: 범죄인명부 犯罪人名簿, 전과부 前科簿; **~sache** *f.* 형사사건 刑事事件.

Strafschadensersatz *m.* (미: punitive damages; 영: exemplary damages) 처벌적 손해배상 處罰的 損害賠償, 징벌적 손해배상 懲罰的 損害賠償. // Das koreanische Recht sieht grds. keinen Strafschadensersatz vor, sondern beschränkt sich wie das deutsche Recht auf kompensatorischen Schadensersatz. In dem neu gefassten und in dieser Form am 30.06.2011 in Kraft getretenen „Gesetz zur Schaffung eines fairen Geschäftsverkehrs mit Subunternehmen" (하도급거래 공정화에 관한 법률) hat der koreanische Gesetzgeber jedoch in § 35 Abs. 2 erstmals den Strafschadensersatz im koreanischen Recht verankert. Darin heißt es: „Erleidet eine Person dadurch einen Schaden, dass der Hauptunternehmer unter Verstoß gegen § 12 b Abs. 3 erlangte Technologie widerrechtlich verwendet, so trifft diesen die Ersatzpflicht bis zur Höhe des dreifachen des erlittenen Schadens. Dies gilt nicht, wenn der Hauptunternehmer das Fehlen von Vorsatz oder Fahrlässigkeit beweisen kann." § 12 b Abs. 3 des Gesetzes lautet: „Der Hauptunternehmer darf die erlangte Technologie nicht für sich oder einen Dritten widerrechtlich verwenden." // 영미법과 달리 독일에서 처벌적 손해배상은 인정되지 않는다.

Straf:senat *m.* (독일 고등법원의) 형사부 刑事部; **~tat** *f.* 범죄 犯罪, 가벌적 행위 加罰的 行爲, 범죄행위 犯罪行爲, 죄(罪); ~ im Amt 직무(職務)에 관한 죄(罪); versuchte ~ 미수범 未遂犯; vollendete ~ 기수범 旣遂犯; eine ~ begehen 죄를 범(犯)하다; eine ~ vorbereiten 범죄를 예비(豫備)하다 (§ 28 KStGB); **~tatbestand** *m.* 형벌구성요건 刑罰構成要件; einen ~ verwirklichen 형벌구성요건을 실현(實現)하다; **~täter** *m.* 범죄자 犯罪者, 범인 犯人; **~tatenverhütung** *f.* 범죄행위예방 犯罪行爲豫防; **~tilgung** *f.* 형벌기록의 삭제 刑罰記錄의 削除; **~theorie** *f.* 형벌이론 刑罰理論; **~umwandlung** *f.* 형벌변경 刑罰變更; **~unmündigkeit** *f.* 형사미성년 刑事未成年; absolute ~ 절대적(絕對的) 형사미성년; **~urteil** *n.* 형사판결 刑事判決; **~vereitelung** *f.* 형벌방해죄 形罰妨害罪; **~verfahren** *n.* 형사절차 刑事節次, 형사소송 刑事訴訟, 형사소송절차 刑事訴訟節次; faires ~ 공정(公正)한 형사절차; **~verfahrensrecht** *n.* 형사절차법 刑事節次法; **~verfolgung** *f.* 형사소추 刑事訴追; **~verfolgungsbehörde** *f.* 형사소추기관 刑事訴追機關; **~verfolgungsverjährung** *f.* 공소시효 公訴時效 (§ 249 KStPO); **~verhängung** *f.* 형벌선고 刑罰宣告; **~verschärfung** *f.* 형가중 刑加重; **~verteidiger** *m.* (형사)변호인 (刑事)辯護人 (§§ 30 – 36 KStPO). // Strafverteidiger müssen gem. § 31 S. 1 KStPO grds. eine Anwaltszulassung haben. In Ausnahmefällen können jedoch mit Ausnahme von Verfahren vor dem KOGH auch Personen, die nicht Anwälte sind, als Strafverteidiger ernannt bzw. als Pflichtverteidiger bestellt werden (sog. „Sonderverteidiger"/ 특별변호인), vgl. § 31 S. 2 KStPO. In der Revisionsinstanz sind hingegen nur Rechtsanwälte zugelassen, vgl. § 386 KStPO. // **~vollstreckung** *f.* 형집행 刑執行; **~vollstreckungsgericht** *n.* 형집행법원 刑執行法院; **~vollstreckungskammer** *f.* 형집행부 刑執行部; **~vollstreckungsverjährung** *f.* 형(刑)의 시효(時效) (§ 77 KStGB); **~vollzug** *m.* 행형 行刑, 형벌집행 刑罰執行; **~vollzugsbehörde** *f.* 행형관청 行刑官廳; **~vollzugsrecht** *n.* 행형법 行刑法; **~vorbehalt** *m.* 형유보 刑留保; **~vorschrift** *f.* 형벌규정 刑罰規定; **~würdigkeit** *f.* 처벌가치 處罰價值; **~zumessung** *f.* 양형 量刑; richterliche ~ 법관(法官)의 양형; **~zweck** *m.* 형벌목적 刑罰目的.

Straße *f.* 도로 道路.

Straßen:nutzung *f.* 도로사용 道路使用; **~recht** *n.* 도로법 道路法; **~verkehrshaftung** *f.* 교통사고손해배상책임 交通事故損害賠償責任, 자동차사고에

따른 손해배상책임; ~**verkehr** m. 도로교통 道路交通; ~**verkehrsdelikt** n. 도로교통범죄 道路交通犯罪; ~**verkehrsgefährdung** f. 도로교통의 위협 道路交通의 威脅; ~**verkehrsrecht** n. 도로교통법 道路交通法.

Streik m. 파업 罷業; organisierter ~ 조직(組織)파업; politischer ~ 정치(政治)파업; punktueller ~ → Schwerpunktstreik; wilder ~ 살쾡이 파업, 산고양이파업 (wörtl.: „Wildkatzenstreik", abgeleitet aus dem englischen „Wildcat strike action". // 노동조합에 소속되지 않거나 노동조합의 허가 없이 하는 파업. „독립적 파업" (selbständiger Streik)이라고도 한다.

Streit m. 분쟁 紛爭.

Streit:beilegung f. 분쟁해결 紛爭解決; gütliche ~ 화해적(和解的)인 분쟁해결; ~**frage** f. 쟁점 爭點; rechtliche ~ 법률상(法律上) 쟁점; ~**gegenstand** m. 소송물 訴訟物, (소송의) 공격대상 攻擊對象, 계쟁물 係爭物, 심판대상 審判對象; ~**gegenstandsbegriff** m. 소송물개념 訴訟物槪念; zweigliedriger ~ 이분지설(二分肢說)의 소송물개념; ~**gehilfe** m. → Streithelfer.

Streitgenosse m. 공동소송당사자 共同訴訟當事者; einfacher ~ 통상(通常)공동소송당사자; notwendiger ~ 필요적(必要的) 공동소송당사자.

Streitgenossenschaft f. 공동소송 共同訴訟 (§§ 65 – 70 KZPO); einfache (gewöhnliche, selbständige) ~ 통상(通常)공동소송 (§ 66 KZPO); notwendige (besondere, qualifizierte) ~ 필수적(必須的) 공동소송 (§§ 67 ff. KZPO); notwendige ~ aus materiellrechtlichen Gründen 실체법상 원인으로 발생한 필수적 공동소송; notwendige ~ aus prozessualen Gründen 소송상 원인으로 발생한 필수적 공동소송.

Streit:helfer m. 보조참가인 補助參加人; ~**hilfe** f. → Nebenintervention; ~**kräfte** f. pl. 군사력 軍事力; ~**programm** n. 변론의 주제 辯論의 主題; ~**sache** f. 소송사항 訴訟事項, 소송대상 訴訟對象; ~**schlichtung** f. 조정 調停; obligatorische ~ 강제(强制)조정; ~**verkünder** m. (소송)고지자 (訴訟)告知者; ~**verkündeter** m. (소송)피고지자 (訴訟)被告知者, 소송고지를 받은 사람; ~**verkündung** f. 소송고지 訴訟告知 (§§ 84 – 86 KZPO). // Die Vorschriften der KZPO zur Streitverkündung entsprechen im Wesentlichen denen der §§ 72 – 74 ZPO. Die Entscheidung, ob der Streit einem Dritten gegenüber verkündet wird, steht grds. im Belieben der Hauptpartei. In Ausnahmefällen kann jedoch eine gesetzliche Pflicht zur Verkündung des Streits bestehen, z.B. bei der derivativen Klage des Aktionärs gegenüber der Gesellschaft § 404 Abs. 2 i.V.m. § 403 Abs. 3 KHGB. Der Dritte ist gem. § 84 Abs. 2 KZPO zur weiteren Streitverkündung berechtigt. Die → Interventionswirkung des § 77 KZPO trifft den Streitverkündeten unabhängig davon, ob er dem Prozess beitritt oder nicht, vgl. § 86 KZPO. Die Wirkungen der Streitverkündung treten nicht bereits mit deren Eingang bei Gericht ein, sondern erst mit ordnungsgemäßer Zustellung an den Dritten, vgl. KOGH 74 다 1519, 22.4.1975. // **~wert** *m.* 소가 訴價, 소액 訴額, 소송목적(訴訟目的)의 값.

Streitigkeit *f.* 분쟁 紛爭, 소송 訴訟, 쟁송 爭訟, 사건 事件; bürgerlich – rechtliche ~ 민사(民事) 분쟁; familienrechtliche ~ 가족법상(家族法上) 분쟁; kommunalverfassungsrechtliche ~ 지방자치단체헌법상(地方自治團體憲法上) 분쟁; öffentlich – rechtliche ~ 공법상(公法上) 분쟁; privatrechtliche ~ 사법상(私法上) 분쟁; verfassungsrechtliche ~ 헌법상(憲法上) 분쟁; verwaltungsrechtliche ~ 행정법상(行政法上)의 분쟁.

Streitverfahren *n.* 분쟁절차 紛爭節次.

Streitwert *m.* 소송물(訴訟物)의 가치(價値), 소가 訴價; **~berechnung** *f.* 소가산정 訴價算定.

Strengbeweis *m.* 증거방법유형강제 證據方法類型强制; (*wörtl.*) 엄격(嚴格)한 증거(證據).

Strohmann *m.* 허수아비; **~geschäft** *n.* 허수아비행위(行爲).

Strukturvertrieb *m.* → Netzwerk – Marketing.

Stückaktie *f.* 무액면주식 無額面株式.

Stückgüterfrachtvertrag *m.* 개품운송계약 個品運送契約.

Stückschuld *f.* (auch: Individualschuld, Speziesschuld) 특정물채무 特定物債務.

Stufen:gründung *f.* → Sukzessivgründung; **~klage** *f.* 단계청구(段階請求)의 소(訴), 단계소송 段階訴訟; **~theorie** *f.* 단계이론 段階理論.

Stundung *f.* 변제기의 유예 辨濟期의 猶豫, (기한)유예 (期限)猶豫; ~ des Kaufpreises 매매대금(賣買代金)의 지급(支給)유예.

Subjektionstheorie *f.* 종속설 從屬說, 법률관계설 法律關係說, 복종설 服從說.

Subjektives Recht *n.* 주관적 권리 主觀的 權利.

Subjektives öffentliches Recht *n.* 주관적 공권 主觀的 公權.

Subjektivierung *f.* 1. (*allg.*) 주관화 主觀化; 2. (*des Rechts*) 법(法)의 권리화(權利化).

Subjektstheorie *f.* 주체설 主體說; modifizierte ~ 수정(修正)주체설.

Submission *f.* 입찰 入札.

Subordinations:theorie *f.* 종속설 從屬說; **~vertrag** *m.* 종속계약 從屬契約.

Subrogation *f.* 대위 代位.

Subsidiarität *f.* 보충성 補充性.

Subsidiaritäts:grundsatz *m.* → Subsidiaritätsprinzip; **~prinzip** *n.* 보충성원칙 補充性原則.

Substantiierung *f.* 실질설명 實質說明.

Substantiierungslast *f.* 구체화책임 具體化責任, 실질설명요건 實質說明要件.

Substanz:minderung *f.* 본질의 감소 本質의 減少, 실체감소 實體減少; **~minderungstheorie** *f.* 본질감소이론 本質減少理論, 실체감소설 實體減少說; **~recht** *n.* 물질권 物質權; **~steuer** *f.* 실체세 實體稅.

Substitut *n.* 대상 對象.

Substitutions:recht *n.* 직무이전권 職務移轉權; **~wettbewerb** *m.* 대체경쟁 代替競爭.

Subsumtion *f.* 포섭 包攝.

Subsumtionsirrtum *m.* 포섭의 착오 包攝의 錯誤.

Sub:unternehmen *n.* 하도급업 下都給業; **~unternehmer** *m.* 하도급업자 下都給業者.

Subvention *f.* 보조금 補助金, 교부지원 交付支援, 자금조성 資金造成, 자금지원 資金支援.

Subventionsbetrug *m.* 보조금의 사기 補助金의 詐欺.

Sühneausgleich *m.* → Schuldausgleich.

sui generis (*lat.*) 고유(固有)한.

Sukzession *f.* (권리)승계 (權利)承繼.

Sukzessiv:gründung *f.* 1. (*wörtl.*) 단계적 설립 段階的 設立; 2. 모집설립 募集設立 (§ 301 KHGB); **~lieferungsvertrag** *m.* 계속적(繼續的) 공급계약.

summarisch *adj.* 약식(略式)의, 축약적 縮約的; summarische Prüfung 약식조사 (調査); summarisches Verfahren 약식절차(節次).

Summen:rückversicherung *f.* 정액재보험 定額再保險; **~versicherung** *f.* 정액보험 定額保險; **~verwahrung** *f.* 소비임치 消費任置.

Superberufungsinstanz *f.* 최항소심 最抗訴審, 초항소심 超抗訴審.

Superrevisionsinstanz *f.* 최상고심 最上告審, 초상고심 超上告審.

Surrogat *n.* 대상 代償, 변형물 變形物.

Surrogation *f.* 대위 代位; dingliche ~ 물상대위 物上代位.

Surrogationsanspruch *m.* 대상청구권 代償請求權.

Suspendierung *f.* 1. (*allg.*) 정지 停止; 2. (*statusrechtl.*) 자격정지 資格停止.

Suspensiveffekt *m.* 1. (*bzgl. Rechtskraft*) 확정정지효 確定停止效; 2. (*bzgl. Verwaltungsakte*) 집행정지효(력) 執行停止效(力), vgl. → **Vorläufiger Rechtsschutz**.

Sympatiestreik *m.* 동조파업 同助罷業.

Synallagma *n.* 상환성 償還性, 쌍무적 견련성 雙務的 牽連性; funktionelles ~ 기능상(機能上)의 쌍무적 견련성; genetisches ~ 성립상(成立上)의 쌍무적 견련성; konditionelles ~ 존속적(存續的) 쌍무적 견련성.

System *n.* 제도 制度, 조직 組織, 체계 體系; **~gerechtigkeit** *f.* 체계정당성 體系正當性; **~theorie** *f.* 체계이론 體系理論.

Systematik *f.* 조직론 組織論.

T, t

TA → Technische Anleitung.
Tabaksteuer *f.* 연초세 煉草稅.
Tabularersitzung *f.* 등기부취득시효 登記簿取得時效; → Buchersitzung.
Tag *m.* (기)일 (期)日.
Tage:lohn *m.* 일급 日給; **~löhner** *m.* 일용(日用) 근로자(勤勞者); **~geld** *n.* 일급지급 日給支給.
Tages:satz *m.* 일수의 벌금액 日數의 罰金額; **~zeitung** *f.* 일간신문 日刊新聞.
Tagwechsel *m.* 확정일출급(確定日出給)어음.
Tarif *m.* 1. (*i.S.v. Preis*) 정가 定價; 2. (*bzgl. Steuern*) 세율 稅率; 3. (*bzgl. Arbeitslohn*) 임금율 賃金率.
Tarif:abkommen *n.* (단체)협약 (團體)協約; **~abschluss** *m.* 단체협약체결 團體協約締結; **~änderung** *f.* (*i.S.v.* 2.) 세율변경 稅率變更; (*i.S.v.* 3.) 임금율변경 賃金率變更; **~ausschlussklausel** *f.* 단체협약배제조항 團體協約排除條項; **~ausschuss** *m.* 협약위원회 協約委員會; **~autonomie** *f.* (단체)협약자치 (團體)協約自治; **~disposivität** *f.* 단체협약에 의한 특약가능성 團體協約에 의한 特約可能性; **~einheit** *f.* 단일단체협약 單一團體協約; **~fähigkeit** *f.* 단체협약능력 團體協約能力, 단체협약체결능력 團體協約締結能力; **~gebundenheit** *f.* 단체협약에 구속력 團體協約에 拘束力; **~konkurrenz** *f.* 단체협약의 중복 團體協約의 重複; **~macht** *f.* 단체협약상 권한 團體協約上 權限; **~öffnungsklausel** *f.* 단체협약개방조항 團體協約開放條項; **~pluralität** *f.* 단체협약의 병존 團體協約의 並存; **~politik** *f.* 단체협약정책 團體協約政策; **~streitigkeit** *f.* 단체협약분쟁 團體協約紛爭; **~vertrag** *m.* 단체협약 團體協約; **~vertragspartei** *f.* 단체협약의 당사자 團體協約의 當事者; **~vorrang** *m.* 단체협약우선 團體協約優先; **~wirkung** *f.* 단체협약의 효력 團體協約의 效力.
Taschengeld *n.* 용(用)돈.
Taschengeldparagraph *m.* 용돈조항.
Tat *f.* 1. (*allg. i.S.v. Tätigkeit*) 행위 行爲; 2. (*i.S.v. Straftat*) 범죄(사실) 犯罪(事實), 범죄행위 犯罪行爲; 3. (*i.S.v. deliktischer Tätigkeit*) 범행 犯行; absichtliche ~ 고의 (故意)행위; fahrlässige ~ 과실(過失)행; politische ~ 정치범 政治犯; rechtswidrige

~ 위법(違法)행위, 불법(不法)행위; vorsätzliche ~ 고의(故意)행위.

Tat:ausführung *f.* 범죄실행 犯罪實行; **~ausführungshandlung** *f.* 범죄실행행위 犯罪實行行爲; **~begriff** *m.* 범행개념 犯行概念; **~beitrag** *m.* 범죄의 기여 犯罪의 寄與.

Tatbestand *m.* 1. (*einer Norm*) 구성요건 構成要件, 법률요건 法律要件; 2. (*i.S.v. Lebenssachverhalt*) 사실 事實; abstrakter ~ 추상적(抽象的) 구성요건; gesetzlicher ~ 법적(法的) 구성요건; objektiver ~ 객관적(客觀的) 구성요건; offener ~ 개방적(開放的) 구성요건. // 어떤 행위의 위법성은 형법상 구성요건에 해당한다고 해서 바로 성립되지 않고 그 행위의 수단과 목적 사이의 비례성을 고려하여 판단한다. 예: 독일형법 제240조 (강요). // strafrechtlicher ~ 형법(刑法)구성요건; subjektiver ~ 주관적(主管的) 구성요건.

tatbestandlich *adj.* 구성요건적 構成要件的.

Tatbestands:ebene *f.* 구성요건단계 構成要件段階; **~element** *n.* → Tatbestandsmerkmal; **~erfüllung** *f.* 구성요건의 실현 構成要件의 實現; teilweise ~ 부분적(部分的)인 구성요건의 실현; vollständige ~ 완전(完全)한 구성요건의 실현; **~irrtum** *m.* 구성요건착오 構成要件錯誤; **~mäßig** *adj.* 구성요건적 構成要件的; **~merkmal** *n.* 구성요건요소 構成要件要素, 구성요건표지 構成要件標識; desktiptives ~ 기술적(記述的) 구성요건요소; eigenständiges ~ 고유(固有)한 구성요건요소; gesetzliches ~ 법정(法定) 구성요건요소; normatives ~ 규범적(規範的) 구성요건요소; objektives ~ 객관적(客觀的) 구성요건요소; subjektives ~ 주관적(主觀的) 구성요건요소; tatbezogenes ~ 행위(行爲)에 관련된 구성요건요소; täterbezogenes ~ 범인(犯人)에 관련된 구성요건요소; ein ~ verwirklichen 구성요건을 실현(實現)하다; **~restriktion** *f.* 구성요건축소 構成要件縮小; **~verwirklichung** *f.* 구성요건실현 構成要件實現, 구성요건실행 構成要件實行; rechtswidrige ~ 위법(違法)한 구성요건실현; vollständige ~ 완전(完全)한 구성요건실현; vorwerfbare ~ 비난가능(非難可能)한 구성요건실현; **~wirkung** *f.* 법률요건적 효력 法律要件的 效力, 구성요건적 효력 構成要件的 效力.

Tatbeteiligung *f.* 범죄행위참가 犯罪行爲參加.

tatbezogen *adj.* 행위(行爲)에 관련된.

Tatbezogenheit *f.* → Tatbezug.

Tatbezug *m.* 행위관련성 行爲關聯性.

Tat:einheit *f.* 범죄단일 犯罪單一, 일개의 행위 一個의 行爲; **~entschluss** *m.* 행위결단 行爲決斷, 행위결의 行爲決意, 범죄실행(犯罪實行)의 결의; Ausführung des

Tatentschlusses 행위결의의 실행(實行); Hervorrufen des Tatentschlusses 행위결의를 생기게 하는 것.

Täter m. 1. (i.S.d. Strafrechts) 범죄인 犯罪人, 범인 犯人, 범죄자 犯罪者; 2. (i.S.v. Schädiger) 가해자 加害者; 3. (allg. i.S.v. Handelnder) 행위자 行爲者; auf frischer Tat betroffener ~ 현행(現行)범인 (§ 211 Abs. 1 KStPO); mittelbarer ~ 간접정범 間接正犯; tatsächlicher ~ 진정(眞定)한 범인; unmittelbarer ~ 직접정범 直接正犯.

Täter:befragung f. 범인심문 犯人審問; **~begriff** m. 범인(犯人)의 개념(槪念).

täterbezogen adj. 범인(犯人)에 관련된.

Täter:bezogenheit f. → Täterbezug; **~bezug** m. 범인관련성 犯人關聯性; **~gruppe** f. 범인일단 犯人一團; **~horizont** m. 범인인식 犯人認識; **~persönlichkeit** f. 범인인격 犯人人格; **~prinzip** n. 행위자주의 行爲者主義.

Täter – Opfer – Ausgleich m. 가해자 – 피해자 – 화해 加害者 – 被害者 – 和解.

Täterschaft f. 정범 正犯; ~ und Teilnahme 정범과 공범(公犯); mittelbare ~ 간접(間接)정범; unmittelbare ~ 직접(直接)정범.

Täter:strafrecht n. 범인형법 犯人刑法; **~vorstellung** f. 행위자(行爲者)의 생각; **~wille** m. 범인(犯人)의 의사(意思), 행위자의사 行爲者意思.

Tat:frage f. 사실문제 事實問題; **~handlung** f. 범행 犯行; **~herrschaft** f. 행위지배 行爲支配; funktionelle ~ 기능적(機能的) 행위지배; objektive ~ 객관적(客觀的) 행위지배; **~herrschaftslehre** f. 행위지배론 行爲支配論.

Tätige Reue f. 적극적 중지 積極的 中止 (wörtl.: „Aktives Abbrechen").

Tätigkeit f. 활동 活動; auf Dauer angelegte ~ 지속적(持續的)으로 마련된 활동; erlaubte ~ 허용(許容)된 활동; erzieherische ~ 교육(敎育)활동; künstlerische ~ 예술(藝術)활동; literarische ~ 문학(文學)활동; gesetzlich erlaubte ~ 법적(法的)으로 허용(許容)된 활동; gewerbliche ~ 영업(營業)활동; gewinnorientierte ~ 영리(營利)를 목적(目的)으로 하는 활동; konsularische ~ 영사직무 領事職務; persönlich ausgeübte ~ 인적(人的)활동; selbständige ~ 독립적(獨立的) 활동, 독자적(獨自的) 활동; staatliche ~ 국가(國家)의 활동; unterrichtende ~ 교수(敎授)활동; verbotene ~ 금지(禁止)된 활동; wissenschaftliche ~ 학술(學術)활동.

Tätigkeits:bericht m. 활동보고서 活動報告書; **~delikt** n. 거동죄 擧動罪; z.T. auch 형식범 形式犯.

Tat:mehrheit f. 수개의 범죄 數個의 犯罪 (§ 37 KStGB), 다수범죄 多數犯罪, 수죄 數罪, 수개의 행위 數個의 行爲; **~merkmal** n. 범죄요건요소 犯罪要件要素;

gesetzliches ~ 법정(法定)범죄요건요소; **~mittel** *n.* 행위의 수단 行爲의 手段, 범행수단 犯行手段; **~mittler** *m.* 행위매개자 行爲媒介者; **~objekt** *n.* (행위)객체 (行爲)客體; **~richter** *m.* 사실심판사 事實審判事.

Tatsache *f.* 사실 事實; allgemeinkundige ~ 공지(共知)의 사실; äußere ~ 외계(外界)의 사실, 외부(外部)의 사실; beweisbare ~ 입증가능(立證可能)한 사실; beweisbedürftige ~ 입증필요(立證必要)가 있는 사실; gerichtskundige ~ 법원(法院)이 알고 있는 사실; innere ~ 내심(內心)의 사실; nachweisliche ~ 입증가능(立證可能)한 사실; nichterweisliche ~ 입증불능(立證不能)한 사실; offenkundige ~ 현저(顯著)한 사실; unrichtige ~ 허위(虛僞)사실; unwahre ~ 진실(眞實)하지 않는 사실; wahre ~ 진실(眞實)한 사실.

Tatsachen:alternativität *f.* 사실적 택일 事實的 擇一; **~behauptung** *f.* 사실적 진술 事實的 陳述, 사실상 주장/진술 事實上 主張/陳述, 주장사실 主張事實; günstige ~ 유리(有利)한 사실상의 주장; ungünstige ~ 불리(不利)한 사실상의 주장; **~feststellung** *f.* 사실확정 事實確定; fehlerhafte ~ 하자(瑕疵)있는 사실확정; **~instanz** *f.* 사실심 事實審; **~material** *n.* 사실자료 事實資料; **~unterdrückung** *f.* 사실은닉 事實隱匿; **~vermutung** *f.* 사실주장 事實主張.

Tatsächliche Übung *f.* 사실상 관행 事實上 慣行.

Tatsächlicher Gesichtspunkt *m.* 사실상의 관점 事實上의 觀点.

Tat:veranlasser *m.* 범행(犯行)을 야기(惹起)한 자(者); **~verdacht** *m.* 범죄의 의심 犯罪의 疑心, 범죄의 혐의 犯罪의 嫌疑; dringender ~ 현저(顯著)한 (범죄)혐의; hinreichender ~ 충분(充分)한 (범죄)혐의; **~verdächtiger** *m.* 용의자 容疑者; **~vollendung** *f.* 행위(行爲)의 완성(完成); **~werkzeug** *n.* 행위도구 行爲道具; **~zeit** *f.* 행위시 行爲時.

Taubstummer *m.* 농아자 聾啞者.

Taubstummheit *f.* 농아 聾啞.

Tauglichkeit *f.* 적절성 適切性.

Tausch *m.* 교환 交換; **~vertrag** *m.* 교환계약 交換契約.

Täuschung *f.* 1. (*im Zivilrecht, vgl. z.B.* §§ 110 Abs. 1, 116 Abs. 1 KBGB) 사기 詐欺; 2. (*im strafrechtlichen Kontext, z.B. beim Betrug, vgl.* § 347 Abs. 1 KStGB) 기망 欺罔; ~ im Rechtsverkehr 법적거래(法的去來)에서의 기망.

Täuschungshandlung *f.* 사기행위 詐欺行爲, 기망행위 欺罔行爲, vgl. → Täuschung.

Technische Anleitung *f.* (TA) 기술기준 技術基準; TA – Luft 대기환경(大氣環境) 기술기준.

Teil:abrechnung *f.* 일부정산 一部精算; **~anfechtung** *f.* 일부취소 一部取消.

Teilbarkeit *f.* 가분가능성 可分可能性, 가분성 可分性; ~ der Leistung 급부(給付)의 가분가능성.

Teil:besitz *m.* 부분점유 部分占有; **~eigentum** *n.* 구분소유 區分所有; **~genehmigung** *f.* 부분허가 部分許可, 부분승인 部分承認; **~geschäftsfähigkeit** *f.* 부분적 행위능력 部分的 行爲能力; **~haber** *m.* 참여자 參與者, 지분권자 持分權者; **~haberecht** *n.* 참여권 參與權; **~hypothek** *f.* 부분저당(권) 部分抵當(權), 일부저당 一部抵當; **~hypothekenbrief** *m.* 부분저당증권 部分抵當證券; **~klage** *f.* 일부청구 一部請求; **~kündigung** *f.* 일부해지 一部解止, vgl. → Kündigung; **~leistung** *f.* 일부급부 一部給付; **~mündigkeit** *f.* 부분적 성년 部分的 成年.

Teilnahme *f.* (*strafr.*) 공범 公犯; ~ an einer Straftat 공죄 共罪.

Teilnehmer *m.* (*strafr.*) 공범인 公犯人.

Teil:nichtigkeit *f.* 일부무효 一部無效, 부분무효 部分無效; **~obsiegen** *n.* (*im Prozess*) 일부승소 一部勝訴, vgl. zur Kostenenstscheidung → Teilunterliegen; **~produkt** *n.* 부품 部品; **~rechtsfähigkeit** *f.* 부분적 권리능력 部分的 權利能力; **~rechtskraft** *f.* 부분적 기판력 部分的 既判力; **~rechtsordnung** *f.* 부분적 법질서 部分的 法秩序; **~rücktritt** *m.* 일부해제 一部解除; **~schaden** *m.* 부분손해 部分損害; **~spedition** *f.* 부분운송주선 部分運送周旋; **~streik** *m.* 부분파업 部分罷業.

Teilungsplan *m.* 배당표 配當表.

Teil:unterliegen *n.* (*im Prozess*) 일부패소 一部敗訴. // Vgl. zur Kostenentscheidung bei Teilunterliegen (bzw. teilweisem Obsiegen): **§ 101 KZPO. Fall des Teilunterliegens.** „Für den Fall des Teilunterliegens entscheidet das Gericht über die den Parteien aufzuerlegenden Prozesskosten. In bestimmten Fällen können die gesamten Prozesskosten einer Partei auferlegt werden." Das Gericht kann nach dieser Vorschrift nach freiem Ermessen entscheiden und ist bei der Kostenentscheidung insbesondere nicht an das Verhältnis von eingeklagtem und zugesprochenem Betrag gebunden (KOGH 85누231, 11.11.1986).

Teiluntersagung *f.* 일부금지 一部禁止.

Teil:urteil *n.* 일부판결 一部判決; **~vergütung** *f.* 일부급부 一部給付;

~zahlungsgeschäft *n.* 할부거래 割賦去來, 할부매매 割賦賣買.

Teilzeit – Wohnrechtevertrag *m.* 일시거주권계약 日時居住權契約.

Teilzeit:arbeit *f.* 단시간근로 短時間勤勞; **~beschäftigung** *f.* 시간제 근무 時間制 勤務.

Telearbeit *f.* 원격근로 遠隔勤勞.

Telekommunikationsüberwachung *f.* 전기통신감청 電氣通信監聽; präventive ~ 예방적(豫防的) 전기통신감청.

Teleologie *f.* 목적론적 해석 目的論的 解釋; → Auslegung, teleologische.

teleologische Reduktion *f.* 목적론적 축소 目的論的 縮小.

Tempusprinzip *n.* 시간선후원칙 時間先後原則, vgl. → Lokusprinzip.

Tendenz:betrieb *m.* 경향기업 傾向企業; **~unternehmen** *n.* → Tendenzbetrieb.

Tenor *m.* 주문 主文; ~ eines Urteils 판결(判決)주문.

Tenorierung *f.* 주문 主文; abweichende ~ 기각(棄却)주문.

Termin *m.* 기일 期日, 기한 期限; ~ der mündlichen Verhandlung 구술변론(口述辯論)기일; früher erster ~ 조기 제1회 기일 早期 第一回 期日, 조기변론기일 早期辯論期日, 서면선행절차(書面先行節次) 없는 재판(裁判)기일.

Termin:einlage *f.* (time deposit) 정기예금 定期預金; **~gebühr** *f.* 기일보수 期日報酬; **~geld** *n.* → Termineinlage; **~kontrakt** *m.* (Future) 선물 先物.

Territorium *n.* 영토 領土.

Testament *n.* 1. 유언 遺言; 2. (*als Urkunde*) 유언증서(證書); außerordentliches ~ 비상(非常)유언; eigenhändiges (holographisches) ~ 자필(自筆)유언; gemeinschaftliches ~ 공동(共同)유언; öffentliches ~ 공적(公的)유언; ordentliches ~ 일반(一般)유언, 보통(普通)유언; Widerruf des ~s 유언의 철회(撤回).

Testaments:änderung *f.* 유언변경 遺言變更; **~anfechtung** *f.* 유언취소 遺言取消; **~auslegung** *f.* 유언해석 遺言解釋; **~eröffnung** *f.* 유언증서의 개봉 遺言證書의 開封 (§ 1092 KBGB); **~errichtung** *f.* 유언작성 遺言作成; **~form** *f.* 유언방식 遺言方式; **~verkündung** *f.* → Testamentseröffnung; **~vollstrecker** *m.* 유언집행자 遺言執行者; **~vollstreckerzeugnis** *n.* 유언집행자증서 遺言執行者證書. 유산관할법원(Nachlassgericht)이 발행하는 유언집행자의 유효임명을 증명하는 문서 (§ 2368 Abs. 1 S. 1 BGB). // **~vollstreckung** *f.* 유언집행 遺言執行; **~widerruf** *m.* 유언철회 遺言撤回.

Testator *m.* → Erblasser.

Testier:fähigkeit *f.* 유언능력 遺言能力; **~freiheit** *f.* 유언의 자유 遺言自由.
Testierter Abschluss *m.* (*engl.* audited statement) 감사보고서 監查報告書.
Testierunfähigkeit *f.* 유언무능력 遺言無能力.
Textform *f.* 문면형식 文面形式.
Tier *n.* 동물 動物.
Tierhalter *m.* 1. (*wörtl.*) 동물보유자 動物保有者; 2. Das KBGB spricht im Kontext der deutschen Tierhalterhaftung von „Tierbesitzer" (동물의 점유자 動物의 占有者), vgl. § 759 KBGB; **~haftung** *f.* 동물보유자책임 動物保有者責任, 동물의 점유자의 책임 動物의 占有者의 責任 (§ 759 KBGB). // Die Haftung des Tierhalters ist wie in Deutschland als Gefährdungshaftung ausgestaltet. Es wird jedoch nicht auf den Halter des Tieres, sondern auf dessen Besitzer (Abs. 1) oder Verwahrer (Abs. 2) abgestellt. Die Haftung ist nach § 759 Abs. 1 S. 2 KBGB ausgeschlossen, wenn die nach Art und Charakters des Tieres bei der Haltung aufzuwendende Sorgfalt nicht vernachlässigt wurde. Den auf Schädigungen durch Haus- oder Nutztiere begrenzten Entlastungsbeweis i.S.d. § 833 S. 2 BGB kennt das koreanische Recht nicht.
Tierhüter *m.* 동물감독자 動物監督者.
Tilgung *f.* 변제 辨濟, 상환 償還, 결제 決濟.
Tilgungs:bestimmung *f.* 변제충당 (辨濟充當); einseitige ~ 일방적 의사표시(一方的 意思表示)에 의한 변제충당; vertragliche ~ 계약(契約)에 의한 변제충당; gesetzliche ~ 법정(法定)변제충당; **~darlehen** *n.* 변제소비대차 辨濟消費貸借; **~hypothek** *f.* 변제저당(권) 辨濟抵當(權); **~quote** *f.* 변제비율 辨濟比率.
Time-Sharing-Eigentum 시간제 소유권 時間制 所有權.
Titel *m.* 1. (*i.S.d. Zwangsvollstreckungsrechts*) 집행권원 執行權原 (wörtl.: „Vollstreckungsgrund"), vgl. z.B. § 70 Nr. 1 KZVG. Dieser Begriff ist an die Stelle des vormals geltenden Begriffs „채무명의 債務名義" (wörtl.: „Forderungstitel") getreten. In der Literatur wird teilweise auch als Kombination der neuen und alten Terminologie der Begriff „집행명의 執行名儀" („Vollstreckungstitel") verwendet. // rechtskräftiger ~ 확정(確定)된 집행권원, 기판력(旣判力) 있는 집행권원; vollstreckbarer ~ 집행력(執行力) 있는 집행권원; 2. (*i.S.v. Name, Bezeichnung, Ehrentitel*) 칭호 稱號; 3. (*i.S.v. Aufenthaltstitel*) → Aufenthaltstitel.

Titel:funktion *f.* 집행권원기능 執行權原機能; **~überschreibung** *f.* 집행권원변경 執行權原變更.

Tochtergesellschaft *f.* 자회사 子會社.

Tochterunternehmen *n.* → Tochtergesellschaft.

Todeserklärung *f.* 사망선고 死亡宣告.

Todesfallversicherung *f.* 사망보험 死亡保險.

Todesstrafe *f.* 사형 死刑. // Obwohl das koreanische Recht die Todesstrafe bei einer ganzen Reihe von Straftatbeständen vorsieht, wurde sie seit dem 30.12.1997 nicht mehr vollstreckt. Die Strafe wird im Zivilstrafrecht durch Erhängen, im Militätstrafrecht durch Erschießen vollzogen.

Toleranz *f.* 관용 寬容.

Totalitarismus *m.* 전체주의 全體主義.

Totalvorbehalt *m.* 전부유보 全部留保; Lehre vom ~ 전부유보설(說).

Totschlag *m.* 고살 故殺, vgl. → Tötungsdelikte.

Tötung *f.* 살인 殺人, 살해 殺害; **~auf Verlangen** 승낙살인죄 承諾殺人罪 (§ 252 Abs. 2 KStGB); z.T. auch 동의(同意)살인죄.

Tötungsdelikt(e) *n. (pl.)* 살인죄 殺人罪 (§§ 250 – 256 KStGB). // Das koreanische Recht unterscheidet begrifflich nicht zwischen Mord (모살) und Totschlag (고살) sondern spricht einheitlich von der „Tötung eines Menschen" (사람의 살해). Die Tötungsdelikte werden wie folgt systematisiert:

1. Tötung eines Menschen, § 250 Abs. 1 (살인): Todesstrafe oder Zuchthaus von 5 Jahren bis lebenslänglich.

2. Tötung eines Aszendenten des Täters oder dessen Ehepartners, § 250 Abs. 2 (존속살해): Todesstrafe oder Zuchthaus von 7 Jahren bis lebenslänglich. Vgl. → Strafrecht.

3. Tötung von Neugeborenen (Kindestötung), § 251 (영아살해): „Wird ein Kind von einem Aszendenten während der Entbindung oder unmittelbar danach zur Verheimlichung einer Schande oder aufgrund der Erwartung, es nicht aufziehen zu können, oder eines anderen besonders berücksichtigenswerten Motives getötet, so wird er mit Zuchthaus bis zu 10 Jahren bestraft." Der vom Wortlaut weit gefasste Täterkreis wird von der Rechtsprechung auf die Mutter mit der Begründung beschränkt, dass

die Tatbestandsvoraussetzungen bereits beim Vater nicht mehr vorliegen können.

4. Tötung auf Verlangen, § 252 Abs. 1 (촉탁, 승낙살인): Zuchthaus zwischen 1 – 10 Jahren.
5. Anstiftung und Beihilfe zum Selbstmord (자살관여죄 自殺關與罪), § 252 Abs. 2: 1 - 10 Jahre Zuchthaus.
6. § 253: „Wird im Fall der vorangegangenen Vorschrift der Auftrag oder die Einwilligung oder der Entschluss zum Selbstmord durch eine List oder mit Gewalt hervorgerufen, so richtet sich die Strafe nach § 250."
7. Versuch der Tötungsdelikte, § 254.
8. Vorbereitung oder Verabredung in den Fällen der §§ 250, 253.
9. Nebenfolgen, § 256: für einen Zeitraum bis zu 10 Jahren, wenn in den Fällen der §§ 250, 252 oder 253 eine lebenslange Freiheitsstrafe verhängt wurde.

Traditionspapier n. 인도증권 引渡證券.
Traditionsprinzip n. 현실인도의 원칙 現實引渡의 原則.
Träger hoheitlicher Gewalt 공권력의 주체 公權力의 主體.
Trägergesellschaft f. 보유회사 保有會社.
Transparenz f. 투명성 透明性, 명확성 明確性.
Transparenzprinzip n. 명확성의 원칙 明確性의 原則.
Transport m. 운송 運送; ~**agent** m. 운송대리인 運送代理人; ~**entgelt** n. 운임 運賃.
Transporteur m. 운송인 運送人. // Transporteur ist gem. § 125 KHGB derjenige, der gewerblich die Beförderung von Waren oder Personen zu Lande (육상 陸上) oder auf Binnengewässern (호천 湖川) betreibt.
Transport:funktion f. (eines Wechsels) (어음의) 운송기능 運送機能; ~**gefahr** f. 운송위험 運送危險; ~**gefährdung** f. 운송위험 運送危險, 운송위협 運送威脅; ~**geschäft** n. 1. (als Handlung) 운송행위 運送行爲; 2. (i.S.v. Gewerbe) 운송업 運送業; ~**gewerbe** n. 운송업 運送業; ~**gut** n. 운송목적물 運送目的物, 운송물 運送物; ~**haftung** f. 운송책임 運送責任; ~**kosten** f. 운송비 運送費; ~**mittel** n. 운송수단 運送手段; ~**risiko** n. → Transportgefahr; ~**schaden** m. 운송피해 運送被害, 운송손해 運送損害; ~**schein** m. 운송장 運送狀, 송장 送狀, 출하안내서 出荷案內書; ~**unfall** m. 운송사고 運送事故; ~**unternehmen** n. 운송회사 運送會社; ~**unternehmer** m. 운송업자 運送業者; ~**versicherung** f. 운송보험 運送保險 (§

688 KHGB); ~**versicherungspolice** *f.* 운송보험증권 運送保險證券; ~**vertrag** *m.* 운송계약 運送契約.

Tratte *f.* 환(換)어음.

Trennsystem *n.* 분단체계 分斷體係.

Trennungs:prinzip *n.* 분리원칙 分離原則. // Das Trennungsprinzip wird in Korea anders als das Abstraktionsprinzip von Rspr. und h.M. anerkannt. // ~**theorie** *f.* 분리이론 分離理論; ~**vermerk** *m.* 경계문언 境界文言.

Treu und Glauben 신의성실 信義誠實.

Treubrecher *m.* 배신자 背信者.

Treubruch *m.* 배신(행위) 背信(行爲).

Treue:pflicht *f.* 충실의무 忠實義務; ~ des Aktionärs 주주(株主)의 충실의무; ~ des Arbeitnehmers 근로자(勤勞者)의 충실의무; ~**verhältnis** *n.* 충실관계 忠實關係.

Treugeber *m.* 신탁자 信託者.

Treuhand *f.* 신탁 信託; ~ AG (Aktiengesellschaft) *f.* 신탁주식회사 信託株式會社; eigennützige ~ 자익적(自益的) 신탁, 자익신탁; fremdnützige ~ 타익적(他益的) 신탁, 타익신탁; uneigennützige ~ 비자익적(非自益的) 신탁, 비자익신탁 非自益信託.

Treuhand:anstalt *f.* 신탁시설 信託施設, 신탁관리청 信託管理廳, 신탁청 信託廳; ~**eigentum** *n.* 신탁소유권 信託所有權.

Treuhänder *m.* 수탁자 受託者, 신탁관리자 信託管理者.

Treuhand:indossament *n.* 신탁배서 信託背書; ~**konto** *n.* 신탁계좌 信託計座; ~**verhältnis** *n.* 신탁관계 信託關係; ~**vertrag** *m.* (담보권)신탁계약 (擔保權)信託契約.

Treunehmer *m.* 수탁자 受託者.

Treuverhältnis *n.* 성실관계 誠實關係; beamtenrechtliches ~ 공무원법상(公務員法上)의 성실관계; besonderes ~ 특별(特別)한 성실관계.

Trunkenheitsfahrt *f.* → Alkoholfahrt.

Trutzwehr *f.* 공격적 방위 攻擊的 防衛.

Tun *n.* 행위 行爲.

Typenzwang *m.* 유형강제 類型强制; sachenrechtlicher ~ 물법상(物法上) 유형강제.

Typisierung *f.* 유형화 類型化; benachteiligende ~ 부담적(負擔的) 유형화; bevorzugende ~ 수혜적(受惠的) 유형화.

U, u

Übel *n.* 해악 害惡; empfindliches ~ 중대(重大)한 해악; ein ~ inaussichtstellen 해악을 고지(告知)하다, 해악을 통고(通告)하다.

Über- und Unterordnungsverhältnis *n.* 상하관계 上下關係, 지배(支配) – 복종(服從)관계.

Überbau *m.* 경계초과건축(물) 境界超過建築(物), 월경건축 越境建築; **~rente** *f.* 월경건축지대 越境建築地代.

Übereignung *f.* 소유권양도 所有權讓渡; ~ zur Sicherung 담보목적(擔保目的)으로 소유권양도.

Übereignungs:absicht *f.* 소유권양도의도 所有權讓渡意圖; **~akt** *m.* 소유권양도행위 所有權讓渡行爲; **~anspruch** *m.* 소유권양도청구권 所有權讓渡請求權; **~erklärung** *f.* 소유권양도표시 所有權讓渡表示; **~geschäft** *n.* 소유권양도행위 所有權讓渡行爲; **~vertrag** *m.* 소유권양도계약 所有權讓渡契約; **~wille** *m.* 소유권양도의사 所有權讓渡意思.

Übereinkommen *n.* 1. (*i.S.v. Abkommen*) 협약 協約. // 예: „Übereinkommen zwischen Deutschland und Korea": 독일과 한국간의 협약); 2. (*i.S.v. sich einig sein*) 합의 合意 (z.B.: „Deutschland und Korea sind übereingekommen": 독일하고 한국은 합의하였다).

Übereinkunft *f.* 협정 協定.

Überentgelt *n.* 초과보수 超過報酬.

Überfall *m.* 습격 襲擊; heimtückischer ~ 교활(狡猾)한 습격.

Überführung *f.* 1. (*i.S.v. Nachweis*) 증거 證據. // 예: „Der Täter wurde überführt.": 범인이 범한 죄는 증거가 명백하다. // 2. (*i.S.v. Ortswechsel*) 이전 移轉.

Überführungskosten *f.* 이전비용 移轉費用.

Übergabe *f.* 인도 引渡; ~ kurzer Hand 간이(簡易)인도; verkürzte ~ 간이(簡易)인도.

Übergabe:kosten *f. pl.* 인도비용 引度費用; **~zeitpunkt** *m.* 인도시점 引度時點.

Übergang *m.* 1. (*i.S.v. Wechsel*) 양도 讓渡, 이전 移轉; ~ der Gegenleistungsgefahr 반대급부위험(反對給付危險)의 이전; ~ des Besitzes 점유권(占有權)의 이전; sofortiger ~ 즉시(卽時) 이전; ~ eines Anspruchs in eine

Geldforderung 금전(金錢)으로 환산(換算)할 수 있는 청구권(請求權); 2. (*i.S.v.* *vorübergehend*) 경과 經過.

Übergangs:bestimmung *f.* 경과규정 經過規定; **~recht** *n.* 경과법 經過法; **~regel(ung)** *f.* 경과규정 經過規定.

übergordnet *adj.* 상위(上位)의.

übergesetzlich *adj.* 초실정법적 超實情法的.

Überhaft *f.* 초과구속 超過拘束, 이중구속 二重拘束; **~befehl** *m.* 초과구속영장 超過拘束令狀. 구속영장 없이 체포하고 감금한 자에 대한 구속영장.

Überhangmandat *n.* 초과의석 超過議席.

Überlassung *f.* 위탁 委託, 양도 讓渡, 위임 委任, 위양 委讓, 이전 移轉; entgeltliche ~ 유상(有償)위탁; gewerbsmäßige ~ 영업상 위탁 營業上 委託; gewerbsmäßige Arbeitnehmerüberlassung 영업상 파견 營業上 派遣; unentgeltliche ~ 무상(無償)위탁.

Überlassungs:vergütung *f.* (bei der Arbeitnehmerüberlassung) 파견보수 派遣報酬; **~vertrag** *m.* 위탁(양도, 위임, 위양, 이전)계약 委託 (讓渡, 委任, 委讓, 移轉)契約.

Überlebensfall *m.* 생존(경우) 生存(境遇); **~versicherung** *f.* → Erlebensfallversicherung.

Überleitung *f.* 1. (*allg.*) 이전 移轉; 2. (*bei Rechnungslegung*) 조정 調整.

Übermaßverbot *n.* 과잉금지 過剩禁止.

Übermittlung *f.* 전달 傳達.

Übermittlungsirrtum *m.* 전달의 착오 傳達의 錯誤.

Übernahme *f.* 1. (*allg. von Forderungen, Unternehmen, Anteilen etc.*) 인수 引受; 2. (*i.S.v. Erwerb*) (takeover) 공개매수 公開買收, 인수합병 引受合倂; 3. (*i.S.v. Nachfolge*) 승계 承繼; feindliche ~ 적대적(敵對的) 引受合倂; freundliche ~ 우호적(友好的) 인수합병; **~angebot** *n.* 공개매수청약 公開買受請約; feindliches ~ 적대적(敵對的) 공개매수청약; freundliches ~ 우호적(友好的) 공개매수청약; ~ für Aktien 주식(株式)의 공개매수청약; **~gründung** *f.* 단순설립 單純設立; **~handlung** *f.* 인수행위 引受行爲; **~preis** *m.* 인수가격 引受價格; **~vertrag** *m.* 인수계약 引受契約; **~wert** *m.* 인수가치 引受價値.

übernational *adj.* 초국가적 超國家的.

Übernehmender *m.* → Übernehmer.

Übernehmer *m.* 인수인 引受人, z.T. auch 승계인 承繼人 („Nachfolger").

Überpfändung *f.* 초과압류 超過押留.

Überprüfung *f.* 검토 檢討, 심사 審査; juristische ~ 법률적(法律的) 검토; umfassende ~ 포괄적(包括的) 검토.

Überprüfungs:pflicht *f.* 검토의무 檢討義務; **~recht** *n.* 검토권 檢討權.

Überschreibung *f.* 양도 讓渡; ~ eines Rechts 권리(權利)양도; ~ eines Titels 명의 변경 名義變更.

Überschreitung *f.* 초과 超過; ~ der Grenze 경계(境界)초과; ~ der Notwehr 정당방위(正當防衛)의 초과, vgl. → Notwehrexzess.

Überschuldung *f.* 채무초과 債務超過.

Übersetzer *m.* 통역인 通譯人. // Der Begriff wurde früher in der KZPO als „통역관" (通譯官) bezeichnet, heute jedoch einheitlich als „통역인". Auf den Übersetzer finden die Vorschriften über den Sachverständigen entsprechende Anwendung, vgl. § 143 Abs. 2 KZPO, § 183 KStPO. Übersetzer können aus denselben Gründen, wie ein Richter abgelehnt werden, vgl. § 50 Abs. 1 KZPO, § 183 KStPO. Bei unrichtigen Übersetzungen eines vereidigten Übersetzers kann Strafbarkeit nach § 154 i.V.m. §§ 152, 153 KStGB (허위통역죄 虛僞通譯罪) bestehen. // gerichtlich bestellter ~ 법원(法院)으로부터 통역의 명(命)을 받는 자; vereidigter ~ 선서(宣誓)한 통역인.

Übersetzung *f.* 1. (*eines Schriftstücks*) 번역 飜譯; 2. (*eines Gesprächs*) 통역 通譯; beglaubigte ~ 인증(認證)된 번역.

Übersetzungsrechte *n. pl.* 번역권 飜譯權.

Übersicherung *f.* 과도담보 過剩擔保, 과잉담보 過剩擔保.

Überstunden *f. pl.* 초과근로(시간) 超過勤勞(時間), 연장근로(시간) 延長勤勞(時間), 초과근무 超過勤務. **~vergütung** *f.* 초과근무수당 超過勤務手當.

übertragbar *adj.* 양도가능(讓渡可能)한.

Übertragbarkeit *f.* 양도(가능)성 讓渡(可能)性.

Übertragung *f.* 위탁 委託, 양도 讓渡, 인도 引渡; ~ von Angelegenheiten 사무(事務)의 위탁; ~ von Rechten 권리(權利)의 인도; ~ zur Einziehung 신탁적 (채권)양도 信託的 (債權)讓渡; rechtsgeschäftliche ~ 법률행위상(法律行爲上)의 인도.

Übertragungs:akt *m.* 양도행위 讓渡行爲; rechtsgeschäftlicher ~ 법률행위(法律行爲)에 위한 양도행위; **~geschäft** *n.* 양도행위 讓渡行爲.

Überversicherung *f.* 초과보험 超過保險.

Überwachung *f.* 감독 監督, 감시 監視.

Überwachungs:maßnahme *f.* 감독조치 監督措置; **~verschulden** *n.* 감독상의 과실 監督上의 過失.

Überweisung *f.* 1. (*finanz.*) 계좌이체 計座移替, 자금이체 資金移替, 송금 送金; 2. (*eines Vorgangs*) 이전 移轉.

Überweisungs:beschluss *m.* 1. (*in der Zwangsvollstreckung*) 전부명령 轉付命令 (§ 229 KZVG); 2. (*wörtl.*) 이전결정 移轉決定; **~vertrag** *m.* 계좌이체계약 計座移替契約.

Überzeichnung *f.* (overdraft) 대월 貸越.

Überzeugung *f.* 확신 確信; richterliche ~ 판사(判事)의 확신.

Überzeugungs:tat *f.* (*i.S.v. Straftat*) 확신범 確信犯; **~täter** *m.* 확신범인 確信犯人; **~verbrechen** *n.* → Überzeugungstat; **~verbrecher** *m.* → Überzeugungstäter.

Überziehung *f.* (overdraft) 당좌대월 當座貸越.

Überziehungskredit *m.* 당좌대월신용 當座貸越信用.

üblich *adj.* 통상적 通常的, 관행(慣行)의.

Üblichkeit *f.* 통상성 通常性, 관행성 慣行性.

Übung *f.* 1. (*i.S.v. Gewohnheit*) 관습 慣習, 관행 慣行; allgemeine ~ 일반적(一般的) 관습; besondere ~ 특별(特別)한 관습; herrschende ~ 지배적(支配的) 관습; ständige ~ 지속적(持續的) 관습; tatsächliche ~ 사실상(事實上) 관습; 2. (*i.S.v. Training*) 연습 練習.

ultima – ratio (*lat.*) 최후수단 最後手段.

Ultra Vires Lehre *f.* 능력외이론 能力外理論, 권한유월 權限踰越, 법인격남용 法人格濫用論.

Umbildung *f.* 개조 改造.

Umdeutung *f.* 전환 轉換; ~ eines (fehlerhaften) Verwaltungsakts (하자 있는) 행정행위의 전환; ~ eines nichtigen Rechtsgeschäfts 무효행위(無效行爲)의 전환.

Umfang *m.* 범위 範圍; ~ der Rechtskraft 기판력(旣判力)의 범위; ~ des Schadensersatzes 손해배상(損害賠償)의 범위.

Umfeldmangel *m.* 주변하자 周邊瑕疵.

Umgang *m.* 면접교섭 面接交涉.

Umgangsrecht *n.* 면접교섭권 面接交涉權.

Umgehung *f.* 1. (*allg.*) 회피 回避; 2. (*des Rechts*) 탈법 脫法.

Umgehungs:geschäft *n.* 회피행위 回避行爲, 탈법행위 脫法行爲; **~verbot** *n.* 탈법

금지 脫法禁止.

Umgestaltung *f.* 변형 變形.

Umkehr *f.* → Umkehrung.

Umkehrung *f.* 전환 轉換; ~ der Beweislast 증명책임(證明責任)의 전환.

Umlage *f.* 할당 割當.

Umlageverfahren *n.* 부과방식 賦課方式.

Umlauf:exemplar *n.* 유통복본 流通複本; **~vermögen** *n.* 1. (*i.S.v. working capital*) 운전자본 運轉資本; 2. (*i.S.v. current asset*) 유동자산 流動資産.

Umsatz *m.* 매상 賣上, 매출(액) 賣出(額).

Umsatz:analyse *f.* 매상분석 賣上分析; **~beteiligung** *f.* 매상참여 賣上參與; **~schwelle** *f.* 매출액기준 賣出額基準; **~steigerung** *f.* 매상증가 賣上增加; **~steuer** *f.* (Value Added Tax, VAT) 부가가치세 附加價値稅, 판매세 販賣稅.

Umschreibung *f.* (von Wertpapieren) (증권의) 명의개서 名義改書.

Umsetzung *f.* 1. (*i.S.v. Verwirklichung*) 집행 執行; 2. (*i.S.v. Adaptieren*) 전환 轉換; 3. (*i.S.v. Ortswechsel*) 전환 轉換, 전치 置換; 4. (*im Beamtenrecht*) 같은 관청에서 전직.

Umsetzungsgesetz *n.* 전환법 轉換法.

Umstufung *f.* 변경 變更; ~ der öffentlichen Nutzung 공용-(共用)변경.

Umtausch *m.* 전환 轉換; **~recht** *n.* 전환권 轉換權, 전환청구권 轉換請求權.

Umverteilung *f.* 재분배 再分配.

Umwandlung *f.* 1. (*allg.*) 변경 變更; formwechselnde ~ 조직(組織)변경; übertragende ~ 사실상(事實上)의 조직변경; 2. (*von Unternehmen*) (사업)재편 (事業)再編, 회사변경 會社變更; ~ einer GmbH in eine AG 유한회사의 주식회사로의 조직변경 有限會社의 株式會社로 組織變更.

Umwandlungsgesetz *n.* 사업재편법 事業再編法, 기업재편업 企業再編法.

Umwelt *f.* 환경 環境; **~abgabe** *f.* 환경공과금 環境公課金; **~abkommen** *n.* 환경협약 環境協約; internationales ~ 국제(國際)환경협약; **~bericht** *m.* 환경백서 環境白書, 환경보고서 環境報告書; **~delikt** *n.* → Umweltstraftat; **~haftung** *f.* 환경책임 環境責任; **~information** *f.* 환경정보 環境情報; **~konflikt** *m.* 환경분쟁 環境紛爭; **~kriminalität** *f.* 환경에 관한 범죄(犯罪), 환경범죄 環境犯罪; **~management** *n.* 환경경영 環境經營; **~mangel** *m.* 환경하자 環境瑕疵; **~medium** *n.* 환경매체 環境媒體; **~nachbarklage** *f.* 환경인인소송 環境隣人訴訟; **~nutzungsrecht** *n.*

환경이용권 環境利用權; **~programm** *n.* 환경(環境)프로그램; **~recht** *n.* 1. (*als Rechtsgebiet*) 환경법 環境法; 2. (*als Einzelrecht*) 환경권 環境權; **~richtlinie** *f.* 환경지침 環境指針; **~schaden** *n.* 환경피해 環境被害, 환경손해 環境損害; **~schadensbeseitigung** *f.* 환경피해제거 環境被害除去; **~schutz** *m.* 환경보호 環境保護; grenzüberschreitener ~ 국경초월적(國境超越的) 환경보호; integrierter ~ 통합적(統合的) 환경보호; kausaler ~ 요인적(要因的) 환경보호; medialer ~ 매개적(媒介的) 환경보호; vitaler ~ 필수적(必須的) 환경보보; **~schutzrecht** *n.* 환경보호법 環境保護法; **~sicherung** *f.* 환경보장 環境保障; **~staat** *m.* 환경국가 環境國家; **~steuer** *f.* 환경세 環境稅; **~strafrecht** *n.* 환경형법 環境刑法; **~straftat** *f.* 환경에 관한 죄(罪), 환경범죄 環境犯罪; **~verträglichkeitsprüfung** *f.* (*Abk.* UVP) 환경영향평가 環境影響評價.

Unabänderlichkeit *f.* 불가변력 不可變力, 불가변성 不可變性.

Unabdingbarkeit *f.* 특약배제성 特約排除性.

Unabhängigkeit *f.* 독립(성) 獨立(性); ~ der Gerichte 법원(法院)의 독립; berufliche ~ 직업적(職業的) 독립; finanzielle ~ 재정적(財政的) 독립; institutionelles ~ 제도적(制度的) 독립; persönliche ~ 개인적(個人的) 독립; richterliche ~ 법관(法官)독립; wirtschaftliche ~ 경제적(經濟的) 독립.

unabtretbar *adj.* 양도불가능(讓渡不可能)한.

Unabtratbarkeit *f.* 양도불가능성 讓渡不可能性.

unanfechtbar *adj.* 불가쟁(不可爭)한.

Unanfechtbarkeit *f.* 불가쟁력 不可爭力; ~ des Verwaltungsakts 행정행위(行政行爲)의 불가쟁력.

Unanwendbarkeit *f.* 적용불가 適用不可.

unbedingt *adj.* 조건(條件)없이, 무조건 無條件(으로).

unbefristet *adj.* 기한(期限)없이, 무기한 無期限(으로).

unbefugt *adj.* 인가(認可)없이.

Unbefugter Gebrauch von Fahrzeugen 자동차등 불법사용 自動車等 不法使用 (§ 331 a KStGB). // Anders als bei § 248 b StGB kann zwar nicht das Fahrrad, dafür aber Schienenfahrzeuge taugliches Tatobjekt sein. Das Strafmaß beträgt Geldstrafe bis zu 5 Mio KRW oder bis zu 3 Jahren Freiheitsstrafe (Zuchthaus).

unbegründet *adj.* 이유(理由) 없이/없는.

unberechtigt *adj.* 1. (*i.S.v. unerlaubt*) 허용(許容)없이; 2. (*i.S.v. grundlos*) 부당(不當)하게.

Unberechtigte Bereicherung *f.* → Ungerechtfertigte Bereicherung.

unbesteuert *adj.* 비과세(非課稅)된.

Unbrauchbarmachung *f.* 폐기 廢棄.

Undank *m.* 배은 背恩; grober ~ 중대(重大)한 배은.

unentgeltlich *adj.* 무상(無償)의/으로.

Unentgeltlichkeit *f.* 무상성 無償性.

Unentziehbarkeit *f.* 박탈불가능성 剝奪不可能性.

Unerfahrenheit *f.* 무경험 無經驗.

Unerlaubte Handlung *f.* 불법행위 不法行爲; → Deliktsrecht; gemeinsame ~ 공동(共同)불법행위.

Unerlaubte schädigende Handlung 위법적 가해행위 違法的 加害行爲.

Unerlaubtes Entfernen vom Unfallort 1. (*wörtl.*) 사고장소로부터의 허용되지 않은 도주 事故場所로부터 許容되지 않은 逃走; 2. (*umgangssprachl.*) 뺑소니; 3. (*fachsprachl.*) 도주차량 逃走車輛. Das unerlaubte Entfernen vom Unfallort ist nicht im KStGB geregelt. Es wird durch § 54 KStVG (Maßnahmen bei Verkehrsunfällen) i.V.m. § 148 KStVG (Strafvorschrift) mit bis zu 5 Jahren Zuchthaus oder mit Geldstrafe bis zu 15 Mio KRW bestraft. Gem. § 54 KStVG i.V.m. § 5 b des Gesetzes über die Strafverschärfung bei bestimmten Delikten (특정범죄 가중처벌 등에 관한 법률) wird das Strafmaß bei dem Tod oder der Verletzung des Geschädigten bis zu einer lebenslangen Freiheitsstrafe (Zuchthaus) heraufgesetzt. Anders als § 142 StGB ist das Delikt in Korea als Spezialfall der Sachbeschädigung und Körperverletzung ausgestaltet.

§ 54 KStVG. (1) Wird aufgrund des Betriebs eines Fahrzeugs ein Mensch getötet oder verletzt oder eine Sache beschädigt (nachfolgend Verkehrsunfall), so hat der Fahrer oder der Mitfahrende (nachfolgend Fahrer u.a.) dieses Fahrzeugs unverzüglich anzuhalten und dem Opfer Hilfe zu leisten und andere erforderliche Maßnahmen zu ergreifen.

Unfall *m.* 사고 事故, 재해 災害.

Unfall:beteiligter *m.* 사고관여자 事故關與者; **~flucht** *f.* 사고도주 事故逃走,

vgl. → Unerlaubtes Entfernen vom Unfallort; ~ort *m.* 사고장소 事故場所; ~**verhütung** *f.* 재해예방 災害豫方; ~**versicherung** *f.* 산재보험 産災保險, 재해보험 災害保險, 상해보험 傷害保險; privatrechtliche ~ 사법적(私法的) 재해보험.

ungeachtet *adj.* ~에 불구하고; ~ der Regelung des Art. 14 „제14조의 규정에 불구하고".

Ungebühr *f.* 모독(행위) 冒瀆(行爲).

Ungefährlichkeit *f.* 무위험성 無危險性.

ungeschrieben *adj.* 불문(不文)의.

Ungewissheit *f.* 불확실 不確實.

ungewollt 비의욕적 非意欲的, 비의도적 非意圖的.

Ungerechtfertigte Bereicherung *f.* (급부)부당이득 (給付)不當利得 (§§ 741 – 749 KBGB).

Ungültigkeit *f.* 유효(有效)하지 않음, 효력(效力)이 없이.

Unionsrecht *n.* (*i.S.d. Rechts der EU*) 유럽법(法); primäres ~ 본질적(本質的) 유럽법; sekundäres ~ 부수적(附隨的) 유럽법.

Universalitätsprinzip *n.* 보편성의 원칙 普遍性의 原則.

Universalsukzession *f.* 포괄승계 包括承繼.

Unkenntnis *f.* 부지 不知; fahrlässige ~ 과실(過失)로 인한 부지.

Unlauterer Wettbewerb *m.* 불공정경쟁 不公正競爭, 부정경쟁 不正競爭.

unmittelbar *adj.* 직접적 直接的, 직접(直接)의.

Unmittelbare Ausführung *f.* 직접시행 直接施行.

Unmittelbarer Zwang *m.* 직접강제 直接强制.

Unmittelbarkeit *f.* (*allg.*) 직접성 直接性; Grundsatz der ~ 직접주의 直接主義; ~ des Eingriffs 침해(侵害)의 직접성.

Unmittelbarkeitsgrundsatz *m.* 직접주의 直接主義.

Unmöglichkeit *f.* 불능 不能; ~ der Leistung 이행(履行)불능, 급부(給付)불능; ~ der Herausgabe 반환(返還)불능; anfängliche ~ 원시적(原始的) 불능; nachträgliche ~ 후발적(後發的) 불능; objektive ~ 객관적(客觀的) 불능; subjektive ~ 주관적(主觀的) 불능.

Unpfändbarkeit *f.* 압류불가능(성) 押留不可能(性).

Unrecht *n.* 불법 不法, 범 犯; gesetzliches ~ 법률적(法律的) 불법; kriminelles ~ 형사범 刑事犯; judikatives ~ 사법상(司法上)불법; legislatives ~ 입법상(立法上)불법.

Unrechts:bewusstsein *n.* 불법인식 不法認識; potentielles ~ 잠재적(潛在的) 불법

인식; ~tatbestand *m*. 불법구성요건 不法構成要件; objektiver ~ 객관적(客觀的) 불법구성요건.

Unredlichkeit *f*. 불충실(성) 不忠實(性).

Unrichtigkeit *f*. 부당(성) 不當(性), 부정당(성) 不正當(性); ~ des Urteils 판결(判決)의 부당.

Unschädlichmachung *f*. 무해화 無害化.

Unschuldsvermutung *f*. 무죄추정 無罪推定.

Unsicherheitseinrede *f*. 불안의 항변권 不安의 抗辨權.

Untätigbleiben *n*. 불활동 不活動.

Untätigkeit *f*. 부작위 不作爲, 불활동 不活動, 해태 懈怠.

Untätigkeits:beschwerde *f*. 부작위항고 不作爲抗告; ~klage *f*. 부작위소송 不作爲訴訟.

Unteilbarkeit *f*. 불가분 不可分.

Unterbehörde *f*. 하급행정기관 下級行政機關.

Unterbesitz *m*. 하위점유 下位占有.

Unterbesitzer *m*. 하위점유자 下位占有者.

Unterbindung *f*. 제지 制止.

Unterbindungsgewahrsam *m*. 제지(制止)를 위한 보호조치(保護措置).

Unterbrechung *f*. 중단 中斷; ~ der Verjährung 소멸시효(消滅時效)의 중단; ~ des Verfahrens 소송(절차)의 중단 訴訟(節次)의 中斷.

Unterbringung *f*. 감호 監護, 수용 收容; ~ in einer Entziehungsanstalt 금단치료수용 禁斷治療收容; ~ in eine Anstalt 시설(施設)에의 수용.

Unterdrückung *f*. (*i.S.v. Zurückhalten*) 은폐 隱蔽, 은닉 隱匿, 인멸 湮滅; ~ von Urkunden 문서(文書)의 은닉.

Unterfrachtvertrag *m*. 재(화물)운송계약 再(貨物)運送契約, 재운송계약 再運送契約.

Untergang *m*. 멸실 滅失, 파괴 破壞; zufälliger ~ 우연(偶然)한 파괴.

untergeordnet *adj*. 하위(下位)의.

Untergesellschaft *f*. 피지배회사 被支配會社.

Unterhaus *n*. 하원 下院.

Unterhalt *m*. 1. (*i.S.v. Unterstützung*) 부양 扶養; 2. (*i.S. Geldbetrag zum Unterhalt*) 부양비 扶養費, 부양료 扶養料 2. (*i.S.d. eigenen Lebensunterhalts*) 생계 生計; angemessener ~ 적절(適切)한 생계, 적당(適當)한 생계; standesgemäßer ~

신분(身分)에 알맞은 생계.

Unterhalts:anspruch *m.* 부양청구권 扶養請求權; **~geld** *n.* 부양비 扶養費, 부양료 扶養料; **~klage** *f.* 부양소송 扶養訴訟; **~pflicht** *f.* 부양의무 扶養義務; ~ des Arbeitgebers 사용자(使用者)의 부양의무.

Unterhaltung *f.* (*i.S.v. Bewahrung*) 보존 保存.

Unterhaltungspflicht *f.* 보존의무 保存義務.

Unterlassen *n.* 부작위 不作爲; gesetzgeberisches ~ 입법(立法)부작위; unechtes ~ 부진정(不眞正) 부작위.

Unterlassene Hilfeleistung *f.* 구조불이행(죄) 救助不履行(罪).

Unterlassung *f.* 부작위 不作爲.

Unterlassungs:anspruch *m.* 부작위청구권 不作爲請求權; **~beschwerde** *f.* 1. (*wörtl.*) 부작위항고 不作爲抗告; 2. (*i.S.v. Unterlassungsklage, z.B. im Kartellrecht*) 부작위소송 不作爲訴訟; **~delikt** *n.* 부작위범 不作爲犯; echtes ~ 진정(眞正)부작위범; unechtes ~ 부진정(不眞正) 부작위범; **~klage** *f.* 부작위청구소송 不作爲請求訴訟, 금지소송 禁止訴訟; vorbeugende ~ 예방적(豫防的) 금지소송.

Unterliegen *n.* (*im Prozess*) 패소 敗訴; teilweises ~ 일부(一部)패소, vgl. zu der Kostenentscheidung → Teilunterliegen, vollständiges ~ 전부(全部)패소.

Unterliegende Partei *f.* (*im Prozess*) 패소자 敗訴者.

Untermaßverbot *n.* 과소금지 過小禁止.

Untermiete *f.* 전대차 轉貸借.

Untermieter *m.* 전차인 轉借人.

Untermietvertrag *m.* 전대차계약 轉貸借契約.

Unternehmen *n.* 1. (*i.S.v. Betrieb*) 기업 企業, 회사 會社, 영업 營業, 사업 事業; 2. (*i.S.v. Unternehmung*) 활동 活動, 계획 計劃; abhängiges ~ 종속기업 從屬企業, 종속회사 從屬會社; z.T. auch „자(子)회사", wobei dieser Begriff richtigerweise mit „Tochtergesellschaft" zu übersetzen ist. // assoziiertes ~ 관련기업 關聯企業; börsennotiertes ~ 상장(上場)기업; gemischt – wirtschaftliches ~ 혼합경제(混合經濟)기업; gewerbliches ~ 영업상(營業上) 기업; herrschendes ~ 지배기업, 支配企業, 지배회사 支配會社; z.T. auch „모(母)회사", wobei dieser Begriff richtigerweise mit „Muttergesellschaft" zu übersetzen ist. // kaufmännisches ~ (*i.S.v. 1.*) 상업회사 商業會社; (*i.S.v. 2.*) 상인의 활동 商人의 活動; öffentliches ~ 공(公)기업; selbständiges ~ 독립적(獨立的) 기업; verbundenes ~ 계열사 系列社, 관계회사 關係

會社; wechselseitig beteiligte ~ 상호참가(相互參加)기업; wirtschaftliches ~ 경제적(經濟的) 기업.

Unternehmens:anteil *m.* 회사지분 會社持分; **~berater** *m.* 기업고문 企業顧問; **~beratung** *f.* 기업상담 企業相談; **~bewertung** *f.* 기업평가 企業評價; **~eigenschaft** *f.* 기업적격 企業適格; **~führung** *f.* → Unternehmensleitung; **~gegenstand** *m.* 사업의 목적 事業의 目的; **~gewinn** *m.* 기업의 이익 企業의 利益, 사업이윤 事業利潤; **~gruppe** *f.* 기업단체 企業團體; **~kauf** *m.* 영업양수 營業讓受; **~käufer** *m.* 영업양수인 營業讓受人, vgl. → Wettbewerbsverbot des Unternehmensverkäufers; **~kaufvertrag** *m.* 영업양수계약 營業讓受契約; **~konzentration** *f.* 기업 집중도 企業 集中度; **~leiter** *m.* 기업의 장 企業의 長; **~leitung** *f.* 기업경영진 企業經營陣; **~pacht** *f.* 영업의 임대차 營業의 賃貸借; **~politik** *f.* 기업정책 企業政策; **~steuer** *f.* 기업세 企業稅; **~tätigkeit** *f.* 기업활동 企業活動; **~übernahme** *f.* 기업인수 企業引受; **~übernahmevertrag** *m.* 기업인수계약 企業引受契約; **~verkauf** *m.* 영업양도 營業讓渡, vgl. → Wettbewerbsverbot des Unternehmensverkäufers; **~verkäufer** *m.* 영업양도인 營業讓渡人; **~zusammenschluss** *m.* 기업결합 企業結合.

Unternehmer *m.* 1. (*i.S.v. Leiter eines Wirtschaftsunternehmens*) 기업자 企業者, 영업주 營業主, 사업자 事業者; 2. (*beim Werkvertrag*) 수급인 受給人; 3. (*i.S.v. § 14 BGB*) 사업자 事業者.

Unternehmer:eigenschaft *f.* 사업자적격 事業者適格; **~pfandrecht** *n.* 수급인질권 受給人質權.

Unterordnungskonzern *m.* 수직기업결합 垂直企業結合.

Unterprinzip *n.* 하위원칙 下位原則.

Unterrichtung *f.* 고지 告知, 보고 報告.

Unterrichtungs:pflicht *f.* 고지의무 告知義務; **~recht** *n.* 고지권 告知權.

Unterschlagung *f.* 횡령죄 橫領罪 (§ 355 Abs. 1 KStGB). // Das Strafmaß beträgt Geldstrafe bis zu 15 Mio KRW oder Zuchthaus bis zu 5 Jahre.

Unterschrift *f.* 서명 署名.

Unterspedition *f.* 하수운송 下受運送.

Unterspeditionsvertrag *m.* 하수운송계약 下受運送契約.

Untersuchung *f.* 조사 調査; richterliche ~ 법관(法官)으로부터 조사.

Untersuchungs:ausschuss *m.* 조사위원회 調査委員會; **~gefangener** *m.* 피구금

자 被拘禁者; **~grundsatz** *m.* 직권탐지주의 職權探知主義, 직권조사주의 職權調査主義, 조사원칙 調査原則.

Untersuchungshaft *f.* (미결)구금 (未決)拘禁; z.T. auch 피구금 被拘禁 (§ 69 Alt. 2 KStPO). // Als Haftgründe nennt das Gesetz neben Verdunkelungsgefahr (증거인멸의 우려) und Fluchtgefahr (도주의 우려) auch das Nichtvorhandensein eines festen Wohnsitzes (주거부정), vgl. § 70 Abs. 1 KStPO.

Untersuchungshäftling *m.* 피구금자 被拘禁者.

Untervermieter *m.* 전대인 轉貸人.

Unterversicherung *f.* 일부보험 一部保險.

Untervollmacht *f.* 복대리(권) 復代理(權) (§§ 120 – 123 KBGB). // Gesetzliche Vertretungsmacht berechtigt gem. § 122 HS. 1 KBGB zur Erteilung von Untervollmacht. Dagegen kann der rechtsgeschäftlich Bevollmächtigte Untervollmacht außer in Notfällen nur mit Einverständnis des Vollmachtgebers erteilen, vgl. § 120 KBGB.

Unterwerfungsvertrag *m.* 부합계약 附合契約, 부종계약 附從契約.

Unterzeichnung *f.* 서명(함) 署名(함); ~ des Abkommens 협정(協定)에 서명.

Untreue *f.* 배임죄 背任罪 (§ 355 Abs. 2 KStGB). // Das Strafmaß beträgt Geldstrafe bis zu 15 Mio KRW oder Freiheitsstrafe (Zuchthaus) bis zu 5 Jahren.

Unübertragbarkeit *f.* 전속성 專屬性; ~ des Arbeitsverhältnisses 근로관계(勤勞關係)의 전속성, vgl. **§ 657 KBGB. Exklusivität der Rechte und Pflichten (권리의무의 전속성)** (1) Der Arbeitgeber kann seine Rechte nicht ohne die Zustimmung des Arbeitnehmers auf einen Dritten übertragen.

(2) Der Arbeitnehmer kann seine Arbeitsleistung ohne Zustimmung des Arbeitgebers nicht durch einen Dritten erbringen.

(3) Verstößt eine der Parteien gegen die beiden vorigen Absätze, so kann die andere den Vertrag kündigen. //

Die Zustimmung des Arbeitnehmers (z.B. im Rahmen einer Arbeitnehmerüberlassung) kann ex ante im Arbeitsvertrag, Tarifvertrag oder der Betriebsordnung abgegeben werden. Vgl. auch → Arbeitnehmerüberlassung.

Unvereinbarkeit *f.* 모순 矛盾, 불합치 不合致.

Unvereinbarkeitserklärung f. (mit der Verfassung) (헌법)불합치결정 (憲法)不合致決定, (헌법)불합치선언 (憲法)不合致宣言; partielle ~ 부분적(部分的) 불합치결정.
unverhältnismäßig adj. 불비례적 不比例的.
Unverhältnismäßigkeit f. 불비례성 不比例性.
Unverletzlichkeit f. 불가침 不可侵; ~ der konsularischen Räumlichkeiten 영사관사(領事官舍)의 불가침.
Unvermögen n. 주관적 (이행, 급부)불능 主觀的 (履行, 給付)不能; anfängliches ~ 원시적(原始的) 주관불능; nachträgliches ~ 후발적(後發的) 주관불능.
unverzüglich adj. 지체(遲滯)없이.
Unwägbare Stoffe m. pl. 불가양물 不可量物.
Unwerturteil n. 무가치판단 無價値判斷.
unwesentlich adj. 비본질적 非本質的, 중대(重大)하지 않는.
unwiderruflich adj. 철회(撤回)할 수 없는.
Unwirksamkeit f. 무효 無效, 효력불발생 效力不發生; ~ eines Rechtsgeschäfts 법률행위(法律行爲)의 무효; absolute ~ 절대적(絶對的) 무효; relative ~ 상대적(相對的) 무효; schwebende ~ 유동적 (流動的) 무효.
unzulässig adj. 부적법(不適法)한.
Unzulässigkeit f. 부적법(성) 不適法(性); offensichtliche ~ 명백(明白)한 부적법(성).
unzumutbar adj. 기대(期待)할 수 없는.
Unzumutbarkeit f. 부적합성 不適合性, 기대불가능(성) 期待不可能(性).
Unzuständigkeit f. 관할위반 管轄違反.
Unzuverlässigkeit f. 무신뢰성 無信賴性.
Urheber m. 저작자 著作者, 저작권자 著作權者, 창작인 創作人.
Urheberbenennung f. (i.S.v. §§ 76, 77 ZPO) 본래의 피고의 지명참가 本來의 被告의 指名參加.
Urheberrecht n. 저작권 著作權. // Der verfassungsrechtliche Schutz des Urheberrechts folgt in Korea nicht allein aus der verfassungsrechtlichen Eigentumsgarantie, sondern aufgrund ausdrücklicher Regelung in Art. 22 Abs. 2 KVerf: „Die Rechte von Urhebern, Erfindern, Wissenschaftlern und Künstlern werden durch Gesetz geschützt."
Urheberrechtsverwertungsgesellschaft f. 저작권이용단체 著作權利用團體.
Urkunde f. 1. (insbes. im Strafrecht) 문서 文書; 2. (insbes. im Zivilrecht) 증서 證

書; wobei die begriffliche Abgrenzung nicht ganz trennscharf ist; z.T. auch 서류 書類, 증면서 證面書; beglaubigte ~ 인증(認證)된 문서; bewirkende ~ 처분(處分)문서; bezeugenden ~ 보고(報告)문서; echte ~ 진정(眞正)문서; gerichtliche ~ 소송서류 訴訟書類; nichtgerichtliche ~ 소송이외(訴訟以外)의 서류; öffentlich beglaubigte ~ 공적(公的)으로 인증(認證)된 문서; öffentliche ~ 공문서 公文書; unechte ~ 진정(眞正)하지 않은 문서; verfälschte ~ 진실(眞實)하지 않은 문서; Echtheit der ~ 문서의 진정(眞正).

Urkunde ~ ~ eine ~ ausstellen 문서(文書)를 작성(作成)하다; ~ errichten 문서(文書)를 작성(作成)하다; ~ gebrauchen 문서(文書)를 행사(行使)하다; ~ herstellen 문서(文書)를 만들다; ~ verändern 문서(文書)를 변조(變造)하다; ~ vorlegen 문서를 제출(提出)하다.

Urkunden:auslieferung *f.* 증서의 교부(交付); **~aussteller** *m.* 문서작성명의 文書作成名義; **~ausstellung** *f.* 증서의 작성(作成); **~beweis** *m.* 서증 書證 (§§ 343 – 363 KZPO); **~bezeichnung** *f.* 문서의 표시(表示); **~fälschung** *f.* 문서위조 文書僞造; **~prozess** *m.* 증서소송 證書訴訟; **~unterdrückung** *f.* (als Delikt) 문서은닉(죄) 文書隱匿(罪); **~vorlegung** *f.* 증서제시 證書提示.

Urkunds:delikt(e) *n.* (*pl.*) 문서(文書)에 관한 죄(罪) (§§ 225 – 237 a KStGB). // Nach § 237a KStGB ist die Fotokopie oder ein mit anderen technischen Hilfsmitteln angefertigtes Duplikat einer Urkunde ebenfalls Urkunde i.S.d. KStGB.

Urkunds:inhalt *m.* 문서내용 文書內容; **~veränderung** *f.* 문서변조 文書變造.

Urlaub *m.* 휴가 休暇, 휴일 休日; gesetzlicher ~ 법정(法定)휴일.

Urlaubs:entgelt *n.* 유급휴가 有給休暇 (§ 60 ArbStandardsG); **~geld** *n.* 휴가상여금 休暇賞與金.

Urproduktion *f.* 1차적 생산 一次的 生產.

Ursache *f.* 원인 原因.

Ursachenzusammenhang *m.* 원인관계 原因關係.

Ursatzung *f.* 원시정관 原始定款.

Urschrift *f.* 원본 原本.

Ursprungsprinzip *n.* 원천지주의 源泉地主義.

Urteil *n.* 1. (*allg. i.S.v. Einschätzung*) 평가 評價; 2. (*i.S.v. Gerichtsurteil*) 판결 判決; Berichtigung des ~ 판결의 정정(訂正); Bindungskraft des ~s 판결의 기속

력(羈束力); Wirkungslosigkeit des ~s 판결의 무효(無效); abweisendes ~ 기각(棄却)판결; amtsgerichtliches ~ 구법원(區法院)의 판결; angefochtenes ~ 취소(取消)된 판결; ausländisches ~ 외국(外國)판결, → Vollstreckbarkeit ausländischer Urteile; erstinstanzliches ~ 제1심(第一審)의 판결; gerichtliches ~ 법원(法院)의 판결; letztinstanzliches ~ 최후심(最後審)의 판결; rechtskräftiges ~ 확정(確定)판결; stattgebendes ~ 인용(認容)판결; wirkungsloses ~ 무효(無效)인 판결.

Urteils:aufbau *m.* 판결성립 判決成立; **~begründung** *f.* 판결이유 判決理由; **~berichtigung** *f.* 판결정정 判決訂正; **~berichtigungsbeschluss** 판결정정결정 判決訂正決定; **~durchsetzung** *f.* 판결실현 判決實現; **~formel** *f.* 판결주문 判決主文; **~mangel** *m.* 판결의 흠결 判決의 欠缺; **~quote** *f.* 판결비율 判決比率; **~schrift** *f.* 판결서 判決書; **~spruch** *m.* 판결주문 判決主文, 판결선고 判決宣告; **~tenor** *m.* 판결주문 判決主文; **~verfahren** *n.* 판결절차 判決節次; streitiges ~ 분쟁(紛爭) 판결절차; **~verfassungsbeschwerde** *f.* 판결헌법소원 判決憲法所願. // Das koreanische Recht kennt keine Urteilsverfassungsbeschwerde. // **~verkündung** *f.* 판결선고 判決宣告, 판결선언 判決宣言; → Verkündungstermin; **~vermögen** *n.* 판단능력 判斷能力; **~vollstreckung** *f.* 판결집행 判決執行; **~wirkung** *f.* 판결의 효력 判決의 效力.

Utilialismus *m.* 공리주의 公利主義.

V, v

V – Mann *m.* (Vertrauensmann) (검사 또는 경찰의 위한) 비밀요원 秘密要員, 정보원 情報員.

Validität *f.* 유효성 有效性.

Valutaverhältnis *n.* 원인관계 原因關繼.

Vater *m.* 부(父); leiblicher ~ 생부 生父.

Vaterschaft *f.* 부자(관계) 父子(關繼).

Vaterschafts:anerkenntnis *n.* 친생인정 親生認定, (임의)인지 (任意)認知, vgl. → Anerkennung der nichtehelichen Vaterschaft; **~anerkennung** *f.* → Vaterschaftsanerkenntnis; **~anfechtung** *f.* 친생부인 親生否認; **~anfechtungsklage** *f.* 친생부인의 소 親生否認의 訴 (§ 846 KBGB); **~feststellung** *f.* 친생확인 親生確認; **~feststellungsverfahren** *n.* 친생관계존부확인(親生關係存否確認)의 소(訴); **~nachweis** *m.* 친생증면 親生證明; **~vermutung** *f.* 친생자추정 親生子推定 (§ 844 KBGB); gesetzliche ~ 법정(法定) 친생자추정.

venire contra factum proprium (*lat.*) 선행행위와의 모순금지 善行行爲와의 矛盾禁止, 금반언원칙 禁反言原則.

Verabredung einer Straftat *f.* 범죄의 음모 犯罪의 陰謀 (§ 28 KStGB).

Verabschiedung *f.* (*von Normen*) 의결 議決, 통과 通過.

Verallgemeinerungsfähigkeit *f.* 보편화 가능성 普遍化 可能性, 일반화 가능성 一般化 可能性.

Veränderung *f.* 변경 變更.

Veränderungsverbot *n.* 변경금지 變更禁止.

Veranlagung *f.* 사정 査定.

Veranlagungs:art *f.* 사정종류 査定種類; **~steuer** *f.* 사정세 査定稅; **~verfahren** *n.* 사정절차 査定節次; **~zeitraum** *m.* 사정기간 査定期間.

Veranlasser *m.* 유발자 誘發者.

Verantwortlichkeit *f.* 책임 責任, 유책성 有責性, 답책성 答責性; materielle ~ 실질적(實質的) 책임; strafrechtliche ~ 형법상(刑法上) 책임, 형사(刑事)책임.

Verantwortung *f.* 책임 責任; politische ~ 정치적(政治的) 책임; strafrechtliche ~ 형법상(刑法上) 책임, 형사(刑事)책임.

Verantwortungsprinzip *n.* 자기책임원칙 自己責任原則.

Verarbeitung *f.* 제조 製造, 가공 加工 (§ 259 Abs. 1 KBGB).

Verarbeitungs:klausel *f.* 가공조항 加工條項; **~wert** *m.* 가공의 가액 加工의 價額.

Veräußerer *m.* 1. (*eines Rechts*) 양도의 讓渡人; 2. (*einer Sache*) → Verkäufer.

Veräußerung *f.* 매각 賣却; 1. (*i.S.v. Abtretung*) 양도 讓渡, 이전 移轉; 2. (*i.S.v. Verkauf*) 매도 賣渡; ~ der Firma 상호(相互)의 매각; ~ der Streitsache 소송물(訴訟物)의 매각; ~ eines Geschäftsbereichs 영업분야매각 營業分野賣却.

Veräußerungs:anzeige *f.* 매각통지 賣却通知; **~erlös** *m.* 매도이익 賣度利益; **~ermächtigung** *f.* 매각권한 賣却權限; **~geschäft** *n.* → Veräußerungshandlung; **~gewinn** *m.* 매각이익 賣却利益, 양도이득 讓渡利得, 양도로부터 취득하는 이득; **~handlung** *f.* 매각행위 賣却行爲; **~interesse** *n.* 양도이익 讓渡利益; **~recht** *n.* 매각권 賣却權; **~verbot** *n.* 처분금지 處分禁止, 양도금지 讓渡禁止; absolutes ~ 절대적(絶對的) 처분금지; gesetzliches ~ 법정(法定) 처분금지; relatives ~ 상대적(相對的) 처분금지; **~vorbehalt** *m.* 매각유보 賣却留保.

Verbalangebot *n.* 구두제공 口頭提供.

Verbalnote *f.* (외교상) 구두각서 (外交上) 口頭覺書.

Verband *m.* 단체 團體, 연합 聯合; außerstaatlicher ~ 비정부(非政府)단체.

Verbandsklage *f.* 단체소송 團體訴訟; altruistische (fremdnützige) ~ 이타적(利他的) 단체소송; egoistische ~ 이기적(利己的) 단체소송.

Verbands:körperschaft *f.* 단체조합 團體組合; **~streitigkeit** *f.* 단체상호간 쟁송 團體相互間 爭訟; **~zuständigkeit** *f.* 단체관할 團體管轄; **~zweck** *m.* 단체목적 團體目的.

Verbesserungsverbot *n.* 이익금지 利益禁止.

Verbindlichkeit *f.* 1. (*i.S.v. Schuld*) 의무 義務, 채무 債務, 급부의 당위 給付의 當爲, 부채 負債; 2. (*i.S.v. bindend*) 구속력 拘束力, 구속성 拘束性; abstrakte ~ 무인(無因)채무; bestehende ~ 존재(存在)하는 채무; gemeinsame ~ 공동(共同)채무; kurzfristige ~ (*engl.* current liability) 유동(流動)부채; unvollkommene ~ 불완전(不完全)한 채무. 예: 도박이나 내기에 대한 계약. 불완전한 채무에 관한 청구권이 없다는 특징을 가진다.

Verbindung *f.* 1. (*von Sachen*) 물건(物件)의 부합(附合), 부착 附着; ~ mit beweglichen Sachen 동산간(動產間)의 부합 (§ 257 KBGB); ~ mit einem Grundstück 부동산(不動產)에의 부합 (§ 256 KBGB); 2. (*von Verfahren, Klagen etc.*) 소송의 병합 訴訟의 倂合.

Verböserung *f.* 불이익변경 不利益變更.

Verbot *n.* 금지 禁止; ~ der Schlechterstellung 불이익금지 不利益變更禁止; absolutes ~ 절대적(絕對的) 금지; gesetzliches ~ 법률적(法律的) 금지, ~ mit Genehmigungsvorbehalt 허용유보부(許容留保附) 법률적 금지; gesetzliches ~ 법률상(法律上) 금지; präventives ~ 예방적(豫防的) 금지; relatives ~ 상대적(相對的) 금지; repressives ~ 억제적(抑制的) 금지; repressives ~ mit Ausnahmevorbehalt 예외승인부(例外承認附) 억제적 금지; verfassungsrechtliches ~ 헌법적(憲法的) 금지.

Verbotene Eigenmacht *f.* 위법한 침해 違法한 侵害, 금지된 사력 禁止된 私力.

Verbots:gesetz *n.* 금지법률 禁止法律; **~irrtum** *n.* 금지착오 禁止錯誤; **~norm** *f.* 금지규범 禁止規範; **~prinzip** *n.* 금지원칙 禁止原則; **~regelung** *f.* 금지규정 禁止規定; **~verfügung** *f.* 금지처분 禁止處分.

Verbrauch *m.* 소비 消費.

Verbraucher *m.* (*allg. und i.S.v. § 13 BGB*) 소비자 消費者; **~darlehen** *n.* 소비자금전대차 消費者金錢貸借; **~darlehensvertrag** *m.* 소비자소비대차계약 消費者消費貸借契約; **~interesse** *n.* 소비자이익 消費者利益; **~kredit** *m.* 소비자신용 消費者信用; **~kreditgeschäft** *n.* 소비자신용거래 消費者信用去來; **~kreditgesetz** *n.* (VerbrKrG) 소비자신용법 消費者信用法; **~schutz** *m.* 소비자(이익)보호 消費者(利益)保護; **~schutzgesetz** *n.* 1. (*wörtl.*) 소비자보호법 消費者保護法; 2. (*Bezeichnung in Korea*) 소비자기본법 消費者基本法 („Verbrauchergrundgesetz"); **~widerrufsrecht** *n.* 소비자철회권 消費者撤回權; **~verband** *m.* 소비자단체 消費者團體; **~verbandsklage** *f.* 소비자단체소송 消費者團體訴訟; **~vertrag** *m.* 소비자계약 消費者契約.

Verbrauchs:akt *m.* 소비행위 消費行爲; **~güterkauf** *m.* 소비재매매 消費財賣買; **~güterkaufrichtlinie** *f.* 소비재매매지침 消費財賣買指針.

Verbrechen *n.* Das koreanische Recht unterscheidet begrifflich nicht zwischen Verbrechen und → Vergehen, sondern spricht einheitlich von „범죄" (犯罪) bzw. „죄" (罪) = „Straftat". Möchte man die an das Strafmaß geknüpfte Differenzierung des deutschen Rechts darstellen, empfiehlt sich die Verwendung der Begriffe „중죄" (重罪) = „Schwere Straftat" und „경죄" (輕罪)

bzw. „경미범죄" (輕微犯罪) = „Leichte Straftat". // ~ gegen die Menschlichkeit 인간(人間)에 대한 범죄.

Verbrechens:bekämpfung f. 범죄방지 犯罪防止, 범죄투쟁 犯罪鬪爭; vorbeugende (präventive) ~ 예방적(豫防的) 범죄방지, 사전적(事前的) 범죄방지; **~lehre** f. 범죄이론 犯罪理論, 범죄론 犯罪論; **~opfer** m. 범죄피해자 犯罪被害者; **~verabredung** f. → Verabredung einer Straftat; **~vorbereitung** f. → Vorbereitung einer Straftat.

Verbreitung f. 유포 流布; ~ unwahrer Tatsachen 허위사실(虛僞事實)의 유포.

Verbriefung f. 화체 化體, 표창 表彰, ~ eines Rechts 권리(權利)의 표창.

Verbringen n. 반입 搬入.

Verbund:klausel f. 결합조항 結合條項; **~system** n. 총괄체계 總括體係.

Verdacht m. 의심 疑心, 혐의 嫌疑; dringender ~ 현저(顯著)한 혐의; hinreichender ~ 충분(充分)한 혐의; ~ einer Straftat 범죄행위(犯罪行爲)의 혐의.

Verdächtiger m. (strafpr.) 범죄(犯罪)의 의심(疑心)을 받는 자(者), 혐의자 嫌疑者.

Verdachtkündigung f. 혐의해고 嫌疑解雇.

Verdachts:form f. 혐의(嫌疑)의 형태(形態); **~moment** m. 혐의요인 嫌疑要因; **~störer** m. 위해유발혐의자 危害誘發嫌疑者.

Verderbschaden m. 변질손해 變質損害.

Verdrängungswettbewerb m. 축출적 경쟁 逐出的 競爭, 배제경쟁 排除競爭.

Verdunkelungsgefahr f. 1. (wörtl.) 증거인멸 위험 證據湮滅의 危險; 2. (in Korea verwendete Terminologie) 증거인멸 염려 證據湮滅 念慮 („Verdunkelungsbesorgnis"), vgl. z.B. Art. 12 Abs. 3 S. 2 KVerf.

vereidigen v. 선서(宣誓)를 시키다.

vereidigt adj. 선서(宣誓)한.

Vereidigung f. 선서(宣誓)(시킴), vgl. § 319 KZPO und § 156 KStPO (Vereidigung von Zeugen), Art. 69 KVerf (Vereidigung von Beamten). // Die KZPO verlangt grds. in allen Fällen einer Aussage die Vereidigung des Zeugen, wobei der Eid i.d.R. in der Form des Voreides und nur in Ausnahmefällen als Nacheid geleistet werden soll, vgl. § 319 KZPO. Eine uneidliche Zeugenvernehmung sieht das Gesetz nur im Fall einer berechtigten Eidesverweigerung (§ 324 KZPO), bei Fehlen der Eidesmündigkeit (§ 322 KZPO, § 159 KStPO) oder bei solchen Zeugen vor, denen ein Aussageverweigerungsrecht nach § 314 KZPO zusteht (§ 323 KZPO).

Vereidigungspflicht *f.* 선서의무 宣誓義務.

Verein *m.* 사단(법인) 社團(法人); ausländischer ~ 외국(外國)사단; eingetragener ~ 등기(登記)사단; gemeinnütziger ~ 공익적(公益的) 사단, 공익사단; nichtrechtsfähiger ~ 권리능력(權利能力) 없는 사단, 법인격(法人格) 없는 사단; nicht wirtschaftlicher ~ 비영리(非營利)사단; rechtsfähiger ~ 권리능력(權利能力) 있는 사단; wirtschaftlicher ~ 영리(營利)사단.

Vereinbarkeitserklärung *f.* (mit der Verfassung) (헌법)합치선언 (憲法)合致宣言, (헌법)합치결정 (憲法)合致決定.

vereinbart *adj.* 약정(約定)된/한.

Vereinbarung *f.* 약정 約定, 합의 合意; abweichende ~ 다른 약정; mündliche ~ 구술(口述)약정, 구두(口頭)약정; schriftliche ~ 서면(書面)으로 약정; unwirksame ~ 효력(效力) 없는 약정, 무효(無效)약정; wirksame ~ 효력 있는 약정, 유효(有效)약정;.

Vereinfachungsfunktion *f.* 간이화기능 簡易化機能.

Vereinigung *f.* 1. (*von Personen*) 결사 結社, 단체 團體; 2. (*von Sachen*) 병합 併合; 3. (*von immateriellen Gütern*) 혼동 混同; kriminelle ~ 범죄(犯罪)단체; teilrechtsfähige ~ 부분권리능력(部分權利能力)이 있는 단체.

Vereinigungsfreiheit *f.* 결사의 자유 結社의 自由.

Vereins:freiheit *f.* 결사의 자유 結社의 自由; **~gesetz** *n.* 결사법 結社法, 사단법 社團法; **~mitglied** *n.* (사단의) 회원 (社團의) 會員; **~register** *m.* 사단등기부 社團登記簿; elektronisches ~ 전산(電算)사단등기부; **~satzung** *f.* 사단의 정관 社團의 定款; **~sitz** *m.* 사단의 주소 社團의 住所; **~vermögen** *n.* 사단재산 社團財產; **~vorstand** *m.* 사단이사회 社團理事會; **~zweck** *m.* 사단목적 社團目的.

Vereinte Nationen *f. pl.* 국제연합 國際聯合.

Vereitelung der Zwangsvollstreckung *f.* 강제집행면탈죄 強制執行免脫罪 (§ 327 KStGB). // Das Strafmaß beträgt Geldstrafe bis zu 10 Mio KRW oder Zuchthaus bis zu 3 Jahre.

Vererblichkeit *f.* 상속(가능)성 相續(可能)性.

Verfahren *n.* 1. (*allg.*) 절차 節次; 2. (*i.S.v. Gerichtsverfahren*) 소송절차 訴訟節次, 심판 審判; 3. (*i.S.v. Verwaltungsverfahren*) 행정절차 行政節次; Aussetzung des ~s 소송절차의 중지(中止); beendetes ~ 종결(終結)된 절차; beschleunigtes ~ 신속절

차 迅速節次; eröffnetes ~ 개시(開始)된 절차; faires ~ 공정(公正)한 절차, 적정(適正)한 절차; gerichtliches ~ 법원(法院)절차; neu eröffnetes ~ 재개시(再開始)된 절차; objektives ~ 객관적(客觀的) 절차; schiedsgerichtliches ~ 중재재판절차 仲裁裁判節次; schriftliches ~ 서면절차 書面節次; strafgerichtliches ~ 형사소송절차 刑事訴訟節次; summarisches ~ 약식(略式)절차; verwaltungsgerichtliches ~ 행정(行政)소송절차.

Verfahren ~ ~ aussetzen 절차를 중지(中止)하다; ~ beenden 절차를 종결(終結)하다; ~ eröffnen 절차를 개시(開始)하다; ~ einstellen 절차를 정지(停止)하다, 절차를 기각(棄却)하다; ~ einleiten 절차를 개시(開始)하다; ~ unterbrechen 절차를 중단(中斷)하다.

Verfahrens:abschnitt *m.* 소송단계 訴訟段階; **~akte** *f.* 소송기록 訴訟記錄; **~art** *f.* 절차의 종류 節次의 種類, 소송유형 訴訟類型; **~aussetzung** *f.* 절차중지 節次中止; **~autonomie** *f.* 소송자율 訴訟自律; **~beendigung** *f.* 절차종료 節次終了; einvernehmliche ~ 양해적(諒解的) 절차종료, 합의(合意)에 의한 종료; **~beitritt** *m.* 소송참가 訴訟參加; **~beteiligter** *m.* 절차관계인 節次關繫人; **~einleitung** *f.* 절차개시 節次開始; **~einstellung** *f.* 절차기각 節次棄却, 절차정지 節次停止, 절차중지 節次中止; **~ende** *n.* 절차종결 節次終結; **~eröffnung** *f.* 소송개시 訴訟開施, 재판개시 裁判開始, 절차개시 節次開始; **~fehler** *m.* 절차의 하자 節次의 瑕疵, 절차적 하자 節次的 瑕疵; Heilung des ~s 절차적 하자의 치유(治癒); **~gebühr** *f.* 절차보수 節次報酬; **~gegenstand** *m.* 절차대상 節次對象; **~gesetz** *n.* 절차법률 節次法律; **~grundrecht** *n.* 절차적 기본권 節次的 基本權; **~grundsatz** *m.* (소송)절차의 기본원칙 (訴訟)節次의 基本原則; **~handlung** *f.* 절차상 행위 節次上 行爲; **~herrschaft** *f.* 절차통제(권) 節次統制(權); **~hindernis** *n.* 소송장애 訴訟障碍; **~lage** *f.* 절차진행상태 節次進行狀態; **~mangel** *m.* 절차상 하자 節次上 瑕疵; **~ökonomie** *f.* 소송경제(성) 訴訟經濟(性); **~ordnung** *f.* 소송질서 訴訟秩序, 소송규정 訴訟規定; **~recht** *n.* 소송법 訴訟法; **~register** *n.* 심판사건등록부 審判事件登錄簿; **~sicherung** *f.* 절차보전 節次保全; **~stillstand** *m.* 절차정지 節次停止; **~trennung** *f.* 소송절차분리 訴訟節次分離; **~unterberechung** *f.* 절차중단 節次中斷; **~verbindung** *f.* 소송절차병합 訴訟節次併合; **~voraussetzung** *f.* 소송요건 訴訟要件, 소송조건 訴訟條件; **~vorschrift** *f.* 절차(법)상의 규칙 節次(法)上의 規則.

Verfall *m.* 1. (*zivilr.*) 유질 流質; 2. (*strafr.*) 박탈 剝奪; erweiterter ~ 확대(擴大)박탈; 3. (*i.S.v. Zeitablauf*) 만기 滿期; 3. (*allg. i.S.v. Verlust*) 상실 喪失.

Verfall:klausel *f.* 유질조항 流質條項; **~tag** *m.* 만기일 滿期日; **~zeit** *f.* 만기 滿期.

Verfallvereinbarung *m.* 유질약정 流質約定.

Verfälschung *f.* 변조 變造.

Verfassung *f.* 1. (*eines Staates*) 헌법 憲法; nicht: „국헌" (國憲), da dieser Begriff auch einfache Gesetze umfasst. Die koreanische Verfassung trägt den offiziellen Namen „대한민국헌법" (大韓民國憲法) = Verfassung der Republik Korea. // geschriebene ~ 성문(成文)헌법; ungeschriebene ~ 불문(不文)헌법; staatliche ~ 국가의 헌법 國家의 憲法. 2. (*einer Gesellschaft*) 기본규약 基本規約; 3. (*i.S.v. Zustand*) 상태 狀態.

Verfassungsänderung *f.* 헌법개정 憲法改正. // Das Verfahren über die Änderung der Verfassung ist im 10. Abschnitt der koreanischen Verfassung in Art. 128 – 130 KVerf geregelt. Vorgeschlagen werden kann eine Verfassungsänderung gem. Art. 128 Abs. 1 KVerF von der einfachen Mehrheit aller Abgeordneten oder vom Präsidenten, wobei dieser gem. Art. 128 Abs. 2 KVerf keine Vorschläge unterbreiten darf, die seine Amtszeit oder seine Kernaufgaben betreffen. Der Vorschlag ist sodann gem. Art. 129 KVerf innerhalb einens Zeitraums von mindestens 20 Tagen durch den Präsdenten bekanntzugeben. Innerhalb von 60 Tagen ab dem Tag der Bekanntgabe muss das Parlament gem. Art. 130 Abs. 1 KVerf dem Vorschlag mit einer qualifizierten 2/3 Mehrheit zustimmen. Innerhalb von 30 Tagen nach der Zustimmung ist gem. Art. 130 Abs. 2 KVerf ein doppelt qualifizierter Volksentscheid herbeizuführen, bei dem sich mindestens die Hälfte der Wahlberechtigten beteiligen und der Vorschlag dabei mindestens die Hälfte der abgegebenen Stimmen erhalten muss. Der durch Volksentscheid angenommene Vorschlag ist gem. Art. 130 Abs. 3 KVerf unverzüglich durch den Präsidenten zu verkünden. Auch wenn die koreanische Verfassung anders als Art. 79 Abs. 3 GG keine ausdrückliche Ewigkeitsklausel beinhaltet, geht die h.M. in Korea von einem unabänderlichen Kernbestand der Verfassung aus, der einer Änderung nach dem oben beschriebenen Verfahren entzogen sein soll. Neben besonders wichtigen Grundrechten soll dies insbesondere für Regelungen der Verfassung gelten, die für das politische, soziale und wirtschaftliche System des Landes schlichtweg konstituierend sind.

Verfassungs:änderungsverfahren *n.* 헌법개정절차 憲法改正節次, vgl. → Verfassungsänderung; **~auslegung** *f.* 헌법해석 憲法解釋; **~auslegungsverfahren** *n.* 헌법해석절차 憲法解釋節次; **~autonomie** *f.* 입헌자율권 立憲自律權; **~beschwerde** *f.* 헌법소원 憲法訴願; kommunale ~ 지방자치단체(地方自治團體) 헌법소원; **~bindung** *f.* 헌법구속(력) 憲法拘速(力); **~geber** *m.* 헌법제정자 憲法制政者; **~gebung** *f.* 헌법제정 憲法制定.

verfassungsgemäß *adj.* 합헌적 合憲的.

verfassungsgemäße Ordnung *f.* (verfassungsmäßige Ordnung) 합헌적 질서 合憲的 秩序.

Verfassungs:gericht *f.* 헌법재판소 憲法裁判所; **~gerichtsbarkeit** *f.* 헌법재판권 憲法裁判權, 헌법재판권할 憲法裁判管轄; **~gerichtshof** *m.* 헌법재판소 憲法裁判所; **~gesetz** *n.* 헌법률 憲法律, 헌법 憲法; **~gesetzgeber** *m.* 헌법제정자 憲法制定者; **~gesetzgebung** *m.* 헌법제정 憲法制定; **~grundsatz** *m.* 헌법원칙 憲法原則; ungeschriebener ~ 불문(不文)의 헌법원칙; **~hüter** *m.* 헌법의 수호자 憲法의 守護者; **~interpretation** *f.* 헌법해석 憲法解釋; extensive ~ 확장적(擴張的) 헌법해석; **~kommission** *f.* 헌법위원회 憲法委員會.

verfassungskonform *adj.* 합헌적 合憲的.

verfassungskonforme Auslegung 합헌적 해석 合憲的 解釋.

Verfassungs:konvent *m.* 헌법제정회의 憲法制定會議; **~leben** *n.* 헌법생활 憲法生活; **~lehre** *f.* 헌법학 憲法學, 헌법론 憲法論.

Verfassungsmäßige Ordnung 헌법적 질서 憲法的 秩序.

Verfassungs:mäßigkeit *f.* 합헌성 合憲性; formelle ~ 형식적(形式的) 합헌성; materielle ~ 실질적(實質的) 합헌성; **~organ** *n.* 헌법기관 憲法機關; **~rang** *m.* 헌법차원 憲法次元; Grundsatz mit ~ 헌법차원의 원칙(原則); **~recht** *n.* 헌법 憲法; formelles ~ 형식적(形式的) 헌법; geschriebenes ~ 성문(成文)헌법; konkretisiertes ~ 구체화(具體化)된 헌법; materielles ~ 실질적(實質的) 헌법, 실체적(實體的) 헌법; spezifisches ~ 고유(固有)한 헌법, 특별(特別)한 헌법; ungeschriebenes ~ 불문(不文) 헌법; verfassungswidriges ~ 위헌적(違憲的) 헌법; **~rechtsverhältnis** *n.* 헌법적 법률관계 憲法的 法律關係; materielles ~ 실체적(實體的) 헌법적 법률관계; **~reform** *f.* 헌법개혁 憲法改革; **~schutz** *m.* 1. (*allg.*) 헌법보호 憲法保護; 2. (*als Institution*) 헌법보호국 憲法保護局; **~schutzbericht** *m.* 헌법보호보고서 憲法保護報告書; **~staat** *m.* 입헌국가 立憲國家; **~streitigkeit** *f.* 헌법재판사항 憲法裁判事項, 헌법

재의 憲法爭義, 헌법분쟁 憲法紛爭; **~theorie** *f.* 헌법이론 憲法理論; **~urkunde** *f.* 헌법문서 憲法文書; **~verstoß** *m.* 헌법위반 憲法違反; **~vorbehalt** *m.* 헌법유보 憲法留保; pauschaler ~ 포괄적(包括的) 헌법유보; **~widrig** *adj.* 위헌적 違憲的, 위헌(違憲)의; **~widrigkeit** *f.* 위헌성 違憲性; **~widrigwerden** *n.* 위헌(違憲)으로 됨; **~wissenschaft** *f.* 헌법학 憲法學; **~wissenschaftler** *m.* 헌법학자 憲法學者.

Verfehlung *f.* 비행 非行, 잘못; leichte ~ 가벼운 잘못; schwere ~ 중대(重大)한 비행.

Verflechtung *f.* 결합관계 結合關係.

Verfolgung *f.* (*im juristischen Sinn*) 소추 訴追; strafrechtliche ~ 형사적(刑事的) 소추.

Verfolgungsverjährung *f.* 공소시효 公訴時效.

Verfrachter *m.* 운송인 運送人.

Verfügender *m.* 처분자 處分者.

Verfügung *f.* 처분 處分; ~ eines Nichtberechtigten 권한 없는 자(權限 없는 者)의 처분, 비권리자(非權利者)의 처분; ~ von Todes wegen 사인처분 死因處分; behördliche ~ 행정청(行政廳)의 처분; einseitige ~ 일방적(一方的) 처분; einstweilige ~ 가(假)처분; gerichtliche ~ 법관(法官)의 처분; letztwillige ~ 종의(終意)처분; negative ~ 소극적(消極的) 처분; rechtsgeschäftliche ~ 법률행위(法律行爲)에 의한 처분; selbstbindende ~ 자기구속적(自己拘束的) 처분; testamentarische ~ 유언(遺言)처분; wiederholende ~ 반복(反復)처분.

Verfügungs:adressat *m.* 처분상대방 處分相對方; **~anspruch** *m.* 처분청구권 處分請求權; **~befugnis** *f.* → Verfügungsberechtigung; **~befugter** *m.* → Verfügungsberechtigter; **~beklagter** *m.* 처분의 수동적 당사자 處分의 受動的 當事者, (처분을 요청받은 사람); **~berechtigter** *m.* 처분권한자 處分權限者; **~berechtigung** *f.* 처분권한 處分權限; **~beschränkung** *f.* 처분제한 處分制限; ~ der Ehegatten 배우자(配偶者)의 처분제한; gesetzliche ~ 법률상(法律上)의 처분제한; rechtsgeschäftliche ~ 법률행위(法律行爲)에 의한 처분제한; **~freiheit** *f.* 처분자유 處分自由; **~geschäft** *n.* 처분행위 處分行爲, 권리변경(權利變更)을 위한 처분행위; dingliches ~ 물권적(物權的) 처분행위; **~gewalt** *f.* 처분권한 處分權限; **~grund** *m.* 처분이유 處分理由; **~grundsatz** *m.* 처분권주의 處分權主義; **~kläger** *m.* 처분의 능동적 당사자 處分의 能動的 當事者, (처분을 요청한 사람); **~macht** *f.* 처분권한 處分權限, 처분권능 處分權能; **~recht** *n.* 처분권 處分權; **~theorie** *f.* 처분이론 處分理論, 처분설 處分說; **~verbot** *n.* 처분금지 處分禁止; **~vertrag** *m.* 처분계약 處分契約.

Vergabe f. 발주 發注, 조달 調達; ~ öffentlicher Aufträge 공공(公共)발주.

Vergabe:recht n. 발주법 發注法, 조달법 調達法; **~kammer** f. 발주심판소 發注審判所.

Vergehen n. 경미범죄 輕微犯罪, 경죄 經罪. Vgl. zu der Unterscheidung zwischen Vergehen und Verbrechen im koreanischen Recht: → Verbrechen.

Vergeltung f. 응보 應報, 복수 復讐.

Vergewaltiger m. 강간자 强姦者.

Vergewaltigung f. 강간(죄) 强姦(罪) (§ 297 KStGB). Mindeststrafe ist 3 Jahre Freiheitsstrafe (Zuchthaus). // ~ widerstandsunfähiger Personen준(準)강간 (§ 299 KStGB); ~ mit Todesfolge 강간 살인, 치사 (殺人, 致死) (§ 301 a KStGB).

Vergleich m. 1. (allg. i.S.v. Gegenüberstellen) 비교 比較; 2. (im Prozess) 조정 調整, 화의 和議, 화해 和解, vgl. → Anerkenntnis; ~ vor Klageerhebung 제소전 (提訴前) 화해; abstrakter ~ 무인(無因)화해; anwaltlicher ~ 변호사(辯護士)화해; außergerichtlicher ~ 재판 외(裁判 外)의 화해; gerichtlicher ~ 재판상(裁判上) 화해; privatrechtlicher ~ 사법적(私法的) 화해; schiedsgerichtlicher ~ 중재법원(仲裁法院)에 의한 화해; unechter ~ 부진정화해 不眞正和解.

Vergleichbarkeit f. 유사성 類似性.

Vergleichende Rechtswissenschaft 비교법학 比較法學.

Vergleichs:antrag m. 화해신청 和解申請; **~bedingungen** f. pl. 화해요건 和解要件, 화해조건 和解條件; **~gegenstand** m. 화해의 대상 和解의 對象; **~markt** m. 비교시장 比較市場; **~miete** f. 비교차임 比較借賃; ortsübliche ~ 지역상례적(地域常例的) 비교차임; **~protokoll** n. 화해조서 和解調書. // Das Vergleichsprotokoll hat gem. § 220 Alt. 1 KZPO dieselbe Wirkung wie ein rechtskräftiges Urteil. Die Vollstreckbarkeit des Vergleichsprotokolls folgt aus § 57 KZVG i.V.m. § 56 KZVG. // **~termin** m. 화해기일 和解期日; **~verfahren** n. 화해절차 和解節次; **~verhandlung** f. 화해협의 和解協議; **~vertrag** m. 화해계약 和解契約; **~vorschlag** m. 화해권고(안) 和解勸告(案).

Vergnügungs:reise f. 유람 遊覽; **~steuer** f. 오락세 娛樂稅, 유흥세 遊興稅.

Vergünstigung f. 특혜 特惠; finanzielle ~ 금전적(金錢的) 특혜; soziale ~ 사회적(社會的) 특혜.

Vergütung f. 보수 報酬, 임금 賃金, 지급금 支給金; ~ des Testamentsvollstreckers 유언집행자(遺言執行者)의 보수 (§ 1104 KBGB); einmalige ~ 일회성(一回性) 지급금; feste ~ 고정적(固定的) 지급금; übliche ~ 관행적(慣行的) 보수; veränderliche ~

가변적(可變的) 지급금; vereinbarte ~ 합의(合意)된 보수; wiederkehrende ~ 부정기적(不定期的) 지급금.

Vergütung beim Dienstvertrag vgl. **§ 656 KBGB. Höhe und Fälligkeit der Vergütung.** (1) Ist eine Vergütung oder die Höhe der Vergütung nicht vereinbart, so ist diese nach der Verkehrssitte zu entrichten.

(2) Die Vergütung ist zum vereinbarten Zeitpunkt, oder, falls ein Zeitpunkt nicht vereinbart ist, nach der Verkehrsitte, falls es keine Verkehrsitte gibt, unverzüglich nach Beendigung des Dienstes zu entrichten.

Vergütung beim Werkvertrag vgl. § 665 Abs. 1 KBGB, der die Fälligkeit der Vergütung (보수의 지급시기) regelt. Anders als § 641 Abs. 1 BGB wird hier nicht auf die Abnahme des Werks, sondern auf die Übergabe des fertiggestellen Werks (완성된 목적물의 인도), bzw. in Fällen, in denen eine Übergabe nicht erforderlich ist, allein auf die Fertigstellung abgestellt. Im Übrigen wird auf die Regeln der Vergütung zum Dienstvertrag verwiesen, vgl. § 665 Abs. 2 KBGB.

Vergütungs:anspruch *m.* 보수청구권 報酬請求權; **~pflicht** *f.* 보수지급의무 報酬支給義務.

verhaftet *adj.* 구속(拘束)된.

Verhaftung *f.* 구속 拘束, 구금 拘禁, 체포 逮捕.

Verhalten *n.* 행위 行爲; abweichendes ~ 일탈(逸脫)행위; einseitiges ~ 일방적(一方) 행위; konkludentes ~ 추단적(推斷的) 행위; rechtswidriges ~ 불법(不法)행위; ungebührliches ~ 모독(冒瀆)행위; schadensersatzpflichtiges ~ 손해배상의무(損害賠償義務)가 있는 행위.

Verhaltens:kontrolle *f.* 행위통제 行爲統制; **~norm** *f.* 행위규범 行爲規範; **~pflicht** *f.* 행태의무 行態義務; **~spielraum** *m.* 행위여지 行爲餘地; **~steuerung** *f.* 행위제어 行爲制御; direkte ~ 직접적(直接的) 행위제어; indirekte ~ 간접적(間接的) 행위제어; **~unrecht** *n.* 행위불법 行爲不法; **~verantwortlichkeit** *f.* 행위책임 行爲責任; **~verantwortung** *f.* 행위책임 行爲責任.

Verhältnis *n.* 비례 比例, 균형 均衡; außer ~ 불(不)균형적인.

verhältnismäßig *adj.* 비례적 比例的, 비례하여, 비례성(比例性)이 있는.

Verhältnismäßigkeit *f.* 비례성 比例性; ~ im engeren Sinne 좁은 의미의 비례성, 협의(狹義)의 비례성; Grundsatz der ~ 비례의 원칙 (原則), 비례성(比例上)의 원칙.

Verhältnismäßigkeitsgrundsatz *m.* 비례성원칙 比例性原則, 비례원칙.

Verhältnismäßigkeitsprinzip *n.* 비례성원칙 比例性原則, 비례원칙.

Verhältniswahl *f.* 비례대표선거 比例代表選擧, 비례선거 比例選擧; **~system** *n.* 비례대표제 比例代表制.

Verhandlung *f.* 1. (*allg.*) 협의 協議, 협상 協商; 2. (*i.S.v. Gerichtsverhandlung*) (재판)변론 (裁判)辯論, (재판)심리 (裁判)審理; gerichtliche ~ 재판상 변론; letzte mündliche ~ 최종구술(最終口述)변론; mündliche ~ 구술(口述)변론, 구두(口頭)변론; nichöffentliche ~ 비공개(非公開)변론; öffentliche ~ 공개(公開)변론; streitige ~ 본안판결(本案判決)을 위한 변론.

Verhandlungs:fähigkeit *f.* 변론능력 辯論能力; **~leitung** *f.* 변론지휘 辯論指揮; **~maxime** *f.* 변론주의 辯論主義, 심리원칙 審理原則; **~grundsatz** *m.* 변론주의 辯論主義, 심리원칙 審理原則; **~vorhand** *f.* 우선협상권 優先協商權.

Verhinderung *f.* 방지 防止.

Verjährung *f.* (소멸)시효 (消滅)時效; ~ von deliktischen Ansprüchen 손해배상청구권(損害賠償請求權)의 소멸시효 (§ 766 Abs. 1 und 2 KBGB). // Deliktische Schadensersatzansprüche verjähren in 3 Jahren ab Kenntnis des Schadens oder des Schädigers durch den Geschädigten oder seines gesetzlichen Vertreters, spätestens jedoch in 10 Jahren ab dem Zeitpunkt der schädigenden Handlung. // absolute ~ 절대적(絕對的) 소멸시효; kurze ~ 단기(短期)소멸시효; regelmäßige ~ 일반(一般)소멸시효; relative ~ 상대적(相對的) 소멸시효; Ablaufhemmung der ~ 시효의 완성유예(完成猶豫); Hemmung der ~ 시효의 정지(停止); Neubeginn der ~ 시효의 갱신(更新); Unterbrechung der ~ 시효중단(中斷).

Verjährungs:beginn *m.* 소멸시효(消滅時效)의 시작(始作); **~eintritt** *m.* 소멸시효 성립 消滅時效成立, 소멸시효발생 消滅時效發生; **~frist** *f.* 소멸시효기간 消滅時效期間; regelmäßige ~ 일반(一般)소멸시효기간; **~hemmung** *f.* 소멸시효정지 消滅時效停止; **~unterbrechung** *f.* 소멸시효중단 消滅時效中斷; **~verkürzung** *f.* 축소(縮小)된 소멸시효기간.

Verkauf *m.* 매도 賣渡, 매각 賣却, 판매 販賣; freihändiger ~ 자유(自由)매각.

Verkäufer *m.* 1. (*gem. KBGB*) 매도인 賣渡人; 2. (*allg.*) 판매자 販賣者.

Verkaufs:agent *m.* 판매대리인 販賣代理人; **~angestellter** *m.* (*i.S.d. KHGB*) 물건판매점포의 사용인 物件販賣店鋪 의 使用人 (§ 16 KHGB); **~angebot** *n.* 판매청약 販賣請約; **~auftrag** *m.* 판매위임 販賣委任; **~bedingungen** *f. pl.* 판매조

건 販賣條件; **~berechtigung** f. 판매권한 販賣權限; **~erlös** m. 판매수익 販賣收益; **~genossenschaft** f. 판매조합 販賣組合; **~gespräch** n. 판매상담 販賣相談; **~kartell** n. 판매(販賣)카르텔; **~personal** n. (i.S.d. HGB) 물건판매점포의 사용인 物件販賣店鋪의 使用人 (§ 16 KHGB); **~offerte** f. → Verkaufsangebot; **~stelle** f. 판매소 販賣所, (판)매점 (販)賣店; **~verbot** n. 판매금지 販賣禁止; **~wert** m. 판매가(치) 販賣價(値).

Verkehr m. 1. (i.S.v. Straßenverkehr) 교통 交通; 2. (i.S.v. Bewegung) 통행 通行; 3. (i.S.v. Geschäftsverkehr) 거래 去來; 4. (i.S.v. Umlauf) 유통 流通; 5. (Sexual~) 성행위 性行爲, 성교 性交; 6. (i.S.v. Korrespondenz) 통신 通信; 7. (i.S.v. Beförderung) 운수 運輸; diplomatischer ~ 외교관계 外交關係; freier ~ 자유통행 自由通行; geschäftlicher ~ 영업상(營業上) 거래; internationaler ~ 국제운수 國制運輸; rechtsgeschäftlicher ~ 법률행위상(法律行爲上) 거래; sexueller ~ 성행위 性行爲, 성교 性交; wirtschaftlicher ~ 경제적(經濟的) 거래.

Verkehrs:anschauung f. 거래관념 去來觀念, 거래상(去來上) 관념; **~auffassung** f. → Verkehrsanschauung; **~beeinträchtigung** f. 교통의 방해 交通의 妨害; **~delikt** n. 교통방해(交通妨害)의 죄(罪) (§§ 185 – 191 KStGB); **~eröffnung** f. 유통개시 流通開始; **~fähigkeit** f. 유통성 流通性; **~freiheit** f. 통신자유 通信自由; **~hypothek** f. 유통저당권 流通抵當權; **~kreis** m. 거래권 去來圈; **~polizei** f. 교통경찰 交通警察; **~recht** n. 1. (familienr.) 면접교섭권 面接交涉權; 2. (straßenverkehrsr.) (도로)교통법 (道路)交通法; **~sicherheit** f. 교통안전 交通安全; 3. (handelsr.) 거래법 去來法.

Verkehrssicherungspflicht f. 교통안전의무 交通安全義務, 거래안전의무 去來安全義務, 생활상(生活上)의 주의의무(注意義務); allgemeine ~ 일반적(一般的) 생활상의 주의의무; besondere ~ 특별(特別)한 생활상의 주의의무.

Verkehrs:sitte f. 거래관행 去來慣行; **~steuer** f. 교통세 交通稅; **~störung** f. 교통의 방해 交通의 妨害; **~strafrecht** n. 교통형법 交通刑法; **~teilnehmer** m. 교통참여자 交通參與者, 교통참가자 交通參加者; **~unfall** m. 교통사고 交通事故; **~unfallversicherung** f. 교통사고보험 交通事故保險, 교통상해보험 交通傷害保險; **~vergehen** n. 교통경범죄 交通輕犯罪; **~wert** m. 시장가치 市場價値, 유통가격 流通價格; **~wesentlichkeit** f. 거래상(去來上) 본질성(本質性); **~zentralregister** n. 교통중앙등기부 交通中央登記簿.

Verkündigung f. 공포 公布.

Verkündung *f.* 선고 宣告; ~ eines Urteils 판결(判決)의 선고; → Verkündungstermin.
Verkündungstermin *m.* 판결선고기일 判決宣告期日. // Urteile im Zivilprozess sollen gemäß § 199 KZPO innerhalb von 5 Monaten ab Klageerhebung bzw. bei Berufung oder Revision ab Einreichung der Berufungs-/ Revisionsschrift verkündet werden. Das Urteil muss darüberhinaus gem. § 207 Abs. 1 HS. 1 KZPO grds. innerhalb von 2 Wochen nach dem Schluss der mündlichen Verhandlung verkündet werden. Bei schwierigen Fällen oder aus sonstigen besonderen Gründen kann eine Verkündung gem. § 207 Abs. 1 HS. 2 KZPO auch noch bis zu 4 Wochen nach dem Schluss der Verhandlung erfolgen. Eine Anwesenheit der Parteien bei der Verkündung ist gem. § 207 Abs. 2 KZPO nicht erforderlich. Die Verkündung erfolgt gem. § 206 HS. 1 KZPO durch das Verlesen des Urteils durch den Vorsitzenden. Gem. § 206 HS. 2 KZPO hat er das Urteil bei Bedarf kurz zu erläutern.
Verlag *m.* 출판사 出版社.
Verlags:erzeugnis *n.* 출판물 出版物; **~geschäft** *n.* 출판업 出版業; **~vertrag** *m.* 출판계약 出版契約.
Verlangen *n.* (*i.S.v. etw. fordern*) 청구 請求, 요구 要求.
Verlängerung *f.* 연장 延長.
Verlegung *f.* 전치 轉置, 이전 移轉.
Verlegungskosten *f.* 전치비(용) 轉置費(用).
Verleiher *m.* 1. (*zivilr.*) (사용)대주 (使用)貸主; 2. (*arbeitsr.*) 파견사업주 派遣事業主.
Verletzter *m.* 피해자 被害者.
Verletzung *f.* 1. (*von Rechten, etc.*) (권리의) 위반 違反, 침해 侵害, 위배 違背; 2. (*i.S.v. Körperverletzung*) 상해 傷害; wiederholte ~ 반복적(反復的) 위반; ~ von Privatgeheimnissen (als Delikt) 사적 비밀침해(죄) 私的 秘密侵害(罪), vgl. → Geheimnisverrat.
Verletzungshandlung *f.* 침해행위 侵害行爲; mittelbare ~ 간접적(間接的) 침해행위.
Verleumdung *f.* 중상모략 中傷謀略.
Verlöbnis *n.* 약혼 約婚.
Verlobte(r) *f.* (*m.*) 약혼자 約婚者.
Verlobung *f.* 약혼 約婚.
Verlust *m.* 1. (*allg.*) 상실 喪失, 손실 損失; ~ der Parteifähigkeit 당사자능력(當事者

能力)의 상실; ~ eines Rechts 권리(權利)의 상실, (Abk.) 실권 失權; 2. (steuerrechtl.) 결손금 缺損金.

Verlust:rücktrag m. (engl. loss carryback) 결손금소급공제 缺損金遡及控除; **~vortrag** m. (engl. loss carryforward) 결손금이월공제 缺損金移越控除; steuerlicher ~ (engl. tax loss carryforward, Abk. TLCF) 세법상(稅法上) 결손금 이월공제.

Vermächtnis n. 유증 遺贈; **~anspruch** m. 유증청구권 遺贈請求權; **~geber** m. 유증자 遺贈者; **~nehmer** m. 수증자 受贈者; **~unwürdigkeit** f. → Erbunwürdigkeit.

Vermeidung f. 회피 回避.

Vermengung f. 혼화 混和.

Vermerk m. (interner) (내부적) 문언 文言, (내부적) 기재 記載.

Vermieter m. 임대인 賃貸人; **~pfandrecht** n. 임대인 질권 賃貸人 質權; **~wechsel** m. 임대인교체 賃貸人交替.

Vermietung f. 임대 賃貸.

Vermischung f. 혼화 混和 (§ 258 KBGB).

Vermittlung f. 중개 仲介.

Vermittlungs:agent m. 중개대리인 仲介代理人; **~ausschuss** m. 중개위원회 仲介委員會; **~gebühr** f. 중개수수료 仲介手數料; **~makler** m. 매개중개인 媒介仲介人; **~vertreter** m. 중개대리상 仲介代理商.

Vermögen n. 1. (i.S.v. Gütern) 재산 財產, 자산 資產. // Insbesondere im Steuerrecht wird auch der Begriff 자본 資本 („Kapital") verwendet, vgl. § 2 Abs. 2 der koreanischen Fassung des Deutsch-Koreanischen Doppelbesteuerungsabkommens. // 2. (i.S.v. Potenz) (자신의) 능력 (自身의) 能力; ~ der Ehegatten 배우자(配偶者)의 재산; bewegliches ~ 동산(動產)재산; eigenes ~ 자산 自產; einheitliches ~ 단독소유(單獨所有)재산; gegenwärtiges ~ 현재(現在)재산; gemeinschaftliches ~ 공동(共同)재산; gesamtes ~ 전체(全體)재산, 총(總)재산; künftiges ~ 미래(未來)재산; öffentliches ~ 공공(公共)의 재산; pfändbares ~ 압류가능(押留可能)한 재산; privates ~ 개인(個人)재산; steuerpflichtiges ~ 과세(課稅)자본; unbewegliches ~ 부동산(不動產)재산; unpfändbares ~ 압류불가능(押留不可能)한 재산.

Vermögens:abgabe f. 재산상 공과금 財產上 公課金; **~abschöpfung** f. 수익

환수 收益還受; strafrechtliche ~ 범죄(犯罪)수익환수, 형법상(刑法上) 수익환수; ~abtretung *f.* 재산양도 財産讓渡; ~angelegenheit *f.* 재산사무 財産事務; ~anlage *f.* 재산투자 財産投資; ~anlegung *n.* → Vermögensanlage; ~anwachsung *f.* 재산증대 財産增大; ~auseinandersetzung *f.* 재산분할 財産分割; ~ausgleich *m.* (*im Erbrecht*) 재산분여 財産分與 (§ 1057 Abs. 2 KBGB); ~auskunft *f.* 재산정보 財産情報; ~begriff *m.* 재산개념 財産槪念; dynamischer ~ 동적(動的) 재산개념; juristischer ~ 법학적(法學的) 재산개념; (gemischt) juristisch – wirtschaftlicher ~ 법학적 – 경제적 (혼합적) 재산개념; personaler ~ 인적(人的) 재산개념; strafrechtlicher ~ 형법적(刑法的) 재산개념; wirtschaftlicher ~ 경제적(經濟的) 재산개념; ~beschädigung *f.* 재산상 손해 財産上 損害; ~beschlagnahme *f.* 재산압류 財産押留; ~besitz *m.* 재산점유 財産占有; ~bestand *m.* 재산존재 財産存在; ~bestandteil *m.* 재산의 구성부분 財産의 構成部分; ~bewertung *f.* 재산평가 財産評價; ~bildung *f.* 재산형성 財産形成; ~ der Arbeitnehmer 근로자(勤勞者)의 재산형성; ~delikt *n.* 재산죄 財産罪, 자산죄 資産罪; ~disposition *f.* → Vermögensverfügung; ~einbuße *f.* 재산손실 財産損失; ~eingriff *m.* 재산에 대한 침해 財産에 대한 侵害; ~einlage *f.* 재산출자 財産出資; ~einziehung *f.* 재산몰수 財産沒收; ~entschädigung *f.* 재산적 보상 財産的 保償; ~entziehungsdelikt *n.* 재산박탈죄 財産剝奪罪; ~entzug *m.* 재산박탈 財産剝奪; ~erwerb *m.* 재산취득 財産取得; ~gefährdung *f.* 재산의 위험 財産의 危險; ~gefährdungsdelikt *n.* 재산위험죄 財産危險罪; ~gegenstand *m.* 재물 財物; ~gemeinschaft *f.* 재산공동체 財産共同體; ~gut *n.* → Vermögensgegenstand; ~haftung *f.* 재산상 책임 財産上 責任; ~interesse *n.* 재산상 이익 財産上 利益; ~lage *f.* 재산상태 財産狀態; ~ des Erben 상속인(相續人)의 재산상태; ~ des Vertragspartners 계약상대방(契約相對方)의 재산상태; ~ des Vorerben 선순위상속인(先純位相續人)의 재산상태; ungünstige ~ 불이익적(不利益的) 재산상태; rechtswidrige ~ 위법(違法)재산상태; ~losigkeit *f.* 재산(財産) 없음, 무재산 無財産; ~masse *f.* (전체로) 재산(財産); ~minderung *f.* 재산면제 財産免除; ~nachteil *m.* 재산적 불이익 財産的 不利益; ~nachweis *m.* (als Schriftstück) 재산증명(서) 財産證明(書); ~neubewertung *f.* 재산재평가 財産再評價; ~objekt *n.* 재산목적물 財産目的物; ~offenlegung *f.* 재산명시 財産明示, vgl. auch → Vermögensverzeichnis. // ~ordnung *f.* 재산질서 財産秩序; ~pflegschaft *f.* (제한행위능력자의 재산에 대한) 재산관리 財産管理, 재산보호 財産監護; ~pflicht *f.* 재산의무 財産義務, 재산상(財産上) 의무; ~privatisierung *f.* 재

산의 민영화 財産의 民營化; **~recht** *n.* 1. (*als subj. Recht*) 재산권 財産權, 재산상 권리 財産上 權利; 2. (*als Rechtsgebiet*) 재산법(法); privates ~ 사적(私的) 재산권.
vermögensrechtlich *adj.* 재산법상 財産法上, 재산권적 再産權的.
Vermögensrechtliche ~ **~Ansprüche** 재산법상의 청구권 財産法上의 請求權; ~ im Strafverfahren 형사소송상(刑事訴訟上)의 재산법상 청구권; ~ im Zivilprozess 민사소송상(民事訴訟上)의 재산법상 청구권; **~Verhältnisse** 재산법상 관계 財産法上 關係.
Vermögens:rücklage *f.* 비상금 非常金, 비상재산 非常財産; **~schaden** *m.* 재산상 손해 財産上 損害, 재산적 손해 財産的 損害, 재산손해 財産損害, 재산손실 財産損失; reiner ~ 순수(純粹) 재산상 손해; **~schätzung** *f.* 재산평가 財産評價; **~schutz** *m.* 재산보호 財産保護; **~sorge** *f.* (부모의 자녀재산에 대한) 재산보호 財産保護, 재산관리 財産管理; **~stamm** *m.* 재산의 원본 財産의 原本; **~steuer** *f.* 재산세 財産税, 자본세 資本税; **~strafe** *f.* 재산형 財産刑; **~teil** *m.* 재산일부 財産一部, 자본요소 資本要素; **~teilung** *f.* 재산분리 財産分離; **~übergang** *m.* 재산이동 財産移動, 재산이전 財産移轉; **~übernahme** *f.* 재산인수 財産引受; **~übersicht** *f.* 재산개요 財産概要; **~übertragung** *f.* 재산양도 財産讓渡, 재산이전 財産移轉; **~umwandlung** *f.* 재산전환 財産轉換; **~veräußerung** *f.* 재산양도 財産讓渡; **~vereinigung** *f.* 재산의 합일적 귀속 財産의 合一的 歸屬; **~verfall** *m.* 재산상실 財産喪失; **~verfügung** *f.* 재산처분 財産處分, 재물교부 財物交付; z.T. auch „편취" (騙取), wobei sich dieser Begriff auf die beim Betrug gem. § 347 Abs. 1 KStGB vorgenommene Vermögensverfügung beschränkt. // **~verhältnisse** *n. pl.* 재산관계 財産關係; Antrag auf Offenlegung der ~ 재산관계의 명시신청(明示申請) (§§ 61 – 67 KZVG); **~verlust** *m.* 재산상실 財産喪失; **~verringerung** *f.* → Vermögensminderung; **~verschiebung** *f.* 재산이전 財産移轉, 재산이동 財産移動; ungerechtfertigte ~ 부당(不當)한 재산이전; **~verschlechterung** *f.* 재산악화 財産惡化; **~versicherung** *f.* 재산보험 財産保險; **~verwalter** *m.* 재산관리인 財産管理人; **~verwaltung** *f.* 1. (*allg.*) 재산관리 財産管理; 2. (*finanz.*) 금전관리 金錢管理; ~ bei Kindesvermögen: → Vermögenssorge; ~ unter Ehegatten 배우자 사이에 재산관리; wirtschaftliche ~ 경제적(經濟的) 재산관리; **~verzeichnis** *n.* 재산목록 財産目錄. // Der Schuldner ist in Korea zur Anfertigung eines Vermögensverzeichnisses nicht erst in Fällen des Verbraucherinsolvenzverfahrens verpflichtet, sondern auf Antrag des Gläubigers (sog. 재산명시신청 財産明示申請 – Antrag auf Offenlegung des

Vermögens) gem. § 61 Abs. 1 KZVG bereits in Fällen, in denen aufgrund einer titulierten Geldforderung die Zwangsvollstreckung in sein Vermögen eröffnet werden kann. // **~vorteil** *m.* 재산상 이익 財産上 利益, 재산적 이익 財産的 利益; **~wert** *m.* 재산(가치) 財産(價値); selbständiger ~ 독자적(獨自的)인 재산가치; **~zufluss** *m.* 재산유입 財産流入; **~zugriff** *m.* 재산(財産)에 대한 포착(捕捉); **~zustand** *m.* 재산상태 財産狀態; **~zuwachs** *m.* 재산증가 財産增加, 자본가치증가 資本價値增加.

Vermummung *f.* 가장 假裝.

Vermummungsverbot *n.* 가장금지 假裝禁止.

Vermutung *f.* 추정 推定, 간주 看做; tatsächliche ~ 사실상(事實上)의 추정; gesetzliche ~ 법률상(法律上)의 추정; ~ der Echtheit 진정성(眞正性)에 대한 추정; ~ der Richtigkeit 정당성(正當性)에 대한 추정; ~ Vollständigkeit 완전성(完全性)에 대한 추정.

Vermutungs:basis *f.* 추정의 전제사실 推定의 前提事實; **~wirkung** *f.* 추정효 推定效.

Vernehmung *f.* 신문 訊問; ~ des Angeklagten 피고인(被告人)신문; ~ durch den Vorsitzenden 재판장(裁判長) 신문 (§§ 284, 287 KStPO); ~ des Beschuldigten 피의자(被疑者)신문 (§§ 241 - 245 KStPO); ~ eines Beteiligten 당사자(當事者)신문 (§§ 367 - 373 KZPO); ~ eines Zeugen 증인(證人)의 신문 (§§ 303 - 332 KZPO, § § 146 - 168 KStPO); richterliche ~ 판사(判事)의 신문.

Vernehmungs:begriff *m.* 신문개념 訊問槪念; formeller ~ 형식적(形式的) 신문개념; materieller ~ 실체적(實體的) 신문개념; **~methode** *f.* 신문방법 訊問方法; verbotene ~ 금지(禁止)된 신문방법; **~protokoll** *n.* 신문조서 訊問調書.

Vernunft *f.* 이성 理性; praktische ~ 실천적(實踐的) 이성, 실천이성.

Vernunftrecht *n.* 이성법 理性法.

Verordnung *f.* (규율)명령 (規律)命令, 규칙 規則.

Verordnungs:erlass *m.* 명령제정 命令制定; **~ermächtigung** *f.* 명령권한부여 命令權限附與; **~geber** *m.* 명령제정자 命令制定者; **~recht** *n.* 명령법 命令法.

Veröffentlichungsblatt *n.* 공보 公報; amtliches ~ 행정청(行政廳)의 공보.

Verpächter *m.* 용익임대인 用益賃貸人.

Verpächterpfandrecht *n.* 용익임대인 질권 用益賃貸人 質權.

Verpfändung *f.* 입질 入質, 질권설정 質權設定.

verpflichtend *adj.* 부담(負擔)을 지우는; einseitig ~ 일방(一方)만 부담을 지우는;

zweiseitig (beidseitig) ~ 서로 부담을 지우는.

Verpflichteter *m.* 의무부담자 義務負擔者, 의무자 義務者.

Verpflichtung *f.* 1. (*allg.*) 의무(부담) 義務(負擔); 2. (*i.S.v. Schuld*) 채무 債務; ~ zu gleichen Anteilen 같은 비율(比率)로 의무부담; ~ zur Leistung 급부(給付)의무; einseitige ~ 일방적(一方的) 의무; gegenseitige ~ 쌍무적(雙務的) 의무; gesetzliche ~ 법정의무 法定義務; vertragliche ~ 계약상(契約上) 의무.

Verpflichtungs:akt *m.* 의무부담행위 義務負擔行爲; **~beschwerde** *f.* 1. (*wörtl.*) 의무항고 義務抗告; 2. (*i.S.v. Verpflichtungsklage, z.B. im Kartellrecht*) 의무소송 義務訴訟; **~ermächtigung** *f.* 의무부담권한 義務負擔權限, 의무부담권한의 수여 義務負擔權限의 授與, 의무권한부여 義務權限附與; **~geschäft** *n.* 의무부담행위 義務負擔行爲.

Verpflichtungsklage *f.* 의무이행소송 義務履行訴訟, 의무화소송 義務化訴訟. Die koreanische VwGO kennt ebensowenig wie die allgemeine Leistungsklage auch keine Verpflichtungsklage. Als Rechtsschutz bleibt allein die Anfechtung der Ablehnungsverfügung. Gem. § 30 Abs. 2 KVwGO ist die Behörde verpflichtet, bei Erfolg einer entsprechenden Klage unter der Beachtung der Rechtsauffassung des Gerichts erneut zu entscheiden. Weigert sie sich, so wird der Rechtsschutz auf die Sekundärebene verlagert.

Verpflichtungs:schein *m.* 채무증권 債務證券; kaufmännischer ~ 상업(商業)채무증권; **~widerspruch** *m.* 의무이행심판 義務履行審判.

Verrat *m.* 1. (*i.S.v. Weitergabe von Geheimnissen etc.*) 누설, 유출 流出, 공개 公開; 2. (*i.S.v. Hintergehen*) 배반 背反; ~ von Betriebs- und Geschäftsgeheimnissen (als Delikt) 영업비밀유출(죄) 營業秘密流出(罪).

Verrechnung *f.* 청산 淸算, 상계 相計.

Verrechnungsscheck *m.* 계산수표 計算手票.

Verrichtung *f.* 수행 遂行, 이행 履行.

Verrichtungsgehilfe *m.* 피용자 被用者; Haftung für ~en 사용자책임(責任), 사용자의 배상책임(賠償責任) (§ 756 Abs. 1 KBGB).

Versagung *f.* 거부 拒否.

Versagungs:ermessen *n.* 거부재량 拒否裁量; **~gegenklage** *f.* 거부처분(拒否處分)에 대한 소송(訴訟).

Versammlung *f.* 1. (*von Mitgliedern, Gesellschaftern, Abgeordneten* *usw.*) 의회 議會; 2. (*i.S.v. Generalversammlung*) 총회 總會; 3. (*i.S.d. Versammlungsgesetzes*) 집회 集會; ~ im Freien 옥외집회 屋外輯會; angemeldete ~ 신고(申告)된 집회; nicht angemeldete ~ 신고(申告)되지 않는 집회; spontane ~ 자발적(自發的) 집회.

Versammlungs:anmeldung *f.* 집회신고 集會申告; **~beschluss** *m.* 총회(總會)의 결의(決意); **~freiheit** *f.* 집회의 자유 集會의 自由 (Art. 21 KVerf); **~recht** *n.* 집회권 集會權; **~teilnehmer** *m.* 집회참가자 集會參加者; **~verbot** *n.* 집회금지 集會禁止.

Versand *m.* 송부 送付.

Versand:exemplar *n.* 송부용 복본 送付用 複本; **~kosten** *f.* 송부비용 送付費用.

Versäumnis *f.* 1. (*im Zivilprozess*) 결석 缺席; ~ beider Parteien 당사자의 쌍방(當事者의 雙方)의 결석, 양 쪽 당사자의 결석, vgl. § 268 KZPO. Vgl. auch → Versäumnisurteil; ~ einer Partei 당사자의 일방(當事者의 一方)의 결석, 한 쪽 당사자의 결석 (§ 148 KZPO), vgl. auch → Versäumnisurteil; ~ im Beweistermin 증거조사기일(證據調査期日) 때 결석. // Die Anwesenheit der Parteien im Beweistermin ist in Korea nicht erforderlich, vgl. § 295 KZPO. // 2. (*allg. i.S.v. Untätigkeit*) 부작위 不作爲, 미이행 未履行, 해태 懈怠.

Versäumnis:urteil *n.* 결석판결 缺席判決. // Das koreanische Recht sieht kein Versäumnisurteil vor (sog. „대석판결제도 對席判決制度" = „Anwesenheitsprinzip" im Gegensatz zum „결석판결제도 缺席判決制度" = „Abwesenheitsprinzip"). Die Einführung des Versäumnisurteils wird jedoch in der Literatur diskutiert. Bei der Säumnis einer Partei im ersten Termin kommt es zur Verhandlung, wobei Klageschrift, Replik oder andere von der säumigen Partei zuvor eingebrachte Schriftstücke gem. § 148 Abs. 1 KZPO als deren Äußerung bzw. Anträge in der Verhandlung fingiert werden. Ist eine Partei in einem weiteren Termin säumig, so kommt Unterlagen, die nach dem vorangegangenen Termin eingereicht wurden, eine derartige Fiktion nicht zugute. Bei der Säumnis beider Parteien muss der Vorsitzende mit Ausnahme von Fällen, in denen die Anwesenheit der Parteien entbehrlich ist (z.B. bei Beweis- oder Verkündungsterminen), gem. § 268 Abs. 1 KZPO einen neuen Termin festsetzen und die Parteien erneut laden. Sind die Parteien hierauf erneut säumig, so haben sie gem. § 268 Abs. 2 KZPO innerhalb eines Monats die Anberaumung eines erneuten Termins zu beantragen. Andernfalls gilt die Klage als zurückgenommen. Dasselbe gilt gem. § 268 Abs. 3 KZPO, wenn die Parteien in dem erneut anberaumten Termin säumig sind. // unechtes ~ 부진정(不眞正) 결석판결; **~verfahren** *n*. 결석판결절차 缺席判決節次.

Verschaffen *n*. 취득 取得.

Verschlechterung *f*. 악화 惡化, 훼손 毀損; zufällige ~ 우연(偶然)한 훼손.

Verschlechterungsverbot *n*. 불이익변경금지 不利益變更禁止.

Verschmelzung *f*. 합병 合併; ~ durch Aufnahme 흡수(吸收)합병; ~ durch Neubildung 신설(新設)합병.

Verschonungssubvention *f*. (감면)보조금 (減免)補助金, 감면급부지원 減免給付支援, 보호자금지원 保護資金支援; indirekte ~ 간접적(間接的) 보호자금지원.

Verschulden *n*. 과실 過失, 과책(성) 過責(性), 귀책 歸責, 유책성 有責性, 과실책임 過失責任; ~ bei Vertragsschluss (culpa in contrahendo) 계약체결상의 과실 契約締結上의 過失, 계약교섭 중(契約交涉 中)의 과실; ~ bei Vertragsverhandlung 계약교섭상(契約交涉上)의 과실; vermutetes ~ 추정(推定)된 과실.

Verschuldens:fähigkeit *f*. 귀책능력 歸責能力; **~haftung** *f*. 과실책임 過失責任; **~höhe** *f*. 과실비율 過失比率; **~prinzip** *n*. 과책주의의 원칙 過責主義의 原則, 과책주의 過責主義.

Verschwiegenheitspflicht *f*. 비밀유지의무 秘密維持義務.

Verschlechterungsverbot *n*. 악화금지 惡化禁止.

Verschmelzung *f*. 합병 合併; ~ durch Aufnahme 흡수(吸收)합병; ~ durch Neubildung 신설(新設)합병.

Versendung *f*. 송부 送付.

Versendungs:kauf *m*. 송부매매 送付賣買; **~kosten** *f*. 송부비용 送付費用.

Versetzung *f*. 전보 轉補.

Versicherer *m*. 보험자 保險者.

Versicherte *m*. 피보험자 被保險者.

Versicherung *f*. 1. (*i.S.v. Einstandspflicht*) 보험 保險; 2. (*i.S.v. Garantie*) 보증 保證; ~ an Eides statt 선서(宣誓)에 가름하는 보증; ~ auf den Todesfall 사망(死亡)보험; ~ auf eigene Rechnung 자기(自己)를 위한 보험; ~ auf fremde Rechnung 타인(他人)을 위한 보험; ~ auf Prämie 영리(營利)보험; ~ auf Gegenseitigkeit 상호(相互)보험; gewerbliche ~ 영리보험 營利保險; laufende ~ 계속적(繼續的) 보

험; obligatorische ~ 강제적 보험 强制的 保險; öffentliche ~ 공보험 公保險; privatrechtliche ~ 사법상(私法上) 보험.

Versicherungs:agent *m.* 보험대리인 保險代理人; **~aufsicht** *f.* 보험감독 保險監督; **~bedingungen** *f. pl.* 보험(계약)약관 保險(契約)約款, 보험(계약)조건 保險(契約)條件; allgemeine ~ 보통(普通)보험약관; **~beitrag** *m.* 보험료 保險料; **~berechtigte** *m.* 보험수익자 保險收益者; **~dauer** *f.* 보험기간 保險期間; **~fall** *m.* 보험사고 保險事故; **~geber** *m.* 보험자 保險者; **~gehilfe** *m.* 보험모집인 保險募集人; **~gesellschaft** *f.* 보험단체 保險團體; **~makler** *m.* 보험중개사 保險仲介士, 보험중개인 保險仲介人; **~nehmer** *m.* 보험계약자 保險契約者, 피보험자 被保險者; **~periode** *f.* 보험기간 保險期間; **~prämie** *f.* 보험료 保險料; Unteilbarkeit der ~ 보험료불가분(保險料不可分)의 원칙(原則); **~recht** *n.* 보험법 保險法; **~schein** *m.* (police) 보험증권 保險證券; **~schutz** *m.* 보험보호 保險保護; **~summe** *f.* 보험금액 保險金額; **~träger** *m.* 보험단체 保險團體, 보험자 保險者; **~übernahme** *f.* 보험인수 保險引受; **~unternehmen** *n.* 보험회사 保險會社; **~verhältnis** *n.* 보험관계 保險關係; **~vermittler** *m.* 보험주선인 保險周旋人, 보험중개자 保險仲介者; **~vertrag** *m.* 보험계약 保險契約; **~vertreter** *m.* 보험대리인 保險代理人; **~wert** *m.* 보험가액 保險價額; **~zeit** *f.* 보험기간 保險期間.

Versorgungswerk *n.* 연금기구 年金機構; ~ der Rechtsanwälte 변호사(辯護士)연금기구; berufsständisches ~ 직업적(職業的) 연금기구.

Versorgungsausgleich *m.* 연금조정 年金調整, 급양조정 給養調整.

Versprechen *n.* 약속 約束; einseitiges ~ 일방적(一方的) 약속.

Versprechender *m.* 낙약자 諾約者.

Versprechens:empfänger *m.* 요약자 要約者; **~geschäft** *n.* 낙성계약 諾成契約, vgl. → Konsensualvertrag.

Verstaatlichung *f.* 국유화 國有化.

Verständigung *f.* (*i.S.v. Einigung*) (상호)합의 (相互)合意; tatsächliche ~ 사실상 (事實上) 합의.

Verständigungsverfahren *n.* 상호합의절차 相互合意節次.

Versteigerer *m.* 경매인 競賣人; gewerbsmäßiger ~ 영업상(營業上) 경매인.

Versteigerung *f.* 경매 競賣; ~ nach bürgerlichem Recht 민법상(民法上) 경매; öffentliche ~ 공개(公開)경매.

Versteigerungs:antrag *m.* 경매신청 競賣申請; **~auftrag** *m.* 경매위임 競賣

委任; **~bedingungen** *f. pl.* 경매조건 競賣條件; **~erlös** *m.* 경매대금 競賣代金; **~gewerbe** *n.* 경매영업 競賣營業; **~kosten** *f.* 경매비용 競賣費用; **~leitung** *f.* 경매지휘 競賣指揮; **~ort** *m.* 경매지 競賣地; **~termin** *m.* 경매기일 競賣期日; **~vermerk** *m.* (등기부에) (강제)경매기재 (强制)競賣記載; **~verfahren** *n.* 경매절차 競賣節次; **~zeit** *f.* 경매시간 競賣時間.

Verstoß *m.* 위반 違反.

Verstoß ~ ~ gegen ~ die guten Sitten 공서양속위반 公序良俗違反; ~ die öffentliche Ordnung 공공질서위반 公共秩序違反.

Verstrickung *f.* 압류효 押留效, 압류상태 押留狀態. // 압류된 물건에 대해서는 국가에 처분권이 생기는 반면 소유자는 처분권을 상실한다. 이 상태를 „Verstrickung"이라 부른다.

Verstrickungsbruch *m.* 압류표시파괴 押留表示破壞.

Versuch *m.* (*strafr.*) 미수(범) 未遂(犯), 범죄시도 犯罪試圖 (§ 29 KStGB); ~ der Beteiligung 참여(參與)의 미수; ~ der Erfolgsqualifikation결과가중(結果加重)의 미수; ~ der Teilnahme 공범(共犯)의 미수; abergläubischer ~ 미신범 迷信犯, 미신(迷信)미수; abgebrochener ~ 중지(中止)미수; beendeter ~ 실행(實行)미수, 종료(終了)미수; fehlgeschlagener ~ 실패(失敗)한 미수; unbeendeter ~ 착수(着手)미수, 미종료(未終了) 미수; untauglicher ~ 불능미수 不能未遂, 불능범 不能犯. // Die Strafbarkeit des untauglichen Versuchs ist in § 27 S. 1 KStGB ausdrücklich geregelt. Die Strafe kann jedoch nach S. 2 gemindert oder ganz erlassen werden. // vollendeter ~ 실행(實行)미수.

Versuchs:ebene *f.* 미수단계 未遂段階; **~stadium** *n.* 미수상태 未遂狀態.

Vertagung *f.* 기일의 연기 期日의 延期

Verteidiger *m.* 1. (*im Strafprozess*) (*Strafverteidiger*) 변호인 辯護人; Ausschluss des ~s 변호인의 제척(除斥); **~ausschluss** *m.* 변호인(辯護人)의 제척(除斥); **~handeln** *n.* 변호인(辯護人)의 행위(行爲); 2. (*gegen einen Angriff*) 방위행위자 防衛行爲者.

Verteidigung *f.* 1. (*im Prozess*) 방어 防禦, 변호 辯護; 2. (*gegen einen (tätlichen) Angriff*) 방위 防衛; erforderliche ~ 필요(必要)한 방위.

Verteidigungs:fall *m.* 방위사태 防禦事態; **~mittel** *n.* 방어방법 防禦方法, 방어수단 防禦手段; **~handlung** *f.* 방위행위 防衛行爲; **~wille** *m.* 방어의사 防禦意思.

Verteilung *f.* 배당 配當, 분배 分配.

Verteilungs:gerechtigkeit *f.* 분배의 정의 分配의 正義; **~gericht** *n.* 배당법원 配當法院; **~plan** *f.* 배당표 配當表; **~verfahren** *n.* 배당수속 配當手續.
Vertiefung *f. (eines Grundstücks)* (토지의) 심굴 (土地의) 深掘.
Vertiefungsverbot *n.* (i.S.d. § 909 BGB) (토지의) 심굴금지 (土地의) 深掘禁止.
Vertrag *m.* 계약 契約; bei Verträgen zwiscen Staaten, internationalen Verbänden etc. oft auch: 조약 條約; (als Schriftstück) 계약서 契約書; ~ eigener Art 독특(獨特)한 계약; ~ im elektronischen Geschäftsverkehr 전자거래(電子去來)에 위한 계약; ~ mit Schutzwirkung zugunsten Dritter (*Abk.* VSD) 제3자 보호효 (第三者 保護效)를 가진 계약; ~ zur Gebrauchsüberlassung 대차형(貸借型) 계약; abstrakter ~ 무인(無因)계약; akzessorischer ~ 부속적(附屬的) 계약; anfechtbarer ~ 취소(取消) 할 수 있는 계약; atypischer ~ 비전형(非典型)계약, 비정형(非定型)계약; befristeter ~ 기한부(期限付) 계약, 기한제(基限制) 계약; benannter ~ 유명(有名)계약; diktierter ~ 명령(命令)된 계약; dinglicher ~ 물권(物權)계약; dreiseitiger ~ 3당사자(三當事者)계약; einseitiger ~ (einseitig verpflichtender ~) 편무(片務)계약, 단독(單獨)계약; entgeltlicher ~ 유상(有償)계약; gegenseitiger (zweiseitiger, synallagmatischer, zweiseitig verpflichtender) ~ 쌍무(雙務)계약; gemischter ~ 혼합(混合)계약; gescheiteter ~ 실패(失敗)된 계약; gesetzlich nicht geregelter ~ 비전형(非典型) 계약; koordinationsrechtlicher ~ 대등(對等)계약, 조정법적(調整法的) 계약; körperschaftsrechtlicher ~ 사단법적(社團法的) 계약; mündlicher ~ 구두상(口頭上) 계약; nichtbenannter ~ (Innominatkontrakt) 무명(無名)계약; nichtiger ~ 무효(無效)인 계약; normierter ~ 규범화(規範化)된 계약, 규범된 계약; notariell beurkundeter ~ 공증(公證)된 계약; öffentlich – rechtlicher ~ 공법상(公法上)의 계약; partiarischer ~ 이익참가(利益參加) 계약; privatrechtlicher ~ 사법상(私法上)의 계약; schriftlicher ~ 서면상(書面上) 계약; subordinationsrechtlicher ~ 종속(從屬)계약, 종속법적(從屬法的) 계약; typischer ~ 전형(典型)계약; unbefristeter ~ unentgeltlicher ~ 무상(無償)계약; unwirksamer ~ 효력(效力)없는 계약; unvollkommen zweiseitig verpflichtender ~ 불완전한 쌍무적 의무부담(不完全한 雙務的 義務負擔) 계약; unvollkommener zweiseitiger ~ 불완전한 쌍무(不完全한 雙務)계약; verbundener ~ 결합(結合)계약, 결합된 계약; verwaltungsrechtlicher ~ 행정법상(行政法上)의 계약; völkerrechtlicher ~ 국제법상(國際法上) 계약; wirksamer ~ 효력(效力)있는 계약, 유효(有效)한 계약; zusammengesetzter ~ 결합(決合)된 계약; zusammenhängender ~ 견련결합(牽連決合)된 계약.

Vertrag ~ ~ **einen** ~ ~ **abschließen** 계약을 체결(締結)하다; ~ **abwickeln** 계약을 청산(淸算)하다; ~ **anbahnen** 계약을 유치(誘致)하다; ~ **ändern** 계약을 변경(變更)하다; ~ **anpassen** 계약을 수정(修正)하다; ~ **brechen** 계약을 위반(違反)하다; ~ **entwerfen** 계약안(契約案)을 작성(作成)하다; ~ **erfüllen** 계약을 충족(充足)하다; ~ **gestalten** 계약을 형성(形成)하다; ~ **rückabwickeln** 계약을 청산(淸算)하다; ~ **schließen** → ~ **abschließen**; ~ **übernehmen** 계약을 인수(引受)하다; ~ **verlängern** 계약을 연장(延長)하다; ~ **verletzen** 계약을 침해(侵害)하다.

Vertrag zugunsten Dritter 제3자를 위한 계약 第三者를 위한 契約; unechter ~ 부진정(不眞正)한 제3자를 위한 계약.

Vertrag zu Lasten Dritter 제3자에게 불리(不利)한 계약.

Vertrags:ablauf *m.* → Vertragsende; **~abschluss** *m.* 계약체결 契約締結, 체약 締約; **~abwicklung** *f.* 계약청산 契約淸算; **~ähnlich** *adj.* 계약(契約)에 준(準)하는; **~anbahnung** *f.* 계약유치 契約誘致; **~änderung** *f.* 계약변경 契約變更; **~angebot** *n.* 청약 請約; **~anpassung** *f.* 계약의 수정 契約의 修正; **~bedingung** *f.* 계약조건 契約條件; zukünftige ~ 장래(將來)의 계약조건; **~beitritt** *m.* 계약가입 契約加入; **~bestandteil** *m.* 계약의 구성부분 契約의 構成部分; unwesentlicher ~ 계약의 비본질적(非本質的) 구성부분; wesentlicher ~ 계약의 본질적(本質的) 구성부분; **~billigkeit** *f.* 계약공정성 契約公正性; **~bindung** *f.* 계약구속(력) 契約拘束(力); **~beziehung** *f.* → Vertragsverhältnis; **~bruch** *m.* 계약위반 契約違反; **~dauer** *f.* 계약기간 契約期間; **~ende** *f.* 계약만료 契約滿了; **~entwurf** *m.* 계약안 契約案; **~erfüllung** *f.* 계약이행 契約履行; **~freiheit** *f.* (Grundsatz der ~) 계약자유(의 원칙) 契約自由(의 原則); **~gegenstand** *m.* 계약대상 契約對象, 계약의 목적물 契約의 目的物; **~gerechtigkeit** *f.* 계약정의 契約正義; **~gestaltung** *f.* 계약형성 契約形成; **~haftung** *f.* 계약상 책임 契約上 責任; **~händler** *m.* 1. *wörtl.* 계약판매인 契約販賣人; 2. 대리점 代理店; **~händlervertrag** *m.* 대리점계약 代理店契約.

vertragsimmanent *adj.* 계약(契約)에 내재(內在)된.

Vertrags:inhalt *m.* 계약의 내용 契約의 內容; **~konzern** *m.* 계약상의 기업결합 契約上의 企業結合; **~laufzeit** *f.* 계약기간 契約期間; **~leistung** *f.* 계약상(契約上) 급부(給付); **~management** *n.* (*engl.* contract management) 계약관리 契約管理; **~offerte** *f.* 청약 請約; **~partei** *f.* 계약당사자 契約當事者; **~partner** *m.* 계약상대방 契約相對方; redlicher ~ 성실(誠實)한 계약상대방; **~pflicht** *f.* 계약의무 契約義務; **~prinzip** *n.* 계약원칙 契約原則, 계약주의 契約主義; **~prüfung** *f.* 계약검토 契約檢

討; **~rückabwicklung** *f.* 계약의 청산 契約의 淸算; **~schluss** *m.* 계약체결 契約締結, 체약 締約; Verschulden bei ~ 계약체결상의 과실 契約締結上의 過失; **~staat** *m.* 조약국 條約國, 체약국 締約國; **~strafe** *f.* 위약금 違約金 (§ 398 Abs. 4 KBGB); (*wörtl.*) 계약벌 契約罰; **~theorie** *f.* 계약설 契約說; modifizierte ~ 수정(修正)된 계약설; **~typ(us)** *m.* 계약유형 契約類型; gesetzlich geregelter ~ 법률적(法律的)으로 규정(規定)된 계약유형; **~übernahme** *f.* 계약인수 契約引受; **~urkunde** *f.* 계약서 契約書; **~verbindung** *f.* 계약의 결합 契約의 結合; **~verhältnis** *n.* 계약관계 契約關繫; schuldrechtliches ~ 채권적(債權的) 계약관계; **~verhandlung** *f.* 계약교섭 契約交涉; **~verlängerung** *f.* 계약연장 契約延長; **~verletzung** 계약침해 契約侵害; positive ~ 적극적(積極的) 계약침해; **~verletzungsverfahren** *n.* 조약침해절차 條約侵害節次; **~verstoß** *f.* 계약위반 契約違反; **~werk** *n.* 계약서 전체 契約書 全體; **~widrigkeit** *f.* 계약위반 契約違反; **~zwang** *m.* → Kontrahierungszwang.

Vertrauen *n.* 신뢰 信賴; persönliches ~ 인적(人的) 신뢰; schutzwürdiges ~ 보호할 가치(保護할 價値)가 있는 신뢰.

Vertrauens:anwalt *m.* 고문변호사 顧問辯護士, 자문변호사 諮問辯護士; **~bruch** *m.* 배신 背信; **~frage** *f.* 신임(信任)을 물음, 신임문제 信任問題; **~grundsatz** *m.* 신뢰원칙 信賴原則; **~haftung** *f.* 신뢰책임 信賴責任; **~mann** *m.* → V– Mann; **~person** *f.* 신임자 信任者; **~schaden** *m.* 신뢰손해 信賴損害; **~schutz** *m.* 신뢰보호 信賴保護; **~tatbestand** *m.* 신뢰야기사실 信賴惹起事實, 신뢰를 야기하는 사실, 신뢰보호의 요건 信賴保護의 要件; **~verhältnis** *n.* 신뢰관계 信賴關係; besonderes ~ 특별(特別)한 신뢰관계; vertragsähnliches ~ 계약(契約)에 준(準)하는 신뢰관계.

Vertretbarkeit *f.* 납득가능성 納得可能性, 대체성 代替性.

Vertretbarkeitskontrolle *f.* 납득가능성통제 納得可能性統制.

Vertreter *m.* 1. (*i.S.d. KBGB*) 대리인 代理人, 대표자 代表者; 2. (*untechnisch i.S.v. Repräsentant*) 대변자 代辯者, 대변인 代辯人; ~ ohne Vertretungsmacht 무권대리인 無權代理人; besonderer ~ 특별(特別)대리인; bevollmächtigter ~ 권한(權限)있는 대리인; gesetzlicher ~ 법정(法定)대리인; organschaftlicher ~ 기관상(機關上) 대리인; ständiger ~ 고정(固定)대리인; unabhängiger ~ 독립적(獨立的) 대리인.

Vertretung *f.* 1. (*bei natürlichen Personen*) 대리 代理 (§§ 114 – 136 KBGB); 2. (*bei juristischen Personen*) 대표 代表 („unechte" Vertretung); 3. (*eines Landes*) 대표부 代表部; ~ ohne Vertretungsmacht 무권(無權)대리; aktive ~ 능동적(能動的) 대리; anwaltliche ~ 변호사(辯護士)대리; außergerichtliche ~ 재

판외(裁判外)의 대표; gerichtliche ~ 재판상(裁判上) 대표; gesetzliche ~ 법정(法定)대리; konsularische ~ 영사기관 領事機關; mittelbare ~ 간접(間接)대리; nichtanwaltliche ~ 비변호사(非辯護士)대리; passive ~ 수동적(受動的) 대리; verdeckte ~ → mittelbare ~.

Vertretungs:körperschaft *f.* 대표단체 代表團體; **~macht** *f.* 대리권 代理權, 대표권 代表權; gesetzliche ~ 법률규정(法律規定)에 의한 대리권, 법정대리권 法定代理權; rechtsgeschäftliche ~ 법률행위(法律行爲)에 의한 대리권; Beschränkung der ~ 대리권의 제한(制限); **~organ** *n.* 대표기관 代表機關.

Vertrieb *m.* 판매 販賣; gemeinsamer ~ 공동(共同)판매.

Vertriebs:form *f.* 1. (*konkret*) 판매형식 販賣形式; 2. (*abstrakt*) 판매유형 販賣類型; **~unternehmen** *n.* 판매기업 販賣企業.

Verunglimpfung des Andenkens Verstorbener 사자(死者)의 명예훼손(名譽毀損) (§ 308 KStGB), vgl. → Beleidigungsdelikte.

Verunstaltungs:entschädigung *f.* 신체불구배상 身體不具賠償. // 이 표현은 독일이 아니라 오스트리아 불법행위법에서 나오는 용어이다. 불법행위로 피해자의 외모나 신체에 대하여 장애 (옛: 흉터나 언어장애)를 야기한 행위자가 지급해야 하는 배상금을 말한다. 오스트리아 민법 제1326조 참조. // **~verbot** *n.* (건축법상) 건물외관훼손금지(建物外觀毀損禁止).

Verursacher *m.* 원인자 原因者.

Verursacherprinzip *n.* 원인주의 原因主義, 원인자책임의 원칙 原因者責任의 原則; kollektives ~ 집합적(集合的) 원인자책임의 원칙.

Verurteilter *m.* 수형자 受刑者.

Verurteilung *f.* 1. (*durch ein Gericht*) 판결(判決) (받음), **(**유죄**)**선고 (有罪)宣告, 유죄판결 有罪判決; 2. (*i.S.v. Missbilligung*) 비난 非難; gesamtschuldnerische ~ 연대채무자(連帶債務者)로 판결 (받음); strafgerichtliche ~ 형사법원(刑事法院)의 선고.

Verwahrender *m.* → Hinterleger.

Verwahrer *m.* 수치인 受置人.

Verwahrung *f.* 임치(계약) 任置(契約) (§§ 693 – 702 KBGB). // Die Verwahrung ist nach der heutigen Konzeption Konsensualvertrag. Früher wurde sie als „기탁" (奇託) bezeichnet und war als Realvertrag ausgestaltet. // entgeltliche ~ 유상(有償)임치. // Die Verwahrung ist nur bei entsprechender Vereinbarung entgeltlich. // öffentlich – rechtliche ~ 공법상(公法上)의 임치; unentgeltliche ~ 무

상(無償)임치; unregelmäßige ~ 소비(消費)임치.

Verwahrungsvertrag *m.* 임치계약 任置契約.

Verwaltung *f.* 1. (*öffentliche*) 행정 行政, 2. (*von Unternehmen, Einrichtungen, etc.*) 관리 管理; bundeseigene ~ 연방고유(聯邦固有)행정; fiskalische ~ 국고(國庫)행정; hoheitliche ~ 고권적(高權的) 행정; landeseigene ~ 주고유(州固有)행정; leistende ~ 급부(給付)하는 행정; nicht- hoheitliche ~ 비(非)고권적 행정; nicht-obrigkeitliche ~ 비권력(非權力)행정; obrigkeitliche ~ 권력(權力)행정; öffentliche ~ 공(公)행정; privatrechtliche ~ 사법상(私法上) 행정; schlicht – hoheitliche ~ 단순고권적(單純高權的) 행정; schlichte ~ 단순(單純)행정.

Verwaltungsabkommen *n.* 행정협약 行政協約.

Verwaltungsakt *m.* 행정행위 行政行爲, ~ mit Dauerwirkung 계속적 효력(繼續的 效力) 있는 행정행위; ~ mit Doppelwirkung 이중효과적(二重效果的) 행정행위, 복효적(復效的) 행정행위; ~ mit Drittwirkung 제3자효(第三者效) 행정행위; ~ mit Mischwirkung 혼합적(混合的) 행정행위; abgelehnter ~ 거부(拒否)된 행정행위; anfechtbarer ~ 취소(取消)할 수 있는 행정행위; beantragter ~ 신청(申請)된 행정행위; befehlender ~ 명령적(命令的) 행정행위; begünstigender ~ 수익적(收益的) 행정행위; belastender ~ 부담적(負擔的) 행정행위; dinglicher ~ 물적(物的) 행정행위; eingreifender ~ 침해적(侵害的) 행정행위; einseitiger ~ 단독(單獨)행정행위; erlassener ~ 발급(發給)된 행정행위, 이행(履行)된 행정행위; fehlerhafter ~ 하자(瑕疵) 있는 행정행위; feststellender ~ 확인적(確認的) 행정행위; fiktiver ~ 간주(看做)된 행정행위; formeller ~ 형식적(形式的) 행정행위; gestaltender ~ 형성적(形成的) 행정행위; mehrstufiger ~ 다단계(多段階)행정행위; mitwirkungsbedürftiger ~ 쌍방적(雙方的) 행정행위; nichtiger ~ 무효(無效)인 행정행위; privatrechtsgestaltender ~ 사법형성적(私法形成的) 행정행위; rechtmäßiger ~ 적법적(適法的) 행정행위; schriftlicher ~ 서면(書面)에 의한 행정행위; unanfechtbarer ~ 불가쟁적(不可爭的)인 행정행위, 취소(取消)할 수 없는 행정행위; unterlassener ~ 행(行)해지지 않은 행정행위; verpflichtender ~ 부담적(負擔的) 행정행위; vorläufiger ~ 가(假)행정행위, 임시적(臨時的) 행정행위, 잠정적(暫定的) 행정행위; zweiseitiger ~ 쌍방(雙方)행정행위; Aufhebung des ~s 행정행위의 취소(取消); Änderung des ~s 행정행위의 변경(變更); Bekanntgabe des ~s 행정행위의 고지(告知); Erlass des ~s 행정행위의 발급(發給).

Verwaltungsakt ~ ~ einen ~ ablehnen 행정행위를 거부(拒否)하다; ~ ändern 행정행위를 변경(變更)하다; ~ beantragen 행정행위를 신청(申請)하다; ~

bekanntgeben 행정행위를 고지(告知)하다; ~ erlassen 행정행위를 발급(發給)하다, 행정행위를 이행(履行)하다.

Verwaltungs:aktie *f.* 관리주식 管理株式; **~akzessorität** *f.* 행정종속성 行政從屬性; **~angelegenheit** *f.* 행정사무 行政事務; **~anweisung** *f.* 훈령 訓令; **~aufbau** *m.* 행정구조 行政構造; **~befugnis** *f.* 관리권한 管理權限; ~ des Insolvenzverwalters 파산관재인(破産管財人)의 관리권한; **~behörde** *f.* 행정청 行政廳, 행정기관 行政機關; Einschreiten der ~ 행정(청)개입(介入); mittlere ~ 중급(中級)관청; monokratische ~ 단독제(單獨制)관청; nachgeordnete ~ 하급(下級)관청; obere ~ 상급(上級)관청, 상위(上位) 행정기관; obergeordnete ~ 상급(上級)관청, 상위(上位) 행정기관; oberste ~ 최상급(最上級)관청; übergeordnete ~ 상급(上級)관청, 상위(上位) 행정기관; untere ~ 하급(下級)관청; vorgesetzte ~ 상급(上級)관청; zuständige ~ 관할(管轄)관청, 권한(權限)있는 관청; **~beirat** *m.* 주택소유권법상의 행정위원회 住宅所有權法上의 行政委員會; **~beschwerde** *f.* 행정소원 行政訴願; **~einheit** *f.* 행정단위 行政單位; **~einrichtung** *f.* 행정시설 行政施設; **~ermessen** *n.* 행정재량 行政裁量; **~gebrauch** *m.* 행정주체 자신의 사용 行政主體 自信의 使用; **~gebühr** *f.* 행정수수료 行政手數料; **~gemeinschaft** *f.* 지방자치단체의 공동체 地方自治團體의 共同體; (*wörtl.*) 관리공동체 管理共同體, 행정공동체 行政公同體; **~gericht** *n.* 행정법원 行政法院; (*in Deutschland*) 지방(地方)행정법원.

verwaltungsgerichtlich *adj.* 행정재판상(行政裁判上)의.

Verwaltungs:gerichtsbarkeit *f.* 행정재판(권) 行政裁判(權), 행정관할 行政管轄; allgemeine ~ 일반적(一般的) 행정재판권; besondere ~ 특수(特殊)한 행정재판권; **~gerichtshof** *m.* 고등행정법원 高等行政法院; **~gerichtsverfahren** *n.* 행정소송절차 行政訴訟節次; **~gesellschaft** *f.* 관리회사 管理會社; **~gesellschaftsrecht** *n.* 행정회사법 行政會社法; **~handeln** *n.* 행정작용 行政作用, 행정활동 行政活動; formales ~ 공식적(公式的) 행정작용; formloses ~ 비형식적(非形式的) 행정작용, 비요식적(非要式的) 행정작용; hoheitliches ~ 고권적(高權的) 행정작용; imperatives ~ 구속적(拘束的) 행정작용; informales ~ 비(非)공식적 행정작용, 비정식적(非正式的) 행정작용; informelles ~ → informales Verwaltungshandeln; konsensuales ~ 합의적(合意的) 행정작용; kooperatives ~ 협력적(協力的) 행정작용; schlicht – hoheitliches ~ 단순고권적(單純高權的) 행정작용; schlichtes ~ 단순(單純)행정작용; **~handelsrecht** *n.* 행정상법 行政商法; **~helfer** *m.* 행정보조인 行政補助人, 공무담당자 公務擔當者, 행정보조자 行政補助者; **~hoheit** *f.* 행정고권 行政高權.

verwaltungsintern *adj.* 행정내부적 行政內部的.

Verwaltungs:kapazität *f.* 행정력 行政力; **~komitee** *n.* 행정위원회 行政委員會; **~kompetenz** *f.* 행정권능 行政權能, 행정권한 行政權限, 행정권 行政權; **~kontrolle** *f.* 행정통제 行政統制; **~kosten** *f.* 1. (*bei der öff. Verwaltung*) 행정비용 行政費用; 2. (*bei der Verwaltung eines Unternehmens*) 관리비 管理費; **~lehre** *f.* 행정학 行政學; **~leistung** *f.* 행정활동 行政活動; **~maßnahme** *f.* 행정조치 行政措置; **~monopol** *n.* 행정의 독점 行政의 獨占; **~norm** *f.* 행정규칙 行政規則; **~öffentlichkeit** *f.* 행정공개 行政公開; **~ordnung** *f.* 행정질서 行政秩序; **~ordnungsstrafe** *f.* 행정질서벌 行政秩序罰; **~organ** *n.* 행정기관 行政機關; kollegiales ~ 합의제(合議制) 행정기관; **~organisation** *f.* 행정조직 行政組織; **~organisationsrecht** *n.* 행정조직법 行政組織法; **~politik** *f.* 행정정책 行政政策; **~polizei** *f.* 행정경찰 行政警察; **~praxis** *f.* 행정실행 行政實行, 행정실무 行政實務; **~privatrecht** *n.* 행정사법 行政私法; **~prozess** *m.* 행정소송 行政訴訟, 행정쟁송 行政爭訟; **~prozessrecht** *n.* 행정소송법 行政訴訟法; **~rat** *m.* 행정위원회 行政委員會, 관리위원회 管理委員會; **~ratsmitglied** *n.* 행정위원회(行政委員會)의 구성원(構成員), 행정위원 行政委員; **~ratsvergütung** *f.* 행정위원(行政委員)의 보수(報酬); **~realakt** *m.* 행정상 사실행위 行政上 事實行爲; **~recht** *f.* 행정법 行政法; allgemeines ~ 일반(一般)행정법; besonderes ~ 특별(特別)행정법; materielles ~ 실체(實體)행정법; soziales ~ 사회적(社會的) 행정법; **~rechtspflege** *f.* 행정사법 行政司法.

Verwaltungs:rechtsakzessorietät *f.* 행정법의 종속성 行政法의 從屬性; **~rechtslehre** *f.* 행정법론 行政法論; **~rechtsprechung** *f.* 행정법관례 行政法判例; **~rechtsverhältnis** *n.* 행정법관계 行政法關繼; **~streitigkeit** *f.* 행정소송 行政訴訟, 행정쟁송(사건) 行政爭訟(事件); **~rechtsweg** *m.* 행정법적 권리구제방법 行政法的 權利救濟方法, vgl. → Rechtsweg; **~rechtswissenschaft** *f.* 행정법학 行政法學.

Verwaltungs:richter *m.* 행정법원판사 行政法院判事; **~sanktion** *f.* 행정벌 行政罰; **~sofortvollzug** *m.* 행정상 즉시집행 行政上 卽時執行; **~staat** *m.* 행정국가 行政國家; **~strafe** *f.* 행정형벌 行政刑罰, 행정벌 行政罰; **~strafrecht** *n.* 행정형법 行政刑法; **~streitigkeit** *f.* 행정소송 行政訴訟; **~streitverfahren** *n.* 행정소송절차 行政訴訟節次; **~tätigkeit** *f.* 행정활동 行政活動; **~träger** *m.* 행정주체 行政主體; originärer ~ 고유(固有)의 행종주체; **~treuhand** *f.* 관리신탁 管理信託; **~unrecht** *n.* 행정불법 行政不法, 행정범 行政犯; **~vereinbarung** *f.* 행정합의 行政合意; **~verfahren** *n.* 행정절차 行政節次; förmliches ~ 형식적(形式的) 행정절차, 요식적(要式的) 행정절

차; mehrstufiges ~ 다단계(多段階)행정절차, selbständiges ~ 독립적(獨立的) 행정절차; **~verfahrensgesetz** *n.* (VwVfG) 행정절차법 行政節次法; **~vermögen** *n.* 행정재산 行政財産; **~verordnung** *f.* (alte Bezeichung für Verwaltungsvorschrift) 1. (*wörtl.*) 행정명령 行政命令; 2. 행정규칙 行政規則; **~vertrag** *m.* 행정(법상)계약 行政(法上)契約; **~vollstreckung** *f.* 행정상의 (강제)집행 行政上의 (强制)執行; **~vollstreckungsgesetz** *n.* 행정집행법 行政執行法; **~vorbehalt** *m.* 행정유보 行政留保; **~vorschrift** *f.* 행정규칙 行政規則; ~ mit Außenwirkung 외부효력(外部效力) 갖고 있는 행정규칙; ermessenslenkende ~ 재량기준(裁量基準)행정행위; gesetzesergänzende ~ 법률보충적(法律補充的) 행정규칙; gesetzesvertretende ~ 법률대체적(法律代替的) 행정규칙; norminterpretierende ~ 규범해석(規範解釋) 행정규칙; normkonkretisierende ~ 규범구체화(規範具體化) 행정규칙; normvertretende ~ 규범대체적(規範代替的) 행정규칙; **~wissenschaften** *f.* 행정학 行政學; **~zustellung** *f.* 행정송달 行政送達; **~zustellungsgesetz** *n.* 행정송달법 行政送達法; **~zuständigkeit** *f.* 1. (*wörtl.*) 행정권한 行政權限; 2. (*inhaltl.*) 행정권능 行政權能; **~zwang** *m.* 행정상 강제 行政上 强制, 행정강제 行政强制.

Verwandtschaft *f.* 혈족 血族, 친족 親族; ~ im Rechtssinn 법적의미상(法的意味上) 혈족.

Verwandtschafts:grad *m.* 친등 親等, 촌수 寸數; **~verhältnis** *n.* 혈족관계 血族關繼.

Verwarnung *f.* (*arbeitsrechtl.*) (노동법상) 경고 (勞動法上) 警告; ~ durch die Verwaltungsbehörde 행정관청(行政官廳)의 경고; ~ mit Strafvorbehalt 형벌유보 (刑罰留保)경고; gebührenpflichtige ~ 수수료지불의무(手數料支拂義務)가 있는 경고 (警告).

Verwarnungsgeld *n.* 경고금 警告金.

Verwässerung *f.* (durch die Ausgabe junger Aktien) (신주식의) 희석화 (新株式의) 稀釋化.

Verweigerung *f.* 1. (*allg.*) 거부 拒否, 거절 拒絶; 2. (*bezogen auf den Wehrdienst*) 병역(兵役)거부.

Verweigerungsrecht *n.* 거부권 拒否權, 거절권 拒絶權.

Verweis *m.* 1. (*i.S.v. Zitat*) 참조 參照, 지시 指示; 2. (*als Disziplinarmaßnahme*) 견책 譴責.

Verweisung *f.* 1. (*eines Rechtsstreits*) 이송 移送 (§§ 34 ff., 419 f. KZPO, §§ 7 ff.,

16 Abs. 2, 367 KStPO); 2. (*in einer Norm*) 참조 參照, 지시 指示.

Verwender *m.* (*von AGB*) (약관)사용자 (約款)使用者.

Verwendung *f.* 1. (*finanziell*) 대상관련적 비용 對象關聯的 費用, 비용, ~비(費); notwendige ~ 필요비 必要費; nützliche ~ 유익비 有益費; werterhöhende ~ 가치증가비 價値增加費; 2. (*i.S.v. benutzen*) 행사 行使.

Verwendungs:absicht *f.* 행사의도 行使意圖, 행사(行使)할 목적(目的); **~ersatz** *m.* 비용상환 費用償還; **~kondition** *f.* 비용부당이득 費用不當利得; **~zweck** *m.* 행사목적 行使目的; beabsichtigter ~ 의도적(意圖的)인 행사목적; tatsächlicher ~ 사실상(事實上) 행사목적.

Verwerflichkeit *f.* 비난 非難.

Verwerflichkeitsklausel *f.* 비난조항 非難條項.

Verwerfung *f.* 폐기 廢棄, 각하 却下, 기각 棄却; ~ als unbegründet 이유(理由)없음으로 각하; ~ als unzulässig 부적법(不適法)해서 각하.

Verwerfungsbeschluss *m.* 폐기결정 廢棄決定, 각하결정 却下決定, 기각결정 棄却決定.

Verwertbarkeit *f.* 이용가능성 利用可能性, 사용가능성 使用可能性; gewerbliche ~ 산업상(産業上) 이용가능성; industrielle ~ 공업상(工業上) 이용가능성.

Verwertung *f.* 이용 利用, 사용 使用, 환가 換價; ~ eines Beweismittels 증거수단(證據手段)의 사용.

Verwertungs:recht *n.* 담보물권 擔保物權, 환가권 換價權, 이용권 利用權; dingliches ~ 물권적(物權的) 환가권; **~verbot** *n.* 1. (*allg.*) 사용금지 使用禁止; 2. (*bzgl. eines Beweismittels im Strafverfahren*) 증거사용금지 證據使用禁止.

Verwirklichung *f.* 실현 實現, 실행 實行; ~ eines Tatbestandes 법률구성요건(法律構成要件)의 실현.

Verwirkung *f.* 1. (*allg. i.S.v. Einbüßen*) 실효 失效, 상실 喪失; 2. (*i.S.v. einbüßen eines Rechts*) 실권 失權; prozessuale ~ 소송상(訴訟上) 실권); 3. (*i.S.v. § 339 BGB Verwirkung der Vertragsstrafe*) 발생 發生, 발동 發動.

Verwirkungsklausel *f.* → Kassatorische Klausel.

Verzeihen *n.* 유서 宥恕.

Verzicht *m.* 포기 抛棄; ~ auf ein Recht 권리(權利)의 포기; ~ auf einen Anspruch 청구(請求)의 포기.

Verzug *m.* (이행)지체 (履行)遲滯; ~ des Schuldners 채무자(債務者)지체.

Verzugs:schaden *m.* 지연손해 遲延損害, 지체손해 遲滯損害; **~zinsen** *m. pl.* 지연이자 遲延利子.

Veto *n.* 거부(권) 拒否(權); (*z.T. auch* 비토); absolutes ~ 절대적(絶對的) 거부권; aufschiebendes ~ 잠정적(暫定的) 거부권; **~recht** *n.* 거부권 拒否權.

Video:überwachung *f.* 비디오 감시(監視); **~vernehmung** *f.* 화상신문 畵像訊問.

Viertschutz *m.* 제4자 보호 第四者 保護.

Vindikation *f.* 반환 返還.

Vindikations:anspruch *m.* 반환청구권 返還請求權; **~klage** *f.* 반환소송 返還訴訟.

Visum *n.* 사증 査證, 비자.

Vize:konsul *m.* 부영사 副領事; **~konsulat** *n.* 부영사관 副領事館.

Volk *n.* 국민 國民, insbes. in der sozialistischen Diktion *z.T. auch* „인민" (人民).

Völker:bund *m.* 국제연맹 國際聯盟; **~gewohnheitsrecht** *n.* 국제관습법 國際慣習法; **~mord** *m.* 1. (*wörtl.*) 민족의 학살 民族의 虐殺, 2. (*engl.* genocide) 제노사이드; **~recht** *n.* 국제법 國際法; allgemeine Regeln des ~s 국제법의 일반규칙(一般規則); **~rechtsgemeinschaft** *f.* 국제법공동체 國際法共同體; **~staat** *m.* 국제국가 國際國家; **~verein** *m.* 국제연합 國際聯合; **~vertragsrecht** *n.* 국제조약법 國際條約法.

Volks:abstimmung *f.* 국민투표 國民投票; **~begehren** *n.* 국민발안 國民發案, 국민소환 國民召喚; **~eigener Betrieb** *m.* (*Abk.* VEB) 인민소유기업 人民所有企業; **~eigentum** *n.* 인민소유(권) 人民所有(權); **~entscheid** *m.* 국민표결 國民票決; **~gesundheit** *f.* 국민건강 國民健康; **~richter** *m.* 국민법관 國民法官, 옛 동독에서 이년동안 연수를 받고 법학자 아닌 판사에 종사하는 비전문인법관. // **~souveränität** *f.* 국민주권 國民主權; demokratische ~ 민주적(民主的) 국민주권; **~verhetzung** *f.* 국민선동죄 國民煽動罪; **~vertreter** *m.* 국민대표자 國民代表者; **~vertretung** *f.* 국민대표 國民代表, 국민대의 國民代議; **~wirtschaft** *f.* 국민경제 國民經濟; **~wirtschaftslehre** *f.* 국민경제학 國民經濟學; **~wirtschaftstheorie** *f.* 국민경제이론 國民經濟理論.

Volladoption *f.* 완전입양 完全入養.

Vollbeendigung *f.* 완전종료 完全終了, 완료 完了.

Vollbeschäftigung *f.* 완전고용 完全雇用.

Vollbesitz *m.* 전부점유 全部占有.

Vollendigung *f.* → Vollendung.

Vollendung *f.* 1. (*allg. z.B. eines Werks*) 완결 完結, 완성 完成; 2. (*zeitl.*) 완료 完了;

3. (*eines Delikts*) 기수 既遂, 범죄완성 犯罪完成; ~ der Geburt 출생(出生)의 완료.

Vollendungsstadium *n*. 완성단계 完成段階.

Vollindossament *n*. 기명식배서 記名式背書, 정식배서 正式背書, 완전배서 完全背書.

Volljährigkeit *f*. 성년 成年. // Die Volljährigkeit tritt mit dem 19. Lebensjahr (§ 4 KBGB) oder mit der Eheschließung des Minderjährigen (§ 826 a KBGB) ein. Gem. § 4 KBGB a.F. (geändert mit Wirkung zum 01.07.2013) begann die Volljährigkeit mit dem 20. Lebensjahr.

Volljährigkeitsfiktion *f*. 성년의제 成年擬制. // Die Fiktion der Volljährigkeit tritt bei Eheschließung des Minderjährigen ein (§ 826 a KBGB), vgl. → Minderjähriger.

Vollkaufmann *m*. 완전상인 完全商人.

Vollmacht *f*. 대리권 代理權, 임의대리권 任意代理權; **~geber** *m*. 1. (*wörtl*.) 대리권의 수권자 代理權의 授權者; 2. Das KBGB spricht in dem die Vertretung regelnden 3. Unterabschnitt (§§ 114 – 136) lediglich von „본인"(本人) = „Hauptperson" // **~nehmer** *m*. 대리권의 인수인 代理權의 引受人.

Vollmachts:ausübung *f*. 대리권행사 代理權行使; **~indossament** *n*. 추심위임배서 推尋委任背書, 위임배서 委任背書; offenes ~ 공연(公演)한 추심위임배서; verdecktes ~ 숨은 추심위임배서~**urkunde** *f*. 대리권증서 代理權證書.

Vollrecht *n*. 전부권 全部權, 완전권 完全權, 완전한 권리(權利).

Vollrechtstreuhand *f*. 완전한 권리의 신탁 完全한 權利의 信託.

Vollständige Kaufpreiszahlung *f*. 대금완납 代金完納.

Vollständigkeitsprinzip *n*. 완전성의 원칙 完全性의 原則.

Vollstreckbarerklärung *f*. → Vollstreckbarkeitserklärung.

Vollstreckbarkeit *f*. (강제)집행(력) (强制)執行(力), 집행가능(성) 執行可能(性); vorläufige ~ 가(假)집행 (§ 213 KZPO).

Vollstreckbarkeit ausländischer Urteile 외국판결(外國判決)의 강제집행. // **§ 26 KZVG. Zwangsvollstreckung ausländischer Urteile.** (1) Die Zwangsvollstreckung auf Grundlage ausländischer Urteile muss durch ein koreanisches Gericht durch Vollstreckungsurteil für rechtmäßig erklärt werden.

(2) Für Klagen auf Erlass eines Vollstreckungsurteils ist das Amtsgericht zuständig, in dessen Bezirk der Schuldner seinen allgemeinen Gerichtsstand

hat, für den Fall, dass kein allgemeiner Gerichtsstand besteht, ist das Gericht zuständig, welches für eine Klage gegen den Schuldner nach § 11 KZPO zuständig wäre.

§ 27 KZVG. Vollstreckungsurteil. (1) Das Vollstreckungsurteil untersucht nicht die Rechtmäßigkeit der gerichtlichen Entscheidung (d.h. die des ausländischen Staates).

(2) Die Klage auf Erlass eines Vollstreckungsurteils muss abgewiesen werden, wenn eine der beiden folgenden Voraussetzungen erfüllt ist.

1. Es wird nicht bewiesen, dass das Urteil des ausländischen Gerichts rechtskräftig geworden ist.
2. Das ausländische Urteil erfüllt nicht die Voraussetzungen des § 217 KZPO.

§ 217 KZPO. Anerkennung ausländischer Gerichtsenscheidungen. (1) Die Wirksamkeit rechtskräftiger Urteile ausländischer Gerichte oder gerichtlicher Entscheidungen, bei denen eine einem Urteil entsprechende Wirkung anerkannt ist (nachfolgend „Rechtskräftige Gerichtsentscheidung") wird anerkannt, wenn sämtliche nachfolgenden Voraussetzungen erfüllt sind:

1. Ausgehend von dem aus dem Recht der Republik Korea oder aus Abkommen folgenden Grundsatz der internationalen Gerichtszuständigkeit, die Anerkennung der internationalen Gerichtszuständigkeit des ausländischen Gerichts.
2. Die in rechtmäßiger Weise erfolgte Zustellung der Klageschrift oder eines entsprechenden Schriftstückes an die unterlegene Partei sowie eine schriftliche Fristmitteilung bzw. –anordnung, welche einen zur Verteidigung erforderliche Zeitraum gewährt (mit Ausnahme der öffentlichen oder einer ähnlichen Zustellung) oder, falls eine Zustellung nicht erfolgt ist, die Anerkennung der Klage.
3. Die Anerkennung der rechtskräftigen Gerichtsentscheidung verstößt in Ansehung seines Inhalts und gerichtlichen Verfahrens nicht gegen die guten Sitten oder die öffentliche Ordnung der Republik Korea.
4. Die Anerkennung der Gegenseitigkeit oder die Feststellung, dass bei den Anerkennungsvoraussetzungen rechtskräftiger Urteile keine

bedeutenden Abweichungen und keine wesentlichen Unterschiede in wichtigen Punkten zwischen der Republik Korea und dem Land, in dem das ausländische Gericht ansässig ist, bestehen.

(2) Das Gericht hat von Amts wegen das Vorliegen der Voraussetzungen nach Abs. 1 zu prüfen.

§ 11 KZPO. Besonderer Gerichtsstand des Vermögens. Bei Personen, die keinen Wohnsitz in Korea haben, oder deren Wohnsitz nicht bekannt ist, kann die Klage in Bezug auf das Vermögen vor dem Gericht erhoben werden, in dessen Bezirk sich das Forderungsobjekt, das Sicherungsobjekt oder das pfändbare Vermögen des Schuldners befindet.

Vollstreckbarkeitserklärung *f.* 집행선언 執行宣言, 집행가능선언 執行可能宣言.

Vollstreckung *f.* 집행 執行; vorläufige ~ 가(暇)집행 (§ 213 KZPO); ~ gegen Unschuldige 1. (*wörtl.*) 죄(罪)없는 사람에 대한 집행; 2. (*i.S.v. § 345 StGB*) 불법체포, 不法監禁 (z.B. bei rechtswidriger Verhaftung, Einschließung etc.) (§ 124 KStGB). Die Vollstreckung gegen Unschuldige ist ebenso wie die → Körperverletzung im Amt ein auf bestimmte Amtsträger beschränktes Sonderdelikt und wird in der Literatur als „특수공무원의 직권남용에 의한 체포, 감금죄" bezeichnet. // ~ in das Vermögen 재산(財産)에 대한 집행.

Vollstreckungs:anordnung *f.* 집행명령 執行命令; **~aussetzung** *f.* 집행유예 執行猶豫; **~befugnis** *f.* 집행권 執行權; **~behörde** *f.* 집행관청 執行官廳; **~bescheid** *m.* 집행명령 執行命令; **~erinnerung** *f.* → Erinnerung; **~gegenklage** *f.* 청구(請求)에 관한 이의(異議)의 소(訴) (§ 44 KZVG); z.T. auch 청구이의소송 請求異議訴訟. Zuständig für die Vollstreckungsgegenklage ist das Gericht der 1. Instanz. // **~gericht** *n.* 집행법원 執行法院; **~handlung** *f.* 집행행위 執行行爲; **~klausel** *f.* 집행문 執行文; **~organ** *n.* 집행기관 執行機關; **~protokoll** *n.* 집행조서 執行調書; **~schuldner** *m.* 집행채무자 執行債務者; **~schutz** *m.* 집행보호 執行保護; **~schutzantrag** *m.* 집행보호신청 執行保護申請; **~standschaft** *f.* (제3자의) 집행담당 (第三者의) 執行擔當; **~titel** *m.* vgl. → Titel; **~urteil** *n.* 집행판결 執行判決 (§ 27 KZVG), vgl. → Vollstreckbarkeit ausländischer Urteile. // **~verfahren** *n.* 집행절차 執行節次; **~verjährung** *f.* 1. (*zivilr.*) 집행시효 執行時效; 2. (*strafr.*) 형의 시효 形의 時效.

Vollstreik *m.* 전체파업 全體罷業, 전면파업 全面罷業.

Vollversammlung f. 전원출석총회 全員出席總會.

Vollwirkung f. 실체적 효력 實體的 效力.

Vollziehung f. 집행 執行; sofortige ~ 즉시(卽時)집행.

Vollzug m. (einer Norm) (법률의) 집행 (法律의) 執行; sofortiger ~ 즉시(卽時)집행.

Vollzugs:anstalt f. 집행시설 執行施設; **~behörde** f. 집행행정청 執行行政廳, 집행관청 執行官廳; **~defizit** n. 집행결함 執行缺陷; **~folgen** f. pl. 집행결과 執行結果; **~folgenbeseitigung** f. 집행결과제거 執行結果除去; **~folgenbeseitigungsanspruch** m. 집행결과제거청구권 執行結果除去請求權; **~organ** n. 집행기관 執行機關; **~polizei** n. 집행경찰 執行警察; **~verbot** n. 집행금지 執行禁止; **~verhältnis** n. (급부)이행관계 (給付)履行關係.

von Amts wegen (v.A.w.) 직권(職權)으로.

Vorabentscheidung f. 선행판결 先行判決, 선결문제심판 先決問題審判, 선결결정 先決決定.

Vorabentscheidungsverfahren n. 선결결정절차 先決決定節次.

Vorausabtretung f. 사전적인 채권양도 事前的인 債權讓渡, 장래채권양도 將來債權讓渡.

Vorausabtretungsklausel f. 사전채권양도조항 事前債權讓渡條項, 장래채권양도특약 將來債權讓渡特約.

Voraus(be)zahlung f. 선급 先給, 선불 先拂.

Vorausklage f. 선소 先訴, 전소 前訴.

Voraussetzung f. 요건 要件; zwingende ~ 강제적(强制的) 요건.

Voraus:verfügung f. 사전처분 事前處分; **~zahlung** f. 선급 先給.

Vorbehalt m. 유보 留保; ~ des Gesetzes 법률(法律)유보; ~ des Widerrufs 철회권(撤回權)의 유보; geheimer ~ vgl. → Geheimer Vorbehalt.

Vorbehalts:eigentum n. 유보된 소유(권) 留保된 所有(權); **~lehre** f. 유보론 留保論; **~urteil** n. 유보판결 留保判決.

Vorbeugende Feststellungsklage f. 예방적 확인소송 豫防的 確認訴訟.

Vorbeugende Unterlassungsklage f. 예방적 금지소송 豫防的 禁止訴訟, 예방적 부작위소송 豫防的 不作爲訴訟.

Vorbeugung f. 예방 豫防.

Vorbereitung der Hauptverhandlung f. 공판준비 公判準備.

Vorbereitung einer Straftat f. 범죄의 예비 犯罪의 豫備 (§ 28 KStGB).

Vorbereitungshandlung f. 예비행위 豫備行爲.

Vorbescheid *m.* 예비결정 豫備決定, 사전결정 事前決定; planungsrechtlicher ~ 계획법상(計劃法上) 예비결정.

Vorbringen *n.* 주장 主張, 진술 陳述, 설명 說明; subtantiiertes ~ 실질적(實質的) 주장; unsubstantiiertes ~ 부당(不當)한 주장.

Vorbürge *m.* 선보증인 先保證人.

Vorbürgschaft *f.* 선보증 先保證.

Voreid *m.* 신문(訊問)에 앞선 선서(宣誓).

Vorenthaltung des Besitzes *f.* 점유불반환 占有不返還.

Vorerbe *m.* 선순위상속인 先順位相續人.

Vorfälligkeitsentschädigung *f.* 기한전(期間前) 반환(返還)에 따른 손해전보(損害塡補).

Vorfeldmaßnahme *f.* 사전조치 事前措置.

Vorführung *f.* (*strafr.*) 구인 拘引.

Vorführungsbefehl *m.* 구인영장 拘引令狀, 구인명령 拘引命令.

Vorfrage *f.* 선결문제 先決問題; präjudizielle ~ 선판단(先判斷)으로서 선결문제.

Vorgabe *f.* 전제 前提; gesetzliche ~ 법률적(法律的) 전제; rechtliche ~ 법적(法的) 전제; tatsächliche ~ 사실적(事實的) 전제; verfassungsrechtliche ~ 헌법적(憲法的) 전제.

Vorgesellschaft *f.* 설립 중의 회사 設立中의 會社.

Vorgesetzter *m.* 상급자 上級者, 상사 上司, 상관 上官.

Vorgreiflichkeit *f.* 선행성 先行性.

Vorgriff *m.* 선취 先取.

Vorgründungsgesellschaft *f.* 발기인회사 發起人會社.

Vorhand *f.* 우선권 優先權.

Vorherigkeit *f.* 사전성 事前性.

Vorhersehbarkeit *f.* 기대가능성 期待可能性, 예견가능성 豫見可能性, 예측가능성 豫測可能性.

Vorinstanz *f.* 전심 前審.

Vorkauf *m.* 우선매입 優先買入, 선매 先買.

Vorkaufs:berechtigter *m.* 선매권자 先賣權者; ~recht *n.* 선매권 先賣權, 우선매입권 優先賣入權; dingliches ~ 물권적(物權的) 선매권; gesetzliches ~ 법정(法定) 선매권; limitiertes ~ 제한(制限)된 선매권; schuldrechtliches ~ 채권적(債權的) 선매권; subjektiv dingliches ~ 주관적 물권적(主觀的 物權的) 선매권; subjektiv persönliches ~ 주관적 인적(主觀的 人的) 선매권; **~verpflichteter** *m.* 선매의무자 先買義務者.

vorkonstitutionell *adj.* 헌법제정이전(憲法制定以前)의.

Vorladung *f.* 소환 召喚.

Vorlage *f.* 1. (*allg.*) 제출 提出; 2. (*i.S.v. richterlicher Vorlage*) 제청 提請; ~ an den Richter 법관(法官)에 대한 제청; **~pflicht** *f.* 제출의무 提出義務, 제청의무 提請義務.

Vorläufiger Rechtsschutz *m.* (행정법상) 가구제 (行政法上) 假救濟. // Widerspruch und Anfechtungsklage haben in Korea gem. § 30 Abs. 1 WiderspruchsG (행정심판법) bzw. § 23 Abs. 1 KVwGO keine aufschiebende Wirkung. Im Rahmen der Anfechtungsklage wird vorläufiger Rechtsschutz gem. § 23 Abs. 2 S. 1 KVwGO auf Antrag des Betroffenen oder von Amts wegen nur in dringenden Fällen gewährt, um den Eintritt eines irreparablen Schadens zu vermeiden. Dies gilt jedoch nicht, wenn dadurch der Zweck der angegriffenen Verfügung gefährdet wird, vgl. § 23 Abs. 2 S. 2 KVwGO. Ebenso ist die Gewährung vorläufigen Rechtsschutzes ausgeschlossen, wenn durch eine Suspendierung gewichtige Belange des öffentlichen Wohls betroffen wären, vgl. § 23 Abs. 3 KVwGO. Der Antrag auf Gewährung vorläufigen Rechtsschutzes ist zu begründen, vgl. § 23 Abs. 4 KVwGO. Gegen die Ablehnung des Antrags ist die sofortige Beschwerde statthaft, die jedoch ebenfalls keine aufschiebende Wirkung entfaltet, vgl. § 23 Abs. 5 KVwGO. Die Suspendierung der Maßnahme kann gem. § 24 Abs. 1 KVwGO auf Antrag eines Beteiligten oder von Amts wegen aufgehoben werden, wenn gewichtige Belange des öffentlichen Wohls betroffen sind, oder die Gründe, die zur Anordnung der aufschiebenden Wirkung geführt haben, weggefallen sind. Gegen die Aufhebung ist gem. § 24 Abs. 2 KVwGO wiederum die sofortige Beschwerde nach Maßgabe der §§ 23 Abs. 4, Abs. 5 KVwGO statthaft. Im Rahmen des Widerspruchs gelten ähnliche Voraussetzungen und Beschränkungen nach Maßgabe des § 30 Abs. 1 – Abs. 7 WiderspruchsG, wobei die aufschiebende Wirkung nicht vom Gericht der Hauptsache, sondern von einem sog. Widerspruchskommitee (행정심판위원회) angeordnet wird.

Vorlegung *f.* (지급)제시 (支給)提示; (*im Beweisrecht*) 제출 提出; ~ zur Annahme

인수(引受)제시.

Vorlegungs:anordnung f. 제출명령 提出命令; **~frist** f. (지급)제시기간 (支給)提示期間, 제출기간 提出期間; **~pflicht** f. 제출의무 提出義務; ~ Dritter 제3자(第三者)의 제출의무; **~gebot** n. 인수제시명령 引受提示命令; **~verbot** n. 인수제시금지 引受提示禁止; **~verzicht** m. 제출포기 提出抛棄.

Vormann m. 전자 前者.

Vormerkung f. 가등기 假登記. // Die Vormerkung ist nicht im KBGB, sondern in § 3 Grundbuchgesetz (부동산등기법) geregelt.

Vormund m. 후견인 後見人.

Vormundschaft f. 후견 後見; unter ~ stehen 후견을 받다.

Vormundschaftsgericht m. 후견법원 後見法院.

Vornahme:anspruch m. 작위청구권 作爲請求權; **~klage** f. 의무이행소송 義務履行訴訟, 특정행위소송 特定行爲訴訟; **~urteil** n. 특정행위명령판결 特定行爲命令判決.

Vorprüfung f. 사전심사 事前審査.

Vorprüfungsausschuss m. 사전심사위원회 事前審査委員會.

Vorrang m. 우위 優位, 우선 優先; ~ des Gemeinschaftsrechts 공동체법(共同體法)의 우위; ~ des Gesetzes 법률(法律)우위.

Vorrangsregel f. 우선순위규칙 優先順位規則.

Vorrats:datenspeicherung f. 예비적 정보저장 豫備的 情報貯藏; **~schuld** f. 창고채무 倉庫債務, 제한종류채권 制限種類債權; **~vermögen** n. 비축재산 備蓄財産.

Vorrecht n. 우선권 優先權, 특권 特權; diplomatisches ~ 외교(外交)특권; konsularisches ~ 영사(領事)특권; steuerliches ~ 조세상(租稅上) 특권, 재정상(財政上) 특권.

Vorsatz m. 고의 故意; alternativer ~ 선택적(選擇的) 고의, 택일적(擇一的) 고의; bedingter ~ 조건부(條件附) 고의; bewusster ~ 의식적(意識的) 고의; direkter ~ 직접(直接)고의, 확정적(確定的) 고의; einheitlicher ~ 단일적(單一的) 고의; indirekter ~ 미필적(未必的) 고의; mittelbarer ~ 간접적(間接的) 고의; qualifizierter ~ 특별(特別)한 고의; unmittelbarer ~ 직접적(直接的) 고의; ~ 1. Grades 1단계(一段階) 고의; ~ 2. Grades 2단계(二段階) 고의; **~restriktion** f. 고의제한 故意制限; **~schuld** f. 책임고의 責任故意; **~tat** f. 고의범 故意犯.

vorsätzlich adj. 고의적(으로) 故意的(으로), 고의(故意)에 의(依)한.

Vorschlag m. 제안 提案.

Vorschlagsorgan *n.* 제안기관 提案機關.

Vorschrift *f.* 1. (*normativ*) 규정 規定, 규칙 規則, wobei der Begriff „규칙" vor allem mit verwaltungsrechtlichen Regelungen in Verbindung gebracht wird; 2. (*instruktiv, i.S.v. Anweisung, Befehl*) 명령 命令, 지시 指示.

Vorschrift // allgemeine ~ 총칙 總則; ausdrückliche ~ 명문규칙 明文規則; besondere ~ 특칙 特則; ergänzende ~ 보충규칙 補充規則; gemeinsame ~ 통칙 通則; gesetzliche ~ 법정규칙 法定規則; verfahrensrechtliche ~ 절차법상의 규칙 節次法上의 規則; vermögensrechtliche ~ 재산법상(財産法上) 규정.

Vorschuss *m.* 선지급(금) 先支給(金), 가지급(금) 假支給(金), 선불 先拂, 예납 豫納; ~ von Arbeitslohn, vgl. → Lohnvorschuss.

Vorsitzender *m.* 1. (*allg.*) 의장 議長; 2. (*eines Spruchkörpers bei Gericht*) 재판장 裁判長.

Vorsorge *f.* 사전대비 事前對備, 사전예방 事前豫防, 사전배려 事前配慮.

Vorsorgeprinzip *n.* 사전예방원칙 事前豫防原則, 사전배려원칙 事前配慮原則.

Vorsorgeverwaltung *f.* 공급행정 供給行政.

Vorstand *m.* 이사(회) 理事(會).

Vorstands:mitglied *n.* 이사 理事; **~vorsitzender** *m.* 이사회장 理事會長.

Vorstellung *f.* 상상 想像, 생각, 관념 觀念; abweichende ~ 다른 생각; abwegige ~ 근거(根據)가 없는 생각.

Vorstellungstheorie *f.* 관념주의 觀念主義.

Vorsteuer *f.* 세전 稅前; **~abzug** *m.* 세전공제 稅前控除; **~ertrag** *m.* 세전이익 稅前利益.

Vorteil *m.* 이익 利益; vermögenswerter ~ 재산적 가치(財産的 價値)가 있는 이익.

Vorteil ~ ~ annehmen 이익을 수령(受領)하다; ~ anbieten 이익을 제공(提供)하다; ~ gewähren 이익을 공여(供與)하다; ~ versprechen 이익을 약속(約束)하다.

Vorteils:annahme *f.* 1. (*wörtl.*) 이익수령 利益受領; 2. (*als Delikt*) 수뢰죄 收賂罪; **~abschöpfung** *f.* 이익박탈 利益剝奪; **~ausgleichung** *f.* 손익상계 損益相計.

Vortrag *m.* 1. (*im Prozess*) → Vorbringen; 2. (*i.S.v. carryforward*) 이월 移越.

Voruntersuchung *f.* 사전조사 事前調査.

Vorverfahren *n.* (*wörtl.*) 선행절차 先行節次, 전심절차 前審節次, 사전절차 事前節次, 예비절차 豫備節次; (im Verwaltungsrecht = → Widerspruchsverfahren) 행정심판 行政審判; formloses ~ 비공식적(非公式的) 선행절차; schriftliches ~ 서면(書面)선

행절차.

Vorverständnis *n.* 선이해 先理解.

Vorvertrag *m.* 예약 豫約.

Vorwegnahme *f.* 선취 先取; ~ der Hauptsache 본안(本案)의 선취.

Vorwerfbarkeit *f.* 비난가능성 非難可能性.

Vorzensur *f.* 사전검열 事前檢閱.

Vorzugs:aktie *f.* 우선주 優先株; **~aktionär** *m.* 우선주주 優先株主; **~dividende** *f.* 우선배당 優先配當; **~preis** *m.* 특가 特價; **~recht** *n.* 우선권 優先權, 특권 特權.

W, w

Waffe *f.* 1. (*umgangssprachl.*) 무기 武器; 2. (*i.S.d. jur. Fachsprache*) 협의(狹義)의 흉기(凶器), 성질상(性質上) 흉기. // Der Begriff 흉기 umfasst als Oberbegriff sowohl Waffen als auch gefährliche Werkzeuge und kann daher mit „Gefährlicher Gegenstand" (oder „Waffe und gefährliches Werkzeug") übersetzt werden. Die Unterscheidung zwischen „Waffe" und „Gefährliches Werkzeug" wird durch die Bezeichnung „Gefährlicher Gegenstand im engen Sinne" (협의의 흉기 = Waffe) bzw. „im weiten Sinne" (광의의 흉기 = gefährliches Werkzeug) vorgenommen. Ebenso gebräuchlich sind die Bezeichnungen „der Natur nach gefährlicher Gegenstand" (성질상 흉기 = Waffe) und „der Verwendung nach gefährlicher Gegenstand" (용법상 흉기 = gefährliches Werkzeug), wobei bei Letzterem auf die Sozialadäquanz und nicht auf die konkrete Nutzung abgestellt wird.

Waffen:besitzkarte *f.* 무기등록부 武器登錄簿; **~gleichheit** *f.* 무기대등 武器對等.

Wahl *f.* 1. (*i.S.d. politischen Wahl*) 선거 選擧; geheime ~ 비밀(秘密)선거; Gleichheit der ~ 선거의 평등(平等); Unmittelbarkeit der ~ 직접(直接)선거; 2. (*i.S.v. Auswahl*) 선택 選擇.

Wähler *m.* 선거인 選擧人; **~gruppe** *f.* 선거인단체 選擧人團體; **~initiative** *f.* 선거인운동 選擧人運動; **~verzeichnis** *n.* 선거인명부 選擧人名簿.

Wahl:freiheit *f.* 선택의 자유 選擇의 自由, 선택권 選擇權; **~geheimnis** *n.* 선거의 비밀 選擧의 秘密; **~gesetz** *n.* 선거법 選擧法; **~grundsatz** *m.* 선거원칙 選擧原則; **~konsularbeamter** *m.* 명예영사관원 名譽領事官員; **~kreis** *m.* 선거구 選擧區; **~periode** *f.* 선거기간 選擧期間; **~pflicht** *f.* 선거의무 選擧義務; **~prüfung** *f.* 선거심사 選擧審査; **~prüfungsausschuss** *m.* 선거심사위원회 選擧審査委員會; **~recht** *n.* 1. (*politisch*) 선거권 選擧權; allgemeines ~ 보통(普通)선거권; beschränktes ~ 제한(制限)선거권; objektives ~ 객관적(客觀的) 선거권; öffentliches ~ 공적(公的) 선거권; passives ~ 피선거권 被選擧權; subjektives ~ 주관적(主觀的) 선거권; 2. (*zivilr.*) 선택권 選擇權; **~schuld** *f.* 선택채무 選擇債務; **~system** *n.* 선거체계 選擧體系; **~verteidiger** *m.* 사선변호인 私選辯護人.

Wahndelikt *n.* → Putativdelikt.

Wahrheit *f.* 진리 眞理, 진실 眞實; formelle ~ 형식적(形式的) 진실; materielle ~ 실체적(實體的) 진실.

Wahrheits:fiktion *f.* 진실의 의제 眞實의 疑制; **~findung** *f.* 진실발견 眞實發見.

Wahrnehmung *f.* 1. (*i.S.v. sinnlicher Wahrnehmung*) 인식 認識; sinnliche ~ 감각적(感覺的) 인식; unmittelbare ~ 직접적(直接的) 인식; 2. (*i.S.v. Ausübung von Aufgaben*) 행사 行使.

Wahrnehmungszuständigkeit *f.* 행사권한 行使權限.

Wahrscheinlichkeit *f.* 개연성 蓋然性; mit an Sicherheit grenzender ~ 확실성에 가까운 정도의 개연성으로.

Wahrscheinlichkeits:theorie *n.* 개연성설 蓋然性說; **~urteil** *n.* 개연성판단 蓋然性判斷.

Währung *f.* 화폐 貨幣, 통화 通貨; fremde ~ 외화 外貨.

Währungs:einheit *f.* (z.B. Euro und Cent) 화폐단위 貨幣單位; **~krise** *f.* 통화위기 通貨危機; **~kurs** *m.* 환시세 換時勢, 화폐시장가치 貨幣市場價値; **~politik** *f.* 통화정책 通貨政策; **~recht** *n.* 통화법 通貨法; **~reform** *f.* 통화개혁 通貨改革; **~reserve** *f.* 통화보유고 通貨保有庫; **~risiko** *n.* 통화위험 通貨危險; **~system** *n.* 화폐제도 貨幣制度; **~union** *f.* 화폐통합 貨幣統合.

Walderzeugnis *n.* 임산물 林産物.

Wandelaktie *f.* 전환주식 轉換株式.

Wandelschuldverschreibung *f.* 전환사채 轉換社債; ~ mit Bezugsrecht auf Aktien 신주인수권부사채 新株引受權附社債.

Wandelung (Wandlung) *f.* (계약)해제 (契約)解除.

Ware *f.* 물자 物資, 물품 物品, 상품 商品.

Waren:beförderung *f.* 물품운송 物品運送; **~einkauf** *m.* 상품구매 商品購買; **~lieferung** *f.* 물품(물품)의 인도(引渡); **~geschäft** *n.* 상품매매 商品賣買; **~verkauf** *m.* 물품개각 物品賣却; **~wert** *m.* 상품의 가치 商品의 價値; **~zeichen** *n.* 상표 商標; **~zeichenrecht** *n.* 상표권 商標權.

Warnfunktion *f.* 경고기능 警告機能.

Warnpflicht *f.* 경고의무 警告義務.

Warnstreik *m.* 경고파업 警告罷業.

Warnung *f.* 경고 警告.

Wartegeld *n.* 휴직급 休職給.

Wasser- und Schiffahrts:amt *n.* 선박항행관리서 船舶航行管理署; **~direktion** *f.* 선박항행관리청 船舶航行管理廳.

Wechsel *m.* 어음; Abreißung des ~s 어음의 훼손(毁損); Ausstreichen des ~s 어음의 말소(抹消); **~abschrift** *f.* 어음등본(謄本); **~begünstigter** *m.* 어음채권자(債權者); **~berechtigter** *m.* 어음채권자(債權者); **~bezogener** *m.* 어음채무자(債務者); **~bürgschaft** *f.* 어음보증(保證); **~duplikat** *n.* 어음복본(複本); **~erklärung** *f.* 어음행위(行爲); **~fähigkeit** *f.* 어음능력(能力); **~geschäftsfähigkeit** *f.* 어음행위능력(行爲能力); **~moratorium** *n.* 어음지급유예(支給猶豫); **~prozess** *m.* 어음소송(訴訟); **~recht** *n.* 어음법(法); **~rechtsfähigkeit** *f.* 어음권리능력(權利能力); **~schuldner** *m.* 어음채무자(債務者); **~seitigkeit** *f.* 상호성 相互性; **~strenge** *f.* 어음엄정(嚴正); **~summe** *f.* 어음의 금액(金額); **~trassat** *m.* → Wechselbezogener; **~verbot** *n.* 어음금지(禁止); **~verpflichtete** *m.* 어음상의 의무자 어음上의 義務者; **~verpflichtung** *f.* 어음채무(債務), 어음의무(義務); **~vervielfältigung** *f.* 어음복제(複製); **~vorvertrag** *m.* 어음예약(豫約).

wechselseitig *adj.* 상호(적/의) 相互(的/의).

Wechselseitige Beteiligung *f.* (*engl.* cross – ownership) 주식의 상호소유 株式의 相互所有.

Wegerecht *n.* (*engl.* right of way) 토지통행권 土地通行權.

Wegeunfall *m.* 통근재해 通勤災害.

Wegfall der Geschäftsgrundlage *m.* (*Abk.* WGG) 행위기초의 상실 行爲基礎의 喪失.

Wegnahme *f.* 1. (*allg.*) 수거 收去; 2. (*beim Diebstahl*) 절취 取 (alte Schreibweise: 竊取); 3. (*mit den Mitteln des Raubes*) 강취 強取.

Wegnahme:handlung *f.* 절취행위 取行爲; **~recht** *n.* 수거권 收去權.

Wehrbeauftragter *m.* 국방전권위원 國防全權委員; ~ des Deutschen Bundestages 독일 연방의회(獨逸 聯邦議會)의 국방전권위원.

Wehr:dienst *m.* 국방복무 國防服務, 군복무 軍服務, 병역 兵役; **~dienstverweigerer** *m.* 병역거부자 兵役拒否者; **~dienstverweigerung** *f.* 병역거부 兵役拒否; ~ aus Gewissensgründen (*engl.* conscientious objection to military service) 양심적(良心的) 병역거부; **~dienstverweigerungsrecht** *n.* 병역거부권 兵役拒否權; **~ersatzdienst** *m.* (병역)대체복무 (兵役)代替服務;

~losigkeit *f.* 항거불능(의 상태) 抗拒不能(의 狀態); die ~ ausnutzen 항거불능의 상태를 이용(利用)하다; ~**pflicht** *f.* 병역의무 兵役義務 (Art. 39 KVerf); allgemeine ~ 일반적(一般的) 병역의무.

Weigerung *f.* 거부 拒否.

Weigerungsgegenklage *f.* 거부처분(拒否處分)에 대한 소송(訴訟).

Weimarer Verfassung *f.* 바이마르헌법(憲法).

Weiße-Kragen-Delikte 화이트칼라범죄(犯罪).

Weisung *f.* 지시 指示, 명령 命令, 지휘 指揮.

Weisungs:abhängigkeit *f.* 지시종속성 指示從屬性; äußere ~ 외부적(外部的) 지시종속성; innere ~ 내부적(內部的) 지시종속성; ~**freiheit** *f.* 지시로부터의 자유 指示로부터의 自由; ~**gebundenheit** *f.* 지휘명령 구속성 指揮命令 拘束性; ~**konflikt** *m.* 지시충돌 指示衝突; ~**recht** *n.* 지시권 指示權.

weisungsgebunden *adj.* 지시구속력(指示拘束力)이 있는, 지시를 따라야 하는.

Weiterbeschäftigung *f.* 계속고용 繼續雇用.

Weiterbeschäftigungsanspruch *m.* 계속근로청구권 繼續勤勞請求權, 계속취업청구권 繼續就業請求權.

Weiteranwendungsanordnung *f.* 계속적용명령 繼續適用命令.

Weiterveräußerung *f.* 재양도 再讓渡, 재판매 再販賣.

Weitervermietung *f.* 전대차 轉貸借.

Welthandelsorganisation *f.* (WHO) 세계무역기구 世界貿易機構.

Werbung *f.* 광고 廣告; strafbare ~ 가벌적(加罰的) 광고; verbotene ~ 금지(禁止)된 광고.

Werk *n.* 1. (*beim Werkvertrag*) 제작물 製作物; 2. (*allg.*) 작품 作品; 3. (*i.S.v. Tätigkeit*) 일; künstlerisches ~ 예술적(藝術的) 작품; literarisches ~ 문학적(文學的) 작품; wissenschaftliches ~ 학술적(學術的) 작품.

Werklieferungsvertrag *m.* 제작물공급계약 製作物供給契約, 물품공급계약 物品供給契約.

Werk:stätte *f.* 작업장 作業場; ~**tag** *m.* 거래일 去來日, 노동일 勞動日, 평일 平日; ~**vertrag** *m.* 도급계약 都給契約 (§§ 664 – 674 KBGB).

Wert *m.* 가치 價値; wirtschaftlicher ~ 경제적(經濟的) 가치; ~**abfall** *m.* 가치폐기물 價値廢棄物; ~**anspruch** *m.* 가치청구권 價値請求權; ~**entscheidung** *f.* 가치결정 價値決定.

Wert(e)ordnung *f.* 가치질서 價値秩序.

Wertersatz *m.* 대상 代償; → Kompensation; 금전배상 金錢賠償. // Anders als in Deutschland ist im koreanischen Recht Schadensersatz vorrangig nicht als Naturalrestitution, sondern als Wertersatz in Geld zu leisten, vgl. § 763 KBGB i.V.m. § 394 KBGB: „Beim Fehlen anderweitiger Erklärungen ist der Schadensersatz in Geld zu leisten." Im Rahmen der Staatshaftung folgt daraus, dass der Schadensersatz hier unabhängig von der Beantwortung der (in Korea hoch streitigen) Frage nach der mittelbaren oder unmittelbaren Natur der Staatshaftung bereits aufgrund der gesetzlichen Konzeption der Haftungsart in § 394 KBGB (auf den § 8 KStHG verweist) i.d.R. stets nur in Geld erfolgt. Eine Ausnahme vom Grundsatz der finanziellen Entschädigung enthält § 764 KBGB: „Verletzt jemand die Ehre eines anderen, kann das Gericht auf Verlangen des Geschädigten anstelle oder neben des Schadensersatzes angemessene Maßnahmen zur Wiederherstellung der Ehre anordnen."

Wertgarantie *f.* 가치보장 價值保障.

Wertminderung *f.* 가치하락 價值下落.

Wertpapier *n.* (유가)증권 (有價)證券; abstraktes ~ 무인(無因)증권; deklaratorisches ~ 선언적(宣言的) 유가증권; formelles ~ 요식(要式)증권; kausales ~ 유인(要因)증권; konstitutives ~ 설권(設權)증권; nichtskripturrechtliches ~ 비문언(非文言)증권; sachenrechtliches ~ 물권적(物權的) 유가증권; schuldrechtliches ~ 채권적(債權的) 유가증권; skripturrechtliches ~ 문언(文言)증권.

Wertpapier:depot *n.* 증권기탁 證券寄託; **~handel** *m.* 증권거래 證券去來; **~recht** *n.* 증권법 證券法.

Wert:philosophie *f.* 가치철학 價值哲學; **~recht** *n.* 가치권 價值權; **~relativismus** *m.* 가치상대주의 價值相對主義; **~revision** *f.* 가액상고 價額上告; ; **~schwankung** *f.* 1. *allg.* 가격변동 價格變動, 가치변동 價值變動; 2. *bei Aktien* 주가변동 株價變動,; **~schwankungsreserve** *f.* 가격 (주가, 가치)변동준비금 價格 (株價, 價值)變動準備金; **~theorie** *f.* 가치이론 價值理論.

Wertung *f.* 평가 評價; gesetzgeberische ~ 입법자(立法者)의 평가; gesetzliche ~ 법률상(法律上) 평가.

Wertungswiderspruch *m.* 모순된 평가 矛盾된 評價.

Werturteil *n.* 가치판단 價值判斷.

Wesensgehalt *m*. 본질내용 本質內用.

Wesensgehaltsgarantie *f*. (*von Grundrechten*) (기본권 基本權의) 본질적 내용보장 本質的 內容保障.

Wesensschau *f*. 본질직관 本質直觀.

wesentlich *adj*. 본질적 本質的, 중대(重大)한.

Wesentlicher Bestandteil 본질적 구성부분 本質的 構成部分; ~ einer Sache 물건 (物件)의 본질적 구성부분; ~ eines Rechtsgeschäfts 법률행위(法律行爲)의 본질적 구성부분.

Wesentlichkeit *f*. 중요성 重要性.

Wesentlichkeitstheorie *f*. 본질성이론 本質性理論, 중요사항유보설 重要事項留保說.

Wettanbieter *m*. → Wette; 내기제공자(提供者); privater ~ 사설(私設) 내기제공자; staatlicher ~ 국립(國立) 내기제공자.

Wettbewerb *m*. 경쟁 競爭, 경업 競業; fairer ~ → lauterer ~; freier ~ 자유적(自由的) 경쟁; geheimer ~ 비밀적(秘密的) 경쟁; lauterer ~ 공정(公正)한 경쟁; monopolistischer ~ (*engl*. monopolistic competition) 독점적(獨占的) 경쟁; unlauterer ~ 불공정경쟁 不公正競爭, 부정경쟁 不正競爭; wirksamer ~ 유효(有效)경쟁; wirtschaftlicher ~ 경제적(經濟的) 경쟁.

Wettbewerbs:abrede *f*. 경쟁금지약정 競爭禁止約定; **~behörde** *f*. 경쟁당국 競爭當局; europäische ~ 유럽경쟁당국; nationale ~ 국가(國家)의 경쟁당국; **~beschränkend** *adj*. 경쟁제한적 競爭制限的; **~beschränkung** *f*. 경쟁제한 競爭制限; **~fähigkeit** *f*. 경쟁능력 競爭能力; **~handlung** *f*. 경쟁행위 競爭行爲; **~neutralität** *f*. 경쟁중립성 競爭中立性; **~preis** *m*. 경쟁가격 競爭價格; **~recht** *n*. 경쟁법 競爭法.

Wettbewerbsverbot *n*. 경업피지의무 經業避止義務, 경업금지 競業禁止; gesetzliches ~ 법정(法定) 경업금지. // Das koreanische Recht kennt Wettbewerbsverbote z.B. in § 41 KHGB (→ Wettbewerbsverbot des Unternehmensverkäufers), § 89 KHGB (Wettbewerbsverbot des Handelsverteters), § 198 Abs. 2 KHGB (Wettbewerbsverbot des OHG- Gesellschafters), § 287의10 KHGB (Wettbewerbsverbot des geschäftsführenden Gesellschafters einer LLC) und in § 397 KHGB (Wettbewerbsverbot des Vorstandsmitgliedes einer AG). Ausdrücklich ausgenommen von einem gesetzlichen Wettbewerbsverbot ist gem. § 275

KHGB der Kommanditist einer KG.

Wettbewerbsverbot des Unternehmensverkäufers *n*. 영업양도인의 경업금지 營業讓渡人의 競業禁止. // Das koreanische Recht bestimmt beim Unternehmenskauf ein ausgesprochen strenges Wettbewerbsverbot, das zeitlich deutlich über die in Deutschland als zulässig angesehene Dauer von grds. zwei Jahren hinausgeht. Vgl. **§ 41 KHGB. (Wettbewerbsverbot des Unternehmensveräußerers)** (1) Wird das Unternehmen veräußert, so darf der Veräußerer ohne anderweitige Vereinbarung für eine Dauer von 10 Jahren nicht in derselben Stadt oder Kreis oder in benachbarten Städten oder Kreisen im selben Geschäftszweig tätig werden.

(2) Verspricht der Veräußernde, dass er nicht im selben Geschäftszweig tätig wird, so hat dies mit Beschränkung auf dieselbe Stadt oder Kreis oder auf benachbarte Städte oder Kreise eine Wirkung von nicht über 20 Jahren.

Wettbewerbsverfälschung *f*. 경쟁의 왜곡 競爭의 歪曲.

Wette *f*. 1. 도박(계약) 賭博(契約); 2. 내기. // Der sinokoreanische Begriff „도박" bezieht sich vor allem auf das Glücksspiel, umfasst aber auch Wetten. Der rein koreanische Begriff „내기" meint dagegen grds. allein die Wette.

Wett:monopol *n*. 도박독점(권) 賭博獨占(權); staatliches ~ 국가(國家)의 도박독점(권); **~unternehmen** *n*. 도박업 賭博業; **~unternehmer** *m*. 도박업자 賭博業者; **~veranstalter** *m*. 도박개최자 賭博開催者; **~vermittlung** *f*. 도박중개 賭博仲介.

Widerbeklagter *m*. 반소피고 反訴被告.

Widerklage *f*. 반소 反訴 (§§ 269 – 271 KZPO). Bei im Berufungsrechtszug erhobener Widerklage gilt § 412 KZPO. // In Korea ist die Widerklage anders als in Deutschland nicht nur im Rahmen der Gerichtsstände geregelt. Der Streit, ob die Konnexität von Klage und Widerklage Zulässigkeitsvoraussetzung ist, besteht daher in Korea nicht. Vgl. **§ 269 KZPO. (Widerklage)** (1) Der Beklagte kann bis zum Schluss der mündlichen Verhandlung bei dem Gericht, bei dem die Hauptklage anhängig ist, Widerklage nur dann erheben, wenn dadurch nicht das Klageverfahren merklich verzögert wird. Der nicht der Zuständigkeit eines anderen Gerichts unterliegende Anspruch, der dem Klagegenstand zugrundeliegt, muss mit dem Anspruch der Hauptklage oder Verteidigungsmitteln in Zusammenhang stehen.

(2) Wird ein Anspruch erhoben, der zu den Fällen eines Kollegialsgerichts gehört, die Hauptklage aber ein Fall eines Einzelrichters ist, so hat das Gericht durch Beschluss von Amts wegen oder auf Antrag einer Partei Hauptklage und Widerklage an das Kollegialgericht zu verweisen. Dies gilt nicht, wenn in Bezug auf die Widerklage eine Zuständigkeit nach § 30 KZPO besteht (§ 30 KZPO regelt die rügelose Einlassung in Bezug auf die Zuständigkeit).

§ 270 KZPO. (Verfahren bei Widerklage) In Bezug auf die Widerklage gelten die Regeln über die Hauptklage.

§ 271 KZPO. (Rücknahme der Widerklage) Wird die Hauptklage zurückgenommen, so kann der Beklagte die Widerklage ohne Einwilligung des Klägers zurücknehmen. //

In Bezug auf eine erstmals in der Berufungsinstanz erhobene Widerklage bestimmt

§ 412 KZPO. (Erhebung der Widerklage) (1) Widerklage kann erhoben werden, wenn nicht die Sorge besteht, dass dadurch die Vorteile des Instanzenzuges (심급의 이익) des Gegners verletzt werden und dieser einwilligt.

(2) Wenn der Gegner nicht widerspricht und zum Gegenstand der Widerklage verhandelt, so gilt dies als Einwilligung zur Widerklage.

Widerklage ~ ~ parteierweiternde ~ 당사자(當事者)를 확장(擴張)하는 반소; petitorische ~ 본권(本權)에 기한 반소; possessorische ~ 점유(占有)에 기한 반소.

Widerkläger *m.* 반소원고(인) 反訴原告(人).

widerrechtlich *adj.* 위법(違法)하게.

Widerruf *m.* 철회 撤回; ~ der Schenkung 증여(贈與)의 철회; ~ einer Willenserklärung 의사표시(意思表示)의 철회; ~ eines Verwaltungsakts 행정행위(行政行爲)의 철회.

Widerrufs:belehrung *f.* 철회권에 관한 고지 撤回權에 관한 告知; **~berechtigter** *m.* 철회권자 撤回權者; **~erklärung** *f.* 철회의 의사표시 撤回의 意思表示; **~vorbehalt** *m.* 철회권의 유보 撤回權의 留保; **~recht** *m.* 철회권 撤回權.

Widerstandsrecht *n.* 저항권 抵抗權.

Widerspruch *m.* 1. (*im VerwR*) 행정심판 行政審判 (*wörtl.*: „Verwaltungsbeurteilung"), z.T. auch 행정기관(行政機關)에 의한 심판. // Das Widerspruchsverfahren ist in Korea in einem speziellen Gesetz, dem Widerspruchsgesetz (행정심판법), geregelt. Anders als in Deutschland ist der Widerspruch in Korea nicht maßnahmespezifisch, vgl. § 3 Abs. 1 WiderspruchsG: „Gegen jede Verfügung (처분) und jedes Unterlassen einer Behörde kann, soweit gesetzlich nichts anderes bestimmt ist, nach diesem Gesetz Widerspruch eingelegt werden." Der Begriff „Verfügung" ist in § 2 Nr. 1 WiderspruchsG legaldefiniert: „Verfügung bedeutet die auf einen konkreten Einzelfall bezogene Ausübung hoheitlicher Gewalt in Form von Gesetzesvollzug durch eine Verwaltungsbehörde oder darüberhinaus jedes entsprechende Verwaltungshandeln." Das WiderspruchsG unterscheidet in § 5 Nr. 1 – 3 drei verschiedene Arten des Widerspruchs: 1. Anfechtungswiderspruch (취소심판), 2. Feststellungswiderspruch (무효확인심판), 3. Verpflichtungswiderspruch (의무이행심판). Zu beachten ist, dass die Begriffe Anfechtung und Verpflichtung auch hier nicht maßnahmespezifisch zu verstehen sind und sich daher nicht allein auf Verwaltungsakte beschränken, sondern jegliches Verwaltungshandeln erfassen (vgl. → Anfechtungsklage, Verpflichtungsklage). Über den Widerspruch entscheidet ein in der Behörde eingerichtetes Widerspruchskommitee (행정심판위원회). Der Widerspruch hat keine aufschiebende Wirkung, vgl. auch → Vorläufiger Rechtsschutz. Die Durchführung eines Vorverfahrens vor Klageerhebung ist gem. § 18 Abs. 1 S. 2 KVwGO nur in gesetzlich geregelten Fällen (z.B. im Beamtenrecht gem. § 16 Abs. 1 KBeamtG) zwingend, kann aber auch hier in Ausnahmefällen entbehrlich sein, vgl. § 18 Abs. 2, Abs. 3 KVwGO. Im Übrigen ist das Vorverfahren fakultativ, vgl. § 18 Abs. 1, S. 1 KVwGO. // Einlegung des Widerspruchs 행정심판의 제기(提起), 행정심판의 청구(請求); 2. (*zivilr.*) (민사소송상의) 이의 (民事訴訟上의) 異議; Einlegung des Widerspruchs 이의신청(申請); 3. (*im Grundbuch*) 이의등기 異議登記; 4. (*i.S.v. Unvereinbarkeit*) 모순 矛盾.

Widerspruchs:behörde *f.* 행정심판 피청구인 行政審判 被請求人; **~bescheid** *m.* (*als Schriftstück*) 행정심판재결(서) 行政審判裁決(書); **~frist** *f.* 행정심판청구기간 行

政審判請求期間; **~führer** *m.* 행정심판청구인 行政審判請求人; **~klausel** *f.* 이의약관 異議約款; **~verfahren** *n.* 행정심판절차 行政審判節次.

Widerstand gegen Vollstreckungsbeamte (als Delikt) 공무집행방해(죄) 公務執行妨害(罪) (§ 136 Abs. 1, Abs. 2 KStGB). // Das Strafmaß beträgt Zuchthaus bis zu 5 Jahren oder Geldstrafe bis zu 10 Mio KRW.

Widerstandsrecht *n.* 방해권 妨害權, 저항권 抵抗權.

Widmung *f.* 공용개시행위 公用開始行爲, 공용지정 公用指定.

Wiederaufbauklausel *f.* 재건설약관 再建設約款. // 당사자 간에 체결된 보험계약에 따라 파괴된 건물이 재건축될 때만 보험자에게 보험금을 지급할 의무가 있을 경우에는 피보험자가 해당 건물을 복구할 것을 증명한 때에만 보험금액을 요구할 수 있다는 규정. 구 보험계약법 (VersicherungsvertragsG a.F.) 제97조 참조. 현 보험계약법 제93조에 의하여 건물 뿐만 아니라 모든 부동산 및 동산에 대하여도 그러하다. 개정된 법률에서는 „Wiederherstellungsklausel" (복구약관 復舊約款)으로 부른다.

Wiederaufgreifen des Verfahrens *n.* 절차의 재심 節次의 再審, 절차재개 節次再開.

Wiederaufnahme des Verfahrens *f.* 재심 再審 (§§ 451 ff. KZPO).

Wiederaufnahme:grund *m.* 재심사유 再審事由; **~verfahren** *n.* 재심절차 再審節次.

Wiederbeschaffung *f.* 재구입 再購入.

Wiederbeschaffungs:kosten *f.* 재구입가격 再購入價格; **~wert** *m.* 재구입가치 再購入價値.

Wiedereinsetzung in den vorigen Stand 소송행위의 추후보완 訴訟行爲의 追後補完, 소송상 원상회복 訴訟上 原狀回復.

Wiedereinstellung *f.* 재고용 再雇用.

Wiedereinstellungsanspruch *m.* 재고용청구권 再雇用請求權.

Wiederergreifung *f.* 재체포 再逮捕.

Wiederernennung *f.* 중임 重任.

Wiedereröffnung *f.* 재개 再開; ~ der Verhandlung 변론(辯論)의 재개.

Wiedergewinnung *f.* 회복 回復.

Wiedergutmachung *f.* 원상회복 原狀回復, 보상 補償.

Wiedergutmachungs:leistungen *f. pl.* 보상급부 補償給付; **~zahlungen** *f. pl.* 보상지급(금) 補償支給(金).

Wiederherstellung *f.* (원상)회복 (原狀)回復.

Wiederherstellungs:anordnung f. 회복명령 回復命令; **~anspruch** m. 회복청구권 回復請求權; **~klausel** f. 복구약관 復舊約, vgl. → Wiederaufbauklausel; **~kosten** f. 회복비 回復費; **~pflicht** f. (원상)회복의 의무 (原狀)回復의 義務.

Wiederholung f. 반복 反復.

Wiederholungs:gefahr f. 1. (*allg.*) 반복위험 反復危險; 2. (*strafr.*) 재범위험 再犯危險; **~tat** f. 누범 累犯, 재범 再犯; → Rückfall; **~täter** m. 누범자 累犯者, 재범인 再犯人; **~wahl** f. 재선거 再選擧.

Wiederinkrafttreten n. 부활 復活.

Wiederkauf m. 환매 還買. // Die Begriffe Wiederkauf und Wiederverkauf sind in Korea gleichlautend. Eine nicht auf dem Kontext basierende Unterscheidung kann nur durch die Verwendung der sino- koreanischen Schrift vorgenommen werden: Wiederkauf = 환매 還買 / Wiederverkauf = 환매 還賣.

Wiederkäufer m. 환매인 還買人.

Wiederkaufpreis m. 환매대금 還買代金.

Wiederkaufs:berechtigter m. 환매권자 還買權者; **~recht** n. 환매권 還買權.

Wiederverkauf m. 환매 還賣, vgl. → Wiederkauf.

Wiederverkäufer m. 환매인 還賣人.

Wiederverstaatlichung f. 재국가화 再國家化.

Wilderei f. (als Delikt) 밀렵(죄) 密獵(罪).

Wille m. 의사 意思; äußerer ~ 표시상(表示上)의 의사; entgegenstehender ~ 반대(反對)하는 의사; hypothetischer ~ 가상적(假想的) 의사, 가정적(假定的) 의사; innerer ~ 내심의 효과의사 內心의 效果意思; kollektiver ~ 집단적(集團的) 의사; wirklicher ~ 진의 眞意; gegen den Willen 의사에 반(反)하는.

Willens:äußerung f. 의사표현 意思表現; mündliche ~ 구두(口頭)의사표시; schriftliche ~ 서면(書面)의사표시; **~bedingung** f. 수의조건 隨意條件; **~betätigung** f. 의사실행 意思實行; Freiheit der ~ 의사실행의 자유(自由); **~bildung** f. 의사형성 意思形成; politische ~ 정치적(政治的) 의사형성; **~entschließung** f. 의사결정 意思決定; Freiheit der ~ 의사결정의 자유(自由).

Willenserklärung f. 의사표시 意思表示; ~ unter Abwesenden 격지자(隔地者) 사이의 의사표시; ~ unter Anwesenden 대화자(對話者) 사이의 의사표시; einseitige ~ 일방적(一方的) 의사표시; elektronische ~ 전자적(電子的) 의사표

시; empfangsbedürftige ~ 수령(受領)을 필요로 하는 의사표시; fernmündliche ~ 전화(電話)를 통한 의사표시; gestaltende ~ 형성적(形成的) 의사표시; nicht empfangsbedürftige ~ 수령(受領) 필요하지 않은 의사표시; rechtsgestaltende ~ 법형성적(法形成的) 의사표시; stillschweigende ~ 묵시(默示)의 의사표시; übereinstimmende ~ 합치(合致)된 의사표시; verwaltungsrechtliche ~ 행정법상(行政法上)의 의사표시.

Willens:freiheit *f.* 의사자유 意思自由; **~mangel** *m.* 의사(의) 흠결 意思(의) 欠缺; bewusster ~ 의식적(意識的) 의사흠결; unbewusster ~ 무의식적(無意識的) 의사흠결; **~mitteilung** *f.* 의사의 통지(通知); **~schwäche** *f.* 의지박약 意志薄弱; **~theorie** *f.* 의사설 意思說.

Willkür *f.* 자의 恣意; **~verbot** *n.* 자의금지 恣意禁止.

Wirksambleiben *n.* 효력계속 效力繼續, 효력의 존속(存續).

Wirksamkeit *f.* 1. (*rechtl.*) 효력(성) 效力(性); 2. (*tatsächl.*) 실효성 實效性; Eintritt der ~ 효력의 발생(發生); fehlerunabhängige ~ 하자(瑕疵)와 관계 없는 효력; volle ~ 완전(完全)한 효력.

Wirksamkeitsvoraussetzung *f.* 효력요건 效力要件.

Wirksamwerden *n.* 효력발생 效力發生.

Wirkung *f.* 효력 效力; abschreckende ~ 위협적(威脅的) 효력; anspruchsbegründende ~ 청구권부여적(請求權附與的) 효력; aufschiebende ~ 집행정지효(력) 執行停止效(力), vgl. → Vorläufiger Rechtsschutz; dingliche ~ 물권적(物權的) 효력; materielle ~ 실질적(實質的) 효과; obligatorische (schuldrechtliche) ~ 채권적(債權的) 효력; präjudizielle ~ 선결효 先決效, 기결력 旣決力; prozessuale ~ 소송(訴訟)효과; rangwahrende ~ 순위보전의 효력 順位保全의 效力; rechtsgestaltende ~ 1. (*in Bezug auf das institutionelle Recht*) 법형성적(法形成的) 효력; 2. (*in Bezug auf das Recht des Einzelnen*) 권리형성적(權利形成的) 효력; mit ~ für die Vergangenheit 과거(過去)에 대한 효력(效力); mit ~ für die Zukunft (pro futuro) 미래(未來)에 대한 효력.

Wirtschaft *f.* 1. (*institutionell*) 경제 經濟; 2. (*i.S.v. Betriebsführung*) 경영 經營; ordnungsgemäße ~ 정상적(政常的)인 경영.

Wirtschaftliche ~ ~ **Abhängigkeit** *f.* 경제적 종속성 經濟的 從屬性; ~ **Angelegenheit** *f.* 경제관련사항 經濟關聯事項; ~ **Einheit** *f.* 경제적 단일체 經濟的 單一體, 경제적 일체성(一體性).

Wirtschaftlichkeit *f.* 경제성 經濟性; Grundsatz der ~ 경제성의 원칙(原則).

Wirtschafts:aufsicht *f.* 경제의 감독 經濟의 監督; **~ausschuss** *m.* 경제위원회 經濟委員會; **~förderung** *f.* 경제진흥 經濟振興, 경제촉진 經濟促進; **~genossenschaft** *f.* 경제조합 經濟組合; **~hilfe** *f.* 경제보조 經濟補助; **~jahr** *n.* 경제연도 經濟年度; **~krieg** *m.* 경제전쟁 經濟戰爭; **~kriminalität** *f.* 경제범죄 經濟犯罪; **~lenkung** *f.* 경제의 지도 經濟의 指導; **~minister** *m.* 경제부장관 經濟部長官; **~ministerium** *n.* 경제부 經濟部; **~plan** *m.* 경제계획 經濟計劃, 경영계획 經營計劃; **~privatrecht** *n.* 경제사법 經濟私法; **~prüfer** *m.* 경제검사전문가 經濟檢查專門家; **~prüfergesellschaft** *f.* 경제검사전문법인 經濟檢查專門法人; **~rat** *m.* 경제이사회 經濟理事會; **~recht** *n.* 경제법 經濟法; **~risiko** *n.* 경제위험 經濟危險; **~strafkammer** *f.* 경제형사부 經濟刑事部; **~strafrecht** *n.* 경제형법 經濟刑法; **~überwachung** *f.* 경제의 감시 經濟의 監視; **~union** *f.* 경제통합 經濟統合; **~verfassung** *f.* 1. (*i.S.v. Norm*) 경제헌법 經濟憲法; 2. (*i.S.v. System*) 경제조직 經濟組織; **~verwaltungsakt** *m.* 경제행정행위 經濟行政行爲; **~verfassungsrecht** *n.* 경제헌법 經濟憲法; **~verwaltungsrecht** *n.* 경제공법 經濟公法, 경제행정법 經濟行政法.

Wissen und Wollen *n.* 인식과 의욕 認識과 意慾.

Wissenschaft *f.* 과학 科學, ~학 ~學.

Wissenschaftler *m.* 학자 學者.

Wissenschaftlicher Mitarbeiter *m.* 연구원 研究員.

Wissenschafts:freiheit *f.* 학문의 자유 學文의 自由 (Art. 22 Abs. 1, 1. Alt. KVerf); **~lehre** *f.* 과학론 科學論; **~managment** *n.* 학문관리 學文管理; **~recht** *n.* 학문법 學文法.

Wochen:hilfe *f.* 출산휴가비 出産休暇費; **~frist** *f.* 주(周)로 정(定)한 기한(期限), 주의 기한.

Wohl der Allgemeinheit *n.* 공공복리 公共福利, 공공복지 公共福祉; dem ~ dienen 공공복리에 기여(寄與)하다; für das ~ 공공복리에 위하여.

Wohlfahrt *f.* 복지 福祉.

Wohlfahrtspflege *f.* 복지양육제도 福祉養育制度.

Wohn:eigentum *n.* 주거소유권 住居所有權; **~fläche** *f.* 주거면적 住居面積; **~flächenanteil** *m.* 주거면적비율 住居面積比率; **~geld** *n.* 주거보조금 住居補助金; **~ort** *m.* 거소 居所; **~raum** *m.* 주거공간 住居空間, 주택 住宅;

~raumförderung f. 주택촉진 住宅促進; ~raummiete f. 주택임대차 住宅賃貸借; ~raummietverhältnis n. 주거공간임대차관계 住居空間賃貸借關係; ~recht n. 주거권 住居權; ~sitz m. 주소 住所 (§ 18 – § 21 KBGB), 거주지 居住地; ~ des Gläubigers 채권자(債權者)의 주소; ~ des Schuldners 채무자(債務者)의 주소; gegenwärtiger ~ 현(現)주소; gesetzlicher ~ 법적(法的) 주소; gewillkürter (freigewählter) ~ 임의적(任意的) 주소; ~sitzlandprinzip n. → Wohnsitzprinzip; ~sitzprinzip n. 거주지주의 居住地主義; ~sitzstaat m. 거주지국가 居住地 國家; ~stätte f. 주거 住居; ständige ~ 항구적(恒久的) 주거.

Wohnungs:bedarf m. 주거필요 住居必要; dringender ~ 급박(急迫)한 주거필요; ~**durchsuchung** f. 주거수색 住居搜索; ~**eigentum** n. 집합건물소유권 集合建物所有權, 주택구분소유권 住宅區分所有權, 주거소유권 住居所有權.

Wohnungseinbruch m. 주거침입 住居侵入.

Wohnungseinbruchsdiebstahl m. (als Delikt) 주거침입절도(죄) 住居侵入竊盜(罪). // Einbruchs- und Wohnungseinbruchsdiebstahl werden in einem Delikt mit der Bezeichnung 야간(夜間)주거침입절도 („Nächtlicher Wohnungseinbruchsdiebstahl") zusammengefasst, vgl. § 330 KStGB. Der Einbruch muss Nachts („야간에") geschehen, die Anwesenheit einer dritten Person in der Wohnung ist nicht erforderlich. Die Strafe ist Freiheitsstrafe bis zu 10 Jahren.

Wollen n. 의욕 意慾.

Wollensbedingung f. 의욕적 조건 意慾的 條件.

Wortlaut m. 문언 文言; maßgeblicher ~ 우선(優先)한 문언; verbindlicher ~ 구속적(拘束的) 문언; ~**auslegung** f. 문리해석 文理解釋, 문자해석 文字解釋.

Wort:entzug m. 발언금지 發言禁止; ~**erteilung** f. 발언허가 發言許可; ~**sinn** m. 언어의 의미 言語의 意味.

Wucher m. 폭리행위 暴利行爲.

Würde f. 존엄성 尊嚴性; ~ des Menschen 인간(人間)의 존엄성 (Art. 10 KVerf).

X, x
Y, y
Z, z

Zahlstelle *f.* 지급지 支給地, 지급장소 支給場所.

Zahlung *f.* 지급 支給, 지불 支拂, 납입 納入; aufgeschobene ~ (*engl.* deferred liability) 이연부채 移延負債; fällige ~ 만기(滿期) 지급; regelmäßige ~ 정기적(定期的) 지급; vorläufige ~ 잠정(暫定)지급.

Zahlungs:aufschub *m.* 지급기한연기 支給期限延期; **~befehl** *m.* 지급명령 支給命令; europäischer ~ 유럽 내 지급명령; **~einstellung** *f.* 지급정지 支給停止; **~grund** *m.* 지급원인 支給原因; **~karte** *f.* 지불(支拂)카드; **~leister** *m.* 지급담당자 支給擔當者; **~ort** *m.* 지급지 支給地, 지급장소 支給場所; **~tag** *m.* 지급일 支給日; **~unfähigkeit** *f.* 지급불능 支給不能, 지불능력 支拂能力, 자력 資力; drohende ~ 지급불능의 우려(憂慮); **~verkehr** *m.* 지불거래 支拂去來; **~verpflichtung** *f.* 지급의무 支給義務; **~vertrag** *m.* 지급계약 支給契約; **~verzug** *m.* 납입지체 納入遲滯; **~wille** *m.* 지급의사 支給意思; **~zeit** *f.* 지급의 시점 支給의 時點, 지급시 支給時.

Zahnärztekammer *f.* 치과의사회 齒科醫師會.

Zedent *m.* 채권양도인 債權讓渡人.

Zeichnungsgründung *f.* 모집설립 募集設立.

Zeitablauf *m.* 시기도달 時期到達, 기간만료 期間滿了, 기간경과 期間經過.

Zeitliche Bindung *f.* 시간적 구속 時間的 拘束.

Zeit:bestimmung *f.* 기한확정 期限確定; **~einlage** *f.* (*engl.* time deposit) 정기예금 定期預金; **~entgelt** *n.* → Zeitlohn; **~lohn** *m.* 시간제임금 時間制賃金, 시간대금 時間代金. // 근로자가 일하는 시간에 따라 받는 임금의 부분. 시간제임금은 „Leistungsentgelt"에 반대되는 말로서 성과의 양과 질에 영향을 받지 않는다. // **~mietvertrag** *m.* 일시임대차계약 一時貸借契約.

Zensur *f.* (*i.S.v. Informationskontrolle*) 검열 檢閱; **~behörde** *f.* 검열관청 檢閱官廳; **~verbot** *n.* 검열금지 檢閱禁止.

Zentral:behörde *f.* 중앙행정기관 中央行政機關; **~staat** *m.* 중앙국가 中央國家.
Zentralismus *m.* 중앙집권주의 中央集權主義.
Zerrüttungsprinzip *n.* 파탄주의 破綻主義.
Zertifikat *n.* (*i.S.v. Wertpapier*) 투자증권 投資證券.
Zerstörung *f.* 파괴 破壞; ~ durch Brand 소훼 燒毁; ~ einer Sache 물건(物件)파괴.
Zession *f.* (채권)양도 (債權)讓渡; stille ~ 비밀(秘密)채권양도.
Zessionar *m.* 채권양수인 債權讓受人.
Zeuge *m.* 증인 證人; ~ vom Hörensagen 전문(傳聞)증인, 소문(所聞)의 증인; sachverständiger ~ 감정(鑑定)증인; vereidigter (beeidigter) ~ 선서(宣誓)한 증인.
Zeugen:aussage *f.* 증언 證言, 증인진술 證人陳述; **~auswahl** *f.* 증인채택 證人採擇; **~befragung** *f.* 증인신문 證人訊問. // Die KZPO unterscheidet begrifflich nicht zwischen der Befragung (durch die Parteien) und der Vernehmung (durch das Gericht), vgl. § 327 Abs. 1, Abs. 2 KZPO; abwechselnde ~ 교호(交互)증인신문 (§ 327 Abs. 1 KZPO); **~bestimmung** *f.* 증인지정 證人指定; **~beweis** *m.* 증인증거 證人證據; **~entschädigung** *f.* 증인보상 證人補償; **~ladung** *f.* 증인소환 證人召喚; **~verhör** *n.* → Zeugenvernehmung; **~vernehmung** *f.* 증인신문 證人訊問 (§§ 303 – 332 KZPO, §§ 146 – 168 KStPO). // Anders als in Deutschland findet die gerichtliche Vernehmung grds. *nach* der Befragung der Zeugen durch die Parteien statt, vgl. § 327 Abs. 2 KZPO. // **~vorladung** *f.* 증인의 소환 證人의 召喚.
Zeugnis *n.* 1. (*i.S.v. Aussage von Zeugen*) 증언 證言, 진술 陳述; 2. (*i.S.v. Urkunde*) 증서 證書, 증명서 證明書; amtliches ~ 공적(公的) 증명서; einfaches ~ 보통(普通)증명서; qualifiziertes ~ 상세(詳細)증명서.
Zeugnis:fähigkeit *f.* 증언능력 證言能力; **~urkunde** *f.* 보고문서 報告文書, 보고증서 報告證書; **~pflicht** *f.* 증언의무 證言義務; **~verweigerung** *f.* 증언거부 證言拒否; **~verweigerungsrecht** *n.* 증언거부권 證言拒否權; ~ des Abgeordneten 의원(議員)의 증언거부권.
Zeugung *f.* 출산 出産.
Ziel:erreichung *f.* 목적달성 目的達成; **~konflikt** *m.* 목표의 갈등 目標의 葛藤; **~setzung** *f.* 목표설정 目標設定; ~ staatlichen Handelns 국가행위(國家行爲)의 목표설정; **~unternehmen** *n.* 특정기업 特定企業; **~vorstellung** *f.* 목적(目的)에 대한 표상(表象).

Zins *m.* → Zinsen.
Zins:ausschüttung *f.* 이자배당 利子配當; **~berechnung** *f.* 이자산정 利子算定; **~bindung** *f.* 이자의 구속 利子의 拘束, 이자지급의무 利子支給義務; **~bindungsabrede** *f.* 이자지급약정 利子支給約定.
Zinsen *m. pl.* 이자 利子; aufgelaufene ~ (accrued interest) 미지급(未支給)이자; gesetzliche ~ 법정(法定)이자; vereinbarte ~ 약정(約定)이자.
Zinseszins *m.* 복리이자 複利利子.
Zins:forderung *f.* 이자채권 利子債權, 이자청구권 利子請求權; **~fuß** *m.* → Zinssatz; **~obligation** *f.* → Zinsschuld; **~pflicht** *f.* 이자의무 利子義務; **~satz** *m.* 이율 利率, 이자율 利子率; fester ~ 확정(確定)이자율; gesetzlicher ~ 법정(法定)이자율. // Der gesetzliche Zinssatz beträgt nach KBGB 5 % (§ 379 KBGB) und nach KHGB 6 % (§ 54 KHGB). // vereinbarter ~ 약정(約定)이자율; **~schein** *m.* 이자증권 利子證券; **~schuld** *f.* 이자채무 利子債務; **~versprechen** *n.* 이자약속 利子約束; **~zahlung** *f.* 이자지급 利子支給.
Zirkulationspapier *n.* 유통증권 流通證權.
Zitat *n.* 인용 引用.
Zitiergebot *n.* 인용의무 引用義務, 인용요청 引用要請.
Zitierrecht *n.* 소환권 召喚權.
Ziviler Ungehorsam *m.* 시민불복종 市民不服從.
Zivil:dienst *m.* (병역)대체복무 (兵役)代替服務; (병역)대체근무 (兵役)代替勤務, (병역을 대체하는) 민간역무(民間役務). // Zum Begriff „공익근무" (公益勤務) vgl. → Zivildienstleistender; **~dienstleistender** *m.* (병역)대체복무자 (兵役)代替服務者. // Der im ähnlichen Kontext verwendete Begriff „공익근무요원" (公益勤務要員) = „Für das öffentliche Wohl benötigte Person" ist mit dem des Zivildienstleistenden nicht deckungsgleich. Zwar werden „für das öffentliche Wohl benötigte Personen" gem. § 2 Abs. 1 Nr. 10 KWPflG ebenfalls in sozialen Einrichtungen eingesetzt. Anders als bei Zivildienstleistenden wird jedoch i.d.R. eine militärische Grundausbildung absolviert. Zudem ist die Ausübung der Tätigkeit zugleich Ableistung des Wehrdienstes, vgl. § 5 Abs. 1 Nr. 3 KWPflG. // **~ehe** *f.* 민사혼인 民事婚姻; **~gericht** *n.* 민사법원 民事法院; **~gerichtsbarkeit** *f.* 민사재판권 民事裁判權; **~gerichtsverfahren** *n.* 민사소송절차 民事訴訟節次; **~gesellschaft** *f.* 시민사회 市民社會; **~gesetzbuch** *n.* 민법

전 民法典; ~**kammer** f. 민사부 民事部; ~**klage** f. 민사소송 民事訴訟; ~**mäkler** m. 민사중개인 民事中介人; ~**prozess** m. 민사소송 民事訴訟 (*Abk.*: 民訴 民訴), 민사재판 民事裁判; ~**prozessrecht** n. 민사소송법 民事訴訟法; ~**recht** n. 민법 民法; ~**rechtsverkehr** m. 민사법상 거래 民事法上 去來; ~**sache** f. 민사사건 民事事件; ~**senat** m. 민사합의부 民事合議部.

Zoll m. 관세 關稅; ~**anmeldung** f. 관세신고 關稅申告; ~**beamter** m. 관세공무원 關稅公務員; ~**befreiung** f. 관세면제 關稅免除; ~**behandlung** f. 관세처리 關稅處理; ~**behörde** f. 관세관청 關稅官廳; ~**freigebiet** n. 관세자유지역 關稅自由地域; ~**freiheit** f. 관세면제 關稅免除; ~**gebiet** n. 관세영역 關稅領域; ~**grenze** f. 관세경계 關稅境界; ~**kontrolle** f. 관세검사 關稅檢查; ~**gut** n. 관세품 關稅品; ~**schuld** f. 관세채무 關稅債務; ~**verein** m. 관세동맹 關稅同盟; ~**verwaltung** f. 관세행정 關稅行政; ~**wert** m. 관세평가 關稅評價.

Zucht:haus(strafe) f. 징역 懲役. // In Korea noch bestehende Form der Freiheitsstrafe. Neben den Freiheitsentzug tritt Zwangsarbeit. Man unterscheidet zwischen befristetem Zuchthaus (유기징역) und unbefristetem Zuchthaus (무기징역). // ~**mittel** n. 훈육처분 訓育處分.

Zubehör n. 종물 從物; ~ eines Grundstücks 토지(土地)의 종물; ~**eigenschaft** f. 종물성질 從物性質; ~**stück** n. 종물일부 從物一部.

Zueignung f. 영득 領得; rechtswidrige ~ 불법영득 不法領得.

Zueignungs:absicht f. 영득의사 領得意思; rechtswidrige ~ 불법(不法)영득의사; ~**handlung** f. 영득행위 領得行爲.

Zufall m. 우연 偶然.

Zufalls:bedingung f. 우연조건 偶然條件; ~**fund** m. 우연발견물 偶然發見物; ~**urkunde** f. 우연문서 偶然文書.

Zug – um – Zug – Leistung f. 동시이행 同時履行, 상대방의 의무이행(相對方의 義務履行)과 상환(償還)으로 급부.

Zug – um – Zug – Verurteilung f. 상환이행의 판결 償還履行의 判決.

Zugabe f. (*zu Waren*) 경품 景品; ~**verbot** n. 경품금지 景品禁止.

Zugang m. 1. (*i.S.v. Empfang*) 도달 到達; ~ einer Willenserklärung 의사표시(意思表示)의 도달; 2. (*i.S.v. Eintritt*) 접근 接近.

Zugangs:recht n. 접근권 接近權; ~**theorie** f. 도달주의 到達主義.

Zugewinn m. 부가이득 附加利得.

Zugewinn:ausgleich *m.* 재산(財産)에 대한 분배(分配), 부가이득의 청산 附加利得의 清算; **~gemeinschaft** *f.* 증가재산공동체 增加財産共同體, 증식재산공동체 增殖財産共同體.

Zugriff *m.* 공취 攻取, 개입 介入.

Zugriffs:macht *f.* 공취력 攻取力; **~recht** *n.* 공격할 권리 攻擊할 權利, 공취권 攻取權.

zukünftig *adj.* 장래(將來)의, 미래(未來)의.

Zulage *f.* 특별수당 特別手當, 추가(追加)수당.

zulässig *adj.* 적법적 適法的.

Zulässigkeit *f.* 적법(성) 適法(性), 허용성 許容性.

Zulässigkeitsvoraussetzung *f.* 적법요건 適法要件.

Zulassung *f.* 1. (*allg.*) 허가 許可, 인정 認定, 승인 承認; 2. (*zu einer Bildungseinrichtung*) 입학허가 入學許可; ~ der Revision 상고(上告)의 허가; vorläufige ~ 잠정적(暫定的) 인정.

Zulassungs:berufung *f.* 허가항소 許可抗訴; **~revision** *f.* 허가상고 許可上告.

Zumutbarkeit *f.* (수인)기대가능성 (收忍)基待可能性, 수인성 收忍性.

Zumutbarkeits:kontrolle *f.* 수인성의 통제 收忍性의 統制; **~theorie** *f.* 기대가능성설 期待可能性說, 적합성이론 適合性理論, 수인한도설 收忍限度說.

Zuordnungs:subjekt *n.* 귀속주체 歸屬主體; **~theorie** *f.* 귀속설 歸屬說, 신주체설 新主體說.

Zurechenbarkeit *f.* 귀속가능성 歸屬可能性.

Zurechnung *f.* (*haftungsrechtl.*) (책임)귀속 (責任)歸屬, 귀속시킴; gegenseitige ~ 상호적(相互的) 귀속.

Zurechnungsfähigkeit *f.* 1. (*haftungsrechtl.*) vgl. → Deliktsfähigkeit불법행위능력 不法行爲能力, 책임능력 責任能力; 2. (*allg.*) 귀속가능성 歸屬可能性.

Zurückbehaltungsrecht *n.* 유치권 留置權; kaufmännisches ~ 상사(商事)유치권.

Zurück:erwerb *m.* 재취득 再取得; **~nahme** *f.* (*der Klage*) (소의) 취하 (訴의) 取下.

Zurückweisung *f.* 각하 却下; ~ des Mahnantrags 지급명령신청(支給命令申請)각하 (§ 465 KZPO).

Zurückweisungsbeschluss *m.* 각하결정 却下決定.

Zusage *f.* 확약 確約, 확언 確言; verbindliche ~ 구속(拘束)확언, 구속적(拘束的) 확언.

Zusammenhang *m.* 관련성 關聯性; enger zeitlicher und räumlicher ~ 근접(近接)한 시간적(時間的), 장소적(場所的) 관련성.

Zusammenlegung *f.* (*von Aktien*) (주식의) 병합 (株式의) 倂合.
Zusammenschluss *m.* 결합 結合; körperschaftlicher ~ 단체적(團體的) 결합.
Zusammentreffen *n.* 경합 競合; ~ von Rechten 권리(權利)경합.
Zusammenwirken *n.* 협력 協力, 공동작용 共同作用, 협동행위 協同行爲; bewusstes ~ 의식적(意識的) 협력; gewolltes ~ 의도적(意圖的) 협력, 의욕적(意慾的) 협력; kollektives ~ 집단적(集團的) 협력.
Zusatz:rentenversicherung *f.* 추가연금보험 追加年金保險; **~verantwortlichkeit** *f.* 부가적 책임 附加的 責任; **~versicherung** *f.* 추가보험 追加保險; hüttknappschaftliche ~ 광부공제조합상(鑛夫共濟組合上) 추가보험.
Zuschlag *m.* 1. (*bei Versteigerungen*) 경락 競落, 낙찰 落札; 2. (*allg. i.S.v. zusätzlich*) 부가 附加, 추가 追加.
Zuschuss *m.* 보조금 補助金.
Zusicherung *f.* 1. (*allg.*) 확약 確約; 2. (*im Verwaltungsr.*) 행정행위(行政行爲)에 대한 확언(確言).
Zustand *m.* 현상 現狀, 상태 狀態; ordnungsgemäßer ~ 정상적(正常的)인 상태.
Zustandekommen *n.* 성립 成立; ~ des Vertrags 계약(契約)의 성립; ~ eines Rechtsgeschäfts 법률행위(法律行爲)의 성립.
Zuständigkeit *f.* 관할 管轄, 관할권 管轄權, 권한 權限; ausschließliche ~ 전속(專屬)관할; außerordentliche ~ 예외적(例外的) 관할; förmliche ~ 형식적(形式的) 관할; funktionelle ~ 직분(職分)관할; gewillkürte ~ 임의(任意)관할; instanzielle ~ 심급적(審級的) 관할; internationale ~ 국제(國際)관할; örtliche ~ 토지(土地)관할, 지역적(地域的) 관할; persönliche ~ 인적(人的) 관할; sachliche ~ 사물(事物)관할; vorrangige ~ 우선적(優先的) 관할.
Zuständigkeits:bereich *m.* 관할영역 管轄領域; **~beschränkung** *f.* 관할제한 管轄制限; **~bezirk** *m.* 관할구역 管轄區域; **~lücke** *f.* 관할흠결 管轄欠缺; **~norm** *f.* 관할규범 管轄規範; **~streitwert** *m.* 관할을 설립하는 소송물의 가치; **~vereinbarung** *f.* 관할합의 管轄合意, 합의관할 合意管轄; **~verstoß** *m.* 관할위반 管轄違反; **~voraussetzung** *f.* 관할의 조건 管轄의 條件.
Zustands:delikt *n.* 상태범 狀態犯; **~verantwortlichkeit** *f.* 상태책임 狀態責任; **~verantwortung** *f.* 상태책임 狀態責任.
Zustellung *f.* 1. (*allg.*) 송달 送達, 공시(公示)송달; 2. (*i.S.d. ZPO*) 우편송달 郵便送達 (§ 187 KZPO); ~ der Klageschrift 소장(訴狀)의 송달; ~ im Ausland 외국(外國)에

서 하는 송달; ~ von Amts wegen 직권(職權)송달; öffentliche ~ 공시(公示)송달.

Zustellungs:adressat *m.* 송달명의인 送達名義人; **~adresse** *f.* 송달주소 送達住所; **~akt** *m.* 송달행위 送達行爲; **~benachrichtigung** *f.* (als Schriftstück) 송달보고(서) 送達報告(書); **~bevollmächtigter** *m.* 송달물수령에 관한 대리인 送達物受領에 관한 代理人, 송달대리인 送達代理人; **~empfänger** *m.* 송달수령인 送達受領人; **~mangel** *m.* 송달하자 送達瑕疵; **~nachweis** *m.* (als Schriftstück) 송달증명(서) 送達證明(書); **~ort** *m.* 송달장소 送達場所; **~tag** *m.* 송달일 送達日; **~urkunde** *f.* (*Abk.* ZU) 우편송달증서 郵便送達證書; **~vollmacht** *f.* 송달대리권 送達代理權.

Zustimmung *f.* 동의 同意, 승인 承認; ausdrückliche ~ 명시적(明示的) 동의; konkludente ~ 추단적(推斷的) 동의; mündliche ~ 구두(口頭)동의; nachträgliche ~ 사후(事後)동의; → Genehmigung; schriftliche ~ 서면상(書面上) 동의; stillschweigende ~ 암묵적(暗默的) 동의; vorherige ~ 사전적(事前的) 동의, 사전의 동의.

Zustimmungs:fall *m.* 동의사태 同意事態; **~gesetz** *n.* 동의법률 同意法律; **~verfahren** *n.* 동의절차 同意節次; **~verweigerung** *f.* 동의거절 同意拒絶.

Zuverlässigkeit *f.* 신뢰성 信賴性, 신용성 信用性.

Zuvielleistung *f.* (Zuvielzahlung) 과잉지급 過剩支給.

Zuwanderungsgesetz *n.* (ZuwandG) → Gesetzesregister.

Zuweisungs:gehalt *m.* 귀속내용 歸屬內用; **~ordnung** *f.* 귀속질서 歸屬秩序; **~theorie** *f.* 재화귀속설 財貨歸屬說.

Zuwendung *f.* 출연 出捐; unentgeltliche ~ 무상(無償)출연.

Zuwendungs:geschäft *n.* 출연행위 出捐行爲; **~verhältnis** *n.* 출연관계 出捐關係, 대가관계 代價關係.

Zuwiderhandlung *f.* 위반행위 違反行爲.

Zwang *m.* 강제 强制, 강요행위 强要行爲; äußerer ~ 외적(外的)인 강제; direkter ~ 직접(直接)강제; innerer ~ 내적(內的)인 강제; mittelbarer ~ 간접(間接)강제; rechtlicher ~ 법률상(法律上) 강제; sofortiger 즉시(卽時)강제; unerlaubter ~ 부당(不當)한 강제; unmittelbarer ~ 직접(直接)강제; unwiderstehlicher ~ 반항(反抗) 못하는 강제.

Zwangs:abfall *m.* 강제폐기물 强制廢棄物; **~arbeit** *f.* 강제근로 强制勤勞, 강제노동 强制勞動; **~arbeiter** *m.* 강제근로자 强制勤勞者; **~betreibung** *f.* 강제징수 强制徵收; **~durchsetzung** *f.* 강제실현 强制實現, 강제집행 强制執行; **~einweisung** *f.*

강제입소 強制入所; ~geld *n.* (이행)강제금 (履行)強制金, 집행벌금 執行罰金; ~haft *f.* 집행구류 執行拘留; ~hypothek *f.* 강제저당(권) 強制抵當(權); ~kartell *n.* 강제(強制)카르텔; ~lage *f.* 궁박상태 窮迫狀態, 강제상황 強制狀況; ~maßnahme *f.* 1. (*im Rahmen der Vollstreckung*) 강제처분 強制處分; 2. (*allg.*) 강제적 조치 強制的 措置; ~mittel *n.* 강제수단 強制手段; ~ruhestand *m.* 강제정년 強制停年; ~versicherung *f.* 강제보험 強制保險; ~versteigerung *f.* 강제경매 強制競賣 (§ § 80 – 162 KZVG); ~verwaltung *f.* 강제관리 強制管理 (§§ 163 – 171 KZVG); ~verwalter *m.* 강제관리인 強制管理人.

Zwangsvollstreckung *f.* 강제집행 強制執行. // Die Zwangsvollstreckung ist in Korea nicht (zumindest auch teilweise) in der Zivilprozessordnung, sondern vollständig in einem Gesetz, dem Zivilvollstreckungsgesetz (민사집행법), geregelt. // ~ **in das bewegliche Vermögen** 동산에 대한 강제집행 動産에 대한 強制執行; ~ **in das unbewegliche Vermögen** 부동산에 대한 강제집행 不動産에 대한 強制執行, vgl. §§ 78 – 171 KZVG, wobei die Zwangsvollstreckung ~ **in Schiffe oder Schiffsbauwerke** (선박 등에 대한 강제집행) in einem eigenen Titel (§§ 172 – 187 KZVG) geregelt ist. // ~ **in Forderungen oder andere Vermögenswerte** 채권(債權) 또는 그 밖의 재산권(財産權)에 대한 강제집행(強制執行) (§§ 223 – 251 KZVG); ~ **in körperliche Sachen** 유체동산에 대한 강제집행 有體動産에 대한 強制執行 (§§ 188 – 222 KZVG); ~ **wegen Geldforderung** 금전채권에 기초한 강제집행 金錢債權에 基礎한 強制執行 (§§ 61 ff. KZVG).

Zwangs:vollstreckungsverfahren *n.* 강제집행절차 強制執行節次; ~vollstreckungsrecht *n.* 강제집행법 強制執行法.

zwangsweise *adj.* 강제(強制)로, 강제적(強制的)인.

Zweck *m.* 목적 目的; gemeinsamer ~ 공동(共同)의 목적; vertraglicher ~ 계약상(契約上) 목적.

Zweck:änderung *f.* 목적변경 目的變更; ~bestimmung *f.* 목적확정 目的確定; ~bindung *f.* 목적구속 目的拘束; ~entfremdung *f.* 목적위배 目的違背; ~entfremdungstheorie *f.* 목적위배설 目的違背說; ~erreichung *f.* 목적달성 目的達成; ~gedanke *m.* 목적관념 目的觀念; ~jurisprudenz *f.* 목적법학 目的法學; ~lehre *f.* 목적론 目的論.

Zweckmäßigkeit *f.* 합목적성 合目的性.

Zweckmäßigkeitskontrolle *f.* 합목적성에 위한 통제 合目的性에 위한 統制.

Zweck:programm n. 목적(目的)프로그램; **~steuern** f. pl. 목적(조)세 目的(租)稅; **~tauglichkeit** f. 목적유용성 目的有用性; **~theorie** m. 목적이론 目的理論; **~veranlasser** m. 1. (wörtl.) 원인제공자 原因提供者; 2. (deskriptiv) 의도적 간접원인제공자 意圖的 間接原因提供者; **~verband** m. 목적조합 目的組合, 목적단체 目的團體; **~verfehlung** f. 목적위반 目的違反; **~vermögen** n. 목적재산 目的財產; **~zuwendung** f. 목적기부 目的寄附.

Zweifel m. 의문 疑問, 의심 疑心; begründete ~ 이유(理由)가 있는 의심; objektiver ~ 객관적(客觀的) 의심.

zweifelhaft adj. 의심(疑心)스럽다.

Zweigniederlassung f. 지점, 지부 支部.

Zweikammersystem n. 양원제 兩元制.

Zweikondiktionenlehre f. 양 부당이득청구권의 대립설 兩 不當利得請求權의 對立說.

Zweipersonenverhältnis n. 2당사자관계 二當事者關係.

Zwei-plus-Vier Vertrag m. 2플러스4조약(條約).

zweiseitig adj. 쌍무적(雙務的); ~e Verpflichtung 쌍무적 의무부담(義務負擔).

Zweispurigkeit f. 이원성 二元性; ~ im Strafrecht 형법상(刑法上)의 이원주의.

Zweistufentheorie f. 이단계이론 二段階理論.

zweistufig adj. 이단계(二段階)의.

Zweistufigkeit f. 이단계성 二段階性.

Zweit:bescheid m. 재심결정 再審決定, 재결정 再決定; **~stimme** f. 제2투표 第二投票; **~wohung** f. 제2의 주택(住宅); **~wohnsteuer** f. 제2주택세 第二住宅稅, 제2의 주택에 관한 조세(租稅).

zwingend adj. 강행적 强行的, 강제적 强制的, 강제적(强制的)으로.

Zwischen:bescheinigung f. → Zwischenzeugnis; **~dividende** f. → Abschlagsdividende; **~einkünfte** f. 비적극적 경제활동수입 非積極的 經濟活動收入; **~entscheid** m. 중간판정 中間判定; **~entscheidung** f. 중간결정 中間決定; **~feststellungsklage** f. 중간확인소송 中間確認訴訟; **~feststellungswiderklage** f. 중간확인반소 中間確認反訴; **~finanzierung** f. 중간자금조달 中間資金調達, 중간신용대부 中間信用貸付; **~gesellschaft** f. 중간조합 中間組合; **~kredit** m. 중간신용 中間信用, 가신용 假信用; **~lagerung** f. 중간처리 中間處理; **~meister** m. 중간사용자 中間使用者; **~recht** n. 중간법 中間法; **~schein** m. 중간증권 中間證券, 가증권 假證券; **~spediteur** m. 중간운송주선인

中間運送周旋人; **~spedition** *f.* 중간운송주선 中間運送周旋, 중계운송주선 中繼運送周旋; **~staatlichkeit** *f.* 국제성 國際性; **~streit** *m.* 중간쟁송 中間爭訟; **~urteil** *n.* 중간판결 中間判決 (§ 201 KZPO); **~verfahren** *n.* 공판개시절차 公判開始節次; **~verfügung** *f.* 중간처분 中間處分; **~verwahrer** *m.* 중간수치인 中間受置人; **~zeugnis** *n.* 1. (*allg.*) 중간증명서 中間證明書; 2. (*arbeitsr.*) 중간사용증명서 中間使用證明書; **~zins** *m.* 중간이자 中間利子.

* * * * * * * * * * *

독한법률용어사전

초판1쇄발행 2020년 01월 10일

지은이 I 베른하트 마틴(Martin Bernhardt)
펴낸이 I 정선균
디자인 I 이나영

펴낸곳 I 도서기획 필통북스
출판등록 I 제406-251002014000068호
주소 I 경기도 파주시 돌단풍길 35
전화 I 1544-1967
팩스 I 02-6499-0839
homepage I http://www.feeltongbooks.com/
ISBN   979-11-6180-145-2 [13360]

삼원사는 교육미디어그룹 필통북스의 임프린트입니다.

정가 25,000원

■ 이 책은 저자와의 협의 하에 인지를 생략합니다.
■ 이 책은 저작권법에 의해 보호를 받는 저작물이므로 도서기획 필통북스의 허락 없는 무단전제 및 복제를 금합니다.